International Handbook
of Comparative Education (Part 2)

比较教育学
回顾与展望
（下）

[英] 罗伯特·考恩（Robert Cowen） ———— 主编
[美] 安德里亚斯·卡扎米亚斯（Andreas M. Kazamias）
[英] 伊莱恩·恩特海特（Elaine Unterhalter）———— 副主编

彭正梅　周小勇　伍绍杨 ———— 译

学林出版社

图书在版编目(CIP)数据

比较教育学：回顾与展望. 下 / (英)罗伯特·考
恩(Robert Cowen), (美)安德里亚斯·卡扎米亚斯
(Andreas M. Kazamias)主编；彭正梅，周小勇，伍绍杨
译. —上海：学林出版社, 2024
　　书名原文：International Handbook of
Comparative Education (part 2)
　　ISBN 978 - 7 - 5486 - 1997 - 0

　　Ⅰ. ①比… Ⅱ. ①罗… ②安… ③彭… ④周… ⑤伍
… Ⅲ. ①比较教育学 Ⅳ. ①G40 - 059.3

　　中国国家版本馆 CIP 数据核字(2024)第 058169 号

Translation from the English language edition：*International Handbook of
Comparative Education* edited by Robert Cowen and Andreas M. Kazamias
Copyright © Springer Science＋Business Media B. V. 2009 Springer is part
of Springer Science＋Business Media All Rights Reserved

著作权合同登记号　图字：09 - 2024 - 0070 号

责任编辑	李沁笛	张嵩澜	汤丹磊	张予澍		
特约译校	王艳玲	沈　伟	邓　莉	祝　刚	陈丽莎	
封面设计	汪　昊					

比较教育学：回顾与展望(下)

[英] 罗伯特·考恩(Robert Cowen)　[美] 安德里亚斯·卡扎米亚斯(Andreas M. Kazamias)　主编
彭正梅　周小勇　伍绍杨　译

出　　版　**学林出版社**
　　　　　(201101　上海市闵行区号景路 159 弄 C 座)
发　　行　上海人民出版社发行中心
　　　　　(201101　上海市闵行区号景路 159 弄 C 座)
印　　刷　商务印书馆上海印刷有限公司
开　　本　787×1092　1/16
印　　张　30
字　　数　80 万
版　　次　2024 年 6 月第 1 版
印　　次　2024 年 6 月第 1 次印刷
ISBN 978 - 7 - 5486 - 1997 - 0/G · 769
定　　价　150.00 元

前　言

　　编辑《比较教育学：回顾与展望》这一重大的工程，对于我们来说意味着肩负重大的责任，这不仅仅是对作者和出版社的责任。作为编辑者，我们和编辑后殖民主义章节内容的同事伊莱恩·恩特海特(Elaine Unterhalter)想向所有作者表示最诚挚的感谢，感谢你们按时交稿，没有抱怨，认真工作，做出了一流的研究成绩。我们也想要感谢向我们投递稿件的所有作者，几乎每一位我们曾经约稿的作家都向我们投递了稿件。我们了解到当时一些作者的个人境况不是很好，我们衷心地希望本卷书的顺利出版将会在之后成为他们度过困境后的美好回忆。

　　非常不幸的是，在我们准备此书的出版期间，一些和我们共事已久、广受我们尊重与爱戴的同事身患重病(不久后去世)。我们决定征求许可来出版他们的一些著作。我们得到了两份主要期刊的慷慨许可，在获得施普林格出版社(Springer)的同意后，《比较教育学：回顾与展望》中得以有罗兰·波尔斯顿(Rolland Paulston)和特伦斯·麦克劳林(Terrence McLaughlin)的相关文章。

　　我们觉得这可能会使伊莱恩为难，毫无疑问她会利用在同一座大楼工作的优势来直接"责备"鲍勃·考恩(Bob Cowen)，但是我们想特别地指出她所做出的重大贡献，她巧妙地结合了她天才般独立的思维以及在小团队中共事的团队精神，应对压力并按时交稿。我们由衷地感谢她和她的同事海伦·波尔斯顿(Hellen Paulston)，海伦为我们提供了技术到位的复印材料、地址列表、作者注记以及文章摘要等一系列材料。与这样一个做事更加高效、整洁、更少抱怨的小组相比，我们存在着很多的问题。

　　我们的两大合作机构——伦敦大学教育研究所和威斯康星大学麦迪逊分校——为我们提供了控制项目的关键基础设施，尤其是机构中苹果电脑专家杰·道斯(Jem Dowse)在计算服务方面不可估量的帮助以及在最后阶段雷夫特莱斯·克莱里德斯(Lefteris Klerides)提供的计算机技能，他们的技术支持帮助鲍勃·考恩变得比他自己料想得更为冷静。

　　然而，这并不仅仅是一个关于基础设施的事情。我们偶尔会在对方的大学之中工作，鲍勃·考恩想要感谢汤姆·波普科维茨(Tom Popkewitz)以及迈克·阿普尔(Mike Apple)，他们让他感受到了威斯康星州对他的欢迎。安德烈亚斯·卡扎米尔斯(Andreas Kazamias)很感谢贾格迪什·贡达拉(Jagdish Gundara)和杰拉尔德·格雷斯

(Gerald Grace)，他们让他在教育学院受到了热烈的欢迎。实际上这个项目大部分都是在一个小办公室编辑完成的。这个办公室位于教育学院内鲍勃·考恩的新部门——教育研究所的课程、教学和评估部门。这个部门是在项目进行过程中内部重整后形成的。因此，考恩十分感谢所有课程、教学和评估部门的同事，他们接纳了他这样一个完全陌生的人，特别要感谢的是丹尼斯·劳顿(Denis Lawton)，因为他和科恩(项目期间也和安德烈亚斯一起)共用一间办公室。丹尼斯以冷静的智慧著称，他计划在这个研究所里进行相当长时间的细致访问。

我们感谢他和其他许多国家的同事的帮助和支持——这完全是令人意想不到的，也让我们非常感动。项目最终完成了，我们不知道完成得如何，但它的确完成了。跟许多人一样，我们也期待着赶紧阅读文章。我们很难掌握文章的全部范围和复杂性。在这些作者的文章中有许多带给未来比较教育研究工作的惊喜和影响。

罗伯特·考恩和安德里亚斯·卡扎米亚斯

2009 年 3 月

中译本序^①

在本书英语和葡萄牙语版本出版后，同行对我们的赞美纷至沓来："这真是一个庞大的项目。""这项困难且复杂的工作完成得很好。""这是对比较教育学界的一项杰出贡献。"绝大部分情况下，诸如此类的赞美我们是乐意接受的。收到阅读过本书的同行的动人的邮件和热情的问候使我们倍感荣幸，但是，有必要纠正这样一种看法，即"本书的编写是一个困难的事情"，事实并非如此。

这样说是有原因的。其一，我们的同事伊莱恩·恩特海特（Elaine Unterhalter）教授是一名出色的编辑，她负责编著的部分质量很高，没有一位作者延期交稿。其二，我们在管理统筹过程中并未遇到大的困难。获取我们因特殊原因而决定重印的一些章节的版权许可，做出关于作者的最终决定（包括平衡国籍与性别、知名学者与后起之秀，努力将英美贡献者数量控制在一定范围），以及与70余位作者保持联系，诸如此类的管理统筹问题都是小事。最主要的管理问题也不过是诸位编辑生活在不同的国家。

所以，这是一个大型的项目，但并不是一个困难的项目。这个项目只围绕两个问题展开讨论。

第一个问题是，比较教育的过去和未来是什么？这个问题引出了开篇和结尾两个部分的内容。

在社会迅速变化、国际政治经济出现新格局和当代微妙而严峻的历史背景下，教育制度受到了影响，第二个问题也很明了：比较教育是如何理解这些压力和教育环境的改变的？因此，第二个问题的答案围绕对教育系统进行的政治的、全球的、经济的、后殖民的以及文化的塑造展开。统一的主题是国家政治与国际政治的交汇，以及构建国内教育制度的社会权力（包括知识传统）的形式和流动。

因此，本书的结构很简单。上卷第一部分围绕比较教育领域的历史，即学科的创建与重构展开；第二部分以政治构成和教育制度为主题；第三部分围绕国家、国际和全球对教育的相互作用展开；第四部分探讨了工业化、知识经济和教育。下卷第一部分则是关于后殖民主义的；第二部分分析了文化、知识和教学法之间的关系；第三和第四部分则探讨了比较教育研究领域的未来。

因此，这个项目在战略上足够清晰明了。但紧跟着的一个问题是：这是正确的策

---

① 为本书中文版所作。

略吗?

众所周知,比较教育是关于教育制度的比较。那么,比较巴西与阿根廷、中国与日本、法国与德国的教育的章节在哪里呢? 或者,对于那些已经超越了初级水平并且超越了列举异同点的专家来说,依照尼古拉斯·汉斯(Nicholas Hans)的"因素分析法"所列的语言、宗教、种族、政治信仰因素,以及地理和经济环境因素所做的研究在哪里呢? 或者,为何本书不是讨论那些巨大而紧迫以至于必然对教育产生影响的热门话题:种族灭绝和大屠杀、宗教和极端主义、饥荒与贫困、战争与和平、恐怖主义、气候变化以及生态平衡? 还有教育政策问题,包括性别和不平等、职业技术教育改革的需求、教师教育质量问题、当下对于大学的焦虑。当然,还有一些已经对上述问题提供了简单解释的话语:"全球化""国际化""知识经济""信息社会",诸如此类,不胜枚举。

这就是重点——"诸如此类,不胜枚举"。每一种判断都坚持认为比较教育学是"比较"并发现异同点;或者利用汉斯的因素分析法能做最好的比较教育;又或者认为比较教育学是一门研究热门话题的学科,一门有助于政府对内(和对外涉及鼓励其他地方"发展"时)做出有效战略决策的政策科学。同样,选择一两个词,如"全球化"和"后现代"作为解释教育的关键词,将是一个非常重要的战略决策。在你假设用"全球化"和"后现代"这两个词来定义这个世界的情况下,"在一个'全球化的后现代'世界中对比思考教育"意味着用一个足够复杂的战略性问题来主导一本书的内容。我们没有进行这样的假设。

然而,编写复杂的书,尤其是有上下两部的书,并非易事。目前,有大量的能创造新的比较教育形式的理论立场可供选择。有一些理论上的"后"(例如后基础主义、后人文主义、后实证主义、后结构主义),也有大量的历史上的"后"(例如后社会主义和后殖民主义,还有后民粹主义和后新自由主义)。有大量的理论家涌现,如鲍曼(Bauman)、布迪厄(Bourdieu)、陈光兴(K. H. Chen)、福柯(Foucault)、哈贝马斯(Habermas)、卢曼(Luhmann),学界已经有人争论过,将可能产生新的比较教育。还有一些现有的解释学派(例如"新制度主义"或"全球在地化"的理论)已经创造了一个重要流派。

矛盾之处在于,简化本书的项目花了很长时间。施普林格出版社(Springer)的项目负责人阿斯特丽德·诺德米尔(Astrid Noordermeer)是一位令人愉快的合作伙伴。她对待我们和我们的学术焦虑都非常有耐心。因此,我们有时间去讨论工作方式。我们有时间去反思认知上的各种可能性。我们有时间去改变我们的思维方式。我们的会议内容越来越多地与在伦敦(2002)、哥本哈根(2004)、格拉纳达(2006)、雅典(2008)举办的欧洲比较教育协会会议的一系列内容挂钩。但主要工作内容是安德里亚斯·卡扎米亚斯(Andreas Kazamias)在伦敦大学教育学院特别访问期间,或者在他往返于威斯康星-麦迪逊和雅典的住所之间而于伦敦停留期间完成的。我们就是这样逐渐搭建出这本书的结构并写出章节大纲给作者进行参考。那我们的编辑过程就是愉快轻松的吗? 不完全,不太完全。过程当然是令人愉快的,但并不是毫不费力的。在初稿中,有些章节令人失望,简单来说,通常是因为篇幅太长。作为编辑,腾出时间写自己的内容并不总是那么容易的。作为编辑,我们偶尔在认知上不统一(这总是很有趣)。然而,鉴于我们的大多数分歧至少花了两个小时进行严肃而热烈的讨论,这种快乐和兴奋并不是毫不费力的。最后,这项工作终于在接近平安夜时完成了,有点像在一段时间内完成博士论文,这本身就足够了。

现在,工作完成了,回顾过去,展望未来,有无尽的话语想要诉说。世界发生了变化,学界也在不断改变以解决新的问题。问题不是去找到要说的内容,而是如何表达一小部分重要的内容,这部分内容通常会影响阅读和思考本书的内容。本书(无意中)隐含的谜题是什么?

第一,自本书完成以来,世界上发生了新的或持续的民族间战争、突然的革命和新的内战,特别是在阿富汗和中东,也在北非和撒哈拉以南的非洲。在马里、缅甸、叙利亚有军队屠杀平民百姓,也有合法政府当局和在阿富汗、比利时、加拿大、丹麦、埃及、法国等国使用暴力的极端分子之间的严重紧张关系,发生诸如此类情况的国家还有很多。这给比较教育的未来提出了一个问题:我们是否研究冲突发生时的情况,并解决"教育"和冲突之间的关系?还是我们是研究和利用比较教育来寻找暴力发生之后的和平与和谐解决方案?更普遍地说,考虑到联合国教科文组织的历史使命("战争起源于人之思想,故务需于人之思想中筑起保卫和平之屏障"),基于大学的比较教育与联合国教科文组织和其他国际机构的关系是什么?"我们的"工作与"他们的"工作有什么不同?

第二,比较教育(包括高等教育方面的比较),可以总是而且经常被要求关注危机。自从本书完成以来,我们已经经历了各种各样的"危机"。然而,"危机"在时间和空间上差别很大。问一下"危机"这个词是什么意思总是很重要的。例如,2018 年,欧洲比较教育协会举办了一次题为"身份与教育"的会议。这个议题鼓励推动就许多重要主题开展工作,例如教育中的性别不平衡,欧洲各地教育中的少数群体,以及什么是"欧洲人"。然而,会议的全称是"身份和教育:危机时代的比较观点"。我们身处于一个"危机时代",因为世界上有许多战争,抑或因为我们正经历全球变暖?我们身处于一个"危机时代",因为我们是后现代,抑或我们还不够后现代?我们身处于一个"危机时代",因为我们自己现在还不知道如何处理大数据,我们的孩子也不知道如何用智能手机和新社交媒体平静地生活?我们正处于一个"危机时代",因为现在美国的国际力量和现任总统特朗普先生(本文写于 2019 年——编者注)明智地使用它的能力之间存在巨大的差距?无论如何,可能其中大多数确实都是"危机"。但这还不是重点。

下一代比较教育学家的关键点是:他们将解决哪些"危机"。在英语中(更准确地说在美式英语中),有一种贬义表达叫"救护车追逐者"(ambulance chaser)。这种表达专指赶到事故或灾难现场寻找受伤人员,询问受害者是否愿意起诉肇事者的律师。这在法律行业中并不是一项受人尊敬的活动(事实上,在美国的一些地区,这种做法是被禁止的)。然而,鉴于它给人带来的震撼较大,这个术语在这里是有用的。当然,比较教育学有一个很强的传统,即比较教育学家应尽可能地就教育政策的选择提供建议。这是自 20 世纪 60 年代以来大学比较教育的传统立场,但这个传统原则上可以追溯到 1817 年,那时朱利安(Jullien de Paris)提出,也许可以依靠比较教育作为"一门科学"来做教育上的决定。然而,这与疾冲向最近和最直接的危机非常不同,就好像我们是救护车追逐者一样。如果"危机"一词开始主导高等教育方面的比较教育，我们不仅要面对诸如哪些"危机"需要我们尝试解决和为什么选择那些"危机"而不是其他的"危机"这样基本的问题；我们还要面对另一个重要问题——我们是否有那种学术资本和深厚的知识可以让我们说出任何明智的话？当然，通过两到三个研究可以迅速提出解决这样或那样的问题的"教育解决方案"。思考出明智的方案解决"危机"是另一个问题。目前，比较教育作为一门大学学科太过年轻而不能去"追逐救护车"，并且，与比较历史相差甚远而不能形成智慧。[1]

第三，自本书完成以来，关于搜集各国教育表现数据的方法范围迅速扩大。现在有多种方法来衡量大学系统的表现，并强调将世界不同国家的大学进行排名，尤其是定义了什么样的或谁能进入前十（就好像大学是流行歌曲或音乐表演艺术家）。在衡量学校系统中学龄儿童的受教育程度方面也发生了类似的情况。最负有盛名的工具可能就是 PISA（Programme for International Student Assessment，指国际学生评估项目——编者注）了。PISA 测试目前正从高人均收入国家向发展中国家延伸。这种对教育程度的衡量以及按结果排名的做法，给比较教育学带来了一个令人着迷的双重问题。我们现在已经解决了"比较"的问题了吗？我们现在能够使用复杂的实证测量技术，对世界上大多数教育系统进行排名，因此，"比较教育"已经告一段落了，除非它还有其他目的？但是，如果比较教育还有其他目的，那么在大学里，这些目的是什么呢？这个双重问题的第二部分也同样令人着迷。我们现在解决了什么是"教育"的问题了吗？在大学或中小学层面，教育已经成为可以衡量的，并且现在在世界范围内也有少量衡量教育表现的。因此，最终（几千年后），我们知道教育是什么，并且我们所要做的就是恰当地实现它？

显然，本书并没有提出比较教育已经结束的想法，本书中的任何一个章节也没有表明我们最终知道教育是什么。然而，考虑到国际教育绩效数据对教育政策的影响，我们不仅需要问关于小型、中型和"大数据"的影响，还需要问："我们"在大学的工作与"其他人"在一系列机构和研究部门的工作有何不同？

第四，需要重申的是，行动和干预以及"发展"的主题很重要——比较教育和比较与国际教育的差异在哪里？在 1817 年现代比较教育最早出现的时刻，"比较教育"在朱利安的概念中是"国际的"。也就是说，为了寻找评估改善法国教育的可能性，朱利安首先将目光投向了瑞士各州。同样地，在 19 世纪，高级教育管理人员［如加拿大的瑞尔森（Ryerson），或英国的凯-舒特沃斯（Kay-Shuttleworth），或美国马萨诸塞州的霍勒斯·曼（Horace Mann）］试图决定他们发明的新的基础教育系统在实践中应该如何运作时，他们将目光投向了世界。他们放眼世界，尤其是认真关注德国的基础教育。所以，你偶尔在英文期刊上看到的"国际比较教育"这一表达是有点欠妥的，除非它是暗示通过"国内比较教育学"可以学到一些非常特别的东西的一部分：例如比较得

---

[1] 安德里亚斯·卡扎米亚斯（Andreas Kazamias）将职业生涯中的大部分时间花费在了研究比较教育与历史的关系问题上，他最近（2019 年前后——译者注）大部分的演讲都是关于智慧这一主题的。就像他自己所言，他花了大部分时间"和苏格拉底交谈"。关于这些内容的进一步阐释说明请查阅欧洲教育特刊，该杂志专门讨论了他的作品：Festschrift for Andreas Kazamias: comparative historian, humanist intellectual and Socratic 'Gadfly', *European Education*，50（2）：2018。

克萨斯州的教育和纽约州的教育,或者比较爱丁堡和格拉斯哥的教育。

　　然而,如果比较教育过去和现在一直是进行(国际)教育的比较,那么比较和国际教育是什么呢?理解的形式和比较教育学的实践这一问题确实是一个非常复杂的问题。这是下一代在大学工作的比较教育学家需要继续回顾反思的事情。然而,一个更简单的区别可以被立即得出,这暗示了一个更大、更复杂的问题。这个简单的区别是:比较教育是面向世界(例如,面向德国)寻找解决本国改革难题的方案,并试图将这些潜在的解决方案带回家乡——无论这个"家乡"是指加拿大、英国还是美国。教育解决方案将被引进。在英国,后来的"国际教育"最初植根于帝国主义,即"殖民地的教育"。教育是为了向外输出。当然,1945 年之后,"殖民教育部"等头衔不能继续使用,此类称谓转变为"热带地区教育"和"发展中国家教育"以及后来的"教育和国际发展"等用语。即使后来在英国和美国(而非在日本或意大利)专业学术协会将他们的头衔改为"比较和国际教育",这个问题仍然很复杂——例如"国际教育"的历史和政治在英国和美国各不相同。然而,这种简单的区别仍然存在。"教育和国际发展"面向海外,但专注于教育的对外输出。教育原则和教学法实践、教育建议和来自某处的援助(比如英国通过联合国教科文组织或世界银行进行的援助)被输出外国,以解决"其他地方"的问题。这种引进与输出的矛盾将继续影响未来进行的"比较教育"。随着国际政治关系的变化,比较教育的未来形态也会发生变化。

　　因此,第五,这创造了一个挑战,这个挑战因本书在中国用中文出版而加强。比较教育的未来还没有书写,但大部分将在中国被创造,并以中文书写(以及由中国的杰出的目前正在海外学习的年轻人用英语、法语、德语和西班牙语等语言书写)。值得记住的是重新思考未来可能性的起点之一是以新鲜的和更复杂的方式理解过去。[①]

　　历史学家威基伍德(C. V. Wedgewood)很好地阐述了这一观点:"历史是鲜活的,但它是在追忆中被书写的。我们在考虑开始之前就知道了结局,我们永远不能完全找回只知道开端时的样子。"[②]此时此刻,我们所知道的主要是欧洲、美国和英国的"开始"。"这些历史记录"让我们得以证明重新捕捉西方起源所涉及的问题。然而,在过去的二十年里,人们越来越多地努力在欧洲,还有美国和英国以外的地方捕捉比较教育的历史。大量的努力提供了专业比较教育"社会"的草图和西欧以外的许多国家以及英国、美国以外的大学的比较教育风格。

　　结果是,我们即将在适当的、区域平衡的、比较的基础上理解比较教育的"开端"和未来。因

---

　　① 当然,这项任务是持续的;是一个永久的义务。有关当前的贡献,请参见:Maria Manzon, Guest Editor, Special Issue:'Origins and Traditions in Comparative Education', *Comparative Education*, 54(1), 2018。还有《牛津教育研究》,特别是大卫·菲利普斯(David Phillips)最近由罗德里奇出版社出版的关于比较教育学历史和前几代主要比较教育家著作的系列丛书。第一卷已经在印刷中:《北美比较教育学者:审视 20 世纪杰出比较主义者的工作和影响》(*North American Scholars of Comparative Education: Examining the Work and Influence of Notable 20th Century Comparativists*),由 Erwin E. Epstein 编著。至少还有三卷:关于亚太地区的比较教育家、英国比较教育家,以及欧洲的比较教育家。

　　② C. V. Wedgewood(1944), *William the Silent*, *William of Nassau*, *Prince of Orange*, *1533－1584*. New Haven: Yale University Press. 维罗妮卡·威基伍德(Veronica Wedgewood)1844 年曾改撰过 19 世纪丹麦哲学家索伦·克尔凯戈尔(Søren Kierkegaard)的一份概述《关于一个生命体如何先生活后理解》。然而,她出色地扩展了这个命题,以确定历史写作中的一个关键问题,以及为什么"历史"总需要被重新思考和重写。

此，我们怀着极大的热情和对未来充满乐观的精神，感谢尊敬的中国同事和翻译人员，感谢他们使本书得以向新读者推广。在学术生活中一个迷人的讽刺之处是，这些新的读者现在肯定至少发现了一处书中的缺点——这样比较教育学界就能听到不一样的声音并向前发展。世界在改变，我们也必须改变，这种改变通常以不可预测的方式发生。

罗伯特·考恩（Robert Cowen）

安德里亚斯·卡扎米亚斯（Andreas Kazamias）

序

　　自 1817 年朱利安发表《比较教育的研究计划与初步意见》,比较教育学已走过了 200 多年的历史。在这 200 多年中,比较教育学始终紧扣历史发展的主要趋势和时代面临的核心命题,积极思考和探索教育应承载的基本使命和发展战略。

　　21 世纪以来,人类社会发生了很大的变化。2015 年联合国教科文组织发布的《反思教育》指出,自 20 世纪末以来,技术、经济和社会变革引发了多种矛盾,如全球与地方之间的矛盾、普遍与特殊之间的矛盾、传统与现代之间的矛盾、精神与物质之间的矛盾等等。这些矛盾今天依然存在,甚至衍生出了新的含义和新的矛盾,如经济发展呈现出脆弱性,不平等、生态压力、不宽容和暴力现象不断加剧等特点。经济全球化同时造成了部分地区青年失业率不断攀升和就业形势脆弱;人口增长和城市快速发展正在消耗不可再生的自然资源,造成不可逆转的生态破坏;文化多样性日益在得到广泛认可的同时,文化沙文主义和极端民族主义也在不断抬头。[①]

　　罗伯特·考恩(Robert Cowen)教授主编的《比较教育学:回顾与展望》(*International Handbook of Comparative Education*)虽然是 2009 年出版的,但非常全面而积极地回应了以上这些时代发展的关键问题。全书既讨论了诸如世界体系论、殖民主义、后殖民主义、现代性、民族国家发展、移民问题、知识经济、多元文化教育、文化传统、可持续发展等这个时代的热点问题,同时又在复杂的历史背景下做了深入理性的学术思考,探讨比较教育学科自身的时代特色及在这个时代应有的理论贡献和范式转型。特别值得高兴的一点是,该书收录了我们老一辈比较教育学家王承绪先生及其弟子董健红博士的研究成果,全面系统地向世界介绍了中国比较教育学科的发展历史,帮助国际社会更好地理解中国,与中国学者开展对话。

　　该书的编写是一项浩大的工程,因为它不仅需要总结这个学科领域最新的研究成果,还需洞悉学科未来发展的方向,可以说是这个学科领域的一本重要工具书。正如考恩教授在前言所言:"编辑《比较教育学:回顾与展望》这一重大的工程,对于我们来说意味着肩负重大的责任,这不仅仅是对作者和出版社的责任。"我也曾说过类似的话,我说:"要惩罚一个人,就让他去编工具书。"考恩教授是中国的老朋友,2008 年我们就曾

---

① 联合国教科文组织.《反思教育:向"全球共同利益"的理念转变》. 巴黎:联合国教科文组织,2015:15—20.

邀请他参加我们的"第三届世界比较教育论坛"。同时，我也要特别感谢华东师范大学国际与比较教育研究所彭正梅教授及其团队所付出的努力，将《比较教育学：回顾与展望》翻译成中文正式出版，这对我国比较教育学科的发展发挥了积极的促进作用。我衷心希望中国新一代的比较教育学者们能在未来对世界做出更多、更重要的贡献。

2019 年 8 月 26 日

代译者序

迈向共同的"世界文学"：
论启蒙与文化辩证中的中国比较教育新使命

我向来强调比较教育的动力在于"借他人之酒杯，浇自己之块垒"。但今天看来，这已经不够了，比较教育学者在"浇自己之块垒"的同时，也为他人送出自己的美酒，浇他们的"块垒"。我们的老祖宗相信，"和羹之美，在于合异"。

古人说"开卷有益"，但我总是认为，读书总是要带着关怀，没有关怀的读书是一种奢侈的闲逛。因此，面对这样一部作为"世界教育地图和世界教育想象"的皇皇巨著，我们带着什么样的关怀，以什么样的视角切入，也就是说，我们的"块垒"是什么，这个也颇为重要。同样重要的是，本书对于中国比较教育的关注不多，为了平衡和对称，这里主要陈述中国比较教育的使命。这里请允许我结合我自己的有限努力，诚恳向各位力求开阔的读者呈现那醉人的"琥珀光"。

1817 年，朱利安把历史上零星通过国际旅行或国际考察而进行的教育活动转化为一门以科学研究为基础、以教育借鉴为目的的教育科学，即比较教育学。对于后发国家来说，这种以教育借鉴为使命的比较教育学，是一种促进本国教育现代化的学科。近代以来，我国比较教育经历了一条与国家现代化追求相呼应的恢宏道路，推动中国教育不断"面向现代化，面向世界，面向未来"。今天，我国已经处于全球知识时代，而且是在更加复杂的国际情况下，追求我们确定的高质量发展和文化自信的现代化目标，这对比较教育提出了一系列新的使命。

但是，如何确定这种新使命在实践中出现的两种偏离的态度，即所谓普遍主义（universalism）态度和特殊主义（particularism）态度。普遍主义态度过度强调我国教育发展需要引进和跟随世界潮流，特殊主义态度过度强调中国有自己独特的文化和国情，不能照搬照抄国外教育。本文拟从《共产党宣言》关于"世界文学"的论述中，引出一个"启蒙"与"文化"的辩证"透镜"（lens），借以考察我国比较教育近 200 年的历史发展，从中引出比较教育的新使命。今天中国的教育学者都是在全球相互关联的背景下从事研究，在某种程度上，我们的教育学者都是比较教育学者，因此，这种基于历史考察的新使命也同样适合所有的教育学者。也就是说，这里的新使命实际上是对所有教育学者的呼吁。[1] 这个新使命的核心试图在文化觉醒与教育强国以及人

---

① 彭正梅，周小勇，高原，王清涛，施芳婷.天下课程：论未来教育的四重视野[J].华东师范大学学报（教育科学版），2023，41(12)：13 - 25.

类命运共同体、教育学自主知识体系与共同的"世界文学"的关系问题上探讨一种马克思主义的回应，即今天的比较教育的使命在于超越地方与全球的中性互动，迈向有价值取向的启蒙与文化的互动，并迈向一种共同的"世界文学"，抑或国际社会倡导一种基于新社会契约的"共同世界教育学"（common worlds pedagogies）①，以落实我们新时代关于中国民族伟大复兴、全人类共同价值以及人类命运共同体的世界想象。②

一、引言：启蒙与文化的辩证"透镜"

马克思和恩格斯在《共产党宣言》中指出，资本主义开启了全球化，世界市场的开拓使得各民族国家被卷入了世界性的生产与消费之中，互相往来与互相依赖替代了旧时自给自足和闭关自守的物质生产状态。精神生产亦如此："各民族的精神产品成了公共的财产。民族的片面性和局限性日益成为不可能，于是由许多种民族的和地方的文学形成了一种世界文学。"③马克思和恩格斯相信，在全球化时代，各民族之间的互动会推动形成一种"世界文学"（Weltlitteratur）。④ 这段引文表示"各民族的精神产品成了公共的财产"，我们这里可以合理地把这种"世界文学"理解为"世界文化"或"世界精神"，而不仅仅是我们狭义上的"世界文学"。

马克思这段话有三层意思。第一，显然，这种"世界文学"既不会是某一特定民族的文化，也不是各民族文化的简单堆叠，而是在各民族的交往中去除了各民族的片面性和局限性的过程中而形成的。因此，就每个民族的文化而言，这种民族间的文化互动会使这个民族文化的糟粕得到剔除，而其有价值的精华和特色会得到保留和不断重建。第二，每个民族的文化都不可以因为自己的独特性而自动上升为一种"世界文学"；每个民族都不可以冒充"普世价值"的化身来对其他国家进行启蒙，每个民族的文化在各民族文化互动、互学、互鉴的过程中，都会面临一种去除其糟粕（即启蒙），以及保留和重建其特色（即文化）的过程，即启蒙和文化的辩证。第三，这种启蒙和文化的辩证不是一种无价值目的的互动循环，而是会形成一种共同的"世界文学"即世界精神或世界文化。⑤

对于各民族的文化发展而言，马克思和恩格斯这段话暗含着一种启蒙和文化的双重透镜，而近代以来产生的以教育比较和教育借鉴为基础的中国比较教育，自然也是这种启蒙和文化辩证的过程的一部分；如果以这种启蒙与文化的辩证透镜来回顾中国比较教育的发展历程，可以发现，中国比较教育一方面致力使中国教育现代化（启蒙），另一方面也试图保留和发展自己文化中有价值的教育特色（文化），从而试图寻找一种带有中国特色的世界教育精神（世界文学）。这三层意思或关系，可以用图1来加以表示。

---

① 王清涛，彭正梅.迈向新的社会契约：重塑未来教育何以成为全球共同议程[J].全球教育展望，2023，52（6）：22 - 37.

② 刘宝存，王婷钰.人类命运共同体理念下的比较教育：可为、应为与何为[J].比较教育研究，2021（8）：3 - 11.

③ 马克思、恩格斯著；中共中央马克思恩格斯列宁斯大林著作编译局编译.马克思恩格斯选集第 1 卷[M].北京：人民出版社，1995：276.

④ 高旭东.论马恩世界历史与世界文学的理论联系与创新[J].中国比较文学，2023（2）：225.

⑤ 这里的"启蒙"并非完全指欧洲启蒙运动以来的理性精神，而是倾向马克思主义对西方启蒙思想的扬弃，是超越资产阶级理性观的马克思主义启蒙观。

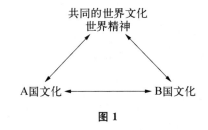

图 1

从图 1 来看,对于 A 民族国家/B 民族国家来说,这里存在着一种既要保持自身文化特色,又要发展自身文化,进而形成共同世界文化的使命,也就是"启蒙"(改善文化)与"文化"(保持文化)的持久辩证过程。

实际上,不仅仅是比较教育,甚至包括整个中国近现代教育发展,都经历了这种"启蒙"和"文化"的辩证过程。从晚清时期的洋务运动开始,中国教育就不断引进西方的科学技术和思想文化,力图实现教育的现代化。在 20 世纪初期,新文化运动和五四运动更是从思想上推动了中国教育的现代化进程,开启了中国教育发展的新篇章。随着中国进入文化自信的新时代,中国教育不仅吸收了西方教育思想和文化中的启蒙要素,还开始注重传承、发扬和传播本民族的优秀文化传统;对于西方的教育研究视角也经历了从仰视(启蒙)到平视(文化)的转变。① 在启蒙和文化的辩证中,寻求建立具有中国特色、世界视野的教育理论与教育体系。

国际上,著名比较教育学者卡洛斯·托雷斯提出了全球化和地方性的辩证"透镜"。这种"透镜"认为,比较教育是在全球化与本土化的辩证互动中发展,尽管全球化影响巨大,但每个国家和文化都在其独特的历史、社会政治和文化背景、经济需要以及根深蒂固的教育传统的指导下,对全球影响展现出一系列的反应——从适应和接受到抵制和修改。地方的教育策略可以塑造和重新定义全球教育理念,而全球教育与地方需求之间的摩擦往往催生出新的教育方法。②

相对于托雷斯全球化与地方性的辩证"透镜",本文提出的启蒙与文化的"透镜"实现了两种超越。第一,它超越了不带有价值判断的全球化与地方性的互动的比较教育的认识论。启蒙和文化的"透镜"认为,通过启蒙与文化的辩证,我们可以超越简单地比较全球化与地方性教育差异的方式,从马克思提出的世界文学的角度来进行比较教育研究,这意味着一方面对西方国家教育文化的批判,另一方面也是对自身文化教育的批判。第二,这种"透镜"超越了启蒙仅仅是向西方学习的观点。马克思曾指出,每个民族文化都具有片面性与局限性。因此,我们不能仅仅局限于从西方文化中寻找启蒙的方法和思想,而是应该在吸收西方文化的同时,保持和发展本民族文化的独特性和优秀传统。这种超越使我们能够更全面地认识和借鉴不同文化的优点,以推动我们自身教育文化的发展和进步。在启蒙与文化的"透镜"下,中国比较教育要帮

---

① CHEN H. From paragon to peer: China's shifting perspective on German education[J]. ECNU Review of Education, 2023, 6(1): 3 - 8.
谢维和. 一种平视的比较教育研究[J]. 清华大学教育研究, 2024, 45(1): 152 - 154.
② TORRES C A, ARNOVE R F, MISIASZEK L I. Comparative education: The dialectic of the global and the local[M]. Lanham, Maryland: Rowman & Littlefield, 2022.

助产生带有中国特色的世界精神，与世界各民族一起创造共同的教育的世界文学。也就是说，不同于托雷斯的辩证"透镜"，《共产党宣言》中启蒙与文化的"透镜"始终有个现代性的方向问题，始终有个共同的"世界文学"的问题。对于教育和比较教育而言，始终存在着一个共同世界教育精神的问题。

在我国，鲁迅较早提出了中国文化现代发展中的启蒙和文化辩证的问题。他在《破恶声论》中，既批判了代表狭隘民族主义的"国民"也批判了代表世界主义的"世界人"，认为世界主义的"弃祖国""同文字"和"尚齐一"同样存在问题。没有了祖国的国界和主权，代表文化差异性的民族语言文字与一切传统都将被抹除，换之以统一的语言文字、文化传统，这种没有了民族差异性的世界主义在鲁迅看来也是"灭人之自我"的存在。在鲁迅看来，中国文化既需要吸收西方文化的启蒙要素，也需要继承和发展中国传统文化的特色。正所谓"人各有己，不随风波，而中国亦以立"。学者汪晖在分析《破恶声论》时也提出，鲁迅帮助我们打破了民族主义与世界主义的二元对立，寻找另外根基进行自我批判。他认为鲁迅是中国现代思想的一个重要标志，作为一个"反现代的现代人物"，鲁迅是"一个反启蒙主义的启蒙者、一个反世界主义的国际主义者、一个反民族主义却捍卫民族文化的人物"，这种悖论式的表达显示了鲁迅的基本态度，即自由平等、扶弱抑强和优秀的民族传统是人类作为人的基础和前提。[①]《破恶声论》帮助"我们打破民族主义与全球化的二元论，通过寻找另外一个根基来进行自我批判"。这里可以认为，所谓"另一个根基"，就是那些具有恒久价值、使人之为人的根基和前提的人类共同"世界文学"。可以看出，鲁迅的这种态度也支持本文启蒙与文化的双重"透镜"以及共同"世界文学"的假设。

二、作为启蒙的比较教育（1840—2012）

中国比较教育的启蒙转向意味着教育现代化的开启；教育现代化的开启又与整个文化的现代化密切相关；整个文化的现代化在当时则意味着向西方学习，意味着培养和教育新青年；新青年的培养则必须学习西学。正如启蒙先驱严复所说，"欲开民智，非讲西学不可"。[②] 在比较教育的百年发展中，我们进入世界的教育精神即共同文学之中，奠定了我们教育现代化的根本。

（一）作为启蒙的比较教育三个时期

1."睁眼看世界教育"：比较教育的初步繁荣（1840—1949）

1840 年鸦片战争的失败深深刺痛了最初觉醒的一批知识分子，他们开始寻求启蒙与变革。其中最具代表性的便是魏源于 1843 年出版的《海国图志》。《海国图志》也涉及教育，因而可视为我国近代比较教育萌芽的代表。它不仅是"睁眼看世界"，还意味着"睁眼看世界教育"。这也意味着教育思考包含在魏源对西方列强的整体考察之中。1901—1908 年出版的、介绍现代教育的《教育世界》杂志指出，"当今世界，列雄竞争，优胜劣败，欲图自存，非注意教育不可"[③]。

---

① 汪晖.声之善恶：什么是启蒙？——重读鲁迅的《破恶声论》[J].开放时代,2010,(10)：111.
② 王拭主编.严复集第1册[M].北京：中华书局,1986：30.
③ 《教育世界》由罗振玉创办,王国维曾为主编,1901年5月在上海出版,至1908年1月停刊.

比较教育这一领域主要由从国外留学归来的学者开创。这些学者正式提出了"比较教育"这一术语，并使之成为中国教育学科中一个合法的甚至是优先的领域。

20世纪上半叶是中国比较教育发展的重要阶段。中国教育界开始关注国际教育发展动态，并积极借鉴西方教育经验。一些学者通过翻译和研究西方教育著作，推动了中国教育的现代化进程。这一时期的发展对于中国现代教育体系的建设产生了深远影响。有学者将这一时期的比较教育话语生产者大致分为大知识分子和专业化研究者两类。大知识分子如王国维、蔡元培、陶行知等，其主要思想和影响虽不局限于教育领域，但在该领域内的影响力却也非常突出。另一类是如庄泽宣、常道直、钟鲁斋等专业的教育学领域研究人员。第一类知识分子不仅跨越学科、专业的边界成为通才，并且跨越学院、书斋的边界走上公共舞台；而第二类知识分子的影响主要局限在教育领域内。①

1929年至1935年间庄泽宣、常道直、陈作栋与刘家壔、钟鲁斋五位学者共出版了四部比较教育著作，对各国教育状况特别是教育制度做了系统的介绍。庄泽宣指出，美国由于其完善的教育体系，可能会忽视比较教育，而中国的教育研究刚刚起步，应该优先考虑比较教育研究。钟鲁斋进一步强调了研究国外教育制度和方法对提升和改革国内实践的重要性，认为"盖国与国之间，交际日繁，凡自己对于旧制度旧方法有所不满而思改造时，总是着手调查外国改革教育的情形，以作参考"。② 可以看出，教育借鉴从一开始就是中国比较教育的基本使命。

中国近代比较教育研究从最初关注日本转向关注欧美国家。庄泽宣认为："世界上教育最进步之国而其方法与组织一切影响于吾国教育制度者，在既往为德法及日本，在现在为英法美，在将来或为俄及新德……"③钟鲁斋对此解释道："前清之末，国人仰慕日本之维新自强，则实行采用日本式的学制。其时吾国留学生往日本者特众，日本的教育思想与制度，遂直接影响于吾国。民国成立之后，情形忽变，国人以为日本强盛原是效法欧美。我们果欲图强，不如也直接去学欧美。"④

在新文化运动的影响下，这些比较教育研究成果启蒙了教育者的头脑，推动了中国教育的现代转型、不断更新及现代化。不过，传统因袭的力量仍十分强大，比较教育的效果未如预期般尽如人意。1932年就有人感慨："舶来品的教育本来可以助长生产的，无奈运输到中国来，中国人不肯把旧袍套脱去，违行穿上这件新衣裳，因此只变为装饰的东西——资格，结果，不但不能助长生产，反而把人送上'统治阶级'，增加压迫和榨取的力量。"⑤

2. 转向社会主义：比较教育的窄化(1949—1976)

随着中华人民共和国的建立，比较教育研究转向了关注以苏联为首的社会主义国家，呈现出"一边倒"的情况。这一时期，我们对苏联的学习在内容上是全面的，在态度上是彻底的。1950

---

① 生兆欣.二十世纪中国比较教育史[M].北京：高等教育出版社,2011：174-175.
② 钟鲁斋.比较教育[M].上海：商务印书馆,1935：2.
③ 庄泽宣.各国教育比较论[M].上海：商务印书馆,1929：自序.
④ 钟鲁斋.比较教育[M].上海：商务印书馆,1935：395.
⑤ 古楳.为什么现在的教育不适合中国的社会经济背景[J].中华教育界,1932,19(9)：42.

年12月，第一次全国教育工作会议明确提出，要借鉴苏联经验来建设新中国的教育，"苏联整个教育体系，从思想体系到教育制度、教学内容、教学方法、教学组织都是世界上最优越的"，"我们要系统地学、全面地学、整体地学"①，而对西方现代教育则全盘否定。

这一时期的比较教育研究方法大多是直接翻译或基本描述苏联教育，视角单一，以阶级分析为主。这导致了比较教育的简单化，使之成为对苏联教育的"移植"和"注释"。新中国成立初期，受苏联的影响，教育行政体制也发生了重大转变。1952年成立的高等教育部及其随后的机构改革都参照了苏联模式。在基础教育阶段，学习苏联在教育理论上的一个表现，就是引入和扩展强调政治优先的凯洛夫教育学。随着"文化大革命"对于优秀传统文化的否定与破坏，我国这一时期的现代性启蒙与本土文化都受到了严重的打击，教育发展停滞。比较教育研究也基本处于停滞状态。

3."三个面向"：比较教育再度繁荣(1976—2012)

随着改革开放时代的到来，为了促进教育"面向现代化，面向世界，面向未来"，中国比较教育研究再次走向繁荣。中国比较教育界再次积极融入国际社会，并积极参与国际教育交流与合作。学者们如王承绪、顾明远、钟启泉、梁忠义等，通过对国际教育理论和实践的研究和借鉴，为中国教育改革提供了国际前沿的思路和方法。王承绪、朱勃、顾明远三位先生所著的《比较教育》，就明确提出比较教育的目的在于"找出教育发展的共同规律和发展趋势，以作为本国教育的借鉴。"②

比较教育的研究对象再次关注现代发达国家特别是西方发达国家，在某种意义上接续了近代的启蒙传统。这里就华东师范大学比较教育研究来看，钟启泉的《现代教学论发展》(1988)和《现代课程论(新版)》(1989)汇集了美国、日本、苏联等国家的代表性教学及课程观点，介绍了当代外国中小学课程、教学改革的趋势和特点；高文推动了对新近兴起的学习科学的研究；赵中建推动了西方教育战略研究；黄志成推动了全纳教育和弗莱雷教育思想的研究；李其龙在其新编的《康德论教育》(2017)中补入了康德论启蒙、世界公民和永久和平的文章。以钟启泉为代表的华东师范大学比较教育学者参与设计并推动了2001年的基础教育课程改革。这场教育改革借鉴了当时国际教育的最新发展经验，具有强烈的启蒙导向。稍后，在此基础上，我国基础教育改革顺利地转入以现代和未来素养为导向，以批判性思维、理性精神为核心的课程改革。

(二)作为启蒙的现代世界教育精神

中国比较教育的兴起最初与民族危机和拯救国家结合在一起，表面上是中西之争，实际上涉及的是古今之变。曾国藩在1854年的《讨粤匪檄》中试图捍卫的"自唐虞三代以来，历世圣人扶持名教，敦叙人伦，君臣、父子、上下、尊卑，秩然如冠履之不可倒置"的那些传统，已经在多次与列强战争的失败和丧权辱国条约的签订中都被证明丧失了其时代的合法性和关联性。中华民族为了摆脱失败、沦亡的境地，不得不采取与西方同样的道路即走现代化道路。这在教育上，不仅仅

---

①   柳凝.关于高等师范学校教学改革的报告提纲[J].人民教育,1954(1)：24.

②   王承绪,朱勃,顾明远.比较教育[M].北京：人民教育出版社,1983：17.

表现为我们废除了存续几千年的旧式教育,建立了新式的现代教育制度,同时,更为重要的是,我们开始学习和探讨这些现代教育制度背后的世界教育精神。那么,这里的世界教育精神到底是什么呢？ 也就是说,什么是马克思意义上的共享的教育上的世界文学呢？

在作为启蒙的比较教育近200年的历程中,体现世界教育精神的卢梭、赫尔巴特、杜威、凯洛夫、弗莱雷和本纳的教育思想被依次引入中国,对中国教育现代性的理解和现代化发展产生了深远的影响。这六位教育家以其风格化的思想,被中国教育实践和理论界所熟知、认可,其教育思想被转化,在不同时期发挥着理论和实践启蒙的作用。他们的教育思想代表着现代的世界教育精神。

卢梭强调培养自主的个体,建立民约的社会。近代西方的现代性开启于一种人的主体性地位的确定。这里体现了一种"哥白尼式"革命。实际上,哥白尼的"日心说"也确实给西方世界带来了三个层面上的解放：第一是思想从神学的桎梏中的解放；第二是认识论从亚里士多德的目的论中解放；第三是让人的认识超越于生活经验之外。进而,这种哥白尼式革命将人类带入了数学的认识方式：真实是可以用数学进行计算和预测的；只有可以用数学按照普遍法则进行解释的才是真实的。培根在此基础上开启了近代科学认识论革命,提出了一种经验归纳的科学认识论,认为知识就是力量。这样,人对于世界的主体地位就确立起来了(如表1所示)。① 康德进而把这种主体称为能独立使用自己理性的人,所谓现代社会就是使这种理性和进步成为可能的社会。

表 1

概　念	古 希 腊 意 义	近 代 意 义
主体	臣服者：人服从于自然法则。	主动的主体：人征服世界,从而统治世界。
客休	面对者：人面对的世界在其给定的秩序中是一个完成的世界。	被统治的对象：世界变成一个被人用技术和科学统治、征服了的世界。

由此,培养自主的、主动的个体就成为现代教育学的基本使命。这一点最初体现在法国卢梭1762年出版的革命性作品《爱弥儿》之中。卢梭在这部作品中设想了一个叫爱弥儿的儿童的成长过程,并把这个过程置于当时虚伪腐败的专制社会之外即自然之中。在自然教育之中,爱弥儿成功避免了成人社会的恶劣影响,能够按照其内在规律发展,先是感觉发展、然后是判断力发展,从而成为一个自主的人。卢梭培养的既不是任性的暴君,也不是没有自己意志的奴才,而是一个人。

卢梭在1762年不仅出版了《爱弥儿》,还出版了论述如何从君主极权过渡到共和制度的《社会契约论》。在共和制度中,个人不再是他人(国家元首)的臣民,而同时既是最高统治权的分有

---

① ［德］迪特里希·本纳,彭正梅,［丹］亚历山大·冯·欧廷根,等.教育和道德：从古希腊到当代［M］.彭韬译,上海：上海教育出版社,2020：51.

者,又是臣民。个人放弃自己自然的自由并通过契约获得一种在公共意志下的所有人承认的自由。卢梭的《社会契约论》和《爱弥儿》思想之间存在一种奇妙的关系:"社会契约"只能由受过符合《爱弥儿》的原则的教育的人来实行,而《爱弥儿》中的教育原则只有在共和制和民主制的前提下才能实行。①

我国对卢梭思想的最初接受首先表现在其民约论即《社会契约论》所体现的"主权在民"的现代政治思想;稍后,卢梭尊重儿童、尊重童年的自然主义教育思想在"五四"前后受到热烈关注,其"解放儿童"与五四运动"个性解放"的精神相一致,同时也呼应了彼时在我国流行的杜威平民主义的教育思想。

赫尔巴特系统阐述了基于"知识即德性"的现代教学方法。近代科学教育学的起源可以追溯到1806年赫尔巴特出版的《普通教育学》。近一个世纪后,中国开始接触西方教育学,"赫尔巴特学派"率先对中国教育产生了重大影响。赫尔巴特学派教育思想最初由王国维从日本引入近代中国,对我国教师教育和课堂实践产生了恒久的影响。改革开放以后,李其龙等学者翻译的《赫尔巴特文集》加深了人们对于赫尔巴特更加全面客观的认识。

在赫尔巴特看来,教育的首要目标就是个体的道德发展;这种道德发展依赖于三种教育行动形式即儿童管理、知识教学和道德训育。这与大致同样强调教育中的纪律、德育、知识学习和师道尊严的儒家教育信条较为契合。不同的是,赫尔巴特学派发展了一种系统教学法模式,包括五个步骤:(1) 预备,明确学习目的,唤起学生的学习动机,将新材料与学生以前的知识联系起来,让学生做好准备;(2) 提示,传授新内容,将新教材进行分节展开教学;(3) 联想(比较),将新信息与已有知识进行比较和对比,发现其中的共同点;(4) 归纳总结,基于比较得出一般规则,上升到对于概念法则的概括;(5) 应用,将新知识与既有知识相联系应用到不同的情境中。这五个步骤是基于赫尔巴特在《普通教育学》中提出的明了、联想、系统、方法四个教学阶段扩展而成,而这四个阶段在赫尔巴特那里是有着自己的心理学阐释,因而也体现了人的认识规律。② 赫尔巴特的教学思想也被称为教育性教学,也就是说,德性的培养不能通过灌输,而是要建立在知识和认识的基础上,这不仅呼应了康德的启蒙学说,也是对苏格拉底"知识即德性"信条的继承。

杜威强调"问题解决"的"做中学"理论。1919 年,五四运动前,杜威来到中国,受到了渴望新学说的中国知识分子的热烈欢迎。他的教育思想充满了民主精神、科学精神和实用精神,与当时"德先生"和"赛先生"的两个时代主题相呼应,引起了人们的强烈共鸣。杜威结合中国社会的具体情况,提出了深刻影响中国教育界的见解。杜威的学说得到了广泛的认可和应用,已成为中国教育思想界的基石。杜威的教育思想在中华人民共和国成立初期受到批判、抵制和否定,改革开放后又被积极地重新评价。

---

① [德]迪特里希·本纳,彭正梅,[丹]亚历山大·冯·欧廷根,等.教育和道德:从古希腊到当代[M].彭韬译.上海:上海教育出版社,2020:62.

② 彭正梅,[德]迪特里希·本纳.现代教育学的奠基之作——纪念赫尔巴特《普通教育学》发表 200 周年[J].全球教育展望,2007(2):19-27.

杜威的"做中学"理念把教育从书本崇拜转向了面向真实世界的科学的问题解决。这种科学的问题方法是杜威教育理论的核心,其核心理念是教育应植根于现实生活的体验和主动参与,而不是被动地接受信息、知识和教条。杜威认为,学习是通过与环境的动态互动和对知识的实际应用而发生的。这种体验式学习能培养批判性思维和解决问题的能力,对终身学习和人的持续成长至关重要。

杜威的教育思想还被理解为一种平民主义教育观。他强调要把教育普及到每一位平民身上,倡导教育与生活相结合,养成理智的个性与共同生活的观念和习惯,培养一种作为生活方式的民主精神。

杜威对中国在不牺牲其丰富文化遗产的前提下努力实现现代化的过程非常感兴趣,他并没有把现代化和传统视为二元对立的事物,而是认为它们具有潜在的互补性。中国传统思想的优势如对世界的整体性和关系性理解,可以作为一个现代化的新中国的基础。① 杜威对西方帝国主义及其在中国推行现代化的方式持批判态度。他反对那种不加批判地照搬西方的做法,并告诫人们不要忽视本土思想和传统的价值。在他看来,中国真正的力量来自将自身传统与精选的现代概念相结合,而不是全盘模仿西方。② 杜威认为,教育可以作为传统与现代之间的桥梁。杜威的思想在当时中国知识分子中颇有影响。一些人如胡适,认为杜威的进步教育方法和他对现代化采取平衡方法的呼吁很有价值。另一些人则持怀疑态度,认为杜威尽管尊重中国文化,却无法完全理解中国千年传统的复杂性和深刻性。③

凯洛夫系统论述了教育的政治维度以及集体主义性质。凯洛夫是苏联杰出的教育家,他奠定了与马克思列宁主义意识形态紧密相连的教育学基础,致力将学生培养成为坚定的共产主义建设者。他的教学法特别强调教育的政治层面,他坚信教育并非中立,而是灌输社会主义价值观和马克思列宁主义意识形态的关键工具。他认为,教育可以塑造年轻人的思想意识,激发他们的政治觉悟,并使他们全身心投入实现共产党目标的伟大事业。

凯洛夫的教学法提倡集体主义,主张构建一个有利于集体成就和社会团结而非个人主义的教育体系。他提倡将学生组织成集体,如先锋组织,并让他们参与旨在培养集体认同感和相互责任感的活动。课程和教学方法均鼓励团队合作、共享成果和社会团结,以培养出将共同利益置于个人利益之上的个体。此外,凯洛夫还强调了道德教育和终身学习的重要性,确保个人持续发展与社会主义理想保持一致。他的教育原则不仅限于知识传授,更在于培养道德高尚、致力推进社会主义和共产主义事业的公民。

新中国教育学发展与凯洛夫《教育学》的引入和学习密切相关。尽管凯洛夫《教育学》在中国流行的时间不长,但由于它是作为用马克思主义立场、观点和方法论述教育问题、揭示教育本质

---

① DEWEY J. Reconstruction in philosophy[M]. New York：Henry Holt and Company,1921.
② DEWEY J, DEWEY A. Letters from China and Japan[M]. Boston：E. P. Dutton,1920.
③ KLOPPENBERG J T. Uncertain victory：Social democracy and progressivism in European and American thought，1870－1920[M]. New York：Oxford University Press,1996.

的理论经典而传入的，作为世界上第一个社会主义国家的教育学著作被我们所接受，它对中国教育理论和实践产生了深远影响，并一直延续至今。凯洛夫《教育学》在 20 世纪 50 年代占据了中国教育领域的主导地位，"在中国中小学曾风行一时……几乎成了我们教育工作者的'圣典'，成了人们评价课堂教学好坏或鉴别教师优劣的唯一标准。"①

不过，到 20 世纪 50 年代末至 60 年代中期，中国学者开始质疑凯洛夫《教育学》与中国实际情况的适应性，并反思了学习过程中存在的教条主义问题，同时努力探索教育学的本土化。1956 年，毛泽东在《论十大关系》和《同音乐工作者的谈话》中指出，"必须有分析有批判地学习，不能盲目地学，不能一切照抄，机械搬运"②，"应该学习外国的长处，来整理中国的，创造出中国自己的、有独特的民族风格的东西"③。在"文化大革命"时期，凯洛夫《教育学》被视为修正主义教育学而受到批判。然而，改革开放后，凯洛夫《教育学》重新获得了公正的评价。凯洛夫《教育学》的引入和学习对中国当代教育学的发展产生了重要影响。尽管在不同时期存在着质疑和批判，但它仍然是中国教育理论和实践中不可忽视的经典之一。

弗莱雷发现了（资本主义社会）教育（压迫）的社会本质。杜威关注儿童，而弗莱雷关注成人。在 20 世纪 90 年代后期，黄志成等学者将弗莱雷的教育思想引入中国，并激发了一股弗莱雷研究热潮。弗莱雷的开创性著作《被压迫者的教育学》（1970）在中国的引进为研究者提供了新的教育和教育学问题思考视角，并推动了对教育基本问题的研究，丰富了成人或人的教育哲学，开创了被赫尔巴特教育学以及儒家教育学所忽视的关于人的教育社会环境和制度的批判研究。

弗莱雷在《被压迫者的教育学》中提出了解放教育思想。他批判了传统的教育方法，将其称为"银行教育"，即把知识被动"存入"学生头脑之中，并在将来从"银行"中取出，以获得竞争优势。相反，他倡导对话式和提出问题的方法，即教师和学生共同参与学习过程，承认知识是共同构建的。弗莱雷的方法强调了解学生生活的社会、政治和经济背景的重要性，认为教育应该是一种自由的实践，帮助个人批判性地反思自己的现实，并赋予他们改造现实的能力。这一革命性思想旨在将个人从压迫条件下解放出来，促进批判意识，使教育成为社会变革和个人赋权的工具。弗莱雷强调对于社会结构的批判和意识觉醒，并倡导通过成人教育改造社会。也就是说，弗莱雷认为，教育要帮助人摆脱虚假意识，认识到虚假意识产生的根源，特别是社会制度、社会文化的根源；只有在正义的社会环境、社会制度的支持和保障下，人的自由和解放才有可能。显然，在这一点上，弗莱雷的理论与马克思主义教育思想存在着一致性。

本纳捍卫现代教育学自身逻辑。德国当代教育学家本纳从实践学的角度考察西方 2 000 多年的西方教育传统，提出了一个旨在捍卫现代教育和教育学自身逻辑的宏大且严密的普通教育学体系，即《普通教育学：教育思想和行动基本结构的系统的和问题史的引论》（华东师范大学出

---

① 卢逸民.形而上学和烦琐哲学的大杂烩——对一本《教育学》的"教学原则"的批判[J].人民教育,1965
(4)：29.

② 毛泽东.论十大关系[M]//中共中央文献研究室.毛泽东文集第七卷.北京：人民出版社,1999：41.

③ 毛泽东.同音乐工作者的谈话[M]//中共中央文献研究室.毛泽东文集第七卷.北京：人民出版社,
1999：83.

版社,2006 年版)。在这个教育学体系中,本纳把人界定为一种扭转生命困境的实践的动物;动物需要实践但没有能力去实践,神能够实践但没有需要去实践,人是唯一的需要且能够实践的动物。在这个概念基础上,本纳把人的实践领域划分为六种基本的实践领域:政治、经济、教育、道德、审美和宗教,且每种实践都有自己的不可取代的独特的使命和自身逻辑。在本纳看来,现代教育的基本原理体现在四个方面,即不确定的可塑性、敦促自我活动、把社会影响转化为教育上合法的影响(转化原理)以及人类基本行动领域的非等级性(非等级性原理)。本纳认为,马克思在进行政治经济学批判之后,本来打算在对其他实践领域也进行类似的批判,以确定人类六个行动领域处于一种非等级性的关系,但马克思后来由于更为迫切的时代任务而没有明确提出这一非等级性原理。因此,人类基本实践的非等级性关系,也可能是马克思的人的自由且全面发展思想的源泉。本纳的实践哲学源于德国古代哲学,并吸收了马克思和杜威的思想,因此,其教育学在某种程度上是一种马克思主义的实践的教育学。本纳在 2020 年还出版了自己的《普通教学论》,这是一种基于人类知识形式之间的非等级性的捍卫教学的自身逻辑的新体系。

这六个人的教育思想体现了现代教育发展的进程,并在不同历史时期被引入我国,在教育学领域发挥了某种程度的启蒙作用。他们的思想之间既相互区别又相互关联。因此,在学习他们的理论时,不能存在二元对立的思维模式,例如,"学习赫尔巴特的年代,赫尔巴特就是教育理论的代名词;学习杜威的时候,赫尔巴特则成了传统的、保守的,因而也是需要摈弃的落后思想理论的代表;学习凯洛夫的时候,则杜威、赫尔巴特一起都立刻成为了资产阶级反动势力的代言人,他们的理论学说自然也就成了需要大加挞伐的对象……"①每个人物都有其独特贡献和局限性。通过深入学习和思考,我们应从不同的理论中汲取有益的观点,并结合实际情况进行创新和改进。只有这样,才能推动教育改革朝着正确的方向发展,避免重复犯错。

在比较教育启蒙时期,由于特殊的时代背景,学者们"今且置古事不道,别求新声于异邦",将目光投向了广阔的世界,但是随着中国的不断发展,人们逐渐认识到,并不能将所有希望寄托在"异邦"之上,还是要建立自己的文化自信和教育学自信。

三、比较教育作为文化和启蒙辩证(2012—　)

随着近代以来对中国文化传统的深刻反思以及对西方自由、民主、科学的新文化的引入,中国传统的旧文化开始走下思想统治的神坛。但是,在现代化的启蒙浪潮之下,捍卫和发展固有文化的文化自觉的声音从来就不绝于耳或构成启蒙之下的底层逻辑。我们甚至可以说,启蒙之光虽然强烈,但固有文化依然挺立。捍卫固有文化的文化自觉运动和努力也不绝如缕,例如 20 世纪 20 年代的"学衡派"以及 1958 年的《为中国文化敬告世界人士宣言》。②

2012 年后,中国社会不仅在政治经济层面进入中国特色社会主义新时代,更在文化上进入

---

① 周谷平,叶志坚.赫尔巴特教育学在中国:一个跨越世纪的回望[J].教育学报,2006(5):30.
② 倪培民.心性之学与当代儒学的世界化——《为中国文化敬告世界人士宣言》发表 60 周年评议[J].杭州师范大学学报(社会科学版),2018,40(6):40-48.

了从文化自觉走向文化自信的关键转折。坚持文化自信，成为中华民族复兴的应有之义，需要以"旧邦新命"的使命感重新确立我们的文化身份和文化使命。当然，对中国文化的自觉和自信，早已不再是传统社会对万国来朝幻象的陶醉，而是立足于世界文明坐标，对中国文化的价值与结构进行审慎的重估与再造。在这一宏大的文化使命中，比较教育除启蒙之外，更应深度参与中国教育学的话语体系、学术体系和学科体系的建立。这就要求比较教育从单纯的启蒙使命走向启蒙与文化的辩证的新使命。比较教育的借鉴并不是一个大开大合的过程，更没有造成"全盘西化"的结果。对于本国文化传统的提醒并不是固步自封，而是在对外借鉴的过程中必须具备的一种自我感知、自我认同、自我尊重的意识。①

（一）比较教育作为文化自信

教育学作为文化自信的一部分，相应地产生了一种文化自觉的需要；比较教育也有自己的文化使命。

教育扎根于文化之中。顾明远提出："教育有如一条大河，而文化就是河的源头和不断注入河中的活水，研究教育，不研究文化，就知道这条河的表面形态，摸不着它的本质特征，只有彻底地把握住它的源头和流淌了5000年的活水，才能彻底地认识中国教育的精髓和本质。"②因此，教育研究要把握"教育变迁之流"必先认识"文化变迁之源"。人是文化的载体，只有在创造文化的行动中，人才能被视为真正意义上的人；也只有在文化活动中，人才能获得真正的"自由"。教育是一种文化活动，它通过培养人来选择文化、传播文化和创造文化；不断动态发展的文化，为教育研究提供了新的视野、新的思路和新的成果生长点，而教育和其中人的不息成长也为文化的生长发育提供了根本性的动力。③

教育学是一门带有文化性格的学科，不可能完全像实证科学那样，在研究过程中完全排除价值问题，而价值跟文化有着非常密切的关系，所以不同文化体系有不同的教育学理论，而且每个文化体系里的教育学理论都有固有的问题。对于教育学应该成为一门像实证科学一样的科学的观点，石中英认为，这不能反映教育学学术活动的本质特点，教育学应当是价值负载的，教育学的研究不能排除价值和文化因素。④ 石中英将"科学性"和"文化性"相对应。教育学研究不应仅仅试图把教育学变成一门科学，使概念变得更严谨、证据更充分，过度实证科学化的道路会毁掉教育学，会使得教育学失去灵魂。

因此，教育学理论是一种文化理论，教育学者应当同时具有价值情怀。⑤ 教育学的文化自觉不仅是将文化因素纳入对教育问题的考虑，更是基于中国价值体系，塑造中国教育的价值判断，教育学人所创造的，不仅是有竞争力的教育和教育理论体系，更是融合了中国美德、中国情怀的

---

①　高原.借鉴与救赎：中国比较教育百年[J].全球教育展望，2017，46（10）：102-114.

②　顾明远.中国教育的文化基础[M].太原：山西教育出版社，2004：17.

③　顾明远，蔡宗模，张海生.中国教育改革发展的昨天、今天和明天——顾明远先生专访[J].重庆高教研究，2019，7（2）：5-11.

④　石中英.论教育学的文化性格[J].教育研究，2002（3）：19-23.

⑤　石中英.中国传统文化阻碍创造性人才培养吗？[J].中国教育学刊，2008（8）：1-6.

良善教育。这样现代化的教育才能真正得到文化的滋养，并滋养一个温良美好的现代化国家。对于如此理解的文化的教育学而言，比较教育就必须承担起新的文化使命，这尤其体现在以下几点。

第一，参与建设中国教育学。比较教育学者的目光不能只关注和引进国际教育学，同时还要参与建设富有中国特色的教育学，并做出自己的独特贡献。2001年，叶澜首次提出"中国教育学"的概念，并于2004年发表《为"生命·实践教育学派"的创建而努力》，创立了"生命·实践教育学派"，即一种具有"中国特色、中国风格、中国气派"①的教育学派。

这个学派的建设并不排斥世界教育学，且很好地处理了中国特色与世界精神的关系问题。也就是说，建立具有中国特色的教育学，应该将中国教育学置于世界的整体坐标系中，同时坚定中国研究者的本土立场和文化立场，使中国教育学成为"在世界的中国教育学"和"在中国的世界教育学"。这样的"中国教育学"就不再是与西方国家或周边国家的教育形成呼应或对立的一极，而是在世界中具有独特定位、与世界共生共长的独立坐标。这样，既能形成中国教育研究者"在中国"的世界性思考方式和表达方式②，也能形成研究者扎根于中国文化土壤的文化身份。③

第二，对外讲好中国故事。比较教育的文化使命不仅是参与建设中国特色教育学体系，同时还要在国际交流中讲好中国故事，传播中国声音和教育智慧。中国教育故事不再仅仅是中国土地上的现实事件，而应该作为具有独特文化价值的叙事，被纳入人类共同的经验宝库。

随着中国的飞速发展和国际地位的提升，中国故事在全球化的今天越来越成为不可忽视的世界财富。自2009年中国上海参与国际学生评估项目（PISA）测试并取得世界第一的优异成绩以来，世界的目光转向中国教育，中国教育经验和中国人才的成长故事开始令世界正视并思考。PISA的优异成绩让我们自信，也让我们自省。④ 通过PISA可以让世界了解中国的教育经验⑤，也让中国了解世界，定位自己的位置以及世界对我们真实的认知，既不妄自尊大，也不妄自菲薄。

第三，参与全球治理，为世界教育治理提供中国经验。中国已经在世界之中，全球化世界是中国教育发展的不可忽视的客观背景，而"全球治理"则是全球化时代的世界各国的共同选择和教育理当参与的时代使命，以推动实现全球的"善治"。"'全球治理'在世界教育领域中，首先意味着要通过'善治'，使世界各国的教育都得到改善，所有儿童和受教育者都能接受更加公平、更加优质的教育，每个儿童和孩子都得到更为自由和充分的发展，这也是让所有人增强'全球治理'

---

① 叶澜,罗雯瑶,庞庆举.中国文化传统与教育学中国话语体系的建设——叶澜教授专访[J].苏州大学学报(教育科学版),2019,7(3)：83-91.

② 李政涛,文娟.教育学中国话语体系的世界贡献与国际认同[J].北京大学教育评论,2018,16(3)：62-72+188.

③ 李政涛.文化自觉、语言自觉与"中国教育学"的发展[J].华东师范大学学报(教育科学版),2010,28(2)：9-16.

④ 对话上海PISA项目组负责人张民选教授——PISA让我们自信,也让我们自省[EB/OL].[2013-12-06].https://www.shnu.edu.cn/44/2a/c16a607274/page.

⑤ 张民选,朱福建,黄兴丰等.如何讲好中国教育故事：需要研探的命题——以中英数学教师交流项目为例[J].教育发展研究,2021,41(12)：1-10.

意识、帮助所有人提升'全球治理'参与能力的前提。"①这样一种全球治理也体现在我国的"一带一路"倡议之中。这就要求比较教育学者关注"一带一路"沿线国家的教育研究，以促进我国与沿线国家的政治互信、经济融合、文化互鉴和民心相通。当然，参与全球教育治理还包括参与国际组织以及与所有国家的教育交流与合作。②

第四，连接中国教育学与世界教育精神。文化使命的觉醒和强调，对比较教育研究形成了一种"既要……又要……"的学术张力。作为启蒙的比较教育既要引进世界教育精神，建设教育强国，把中国教育引向世界前沿、引向现代化、引向世界、引向未来，又要建设自己的教育学，对外讲好中国教育故事和参与全球教育治理。比较教育的文化自觉揭示了一个被长期忽视的显然的目的，即我们学习别人，但同时不放弃自己，而且还要建设自己。中国作为一个人口大国及文化大国，学习和借鉴别国的教育只是事情的一个方面，根本的一点更在于建设自身的教育和教育学，建设一种体现我们自己文化特色的教育本体。否则，一味向外学习、寻求和借鉴，很容易陷入庄子所谓"丧己于物，失性于俗"的"倒置"之民族。"中国教育亟须一种根本性的自觉。这种自觉的中心就是培养什么样的人，也即中国教育就是要培养堂堂正正的中国人，或者说中国教育就是要理直气壮地以培养中国人作为其根本目的。"③

对此，比较教育不仅要放眼遥远的世界，更应当对本土既有的千年传统文化有着深刻省察，一个好的比较教育学者必须是一个好的文化学者，要连接中国教育学和世界教育精神，并建设有中国特色、世界视野的教育学体系；越是建设中国的教育学体系，就越是不能与世界教育精神相脱离而自搞一套。当然，比较教育学者在认识文化多样性的同时，也要认清形形色色的文化殖民主义伎俩，辨别他们背后的政治阴谋或商业目的，避免成为他们的"俘虏"。④

（二）比较教育作为启蒙与文化的辩证

连接中国教育同世界教育精神，实际上就是要求中国教育学要走启蒙与文化辩证的道路。讲教育自信，不能忽视文化的革新即启蒙；讲启蒙，不能忽视我们固有文化的根本。没有启蒙的文化，会走向愚昧和封闭，没有文化的启蒙，会走向虚无和危险。就目前而言，我们需要处理好文化自信与教育强国、天下大势与天下课程两对关系。

1. 教育文化自信与教育强国

今天，我们在文化自信的基本态度下，对传统文化的情感已不再如启蒙时代那般苦涩深沉，而是在和平年代和富强社会中，对悠远历史文化的深深自豪与珍重。文化自信，让我们珍惜千年来的文化遗产，更以热情和自信拥抱世界文化，投身世界文化交流与文明互鉴。但是，需要指出的是，中国教育不管如何改革，其永恒的主题就是教育的现代性和不断现代化，也就是永远致力于未来导向的前沿位置。这不是简单的文化传承或复制可以完成。文化自信不是让一个个年轻

① 张民选,夏人青.全球治理与比较教育的新使命[J].教育发展研究,2017,37(17)：1-9.
② 刘宝存,高益民.全球化时代比较教育学科的转型[J].比较教育研究,2021(9)：29-38.
③ 刘铁芳.培育中国人：当代中国的教育自觉[J].湖南师范大学教育科学学报,2018,17(2)：1-11.
④ 石中英.21世纪基础教育的文化使命[J].教育科学研究,2006(1)：15-16.

的生命带着我们全部的精神文明回到旧文化中去。在过去内忧外患的时代，作为启蒙的比较教育是为了救亡图存；而今天中国的强盛只能使我们更加自信、自觉地走改革开放的现代化道路，学习世界，融入世界，在世界中寻求我们的幸福和高贵使命。这不仅是一种理想主义，还是一种现实主义的态度。因为文化自信和教育强国都需要一种面向世界、面向未来的态度和行动。

即使在讲好中国教育故事方面，我们也需要向国际学习。中国形象与中国故事应当在完整而丰富的中国经验中呈现出一个鲜活、真实的中国，但实际上，这个问题并不像我们所认为的那样简单。对此，我们可以提出三个问题：第一，"谁在讲中国教育的学术故事"，是我们自己还是他人；第二，"产生了什么样的影响力"，不论学术影响力还是社会影响力；第三，"讲了什么中国教育学术故事"。国际上关注的中国教育内容议题与我国教育发展的重点方向和议题相差甚远。本土讲述有所纠偏，但仍无法完全摆脱国外平台的议程设置。所以，平台建设、渠道建设至关重要，主动权不能拱手相让。[①] 但是，故事的讲授者必须采取一种故事接受者可以听懂的语言和方式。

可以看出，即使是讲好中国教育故事，我们也需要借鉴别国的经验、技巧和战略。这在建设教育强国的问题上尤为必要。

今天教育强国的任务要求我们培养创新精神、创造力为代表的高阶能力，促进国家高质量发展。这要求我们仍需向那些发达国家学习。[②] 尽管改革开放以来，我国教育大众化、普及化趋势要快于发达国家[③]，在规模上已经是教育大国了，但我国当前的教育质量与西方发达国家相比，还存在一定的差距，特别是创新人才培养方面。[④] 因此，在当今全球知识社会时代，所谓教育强国，就是那些以面向所有学生培养 21 世纪的高阶能力为目标，并为之做出有效的制度和实践安排的国家。

如何培养高阶能力对我们的教育提出了新的挑战。我们以知识为核心、教师直接教学为主导的教育虽然为培养公民良好的知识素养打下了坚实的基础，并且也反映在 PISA 等国际测试中令人瞩目的表现上，但是却不利于培养在 21 世纪所需要的更为迫切、更为重要的能力。高阶能力的培养需要教育的力量与社会空间，教育向高阶能力的转向需要我们改变和创新教育方式，甚至改变社会制度，建立高阶能力能够得到适当培养的社会制度与文化体系。因此我们需要再次向世界学习，增加与世界的交流和互动，与世界联通。这样才能帮助我们突破固有的模式，勇于变化创新，建设以培养创新力为核心的教育强国。[⑤]

---

① 陈霜叶.全球教育研究知识的不对称分布现状与中国教育话语权的前景[C].上海：中国教育学会比较教育分会第 21 届年会，2022.

② 彭正梅，邓莉，周小勇.发展 21 世纪能力，建设现代教育强国——国际教育改革新趋势及中国应对[J].中国教育政策评论，2018（1）：58 - 84.

③ 高书国.从教育大国迈向教育强国——中国教育发展的趋势与战略构想[EB/OL].[2016 - 09 - 16].http：//www.sohu.com/a/114465216_100886.

④ 赵勇.国际拔尖创新人才培养的新理念与新趋势[J].华东师范大学学报（教育科学版），2023，41（5）：1 - 15.

⑤ 彭正梅，吴月竹，陈丽莎.高质量发展要求培养高阶能力：对教育强国的共同考察[J].全球教育展望，2024，53（3）：144 - 160.

3. 天下大势和天下课程

孙中山先生在 1916 年观钱塘江大潮时感慨："世界潮流,浩浩荡荡,顺之则昌,逆之则亡。"既然世界潮流如此重要,那么,一个国家的持续发展离不开对世界潮流即天下大势的正确感知和认识。由于教育在国家发展中的根本地位,因此,对于世界教育趋势的感知也同样极为重要。我们显然不能跟随一个虚假或扭曲的世界潮流,不能跟随一种被错误总结的天下大势。

20 世纪 90 年代以来,美国出现了对今天美国政治影响深远的、对天下大势评估的三个主要观点,主要体现在三本著作之中:福山的《历史的终结与最后的人》(1992 年英文版)、亨廷顿的《文明的冲突与世界秩序的重建》(1996 年英文版)以及米尔斯海默的《大国政治的悲剧》(2001 年英文版)。福山代表了一种政治意识形态的天下大势观,强调万国不论如何差异,最终都将走向西方式的自由民主;亨廷顿代表了一种文化、文明的天下大势观,强调全球化时代人类冲突的形式将表现为一种文明的冲突,认为文明的界限就是战争的界限,强调重新捍卫美国文化身份;米尔斯海默代表一种新现实主义的天大大势观,认为大国竞争军事冲突不可避免。尽管不同的学者对这些观点做出了批判和分析,但这三种天下大势观在某种程度上,已经成为西方特别是美国的国家战略以及对外战略的理论基础。这三种观点逐渐主导了 20 世纪 60 年代出现的对世界后殖民主义的多元理解以及对以联合国为代表的理性进步主义的世界理解,将天下引向危险、危急的境地。2024 年 3 月 23 日在北京师范大学召开的会议上,95 岁高龄的顾明远先生指出,教育不仅要研究"一带一路"沿线国家,同时还要研究今天的发达国家,特别是美国。这也是一种现实主义的态度。

这种现实主义的态度要求我们比较教育学者"只争朝夕"地建设我们的教育强国,推动国家教育、科技和人才的一体化建设,提升国家整体的竞争实力和战力。

当然,对于日益相互依赖的多元的全球化社会来说,这三种世界观带有自私、霸道的色彩。对此,我们需要提出自己的世界理解,以与之交锋和对抗。历史学家汤因比说:"未来的世界国家必须与世界等大,必须是真正世界性的。"[①]中国有可能自觉地把西方更灵活也更激烈的火力与自身保守的、稳定的传统文化熔为一炉。如果这种有意识、有节制地进行的恰当融合取得成功,其结果可能为文明的人类提供一个全新的文化起点。[②]

天下主义可以作为这样一种"文化起点"。中国天下观自古以来就存在,与西方的国家观等概念完全不同。钱穆先生曾在《晚学盲言》中就申言:"要之,中国人自秦以下,并非仅知有国,不知有天下,不烦详论。今所欲论者,中国人此种观念,绝不与西方相似。西方人视国外尽是敌,抑不许敌我之相安而并存。中国人之天下,则敌我一体,同此天,同在天之下,同为人,不同一政府,此谓小别而大同。"以及"西方人天非可畏,亦非可乐,宜其无如中国人之天下观。耶稣信上帝非信天,科学则以战胜自然为任务。天属自然,亦在被战胜之列。人与人、国与国相争,而天之与其

---

① ［日］山本新,［日］秀村欣二编.中国文明与世界:汤因比的中国观[M].周颂伦,等,译.北京:东方出版社,1988:8.

② ［英］阿诺德·汤因比.历史研究[M].刘北成,等,译.上海:上海人民出版社,2005:彩图 78.

他自然界万物，则尚无与人平等相争之资格。故中国传统观念下之天人关系，在西方则断无其相似之存在。"①钱穆看到了复兴我们文化中的天下概念的必要性："实则当前世界，由科学进步，已到达一国之上共有天下一境界。天下不宁，国又何得安。故今日之世界，实为中国传统观念，传统文化，平天下一观念，当大放异彩之时代。"②于是，一种基于中国传统的新天下主义的世界理解应运而生。

第一，"天下体系"的世界观。赵汀阳将"天下"界定为一个意义饱满的厚重概念（thick concept），一种"在其中世界被理解成物理世界（大地）、心理世界（人民的共通心意）和政治世界（世界制度）的统一体"。③赵汀阳认为中国这种独特的世界观念，要比西方以民族国家和国家间关系为核心的世界观念更具开放性和包容性，因为"以'天下'作为关于政治/经济利益的优先分析单位，从天下去理解世界，也就是要以'世界'作为思考单位去分析问题，超越西方的民族/国家思维方式，就是要以世界责任为己任，创造世界新理念和世界制度"。④"天下体系"因其在哲学层面上满足制度最大化和普遍化的原则，在思想上以其"无外"的包容性从而具有先天的优越性，将是未来世界制度的必然形态。⑤

第二，"新天下主义"的世界观。"新天下主义，是传统天下主义与民族国家的双重超克。一方面，超克传统天下主义的中心观，保持其普遍主义的属性；另一方面，吸取民族国家的主权平等原则，但克服其民族国家利益至上的狭隘立场。"⑥新天下主义"不以中西为沟壑、古今为壁垒"。⑦刘擎主张寻求"一个共建的世界"，因为"我们不只是共存于一个世界，而且是在共建一个世界，也只有在一个共建的世界中我们才能和平与繁荣地共存。这个共建世界的规范秩序是基于建构主义的和跨文化的普遍主义规范性"。⑧

第三，"天下课程"的"天下主义"。从中国教育智慧传统出发，古代认为，天下大势的思考，必须本于天下意识的形成，因此会选择若干经典文本作为"天下课程"来凝聚、培养和奠定天下共识。这个"天下课程"最初表现为《诗》《书》《礼》《易》《春秋》，稍后表现为《大学》《论语》《孟子》《中庸》，这个传统自1905年废除科举考试而中断。今天，在全球化的视野中，我们仍然可以把人的事实性和必要性的存在领域从自我修身扩展到社会领域、国家领域以及审美或生态的天下领域，可以与不同时期影响中国的四本经典文本关联、对应，以建立新的"天下课程"。

如果说近代之前的中国社会，《孟子》作为我们文化的本体，代表着一种德性取向的天下理想；《庄子》比较复杂，虽然产生于前现代但却代表着后现代那种强调存在多元、道通为一的非人

---

① 钱穆.晚学盲言[M].桂林：广西师范大学出版社，2004：173.

② 钱穆.晚学盲言[M].桂林：广西师范大学出版社，2004：172.

③ 赵汀阳.天下体系：世界制度哲学导论[M].北京：中国人民大学出版社，2011：84.

④ 赵汀阳.天下体系：世界制度哲学导论[M].北京：中国人民大学出版社，2011：2.

⑤ 赵汀阳.天下体系：世界制度哲学导论[M].北京：中国人民大学出版社，2011：2.

⑥ 许纪霖，刘擎.新天下主义[M].上海：上海人民出版社，2014：8.

⑦ 许纪霖.天下主义/夷夏之辨及其在近代的变异[J].华东师范大学学报（哲学社会科学版），2012，44（6）：66-75+150.

⑧ 许纪霖，刘擎.新天下主义[M].上海：上海人民出版社，2014：60.

类中心的天下理想；而清末《论自由》传入中国，代表着一种现代性强调个体自由、社会宽容的天下理想；新文化运动时期，《共产党宣言》传入中国，代表着一种现代性强调共同体福祉的政治取向的天下理想。这四部经典蕴含着人类社会迫切需要的、非等级性的四重人类学视野，即人是道德的存在、社会的存在、政治的存在以及天下的或审美的存在。① 它们既具有中国"天下课程"传统所具备的知识典型性、时代相关性、视野系统性以及内在补充性和张力性的特质，也兼具世界性和未来性，可以作为一种新时代的中国教育学自信。

这个新的"天下课程"与社会主义核心价值观的个人层面、社会层面、国家层面并与我国提出的全人类共同价值的天下层面联系起来，进而呼应着传统文化中修身、齐家、治国、平天下的为学次第。

我们的文化逻辑是天下之本在于修身，天下治理之本在于教育。今天，对于天下大势和天下教育大势的思考和判断，是比较教育学者的新使命。② 作为天然跨文化、跨国别的学科，我们需要观天下大势，察古今得失，用我们的天下主义去与西方霸权主义的世界进行论争，为作为"世界文学"一部分的世界教育精神而斗争。

三、迈向共同的"世界文学"：中国比较教育的未来

这里借用启蒙与文化的"透镜"对我国比较教育新使命的考察，并未脱离国际学者对于比较教育功能的考察。③ 例如，在罗伯特·阿诺夫看来，比较教育和国际教育领域包括科学、实用和国际/全球理解三个维度。④ 从科学维度来看，比较教育作为一门科学，它的主要任务是科学研究，生产具有科学价值的成果；从实用的维度看，比较教育研究的发现有助于改善国内的政策和实践；从国际理解的维度看，比较本身仅仅是一个对特定社会中的教育进行全面理解的过程，比较教育在哲学、历史、社会和全球视角的"十字路口"的综合中有其前景。因此，这门学科的第三个重要方面是促进国际的理解与和平。结合我们的"透镜"，这里实用的目的就是文化的目的，改善和扩展自己的文化；科学研究就是认识性的启蒙，即通过比较、实证等不同方法去寻求真实、真相和规律；只有通过文化与启蒙的辩证，我们才能理解世界或被世界理解；而理解的基础在于有个共同的"世界文学"。超出教育来看，最后一点尤其重要，没有共同的心灵结构，没有共同的世界精神，这个世界将永远纷争不已，目前唯一适合人类居住的地球生态亦将岌岌可危。作为世界精神的"马背"的国际文凭课程，正在试图培养共同的人性（common humanity）。⑤ 因此，这里启蒙与文化的"透镜"的核心在于处理好教育的民族性与世界性的关系，推动两者的双向奔赴，而这种双向奔赴的前提和

① 彭正梅，周小勇，高原，王清涛，施芳婷.天下课程：论未来教育的四重视野［J］.华东师范大学学报（教育科学版），2023，41（12）：13－25.
② 滕珺，王晓洲.论构建中国教育自主知识体系的关键维度［J］.北京教育学院学报，2023，37（4）：19－25.
③ 邓莉，王超男，金秋.英国比较教育研究范式的60年演化［J］.比较教育研究，2024，46（1）：90－101.
④ ARNOVE R F. Comparative education：Dimensions and trends：A contribution to the 50th anniversary celebration of the Japan comparative education society［J］. Comparative Education，2015（50），168－177.
⑤ 彭正梅，伍绍杨，张玉娴，等.世界精神的马背：为什么国际文凭课程会在美国引发争议［J］.清华大学教育研究，2023，44（1）：98－110.

目的，就是我们拥有教育上的共同的"世界文学"。否则，人类永远会陌生地相互凝视和敌视。

当然，全球性与地方性以及世界性与民族性之间的重要辩证关系，在国内比较教育界也得到了广泛认可和讨论。有学者探讨了比较教育研究的出发点是国际主义的还是民族主义的这一问题，并指出该学科固有的国际色彩是由全球化的力量所塑造的，这就要求在保护教育传统的丰富叙事与参与全球讨论之间取得微妙的平衡，在讲好中国教育故事时，要建立一种既尊重"他者"又尊重"自我"的叙事传统。① 有学者强调了比较教育研究的国际视野与民族立场的对立统一性②，指出了比较教育服务于民族国家教育体系和倡导国际和平与理解的双重责任。③ 刘宝存指出，比较教育要形成新的全球主义世界理解，转换研究视域，提升方法论素养，不断增强自身影响力及其对教育学科的贡献；聚焦中国教育发展，通过高水平人才培养、参与全球治理等助力中国发展，为全球发展贡献中国智慧。④ 也有学者指出，目前中国比较教育面临的挑战在于如何打造既能反映中国教育现实，又能与全球教育话语产生共鸣的教育理论，并呼吁发展既立足于中国文化和社会，又能接受全球影响的理论。⑤ 但这些观点只关注到了全球性与地方性、世界性与民族性的辩证关系而没有注意到启蒙与文化辩证中所包含的方法性（解剖性、批判性的启蒙）和价值性（基础性和目的的"共同文学"）的内涵。

中国这样一个具有古老文化、多元民族、众多人口和广阔地域的国家，很容易陷入一种本土文化与世界文化的两极争论。难以想象这样一个国家丧失自己的文化特色和文化风格，但同样难以想象的是我们固守自己的文化、固守在近代以来已经被证明失去活力和时代关联的古老文化，去应对这个不断进步、技术高度发达、全球关联的世界；更加难以想象的是作为信奉马克思主义的社会主义国家不去进行文化与启蒙的辩证，不去推动形成一种共同的世界文学！

实际上，在国际上，世界文化理论为比较教育领域提供了一个新的理论视角，它与本文所提出的通过启蒙与文化的辩证最终迈向世界共同文学的观点具有相似的内核。这无疑印证了促进世界共同文学的形成是该领域未来的发展趋势之一。斯坦福大学的约翰·W. 迈耶及其追随者，如大卫·贝克、大卫·弗兰克和弗朗西斯科·拉米雷斯等学者所提出的世界文化理论，揭示了教育系统全球化趋同的实质，并深入探讨了这一现象背后的文化逻辑。该理论认为，全球范围内教育系统的趋同是现代社会全球化进程的产物。这种趋同超越了民族国家的界限，形成了一种全球共享的教育模式和理念，这些模式和理念在历史上促进了文化的成功传播。⑥ 迈耶等学者的研究还表明，教育不仅是知识的传递，更是全球文化认同和共同价值观的塑造过程。⑦ 在世界文

① 王英杰.民族国家、全球化与比较教育：问题、冲突与挑战[J].比较教育研究,2017,39(12)：5-8.
② 王正青.论比较教育研究国际视野与民族立场的辩证统一[J].比较教育研究,2008(6)：8-12.
③ 饶从满,吴宗劲.比较教育中的国别研究：价值重申与方向探寻[J].外国教育研究,2019,46(12)：5-21.
④ 刘宝存,臧玲玲.全球化时代的比较教育：机遇、挑战与使命[J].教育研究,2020(3)：74-83.
⑤ 陈时见,柴恋琪.比较教育理论深化的时代审思与实现路径[J].比较教育研究,2023,45(5)：5-10+53.
⑥ CARNEY S, RAPPLEYE J, SILOVA I. Between Faith and Science：World Culture Theory and Comparative Education[J]. Comparative Education Review, 2012, 56(3), 366-393.
⑦ MEYER W, KRüCKEN G, DRORI S. World society：the writings of John W. Meyer[M]. Oxford：Oxford University Press. 2009：3-36.

化理论中，"趋同""组织同构"和"松散耦合"等核心概念进一步解释了教育系统在全球化背景下的相互作用和适应机制。[①] 这些概念强调，尽管全球教育系统在结构上趋于一致，但仍保持了一定的灵活性，以适应和融合本土文化特色。这种平衡机制促进了全球教育理念的传播，同时维护了文化多样性。

我们不仅通过世界文化理论可以观察到教育系统的全球化趋同，其他一些研究者也证明这种趋同的存在。怀斯曼认为，基于证据的国际教育政策运动，特别是由于 PISA 等大型国际测试，也推动了各国教育政策的趋同。[②] 当然，这种趋同并不是消除了国家之间的差异以及国家的作用。斯蒂芬·鲍尔的社会网络民族志(network ethnography)指出，在教育政策方面，全球化可能会在治理模式和全球政策形式和概念的部署方面产生趋同的效果。所有这些都要求我们思考"全球"对"国家"的影响，同时承认国家在制定全球政策议程方面的重要性。[③] 朴普科维茨指出学校教育中的世界主义不仅仅是指启蒙概念在全球范围内的传播。相反，它涉及不同文化元素的融合、联系和分离，从而形成关于儿童和集体归属感的世界主义文化议题。[④]

当然，也有学者对这种趋同的趋势提出异议，认为趋同论源于一种不充分的、有缺陷的乐观主义的归纳，那些非西方国家的趋同是表面的，实际上并未发生改变。[⑤]

这种不成功更有可能是源于一种粗糙的比较教育研究。这是一种比较教育的误用。美国比较教育家哈罗德·诺亚曾警告比较教育的误用。在他看来，比较教育需要一种更加细致入微的方法，一种考虑到不同国家形成教育实践的独特文化和历史因素的方法，因此需要重视四个误用：一是盲目地模仿外国的成功经验，而忽略了文化和背景的差异，导致解决不了本土的教育问题。二是将比较教育作为一种"快速解决方案"，而忽略了教育问题的复杂性和深层次的原因。三是在比较教育中，数据和解释模型往往存在缺陷，因此需要更加谨慎和审慎地进行研究。四是有些国家对外来的教育思想和经验持保守态度，不愿意接受外来的教育模式和理念。从这个意义出发，王英杰在 2019 年"比较教育与中国教育现代化"的会议上提出，比较教育要讲好两个故事，对外讲好中国教育故事，对内讲好世界教育故事，以避免比较教育的误用。

当然，本书不仅仅要探讨一种实证意义上的世界趋同。通过启蒙与文化的辩证以迈向共同的"世界文学"，是对今天的技术进步和知识社会时代的一种马克思主义意义上的价值呼吁，就像联合国教科文组织在《反思教育》以及《共同重新构想我们的未来：一种新的教育社会

---

① 祝刚，史可媛，王语婷.比较教育领域世界文化理论争辩的学术考察与未来路向[J].比较教育究，2023，45(5)：9-20.

② Wiseman, Alexander W. The Uses of Evidence for Educational Policymaking：Global Contexts and International Trends[J]. Review of Research in Education，2010(34)：1-24.

③ BALL S J. Following policy：Networks, network ethnography and education policy mobilities[J]. Journal of Education Policy，2020，31(5)：126-143.

④ POPKEWITZ T S. The double gestures of cosmopolitanism, globalization, and comparative studies of education[M]//R COWEN, A M KAZAMIAS (Eds.). International Handbook of Comparative Education. Springer Science, c2009：379-395.

⑤ CARNEY S, RAPPLEYE J, SILOVA I. Between Faith and Science：World Culture Theory and Comparative Education[J]. Comparative Education Review，2012，56(3)：366-393.

契约》等文献中所主张的那样，即人类越来越迫切地需要一种人类命运共同体的世界的价值哲学。

马克思的祖国德国在近代曾呈现出一个颇具反讽意味的情况。这里以马克思使用的"世界文学"的概念来加以说明。1827 年 1 月 31 日下午，歌德忠诚的秘书埃克曼非常吃惊地看到歌德正在阅读一本中国小说，好奇地问"中国有小说吗？"歌德回答说，中国人有"有成千上万的小说时，我们欧洲人还生活在森林里"，"世界文学"的时代已经到来，"每个人都应该去促进它的到来"①。当时的德国知识分子为了反对德国文化对法国文化的依赖，便大量搜罗德国自己的民间传说和传统神话来塑造自己的文化自信。歌德一方面赞成德国知识分子建构自己文化的努力，但另一方面，他要超越德国，甚至超越欧洲来重建德国独特的文化。可惜，德国后来的文化发展并未遵从歌德的建议，而是太过极端地强调自己的文化，逐渐走向民族主义。纳粹德国甚至还提出德国化学、德国物理等概念，并仇恨世界。很多杰出的文学家被迫害致死或被迫出走。但反讽的是，那些被民族主义者赶走的文学家推动了"世界文学"的发展，而那个民族主义的德国却在所谓的文化战争中一败涂地，并重生为今天新的德国。

《共产党宣言》更加侧重所有制革命，对文化的相对独立性认识不足，因为在马克思和恩格斯看来，作为上层建筑的民族文化，会随着德国经济基础的革命而相应地产生变化。马克思主义的文化理论后来由卢卡奇、葛兰西、德国的法兰克福学派以及英国的伯明翰学派所发展。但《共产党宣言》对于"世界文学"充满乐观主义，认为这与共同世界市场的形成一样自然。也就是说，共同的世界文学，就像人类社会的不断进步一样，是人类一个历史阶段的必然。《共产党宣言》没有预料到德国会出现一种借口文化自主的反动情况。从纳粹德国的情况来看，对于康德、马克思所指出的世界趋势和世界文学的潮流，赞成的跟着走，反对的则被拖着走。

在《答复这个问题：什么是启蒙运动》中，康德指出"启蒙运动就是人类脱离自己所加之于自己的不成熟状态"②。人类之所以陷入不成熟状态，是因为他们没有勇气去依赖自己的理性能力来解决问题。而启蒙运动则鼓励人们独立思考、质疑传统观念，并通过理性来推动社会的进步。发展人的独特的理性禀赋并使这种发展成为可能，是大自然的隐秘计划。在《共产党宣言》中，马克思认为民族的片面性和局限性会得到消除或变得日益不可能，并逐渐迈向共同的"世界文学"。这种"世界文学"绝不是西方文学，绝不是东方文学，而是消除了片面性和局限性的西方文学和东方文学。因此，这里的关键在于理性的自主使用。没有批判，什么都不会发生。这就说明理性的比较是手段，从而借以迈向共同的"世界文学"。全人类共同价值要求附丽在共同的"世界文学"之上。即使翻译(引入或输出)也是在促进"世界文学"。

康德说"敢于认知"，这是启蒙的口号。"敢于比较"，这是比较教育的口号！

---

① PUCHNER M. Readers of the world unite[EB/OL]. [2017 - 09 - 20]. https：//aeon.co/essays/world-literature-is-both-a-market-reality-and-a-global-ideal.

② ［德］康德著；何兆武译.历史理性批判文集[M].北京：商务印书馆,1990：22.

对于文化而言，比较就是进步的可能，也是共同的世界文学的可能。因此，"连芝麻小事也要比较"。①

阻碍这种认知，阻碍这种比较，从而是阻碍一般意义上改正错误、取得进步、加速形成世界文学的行为，是对整个人类和人类进程的冒犯。

带着上述理解的中国比较教育的"块垒"，读者确定可以在这部书的森林中，到处发现启蒙与文化的辩证，感受世界教育的潮流，体会其中的美好，带着沉郁回归，并慷慨奉上自己的沉酿。

彭正梅

2024 年 5 月 4 日

---

① 源自台湾暨南大学国际文教与比较教育系办学信条。

目　录

第三部分　"新的思考"

第四部分　对比较教育未来的叩问

第一部分

后殖民主义

1. 编者按

伊莱恩·恩特海特（Elaine Unterhalter）

本部分的所有章节都是关涉后殖民主义和教育的话题，以及与后殖民主义理论相关的争议。

其中，至少可以看到三种有关后殖民主义内涵理解。第一，这一术语引发了人们对于兴起于殖民时代的国家与社会的分析，激发了人们对新旧力量关键过程中所产生的教育新形式的考察。琳达·奇泽姆（Linda Chisholm）和雷蒙·莱恩德克（Ramon Leyendecker）有关撒哈拉沙漠以南非洲地区的研究，以及维马拉·拉马钱德兰（Vimala Ramachandran）有关非洲地区的研究是这方面的范例。两项研究都考察了后殖民主义促进教育成就的限制因素。

第二种理解是弱化了后殖民主义历史性内容，而将其视为认识的条件。它关注的是属下阶层的呼声以及后殖民地经历中可能不为人知的那些隐形或失声的事务以及方式。在这一理解框架下，教育是一种碎化、混合、否定和确认的过程。它需要致力于寻找适合学校知识的新语言和新形式。如维娜丝·莎玛-布莱默（Vinathe Sharma-Brymer）的文章涉及教育的混合经验，安妮塔·拉姆帕尔（Anita Rampal）的研究关注的是本土化知识，迪薇亚·巴什（Deevia Bhana）、罗伯特·莫雷尔（Robert Morrell）和罗伯·帕特曼（Rob Pattman）的研究指向性别，珍妮·帕克斯（Jenny Parkes）的着眼点是儿童教育和暴力经验，以及纳齐尔·卡里姆（Nazir Carrim）研究的是下层人群对于权利话语的理解。所有的这些章节都将后殖民主义看成一个在教育及通过教育而获得身份的过程。

第三种理解将后殖民主义看成一个加强确认某种特殊的公民身份观的过程，以增强平等和公平的意义。特里斯坦·麦可万（Tristan McCowan）和路易斯·阿曼多·甘丁（Luis Armando Gandin）的巴西研究，以及伊莱恩·恩特海特（Elaine Unterhalter）的发展理论都探讨了公民身份和平等性的问题。

该部分的很多章节例证了基于后殖民主义框架写作的新知识构建的特征。因此有些学者，如拉马钱德兰、拉姆帕尔和莎玛-布莱默，将自身的经历作为分析的重要资源，还有些学者，例如拉马钱德兰、卡里姆、麦可万、甘丁、巴什、莫雷尔、帕特曼，以及恩特海特，宣布捍卫平等或权利的规范理念，此外还有一些学者，如奇泽姆、莱恩德克、帕克斯，探索了他们领域现有文献架构中的局限性。作者所持有理论立场的多样化、分析数据时的多元途径也表明了该研究领域的基本特征，即新范式的边界并不固定，也无所谓正统的、规范的认识论或方法论框架。

该部分所用的后殖民主义内涵具有易变性，这与不同的后殖民主义理论观相关。很明显，莎玛-布莱默和卡里姆的研究权威观点紧密联系，其关注属下阶层的声音以及教育场所的混合性身份。其他学者从后殖民主义的讨论中攫取一些要素展开讨论，例如对国家或主体性的描述，并把它们纳入多层面的分析中，有时候这种分析对理解后殖民地主义境况非常关键。

很多研究后殖民地理论文献研究和历史的作者都具有移民背景，最明显的是贾里亚特·斯皮瓦克（Gayatri Spivak）、斯图尔特·霍尔（Stuart Hall）和霍米·巴巴（Homi Bhabha）。本部分的作者也不例外。他们的自传体也以迁徙为特征，为了工作移居到不同国家（恩特海特，莎玛-布莱默，帕特曼，麦可万）、为了进入不同国家的大学（巴什，拉姆帕尔，甘丁，帕克斯）以及为了知识工作而转换多个场所。奇泽姆、拉姆帕尔、拉马钱德兰、莫雷尔和恩特海特都在大学任职，同时为政府和多边机构兼任顾问。

在总结本部分的内容时，可以看出研究后殖民主义学者的职业经历复杂性是这项工作的特点之一。虽然有些文献的写作采用了清晰的学术体裁惯例,但也有一些以讨论或者个人叙述的形式呈现。在编辑这些章节的过程中已尽最大可能保留其最初的体裁形式。

在后殖民主义的教育框架中极为重要的关注点是身份和语言,后殖民政治和政体的形成以及重塑,众说纷纭的争论中提及的后殖民主义术语,国家性质和权力理论的转变。研究教育时,学者将视角关注于暴力、不平等以及尚未实现的愿望。然而,虽然大多数章节都认为有关改革教育的后殖民计划的研究议程、概念性的开篇或者政策目前都还尚未实现,但是相关的各种观点、社会关系及争论却是无所不在的。

2. 反思后殖民主义与教育：一个亲历者的焦虑与困境

维娜丝·莎玛-布莱默(Vinathe Sharma-Brymer)

引　言

> 除了学校上课以外,我们从来不在其他任何地方使用英语。所以我面临这样的困境:他们为什么强迫我们学一门在日常生活中并不实用的语言? 我被告知英语是大学教学的工具。但是我问自己:为什么我们不能用我们自己的语言继续深造? 为什么这些人强制我们学这门语言? 我从一开始就对英语学习有了厌恶的感觉。同时又对这门语言有着自卑情结。即使是现在,我依然不情愿说英语。(涅玛娜,38岁,一位来自印度的女性)

当代的教育目标呈现出两个截然不同的视角。一个视角更关注培养训练有素的劳动力大军,以适应工业化的需要。此时,教育跟经济相关。另外一个视角则追求在自我和身份的探索中充实学习者的学习经历。这两个视角都为处于后殖民社会中的学习者制造了焦虑和困境。当前,理解和应对这些学习者的教育经验需要对"受过多种模式教育的人群"和"无所适从的移民"有足够的敏感性。钱德拉·塔尔佩德·莫汉蒂(Chandra Talpade Mohanty)在谈论性别与女性主义时认为,有必要通过教育来创造敏感性以理解这些复杂性:

> 一再困扰我的问题是教育学如何才能补充、巩固或抵制全球化的主导逻辑。学生如何认识世界各地男女之间的不平等? 举例来讲,传统的自由主义和自由主义女性主义式教育都缺乏历史和比较的思考,激进女性主义教育通常突出性别问题。我希望创造新型而多样化的教育,能让学生看到不同社会女性之间的复杂性、特殊性和内在关联性,这样才能使权力、特权、行动及异议变得可见且可参与。(Mohanty,2003:523)

她的观点超越了性别的问题,促使人们开始思考教育与普遍意义上的后殖民性。

后殖民主义视角下的教育强调探索学习者经验的复杂性、异议性以及混合性。这鼓励教育理论家和教育实践者以更广阔的视野来看问题,促使他们特别关注细节。因此,理论家和实践者必须用各种不同的"滤镜"来展示学习者对权力、控制、身份、自我意识和复杂性的多样性体验。

在本文中,我首先讨论了后殖民主义的理论与教育是如何去论及、切入、研究和理解作为"他者"的学习者的声音。我们身边处处都围绕着"他者"——她是一位受过教育的、毕业于斯里兰卡的大学生,正在澳大利亚高校努力用英语表达自己的观点;他是一位住在加利福尼亚的印度IT顾问,正在尽其最大努力在白人社区找到一个"安身之所";他也许是一位非洲的年轻人,正在为是否遵守父母的文化习惯而挣扎。在讨论里面我阐明了一些张力关系,以展示他们是如何被交织进后殖民主义和教育学的思考方式中的。这些张力关系被全球化的多重效应所加深。贯穿本文的主要思想在于呈现他者的声音。在揭示"后殖民化"他者的过程中(Tikly,1999),我表达了这样一些想法:在全球化的背景下,在成为受过多种模式教学的人的成长中的缺失与所得以及他们是如何在一个国内外的既不稳定又不确定的第三空间中重新定位自身(或者他们在此之前已经完成身份定位);而在第三空间的错位以及尝试建立连接的经验中所面临的各种焦虑和矛盾,于教育而言是一项富有挑战性的工程(Bhabha,1994;Das Gupta,1999)。

接下来,我会讲一个故事,故事的主角是一位被边缘化的个体,她的生活经验被后殖民主义和全球化的影响所侵蚀。这是一个亲历者在教育转型的过程中有成就也有苦恼的故事。这是一个来自第三世界女性的成就和苦恼,她来自中产阶级,受益于接受过正规教育,同时也意识到了交织在正式教育中的各种冲突与矛盾以及由此影响自己的身份定位。这一叙事涉及一直以来所讨论的以欧洲为中心的教育系统中的文化与语言的问题。我的讨论将基于我所采集到的关于受过教育的印度女性的教育经验的相关叙述与资料(Sharma-Brymer,2007)。

一个亲历者对后殖民主义的理解

后殖民主义"所需应对的是殖民化的影响"(Hickling-Hudson,Matthews & Woods,2004:2);它是一种回顾和探索"不平等结构"的过程(Loomba,1998:18),同时也意味着对当前社会仍有持续作用的殖民主义影响可以通过指出其中存在的各种困境和冲突来解释。排斥、统治和反抗塑造了权力与知识的关系,影响着人们对世界的理解和表达。(Bhabha,1994;Said,1978)正如爱德华·萨义德(Edward Said)所说,后殖民主义引起了人们对东方世界的深刻反思。他指出了东方主义的知识系统是如何构建东方,又是如何根植于政策与经济的霸权体系;东方的结构话语与表达持有西方的理念、意象和文字,从而反映了特定理念与特定权力之间的关系。

人们对于这种全球化背景下的新的权力形式有着截然相反的评价。有些研究者提及各项新技术的积极方面(Crossley & Watson,2003;Tikly,2001),如成人教育的研究者指出,国际成人教育家"可以自在地超越种族和阶级的边界……也知道自己的身份从来就不是固定不变的"(English,2003:68)。然而,全球化的批评者则指出了各种消极的影响,包括由于移民、排斥、歧视、错误信息引起的无所适从感,以及资本主义帝国选择性地对文化持漠视态度(Roy,2004)。大坝、桥梁的建设以及城市的扩张导致人类的大规模移位与混乱。大型企业的经营者常常无视人们现有的文化财富、曲解丰富的地方性知识。以欧洲中心式的教育模式来"培养"人,似乎使得他们内心的声音沉默不语。贾里亚特·斯皮瓦克(Spivak,1996:293)说:

> 我认为找到平民阶层并不难,但要实际进入平民阶层的责任结构中去才是难事,因为回应是双向流动的:必须学会摆脱那种认为能一蹴而就地行善的心态,这背后往往有一种暗含的源自未经审视的浪漫幻想催生的文化优越感。

后殖民主义教育方式考量的是教育的各个方面(无论读写水平和最终的学习结果如何),是如何影响学习者的自我意识和自我成长的。它揭示的是个体的亲身经验。这就为我们提供了一个丰富的领域来分析个人在过往的情境、现在所处的社会环境,以及历史与文化背景中的定位。它允许理论家和实践者批判性地反思这类现象,并审视权力和赋权网络所织就的困境。对这些关键层面的审视与探究使得理论家和实践者能阐明各种观点。而在全球化的背景下,我们需要致力于倾听边缘人群的声音(Spivak,1999)。

以我本人为例,我同时经历着后殖民主义和全球化带来的积极和消极影响,这些过程既是苦恼也是成就。我确信倾听他者是重要的,而对与日俱增的复杂性做出回应也是十分有意义的。在过去十年,经济开发、社会边缘化和文化支配等情境经历了巨大的变化。对于有些人,这些改变是正面的,使他们可以去追逐那些在他们父辈时代被压制的梦想。而对于其他一些人,这些梦想则带来了困境和冲突。任何后殖民主义的分析都由许多他者的故事来填充。故事记录了他们的痛苦与成就,揭示了作为"一个受过教育的公民"和作为"传统体系的参与者"之间的矛盾。要论及其中的流动性,研究者需要超越各种边界与限制、二元论与偏见(Parekh,2000)。后殖民分析不再局限于剥削和无能为力等问题(Hall,1996),相反它需要揭示经济、政治、社会和文化剥削是如何在努力废除殖民主义的过程中长久存在的(Loomba,1998)。

许多评论认为殖民化不仅仅是西方或者帝国主义的结果（Ashcroft，Griffiths & Tiffin，1995）。例如，发生在南亚次大陆的诸多政治和文化入侵已经使原住民社群一再被殖民化。尽管目前印度是一个政治统一且民主的国家，但其内部却沸腾着各种冲突。例如，印度东北部各州的部落社区依然经历着不同形式的排斥、隔离和严重剥削（Devi，1995）。后殖民主义分析了在非欧洲精英之间和内部的统治、权力及控制问题。类似的分析关注这些精英如何歧视、反对其他部落、种姓、阶级、性别和种族等。统治和权力往往与对教育系统的控制有关。但是后殖民主义也关注西方化的统治，西方式的全球化蔓延、复杂性和资本主义对殖民社会的价值体系所产生的影响。然而，后殖民主义的亲历者又面临以下困境，即是否应当保持传统的价值观还是应当妥协并适应当代多元文化世界不断变化的方式（Parekh，2000）。

这些困境指向另一个，甚至有时对标后殖民理论的批评性观点：通过话语分析所获得的普遍原理如何能合理地用于分析那些与不同的文化、地理区域和语言直接相关的体验呢？例如，我们可以使用相同的视角去分析印度、非洲和澳大利亚吗？（任何对那些非常不同的后殖民化国家进行分类的尝试都将是不准确的。）来自不同后殖民化国家的人，他们所具有的个体体验的差异性，与后殖民主义的影响一样都是各不相同、多种多样的。因此，对于后殖民主义研究者而言，探究影响、挖掘共性、参与具体的故事会比获得普遍性更具生成性。在非洲许多国家，后殖民主义使其经历着大范围的权力不平等、贫富差距、颠沛流离和社会性关系的瓦解，而在印度、斯里兰卡、澳大利亚、非洲和东南亚等地，后殖民主义遗留下的更多是现代教育对本土文化的影响。无论如何，这些影响都是普遍存在的。尽管这种影响有着相似性，我们依然有必要倾听每个国家中的他者的声音。虽然这些记述复杂经历的故事可能是独一无二的，但是它们揭示了更深的层面，也表达出各自对阶级、种姓、性别和种族的潜在担忧（Pieterse & Parekh，1995）。

后殖民主义研究关注社会——经济差异、由知识操纵所引起的不公平现象、受教育机会的不平等以及由此而造成的权力不平等和威压。因此，那些将科学视为西方的先进史、将历史视为资本主义与殖民主义的成功的研究著作都是对他者的歧视与压迫（Said，1978）。这在近年来那些环境保护、环境意识的文章中（其中，原住民的多元文化和和谐生活的观念并没有获得充分理解）可见一斑（Devi，1995；Sharma，2002；Smith，1999）。后殖民主义的研究方法要求我们必须研究过去和当前各种不同因素，并分析知识是如何被挪用和被否定的。因此后殖民主义研究者揭示的是教育与变迁中的各种焦虑、困境和矛盾。

后殖民主义与教育：焦虑、矛盾与困境

对于一个来自第三世界国家的人而言，他/她所面临的困境是：找到一种道德上的"合宜性"来占有从西方教育模式中获得的知识。他/她是否会庆祝拥有正规教育获得的证书、个体的向上流动，又或者去反思这一过程中所失去的东西？如果他们拒绝西方模式，那么他们还能有其他选择吗？对于一个想要走出州、省、国家的界限的人，抑或一个想要跳出本地语言的界限而去获得以英语这一国际语言来呈现知识的人而言，这样的选择有多好？我们需要对殖民统治者针对我们国家所犯下的不公感到愤怒呢？抑或我们要与现代教育及其所带来的益处同行呢？我们必须向教育的国际化做出回应呢？抑或是继续排斥现代西方教育带来的更好的物质机会呢？对于低收入国家中的受教育群体而言，这些困境与他们的日常生活交织在一起，并形成了不同层面的矛盾。

社会权力关系和社会资源控制机制在殖民主义中得以加固，并且导致了对某些阶层、种姓、种族和女性的持续性歧视以及对其基本权利的否认。研究者们分析了种族支配和性别问题，通

过对全球化和国际化的观察以及就如何对"发展"做出质询和回应的思索，阐明了后殖民的声音 (Mohanty，1990，2003；Sharpe，2003；Spivak，1999)。

在父权结构中的女性已经遭受了多层的压迫。她们的斗争、内心的紧张、屈从与抵抗、冲突和矛盾与多重身份有关。当我们从后殖民视角来解读时，她们的经验便揭示了思想、个人、自我和身份的变化。这种"介乎两者之间"的时刻揭示了现代教育对传统和文化的影响。一个正在接受教育的人，他/她正挣扎于殖民化的教育体系、自身的传统文化和全球化中，这种挣扎正好表明了混合性是如何被创生的以及人们的身份又是如何从本土转移为全球。

接下来我将详细地谈论受过教育的女性的经历，并将其作为后殖民时期讨论教育的焦点。我选取的印度受教育女性的例子源自我此前开展的一项范围更广的现象学研究(Sharma-Brymer，2007)。通过这些经过选取的叙事，我旨在从一个后殖民局内人的视角来解读这位受过高等教育的女性的混合性，她期望接受教育并且由此成为"家中的引路明灯"。在她的这种转向公共领域的过程中有积极的层面。然而，她的位置转变并不意味着她被赋予了权力，相反，一个有效的决策者或者个体在控制着她的生活。明显的是，她的这种多层次体验在本质上是物质条件的改善，同时也伴随着各种冲突的增加。

女性，教育和参与后殖民社会

很多人认为需要通过现代西方教育才能听到女性的声音，而这种观点常常与对女性权益和人权的呼吁直接相关(Afshar，1998；Fox，1999；Ghosh & Talbani，1996；Heward & Bunwaree，1998；Howell，Carter & Schied，2002；Kabeer，1999；Stromquist，1998；Unterhalter，2000；Wazir，2000)，同样也有观点提出，教育对改变女性的生活状况没有什么作用(Bhasin，1994；Longwe，2001)。来自非洲的莎拉·朗韦(Longwe，2001)强有力地讨论了现代教育对女性生活的作用。她通过观察发现，受过教育的女性遵守父权制度并从中获益。通过在政府部门取得较高职位，他们强化了女性的附庸地位。她把这些女性称为"男性俱乐部中的荣誉成员"，并说明了这些女性是怎样歧视平民妇女活动家的：

> 学校教育的目的是让女性接受男性霸权"常态"……让女性相信将她们的角色限定于抚养孩子、照管家庭、支持丈夫，是一种"传统"和"自然而然"的事。(Longwe，2001：68)

正如朗韦一项有关赞比亚成人教育的研究所说，学校与教育之间的显著差异在于，它们信仰的是什么，实践的又是什么。为了呼吁改变一切，朗韦强调"民主管理的女性教育需要关注的是设法**抛弃**(unlearning)在学校教育中被灌输的信念和态度中所隐含的一切不民主和压迫的观念"(Longwe，2001：71)。这种设法去弊的呼吁与扩张教育的需求形成鲜明对比。

朗韦的评论带出了两个问题。第一，是否存在某些教育形式能够提升人的意识和知识水平，尽管这并不总能在实践中实现？第二，基本的读写能力或者基础教育是否能赋予女性权力去更好地参与、成为一名平等的公民？在这些问题上并没有一个统一的观点。因此，内莉·斯特罗姆奎斯特(Stromquist，1990，1996，2005)强调提升意识和知识水平能达成扫盲的效果。但是，很多活动家例如巴辛(Bhasin，1994)则认为这种情况并不普遍。我们需要进一步的研究去探索受教育女性在学校教育中学到了什么知识，以及作为成年人，她们是如何认识她们所获得的教育。这些探索与伊莱恩·恩特海特对倾听个体女性经历的关注不谋而合(Unterhalter，2005)。

两名受过教育的印度女性的叙述揭示了这些差别。一名女性认可教育提高了她的生活水平。另一名则指出传统的影响及其个体主动性受到束缚：

我们可以做我们想做的任何事……我们有勇气和自信……这种勇气来自教育。

如果不接受教育，你就无法走到外面，你会一直待在自己的房间里。（拉尼，36 岁，物理学讲师）

所以我有点过度关注我们的生活和困苦。曾有过满意和满足感……我也曾感到自豪、快乐。

我开始决心在我的生活中做更多的事情，改变我的生活方式，接受教育，找一份工作，成为一个出类拔萃的人……

是的，我确实反对，说我不想要这段婚姻。我不想嫁给我的姐夫。但我不得不尊重长辈。

你知道的，俗话说，为什么要为无法挽回的事担心呢？

我并不苛求，也不指望他会满足我的任何愿望……我已经学会了对我的悲惨境遇一笑了之。（维诺达，年长的高中老师）

教育的结果是非常多样的，而人们接受教育的愿望也并不一致。一项有关印度农村地区母亲的研究表明大多数母亲都认为自己的女儿需要接受教育。然而由于各种各样的个人、社会和经济原因，这些女孩无法念到小学高年级或者拿到中学毕业证书（Sharma，2001）。她们之所以如此想要女儿接受学校教育，是因为教育能让女儿获得社会声誉或是能够找到来自拥有更高社会地位的家庭的如意郎君。但是对于那些生活在城乡接合部或城市中经济能力较弱的家庭，他们往往会鼓励自己的女儿至少拿到中学毕业证书，因为这样她们可以在工厂中获得一份比来自农村地区的人薪资水平更高的工作。而那些经济上更为宽裕的家庭则倾向于鼓励他们的孩子继续深造，接受更高的教育，包括大学学位，以提升女儿的社会地位，增加她们选择的机会，尤其是在婚姻方面（Chanana，2001）。显然，城市和城乡接合部的人们倾向于把女孩接受教育视为未来就业和婚姻的积极因素，而非斯特罗姆奎斯特所说的在心理和认知发展领域的赋权（Stromquist，1996）。

然而，任何探讨女性受教育经验的研究似乎都有必要审视女性通过教育获得了什么，又内化了哪些与宣称的教育结果（个人发展、正式的学科知识、世界观与平等）相矛盾的东西。

一些在后殖民社会中受过教育的女性的呼声则证实了这点。涅玛娜揭示了自己教育经历的冲突，以及她现在如何努力地给自己女儿创设一个更好的学习环境。相反，拉尼和维诺达则更多谈到从教育中获得的积极影响。

无论在我的教育、我的生命中缺乏什么，我都试图填补这些空白，提高自己，并给予我女儿她成长所需的一切。我在大学学到的知识，她在小学二三年级时就都知道了。（涅玛娜）

无论你从中读到或学到什么……我对于自己利用所学使我的人生变得更好感到很满意。（拉尼）

知道了吧，所有有关女性状况与女性历史的知识……这一切都来自我的教育。（维诺达）

但是在另一段叙述中拉尼谈及了自己的从属地位：

如果一个女人未婚，那这就成为她人生中最大的失败。我的兄弟们不尊重我，因为我还没有结婚。当我买了一辆两轮车时，他们质疑我为什么想要一辆车，我会用它来做什么……我都没有丈夫或孩子。这是我唯一感到沮丧的时刻并且开始思考为什么我要接受这么多教

育。(拉尼)

女性的知识需求是否可以通过教育得到满足，此问题目前还没有一致意见。以下两则叙述摘要揭示了不同的视角：

> 我首先考虑的是我的孩子和丈夫并且根据他们的需求行事；我几乎没有留一个小时给自己来处理我自己的事情。这就是现实的生活。(涅玛娜，家庭主妇)

> 他(丈夫)说："做你想做的任何事情。我给你完全的自由。但只有当你处理完家里的任务之后才行。你只需要照顾好我的父母，不需要去工作。"我从他那里学到了很多，我很高兴因为受到了教育而达到丈夫的期望。(迪帕，家庭主妇)

这样不同的视角也反映在一些研究文献中。有一群研究者关注撒哈拉以南非洲讲英语地区的女性和性别研究，其中安珀弗等人认为，非洲女权主义学者和活动家对于殖民主义强行推行的正规教育体系的影响十分敏感。然而，他们也注意到当前在学校教育不同层级中性别歧视的影响，例如入学机会、留级和毕业、课程内容，某些就业领域的女性化和性骚扰问题。他们指出，一些研究女性和性别问题的研究者认为"随着国家对改善性别问题的协调型举措的提出，这些项目可能失去它们的政治力量，从而最终只是服务于主流或者传统的性别制造和主张"，即便是明确的计划，"教育也不等同于为女性在劳动力市场获得平等地位"(Ampofo et al.，2004：698)。换句话说，教育并不一定能提升女性在公共领域的机会。

另一方面，在论及尼日利亚的普及基础教育计划时，奥吉(Okiy，2004：48)强调教育与女性更多地参与到国家发展之间存在积极联系。她指出，社会对于妇女儿童教育发展的消极态度是导致他们很少参与国家发展的主要原因。她总结道，"这个项目将会培养出更多受教育的女性，她们通过使用学校图书馆沉浸在阅读文化中……从而为加快国家发展创造必要的工具"。这个观点似乎与印度广泛使用的公共标语一致，即"受过教育的女性会提高一个国家的幸福指数"。基于以上阐述就出现了一个有趣的问题，即女孩或女性所期待的经历与她们实际所经历是否是充满矛盾的。

在后殖民社会，强调女性经验的重要性、保持对其的关注是一项具有挑战性的任务。盖尔·凯利(Kelly，1992，1980)强调了探索女性教育体验的独特性而非普遍性。莫汉蒂(Mohanty，1991，2003)等通过关注第三世界的女性生活，质疑了西方女权主义学者的霸权性(Afshar，1998；Heward & Bunwaree，1998；Jayawardena，1986；Thiruchandran，1999)，贝尔·胡克斯(Bell Hooks)则强调了种族、性别和阶级之间的相互交织关系对于女性生活研究的重要性(Hooks，1994)。

虽然后殖民时代的教育似乎把改革带到公共生活中，但有观点认为教育并没有改变女性的从属地位(Bhasin，1994；Ghosh & Talbani，1996；Ghosh & Zachariah，1987；Longwe，2001；Reddy，1991；Singh，2002；Talbani，2001)。一个受过教育的女性在找到工作后，就被视为家庭的一项资产。一个受过教育的女性值得赞赏的是她担负起妻子、母亲、员工、良好的家庭管理者等多重角色。受过教育的女性形象是矛盾的，这便引起了对能动性和自我表达的批判：

> 他们想要女孩成为家庭主妇。如果一个妻子为人善良，受过教育，能够适应环境，维护家庭，这就是和谐。这些都是重要的。少部分精力用在工作上，大部分精力赋予家庭和孩子，而很少关心自己……这就是一个受教育女性的日常。(卡纳卡，42岁，学校老师)

在当代印度，有这样一个提倡促进女童和妇女教育的宣传口号，"一个有学问的女人是社区的眼睛"，她对她的家庭和国家来讲是财富。国家教育政策已经引进了促进女童和妇女参与的积极改革措施。然而人们普遍认为，女性教育对于国家进步并没有实质性贡献（Guha，1974；PROBE，1999；Sen，1999，2005；Wazir，2000）。教育中的性别平等仍然是难以实现的，甚至在高校占据高层位置的女性，其具备的权力也不如她们的男性同事，她们的工作是在限制她们权力的环境中展开的（Chanana，2001，2003）。迪帕的故事提出了其中一些问题和建议：

> 无论这个女孩学到了多少，获得了多少教育，或者是她的智商与男孩一样高，教育和工作领域中的表现与男孩相当，人们仍然会觉得她是一个女孩，所以她是次等。你明白吗？无论她比他收入更多或者更聪明，女孩总是处在第二位的。

> 这种对男孩的偏爱由来已久。在一个家庭中，女孩在每一件事情上都可以100％做好，比如课程和其他一切活动，而男孩的表现总是达不到100％。人们说男孩应该跟女孩表现得一样甚至更好，他们都不再鼓励她了。即使女孩获得许可研读工程课程，她的父母却一直念叨本来应该是他们的儿子报名参加工程课。他们并没有让女孩研读工程专业的计划。

> 我试图在我儿子身上创造更好的性别敏感性，即他应该尊重女孩。从接受教育一开始就应该有一个整体变化。例如使女孩经济独立……我在这里想说的不仅仅是教育，而是我们态度的彻底转变。（迪帕，家庭主妇）

印度女性的独特性地位交织在种姓、性别、门第、种族和民族等词汇中（Jeffery & Basu，1998；Mankekar，1999；Mohanty，1991，2003）。人们期待中产阶级女性能够成为传统和文化的捍卫者。（Tharu & Lalita，1993）尽管文化的影响深远，但是民主化、现代化、女性参与和教育融合在许多方面影响着女性的生活（Cranney，2001；Ganguly-Scrase，2002；Hancock，1999；Taber，2007）。这就对后殖民背景中的教育和公民身份提出了诸多挑战。印度正在实施去中心化的地方治理体系，然而在女性参与和能动性表达方面做出的改变微乎其微（Vijayalakshmi & Chandrashekar，2001）。一项由索亚摩斯和雷耶尼（Sooryamoorthy & Renjini，2000）发起的研究表明，在乡村，女性热衷于掌握地方的、去中心化的、行政组织的权力。然而，男性往往会干涉并且充当决策制定者。维贾拉克斯米和钱德拉什卡尔（Vijayalakshmi & Chandrashekar，2002）通过观察发现，尽管在地方政府中女性代表拥有权力，但这并没有导致权力的转变。他们强调"权力的观念的转变不在职位而在个人"（Vijayalakshmi & Chandrashekar，2002：1）。卡纳卡的叙述明确阐释了传统如何压迫着女性教育的意图：

> 只有她的丈夫、孩子与其他家庭成员共享她的梦想时，她才可以干成一件事情……如果他们不配合，她必然失败。哪怕出现小小的失误，那都是她的过错，她无法实现自己的梦想。

> 在我们的社会，女性自其诞生起就有限制。作为一个女孩，她从属于父亲，结婚了就从属于丈夫，到后来又从属于她的儿子。女性用四面墙壁构造了自己的生活。

无论她工作与否，权力和控制的问题在一个受教育女性的生活中都非常明显。现代正规教育和职业生涯都没有带来平等和控制。卡纳卡说道：

> 我带的一个班大概有15个男生和25个女生，其中有个男生的父母找到我说："老师，我的女儿表现很好。她就在你的班上。我们需要做的就是给她置办一些嫁妆，让她出嫁。但我们担心的是我的儿子，他必须接受更高的教育并去美国留学，所以请您多关注我的儿子。"作为教师，我知道那个男生能力不足，但是女生非常机智、聪明，在学校表现很出众。但是管理层强迫我们必须让这些男生升学，进入更高的年级，即使他们缺乏这方面的能力。明白了吧，管理层给我们施压，即使我们有很多想法，我们也不能发表任何意见，我们无法实践我们的想法。

让女性拥有读写能力,使她们在这个男性主导的世界中成为更好的谈判者,这是非常重要和必要的(Ramachandran,2000)。然而,教育能够赋予女性平等协商、实现自己主动性吗? 受教育女性在私人生活中的形象折射了她们在公共领域中的地位。在一个传统的社会中,"管控情绪的人"(Benhabib,1987)可能不会被认为是"拥有批判性知识的人"。在此情况下教育正在通过批判性意识转变学习者的生活环境吗? 或者社会对女性的从属性期待这一现实才是更大的影响因素呢? 这两个问题完全对立吗? 或者女性能否找到一个第三空间?

结论：一个亲历者的焦虑和矛盾

后殖民国家中受过教育的女性似乎生活在正式教育目标、成就和职业身份世界的夹缝中,"表面之下"的困惑是"为什么我要接受那么多的教育"或者"在这样一个传统的社会中女性接受教育的目的是什么"。由于没有获得任何男性家庭成员的支持,维纳特(Vinathe)不得不在拿到学士学位后离开她的家庭和传统的生活方式,并且努力利用她学到的知识寻找另一种生活。在这些改变的过程中,她经历了一系列个人冲突以及她的文化身份被撕裂转换的体验,还有传统与现代的碰撞。她的经历就是在现有的选择中加强个体能动性的一次斗争。

在许多后殖民国家,女性教育一直都是当地文化一个备受争议的话题。森(Sen)通过观察发现只有女性教育有更大发展,一个国家才能进步(Sen,1999)。问题出现在这个进步之中：是什么方面的进步? 经济还是社会? 这些问题反映了"成为受教育女性"的每一天所承受的各种焦虑与冲突。成为一名受教育女性也意味着女性变得见多识广,她们能够成为更多地参与社会的公民以及在日常生活中拥有更多决策权。然而,目前的情况是一个接受过教育的女性正在被推向去满足工作和职业市场的需求。"在外面"工作和"依靠自己的女性"并不能保证她是作为一个"拥有自由思想"、宣告个体能动性和身份的个体来表达己见(Sen,2005；Tagore,1961)。在大多数后殖民社会中,人们常常十分重视正规教育的意义,却把日常文化与教育分隔开来。这种从获得教育的个体中创建的"介乎两者之间的位置"是一个充斥着许多冲突、持续的焦虑和矛盾的后殖民空间。在全球化的影响下,它将仍然如此。

致谢 作者希望感谢克里斯汀・福克斯(Christine Fox)博士,感谢他对本文提供的各种启发式观点,以及埃里克・布莱默(Eric Brymer)博士的一贯支持与鼓励。

参考文献

Afshar, H. (1998). Introduction: Women and empowerment – some illustrative studies. In H. Afshar (Ed.), *Women and empowerment – Illustrations from the Third World*. London: Macmillan.

Agnihotri, S. B. (2001). Declining infant and child mortality in India – How do girl children fare? *Economic and Political Weekly*, 228 – 233.

Ampofo, A. A., Beoku-Betts, J., Nijambi, W. N., & Osirim, M. J. (2004). Women's and gender studies in English-speaking sub-Saharan Africa: A review of research in the social sciences. *Gender & Society*, 18(6), 685 – 714.

Ashcroft, B., Griffiths, G., & Tiffin, H. (Eds.). (1995). *The postcolonial studies reader*. London: Routledge.

Benhabib, S. (1987). The generalized and the concrete other: The Kohlberg-Gilligan controversy and feminist theory. In S. Benhabib & D. Cornell (Eds.), *Feminism as critique: Essays on the politics of gender in late-capitalist societies*. Cambridge, UK: Polity Press.

Bhabha, H. (1994). *The location of culture*. London: Routledge.

Bhasin, K. (1994). Let us look again at development, education and women. *Convergence*, *27*(4), 5 - 13.

Chanana, K. (2001). *Interrogating women's education: Bounded visions, expanding horizons*. Jaipur: Rawat Publications.

Chanana, K. (2003). Visibility, gender, and the careers of women faculty in an Indian University. *McGill Journal of Education*, *38*(3), 381 - 389.

Cranney, B. (2001). *Local environment and lived experience: The mountain women of Himachal Pradesh*. Thousand Oaks, CA: Sage.

Crossley, M., & Watson, K. (2003). *Comparative and international research in education: Globalisation, context and difference*. London: Routledge Falmer.

DasGupta, K. (1999). Negotiating the "in between" space: Third World women in American higher education. *Transformations*, *10*(2).

Devi, M. (1995). *Imaginary maps: Three stories. Translated and introduced by Gayatri Chakravorty Spivak*. New York: Routledge.

English, L. (2003). Identity, hybridity, and third space: Complicating the lives of international adult educators. *Convergence*, *36*(2), 67 - 80.

Fox, C. (1999). Girls, education and development in Papua New Guinea. In C. Heward & S. Bunwaree (Eds.), *Gender, education and development for girls in Less Industrialised Countries*. London: Zed.

Ganguly-Scrase, R. (2002). Renegotiating boundaries: Self perception and public debate on globalization and gender equality in India. *Asian Journal of Women's Studies*, *8*(4), 58 - 100.

Ghosh, R., & Talbani, A. (1996). India. In G. C. L. Mak (Ed.), *Women, education, and development in Asia: Cross-national perspectives*. New York: Garland.

Ghosh, R., & Zachariah, M. (Eds.). (1987). *Education and the process of change*. New Delhi: Sage.

Guha, P. (chair) (1974) *Towards Equality: Report of the Committee on the Status of Women in India*, Government of India Ministry of Education and Social Welfare, Department of Social Welfare New Delhi, 1974.

Hall, S. (1996). When was the post-colonial? In I. Chambers & L. Curti (Eds.), *The post-colonial question: Common skies, divided horizons*. London: Routledge.

Hancock, M. (1999). *Womanhood in the making: Domestic ritual and public culture in urban South India*. Boulder, CO: Westview.

Heward, C., & Bunwaree, S. (Eds.). (1998). *Gender education and development: Beyond access to empowerment*. London: Zed.

Hickling-Hudson, A., Matthews, J., & Woods, A. (2004). Education, postcolonialism and disruptions. In A. Hickling-Hudson, J. Matthews & A. Woods (Eds.), *Disrupting preconceptions: Postcolonialism and education* (pp. 1 - 16). Brisbane: Post Pressed.

Hooks, B. (1994). *Teaching to transgress: Education as the practice of freedom*. New York: Routledge.

Howell, S. L., Carter, V. K., & Schied, F. M. (2002). Gender and women's experience at work: A critical and feminist perspective on human resource development. *Adult Education Quarterly*, *52*(2), 112 - 127.

Jayawardena, K. (1986). *Feminism and nationalism in the Third World*. London: Zed.

Jeffery, P., & Basu, A. (1998). *Appropriating gender: Women's activism and politicized religion in South Asia*. New York: Routledge.

Kabeer, N. (1999). Resources, agency, achievements: Reflections on the measurement of women's empowerment. *Development and Change*, *30*, 435 - 464.

Kelly, G. P. (1992). Education, women and change. In R. F. Arnove, P. G. Altbach, & G. P. Kelly (Eds.), *emergent issues in education: comparative perspectives*, NY, State University of New York Press. pp. 267 - 282.

Kelly, G. P., & Lulat, Y. Women and Schooling in the Third World: A Bibliography *Comparative Education Review*, Vol. 24, No. 2, Part 2, Women and Education in the Third World (Jun., 1980), pp. S224 – S263.

Longwe, S. H. (2001). Women's right to unlearn. *Convergence*, 34(2 – 3), 65 – 72.

Loomba, A. (1998). *Colonialism/postcolonialism: New critical idiom*. London: Routledge.

Mankekar, P. (1999). *Screening culture, viewing politics: An ethnography of television, womanhood, and nation in postcolonial India*. Durham: Duke University Press.

Mohanty, C. T. (1990). On race and voice: Challenges for liberal education in the 1990s. *Cultural Critique*, 5(3), 179 – 208.

Mohanty, C. T. (1991). Introduction: Cartographies of struggle: Third world women and the politics of feminism. In C. T. Mohanty, A. Russo & L. Torres (Eds.), *Third world women and the politics of feminism*. Bloomington, IN: Indiana University Press.

Mohanty, C. T. (2003). "Under Western Eyes" revisited: Feminist solidarity through anticapitalist struggles. *Signs: Journal of Women in Culture and Society*, 28(2), 499 – 535.

Okiy, R. B. (2004). The Universal Basic Education (UBE) programme and the development of school libraries in Nigeria: A catalyst for greater female participation in national development. *Information Development*, 20(1), 43 – 50.

Parekh, B. (2000). *Rethinking multiculturalism: Cultural diversity and political theory*. Cambridge, MA: Harvard University Press.

Pieterse, J. N., & Parekh, B. (1995). *The decolonisation of the imagination: Culture, knowledge and power*. London: Zed.

PROBE. (1999). *Public report on basic education in India*. New Delhi: Oxford University Press.

Ramachandran, V. (2000). Literacy, development and empowerment: Conceptual issues. In R. Wazir (Ed.), *The gender gap in basic education: NGOs as change agents* (pp. 115 – 149). New Delhi: Sage.

Reddy, M. C. R. (1991). Women's education in India: Problems and prospects. *Convergence*, 24(4), 35 – 42.

Roy, A. (2004). *The ordinary person's guide to empire*. London: Flamingo.

Said, E. (1978). *Orientalism*. London: Routledge and Kegan Paul.

Sen, A. (1999). *Development as freedom*. New York: Anchor.

Sen, A. (2005). *The argumentative Indian*. London: Penguin.

Sharma-Brymer, V. (2007). *Being an educated woman: A phenomenological exploration*. Unpublished doctoral dissertation, University of Wollongong, Wollongong.

Sharma, V. (2001). *Gender inequalities in India: The need for education for emancipation*. Unpublished Masters by Research, Honours Dissertation, University of Wollongong, Wollongong.

Sharma, V. (2002). *Education, global citizen and further research on ecological literacy*. Paper presented at the "Ecology and Outdoor Education" – ORIC Conference on outdoor education and research, Sydney.

Sharpe, J. Spivak, G. C. (2003). A conversation with Gayatri Chakravorty Spivak: Politics and the imagination. *Signs: Journal of Women in Culture and Society*, 28(2), 609 – 627.

Singh, J. P. (2002). Social and cultural aspects of gender inequality and discrimination in India. *Asian Profile*, 30(2), 163 – 176.

Smith, L. T. (1999). *Decolonising methodologies: Research and indigenous peoples*. New York: Zed.

Sooryamoorthy, R., & Renjini, D. (2000). Political participation of women: The case of women councilors in Kerala, India. *Journal of Third World Studies*, 17(1), 45 – 61.

Spivak, G. (1996). Subaltern studies: Deconstructing historiography. In D. Landry & G. MacLean (Eds.), *The Spivak reader: The selected works of Gayatri Chakravorty Spivak*. New York: Routledge.

Spivak, G. (1999). *A critique of postcolonial reason*. London: Harvard University Press.

Stromquist, N. (1990). Women and illiteracy: The interplay of gender subordination and poverty. *Comparative Education Review*, *34*(1), 95 - 111.

Stromquist, N. (1996). Women's education in developing countries: Barriers, benefits and policies. *Comparative Education Review*, 450 - 453.

Stromquist, N. (2005, 23 March). *A social cartography of gender in education: Reflections on an uncertain emancipatory project*. Paper presented at the keynote address during Comparative and International Education Society Annual Conference, Stanford University.

Stromquist, N. P. (1998). The impact of structural adjustment programmes in Africa and Latin America. In C. Heward & S. Bunwaree (Eds.), *Gender, education and development: Beyond access to empowerment*. London: Zed.

Taber, P. K. (2007). Possible selves: Globalization, middle-class women and entrepreneurship in South India. In K. Kapila & A. Gupta (Eds.), *Making a living: Globalization, imagination and livelihoods in contemporary India*. Duke University Press.

Tagore, R. (c1961). *Rabindranath Tagore, pioneer in education: Essays and exchanges between Rabindranath Tagore and L. K. Elmhirst*. London: Distributed by Murray.

Talbani, A. (2001). The more things change, the more they stay the same: Women's education in India and Pakistan. *Education and Society*, *19*(1), 5 - 22.

Tharu, S., & Lalita, R. (Eds.) (1993). *Women writing in India: 600 BC to the early 20th century*. (Vol. II). London: Pandora Press.

Thiruchandran S. (Ed.). (1999). *Women, narration and nation: Collective images and multiple identities*. New Delhi: Vikas Publishing House.

Tikly, L. (1999). Postcolonialism and comparative education. *International Review of Education*, *45*, 603 - 621.

Tikly, L. (2001). Globalisation and education in a postcolonial world: A conceptual framework. *Comparative Education Review*, *37*(2), 151 - 171.

Unterhalter, E. (2000). Transnational visions of the 1990s: Contrasting views of women, education and citizenship. In M. Arnot & J. Dillabough (Eds.), *Challenging democracy: International perspectives on gender, education and citizenship*. London: Routledge.

Unterhalter, E. (2005). Fragmented frameworks? Researching women, gender, education and development. In S. Aikman & E. Unterhalter (Eds.), *Beyond access: Transforming policy and practice for gender equality in education* (pp. 15 - 35). Oxford: Oxfam GB.

Vijayalakshmi, V., & Chandrashekar, B. K. (2001). *Gender inequality, differences, and identities: Women and local governance in Karnataka*. Bangalore: Institute for Social and Economic Change.

Vijayalakshmi, V., & Chandrashekar, B. K. (2002). *Authority, powerlessness and dependence: Women and political participation*. Bangalore: Institute for Social and Economic Change.

Wazir, R. (2000). Profiling the problem. In R. Wazir (Ed.), *The gender gap in basic education: NGOs as change agents* (pp. 15 - 37). New Delhi: Sage.

3. 民主不等式：印度基础教育的困境 *

维马拉·拉马钱德兰（Vimala Ramachandran）

公民，参与和教育

当我受邀写这篇关于印度民主与教育的文章时，我以思考两者之间的联系作为开端。印度人已经见证过超过 20 次的国家大选和无数次的州、地方政府选举。大量的女性和男性都参与到投票选举中。每隔几年就有许多识字不多和目不识丁的选民给在野党投票，公众会听到他们的声音。这并不意味着什么成就。如果真是如此的话，教育和民主之间的关系是什么呢？哲学家约翰·杜威（John Dewey）假定了两者之间的一种积极联系，并认为教育是一个政体具有民主和包容性的重要条件。但是印度选举政治的经验可能会导致一些人怀疑经典概念并不适用于印度。事实一定如此吗？教育或教育的缺乏和教育质量、教育机会的内在不平等是怎样影响民主实践的？我以个人经历为开篇，然后探索教育、公平、民主过程中的各种迂回曲折。

在从事女性研究之初我就确信，在我们的民主社会，作为个体的女性几乎没有话语权，但是如果女性以一个群体或一个集体的方式团结在一起，她们就能够以一种强力姿态来与其周围世界进行斡旋——无论她们是知识分子或文盲、受过教育或未受过教育。因此我曾与一群有相似想法的人一起开展一项政府项目（女性平等：为了女性平等的教育）以促进妇女团体的形成，使她们参与到能够帮助她们反思自己生活经验的过程中，分享个人挣扎以及分辨出各种压迫形式。我相信通过这种方式能为女性超越她们的个人生活境遇创造机会，将压迫、歧视和暴力视为一种社会现象，视为社会关系、性别关系的产物，视为塑造着人们生活的种姓与阶层的动力结果。我相信这将会开启一个真正的教育过程——培养个体的批判性思维、阐明问题的自信、做出更明智的抉择等。

然而，当我们继续深入研究赋权议程时，我们遇到了一个障碍。那就是我们研究的大多数女性是文盲或者几乎目不识丁，这使她们没有能力掌控她们已经创建的体系，并最终影响了她们平等参与的能力。妇女团体小组和联盟的领导人总是由受过教育的人担当——她们可以处理书面文字，能够读写和理解社会和政治机构复杂模型——无论是致力于可持续性生计的自助型小组，还是争取参与地方自治机构的社会团体，又或者努力为她们所在社区筹措资源的发展型组织都无一例外。贫困女性没有上学或在学校读过书，这个事实成为她们参与机构进程的一个障碍。这种现象在女性争取并赢得村务委员会选举的地方更为突出——文盲或半文盲显然是不利于有效运作的。更令人不安的是，她们的子孙也被剥夺了获得有意义的教育的机会。缺乏教育/文盲和贫困的代际循环使她们一直处在社会的最底层。她们的种姓、地位、社区和经济形势决定了她们的参与机会。

这些都跟民主有什么关系？

众所周知，大量印度选民参与选举，并且让那些未能达到他们期望的政府下台。我们也知

* 本文受新德里发展社会研究中心 Lok Niti 比较民主研究所资助，项目名称："南亚民主国家"项目。感谢 Lok Niti 比较民主研究所的彼得·德·苏扎（Peter de Souza）以及约根德拉·亚达夫（Yogendra Yadav）给我思考该问题的机会。

道,文化程度和教育与人们行使投票权的能力几乎没有关联(除了在那些阻止他们投票的地方)。同样,鉴于印度政治体制的本质,赋予他们的选择范围其实很少。尽管选择有限,他们依旧在行使自己的选择。

正规意义上的民主就是行使选择权。它事关公民权,是一人一票,是一张选票代表一种价值分量。在更深层意义上讲,我们也会将民主联系到法治和各种制度。我们期待民主社会尊重公民自由和人权,重视公正的司法过程——通过这一机制人们可以追求正义。我们以立法机构为傲,因为正是立法机构使得法律制定、执行和管理等系统都遵守法规。我们特别重视在一个竞争激烈的环境中有言论自由的权利和自由运作的媒体。最为重要的是,我们珍惜我们平等的权利并且想要得到公平的待遇。我们知道一个民主机构的存在是一个充满活力的民主国家的先决条件。

此后的阶段则变得有点复杂。只有民主制度的存在并不能确保民主实践。立宪会议认可只有在我们创建一个公平竞争环境的条件下各种权利才能得到实现。我们承认过去几个世纪存在的种姓歧视,因此我们发起平权法案,以处理社会排斥和经济剥削等历史遗留问题,并且将其引入了教育机构和政府工作中的保护政策。其中包含了这样一个共识——至少在形式意义上——平权法案是符合民主和机会平等精神的。在这方面,教育被视为实现机会平等的宪法义务的重要工具。立宪会议中的各种讨论详细关注了这个议题,而且国内达成共识,即采用平权行动来作为处理几个世纪来的歧视和排斥的一种有效机制。

我国的民主与平等神话最早遇到的曲折在于当时并没有将普及基础教育(UEE)视为儿童的基本权利,相反却把它纳入指导原则——无须审理的指导方针,而非司法上的强制性权利。如果将普及基础教育作为基本人权来开展,那将带来深远的影响。首先从当时政府的角度来看,这将意味着巨额的教育基础设施建设方面的投资。其次,使其成为一项可裁决的权利意味着如果公民未能进入学校时,公民有权起诉政府。[①] 因此,即使 UEE 被认可为一项以确保民主实质性实践的无可争议性的最低要求,但是印度的民主开创者们并没有让它成为一项基本权利。因此,当我们在 55 年之后宣布我们是一个至高无上的民主共和国时,我们仍在弥补 1950 年许下的承诺。

教育可能与正规意义上的民主没有直接的一对一的关联。然而,过去 60 年的经验表明,教育的缺乏已经影响到与民主实践相关的制度中公民的参与能力。它影响个体能力,使其无法超越自己的出身环境,削弱了他们与周围纷繁复杂的各种制度谈判的能力,剥夺了他们的自尊和信心,压制被边缘化和被压迫者,使他们无从发声。最终,教育的缺乏把“沉默的人们”推向贫民区——再现不同的种姓、社区、宗教和语言身份,创造新的社会排斥和社会隔离。尽管教育拥有促进变化的力量,但它无法在“历史遗留的各种扭曲现象”(Ch. IV, Page 6, Paragraph 4.2 and 4.3; NPE - 1986, Government of India)里保持中立。当代印度有各种类型的学校以满足不同群体的需求。学校规模与形式各不相同——方言教学与英语教学;公立学校与私立学校;正规学校与过渡学校;单科教师学校与全科教师学校,等等。不幸的是,这进一步强化了现存的各种社会和社区身份。似乎在很多方面,印度的教育发展轨迹与帕沙·查特吉(Partha Chatterjee)关于后殖民社会本质的理解相一致——后殖民社会中不平等的殖民体系得到延续。[②]

---

① 有意思的是到了 2007 年这些问题还在继续困扰我们！该法案详细说明教育是一项基本权利,但是这项权利尚未实现。

② 见帕沙·查特吉所著《国家及其片段：殖民和后殖民史》(1993)及《殖民地世界中的民族主义思想：衍生话语》(1986)。

　　我个人的研究旅程始于女性社会阶层流动，而对女性赋权的关注一次次地将我推向初等教育领域——那里是上演政治包容与排斥的一线战场，并一代又一代地传递着。在定期选举的剧院式表演中，那些沉默的边缘化的观众越来越少，压迫和排斥的基本结构并未发生多少变化。

　　教育和民主之间的关系就像一个无形的漩涡，帮助那些掌权的群体继续握权，而使底层人民疏远，始终没有发言权。就像印度独立过程中所体现的，教育是通过提高人们的能力、实质性的民主实践能力来发挥作用，而非通过正式选举制度来产生功效。教育有提升人们能力的潜力。正如德雷兹和森曾经论断："能力指的是一个人可以做出选择的各种替代性功能的组合。因此，能力内涵在本质上是涉及自由的——一个人在一系列选择中决定过什么样的生活。基于这样的认识，贫困不仅仅指个体实际生活在贫困国家，更是指缺乏各种现实机会——源于社会局限和个人境遇——去选择其他类型的生活。"(Dreze & Sen, 2002：35—36)这一说法令人信服。缺乏质量合格的教育机会将抑制公民参与民主体制能力的发展，从而剥夺他们的民主实践。

　　本文探讨了我们的教育体系是如何创建新的社会分层，新形式的社会排斥和社会包容，从而拷问平等和机会均等的根基，并在民主实践中留下无法抹去的印记。正如 B. R. 安贝德卡以一种先知预言式的话语写道：

> 　　1950 年 1 月 26 日，我们将要体验一种充满矛盾的生活。在政治上我们将拥有平等，而在社会和经济生活上我们依旧不平等。在政治上，我们将承认一人一票和一票一权的原则。在我们的社会和经济生活中，我们会因为我们的社会和经济结构而继续否认一人一权的原则。我们在我们的社会和经济的生活中继续否认平等究竟还要多久呢？如果我们长时间地持续否认，我们将只会把我们的政治民主置于危险的境地。

> 　　　　　　　　　　　　　　　　　　　　(Ambedkar, 1949, 转引自 Khilnani, 1997：35)

社会排斥的累积性负担

　　2003 年，我参与了一项有趣的、跨部门合作的质性研究项目。该项目研究促进或阻碍卡纳塔克邦、北方邦和安得拉邦经济上最落后的四分之一群体成功读完小学的影响因素。这项研究探索了——儿童、家庭、社区和机构［特别是小学、儿童发展综合服务部（ICDS）以及其他与医疗相关的服务］等四个领域。这些领域影响着（既有消极的又有积极的）儿童健康、营养和教育及其内在联系(Ramachandran, 2004)。我们在村庄和城市贫民区中花了大量时间与女性对话、与孩子交流、观察学校和早期托儿中心、访问教师和护理人员。

　　所收获的故事几乎千篇一律——贫穷而柔弱的母亲生下孩子，并且在物资极度匮乏的环境中抚育他们。鉴于各种机构支持的名存实亡，健康状态不佳、营养不良和教育匮乏的代际循环已经固定运转了。地方性的营养不良、免疫接种的匮乏或不足、恶劣的环境卫生、儿童疾病的频繁爆发影响了儿童的智力发育。当出生于最贫困社区的孩子达到接受学前教育的年龄时，他们的种姓、地位和经济状况成为阻碍他们有机会享受到各种服务（如补充营养和学前教育）的变量。而当他们达到入学年龄，能够保证的只是他们的名字会被记录在学校注册本上，以示他们被正式招生。他们能进入一个"正规的"或"过渡的"学校机会是由他们的经济地位、居住地、种姓、社区或宗教来决定的。然而，无法保证的是他们能否持续性地上学——不仅仅因为健康，还因为对于这些家庭非常贫穷的孩子来说，学校并没有什么可期待的。老师对这种孩子的态度，最好的情况是表现出漠不关心，更加复杂的问题是，大部分的孩子尤其是女孩，在上学前或放学后都需要工作赚钱。无法保证他们能否学会读和写，尤其是当他们进入的是一所学生数量超标，且只有一名教师任教的学校或者师生比例高的学校时(超过 1∶120)。如果这些儿童生活在一个偏远住所或者来自一个贫困社区,很可能教授他们知识的是一位不具备教师资质的人,俗称"合同工老师"或代课老师。

　　然而,父母仍渴望送他们的孩子去上学,这些孩子自己也满怀期待。但是,他们的满腔期待在似乎存在又或不存在的机会中慢慢变淡。最初上学的热情逐步转为放弃和对学习不感兴趣——孩子变得不守规矩,他们在家里或街上闲逛,并常常加入家庭劳作中——在多数情况下,孩子们没有学到任何东西就退学。能负担学费的少数家庭可能把他们的孩子送到私立学校或者送到课外辅导班。代际循环得以延续,新一代人成了半文盲,弱势、冷漠,或者多数情况下对区别对待他们的体制表示愤怒。我们还发现了一些更令人不安的糟糕情况发生在那些旨在为最贫困地方的穷人提供一个社会安全网的政府项目中。

　　贫困的循环圈始于早婚。这些贫困地区的平均结婚年龄为 13 岁(北方邦)和 15 岁(卡纳塔克邦、安得拉邦)。[①] 大多数年轻女性贫血并且虚弱。很多婴儿从 6 个月开始到 36 个月只能获得极少的补充性营养——绝大部分儿童表现出中度或严重的营养不良迹象。他们总是待在妈妈怀里,时常啼哭以获得几块煎饼(印度面包)或一些米饭。常见的疾病,即使只是感冒和咳嗽,也会影响孩子自己获得食物以及吸收食物营养的能力。大多数家庭很少用烹饪油或油脂来做饭,即使是给孩子准备餐食时。在北方邦一个令人吃惊的研究发现是,大多数出生于最贫穷家庭的孩子只能获得部分免疫接种——小儿麻痹症疫苗。卡纳塔克邦和安得拉邦的情况稍微好一点。虽然几乎所有的儿童接种了小儿麻痹症疫苗和大约 40% 的儿童接种了卡介苗,但是其他可预防疾病的疫苗接种似乎并不在服务提供者的优先列表中。

　　尽管 ICDS 旗舰项目旨在防止贫困家庭的儿童营养不良,但是我们同阿安甘瓦蒂(Aanganwadi)的工作人员的讨论表明,没有识别营养不良严重程度的系统来为其提供双倍配给。是否获得供给机会是由工作人员的种姓和供给中心的地理位置所决定的。最终,所调查的北方邦和安得拉邦的大多数家庭都没有获得政府提供的补给营养。实际上,在北方邦供给到ICDS 中心的营养供给物只够使用 5 个月,而大部分都被抽走在当地的商店中进行销售。

　　鉴于这种情况,能够存活下来并且年满 6 岁的孩子都是身体虚弱、营养不良且无精打采的。无论男女,即使是那些只有 6 岁的孩子,都从事着大量琐碎的活——放牧、收集饲料和燃料、干家务、照顾兄弟姐妹和打水。我们可能无法用可视化的方式来说明地方性的贫困、营养不良和学业成就之间的关系,但孩子们得不到充足营养和缺少医疗保健的事实确实是令人担忧的。

　　健康、营养和教育对孩子的发展有决定性的影响。母亲和孩子的健康和营养状况在早期尤为重要,因为它会影响认知发展。长此以往的忽视必然导致各个关键阶段无法获得原有的合理发展。每个阶段的健康和营养结果被传送到下一个阶段,一个不利因素的跨代迁移导致了贫困、健康问题、营养不良和儿童学习成果不佳的恶性循环。

　　问题关键不是赤贫的持久性,而是政府针对穷人的计划很难触及那些最需要帮扶的人。孩童的先天不足与民主政治是不匹配的。正是社会、政治以及经济日积月累的排斥特性塑造了贫困孩童的生活,影响他们在随后的岁月里获得学校教育、参与社会和政治生活的能力。

　　儿童在各方面经历失败的累积性负担(健康、营养和教育)会造成其成年后的缺乏自尊或信心不足。他们最终会成为靠计日工资为生的人,常常被迫在寻找工作的过程中迁徙并且继续活在贫困中。实际上,他们被剥夺了权利,这种权利剥夺不是通过扔掉他们的选票,而是通过社会和政治生活的其他方面。他们是没有发言权的人。

---

①　人口的平均结婚年龄为 19 周岁,20 周岁以及 18 周岁。(NFHS, 1998)

不平等的机会和新的等级结构

20 世纪 90 年代常被誉为是变化的十年——至少在基础教育方面。在这十年,社会弱势群体的识字水平和入学率有了前所未有的飞跃。女性识字率从 1991 年的 32.17% 上升到 2001 年的 45.84%——在 20 世纪 90 年代的十年里增长了 13.67%。表列部落的小学总入学率从 1991 年糟糕的 40.7% 上升到了 2004 年的 75.76%,表列种姓则是从 52.3% 上升到 71.86%。该情况的另一面在于,53.7% 的入学儿童(对于女孩是 57.7%)在上七年级以前就辍学了。这实质上意味着尽管有大量的儿童入学,但是他们中的大多数在完成小学教育之前就退学了。辍学的大部分儿童来自贫困地区(城市和农村),是社会弱势群体并且是第一代的辍学者。

尽管印度有 67 000 所新小学——而这十年也正是政府为不同人群设计不同类别学校的不断制度化时期。正如之前提到的,有不同类型的政府学校——常规的政府公立学校是服务于城市和农村地区的穷人,教育保障计划学校则是为了满足因身体或社会差距而无法进入正规学校的儿童,替代性学校是为了满足无法进入正规学校的孩子(如拉贾斯坦夜校),寄宿学校主要是面向族群儿童,而私立和私立募捐学校则招收城市和农村的中产阶级的孩子。最近的一项研究(PROBE, 1999;Ramachandran, 2002, 2004)表明,同一村庄不同聚居地的学校在基础设施、师生比例和教师培训方面的资助是不同的。直属于教育相关部门的学校与那些受社会或族群福利部门管理的学校之间的质量也较悬殊。

另一个涉及不平等的重要维度就是教师。众所周知,偏远落后地区的小学因为缺乏教师而且教师经常辞职而运作不良。教师是一个组织化程度很高的团体,并且行使相当大的政治权力——毕竟在选举中,他们担任地方选举监察官。教师的聘用、调任和委派是高度政治化的。那么政府为了解决这一问题做了什么呢?

拉贾斯坦(Rajasthan)在 1987 年率先提出了一个新策略。他设计了计划拉贾斯坦教育工人计划(Rajasthan Shiksha Karmi, SKP)以便解决贫困偏远地区教师不足的问题。该计划在本地聘用教师——被称为教育工人(shiksha karmi)。尽管这些教师拥有层级很低的正式教育文凭。重点在于通过与村委会的商讨在本地招聘师资。获得岗位的男女教师可以获得两个月的强化培训。这种新"老师"——随后改名为"代课老师",只能获得官方政府教师工资的一小部分。尽管这一项目的设计是为了满足偏远地区功能不全的学校的具体需求,但是这个模型本身吸引了管理者的兴趣。这是一种一箭双雕的低成本高效模型——降低在扩大教育系统中提供额外教师的成本(减少反复出现的财政支出),并且确保当前运作不正常的学校中有足够的教师。该计划给教师提供职业提升的机会,如果他们能够达到一些学术标准,这些代课教师就能转正。

中央邦因为接下来的宏大创新项目而得到赞誉——教育保证计划(EGS)。如果一公里之内有 25 个儿童无法上学的话,乡村行政委员会可以向政府请愿在村庄或住所内设立一所学校。反过来,政府要保证在收到乡村行政委员会请愿书的 90 天之内提供学校。人们期待乡村行政委员能够为 ESG 学校提供空间并且确定一位本地人——在经过州政府教育部门的面试和强化培训之后,将其任命为"大师"(Guruji)。

当然,我们承认 SKP 和 EGS 确实提升了入学机会,并让偏远农村地区最终拥有一所正常运作的学校,尽管基础设施、教师发展和教学材料的投资水平依然千差万别。事实上,如果要与载入宪法中的平权法案精神保持一致,政府应当给最弱势群体的教育投入更多的教育资源。但现实则向相反的方向发展——偏远农村和族群地区的人均教育投资下跌,甚至也包括城市地区中新的贫民窟定居点。低成本模型得到推广并且被应用到需要更多投资的领域之中。

显然一种新的隔离正在不同层面上逐渐显现，社会和经济地位不同的儿童进入不同类型的学校。甚至在政府的公立小学中也存在基础设施、社区参与、资金分配方面的显著差异，正如一些微观研究和其他相关研究报告所阐明的一样（Ramachandran & Sethi，2001；Mazumdar，2001；Nambissan，2001）。在贫困地区，只有一位教师的学校与多年级共用一个教室的学校比例更高。甚至在那些还未出现不同类型学校的地区中，直到最近这些农村和偏远地区的学校还大量缺乏培训的合同工教师。因此，出身于弱势群体和贫穷家庭的孩子没有其他选择（私立学校，各种学费），只能勉强进入能够接收他们的那些学校。

这种现象加强了现有的分层，导致了机会等级层次的产生。矛盾的是，那些需要国家资助的人（贫困群体）往往是获得帮助最少的人群。虽然学校的数量在增长，但是处于偏远贫困地区、只有一位教师的学校或者只有一所教室的学校比例很高，而且这些学校中也有更多的代课教师和合同工教师。获得入学机会的民主化伴随的是学生的等级、社区和性别确定他/她上哪所学校的再现。

这预示了一个民主政治吗？在某种程度上，我们担心一个日益增长的两极分化社会正在产生。在这样的社会中，等级制度、宗教和语言身份在政治中被强化。政党沿着等级制度和不同社区的界限行动，让不同群体相互竞争从而夺得选票。在另一个层面，政府的学校不再为不同社区的儿童提供一个共同的汇集场所，成长在当下的儿童没有机会接触来自其他社会群体的儿童。虽然在需要缴学费的私立学校中可能情况不同——来自中产阶级和富裕家庭的孩子们有更多机会去接触世界媒体，因此能够接触不同的观点。但是大多数贫困儿童不仅只能去那些与他们有类似背景的儿童待在一起的学校，而且他们也没有多少机会接触媒体，如印刷和电视类。他们是所谓的双重弱势群体——既贫困又在接受质量不佳的教育。

学校内部的歧视

莎维奇的家庭一点也不富裕。但是，让她在维拉特纳加尔的学校辍学的原因并不是贫穷，而是她的同学和老师让这个 15 岁的女孩无法再继续读下去。"当我进入学校教室的那一刻，其他孩子都在冲我做鬼脸。他们开始唱'bhangi aayee hai、aayee hai bhangi aayeehai！'（印度班吉种姓来了）。歌词充满着侮辱性质。"莎维奇的家人都是清洁工，在达利特地区①是最容易受到攻击的群体。他们的官方标签就是"班吉"，这里的许多人都是下层贱民种姓。他们现在很少把自己称为"负责厕所清扫的巴尔米基阶层"。其他种姓甚至以贱民的身份对待他们，他们只能处在社会最底层。清洁茅房的女性清洁工往往用手帕捂住鼻子并且咬紧牙关。这是她们在不卫生的工作中保护自己的措施。当莎维奇走进教室时其他孩子就在模仿这个动作。"他们咬住自己衣领的一边，捂住鼻子，有时还把手帕放在脸上。我开始哭了，但这对他们来讲并不重要。"（Sainath，1999）

1999 年，在令人寒心的果达拉事件②和随后在古吉拉特邦公共暴动发生很久之后，我与达利特组织的成员们一同访问了古吉拉特邦并记录了他们的经历。我们与达利特人中最弱势的群体展开交流（社区基本都是清洁工人，他们负责处理死物、清扫公共厕所、倾倒粪便）。在实地考察中，我们遇到了许多违反当地法律的情况。许多村庄将毗邻达利特聚居地的土地用于倾倒牛粪

---

①　Dalit 为印度等级机制中最下等的阶层，称为达利特人或者贱民。——译者注
②　果达拉事件：2002 年 2 月 27 日，火车焚烧，社区暴动，致死千人以上的恶性事件。

和其他垃圾。这里的环境非常不卫生。我们遇到了各种社会抵制、暴力和恐吓。我们与那些因为欠债而被迫从事抵债性劳动的人交谈。我们访问了那些原本被分配给达利特人，但现在被上层种姓控制管辖的地方。

最微妙的地方在于，对达利特居民的自尊打击最严重的地方是小学。我们遇到了许多被政府公立学校正式登记入学但最终没有上学的儿童。当被问及缘由时，他们谈到了教师的行为，其他孩子刻意与他们保持距离，而且他们只能坐在教室的一个小角落。一个女孩谈到在她靠近的时候其他同学是如何用衣服盖住鼻子。而勇于面对这些奇怪行为的孩子则谈到他们是如何被不断地要求清扫楼道，却从未被叫去取水。相对富裕的达利特人则设法逃到附近的城市地区或需要交学费的私立学校，那些学校也许能保证对他们的来历保密，而依靠公立学校的穷人只能辍学，即使他们已在学校正式注册。有一位二十出头的年轻人问我们，当绝大部分的达利特孩子被基础教育所排除，当大部分穷人都处在种姓制度最底层时，所谓的预留工作的平权法案有什么用？另一个年轻人问道：民主的含义是什么？难道它就是每5年行使一次投票权吗？他反问我们民主是否能在一个充满不平等和种族歧视的社会中兴盛。最令人不安的是，他问我们像他这样的人是否属于这个国家的公民(Ramachandran & Prasad，2000)。

不幸的是，这种情况不仅出现在古吉拉特邦，这也是印度的普遍现象。社会经济地位是接受教育的一大障碍。众所周知，达利特家族生活在远离中心的村庄，学校或者 ICDS 中心都不会企及的地方。物理和社会距离是一种障碍，特别是在社会关系高度紧张的情况下。这种情况在我们考察招生、留级和毕业方面的宏观经济数据时更显而易见。超过50%的达利特孩子在进入小学五年级之前就辍学了，其中多数在他们读到三年级之前就辍学(Nambissan，2001)。因为许多学校只有一位教师和教师频繁缺勤使族群地区的情况更糟糕，而雪上加霜的是许多教师并不熟悉族群孩子的语言。48.7%的族群女童和49%的族群男童在他们完成小学教育前就已辍学，这一数据触目惊心。

更悲剧的是，那些勇敢继续学习的孩子非常少。一个独立的非政府组织(Pratham)在2005年和2006年开展了一次关于儿童学业成就的全国抽样调查，结果令人震惊。2005年，7—14岁儿童中有接近35%不能读懂一个简单段落(一年级水平)，几乎60%不能读懂一个简单故事(二年级水平)，65.5%无法解决简单的算术问题，更令人担忧的是，11—14岁儿童组中有47%无法解决二年级水平的算术问题。2006年的调查结果发现情况并未改善。其中还有5个孩子无法读出标准中的2个文本。苏曼·布哈塔查耶(Suman Bhattacharjea)指出，早期无法确保孩子获得与年级相适应的阅读技能，这显然又给教师和孩子增添了更多的负担。ASER 2006年的数据证实这是一场必败之仗：第六标准是在完成推荐的至少5年教育之后，但是三分之一的学生都没有达到阅读的第二标准水平。因此，在进入一年级后，有超过半数的儿童在念到八年级之前辍学就不足为奇，而辍学者绝大多数来自贫困社区、农村和偏远地区。教育对这些儿童的意义甚微——他们获得不了多少技能，也无法建立自信心。

人们对达利特人或族群儿童心智能力的看法加上对某些群体的刻板印象导致了对儿童微妙有时甚至是公然的歧视，这导致了较高的辍学率和教育失败的情况。[①] 一方面，我们承认在"混合学校"学习的达利特、族群或者穆斯林的孩子面临着歧视，这影响他们的自尊心和信心，更重要

---

① 塞纳斯(P. Sainath)已经记录了1999年以来全国各地达特利人的情况。刊登在《印度教》(The Hindu)上的文章显示了校园内一直存在的社会性歧视。达特利人口中的某些特殊群体，如瓦米基(Valmiki)、罗希特(Rohit)、索梯(Thoti)、珈玛(Chamar)以及族群地区中的弱势族群和不被认可的小族群(被英国人视为犯罪族群)不仅仅受到上层等级人群的歧视，还遭受到其他达特利的歧视，把他们看作为是不可触碰的。

的是影响他们的学习能力。而另一方面，我们丝毫没有对隔离学校的思想感到不舒服，因为面向族群或达利特儿童的学校总是管理不善的。

答案可能在于其他邻近学校是处在紧密监控下的，尤其是为了防止公然的种姓、社区或性别歧视。但不幸的是，大多数学校教师和教育管理者都是来自上层等级社会中的城市和非族群民众。他们不认同或同情他们的学生。事实上，他们大多数都送自己的孩子去需要缴费的私立学校或私人资助学校。教师的职前培训和在职培训并不会提到社会偏见的影响以及教师态度对儿童自尊和学习能力的影响。教师培训人员本身对贫困儿童孩子的现状视而不见，而且他们反感性别和社会公平问题。鉴于此，达利特和族群的领导人认为，他们的孩子最好被分到隔离学校——如果政府能够保证对学校同等投入，且教育质量一样的话。

然而，也并不是所有教师都漠不关心或怀有偏见。作为一个走遍全国各地学校、与教师互动的研究者，我必须承认区域差异是广泛存在的。一些邦的大多数老师来自拥有政治权利、地位较高的阶层（上层种姓和其他落后阶层）。我也常常遇到某些管理者和教师对性别和社会公平问题充满敌意，尤其是针对达利特（以前最为弱势的群体，拾荒者）、族群和穆斯林社区等最弱势的群体。甚至在城市地区，种姓和社区的歧视都很常见。

族群聚居的地区和以族群为主导的州的情况不同。尽管类似的偏见不易立马察觉，尤其对于非族群的教师或者来自族群中占主导地位群体的人而言，老师们承认对于有着多元文化背景的混龄教学缺乏相应的管理能力。持续性地扩招和午餐引入制度让很多儿童进入了学校，而其中大部分孩子是第一代上学的、能讲几种语言或方言的人。旷课是常有的事，教师也是轮流来学校上课。最终所导致的是，教师需要管理超过75—100个孩子。教师们承认他们常年请愿希望能够调任到有更多机会和可能的学校——为此他们耗费了大量的时间和金钱。教师积极性不高、学生旷课和教师管理不善的基本问题仍然存在。

在某些教育相对发达的州里，农村和城市的学校也经历着类似的故事。扩招已经改变了班级的结构，学生具有多元化的社会和教育背景。当他们说着不同的语言或方言时，问题变得复杂起来。老师抱怨他们没有接受过任何培训以管理好这样多元背景的孩子，也没有任何开展混龄教学的经验（一个老师在同一个教室里要管理两到三个班级）。他们不清楚学生的家庭环境，无法应对农忙时节学生的长期旷课，也不知道如何面对学生家庭频繁的搬迁。我们面前是一位负担过重的教师，他既没有必要的技能也没有可靠的学术支持。

对于这一问题没有简单或直接的答案，每个州甚至每个街区都需要提出因地制宜的策略。更重要的一点是，虽然学校可以对抗社会偏见、成为变革的发起者，但这样的做法最终会向相反方向发展。

> 在印度，民主的建构是违反常规的，社会同时建立在不平等的等级秩序和一个帝国专制的国家之上。如果初始条件就不太可能，那么民主就必须存在于传统政治理论被同样认为不良的环境中，即在穷人、文盲和差异很大的民众之间。这种制度不仅幸存下来，而且以前所未有的方式成功地激励着印度社会。最初民主是由尊重法律的民族主义精英以政府的形式引入，如今其已经扩展并且加深，成为社会的一个原则，使印度转型成为可能。人们已经接受民主，且不再是从课本，而是通过实践来学习它。然而，印度民主取得的任何一点成功依然对现有的制度构成威胁。这种政治平等的想法已经带来了大多数宗教人士暴政的威胁，在1992年阿约迪亚巴布里清真寺毁寺事件中，这一威胁已经显露。（Khilnani, 1997：9—10）

前面几节中我们讨论了三种景象：其一，出生于贫穷家庭和社会弱势群体的儿童是在日积月累的排斥中成长的；其二，当他们进入学校时，所接受的教育质量是由他们的社会、经济和地理地位决定；其三，入学后的歧视经历和有限的学习——阅读能力、写作能力或者学习的内容都是有限的。学校常常会强化社会隔离——学校教育放大了对学生的排斥，直至其成年。这种排斥并不会就此结束。对于从学校辍学的年轻人而言，他们很难再有其他教育机会，他们不能获得技能或职业培训机会（其要求的最低入学资格为十年级），而这进一步限制了他们的选择。

"人类的发展是机会不断增加而拓展人们选择的可能的过程，人们可以选择他们想要做什么，可以选择过他们认为值得过的生活。"（HDR，2004）健康、营养和教育服务的系统性排斥对那些生活在边缘的人有什么影响？他们是否可以克服重重困难，最终平等地参与到民主进程之中？众所周知，那些最贫穷的人往往感觉自己是与制度最疏远的人。尽管当地医院希望提供基本医疗保健或者村务委员会可以为他们提供有意义的发展计划（干旱救灾，工作餐），儿童发展中心可以提供补充营养和免疫接种，各类学校教育——这个列表非常之长。

以预留工作的形式而开展的平权法案确实有其意义，但前提假设是这些人能够完成10年教育且获得令人满意的技能和认知能力。这就好像饼干碎屑——几乎每一个弱势的社会群体中都会有一小部分家庭最后摆脱了贫困及被排斥的恶性循环。这个团体通常就是所谓的饼干中的奶油层。正是这些小型的但有发言权和组织化的团体得益于平权法案，而剩下的多数人并不在这个行列之中。通过将社会地位与经济形势关联起来以更好地促进平权法案的管理，这种方式受到了许多阻力。越来越多的社会群体（包括宗教少数派）——即使是那些不属于社会弱势群体的人，今天也要求在高等教育机构中预留位置。结果，旨在纠正数世纪以来社会排斥的宪法措施成为有权势者为报答支持者而回馈给予他们的恩惠。他们派出一个受其操纵的领导阶层来巧言令辞地使用平权法案，从而延续了社会、经济和教育方面的排斥。

更令人困惑的矛盾在于，为什么达利特、族群社区、穆斯林少数民族的社会运动领导者，甚至更具讽刺意味的是那些女权运动的发起者对不公正的策略和质量低下的教育三缄其口，也对农村学校的动作混乱视而不见。

印度政府在2002年第86条宪法修正案中提出，免费义务教育是6—14岁年龄段的所有儿童的一项基本权利。新颁布的第21A条规定："受教育权——国家应当给所有6到14岁的儿童提供免费的义务教育。"国家人力资源发展部门起草了一个相应的"2004年免费义务教育法案"，但它并没有在议会中宣读。取而代之的是，中央政府给所有州传阅这项法案并要求他们引入适当的议案或条例来保证宪法修正案第86条的有效实施。

尽管草案的发布确保了正规学校能满足所有儿童的需求，过渡性安排严格上只是短期性的，然而真实的情况并非如此。由于大多数州政府的财政状况不佳，过渡性策略成为首选。许多州政府也选择了招收合同工教师以满足不断扩大的基本教育体系的要求。

尽管由地方自治机构村务委员会管理和控制学校向正确方向迈出了一步，但问题在于为什么正式学校系统依然处于村务委员会的管理范围之外，特别是教师骨干的管理（教师委派和调任）。问题的答案不在于为最弱势群体设计的低质量和低成本的教育模式不断走向制度化而他们实际上应该得到更多的基金、人力资源、教学和学习材料以及更低的师生比，以确保更大的关怀。

这是最大的转折点！是否所有进入小学的儿童都可以上到八年级或十年级呢？印度政府公布的最新数据令人震惊。印度政府（2007）的统计数据表示，印度有712 239所小学，262 286所小学高年级学校，145 962所中学。这意味着，每100个进入小学的儿童只有三分之二可以升学，只有20%可以念初中。因此教育系统并不能保证所有儿童接受初等教育，更别说中等教育了。小学和小学高年级学校的比例大概是2.57∶1，最差的比例是在西孟加拉邦（5.28∶1），其次是贾坎德邦（3.97∶1），梅加拉亚邦（3.73∶1）和比哈尔邦（3.24∶1）。（NUEPA and MRHD, GOI,

2007)

　　哪些儿童通过教育体系获得成功了呢？答案是显而易见的，进入质量低下的小学和替代性学校的儿童最终会被这个系统淘汰。这是一项减员政策，在数量以及质量方面都成为这一结构的组成部分。出生于偏远山区的孩子，只有那些天赋异禀的儿童有希望进入中学。不平等是该系统所固有的，是儿童一出生就存在的，一直伴随着他或她长大成人。

　　这对于印度的民主社会意味着什么呢？日益加大的差异性是否正在威胁着我们社会的民主构造呢？从不同地区获得的证据仍然令人吃惊。尽管上层 20%—25% 的人口（包括工业化发达的地区）对于全球化和印度发展充满热情，但下层有 25% 的人群仍然挣扎于维持基本的生活需要。处于金字塔底部的群体所带有的社会、文化、地区（具体位置）、社区水平和职业形象是另一个标记，这促使着他们从边缘化走向野蛮。选举制（强化了社会身份）中日益增长的社会冲突使得这一问题得到了关注。诚然，全球化进程需要有熟练技能的劳动力，但只有一小部分儿童可以梦想着获得受教育的机会，以使自己充分利用全球化对熟练技能型人才极大需要的机遇。因此我们必须重新回到图画板上，并重塑教育的形象。

位于南亚版图上的印度

　　大部分有关印度的讨论总是以提及其民主传统为起点。毕竟，印度刚刚庆祝完其独立 60 周年，歌颂其为一个充满活力的民主国家。尽管如此，印度与南亚地区的其他国家并没有多大不同。贫困、发展不平衡和历史殖民等问题是南亚地区常见的问题。但是人们普遍认为南亚文化不同，特别是在性别关系方面。这个地区人口密度很高，但人均收入只高于撒哈拉以南的非洲地区。

　　该区域的另一个明显特征是，大约有 4 亿青年人是在 12 至 24 岁之间，接近发展中国家青年人口的 30%。据说这种"人口红利"占据了东亚经济奇迹的三分之一。"近来东亚、东南亚和爱尔兰所取得的成功表明发展需要各种因素的结合。许多相关因素的互动有可能引发良性的发展旋涡，并制止恶性发展。"(Bloom，2005)该红利的潜力在南亚地区甚至更大。《2007 年世界发展报告》预测这个群体将缓慢增长（巴基斯坦除外），并且将在未来 25 年后达到顶峰。接近 45% 以上的年轻人口是女童和妇女。女性的决策参与有限，不仅仅因为这一地区独特的文化，也因为很多女孩在小学毕业后就辍学了。

　　过去几十年南亚经济的快速增长显示出一种乐观主义气象，这可以与 20 世纪 90 年代的东亚经济繁荣相媲美。东亚在最近的几十年中相对更稳定，并且经历了经济的快速发展以及人类发展指标上的卓越进步。人们也认为这个地区更有远见，特别是在两性关系、女性参与劳动力和女性教育等方面。然而，南亚则经历了社会和政治冲突、自然灾害和内部冲突。使南亚与东亚截然不同的是南亚内部所持久存在的性别不平等。然而，指数型经济增长和政府加快发展教育的承诺则给该地区带来了乐观和希望。可是，与东南亚相比，在最终到达更高的人类发展目标以及取得更大的性别平等之前，南亚地区还有很长的路要走。

　　显然，该地区面临着巨大的挑战，但也拥有着快速进步和发展的机遇。诺贝尔经济学奖得主阿马蒂亚·森(Amartya Sen)一再指出性别不平等使该地区倒退。他认为，如果国家能够按优先顺序处理教育、健康、营养和所有女童的身心健康问题时，该地区可能会出现前所未有的变化。但最大的问题在于——鉴于该地区的社会文化环境，南亚可以超越狭隘的公共界线和国内内部壁垒，进行大胆构想吗？

参考文献

Bloom，D. E. （2005）. Education and public health：Mutual challenges worldwide. *Comparative*

Education Review，4(4).

Dreze, J., & Sen, A. (2002). *India: development and participation*. Oxford: Oxford University Press.

Government of India (1986). *National policy of education*. New Delhi: Ministry of Human Resource development.

Government of India (2006). *Select Educational Statistics 2003 -04*. New Delhi.

Government of India (2004). *Free and Compulsory Education Bill*, *2003* (Revised). Posted for comments in the official website of Ministry of Human Resource Development. New Delhi.

Khilnani, S. (1997). *The idea of India*. London: Hamish Hamilton.

Mazumbar, M. (2001). Educational opportunities in Rajasthan and Tamil Nadu: Despair and Hope. In A. Vaidyanathan & P. R. Gopinathan Nair (Eds.), *Elementary education in rural India - A grassroots view*. New Delhi: Sage.

Nambissan, G. (2001). Social diversity and regional disparity in schooling: A study of rural Rajasthan. In A. Vaidyanathan & P. R. Gopinathan Nair (Eds.), *Elementary Education in rural India - A grassroots view*. New Delhi: Sage.

NUEPA & MRHD, GOI (2007). *Elementary Education in India - Progress towards UEE*. New Delhi.

PROBE Report (1999). *Public report on basic education in India*. Delhi: Oxford University Press.

Ramachandran, V. (Ed.) (2004). *Hierarchies of access: Gender and equity in primary education*. New Delhi: Sage.

Ramachandran, V., & Prasad, E. (2000). *Discovering and harnessing the treasure within: Empowering Dalit and the poor in Gujarat*. Report of an external evaluation of Navsarjan Trust. (Unpublished Mimeo). Ahmedabad.

Ramachandran, V., & Sethi, H. (2001). *Shiksha Karmi Project of Rajasthan - An overall appraisal*. New Education Division Document No. 7. Stockholm: Swedish International Development Cooperation Agency.

Ramachandran, V., & Educational Resource Unit Team (2004). *Snakes and Ladders: Factors Influencing Successful Primary School Completion for Children in Poverty Contexts*. South Asian Human Development Sector Report No. 6. New Delhi: World Bank.

Sainath, P. (1999, 28 November). This is the way they go to school. *The Hindu Sunday Magazine*.

UNDP. (2004). *The human development report*. New York: Oxford University Press.

World Bank. (2004). *World development report*. Washington D.C.

4. 非洲撒哈拉以南国家的课程改革：当本土遇到全球

琳达·奇泽姆(Linda Chisholm)

雷蒙·莱恩德克(Ramon Leyendecker)

引 言

20 世纪 90 年代以来，撒哈拉以南非洲的教育变革就是一个纷繁复杂的问题。该地区不仅社会组成、经济发展和政治概况都极为不同，而且其来自内部与外部的力量的异质性也影响着教育变革的轨迹。如果说有什么东西可以将这种多元化凝结在一起，那么其中肯定包括殖民与后殖民活动的历史进程及其产生的影响。一方面，残留的殖民主义仍然持续性地对该地区的国家与人民所向往的生活以及日常生活产生巨大的影响。另一方面，自 20 世纪 60 年代以来席卷撒哈拉以南大部分地区的政治变革带来了持续性的、愈演愈烈的政治动荡与国家负债和贫困。1980 至 1990 年间，该地区的人均实际 GDP 下跌了 42.5%，收入分配变得更为不均衡。尽管自 20 世纪 90 年代中期以来，其增长水平有所提升，但"撒哈拉以南非洲发现本地区的经济在衰退，而世界其他发展中国家则在大力前进"(Sparks，2006)。这一问题既有内部原因也有外部原因，既有经济因素也有政治方面的因素(Williams，2006；Jennings，2006；Sparks，2006)。在当前的后殖民时期，撒哈拉以南各地区建立了能体现民族自豪感、发展抱负和治国主张的重点工程项目，即新的教育系统尤其是高等教育机构。然而伴随政治与经济危机的出现，这些新项目也面临着日益严重的困难。

20 世纪 90 年代初，柏林墙的倒塌这一看似遥远的事件，以及全球化步伐的加快对非洲产生了显著的影响。尽管专制主义依然为许多政党所奉行，20 世纪 90 年代早期到中期，许多非洲国家受到世界潮流的影响，举行多党选举，实行自由民主、市场开放的原则，以与世界的发展保持一致。这些选举使得在 20 世纪 80 年代就初露苗头的新市场定位得以合法化，并为教育改革和课程改革铺平了道路，包括要求更好的关于教育发展的经费援助的问责制。这为教育与课程改革开辟了新篇章。本文探究了课程改革，特别是其中以学习者为中心、结果和能力为本位的教育，以及国家资格框架。本文的分析数据涵盖了撒哈拉以南的非洲，尤其关注非洲南部。

过去 10 年里涌现出了大量相关文献，而其中有一半都是基于政策与实践的分析去探究这些新发展的影响。政策社会学表明，政策和课程实施并未遵循可预测的路线，即规划—采纳—实施—再规划，而是通过多重过程(Ball，1990，1994；Bernstein，2004)和多重机制实现再次语境化(Dale，1999)；大多数课程的实施很少考虑已有的能力与可用资源(Elmore，2001)；本土的尤其是教师的价值观、教学实践和信念形塑着课程实施的结果(McLaughlin，1991，1998)；对课程实施进行理解则需要从课程实践着手(Sutton & Levinson，2001)。比较教育也强调了全球化的作用(Carnoy，2000)、话语形成的过程(Schriewer，2003)以及本土化对产生非对称模式的影响(Steiner-Khamsi，2004)。

在已有的研究文献，能综合考虑非洲环境及其极大的多样性并不多。在多数情况下，它们在很大程度上都被忽视了。在此，可以看到两种认识政策与实践之间关系的方式。第一种，主要强调政策失败的内因；第二种主要强调政策失败的内部原因，尽管双方没有任何一方忽略了另一方。每一种方式内部又存在巨大差异。第一，关注政治经济、募捐者及多边机构在影响政策目标形式上所起的压倒性的、决定性的作用(Samoff，1999a，1999b，2001，2005；Tabulawa，2003；

Vavrus，2003)。

第二，其一方面关注各种非洲特有的社会组织的抗逆性，另一方面关注政策的本质和教育的政治性。例如，斯达姆巴赫(Stambach)指出乞力马扎罗山上的学校调和了个体与集体对现代性的观念和认同，但它们很难改变占支配地位的、仪式化的、点名-回应式的教学风格。这就体现了与父系价值观和等级结构的强烈共鸣，年龄和性别关系也强化着男性权威(Stambach，2000)。塔布拉瓦(Tabulawa)认为，博茨瓦纳引入学习者为中心的教育尝试之所以失败，在很大程度上是因为传统的学习方法与殖民的学习方法两者达成了一致(Tabulawa，1997)。此话题的一项更复杂的变体形式审视了：研究者探讨了加纳本地教育实践的复杂性，展示了国际的、国家的、本土的话语是如何在同一所学校相互推搡、竞争，教学依然死气沉沉地进行填鸭式学习，尽管如此，学校也创造了机会使学生之间真正地从对方身上去学习(Coe，2005)。

南非的研究者们同样关注了那些相互矛盾的结果。然而，研究者从未将政策的失败与具体的或主要的外部强加的政策关联起来，也没有将其与具体"非洲""传统的"特性关联起来。更确切地说，它们主要关注国内政治和矛盾。因此，詹森(Jansen，2002)强调政治转型中政策的象征性来解释那些未曾改变的境况，哈利和韦金德(Harley & Wedekind，2004)以及詹森(Jansen，2005)强调教育理念与政治理念之间的矛盾性以及实践环境中的多样性，霍德勒(Hoadley)、里弗斯(Reeves)和穆勒(Muller)强调学校的社会再生产作用，以及教师知识和教学法的差异对于是否会重蹈历史上那些不平等的覆辙而言是至关重要的(Hoadley，2007，2008；Reeves & Muller，2005)。

正如塔布拉瓦在其作品中阐明的，这些研究方式并不互相排斥。他认为，20世纪80年代和90年代新自由主义作为一种占有主导性的发展范式，推崇了政治民主化是经济发展的先决条件的观念，加强了以学习者为中心的教育模式(Tabulawa，2003)。对他而言，教育学是"意识形态观念的一部分，旨在发展出更理想的社会和人的世界观……这体现了以追求教育质量、有效教学为伪装的西方化进程"(Tabulawa，2003：7)。然而，他的论点并没有解释为什么以学习者为中心的理念如何被地方层面乐意接受。本文认为，为了解释为什么以学习者为中心的教育虽易于接受却难以实践，需要同时考虑内外部原因。

然而，本文不太关注作为实施失败原因之一的非洲文化，而更关注本没有联系的国际、国家层面的话语与地方现实、实践二者的结合。为了更好地说明这一点，本文的讨论基于许多现有的研究。但是本文也认为，本地对殖民主义的抵抗史中包含着那些贯穿在以学习者为中心的教育中的教育理念。而以学习者为中心、以结果为本位的教育之所以赢得本土支持，是因为其并非完全是新的理念，而且足够具有模糊性，使得这种教育与其说是被看作教育目标的关键手段，还不如说是被看作经济的、社会的和政治目标的关键手段。以学习者为中心、以结果为本位的教育兴起于20世纪90年代后期，似乎是以另一种名字显示"民主式教育"的兴起。但是在实现这一目标的能力和要求不仅彼此之间，而且与它们最初的发展环境之间存在巨大差异的情况下，其实践步履蹒跚。本文主张对内外部动力加以综合理解，考虑不同实施环境之间的多样性和差异性。

本文首先讨论了学习者中心的教育、儿童中心的教育和能力本位的教育三者之间的词义含糊和差异，然后分析撒哈拉以南非洲课程变革的国际压力、非洲南部的地方历史背景，以及造成非洲南部倾向于采用这些教育理念的替代性教育经验。本文还将指出这些教育理念是怎样在实践中失败的。本文的解释试图基于以下基础，即改革很少关注实施环境中的可行性，而是更关注要达成的经济、社会和政治目标并以其影响作为研究结论。在此过程中，本文关注历史和环境如何塑造了改革的目标和理念，也关注改革实施的具体背景。本文主要关注的不仅是基于以学习者为中心的课程改革，也关注结果本位的教育改革，以及国家资格框架。尽管其运用的概念不同,但以学习者为中心、结果本位以及国家资格框架都反映出一套相互关联的理念。这套理论在20世纪晚期和21世纪早期通过课程改革在撒哈拉以南非洲得以传播。本文使用了许多来自撒哈拉以南非洲各国家的二手和一手资料。

以学习者为中心、以结果为本位的教育

目前,以学习者为中心的教育是撒哈拉以南非洲及世界其他地区最为盛行的一种教育理念。与这一理念相伴相随的是以能力为基础、课程与评价中降低考试的重要性、提升通过过程性评价来激励学习者中心的教育手段等转向。然而,来自各方的大量证据表明,这种理念并未在课堂中付诸实践。

阿姆斯特丹自由大学针对撒哈拉以南非洲国家的发展概况的研究,其中有很大一部分是涉及有关这些地区中学的科学、数学与信息技术发展研究(SMICT,2005)。研究表明"传统的""过时的"教学风格依然盛行。旨在对知识信息或概念进行口头记忆的"粉笔与说话"是教学策略,这足以反映坦桑尼亚这个国家的教育特征(SMICT,2005:13)。据称,乌干达的做法是围绕课程与教学的传统模式(主要是行为主义的),而不是诸如基于意义发展的模式。教师使用的教学策略缺少探究式教学、引导学生将科学知识运用于现实生活,以至于教与学主要是"理论性的"(SMICT,2005:25)。在博茨瓦纳,尽管有官方推行的成熟的以能力为本、学习者为中心的课程,但"阅读—重复—背诵的学习循环"仍然盛行(SMICT,2005:34)。在加纳,正如在其他国家一样,"课程……几乎完全是以教师为中心的、以内容为导向的"(SMICT,2005:19),即便是这样,很多教育者觉得以教师为中心的教育潜力都还没有完全贯彻呢！尽管纳米比亚提倡以学习者为中心的课程,但是"以学习者为中心的教育……在实践中经常是缺失的"(SMICT,2005:31)。尼日利亚也提倡以学习者为中心的教育理想,"但通常其现实……远离……理想"(SMICT,2005:31)。像大多数国家一样,塞内加尔的评价制度仍然是以考试为驱动和导向的,强调记忆与背诵而不是学习和理解。同非洲的西部、东部和南部一样,南非的政策与实践之间的落差也是稀松平常。在此,学习者中心、结果为本的教育——即该地区的教育哲学在实践中比在政策中更难达成(Harley & Wedekind,2004)。

为了理解政策和实践之间的差距,我们有必要简要回顾和了解以学习者为中心的教育是如何被理解的。以学习者为中心的教育理念主要来源于让·皮亚杰(Jean Piaget,尽管皮亚杰有时只被理解为阶段论者)、约翰·杜威(1938)和维果斯基(Lev Vygotsky,1978)的著作。而当代有关以学习者为中心的理解主要基于维果斯基的认知心理学,这不同于基于行为主义心理学的教育。建构主义认为知识结构和学习过程对学习都具有重要的意义。学习被视为发生于各种社会环境下的、永恒持久的、终身性的过程,而正规的学校教育只是其中一方面。以学习者为中心的教育理念更多的是理解学习的本质,而很少关注正规学校教育中的教育教学和教育结果产生的具体条件。它的起源和含义不明确,也容许超出课堂的多种不同的理解。

以学习者为中心的教育、以儿童为中心的教育和以结果为本位的教育之间具有明显的相似之处,但三者也存在差异。对于有些学者而言,以儿童为中心的教育是针对强大的以行为主义为理念的教育的回应与发展,它有着不同的认识论基础(van Harmelen,1998)。就以学习者为中心、以结果为本位的教育而言,前者被认为与输入相关,而后者与产出相关。前者更多关注教学和指导的质量,而后者更多关注评价的质量。前者是一种有关教与学的教育哲学,一般而言适用于学习,尤其是学术教育。后者主要将提供结果的框架和知识整合的方法放在第一位,而将对课程知识、教育和支持学习材料的关注放在第二位。结果可以是行为主义的,且通过以儿童为中心

的教育方式获得。尽管这些概念所暗含的意思有着本质性的差异,对于本文而言最为重要的是概念和不同含义之间本质上的模糊性。

正如在以学习者为中心的教育中所体现的,以结果为本位的教育的含义也是有争议的,这可以通过其在1994年以后南非的"2005课程改革"中的应用来加以说明。不同的学者都对以结果为本位的教育理念或多或少地表达过自己的观念。在南非,很少有教育研究者没有对以结果为导向的教育表达支持或反对的态度。穆罕默德(Mohamed,1998)、马尔科姆(Malcolm,2000)和奥多拉-霍普斯(Odora-Hoppers,2002)这类学者为以结果为本位的教育做出辩护,而一些学者比如卡拉克(Kraak,2001)对其持适度批评态度,然而,还有些学者,如詹森(Jansen,1997,1998,1999,2002,2004)、詹森和克里斯蒂(Jansen & Christie,1999)、穆勒(Muller,1998,2001)、穆勒和泰勒(Muller & Taylor,1998)以及恩特海特(Unterhalter,1998a)则质疑它的基础。这场争论的本质随着时间的推移也发生了转变。这场争论实际上将人们两极分化,他们以这样或那样的方式将自身看作"教育进步分子"。因此,对于一些人来说,也有可能把以结果为本位的教育看作狭隘的、去极端化的教育目标,而对于另外一些人来说,则有可能将其看作教育目标的扩大和变革;对于有些人来说,有可能将其看作允许差异的出现,允许地方的、隐藏的知识公开化,对于另外一些人来说,则有可能将其看作高于另一种形式的普遍知识。对于有些人而言,有可能将以学习者为中心的关注点看作给予穷人更大的可能性,而其他人将其看作一种教育浪漫主义,拒绝给予穷人真正的学习机会。

我们可以在国际与比较的语境中看到它所产生的效果,有时候它与能力驱动、市场化的知识形式整合在一起,另外一些语境中则又在增强相反的知识形式。在一些环境中,以结果为本位的教育"生效了";在另一些环境中,则并未"生效"。很少有人讨论它在南非国家资格框架中所起的核心地位。然而,在起始阶段,国家资格框架被认为是为了限制教育目标而狭隘地服务于经济发展目的的(Samson & Vally,1996;Unterhalter,1998b;Muller,1998),而非被认为是整合教育和培训。因此,以结果为本位的教育在根本上是"漂浮的能指"①,对教育进行投资的人有着截然不同的质量标准,因而他们对其都有不同的理解。作为一种对社会可能性或界限的构建,它回应了公共和私人的愿望和关系,以形成社会秩序。但是将它看作纯粹符号性的社会建构也不利于理解多种的社会动力、过程和斗争的实质性影响,它是其中的一部分,并被很好地覆盖重叠(Chisholm,2003)。

外部压力和条件

以学习者为中心、以结果为本位的教育和国家资格框架的理念根植于国际发展与本土历史。我们将首先分析确保政策话语被接受的国际压力和条件,继而再对纳米比亚和南非的具体环境展开详细探讨。

自20世纪90年代以来,撒哈拉以南非洲的教育目标和追求就被四种相互关联的发展动态重新构建着:全球化,国际救援组织的关注重点转向发展性求援,撒哈拉以南非洲国家制定了新政策以适应新的世界秩序,欧美新的教育观念传播到撒哈拉以南的非洲。后者是由部分西方世界的发展-输出、撒哈拉以南非洲发展性输入以及不断增强的国际交流所引起的。暂且不论概念的来源,就其实施而言,以学习者为中心的教育和以结果为本位的教育都未能以其预期的方式而

---

①　"漂浮的能指"通常是符号学术语,以指示没有参照物的符征,例如一个不能指示任何一个实际物体或者约定含义的单词。——译者注

展开。

　　尽管以学习者为中心的教育和以结果为本位的教育之间存在差异，但它们是国际权利和素质教育的话语的组成部分。这种混合性理念在多边性的捐助机构中被广泛认可。正如联合国教科文组织、捐助机构和国际非政府组织一样（Tabulawa，2003），几十年来尤其是联合国儿童基金委员会（UNICEF）大力推进以权利为本位的、以儿童为中心的教育方式。国家资格框架并非是这些课程理念主体的明确的一部分，却是国际话语的一部分，这些国际话语已被非洲采用且对课程与教育系统产生了影响。大部分撒哈拉以南非洲国家签署了很多有关教育的公约，包括《儿童权利公约》（1989）、《世界全民教育宣言》（泰国宗滴恩，1990）、《达喀尔协议》和《千年发展目标》（2000）。这些公约清楚地说明了民族国家和国际机构做出的有关达成教育发展目标的共同承诺，责令撒哈拉以南非洲国家变革教育政策以达成这些目标。对于撒哈拉以南非洲国家来说，《儿童权利公约》《宗滴恩宣言》《达喀尔协议》和《千年发展目标》规定其必须推行素质教育，除其他事项外，关注点要放在课程政策和实践上。

　　《宗滴恩宣言》呼吁教育普及、公平、质量和民主，这获得了撒哈拉以南非洲的认可，且少有抵制（Chisholm et al.，1998）。它对平等的推动是具有吸引力的，它的实现似乎有可能促进社会和经济的发展：以前社会存在的不公正会消失，经济会增长会给公民带来好处。人们相信且仍然认可社会和经济的发展需要教育进行变革，对于社会和经济发展来说，教育变革是必要的。除此以外，人们认为教育变革的实现取决于通过以学习者为中心的教育方式来变革课堂实践。通过自上而下的压力和自下而上的愿望，对这些教育理念的自愿采纳，在某种程度上表明了在国际舞台上该理念被采纳的趋势。非洲南部国家，尤其是在纳米比亚和南非，《宗滴恩宣言》对公平的呼吁与后种族隔离时代政府的社会、政治和经济目标相一致。

　　提高教育质量一方面被普遍认为是必须适应全球化对新知识的要求，另一方面则被认为是满足大众对学校教育改善的需求（ANC，1994；Namibia Ministry of Education and Culture，1993）。一方面，不断鼓吹以学习者为中心的认识论似乎与发展的雄心非常相符，并在社会和教育上受到了广泛的关注。另一方面，最先在南非（1995）和纳米比亚（1996）实施的国家资格框架引起人们的关注，因为它被认为会带来社会和系统性的益处：国家资格框架将会开启摆脱贫困、低技能和失业的教育"阶梯"，向繁荣、高技能和充分就业敞开大门。这条路线是通过能力本位、以单元-标准的课程设计整合到教育与培训（ANC/COSATU，1993；ANC，1994）。

　　然而，几乎在所有的撒哈拉以南的非洲国家，课程改革都是由含有"促进结构调整措施"贷款条件的社会性教育部分来授权实施。一般而言，结构调整计划主要关注成本控制、公共部门改革、私有化和关税壁垒消除。减贫战略是结构调整计划实施的重要手段。教育改革是减贫战略的一部分，包含试图促进教育普及、改善教育质量的举措。正如在乌干达，通过普及初等教育的实施，课程改革成为结构调整计划中有关教育计划的一部分（IMF，1998）；坦桑尼亚则是通过《基础教育总体规划》和《中等教育总体规划》（IMF，1999）来实现；在莫桑比克是通过面向1999—2003年的中小学教育《5年教育部门战略计划》（ESSP）（IMF，1999）来执行；在马拉维，则是通过学校教育质量的改善（IMF，1998/1999）来开展。例如，马拉维的《第二个发展计划1985—1995》规定了一系列旨在更新和重组公共部门的改革；其教育建议包括要求转向"以方法论为中心的和以能力为本位的教学"。其面向1998/1999—2000/2001年的《加强结构调整设施政策框架文件》详细说明了课程的审查和修订，以及打破体系化的建制。（IMF，1998/1999）值得注意的是，这些所谓的转变与改革发生在此前不久就引入到南非的类似改革方案之后。国际货币基金组织与政府团队合作在贷款方面达成了协议。所有主要的捐助机构和国际组织都集中参与了一系列活动的实施，以确保贷款的分拨与协议的达成。

内部和外部的过程及条件

在非洲南部和东部地区,以学习者为中心的新理念在某种程度上也是对前几十年所盛行理念的重新包装。只不过那时,这些地区都陷入了各种民族解放和反殖民斗争。在各种权力和民族解放运动最初为排除殖民主义的遗毒做出了艰苦努力的前提下,这些地区的国家在不同时间获得了独立:20 世纪 60 年代早期和中期,博茨瓦纳、莱索托、斯威士兰、赞比亚、坦桑尼亚、马拉维和毛里求斯独立,1975 年安哥拉和莫桑比克独立,1980 年津巴布韦独立,1990 年纳米比亚独立,1994 年南非独立。实现独立的历史之艰难也极大地影响了 20 世纪 70 至 80 年代区域政治经济的性质。

20 世纪 90 年代早期以及非洲南部独立以前,纳米比亚、南非的解放运动在邻国比如博茨瓦纳、莫桑比克、坦桑尼亚、赞比亚、津巴布韦和安哥拉扎根下来。怀着未来必定解放的期待,人们在殖民化和种族隔离的情况下开展了一些替代性理念的教育实验与促进教育发展的不同形式。开创于博茨瓦纳的教育与生产相结合的理念,在独立的非洲国家、西南非洲人民组织、非洲民族议会和莫桑比克解放阵线之间传播开来。在坦桑尼亚,非洲民族议会所属的所罗门马兰自由学院也设计过类似的理念。因此,引领 20 世纪 90 年代以后教育理念的方式在"非洲民族主义、社会-民主和不同形式的马克思社会主义、非种族主义"相互作用的复杂交集环境中成型了(Morrow *et al.*, 2002:156)。

以学习者为中心的教育很可能是从国际教育讨论中产生的,并成为 20 世纪 90 年代早期推动当代课程改革的教育理想。20 世纪 90 年代,以学习者为中心的教育被许多非洲国家正式采用,尽管不同的国家与改革尝试的联系存在或强或弱的差异,但是该教育理念的实施(更确切地说是缺乏)所经历的挑战具有相似性。接下来我们将尝试追溯作为最突出和广受青睐的教育理想——以学习者为中心的教育在纳米比亚以及以结果为本位的教育在南非中的实施情况。在追溯其在特定环境中实施的起源、参与者和过程中,我们开始能够理解政策和实践之间存在差距的部分原因。

在撒哈拉以南的非洲,将学习者为中心的教育纳为课程改革的正式部分似乎最初始于 1990 年刚独立的纳米比亚的生命科学学科之中。尽管如此,以学习者为中心的教育是在 1998 年才被明确认定的,而不是在 1991 年就将其作为理论基础大规模运用于生命科学。生命科学的课程改革是为了推动政治改革过程所运用的手段,以实现教育面向所有人,实现教育公平,通过教育促进民主并实现教育中的民主(Leyendecker, 2002；MEC Namibia, 1993:32—42)。生命科学学科本身不仅要引领教育改革的进程,而且要引领社会改革,以消除国家独立前教育带有的种族不平等特性,而消除种族不平等又是独立前的教育特征。纳米比亚的生命科学是基于社会建构主义的理念,或基于一种迁移到教育上的理念——以学习者为中心的教育。

从历史发展来看,与卢迪马和赞比亚中的前独立时期的西南非洲人民组织(SWAPO)流亡教育相联系的丹麦发展援助推动了纳米比亚生命科学的发展和实施。生命科学的理念受到了丹麦顾问的社会民主价值观和哲学观念的强烈影响,也是基于赞比亚学校实践中教育与生产相结合(EwP)的经验。这一理念大大地支持着西南非洲人民组织独立后的政治目标。丹麦项目顾问和新成立的生命科学学科的先进理念广泛吸取了时任教育部长纳哈斯·安古拉(Nahas Angula)的建议。

教育与生产相结合的教育理念在南非前外交官帕特里克·范伦斯堡(Patrick van Rensburg)所在的区域很流行,他反对种族隔离制度,转而在 1973 年成为博茨瓦纳公民,建立了斯旺恩山学校,随后又与博茨瓦纳政府、斯旺恩消费合作社与生产队运动联合建立了其他两所学校。范伦斯堡的方法吸收了之后盛行的社会主义思潮,旨在把教育与生产相结合,以更有效地把理论与实践联系起来,这样做是为了在社会环境中确保更有效的学习,进行生产并了解生产。就其本身而言,它也旨在打破脑力和体力劳动之间的社会分工,而这种社会分工被视为是所有精英主义的、以等级为基础的以及殖民主义教育形式的特征。

这类生产队课程既包括实践性学科也包括理论性学科,如"发展性研究"课程就是为了鼓励学生在对社会有益的生产性工作中应用他们的知识和技能。生产队是自助教育和培训组织,他们生产商品、提供服务,既供给自己也公开出售,为教学和培训筹措经费。这一实验的成功催生了1980年教育与生产基金会的成立,该基金会旨在通过出版物和会议,在区域和国际上传播其理念,并把部门官员、解放运动、非政府组织、教师机构和"工作世界"团结起来传播其理念(http://www.rightlivelihood.org/recip/van-rensburg.htm as at 12/12/2005;van Rensburg,1978;Seidmann,1985)。1980年津巴布韦独立后不久成立的津巴布韦教育与生产基金会(ZIMFEP),也遵循相同的原则。(McLaughlin et al.,2002)1994年以后,基金会在南非发起活动,但是在新的改革风气下,教育理念很大程度上处于强调能力和质量的国家资格框架的阴影之下。

整个20世纪80年代,在概念及其实施上出现了很多跨越地区和国家边界的观点交流。在过去10年中,由约翰·康拉迪(John Conradie)、帕特里克·范伦斯堡和弗兰克·杨曼(Frank Youngman)所编的《教育与生产》杂志在博茨瓦纳出版发行,一直就此问题进行批判性争论。该杂志分析了历史的、比较的和国际的维度,也分析了在遍及发达和发展中世界的资本主义和社会主义国家中,这些理念实施所涉及的理论和实践问题。该杂志对学校生产、教育与就业、技术和职业教育与培训、成人教育做出了贡献,影响远及苏联、拉丁美洲、非洲、欧洲和美国。这些学者组成了比较教育领域的"名人录":卡齐姆·巴克斯(Kazim Bacchus)、琼·西蒙(Joan Simon),曼宁·马拉博(Manning Marable)、肯尼斯·金(Kenneth King)、维姆·霍普斯(Wim Hoppers)、朱惠琼(Fay Chung),克劳迪奥·德·穆罗·卡斯特罗(Claudio de Mouro Castro)、安东尼奥·卡布拉尔·德·安德拉德(Antonio Cabral de Andrade)、斯蒂芬·海尼曼(Stephen Heyneman)、约翰·米德尔顿(John Middleton),艾伦·富勒(Alan Fowler)、丹尼尔·斯夫纳(Daniel Sifuna)、尼尔·帕森斯(Neil Parsons)、大卫·斯特恩(David Stern)和朱利斯·尼雷尔(Julius Nyerere)。他们在不同时期都在该杂志的页面上出现过。该杂志有意推广那些建立在鲁利亚(Luria)和维果斯基思想基础之上的教与学观念,以用于批判占主导地位的行为主义"学习理论"(Simon,1986)。这种教与学的理念更强调意识与行为、学与做、情境与实践之间的关系。

在津巴布韦、坦桑尼亚、博茨瓦纳等非洲国家,教育与生产相结合或综合工科教育被视为"引起激进的或社会主义的改造手段"(Botha,1991:207)。然而,这些国家并未普遍实施生产教育。正如波塔(Botha,1991:207)所指出的,在津巴布韦只有8所生产教育学校,且大部分又建立在乡村。尽管如此,它的概念非常重要,被认为是非洲许多国家教育政策的出发点,而且在南非确实如此(那些流亡和在国内的知识分子和活动分子努力争取替代班图人教育的方式)。生产教育是一种"渗透课程"的哲学理念。1991年,在波塔对生产教育在南非的前景的批判性分析中,他比较了把教育看作社会改造手段的生产教育方法和认为教育改造社会的能力有限的观点。他认为,"课程变革本身并不能发挥那些拥护者……所提的作用。这些变革实现的社会条件决定了它们能够促进改造过程的程度"(Botha,1991:210)。在津巴布韦,似乎有这样一种认识:"政策声明并不一定与实施所需要的具体细节的定义相一致。"(ZIMFEP,未注明出版日期)有趣的是,尽管分析者和实施者意识到了这一点,但在1994年之后的非洲南部国家,课程仍然承担着实现更广泛的社会改造目标的重任(Harley & Wedekind，2004)。

20 世纪 90 年代早期，纳米比亚实施的以学习者为中心的理念的发展轨迹提供了一个好的范例，以说明生产教育如何随着时间推移而不断变化。而这也进一步表明了理念和实施之间的差距。20 世纪 80 年代，卢迪马、赞比亚的西南非洲人民组织流亡学校采纳了教育与生产结合的理念。卢迪马受津巴布韦科学(ZimSci)教学大纲理念的影响(CDU，1987)，而 ZimSci 最初又借鉴了博茨瓦纳的范伦斯堡(van Rensburg)生产队的理念。在津巴布韦，欧洲教师(很可能还有非政府组织)对津巴布韦的独立满怀同情，像其他很多人一样被自助观念和生产教育理念所吸引。生产教育的理念与情境化的、文化相关的学习理念十分相似。尽管以学习者为中心只是在当纳米比亚的教育强调生命科学时才明确地、有意识地被表达出来，但后者与以学习者为中心的关联却是相对有机的。

纳米比亚独立后，丹麦指导下的生命科学学科有结构、有计划地实施着。长达 8 年时间，整个实施过程都有着充足的物资与保障。此外，在此期间大概最为重要的是非政府组织、丹麦顾问以及纳米比亚职员的勤恳奉献与激情动力，也感染了教育体系中其他的很多人——当他们是支持政治目标的时候。教育体系中那些反对政治目标的人(很有可能在体系中仍然占主导地位)抵制生命科学和以学习者为中心的教育，因其与社会改造这一政治目标紧密相关。然而，以学习者为中心的教育在纳米比亚开始显露失败的迹象时，却并不是因为受到了这种抵制。它的失败也不是因为缺少资源，甚至可能不是因为缺乏接受能力。其主要障碍似乎在于对以学习者为中心的教育的理解模糊不清、实际运用中的问题，以及预期变革的范围总是指向最高的教育理念。正如在许多地方的实施过程中所听到的，它的失败在于未能把对以学习者为中心的教育的理解传达到课堂中。

教师群体对学科内容和方法论知识的理解肤浅的情况仍然很常见。生物的情境化教学理念通常被还原为做园艺工作，而现实生活中的解剖操作却是写在黑板上来开展，完全远离学生能看到正在发生的情况的场所。当没有鸡可以用来解剖时，就不会找其他可替代的实物，尽管这都是能找到的。解剖操作根本没有发生！像拦鸡网、园艺工具这样的设备开始消失，或者是储藏室装有化学物品的盒子从未被打开或丢失，因为老师并没有正确理解它们的用途。教师也无法识别课程中重复的内容，因此该课程要被调整和重新建构，相同的内容又完全被重复教授。不管这是不是文化、本土情境或二者兼具而造成的，实际上教师对想要实施的东西理解得太浅薄了。

以学习者为中心的教育无法扎根的原因是多种多样的。研究者认为，教学方法(部分也包括生命科学教学大纲的内容)与取决于文化的当地课堂实践并不协调(Geckler，1999；Leyendecker，2003)。现有的课堂现实、教育的社会期望和以学习者为中心的教育之间要弥合的鸿沟太宽而不能一步实现。在某种程度上，以学习者为中心的教育的实施似乎受到了限制，因为丹麦的解放教育的意识形态并不符合纳米比亚版本的解放教育。最后，初衷良好的课堂想法以及发展目标很少在实践中得以实现(IBIS，2000；Geckler，1999)。

在种族隔离时期的南非，作为一种教育理想的以学习者为中心的教育就已经在一些进步的独立学校中存在了，例如约翰内斯堡的圣心中学；也出现在一些非政府组织，如南非高等教育学院(SACHED)。包括在新教师实践组织比如南非民主教师工会前身之一的南非国家教育联盟(NEUSA)都出现了以学习者为中心的教育理念。哈利和韦金德指出，1994 年以前白人纳塔尔教育部就推广过该教育理念(Harley & Wedekind，2004)。1994 年以后的新南非，以学习者为中心的教育，包括以结果为本位的教育和国家资格框架都意图一次性地为所有人消除不公正的种族隔离教育。

南非的借鉴与本土化过程遵循的是与纳米比亚不同的轨迹。因其已被广泛研究和分析，在此我们只做概要性地呈现。（Jansen，2004：206，207；Spreen，2004；Govender，2004）在 1994 年选举准备阶段，工会运动、南非总工会、国家培训委员会和个体课程开发人员之间的密切关系，确保了混合多样化的理念整合进入从澳大利亚引进的以能力为导向和以结果为本位的教育中，也被迁移运用到学校教育领域。尽管最初南非民主教师工会几乎未与（如果有的话，也很少）教师进行过讨论或磋商，但后来该工会成了以结果为本位教育的拥护者。以结果为本位的教育是后种族隔离教育体制的一种哲学理念。尽管教师大力支持课程变革的预期方向和目标，但越来越多的批评导致了国家在 2000 年和 2002 年分别对其展开审查和修订（Chisholm *et al.*，2000）。课程的第一次实施尝试基于国家资格框架、以结果为本位的教育和以学习者为中心的教育，但是遭遇了很多问题，人们认为课程并没有得到实施（Jansen，1999）。同样地，南非的国家资格框架因其未完成预期要求而受到了越来越多的批评。2002 年也对其展开了审查。而课程领域的雄心——如果不是有意而为之的话——也已经有所消退（McGrath，2005）。对课程的抵制和批评来自知识分子，在实施者和实践者中，也存在抵制、服从和伪装（Harley *et al.*，2000）。

在南非，以学习者为中心的教育和以结果为本位的教育的本土化受挫的主要原因似乎可与在纳米比亚遇到的问题相提并论：对概念、内容以及预期变革理解模糊不清，预期教学实践与当地课堂文化和现实并不协调。至于国家资格框架，似乎目标与现实之间也不一致。在南非（正如其他地方一样），实施以结果为本位的教育的推进所出现的问题也是因为缺乏资源和能力，课程设计存在缺陷。讽刺的是，之前的白人学校尽管有可能是反对政治安排，但最初在实施以学习者为中心的教育时碰到的问题更少。因为这些学校认为他们的教学接近预想的教学方法有些时候了，尽管许多学校保持现状但也精于对外观进行革新。之前的黑人学校尽管支持政治安排，但似乎无法实施以学习者为中心的教育。它们试图想要这样去做，但原本想达到的目的在某些情况下又导致会歪曲预期的含义（Jansen，1998，1999；Jansen & Christie，1999；DOE，2000）。对以学习者为中心的教育是什么和应该做什么的理解不够也与当地薄弱的读写和算数能力有关（Taylor & Vinjevold，1999；Muller，2000）。对建构主义和以学习者为中心的教育的强烈反应也同样表达在对以结果为本位的教育的认识中。

综上所述，1990 年之前的历史时期所留下的其中一些遗产就是某种程度上的教育教学实验。然而，这些遗产在种族隔离取消以后并没有进入到正式的学校系统之中。其中一个可能的原因是，通过以学习者为中心的教育所做的课堂变革实践的实验几乎没有触及学校的大部分课程。但主要的问题并不在于此。

事实是，这些理念既不是新的，在有些地方，这些理念甚至还早于撒哈拉以南非洲国家独立以前就存在。这些理念很少明显地渗透进更广泛的教育体系中，与之类似的是，美国学术界也一直在研究探索过去一个世纪以来一波又一波连续涌现的课堂教学实践改革为何并未产生多大影响（Cuban，1990）。正如丘本（Cuban）所指出的，在撒哈拉以南非洲和在美国一样，占主导地位的社会群体再三求助于学校和教育以解决棘手的社会和国家问题，而不是社会自身来直接解决主要的社会问题。在撒哈拉以南非洲，在美国以及很可能在西欧也是一样，人们都有这样一个持久的信念，相信学校有能力促进社会阶层流动，带来国家和谐，培养负责任的公民，相信在社会变革转向教育改革的所有主要时期，都要利用学校的能力，尽管证据显示学校很少实现这些目标（Cuban，1990：9；Vavrus，2003）。大范围地采纳先进的教育理念所面临的问题似乎在非洲、美国和欧洲都是一个挑战（Elmore，1996）。

在纳米比亚和南非，我们更容易说明什么需要改革，并能自上而下地推行这种改革，而找到确保其成功实施的必要条件却更难。然而，对这些问题的研究很少针对撒哈拉以南非洲。我们需要对政策与实践的差距、改革实施以及什么是在随着时间而改变、如何改革又为什么改变等问题开展更多的研究。

理解所面临的挑战

在南非和纳米比亚区域以外，以学习者为中心的教育主导了整个撒哈拉以南非洲的当代官方的课程改革。以学习者为中心的教育被认为是推动社会和经济发展的主要手段之一，即从以农业为基础的经济社会转向现代化的、以知识为基础的经济社会，并带来经济利益。多边组织提倡对多样化的更好学习结果的追求，建议并支持以学习者为中心的教育，将其视为一种能够促成这种良性转变的理想教学法。

尽管在所有撒哈拉以南非洲教育体系中，有差异的、更好的学习成效的需求是无可争议的，但纳米比亚和南非的证据表明，变革的范围与概念理解的差异一样被人们低估了。地方文化，现实环境与能力，以及开展实施的条件都影响了对理念的理解和实现的可能性。通常，以学习者为中心的教育对政策制定者是具有吸引力的，因为它所附带的社会性目标的呼吁与承诺。非洲政策制定者下令实施以学习者为中心和以能力为本位的教育，赋予其不同于国际同行的特定含义（Samoff，2005；Leyendecker，2005）。这些不同的含义是有争议的，在某种程度上说明了实施存在挑战。为了理解以学习者为中心的教育所遇到的问题，分辨被视为万能药的以学习者为中心的教育理念和实施的相互关联的方法是非常重要的。同样重要的是，要注意实施的挑战并不一定会限制以学习者为中心的教育，而这些挑战也是其他课程发展的普遍特性。就拿以学习者为中心的教育、以结果为本位的教育和国家资格框架来说，问题会因为对其概念的冲突性理解而加剧。

有两种方式可以帮助我们去理解应当做些什么。其一，教师需要理解背后的理念，需要动力去变革实践，调整并采用正确的教学方法，具备行动能力（Elmore，2001：16）。正如南非的案例所表明的，主人翁意识很重要。但就其本身而言，还不足以变革实践。（McLaughlin，1991）其二，需要更多地关注确保课堂中的学习机会，尤其是在工人阶级和贫困学校中，通过改变不利于学习的教师知识和教学方法来保证这种学习机会（Hoadley，2007，2008；Reeves & Muller，2005），或者正如詹森（Jansen，2005b）提议的，要把"教师、教材和时间"都放在任何一个变革策略的最重要的位置。

本文试图分析撒哈拉以南非洲课程变革中政策和实践之间的缺口，并具体关注了纳米比亚和南非的经验。这些经验表明，并非因为以学习者为中心的理念是强加性的，而是其理念的模棱两可、国际压力和地方历史影响了区域接受理念的能力。本文指出，尽管人们企图运用的理念及其试图达成的目标都趋同，但证据显示，在实践中他们在何种程度上达成目标仍然存在差异。在实践中，其差异也有相当大的趋同性：理念被重新语境化且被替换，在大多数情况下并不能达成它们被要求实现的社会发展目标。很多时候，实践中教与学的主导模式看起来与支持复杂的文化实践和多样性环境是保持一致的（Stambach，2000；Vavrus，2003；Crossley & Watson，2003；Watson，2001；Carnoy，2000；Samoff 1999a，b，2001；Steiner-Khamsi，2004；Tikly，2004；Coe，2005）。这表明，对全球理念的本土化回应、接受以及抵抗这些理念的原因都需要更多的研究。

参考文献

African National Congress（ANC）. Education Department. (1994). *A policy framework for education and training*. January.

ANC/COSATU. (1993). *A framework for lifelong learning*. ANC/COSATU Draft Discussion document as amended by the National Training Policy Workshop, 13 – 15 August, Johannesburg.

Atchoarena, D. (2002). *Revisiting technical and vocational education in sub-Saharan Africa: An update on trends, innovations and challenges*. Paris: IIEP, UNESCO.

Ball, S. (1990). *Politics and policymaking in education: Exploration in policy* sociology. London: Routledge.

Ball, S. (1994). What is Policy? Texts, trajectories and toolboxes. In S. J. Ball (Ed.), *Education reform: A critical and poststructural approach*. Buckingham: Open University Press.

Bernstein, B. (2004). Social class and pedagogic practice. In S. J. Ball (Ed.), *The Routledge Falmer reader in sociology of education*. London and New York: Routledge Falmer.

Botha, T. (1991). Education with production in Zimbabwe: A model for post-apartheid South Africa. In E. Unterhalter, H. Wolpe, T. Botha, S. Badat, T. Dlamini & B. Khotseng (Eds.), *Apartheid education and populat struggles*. Johannesburg: Ravan Press.

Carnoy, M. (2000). Globalization and educational reform. In N. P. Stromquist & K. Monkman (Eds.), *Globalization and education: Integration and contestation across cultures*. Oxford: Rowman & Littlefield.

Chisholm, L., Makwati, G., Marope P., & Dumba-Safuli, S. (1998). *SADC initiative in education policy development, planning and management: Report of a needs assessment study*. Harare: Canon Press.

Chisholm, L., et al. (2000). *A South African curriculum for the twenty first century: Report of the review committee on curriculum 2005*. Retrieved January 2006, www.pwv.gov.za.

Chisholm, L. (2003). The State of curriculum reform in South Africa: The issue of curriculum 2005. In J. Daniel, A. Habib & R. Southall (Eds.), *State of the Nation 2003 – 4*. Pretoria: HSRC Press.

Chisholm, L. (2007). Diffusion of the National Qualifications Framework and outcomes-based education in Southern and Eastern Africa. *Comparative Education*, 43(2), 295 – 309.

Chisholm, L., Motala, S., & Vally, S. (2003). *South African education policy review*. Johannesburg: Heinemann.

Coe, C. (2005). *Dilemmas of culture in African schools. Youth, nationalism, and the transformation of knowledge*. Chicago, IL: University of Chicago Press.

Crossley, M. & Watson, K. (2003). *Comparative and international research in education: globalisation, context and difference*. London and New York: RoutledgeFalmer.

Cuban, L. (1990). Reforming again, again, and again. *Educational Researcher*, January 1990, 415 – 425.

Curriculum Development Unit (CDU). (1987). *"O" level teacher's guide: Science in energy uses. Module 1 energy sources*. Harare: Ministry of Education.

Dale, R. (1999). Specifying globalization effects on national policy: A focus on the mechanisms. *Journal of Education Policy*, 1(14), 1 – 17.

Dewey, J. (1938). *Experience and education*. New York: Macmillan.

Elmore, Richard F. (1996). Getting to scale with good educational practice. *Harvard Educational Review*, 66, 1.

Elmore, Richard F. (2001). *Professional development and large-scale improvement in education*. Report prepared for the Albert Shanker Institute.

Geckler, P. (2000). *Impacts of basic education reform in independent Namibia*. Unpublished Ph.D. thesis, University of Copenhagen.

Guskey, T. R. (2000). *Evaluating professional development*. Thousand Oaks, CA: Corwin Press.

Govender, L. (2004). Teacher unions, policy struggles and educational change, 1994 – 2004. In Linda Chisholm (Ed.), *Changing class: Education and social change in post-apartheid South Africa*. Cape Town: HSRC Press.

Harley, K., Barasa, F., Bertram, C., Mattson, E., & Pillay, K. (2000). "The real and the ideal":

Teacher roles and competences in South African policy and practice. *International Journal of Educational Development*, 20 (4), 287 – 304.

Harley, K., & Wedekind. V. (2004). Political change, curriculum change and social formation, 1990 – 2002. In L. Chisholm (Ed.), *Changing class: education and social change in post-apartheid South Africa*. Cape Town: HSRC Press.

Hoadley, U. (2008). Pedagogy and social class: a model for the analysis of pedagogic variation. *British Journal of Sociology of Education*, 29(1), 63 – 78.

Ibis. (2001). *Evaluating change. An impact study of the Life Science project, Namibia, 1991 – 2000*. ISBN 99916 – 745 – 7 – 8.

International Monetary Fund (1998). *Uganda enhanced structural adjustment facility policy framework paper, 1998/99 –2000/01*. Retrieved 6/1/2006 http://www.img.org/external/np/pfp/uganda/102998.htm.

International Monetary Fund (1999). Tanzania enhanced structural adjustment facility policy framework paper for 1998/99 – 2000/01. Retrieved 6/1/2006 http://www.imf.org/external/np/pfp/1999/tanzania/taztab.htm.

International Monetary Fund (1998/99). Malawi enhanced structural adjustment facility policy framework paper, 1998/99 – 2000/01: Policy matrix and tables. Retrieved 6/1/2006 http://www.imf.org/external/np/pfp/malawi/tables.htm.

International Monetary Fund (1999). Republic of Mozambique enhanced structural adjustment facility policy framework paper for April 1999 – March 2002. Retrieved 6/1/2006 http://www.imf.org/external/NP/PFP/1999/Mozam/Index.htm.

Jansen J. (1997). "Essential alterations?" A critical analysis of the states syllabus revision process. *Perspectives in Education*, 17(2), 1 – 11.

Jansen, J. (1998). Curriculum reform in South Africa: A critical assessment of outcomes-based education. *Cambridge Journal of Education*, 28(3), 321 – 331.

Jansen, J. & Christie, P. (Eds.) (1999). *Changing curriculum: Studies on outcomes-based education in South Africa* (pp. 3 – 21). South Africa: Juta, Academic.

Jansen, J. (1999). "A very noisy OBE": The implementation of OBE in grade 1 classrooms. In J. Jansen & P. Christie (Eds), *Changing the curriculum: Studies on outcomes-based education in South Africa*. Cape Town: Juta.

Jansen, J. (2002). Political symbolism as policy craft: Explaining non-reform in South African education after apartheid. *Journal of Educational Policy*, 17(2), 199 – 215.

Jansen, J. (2004). Importing outcomes-based education into South Africa: Policy borrowing in a post-communist world. In D. Phillips & K. Ochs (Eds.), *Educational policy borrowing: Historical perspectives*. Oxford: Symposium Books.

Jansen, J. (2005a). The seduction of sameness: The globalisation of pedagogies and impacts on developing countries. In T. Townsend & R. Bates (Eds.), *Globalization, standards and professionalism: Teacher education in times of change*. The Netherlands: Kluwer Press.

Jansen, J. (2005b). Targeting education: The politics of performance and the prospects of "Education for All". In *International Journal of Educational Development*, 25(4), 368 – 380.

Jennings, M. (2006). A century of development: Policy and process in sub-Saharan Africa. In I. Frame (Ed.), *Africa south of the Sahara: European regional surveys of the world*. London: RKP.

Kraak, A. (n.d.) Policy ambiguity and slippage: Higher education under the new State, 1994 – 2001. In M. Young & A. Kraak (Eds.), *Education policy and implementation in South Africa*. Cape Town: HSRC Press.

Leyendecker, R. (2002). *In search of promising practices in science, mathematics and ICT education in sub-Saharan Africa*. Unpublished Master thesis. University of Twente, The Netherlands.

Leyendecker, R. (2005). *Curricula, examination and assessment in sub-Saharan secondary education*. Draft research report. Presented at Windhoek conference on secondary education in Africa, July.

Malcolm, C. (2000) Implementation of outcomes-based approaches to education in Australia and South Africa: A comparative study (RADMASTE, Wits).

McGrath, S. (2005). The multiple contexts of vocational education and training in southern Africa. In S. Akoojee, A. Gewer & S. McGrath (Eds.), *Vocational education and training in Southern Africa: A comparative study*. Pretoria: HSRC research monograph.

McLaughlin, J. et al. (2002). *Education with production in Zimbabwe: The story of ZIMFEP*. Harare and Gaborone: ZIMFEP and FEP.

McLaughlin, M. (1991). The Rand change agent study: Ten years later. In A. R. Odden (Ed.), *Education policy implementation*. New York: SUNY.

McLaughlin, M. (1998). Listening and learning from the field: tales of implementation and situated practice. In A. Hargreaves, A. Lieberman, M. Gullan, & S. Hopkins (Eds.), *International handbook of educational change*. Dordrecht: Kluwer Academic.

Ministry of Education and Culture, Namibia (1993). *Toward education for all: a development brief for education, culture and training*. Windhoek: Government Printers.

Mohamed, H. (1998). The implementation of OBET in South Africa: Pathway to success or recipe for failure. *Education Practice*, 1, 3 – 16.

Morrow, S. et al. (2002). Education in exile: The African National Congress's Solomon Mahlangu College (SOMAFCO) and Dakawa Development Centre, Tanzania 1978 – 1992. In P. Kallaway (Ed.), *The history of education under apartheid, 1948 –1994*. Cape Town: Maskew Millar Longman.

Muller, J. (1998). NQF and outcomes-based education: Pedagogic models and hard choices. Centre for education policy development. (Comp.) *Reconstruction, development and the National Qualifications Framework: Conference proceedings*. Johannesburg: CEPD.

Muller, J. & Taylor, N. (1995). Schooling and everyday life: Knowledges sacred and profane. *Social Epistemology*, 9, 257 – 275.

Muller, J. (2001). Progressivism redux: Ethos, policy, pathos. In A. Kraak & M. Young (Eds.), *Education in retrospect: Policy and implementation since 1990*. HSRC and Institute of Education, n.d., c2001.

Muller, J. (2000). *Reclaiming knowledge: Social theory, curriculum and education olicy*. London: Routledge.

Namibia Ministry of Education and Culture (1993). *Toward education for all: A development brief for education, culture and training*. Windhoek.

Odora-Hoppers, C. (2002). Higher education, sustainable development and the imperative of social responsiveness, Mimeo, University of Pretoria.

Reeves, C. & Muller, J. (2005). Picking up the pace: Variation in the structure and organization of learning school mathematics. *Journal of Education*, 37, 103 – 130.

Rogan, J. (2000). Strawberries, cream and the implementation of curriculum 2005: Towards a research agenda. *South African Journal of Education*, 2(20), 118 – 125.

Samoff, J. (1999a). Institutionalizing international influence. In R. F. Arnove & Carlos Alberto Torres (Eds), *Comparative education: The dialectic of the global and the local* (pp. 51 – 89). Boulder, CO: Rowman & Littlefield.

Samoff, J. (1999b). No teacher guide, no textbooks, no chairs: Contending with crisis in African education. In R. F. Arnove & C. A. Torres (Eds.), *Comparative education: The dialectic of the global and the local* (pp. 393 – 431). Boulder, CO: Rowman & Littlefield.

Samoff, J. (2001). "Education for all" in Africa but education systems that serve few well. *Perspectives in*

Education, 19(1), 5 - 28.

Samoff, J. (2005). *Education quality: Difficult choices*. Paper prepared for the expert meeting on Researching Quality of Education for All in the South: Main Issues and Current Gaps. University of Amsterdam, 29 - 30 August 2005.

Samson, M., & Vally, S. (1996). Snakes and ladders: Promises and potential pitfalls of the NQF. *South African Labour Bulletin*, 20(4).

Schriewer, J. (Ed.) (2003). *Discourse formation in comparative education*. Frankfurt am Main: Peter Lang.

Seidmann, G. (1985). *Working for the future*. Gaborone, Botswana: Foundation for Education with Production.

Simon, J. (1986). Psychology in the service of education - the work of AR Luria. *Education with Production*, 4(2): 104 - 130.

SMICT study. Vrije Universiteit Amsterdam. Retrieved 12/12/2005 at http://www.cis.vu.nl/Projects.

Sparks, D. L. (2006). Economic trends in Africa south of the Sahara, 2006. In I. Frame (Ed.), *Africa south of the Sahara: Europea regional surveys of the world*. London: RKP.

Spreen, C. (2004). Appropriating borrowed policies: Outcomes-based education in South Africa. In G. Steiner-Khamsi (Ed.), *The global politics of educational borrowing and lending*. Columbia, New York and London, Teachers' College.

Stambach, A. (2000). *Lessons from Mount Kilimanjaro: Schooling, community and gender in East Africa*. New York and London: Routledge.

Steiner-Khamsi, G. (2003). Transferring education, displacing reforms. In J. Schriewer (Ed.), *Discourse formation in comparative education*. Berlin: Peter Lang.

Steiner-Khamsi, G. (Ed.) (2004). *The global politics of educational borrowing and lending*. Columbia, New York and London, Teachers' College.

Sutton, M., & Levinson, B. (Eds.) (2001). *Policy as practice: Towards a comparative socio-cultural analysis of educational policy*. Westport, CN: ABLEX Publishing.

Tabulawa, R. (1997). Pedagogical classroom practice and social context: The case of Botswana. *International Journal of Educational Development*, 17(2).

Tabulawa, R. (2003). International aid agencies, learner-centred pedagogy and political democratisation: A critique. *Comparative Education*, 39(1), 7 - 26.

Taylor, N., & Vinjevold P. (1999). *Getting learning right: Report of the President's education initiative*. Johannesburg: Joint Education Trust.

Tikly, L. (2004). Education and the new imperialism. *Comparative Education*, 40(2), 173 - 198.

Tyack, D., & Cuban, L. (1995). *Tinkering toward Utopia: A century of public school reform*. Cambridge, MA: Harvard University Press.

Unterhalter E. (1998a). Citizenship, difference and education: Reflections on the South African transition. In P. Werbner & N. Yuval-Davis (Eds.), *Women, citizenship and difference*. London: Zed.

Unterhalter E. (1998b). Economic rationality or social justice? Gender, the National Qualifications Framework and educational reform in South Africa 1989 - 1996, *Cambridge Journal of Education*, 28(3).

Van Harmelen, U. (1998). Is learner centred education child centred? *Journal for Educational Reform in Namibia*, (8), 1 - 10.

Van Rensburg, P. (1978). *The Serowe brigades: Alternative education in Botswana*. Published by the Bernard van Leer Foundation for MacMillan.

Vavrus, F. (2003). *Desire and decline: Schooling amid crisis in Tanzania*. New York: Peter Lang.

Vygotsky, L. (1978). *Mind and society: Development of higher psychological processes*. Cambridge:

Harvard University Press.

Watson，K. （Ed.） （2001）. *Doing comparative education research: Issues and problems*. Oxford：Symposium Books.

Williams，G. (2006). Reforming Africa：Continuities and changes. In I. Frame (Ed.)，*Africa south of the Sahara: Europea regional surveys of the world*. London：RKP.

Kraak，A.，& Young，M. （Eds.） （c 2001）. *Education in retrospect: Policy and implementation since 1990*. HSRC and Institute of Education.

ZIMFEP （n.d.）. *Nkululeko - A Step Ahead*. Harare：Zimbabwe Foundation for Education with Production.

5. 发展背景下的性别与教育：对非洲的后殖民反思

迪薇亚·巴什(Deevia Bhana)

罗伯特·莫雷尔(Robert Morrell)

罗伯·帕特曼(Rob Pattman)

引 言

撒哈拉以南非洲地区面临的两大最迫切的教育问题——暴力和艾滋病,直接关系到社会构建性别的方式。在发展中国家,性别是一个只关注学校中女生困境的片面性话题。在非洲,女童常常被边缘化,而教育的益处在于增加更多的经济机会、催生更多的小规模家庭,成为预防艾滋病的"社会疫苗"。然而,在许多非洲国家,接受教育的机会因缺乏资源而受到限制,而教育质量的每况愈下已成为女童持续性地缺乏技能,在失业、贫困、暴力、冲突和艾滋病群体的环境中缺少做出恰当选择的自信的重要原因。学校对女童而言并不是安全之所,许多性别研究学者将他们的关注点放在学校场域发生的性暴力行为是怎样阻碍并伤害着女童的教育。另一方面,对男童的研究,以及将培养男子气概视为性别理论构建的关注则在性别与教育的研究话题中很少提及。然而,有关构建暴力的男性气概的话题却受到关注(Morrell, 2001)。在工业化及经济发展成熟的地区,有关性别与教育的研究将其关注重点主要放在男性气质的危机和牺牲男孩利益的女权主义者上。在这些研究中,男孩被表达成一个性别受害者,需要得到帮助。这种论调与非洲对男孩与男性的研究正好相反。在非洲,男性常常被妖魔化,且被视为潜在的危险。近来非洲的性别研究兴起了一种新的研究路径。研究者试图揭示男性气质的建构过程,及其因遭受艾滋侵袭而在社会和物质上的匮乏境遇之间的复杂关系。但是这类分析通常的结论是:资源贫乏环境中的暴力和霸权形式的男子气概滋长了不平等的性别关系,而且男童与男性教师通常会使用暴力。女童常常会在学校的暴力行为中吃尽苦头。同样,很多艾滋病研究报告主要关注为何女童被粗暴的异性恋男子侵犯后较容易感染艾滋病。在撒哈拉以南非洲地区,感染艾滋病毒的女性比例近60%(UNAIDS, 2004)。在撒哈拉以南非洲地区,由于性别认同及其形成过程与频繁发生的暴力事件和艾滋病有关,教育方法的重点已经放在男女童赋予其性别身份的意义上,以试图解决男性气质与女性气质等僵化的定义的区分问题,以及设法维持和提高和平共处的性别认同的可能性。有鉴于此,当前性别教育和艾滋病教育是以研究儿童与青少年在学校中的生活与身份认同为前提,从而为性别分析创造更多的可能性。本文认为,在暴力和艾滋病的环境中,撒哈拉以南非洲开始出现了一种更为复杂的社会性别分析,这要求我们认识到僵化的男性气质和女性气质层级观念是如何使男孩与女孩两者都成为受害者。本文旨在探讨两个关键问题。其一,对男性气质的研究如何能够更好地帮助人们了解撒哈拉以南非洲地区学校中的男童? 其二,就艾滋病而言,特定性别的现实以及男女童各自的弱点会产生哪些影响? 我们应如何利用这些处于不断变化中的性别身份,使教育接纳和促进性别平等?

在本文中,我们认为性别是由社会构建的、具有流动性,并可在不同的社会环境中产生变化。虽然并不存在一种固定形式的男性气质和女性气质,但是在撒哈拉以南的非洲有一种关于男性气质的说法流传甚广,即男性气质过分强调自尊心、培育性别暴力以及增加女性的艾滋病感染率。物质匮乏是研究发展中国家男童和女童的关键因素,它限制了创建更好的两性关系的机会。然而,性别是流动性的以及变化的,这就意味着教育在研究男童和女童对于转变性别刻板印象方面极为关键。

男童、男性气质和教育：学校中的暴力问题

在过去 10 年里，发达国家有关男性气质和教育的研究主要针对"男性危机"的讨论。在探讨"这一讨论框架是否与发展中国家相关？"这一问题之前，我们有必要认识有关"男性危机"的研究涉及哪些层面。

首先，这一"危机"的讨论实质上是性别政治的争论。有观点认为，学校中女权主义的成功使得女童命运改善，从而损害了男孩们。学校教育具有女性化的特征，男性因此被削弱。因此，教育中兴起了一股强烈的政治性抵抗，人们要求增加男教师人数、对课程进行重审以及采取其他补救措施以辅助学校中的男童。这些抵抗政策往往带有明显的反女权主义色彩。而持反对意见的一方则认为，男性危机是无稽之谈。男孩在学校中仍然受到了很好的照顾且表现良好。他们指出，就资源配置和设施建设方面来看，男孩依然享有优先权，即使有些女生在学业成绩上超过了男生，但整体而言，大多数男生成绩依然不错。女权主义者指出，女孩仍然在努力将高学业成绩转化为劳动力市场的收益，同等条件下女性收入仍然低于男性。

其次是有关于性别教育的现状研究。媒体人士抓住学校中的男童暴力、自杀、注意缺陷多动障碍和学习成绩下降的各种案例来构造"男性危机"的印象，也有一些研究尝试评估男生和女生在教育中的相对优势。例如，在一项关于英国教学和教师的研究中，索顿和布里切诺（Thornton & Bricheno, 2006）指出没有任何证据说明男性教师数量的增加能够提高男童的学业水平，而实际上证据则显示男生被女性教师很好地对待着。另一项研究同样来自英国，奥尔诺特和大卫·韦纳（Arnot & Weiner, 1999）通过评估指出，尽管国家主导的性别改革有助于提高女生的学业表现（尤其是科学和数学等科目），但性别革命并未出现，而且男生的教育命运并没有受到损害。

最后，"男性危机"辩论的第三个特点是，人们认为某些男生表现得更糟糕。这里提及的男生通常出身于一般工薪阶层、少数民族或种族（Sewell, 1997）。劳动力市场的变化减少了他们的工作机会，尤其是工人阶级的青少年。这不仅给青少年本身，也为社会带来了更多的问题。这些问题包括青少年男性的轻浮之风、暴力行为、参与犯罪和反社会行为（McDowell, 2000；Nayak, 2003）。

性别辩论如何转入发展中国家？

发展中国家教育面临的主要挑战仍然是为青年一代提供受教育机会。该目标通常涉及对男童获益、女童受损这种不公平现象的认识。除了极少数情况，大部分的发展中国家小学的男生的百分比超过女生（Seager, 2003：112—119）。在很大程度上，为男女学生提供的教育质量也更偏向于男生，最明显的指标是怀孕导致的辍学以及出勤和学业表现。随着教育阶梯的上升，这些指标的差异水平在男性和女性之间日益扩大。在大多数发展中国家，男性的大学入学率超过了女性。这些不平等现象致使国家制定促进女性教育的性别政策，但同时这些政策很少被热情地追捧，且一般不会涉及人们所说的男生在学校中受到歧视的观点。

在认可人权议题的社会中能找寻到一些女权机构的足迹，其正在推动制定提升学习利益的政策以及女生受教育的政策。在有些地方，这些机构和政策由国家建立和制定，如南非；而其他一些地方则来源于非政府组织；例如津巴布韦等国促进女童入学的女性教育运动组织"Camfed"，以及英国国际发展部（DfID）的超越入学项目（Beyond Acess Programme，其旨在提升

像孟加拉国这样的国家的女童在学率)。这些方案对男生产生了有害的影响或者导致了"男性危机"吗？似乎没有证据表明这一点。然而却有许多理由促使我们询问发展中国家背景中的男童及其教育问题为什么需要严肃认真对待。

南非可以说明上文提及的这几点。拥有非洲最大和最有活力的经济区域、刚刚获取了结束种族隔离制度的新胜利，南非已通过宪法和人权法案，禁止基于性别和性取向的歧视。同时南非政府致力于消除贫困。这一目标在有些评论者看来，正受到倾向于关注处理通胀、吸引海外投资而非创造就业机会的政策影响。因此南非的失业率居高不下(官方数据为25%，但事实上更高)。自千禧年以来，女性在正规劳动力市场中所占的比例已有上升。学校中女生的学业表现有所提高。但另一方面，男生辍学人数首次高于女孩。而且犯罪程度极高，一个4 000万人口的国家中就有19 000—20 000起谋杀案，而非洲青年参与了许多犯罪案件。家庭暴力和强奸率高居世界榜首。

全球化对第三世界经济的影响(例如劳动力市场的崩溃)造成了世界范围内的男性边缘化(Barker, 2005；Guttman, 2003；Morrell, 2001；Ouzgane, 2006)。在这些经济体中，工作前景渺茫，不愿也无法获得维持基本生活水平，致使男性抛弃家庭、放弃其他支持性结构，而沉溺于一种酗酒、吸毒和乱性的生活方式中(Silberschmidt, 2001)。

处于边缘化的男性对国家的和平和安全构成了威胁，一旦他们获得武器，这将会增加战争的风险，并加强以性别不平等为基础并长期存在的等级价值体系。这些价值体系也将各种暴力实践合法化，例如在部分伊斯兰世界地区，如果妇女令家族荣誉蒙羞就会被杀害。

那些认为自己被排除在外的男性也会对发展产生威胁。而这种危险并不总是能被理解。那些设法促进妇女的利益的发展性计划常常视父权制为妇女处于从属地位的原因，因此有意识地试图排除男性，称他们是剥削妇女的"主因"。然而女性上升和妇女参与发展(WID)方法的局限性导致了此后的性别和发展(GAD)路径。该路径一方面认识到了将男人排斥在性别发展事务之外的战略性危险，却也承认以性别化方式思考男性的重要性，实际上意味着使男性气质问题化(Cornwell, 1997；Cornwell & White, 2000)。

在发展中国家讨论男性研究不可谓不复杂。一方面，它生成了一些面对暴力、父权与和平等问题的广泛的性别研究方式。这一路径旨在让男性明白超越狭隘的以男性为中心是在保护和提升他们的力量，并促进包容性的价值观和两性平等(社区妇女、儿童、中老年等人的利益)。这同时也鼓励男性参与重新建构、身份反省的事务中，将其作为现代"新男性"进程的一部分。不过，这些发展项目被一些物质现实(失业和贫困)复杂化，受困于社区和家庭的资源贫乏与斗争，而最终以暴力收场，这表明重新构建的男性气质不稳定(潜在的惯犯)。

因此，就有了两个问题：如果我们既不将男性和男童视为"一个问题"，也不将其理解为"处于危机之中"，那我们应该如何看待他们？为了适应社会并贡献于社会，男童和男性应当有怎么样的追求？

前一个问题的答案与男性气质问题交织在一起：在发展中国家及后殖民环境下，是否存在一种积极的男性气质模式？如果存在，应当是怎样的？(Cleaver, 2002)但是男性与女性之间越来越多地相互依存，以及促进两性和谐相处与合作的重要性正是鼓励"将男性包括在内"、关注男性气质的问题以及破坏病态的话语体系。换句话说，女性和男性的命运是绑在一起的。因此，在对待性别问题时，一种既关注女性又关注男性的理论路径、关注男性女性双方的需求、相互间的依赖关系以及引起两者分裂和冲突的不平等等问题十分重要。

尽管暴力在很多学校是一个严重又普遍的问题，但人们也认识到男童(男性)并非天生暴力(Leach, 2003)。我们关注的重点已经从试图从男生手中保护女生转变为去了解哪些男生群体更易于卷入暴力行为之中，哪些类型的男子气质会造成暴力合法化，以及如何进行干预以减少暴力现象。

尽管其因果关系尚不清楚，但是贫穷与暴力的相关性是很高的。我们综合分析了种族、族裔、社会阶层与年龄后发现，年轻的黑人男性更容易在小时候就参与暴力（Barker，2005）。这种暴力的形式多种多样，包括参与帮派斗殴、犯罪、参与民族或国家武装冲突以及家庭暴力。就此而言，暴力的男性气质已成为人们试图更好地理解和预防艾滋病毒传播的研究兴趣所在，而这在性别不平等和性暴力情况下很难见到（详见下面的帕特曼部分）。

对青年男子展开的教育工作主要集中于解决暴力问题上。而在发达国家中，人们对"男性气质危机"的担忧促使他们尝试提高男生的学习成绩，并创设一个亲近男孩的学校环境。但是在发展中国家男孩并不被当作应当得到帮助的群体。相反，他们被视为构成困扰发展中国家教育的问题，以及用于成功解释这些问题的潜在因素，包括暴力、艾滋病毒感染、辍学。

还有一个尚未解决的问题加强了人们对学校里男生及男性气质的担忧，即学校教育与工作场缺乏清晰的联系、就业前景的持续低迷与人们对男性作为家庭支柱的持久性期待。从历史长河来看，第三世界的男性既需要进入工资支付的经济，又要保持自身的生产力以独立于支付式的经济体。这两种状态通常被视为他们的责任，因为养家糊口是男性的职责。在很多发展中国家，男性发现自己很难履行供养者的角色。在南非，这已导致大量男性离家出走以企图逃避履行养育孩子的法定义务（Wilson，2006）。正如马克·亨特（Hunter，2006）所言，南非有很多缺乏"力量"（amandla）的父亲。而有些男性则甚至设法参与犯罪以履行他们对家庭的义务。这种情况揭示了 R. W. 康奈尔（R. W. Connell）称之为发展中国家重男轻女和男性结构较弱之间的张力关系。与青少年和老年男性、妇女、残疾人、少数民族和其他弱势群体相比，男人是更有力量的（无论身体或整体方面），但他们不能确保自身再生产成本，这意味着他们在某些情况下也是无力的。

物质匮乏很可能仍然是影响发展中国家男童和成年男性的一个关键性的本土化因素，在某种意义上他们又对于这种物质匮乏的状况无能为力。然而他们可以并且拥有控制权去获得建构男性身份的方式，而学校是开展这项工作的关键场所。

艾滋病的防治工作使得撒哈拉以南非洲地区的疾病传播得以控制，学校作为重要的公共设施，对发现和转变人们的行为问题发挥了很大作用，同时也引起了不少争议。这种疾病的性别维度对于了解其影响和预防方案的成功实施有着至关重要的作用。思考男生和女生构建其性别身份的方式是十分重要的，学校教育可以及时定位这些方式，并关注构建性别身份的新方式。我们将在下一节中聚焦艾滋病的性别差异，并讨论学校为解决这些问题可能开展的工作。

艾滋病和性别、性别与艾滋病

由于接受较高的教育水平与低艾滋病毒感染率之间存在某种一致性的巧合，在非洲南部，教育已经被视为预防艾滋病的"疫苗"（Coome & Kelly，2000）。这一点在女孩身上表现得尤其明显。根据世界儿童基金组织（UNICEF，2004）的统计，撒哈拉以南非洲地区，新近感染艾滋病的15—24周岁的人群超过三分之二是女性，这很大程度上反映了女性与年长、性经验丰富的男性（常常被迫）发生性关系的倾向。辍学早的女孩（在撒哈拉以南非洲，通常女孩比男孩辍学早，以便回家做家务——因此女孩感染艾滋病的状况就更为紧迫）特别容易受伤害。因为相比于受过更多教育、拥有更好就业前景且在外工作有更大价值的女性而言，这些早早辍学的女性更加依赖年长富有的男性（UNESCO，2003）。研究人员在非洲南部的学校（Morrell，1998，2000；Human Rights Watch，2001；Jewkes et al.，2002；Bhana，2005；Mitchell et al.，2005；Kent，

2004)以及在波茨瓦纳、赞比亚、肯尼亚(Pattnian & Chege，2003)加纳、马拉维和津巴布韦等地进行的实地采访和民族志研究(Leach et al.，2003)发现，学校对女孩来说并非安全之地，性骚扰和性暴力是女孩在学校面临的主要问题。这些研究不仅指出女孩受年长男性学生以及男教师骚扰等常见的问题，同时也指出学校当局并没有意识到这一问题并想办法解决。

很多人认为应该改善学校的性教育措施，给年轻人提供相关的知识和生活技能，以便帮助他们避免艾滋病。但如果连学校这种地方都成为女性被强迫发生性行为的案发地，我们就要怀疑学校是否是我们"寄予希望以发生改变的合适场所"。这是阿利克斯·肯特(Kent，2004)基于她在德班(Durban)一所学校中所做的详细民族志得出的观点。这些学校存在性别身份的两极分化(异性的)、学校选美比赛、性骚扰事件、惩罚的性别化以及不平等的性别空间等迫使女性处于从属地位。

确实有证据表明，学校开展的性教育可能会成为另一个与性行为有关的性别不平等的产生媒介，无论是正面促进还是暗中加强。针对肯尼亚和津巴布韦的师生访谈研究表明，性教育可能过于说教性和教诲性，且会指责"不纯洁"的人，特别是感染了艾滋病的妇女；而且这种性教育假设性行为主要由男性生理机能产生，因此年轻人应该学会对此进行控制，而年轻女性也不应该"招惹"他们。在观察了肯尼亚和博茨瓦纳学校中的艾滋病和生存技能课程后，研究人员发现女生非常安静，她们看起来害羞且不自在，而男生却比较活跃，得到教师更多的关注(Pattman & Chege，2003)。虽然ABC①运动在许多非洲国家极受欢迎，而学校所奉行的A(禁欲)可能不会导致性别上的双重标准，但是仍然受到了人们的批判。因为他们对性别问题不敏感，且将男性和女性混为一谈，好像他们都是不会卷入性别权力关系的自由个体。例如，米歇尔(Mitchell)和史密斯(Smith)批判ABC运动假设女性拥有选择自制的权利，或者可以自主决定她们拥有多少性伴侣以及性伴侣是否使用避孕套，却忽视了女性在带有风险的男女关系中所存在的结构化的性别和年龄上的不平等。

正如曼纳(Mannah，2002)提出的，学校是预防艾滋病的潜在重要场所，部分原因是年轻人每天都与预防教育以及随处可见的、拥有熟练技能的学校工作人员接触。或者我们可以增设有关艾滋病的教育以及培养员工技能等。帕特曼(Pattman，2006)认为，正是因为学校被卷入性别权力关系的产生过程之中，因此学校必须开发出以学生为中心的、具有性别敏感性的性教育和教师培训方案。他们必须使学生的生活和身份成为关键资源，鼓励学生和教师反思学校、班级、校外环境的性别动力、权力关系以及自身的身份与实践。

实际上，很多针对中小学生和教师的性教育举措都要求具有以上关照。这些举措受到了以下假设的影响，即传统流行和固有的话语叙事方式虽然限制了性别讨论，同时现实生活中又存在着不同形式的所谓男性生活方式或女性生活方式，但是性别身份并不是由"文化"或生物性而固化下来，而是在日常互动中"商议"而成(Connell，1995)。正如沃什尔(Walsh)、米歇尔和史密斯(Walsh，Mitchell & Smith，2003)曾提到的，开展性教育的工作者必须以一种流行文化的生产者和消费者的姿态以及性别、艾滋病的构建者的身份参与到年轻人的生活之中。师生通过共同举办漫画展、摄影展、戏剧和角色扮演等活动，来探索性别、性、暴力、骚扰和艾滋病的各种成因，并鼓励批判性思考。例如，南非的"为改变而讲故事"(2004)是学生们通过运用漫画故事而开展的项目；处于学校不安全的空间中南非女童的"图片会说话"研究(Mitchell et al.，2005)；"睁开我们的眼睛"是一个旨在让教师与学校中的女学生共同完成的"图片会话语"绘画项目

---

① "ABC"是指 abstinence(禁欲)、be faithful(忠诚)、use a condom(避孕套)，这一度成为预防 HIV 行之有效的办法与行动口号，后受到大量的批判。

（Mitchell，2004）；在南非学校设计并表演以"提高艾滋病防御和性别意识"为目的而设计的戏剧（Morrell，2004）；特罗普（Trope）在莫桑比克学校所做的日常性别化的表演（Butler，1990）通过角色扮演亲身体验自我反思（2002）；在津巴布韦举办的"知心阿姨"角色扮演游戏（Kaim，2002）。在学校性教育中运用戏剧和角色扮演的方式，可使学生通过课堂外的一系列想象情境来探索他们的性别和性身份，因为课堂外的世界完全不同，学生甚至会以矛盾的方式呈现完全不同的自己（Pattman & Chege，2003）。

在开发具有性别敏感形式的性教育时，帕特曼（Pattman，2005）认为我们需要认识到男性气质和女性气质之间的相互关系，因为男孩和女孩所拥有的这些气质并不是孤立存在的，而是一直相互建构的关系。性教育旨在赋予女孩和成年女性更多权力，但是仅仅以女性为对象又会加强生殖健康主要是她们的责任（Bujar，2000），而男性在性别和性行为方面更为不负责任这一假设。所以赋权给女性的一种替代性方案是鼓励男孩和女孩要批判地反思出现在他们面前的问题，反思那些由于刻板效应而建构的男性气质和女性气质。这也假定了女性性行为不仅不比男性少，正如卡罗尔·万斯（Vance，1984）强烈论证的，并且性虐待包含的不仅仅是性骚扰和暴力，也是对女性性行为的监控与管制。这有可能会给女孩的性别建构带来问题，即建立责任感，携带避孕套（Campbell，2003），或者晚上在外面过夜或穿某些类型的衣服甚至谈论她们的性欲（Pattman，2005）。它还假定发展一种去两极化的、更加平等的关系——无论是否与性相关——都符合男女的共同利益。这一观点借鉴了鲍勃·康奈尔（Connell，1995）的说法。康奈尔将男性的霸权建构视为情感与身体上的双重强权。不仅是女孩，男孩也要为拥有强烈的性冲动付出代价。例如，担心女友拒绝他们，转而投入年纪更大、更富有、更有性经验的男孩和男人的怀抱中；不敢公开表达爱意和亲密度；担心卷入打架事件或被其他男孩欺负。虽然在团体的焦点访谈中并没有涉及这些问题，但是南非和津巴布韦的男孩在个人日记中表达了这种感受（Pattman & Chege，2003）。

西方应对"男性危机"的问题时是围绕男性性行为的不负责任、暴力和反学校学习（见前文）而展开，学术界和政界人士呼吁教师和父亲建立更强大的男性榜样（Biddulph，1998），鼓励男孩培养幽默感和自我管理以及责任感（Thorntons & Brichcno，2006）。这种观点的问题在于，它假定必要的男性气质只有男性权威人物可以表现出来，而这与上述提及的性别是关系的结果相左。将性别视为关系，帕特曼（Pattman，2006）认为，男性的性教育教师可以充当非常积极的榜样，但是并非彰显传统的男子气概的强硬和独裁模式，而是对其进行颠覆。研究（Pattman & Chege，2003）表明，在南非和博茨瓦纳的男性和女性教师往往被学生们以相当极端的方式建构为独裁式及和蔼式的（Kent，2004），并认为男性性教育工作者（训练成具有性别敏感性和以学生为中心）的重要性在于展示男性如何成为敏感的、平易近人的且非侵略性、能够与女孩发展密切和关怀的关系，而非性行为和性骚扰。

在那些声称具有性别敏感的性教育中，是否要将男孩和女孩分开授课或者一起授课一直是有争议的话题。为了回应当前学校里女孩受到的不同形式的性骚扰和从属地位的本土研究，莫雷尔（Morrell，2000）发现更多的单一性别学校为女孩提供了安全和支持性环境。相比之下，帕特曼（Pattman，2005）认为性教育的主要目标之一应该是鼓励男孩和女孩减少身份的对立，促进异性的友谊，并且只有赋予男孩和女孩互相学习和工作的机会时，这一目标才会奏效。即使性教育也许需要使用到单一性别小组，但是与两性混合小组结合的方式能够使女孩尝试公开谈论性取向和性别相关的问题。然而单一性别制的学校可能在帮助女生自强方面更加重要。恩特海特和其他的一些学者（Unterhalter et al.，2004）认为在肯尼亚北部等某些区域，基于宗教原因的性别隔离是得到人们认可的，而女生到了青春期时更易从两性混合学校辍学。

结　论

撒哈拉以南非洲的男孩和女孩各自的独特需求，以及他们的脆弱性并没有得到教育研究和政策中的充分重视。大部分教育中的性别分析侧重于研究小学和中学教育中男孩和女孩的百分比。女孩经常被视为沉默的受害者，而男孩则被建构为性受益者和施暴者。虽然我们有充足的证据显示学校中男孩和女孩在暴力和艾滋病阴影下的无助，但是使用妖魔化的语言将男孩塑造为暴力和侵略性的是毫无益处的，特别是未能考虑不同男生经历的多样化而将他们统归为一类的说法。同样地，关于艾滋病的大多数报告显示女孩因为男孩性行为而变得弱势。在这一章中，我们认为许多男孩表现出的消极行为模式通常是撒哈拉以南非洲男性在刻板化的社会构建中对男孩和成年男人身份界定的公共展示的一部分。

然而证据表明，在撒哈拉以南的非洲，当大量女性进入劳动力市场后，男性整体的经济优势感被削弱，性别角色得以发生改变。同时，人们认识到了男性和女性一起合作的重要性及其对教育产出和家庭健康带来的积极影响。例如，在南非虽然仍有人继续坚持传统的观点，但是艾滋病的灾难性影响正在改变一些男性对待女性的态度。

研究男童和女童以改变性别的规范性建设是十分关键的，本文所展示的艾滋病教育为其打下了坚实的基础。然而，在撒哈拉以南非洲，这种变化是缓慢的，物质贫穷及其给男童和女童造成的弱势将会为这种变化带来影响。我们认为，为了阻止暴力和疾病传播，需要投入大量的工作，教育面临的挑战是倾听男孩和女孩的声音，为走向改变之路出谋划策。

参考文献

Arnot, M., David, M., & Weiner, G. (1999). *Closing the gender gap: Postwar education and social change*. Cambridge: Polity Press.

Barker, G. (2005). *Dying to be a man: Youth, masculinity and social exclusion*. London: Routledge.

Bhana, D. (2005). Violence and the gendered negotiation of masculinity among young black boys in South Africa. In L. Ouzgane & R. Morrell (Eds.), *African Masculinities* (pp. 205 – 220). London: Palgrave Macmillan.

Biddulph, S. (1998). *Raising boys*. London: Harper Collins.

Bujra, J. (2000). Targeting men for a change: AIDS discourse and activism in Africa. *Agenda*, 44, 6 – 23.

Campbell, C. (2003). *Letting them die: Why HIV/AIDS intervention programmes fail*. Oxford: James Curry Press.

Chant, S., & Gutmann, M. C. (2002). "Men-streaming" gender? Questions for gender and development policy in the twenty-first century. *Progress in Development Studies*, 2(4), 269 – 282.

Cleaver, F. (Ed.). (2002). *Masculinities matter! men, gender and development*. London and Cape Town: Zed and David Philip.

Connell, R. W. (1995). *Masculinities*. Cambridge: Polity Press.

Coombe, C., & Kelly, M. J. (2000). *Education as a vehicle for combating HIV/AIDs*. Uganda: UNESCO.

Cornwall, A. (1997). Men, masculinity, and gender in development. *Gender and Development*, 5(2), 8 – 13.

Cornwall, A., & White, S. (Eds.) (2000). Men, masculinities and development: Politics, policies and practice. *IDS Bulletin*, 31(2), 1 – 6.

Guttman, M. C. (Ed.) (2003). *Changing men and masculinities in Latin America*. Durham, NC: Duke

University Press.

Human Rights Watch (2001). *Scared at school: Sexual violence against girls in South African Schools*. New York: Human Rights Watch.

Hunter, M. (2006). Fathers without *amandla*? In L. Richter and R. Morrell (Eds.), *Baba? Fathers and Fatherhood in South Africa* (pp. 99 – 107). Pretoria: HSRC.

Jewkes, R., Levin, J., Mbananga, N., & Bradshaw, D. (2002). Rape of girls in South Africa. *Lancet*, *359* (26), 319 – 320.

Kaim, B. (2002). Their reproductive health: A case study from Zimbabwe. In A. Cornwall & A. Welbourn (Eds.), *Realising rights* (pp. 181 – 188). London: Zed.

Kent, A. (2004). Living life on the edge: Examining space and sexualities within a township high school in greater Durban in the context of the HIV epidemic. *Transformation: Critical perspectives in South Africa*, *54*, 59 – 75.

Leach, F. (2003). Learning to be violent: The role of the school in developing adolescent gendered behaviour. *Compare*, *33*(3), 385 – 400.

Leach, F., Fiscian, V., Kadzamira, E., Lenani, W., & Machakanja, P. (2003). *An investigative study of the abuse of girls in African schools* (DfID Education Research Report No. 54). London: DfID.

Mannah, S. (2002). South Africa: The complex role of teaching about HIV/AIDS in schools. *Prospect*, *32* (2), 155 – 170.

McDowell, L. (2000). The trouble with men? Young people, gender transformations and the crisis of masculinity. *International Journal of Urban and Regional Research*, *24*(1), 201 – 209.

Mitchell, C. & Smith, A. (2001). *Changing the picture: Youth, gender and HIV/AIDS prevention campaigns in South Africa*. Retrieved October 2007 from http://hivaidsclearinghouse.unesco.org/ev.php? ID = 1311_201&ID2 = DO_TOPIC.

Mitchell, C. (2004). Opening our eyes. *Gender violence in schools: What can be done? Gender violence in schools newsletter no.2*. Retrieved October 2007 from http://www. sussex. ac. uk/education/documents/gvschools2.pdf.

Mitchell, C., Moletsane, R., Stuart, J., Buthelezi, T., & De Lange, N. (2005). Taking pictures, taking action! *Children First*, *9*(60), 27 – 31.

Morrell, R. (1998). Gender and education: The place of masculinity in South African schools. *South African Journal of Education*, *18*(4), 218 – 225.

Morrell, R. (2000). Considering the case for single-sex schools for girls in South Africa. *McGill Journal of Education*, *35*(3), 221 – 244.

Morrell, R. (Ed.) (2001). *Changing men in Southern Africa*. Pietermaritzburg and London: University of Natal Press and Zed.

Morrell, R. (2004). Drama for self reflection. *Gender violence in schools: What can be done? Gender violence in schools newsletter no. 2*. Retrieved October 2007 from http://www. sussex. ac. uk/education/documents/gvschools2.pdf.

Nayak, A. (2003). "Boyz to men": Masculinities, schooling and labour transitions in de-industrial times. *Educational Review*, *55*(2), 147 – 159.

Ouzgane, L. (Ed.) (2006). *Islamic masculinities*. London: Zed.

Pattman, R. (2005). Boys and girls should not get too close: Sexuality, the identities of African boys and girls and HIV/AIDS education. *Sexuality*, *8*(4), 501 – 520.

Pattman, R. (2006). Making pupils the resources and promoting gender equality in HIV/AIDS education. *Journal of Education*, *38*, 89 – 116.

Pattman, R., & Chege, F. (2003). *Finding our voices: Gendered and sexual identities and HIV/AIDS in education*. Nairobi: UNICEF.

Seager, J. (2003). *The Penguin atlas of women in the world* (3rd edn.). New York: Penguin.

Sewell, T. (1997). *Black masculinity and schooling: How black boys survive modern schooling*. Stoke-on-Trent: Falmer Press.

Silberschmidt, M. (2001). Disempowerment of men in rural and urban east Africa: Implications for male identity and sexual behavior. *World Development*, *29*(4), 657 – 671.

Storytelling for Change. (2004). *Gender violence in schools: What can be done? Gender violence in schools newsletter no. 2*. Retrieved October 2007 from http://www.sussex.ac.uk/education/documents/gvschools2.pdf.

Thornton, M., & Bricheno, P. (2006). *Missing men in education*. Stoke-on-Trent, UK and Sterling, USA: Trentham Books.

Thorpe, M. (2002). Masculinity in an HIV intervention. *Agenda*, *53*, 61 – 68.

UNAIDS (2004). *Report on the Global AIDS Epidemic*. Retrieved October 2007 from http://www.unaids.org/bangkok2004/GAR2004_pdf/UNAIDSGlobalReport2004_en.pdf.

UNESCO (2003). *EFA global monitoring report: Gender and education for all, The leap to equality*. Paris: UNESCO.

UNICEF (2004). *The state of the world's children*. Retrieved October 2007 from http://www.unicef.org/sowc04/files/SOWC_O4_eng.pdf.

Unterhalter, E., Kioko-Echessa, E., Pattman, R., Rajagopalan, R., & N'Jai, F. (2004). *Scaling up girls' education: Towards a scorecard on girls' education in the Commonwealth* (Paper commissioned by the Commonwealth Secretariat). Retrieved October 2007 from http://k1.ioe.ac.uk/schools/efps/GenderEducDev/Where%20are%20we%20scaling%20up%20from%20FINAL%20FINAL.pdf.

Vance, C. (1984). Pleasure and danger: Towards a politics of sexuality. In C. Vance (Ed.), *Pleasure and danger, exploring female sexuality*. London: Pandora.

Walker, L., & Reid, G. (Eds.) (2004). *Waiting to happen: HIV/AIDS in South Africa*. Colorado: Lynne Reiner Publishers.

Walsh, S., Mitchell, C., & Smith, A. (2003). The soft cover project: Youth African participation in HIV/AIDS interventions. *Agenda*, *53*, 106 – 112.

Wilson, F. (2006). On being a father and poor in Southern Africa today. In L. Richter & R. Morrell (Eds.), *Baba? Fathers and fatherhood in South Africa* (pp. 26 – 37). Pretoria: HSRC.

6. 重造教育空间，塑造积极公民身份：来自巴西的两大经验

特里斯坦·麦可万(Tristan McCowan)

路易斯·阿曼多·甘丁(Luis Armando Gandin)

引　言

　　莱斯利·比塞尔(Bethell，2000)曾说道："巴西是一个选民的民主国家，但还不是一个公民的民主国家。"他用这句话指出了这个国家的两个重要方面。首先，所有的巴西人民都能够投票，而且几乎所有的巴西人民都会参加投票(这是 18—70 周岁公民的一项义务)，这标志着进入 20 世纪以来国家在确保大众权利方面取得的一系列进步。1988 年颁布的《宪法》和 1990 年的《儿童和青少年法》构成了人们权益大厦的保障，这包括 7 至 14 岁儿童必须接受义务教育。其次，与巴西立法及制度化结构的进步和启蒙本质相伴相随的却是执行过程中的不完善与低效率。公民权利通常与个人拥有的财富成比例，最贫穷者几乎没有社会权利。在政治领域，有官方性的参与，却没有所谓有效的参与。

　　总体而言，我们可以将公民身份视为两类人群的组成：一类人群是被动的，这是国家规定的涉及保障个人权益的一系列权利；另一类人群则是主动的，这涉及个人参与国家的运转之中。这两种范式——自由主义和公民共和政体——所关注的侧重有所不同：前者关注的是权利，后者则关注积极参与。(Heater，1999；Kymlicka，2002)然而也许有人会说，只有同时关注这两方面的公民身份才是有效的，一方面要确保其公民、政治和社会权利(使用 T. H. 马绍尔 1950 年的概念)，另一方面要让公民积极参与到地方和国家层面的决策中。

　　教育关切到公民身份的这两个方面。首先，教育本身就是一种权利，虽然这一权利的本质及其程度可能会引起强烈争议。公民身份使国家为所有人提供最基本的教育成为必要。然而教育也是保障第二类群体的一种手段。政府无法"保证"公民的有效参与(即便如此国家可以努力排除形式上的障碍)。因为有效参与取决于知识、技能和个体性情倾向，而这些大部分是通过正式或非正式教育获取的。因此，有效的公民身份对学校教育的数量与质量、受教育权、教育目标的性质提出问题，这一点非常重要。

　　此外，我们可以区分出政治参与的强弱形式(McCowan，2006)。当前的民主制度大多会允许公民有自由在不同候选人和各种政策之间进行选择。然而这些政治选择被嵌入在一个更深层次的社会、政治经济结构以及各种关系中，它们是政权形态运转的基础，但很少受到质疑。强烈的公民身份(真正的批判性形式)以一种开放的方式去反思那些曾经被视为禁忌的社会潜在的倾向，并对其进行革新。

　　然而，上述分析表明了一种普遍的趋势，被恩特海特(Unterhalter，1999：102—103)称之为"对一种抽象公民概念的呼吁，剥离所有维护主观理性与道德的特性"，而这可能"保持并且使基于性别、民族、性取向和身体残疾等的社会分工稳固不变"。在进行公民身份的讨论时，我们需要平衡大众的一般性权利与特殊群体为了争取差异性的认可的公民参与。形式上的平等可能会掩盖实践中的不平等与歧视。例如，残障人士可能有特定的要求，以使他们能够平等地参与到政治领域中。我们需要制定这种政策来解决历史遗留下来的性别和种族方面的歧视。实现这项规定并非易事：身份与公民身份之间的关系并不和谐，因为后者不可避免地蕴含着一个政体组成人

员普遍特性与特殊特性的某些抽象概念。

巴西的历史并没有为公民身份的发展提供肥沃的土壤。巴西发展的每一历史时段——持续性地殖民化、专制主义和新自由主义——既限制了权利延伸，又无法为人民积极参与公共事务提供保障。巴西于 1821 年获得独立[①]，半个多世纪后的 1888 年才废除了奴隶制。自此，巴西又经历了两个独裁时期，即 1937—1945 年以及 1964—1985 年，在此期间巴西向民主社会曲折前进。尽管 1985 年以来巴西的民主化有了极大进展，但是社会不平等现象仍然严峻。2006 年的基尼系数表明，巴西在全球最不平等的国家排名中名列第十。在巴西，社会顶层 10% 人群所占有的财富是底层 10% 人群的 58 倍(UNEP，2006)。

这一历史背景对于了解巴西当前教育的发展十分重要。该国目前的独特现象一方面是进步主义人士与传统主义者持久斗争的结果，另一方面也是社会精英和工人阶级长期斗争的结果。在殖民时期，各种机会匮乏，甚至对富人而言也不例外，那时他们通常会选择送子女去欧洲接受教育。经历了 19 世纪各种物质的缓慢积累后，新的历史帷幕随着共和国的成立而揭开，人们越来越意识到普及教育的重要性以及正规教育在促进技术进步方面的作用(Havighurst & Moreira，1965)。第二次世界大战后，随着经济的快速增长，教育规模不断扩大，直到 20 世纪末已完全普及小学教育时这一增长现象仍在持续。中等教育和高等教育的毛入学率相对较低，分别为 75% 和 20%[②](UNESCO，2004；INEP，2003)。

然而，虽然教育在数量上的提升是受欢迎的，其中却隐藏着深刻和普遍的质量问题。一直以来，巴西课程都强调注重学科学习而很少关注本土化的背景。阿尼斯欧·特谢拉(Anisio Teixeira)在 20 世纪中期领导的新学校运动(Escola Nova)，试图为学校注入新的活力，提升学生对当下问题的表达、探索与问题解决能力。然而，这些改革并未对主要的教育办学产生影响(Louro，1986)。此外，除了这些"软性"的元素之外，该运动具有"硬性"的实用工具主义的一面，这为日后军事独裁的技术统治方略铺平了道路。具有讽刺意味的是，就在直接选举被搁置的两大时期——即始于 1937 年的巴尔加斯(Vargas)时期和 1964 年的军事政变——公民教育却明确成为课程的组成部分。然而这只是一种形式上的公民教育，其培养的既不是权利，也不是积极参与。道德与公民教育(Educacao Moral e Civica)成为一门必修课，培养保守的爱国主义，宣扬公民的责任高于权利和国家荣誉高于正义的价值观。

1985 年以后，巴西开始重新实施直接选举，全国开始出现了相当开放的民主空间和社会运动。在此期间，世界范围内兴起一种通常被称为新自由主义的经济政策，虽然其对智利等其他拉丁美洲国家的影响要远远超过对巴西的影响，但它仍然为巴西社会带来了重大变化。在卡多佐执政期间(Fernando Henrique Cardoso，1994—2002)，教育的公共支出越来越多地集中于基础教育，政府听取世界银行和其他国际机构的建议，提升私人机构在义务后教育阶段的占比，这成功地提高了高等教育的商业化水平。尽管小学入学率稳步增长，却并没能解决教育质量的问题，贫困地区的教育资源严重匮乏，师资力量也十分薄弱(Gentili，1995；Gentility & Frigotto，2000)。

公民身份的新范式出现在这段时期的最后阶段。政治领域似乎成为经济附庸，自由市场成为公共服务的典型系统。因而公民被定位为消费者，他们在各种竞争性服务之间进行选择。当然，却常常受限于购买力。虽然独裁政权时期的公民因受压制而缺乏应有的政治权利，但是将公民定位为消费者则以更微妙的方式瓦解着人们的权利。消费者公民通过选择(英国政府话语中

---

① 一般认为 1822 年 9 月 7 日，巴西宣布完全脱离葡萄牙而独立，1888 年，废除了奴隶制。——译者注

② 中学入学率的数据取自 2002—2003 年，高等教育入学率数据取自 2002 年。

的"父母影响力")被授予了类似的权利,但是他们放弃了集体组织,民主审议以及和平抗议的潜在权利。

当今巴西的有效公民身份受到了专制主义和新自由主义的威胁。本文将探讨两种不同方式的教育举措,旨在向这两种主义提出挑战,从而构建新的公民概念。第一个措施是失地农民工运动(MST,这是一场发起于 1984 年的推行、土地改革的社会运动),该运动已经与合作村落建立起一个全国性的学校网络。第二个措施是由阿雷格里港市政府倡议实施的公民学校,旨在打击教育排斥现象。这两种运动有着截然不同的特点:MST 是一场针对农村地区的社会运动,而公民学校是政府领导的城镇运动。然而他们都具备军事独裁末期流行的社会和教育改革运动的特征。在民主化复兴进程中,《宪法》和《国家教育计划》(the National Educational Plan)的制定,使得巴西公民社会的不同阶层经历了大规模的流动,并为民主参与创造了大量空间(Gentili & McCowan,2003)。大量的工会得以建立,各种社会运动也纷纷兴起,为过去几十年中一直处于边缘化的特殊群体争取权益。阿雷格里港时期的国民教育大会(National Congresses of Education)以及世界社会和教育论坛吸引了来自国内外的关注目光。全国各地的地方政府制定了新的参与性政策(Gandin & Apple,2002;McCowan,2006b),这在劳工党中间的影响力尤为深远,这些政策在地方层面上的成就甚至在许多方面超越了国家层面。这些教育领域的新举措都借鉴了保罗·弗莱雷(Paulo Freire)的思想(Freire,1972,1985,1994),他的《被压迫者的教育学》为人们建立起改变不利状况的信心。在 1989 年至 1991 年出任巴西圣保罗市教育部长期间,弗莱雷自己也在积极推进变革。

接下来,我们将着重探讨这两项措施,并评价它们在挑战独裁主义和基于市场概念的公民身份时各自的可能性和局限性,以及它们本身建立的既可以保障公民权利又能够促进积极参与的新形式。文章结尾将基于处于政治边缘化的南半球的背景,讨论一些因教育与民主公民身份关系的讨论而衍生出来的问题。

失地农民工运动中的教育

MST 被公认为拉丁美洲最大、最具影响力的社会运动。它起源于分散的农民起义行动和天主教教会中的进步分子对农业改革迫切需要。在巴西,大约 1% 的土地所有者控制着 50% 的耕地,然而有多达 450 万的失地农民(Brandford & Rocha,2002;Caldart,2000)。许多流离失所的农民不得不迁徙到规模日益壮大的城市贫民窟中,进而走向了另一种形式的贫穷。MST 于 1984 年在巴西南部正式开启运作,现在这项运动已经传播至巴西 27 个州[①]中的 23 个州。

该运动是通过以家庭为单位在未被耕种的农业荒地里建造房屋,从而获得土地的占有权。至此,便形成了一个营地(acampamento),这个营地要求高水平的组织与合作以维护这一流动的社区。根据巴西的《宪法》,闲置的农田必须进行分配以便开展土地改革。在与政府经历了长期斗争后,农民家庭通常会赢得居留权。因此这些营地便成为一种村落(assentamento),农民家庭可以以个体或集体的形式进行土地耕作。

然而,MST 的目标不只是帮助没有土地的人赢得土地。这项运动坚定地致力于整个社会的转型,改革不公正的资本主义体制,使得所有人可以在社会中有尊严、团结且平等的居住和工作(MST,1995,2001)。随着时间的推移,该运动的重点已从地方层面转移到国家层面,甚至开始关注世界贸易协定和转基因等全球性问题(Caldart,2000)。在建立了第一个村落之后,人们很快发现

---

① 该数字包括联邦区。

必须为失地农民的孩子提供某种形式的教育。此外,大部分的成年人本身都是文盲,必须培养他们的基本技能,以提高他们的农活效率,使其更加有效地参与到政治之中。小学的网络逐渐扩大,成人识字班也逐渐增多,其中大部分教职员工来自该社区中已经完成学业的少数成员。在与地方当局斗争后,这些社区设法使他们的学校获得官方认可,以便得到州政府的资金支持,为学校提供更多的教师和物质资源。教育很快成了该项运动中一项优先事项。至此,该运动建立了一个由1 500所学校组成的网络,为16万名儿童、2.8万名青少年和成人提供教育,包括学前教育、中学技术课程、教师教育,同时其与已建立的大学合作设置了其他高等教育课程(MST,2005)。相比之下,其他与该地社会经济水平相当的地区的儿童只能勉强接受几年质量堪忧的小学教育。

这些量上的提升都是该运动取得的成就。同时,MST 的目标也在于改变教育的基本性质:

> 面对传统的精英主义、独裁、官僚化以及内容冗余的"储蓄式"①学校,以及一种过于狭隘和功利概念的教育,我们的挑战就是构建一个受欢迎的、民主的、灵活的对话式学校,通过运动为整体人类发展创造空间。(MST,2004)

首先,MST 需要将学校教育与乡村背景相结合。这涉及培养农村人口与农业工作相关的知识和技能,并在媒体宣扬的主流城市价值观的背景下,培养农村文化的自豪感。比如,一种新的学习知识的方法就是尼耶尼克(Knijnik,1996,1998)所描述的民族数学,这是一种地方性的计算方法,例如土地面积和农产品重量计算,被纳入课程。这项运动也深受弗莱雷思想的影响,并试图建立基于对话的教育学,使得学生和教师能够共同参与到学习和人类发展的过程中。弗莱雷对话教学过程也是民主政治的建设手段,因为其体现了对人的尊重、对知识和所有人观点的重视,并为个体表达意见提供平台。MST 教育中也有明确的政治元素。弗莱雷之后的运动(1972,1994)认为教育不能是中立的,所以教育也不会支持不公正的现状,因此我们必须积极促进公正,反对压迫。如果说成人教育完善了政治讨论的形式,这项运动旨在从学校教育的最早期就培养个体的正义感以及对社会动态的理解。MST 教育中的另一个基本要素是将教育与社会运动有机地联系在一起。无论是正式教育还是非正式教育,既要满足单个社区的需要,也要实现整个运动的目标。除此之外,MST 本身可以被看作一所学校,参与社会正义斗争就是失地农民最重要的学习经历。

罗斯利·卡达特(Caldart,1999,2000)或许是最透彻地说明了这一点的学者。她也许可以被视为这项运动中最具影响力的教育理论家。她的研究探讨了 MST 运动中的学校与该运动作为一种学校之间的各种辩证。她的关键主题之一就是运动中的教育学,她把 MST 运动中的教育工作视为与理论影响的对话,这种教育活动在不断地被营地和村落中的教育家的实践经历所创建和重造。她的另一大议题是失地(sem terra)身份的重要性。她借鉴了英国学者汤普森(Thompson,1980)有关工人阶级的分析,认为最为重要的是通过社会运动塑造一种政治主体。

MST 教育的另一个独特方面是"神秘或仪式"(mistica),指设计活动来培养个体对运动及其原则的忠诚。(MST,1999)在运动的不同阶段使用仪式、演唱国歌、使用具有象征意义的旗帜,都在情感上鼓舞着参与者为土地改革而斗争。这也使得这段历史被赋予了重要的意义,特别是从世界史的角度来认识社会不公正的根源以及该运动的重要性问题。

因此,从以上对公民身份的概述可知,MST 既确保了公民接受高质量教育的权利,也增强了公民在政治领域中的参与感。后者可能是该项运动最大的特色,将强烈的政治因素纳入学校的课程中,并且把政治元素纳入一个能够实践技能的更广阔背景中(运动本身中的各项活动)。与

---

① 出自弗莱雷"储蓄式教育"的概念。

上文提到的强弱方面一样，对政治参与的理解涉及对社会核心结构的挑战，而非简单地在一个给定的系统内行使选择权。公民身份取决于觉悟启蒙，在行动中培养政治意识。MST 阐明的教育目标之一是：

> 以政治透明度唤醒儿童、青少年、教育者和社区的组织意识和领导精神，以行使公民权。（MST，2001b）

学生通过学校自身的参与结构来发展这种政治意识和行动能力。小学生的集体和自组团体能够使学生有机会培养审议和组织技能，并对学校的运作直言建议：

> 我们通过学生自发组织的团体了解到学生有权利用自己的空余时间来组织集体，分析和讨论他们自己的问题，畅所欲言，并以参与的视角做出决定，就像参与学校教学过程中的民主管理事务一样。（MST，1999）

以及：

> 当把一切权利赋予人民时，他们的独立性便得到增强，一个人便永远不会附属于谁。这是人们为了实现成为有文化的组织这一目标必须经历的过程。（MST，1994）

这种自发性组织在 MST 中的预备教师教育尤为凸显，受训教师被要求有效地构建和实施自己的课程（Caldart，1997）。第一次正式课程始于 1990 年，在 1998 年建立了教师教育的高等教育项目，其使用了一个特别的方法称谓"土地教育学"，使该运动回应特定的政治和环境需求。

在学校里，也有针对教师的参与性结构，他们同学生一样亲身参与集体转型的过程。因此一些学校有横向管理结构，即全校工作人员轮流承担班主任的责任。参与人员的范围甚至扩大到了社区成员，他们可以参与学校的一般程序，决定学校发展的总方向，并成为学校理事会或教育团队的代表，讨论实施细节。这些结构有助于促进办学，并将学校与社区生活有效地结合在一起，帮助包括儿童在内的所有社会成员并为其政治参与能力（McCowan，2003）提供了发展空间。

此外，还有许多针对 MST 教育项目的成果评估。社会学家何赛·德·索萨·马蒂斯（Jose de Souza Martins）认为在 MST 中，先进分子的马克思主义信仰体系与植根于传统、具有保守和宗教价值观的失地农民之间具有致命矛盾（Martins，2000）。虽然这种区别可能过于简单化，但运动中的进步主义和传统价值观之间存在重大矛盾。在性别领域中这种矛盾就十分明显。一方面，该运动取得了明显的进展，赋予妇女平等地参与决策的权利。该运动的六个主要目标之一是"打击一切形式的社会歧视，争取妇女平等参与政治"，并最终建立了国家性别部门，以帮助实现这一目标。这一目标的结构化体现之一是要求每两个社区（州）代表之一必须是女性。截至2000 年，18 名国家领导层议员中有 9 名为女性，这对于在众议院和参议院代表中女性所占比例不到 10％的国家来说是一次重大的进步。

尽管如此，在运动中我们仍然可以看到社会中普遍存在的大男子主义，女性仍然在为摆脱家庭主妇和养育子女的角色而挣扎。很多人将教育看作改变这种根深蒂固的态度的关键：

> 为什么男人的工作就应该有更多的价值？就业市场对待男性、女性有很大的区别……因此我们在学校中解决这些问题，让外界公平对待女性和男性。通过这种方式我们打破了媒体从古至今一直给我们制造的刻板印象。（奥尔加，教育协调员[①]）

---

① 此次采访取自 2002 年在圣埃斯皮里图州、巴伊亚州和里约热内卢的研究（McCowan，2003），方式为匿名采访。

　　但 MST 尚未重视社会分裂的其他因素，如种族、残疾和性取向。虽然其采用了一种普遍包容的做法，但是尚未制定有效的战略来确保这种方法的实践。作为一个整体，该运动倾向于公民身份的一般性概念，将"人"作为价值的基础，尽管其也意识到了农村背景的复杂情况。土地改革的斗争被视为更广泛的阶级斗争的一部分，它是为改善压迫、种族、性别歧视、从属地位等情况而进行的斗争(MST，2001)。

　　MST 的举措在促进有效的公民身份方面也存在问题。另一个涉及的问题是培养批判性思维，主要是理解弗莱雷的觉悟启蒙概念。先前的研究(McCowan，2003)表明，虽然 MST 成功地发展了个体对政府以及国家结构的批判性认识和态度，但未能成功地建立对运动本身的认识和态度。鉴于 MST 面临极大的外部威胁(尤其是来自地主及其民兵)，失地农民需要有效协作以获得内部团结，因此批判性态度被排在第二位也就不足为奇了。一些评论家，例如纳瓦罗认为(Navarro，2001)，在这场运动中，非批判性的政治教育并不少见，特别是对刚刚走上工作岗位的青年积极分子而言。在学校层面，尽管使用仪式可能会有问题，但是非批判性的政治教育不太常见。然而，有的右翼媒体，例如温伯格的目标是破坏整个 MST 运动，他们无疑夸大了该运动"洗脑"的程度(Weinberg，2004)。此外，如前所述，MST 借鉴了弗莱雷思想的中立主张，因此该运动会考虑更多的"平衡"方式，来实现政治教育对当前状况的支持。

　　另一个问题涉及国家资助学校(主要是小学)的运行。这是这场运动悬而未决的一个问题，因为地方当局可以就其目标不利的方面向教师施压，从而破坏学校的独特理念。虽然 MST 拒绝自主办学，部分原因在于缺乏资金，但同时也是因为该运动赞成公立学校教育的理念。从国家的角度来看，MST 学校是有问题的，因为其特定的意识形态可能不是非常"世俗的"，以证明国家学校身份的合法性。不过，州政府和市政府认可 MST 在许多农村地区在提供基础教育上发挥的基础性作用，因此容忍其发展。

　　这些矛盾和紧张关系是真实存在且无法搪塞的。政府无法否定 MST 取得的显著成就，它对传统学校教育进行了批判，并建立了一种替代性的新型学校，而且这些学校分布在巴西全国境内。下面一段话很好地总结了 MST：

　　　　随着时间的推移，这些儿童将获得更高的斗争意识：他们有权发言、歌唱，他们有参与政治的强烈愿望，他们高兴地举办集会、会议、庆典、搭积木和帐篷……这是一个参与的空间，学生在其中成为批判者，所以他们不会老老实实地接受一切。(MST，2001)

　　MST 的经验无疑颇具巴西特色，但它是否可以说明处于政治边缘化的其他南半球国家所遭遇到的问题呢？在解决这一问题之前，我们将转向第二个关于公民教育的创新案例：公民学校倡议。

阿雷格里港的公民学校

　　公民学校[①]是阿雷格里港市政府发起的一项教育倡议。阿雷格里港是巴西南部最大的城市，人口约 140 万。1989 年，在劳工党的领导下，左翼政党联盟(全民管理[②])在市政选举中获胜，并开始了新的城市规划。其基本方针是关于民主的激进思想，这种思想要求公民真正地参与到城市治理中。阿雷格里港的一位前市长表示，全民管理党的目的在于：

---

　　①　本章仅提供该经验的初始想法。更多关于公民学校的研究请参见 Gandin(2005)。

　　②　"全民管理"原文为"Popular Administration"，应为巴西左翼联盟中的一大党派。——译者注

> 恢复乌托邦的力量……创建一个作为真正社会进程的新运动，其包含新的生活方式，构建一种新的道德生活（Gramsci）和一种国家与社会之间的新衔接……其能够为社会活动和公民意识带来一种新秩序。（Genro，1999）

为实现这一复杂的理想，全民管理党设想建立一些宏观机制，来实施金罗（Genro）描述的新秩序。其中一项便是建立公民学校。

公民学校是一种激进的公民教育理念的项目，其遍及阿雷格里港所有的学校。公民学校反对个体化公民，宣称教育制度整体都必须体现公民身份。公民学校的主要目标可以借用一位教育秘书长的话来概括。他表示，这个项目想要将学校打造成：

> 每个人都可以进入这些学校，且传播知识不受局限。这是一所能够传播大众知识和科学知识的学校。学校是建立和体验公民身份的公共空间，其已经超越了单纯传授知识的范畴，而将其本身变成一个社会文化空间，结合面向社会转型的教学策略，在那里学生是知识的主体，教学的展开是以一种跨学科的视角，克服了目前学校呈现的课程碎片化。学校具有落实这项政策所需的物质资源，而社会整体的参与可以引导创建自治的学校，结合真正的民主管理，保证社会各阶层参与学校建设。（Azevedo，1999）

从这些指导方针中可以看出，该项目的基本目标是通过"选民集会"的方式而设立的。这种集会是一种民主的、协商的、参与性强的论坛，以动员学校共同体并制定出指导阿雷格里港各市政学校政策为原则。集体的活动组织过程历时 18 个月，涉及在学校里开展专题会议、区域会议、集会本身以及学校内部监管方案的详细拟定。

通过这种结构化的方式来制定原则的过程本身是值得关注的。公民学校项目的出现是为了将目标决策包含其中，建立机制来实现这些目标。但是制定实践目标的过程本身就应该代表一种创新的机制，这一机制能够使学校与社会的关系发生转型。指导学校实践的目标准则是通过参与性的过程集体创建的。这一想法促使政府创建渠道来真正发展集体构建的规范性目标，并且改变了边远政府官员在管理他们不熟悉的学校时的传统关系。

选民集会将市政学校中的激进教育民主化作为公民学校项目的主要规范性目标。它决定这种激进的民主发生在三个维度：入学机会的民主、知识的民主和治理的民主。这三项原则指导阿雷格里港市政体系的每个行动，改变了学校结构以及学校与市教育部门（SMED）之间的关系。

为了使入学机会和知识领域民主化，市教育部门为市政学校建立了一个新的组织。该想法是采用一种称之为循环（cycles）的新结构，来取代过去单向的年级制（小学教育的一至八年级）。教育部管理层认为借助这一周期循环模式可以更好地解决入学机会的问题。教育部指出：

> 这种周期式结构在处理学生学业失败方面有更好的方式，因为其教育视角是尊重、理解并调查学生所经历的社会认知过程。（SMED，1999a）

由于持有不同的学习理念与时间概念，公民学校将不再对所谓的"差生"实施惩罚。在此模式下，一种全新的学习时间组织形式取代了传统的截止期——即学生必须在每学年结束时证明"自己已完成本学年的学习任务"。知识的民主化则是通过采用周期模式来解决："周期循环模式促进了对每个学生学习节奏、时间及其经历的尊重，加强了整体的组织性和学校中的跨学科交流。"（SMED，1999a）周期模式的成立是一种有意识的尝试，旨在消除学校中的排斥、学业失败和辍学，以及通常会与其相伴的对受害者的指责。

公民学校每三年为一个周期，共有三个周期，变革之一就是在小学开始阶段增加一年，将小学教育扩至 9 年。这使得市立学校有义务招收 6 到 14 岁的儿童。三个周期是以生命周期为基础：每个周期对应于一个阶段的发展，即童年、少年和青春期。其想法是将三个周期的相同年龄组的学生组合在一起。这是为了改变新政府接管市政教育部时所面临的现实，即大部分公立学校都是在为巴西工人阶级服务：成绩较差的学生被滞留在低龄班级中。教育部旨在重新激发有着多次失败经历的儿童，依据年龄组织教育，能够使得同龄儿童在同一周期中。它的目标是要挑战必须按顺序学习的惯有认识。如教育局长所言，目前教育部使用的周期模型是：

> 重新设计的学校，其空间和时间的设置都是为了学生的发展。儿童和青少年正处于不断发展中，因此不应该被校历或学年所限制……学校使用周期模型是将学习看作一个过程，在此过程中筹备阶段或各种等级是不存在的：发展是一个长期过程。公民学校的目的是强化学生已经学到的知识，而不会因为学生没学会就惩罚他们。(Azevedo，2000)

在学校中使用这些周期模型，学生是在周期内部从一个学年过渡到另一个学年，因此消除了"学业失败"的概念。

尽管取得了部分胜利，但是市教育部明白，消除排斥机制并不足以实现知识民主化的目标。正因如此，公民学校创建了若干机制以尽量多地确保更多学生的融入：为学习内容与年龄之间有差距的学生开设进步小组；为仍然不能掌握新改革的课程和方法论的学生开设学习实验室；在课堂中设置巡回教师作为第二教师以便在需要时协助教师教学；使用形成性评价帮助学生了解自己学习的程度而不只是通过成绩对学生进行分类。

课程转型已成为阿雷格里港力图打造"深化民主"和有效公民身份的关键组成部分。这种措施实际上可以使知识的民主化成为可能。重要的是，这一维度并不限于传统知识的获得。它建构的是一种从方法论的角度来理解知识的定义。这种建构的基础并非是在完好的"人类智慧核心"的外边沿纳入一些新知识，而是一种彻底的转型。公民学校绝不满足于偶尔零星地提及文化表征，或阶级、种族、性以及基于性别的压迫。它把这些主题整合进了知识建构过程，使之成为这一过程中不可或缺的重要部分。

在公民学校，知识中的"核心"和"外围"概念悬而未解。这种课程知识建构的起点是社区本身的文化，不仅涉及内容还包括视角方面。整个教育过程旨在否定之前的特权阶级，转而服务于历史上被压迫和受排斥的群体。知识建构新过程的起点是主题式教学的理念。这种课程组织是将整个学校教育致力于一种中心生成的主题，其中的学科和知识领域都在跨学科的影响下建构其核心内容。

在公民学校，主题式教学的理念强调学科或知识领域在所有级别的课程中都不是独立的，所有知识领域都隶属于全局概念或一个主体核心，这一想法是相当复杂的，因为它代表了学校所处的社会的核心利益。所有领域或整个学校，都围绕主题而展开讨论。这种方式为整个学校提供了一个中心焦点，能够指导学校在一段时期或者整个学年中的课程安排。

在确定原则后，每个知识领域就需要讨论主题和概念矩阵——这是一种出自知识领域的概念网络，而非教师理解的处理主题时使用的孤立事实或信息——教师会按他们的知识领域召开会议，并且在周期的每个学年中制定和规划课程。

每所学校能够自主制定自己的课程。这门课程必须遵循以下条件：学生不应该为了学习科学知识而放弃学习他/她的文化和习俗方面的知识，而且学生在没掌握正式的"学校知识"之前不应该辍学。这个想法指的是学生应该质疑学到的知识，并展开批判性思考。以学生自己的经历展开教学并不意味着学生要止步不前。

这里举一个具体的例子来展示阿雷格里港某学校是如何开展关于社会历史领域知识的课程教学的。在对社区进行探究后，学校以"贫民窟的生活质量"作为主题。这一社会历史知识领域必须建构起隶属本身的原则,即这一领域的贡献就是处理已选定的主题。该领域最有可能表达的就是"公民在其实践和空间内的个人和集体转型,通过恢复其出身背景,旨在提高生活质量,并考虑所在社会的各种观念"。

由主题"生活质量",教师在社会-历史领域列出了三个分议题:农村人口外流,社会组织和财产。在农村人口外流分议题中,这些问题反映了社区的起源——他们当前在贫民窟生活,但最初是从农村地区迁徙而来。在这一分议题中,要探讨的问题是人口流动、城市的人口过剩、劳动力阶层的"不合格"以及边缘化。在社会组织分议题中,这些问题涉及时间、政治、空间和社会文化关系。这些问题同样代表着社会组织的重要问题:一些邻里协会过度和不加批判的实用主义以及诸如宗教、肢体表达、非洲起源、舞蹈团和桑巴舞学校等文化问题。在第三个分议题中,财产问题直接关系到贫民窟家庭的情况,没有名户的人居住在非法地段,必须应对没有自来水以及缺乏基本医疗保障和其他基础设施的问题,这种贫民窟的历史以及他们为合法权利的斗争,他们作为公民的权利(包括基本社会福利)和义务(理解税收的社会功能和重要性)。

公民学校的监管结构也从根本上发生转变。学校理事会根据市政法律成立于1992年12月,并在1993年得以运行,成为学校中最重要的机构。理事会由选举产生的教师、学校工作人员、家长、学生以及一名行政人员组成,具有咨询、审议和监督职能。他们可以协商、讨论并监管学校的运行。如此一来,他们就能表达全民管理的关键理念以及教育中社会运动的需求。

必须指出的是,在执政联盟上台之前,其实施的是一种高度中央化的预算制度,这在巴西非常常见。每笔支出(甚至是日常支出)必须在获得批准前先送到中央行政处审批,之后中央机构会购买必要的产品或服务,或者将钱再发送回学校。在这样的系统中,学校理事会被"捆绑双手",毫无自主性可言。市政教育部门改变了这种结构,并建立了新的政策,每三个月为每所学校提供一笔可用资金。市教育局认为,这一措施有助于实现学校的财务自主权,并使学校根据学校理事会建立的优先事项以及目标来管理其开支。同时,这一措施创造了自主权,它赋予目前在理事会的家长、学生、教师和工作人员一种管理公共资金的社会责任观念,教导他们团结一致按优先次序确定各项支出(SMED,1999b)。

在阿雷格里港的市政学校,全校师生通过直接投票选举校长。校长的职责之一是执行学校理事会的决定,评选出的校长本人要维护学校管理中的具体项目。校长的合法性就源出于此。校长并不一定是那些代表学校理事会中央管理层利益的人,而是那些在特定的教育社区中有大量支持者的人。因此,校长需要很强的社区参与感,因而教育局认为这种选举制度可以避免一些潜在的问题,譬如让某些人去负责学校理事会中讨论得出的某些细节,但他本身与该项目毫无关联。但社区的责任并不止步于此:通过学校理事会,整个社区都能够监测校长的活动并且承担其实施民主化决策的责任。

如果不大量投资学校基础设施建设以及教师的工作环境,这些新创建的用来实施入学机会、知识和管理民主化的机制是无法达成其目标的。几乎所有市政学校都位于城市最贫困的地区,不同于其他同等条件下的公立学校,这些市政学校形象非常好。很多楼宇都是最近建造的,设计优良。由此传递出的一个明显讯息是:贫民区的学校应当尽可能从其内部发展教育,教职员工也不必担心建筑条件。另一方面是教师的薪酬和培训:在阿雷格里港的市立学校中,教师的工资水平是普通公立教师的三倍多。另外还有政策规定教师可接受教师知识领域和普通教育问题方面,譬如教育与社会之间关系的在职培训等。

尽管取得了这些成就,公民学校在实施过程中也存在着十分具有挑战性的问题。虽然市教育局对种族和性别问题十分敏感,但学校在需要制定一门解决种族主义和性别歧视问题的课程时,教育部也不能一直为其面临的问题提供持久的支持。当然由于马克思主义的思想根源,教育局也把关注点放在阶级问题上。住在贫民窟的学生面临的关键问题是一目了然的,但是减少阶级的所有压迫是巴西这类国家的代表性问题,其中包含着显著的种族和性别问题。

另一个潜在的问题是公民学校对教师知识的忽视,甚至有时是回避。如果学校课程真的是以围绕社区知识展开的,那么教师以往的经验和实践不一定是以此为中心的。很多时候,教育局将教师看作解决他们面临的问题的负责人。对该问题的简化叙述如下:"这项建议是好的,但保守的教师不会以这种形式执行。"这种把每个教师的特点归为批判建议是保守化的观点显示出在某些情况下建议的实施存在多少问题:因为教师是真正落实学校建议的人。有几项研究证明,当目标是制定实施进步性改革措施时,必须考虑到教师的知识水平(Gitlin,2001;2001)。

最后,我们很有必要讨论这一倡议的可持续性。当阿雷格里港市面临预算限制时,就会削减该项目关键部分的资金,如巡回教师和学习实验室的场地。但最大的挑战是必然发生的事实,即掌权 16 年后,巴西工人党及其"人民管理"在 2004 年的市政选举中落选。虽然这一城市教育经验的名称完全不同,但是目前公民学校的核心机制还在原地踏步,并未全面启动。但是有可能言之过早:追踪这一项目中能够出现却可能危害该项目的微妙变化是十分重要的。

公民学校是教育中一种新自由主义的解决方案,其基于将市场体制引入学校。它的重要性不仅体现在为贫困人口提供质量优良的教育,使他们能够在劳动力市场中获得更好的机会以及个人权利,而且也体现在产生结构化形式的社区"教育",将社区团结起来以便讨论面临的问题,并使他们通过参与和讨论的方式来代表自己的权益。在此过程中,它也"教育"了国家机构。

结　论

综上我们可以发现,两个案例所具有的共性。两个案例都试图解决公民身份的"参与"和"权利"问题。一方面,这两项举措的目标是为边缘化的人口提供教育机会,使他们在学校中有一席之地,并采取相应措施确保学生融入学习环境中,避免早期辍学。因此,这两项举措正试图保障所有巴西人接受基础教育的根本权利,并将其付诸行动,使之成为现实。然而其目标还在于让学习者有能力成为活跃的有效公民。通过将学生、教师和社区纳入决策中,为他们提供知识和技能,扩展他们在更广泛的政治领域中的参与。在威权主义和新自由主义的双重影响下,这两个举措创建了一种对公民身份的新理解,一种基于参与式民主和弗莱雷觉悟启蒙思想的公民身份,在此基础上通过辩证反思和政治行动来引发社会转型。

然而,这两个案例也显示出执行这类方案的艰难。正如在许多其他环境中,人们往往会将教师视为变革和革新的"障碍"。这两个案例都没有解决通过教师来实施规范性方针的难题,并在尊重教师的自主性、知识以及经验方面获得完全成功。教师教育是该问题的一大关键(只要该举措的模式不是简单地试图重新建构教师),也是教师真正参与政策建设的关键。另一个明显的限制是解决差异,特别是种族和性别差异的问题。通过以一般方法处理社会排斥,这两项举措并没有完全认识到种族和性别的差异及历史上对妇女、非洲裔巴西人和土著人民的压迫,以及向他们做出明确回应的必要性。最后,这两项举措都面临可持续性和可行性的问题:在公民学校的例子中,这涉及的是该举措在政府换届后能否继续生存的问题。而在 MST 的例子中,则是如何将该项目纳入国有部门中的问题。这两个项目暗含的政治性威胁到它们的后续存在。

巴西历史有某些独特的方面——例如其包含各色人种,财富高度集中,有集权与分权的冲突——本文讨论的案例无疑回应了这方面的特点。虽然这两个项目在解决严重的社会和政治排斥方面既取得了成功也面临着各色挑战,但是这两项改革确实对其他国家产生了影响。首先关注的问题就是参与的重要性。两个项目都展示出整个学校与社区参与带来的好处,不仅有助于政府制定的政策得到实施,而且还有助于形成学校与社区自身的目标与方法。其次,这两项举措都抓住了全世界的学校所面临的一个问题,即是否应当冒着将学生自身文化边缘化的危险来教授"通用"学术知识,或者是否应当冒着将学生故步自封于自己的背景中而不朝外看的危险来教授社区本地的知识。这两个案例表明,可以将二者结合起来,在利用当地的知识以及与社区生活有关的技能的同时,帮助学生有能力去追求更高质量的生活,并理解和参与到更广泛形式的知识和社会变化的过程中。

　　这些案例更进一步的意义在于维护一种全面的公民身份的重要性。这一概念纯粹基于保障个体权利的构想是不够的,还需通过加强主动参与来保障这些权利。此外,教育必须解决作为身份的公民问题,即认可可能挑战"公民的抽象概念,剥离所有维护主观理性与道德特性"(Unterhalter,1999)的差异,以及公民身份在政治中的平等性。最后,本着世界社会论坛口号"另一个世界是可能的"的精神,这些案例表明,即使在已确立好的国家系统内,创建另一种形式的教育也是有可能的。尽管面临相当大的挑战,但是通过传统的分级教育形式和现代消费主义来制定一门具有根本民主转向的课程是有可能的。

　　在全球化的改革浪潮中,市场控制、权力下放与资源短缺、对结果的严控、远程操控以及问责制都使中心的驱动力只关注量化结果,因此我们重申:具有新颖之处的 MST 运动和公民学校的经验是很重要的。这两个项目更令人称奇的是,不同于世界上其他的进步举措,在这两个项目中教师或学校推动着根本的变革,无论是在公民学校整个学校体系的有机转型或是失地运动中的教育概念。

　　结构的变化为学校注入活力,并为教育追求社会正义制造了空间。如果说目前的成就确实面临很多严重障碍,那么同样地,它也为打破这些障碍积累了现实经验。

参考文献

Azevedo, J. C. (1999b). Escola, democracia e cidadania. In C. Simon, D. D. Busetti, E. Viero, & L. W. Ferreira (Eds.), *Escola cidadã: Trajetórias* (pp. 11 - 33). Porto Alegre, Brazil: Prefeitura Municipal de Porto Alegre – Secretaria Municipal de Educação.

Azevedo, J. C. (2000). *Escola cidadã: Desafios, diálogos e travessias*. Petrópolis, Brazil: Vozes.

Bethell, L. (2000). Politics in Brazil: From elections without democracy to democracy without citizenship. *Daedalus*, *129*(2), 1 - 27.

Brandford, S. & Rocha, J. (2002). *Cutting the wire*. London: Latin American Bureau.

Caldart, R. S. (2000). O MST e a formação dos sem terra: O movimento social como princípio educativo. In P. Gentili & G. Frigotto (Eds.), *Cidadania negada: Políticas de Exclusão na Educação e no Trabalho*. São Paulo: Cortez.

Caldart, R. S. (1997). *Educação em Movimento: Formação de Educadoras e Educadores no MST*. Petropolis, Editora Vozes.

Caldart, R. S. (1999). *Pedagogia do Movimento Sem Terra: a Escola é Mais que Escola*. Petropolis: Editora Vozes.

Freire, P. (1972). *Pedagogy of the oppressed*. London: Sheed & Ward.

Freire, P. (1985). *The politics of education*. Massachusetts: Bergin and Garvey.

Freire, P. (1994). *Pedagogy of hope: Reliving pedagogy of the oppressed*. New York: Continuum.

Gandin, L. A. (2006). Creating real alternatives to neo-liberal policies in education: The citizen school project. In M. W. Apple and K. Buras (Eds.), *The subaltern speak: Curriculum, power, and educational struggles*. New York: Routledge.

Gandin, L., & Apple, M. W. (2002). Challenging neo-liberalism, building democracy: Creating the citizen school in Porto Alegre, Brazil. *Journal of Education Policy*, *17*(2), 259 – 279.

Genro, T. (1999). Cidadania, emancipação e cidade. In L. H. Silva (Ed.), *Escola cidadã: Teoria e prática* (pp. 7 – 11). Petrópolis, Brazil: Vozes.

Gentili, P. (Ed.) (1995). *Pedagogia da Exclusão: Critica ao neoliberalismo em educação*. Petropolis: Vozes.

Gentili, P., & Frigotto, G. (Eds.) (2000). *A cidadania negada: Políticas de exclusão na educação e no trabalho*. Buenos Aires: CLACSO.

Gentili, P., & McCowan, T. (Eds.) (2003). *Reinventar a Escola Publica: Politica educacional para um novo Brasil*. Petropolis: Vozes.

Gitlin, A. (2001). Bounding teacher decision making: The threat of intensification. *Educational Policy*, *15* (2), 227 – 257.

Havighurst, R. J. & Moreira, J. R. (1965). *Society and education in Brazil*. Pittsburgh, PA: University of Pittsburgh Press.

Heater, D. (1999). *What is citizenship?* Cambridge: Polity Press.

INEP (2003). *Censo da educação superior 2002*. Brasília: INEP.

Knijnik, G. (1996). *Exclusão e Resistencia: Educação Matemática e Legitimidade*. Porto Alegre: Artes Médicas Sul.

Knijnik, G. (1998). Ethnomathematics and the Brazilian landless people education. Paper presented at the first international conference on ethnomathematics, University of Granada.

Kymlicka, W. (2002). *Contemporary political philosophy: An introduction* (2nd edn.). Oxford: Clarendon Press.

Louro, G. L. (1986). *História, Educação e Sociedade no Rio Grande do Sul*. Porto Alegre: Educação e Realidade Edições.

Marshall, T. H. (1950). *Citizenship and social class and other essays*. Cambridge: Cambridge University Press.

Martins, J. de S. (2000). *Reforma agrária: O Impossível Diálogo*. São Paulo: Editora da Universidade de São Paulo.

McCowan, T. (2006a). The foundations of critical questioning in citizenship education. *Currículo Sem Fronteiras* [*Curriculum Without Borders*], *6*(2), online at http://www. curriculosemfronteiras. org/vol6iss2articles/mccowanen.htm, accessed 2 April 2007.

McCowan, T. (2006b). Educating citizens for participatory democracy: A case study of local government education policy in pelotas, Brazil. *International Journal of Educational Development*, *26*(5), 456 – 470.

McCowan, T. (2003). Participation and Education in the Landless People's Movement of Brazil. *Journal for Critical Education Policy Studies*, *1*(1), available online at http://www. jceps. com/index. php? pageID = article&articleID=6. Accessed 15 June, 2004.

MST (2005). MST, Movimento dos Trabalhadores Rurais Sem Terra. Online at www.mst.org.uk, accessed on 15 November 2005.

MST (2004). *Educação no MST: Balanço 20 Anos (Boletim da Educação no. 9)*. São Paulo, MST Setor de Educação.

MST (2001a). *A historia da luta pela terra e o MST*. São Paulo: Expressão Popular.

MST (2001b). *Escola Itinerante: uma Pratica Pedagógica em Acampamentos (Coleção Fazendo Escola)*. São Paulo: MST Setor de Educação.

MST (1999). *Como Fazemos a Escola de Educação Fundamental (Caderno de Educação no. 9)*. Veranópolis, ITERRA.

MST (1995). *Como Fazer a Escola que Queremos: o Planejamento (Caderno de Educação no. 6)*. São

Paulo: MST Setor de Educação.

MST (1994). *Alfabetização de Jovens e Adultos: Como Organizar (Caderno de Educação no. 3)*. São Paulo: MST Setor de Educação.

Navarro, Z. (2001). "Mobilização sem emancipação" — As lutas sociais dos sem-terra no Brasil. In B. de Sousa Santos (Ed.), *Reinventando a Emancipação Social*. São Paulo: Record.

Page, R. N. (2001). Common sense: A form of teacher knowledge. *Journal of Curriculum Studies*, *33* (5), 525 – 533.

SMED (1999a). Ciclos de formação – Proposta político-pedagógica da Escola Cidadã. *Cadernos Pedagogicos*, *9*(1), 1 – 111

SMED (1999b). *Official Homepage of the SMED*. Retrieved December 15, 1999, from http://www. portoalegre.rs.gov.br/smed.

Thompson, E. (1980) *The making of the English working class*. Harmondsworth: Penguin.

UNDP (2006). *Human development report 2006. Beyond scarcity: Power, poverty and the global water crisis*. Basingstoke: Palgrave Macmillan.

UNESCO (2004). Statistical tables: Education. Available online at http://www. uis. unesco. org/ TEMPLATE/html/Exceltables/education/ger_tertiary.xls, accessed 14 December 2004.

Unterhalter, E. (1999). Citizenship, difference and education: Reflections inspired by the South African transition. In P. Werbner & N. Yuval-Davis (Eds.), *Women, citizenship and difference*. London: Zed.

Weinberg, M. (2004). Madraçais do MST. *Veja*, April 2004.

7. 不同视角下的儿童与暴力研究

珍妮·帕克斯(Jenny Parkes)

> 任何针对儿童的暴力都是不可容忍的。儿童的特别之处——他们的潜力、原初的脆弱无力,他们需要依赖于成人而成长与发展,这使我们有义务为预防和保护儿童免受暴力投入更多的精力。(Pinheiro,2006)

《联合国世界反儿童暴力报告》(*The UN World Report on Violence against Children*)呼吁人们关注全球的青少年在日常生活中经历的各种形式的暴力,包括家庭、学校和看护机构、工作场所以及社区(Pinheiro,2006)。许多针对儿童的暴力行为并非个案,而是一种日常现象,特别是在那些近期或正在发生政治冲突的国家——它们通常是中低收入水平的国家,政治冲突遗留下的是多种形式的暴力(Glanz & Spiegel,1996;Knox & Monaghan,2003;Muldoon,2004;WHO,2002;WHO,2002)。本文聚焦于这种暴力环境中的生活对儿童的心理和社会福祉产生的影响,通过研究大量来自心理学、社会学、人类学以及教育领域的文献,来探寻从这些文献中得出哪些知识以便回应皮涅罗(Pinheiro)所敦促的保护儿童免受暴力。

已有的很多文献强调了暴力对儿童的教育、健康、社会机会以及成就的破坏性后果,皮涅罗强烈要求采取行动来处理这些问题。然而,虽然我们无法低估反对针对儿童的暴力侵害的重要性,但是我们需要审视文献中各种想当然的假设。尤其是对儿童的普遍化理解源于西方主导的全球研究,这产生了特定形式的行动和干预,正如有观点表明,这些并不总是维护儿童的最佳利益(Boyden,2003)。用皮涅罗的观点,童年是一个自然、普遍和有特点的阶段,其特点是天真和脆弱。这一观点可以追溯到 19 世纪欧洲的浪漫主义运动(Boyden,2003;James,Jenks & Prout,1998;Woodhead,1999)。本文讨论的很多文献将生活在暴力街区的儿童视为暴力行为的无辜受害者,他们需要保护或救援,或者他们身陷暴力圈中无法自拔,最终成为未来的犯罪者。正如西方女权主义研究者被批判为"一种合成的,单数形式的第三世界女性"的殖民化、同质化代表(Mohanty,1991),针对(后)暴力冲突环境中生活的儿童的研究可能构建了一种同一化的"第三世界儿童",无论是受害者还是施暴者。这些研究忽略了童年的多样性,同时也忽视了儿童在他们的社交世界中积极参与并采取行动的方式(Boyden,2003)。

本文以批判性视角探索生活在多种暴力形式中的儿童经验的研究,这些暴力发生在社区、家庭和学校中,常常是那些近期或正在发生政治冲突的国家,包括南非、巴勒斯坦和爱尔兰,以及生活在美国城区的儿童。第一部分分析了以实证主义研究为主的心理学研究。第二部分探讨了以质性研究和解释范式开展的、与社会学和人类学相关的研究。本文通过这种文章结构来反思针对儿童与暴力的主流文献及其批判,由于存在多种重叠以及心理学家们越来越多地使用社会学和解释的方法,因此这种区分或多或少存在一些误导。在本文的最后部分,我关注了近期解释若干关键概念以及将儿童视为社交世界中积极参与者的研究。本文的意图不在于优选某种研究形式,而在于试图融合这些不同形式的文献,以便实现防止和反抗暴力的目标。

心理学视角下的儿童与暴力

针对儿童和暴力的很多文献源出心理学领域。这些文献主要采用实证主义方法,试图辨认出暴力带给儿童的可测量性因素。这些因素包括情感问题,例如创伤后应激障碍,以及对儿童发展和社会化带来的影响。在本节最后,我将探索这一重要背景在心理学中日渐成熟的意识,即哪些因素会为研究带来风险和反弹因素。

情感问题和创伤后应激障碍的概念

焦虑和抑郁是应对暴力行为常见的反应。研究显示,在遭遇暴力后,年轻人可能会回避与该暴力有关的思想和感情、发生场合或人;他们有可能变得愤怒和急躁,或在碰到提醒他们发生创伤的事务时遭遇强烈的心理痛苦(Seedat, Nyamai, Njenga, Vythilingum & Stein, 2004)。这一反应被称为创伤后应激障碍(PTSD),并且在许多针对后冲突环境的研究中得到确认,包括巴勒斯坦(Punamak & Suleiman, 1990; Thabet & Vostanis, 1999)、南非(Barbarin & Richten, 2001; Dawes & Tredoux, 1990; Seedat, van Nood, Vythilingum, Stein & Kaminer, 2000)、哥伦比亚(Hubbard, Realmuto, Northwood & Masten, 1995)、海湾战争后的科威特(Nader, Pynoos, Fairbanks, Al-Ajee & Al-Asfour, 1993)以及社区暴力频发的美国(Jenkins & Bell, 1997; Martinez & Richters, 1993; Osofsky, Wewes, Hann & Fick, 1993)。创伤后应激障碍症状增加了暴力程度以及与暴力的接近,而且与那些直接参与暴力的人有密切关系(Jenkins & Bell, 1997; Lorion & Saltzman, 1993; Seedat, van Nood, Vythilingiim, Stein & Kaminer, 2000)。在一些研究中,这些症状随着年龄和性别的差异各不相同,例如研究发现女孩更有可能出现抑郁症状或肉体的疼痛,而男孩更可能外部表现出疼痛并参与激进行为(Lorion & Saltzman, 1993; Seedat, Nyamai, Njenga, Vythilingum & Stein, 2004)。年幼的儿童表现出更为被动、退化的症状,如尿床或语言发展的延迟,而大一点的儿童可能会做出自我毁灭的行为(Jenkins & Bell, 1997)。

这些研究吸引国际机构开始关注暴力行为对儿童心理健康的潜在后果,并强调了治疗干预措施的必要性。然而,人们常常忽视了当儿童处于暴力环境时没有表现出那些可观测的痛苦。例如,一项针对南非的研究显示,约 10%—20% 的儿童在经历创伤后应激障碍时遭受了一系列创伤,也许还有 10%—20% 的儿童表现出情感抑郁的某些症状(Cairns & Dawes, 1996; Dawes & Tredoux, 1990; Seedat, Nyamai, Njenga, Vythilingum & Stein, 2004; Seedat, van Nood, Vythilingum, Stein & Kaminer, 2000)。该研究发现尽管儿童经常接触可怕的暴力形式,但很多儿童似乎没有受到长期的心理影响。这项研究便使问题转向了儿童是如何应对暴力(Cairns, 1996),甚至暴力行为是否给他们带来了积极的影响。针对战区儿童开展的个案研究已确定暴力带来的各种负面结果,但同时对于某些儿童而言暴力使他们提早发展了道德情感(Coles, 1986)并促进了他们的同情心(Garbarino, Kostelny & Dubrow, 1991)。在南非开展的一项深度临床研究以 60 名在一段时期中遭受并参与过政治暴力事件的青少年为研究对象,该研究发现当暴力在一个现存的道德体系中是合乎情理的时候,其产生的心理问题会更少,例如战争时期的观念(Straker, Moosa, Becker & Nkvvale, 1992)。这类研究结果指出了环境对可预见性情感结果的重要性。

针对创伤后应激障碍的诊断是一个源自西方的精神疾病治疗方法,通常用于评估个体在经历创伤性事件后对临床治疗的需求。大量研究指出,反复性地处于暴力环境所带来的影响可能与单一创伤事件所带来的影响完全不同,遭遇长期的日常暴力有可能会带来长期性的发展变化(Jenkins & Bell, 1997; Perry, 1997; Zeanah & Scheeringa, 1997)。由此,人们提出了一个替代性的标签"长期创伤应激综合征"(Simpson, 1993)以反映许多遭受重复性、预见性创伤的人所在的政治环境。然而,类似的标签可能有助于凸显生活在暴力社群中的人们的各种问题,但是这些标签同时也揭示了医学模式中人们的行为,他们遭受的是来自个体疾病的"症状"而非由整个境遇的特征所激活。这种对"失调"的强调将儿童的反应病态化,例如担忧、好斗等情感事实上可能是儿童对日常暴力做出的功能化处理(Swartz & Levett,1989)。在这些分析中,人们对儿童的依赖性与脆弱性的看法在生理-医学模式中得以加强,儿童被视为受创伤的、受害者、一个需要治疗关爱的存在(Boyden,2003;Machel,1996)。乔·波依顿(Jo Boyden)认为在卢旺达、波斯尼亚和科索沃,援助项目将心理干预置于优先事项,而不满足青少年基本生存需求,这已经引发严重后果(Boyden,2003)。虽然对暴力行为可能产生的压力反应保持警醒十分重要,但是更为重要的是要意识到暴力行为可能是高度本地化且多变的,在暴力事件后开展全面的干预措施并不能有效解决很多青少年生活中持续存在的暴力问题。

社会化、风险与抗逆性

　　一方面,心理学的研究认为儿童是天真无邪与脆弱无力的,另一方面这些研究也暗示了这些儿童时期的受害者在暴力圈内不可避免地长大变成行凶者。相关的研究充斥着这样的评语,"这是一种社会学现实,即遭受了不人道待遇的人也会以同样的方式对待其他人"(Malepa,1990),或者"这些生活在暴力文化中的儿童以及他们的世界观都是由这种文化塑造的。这是一种极度危险的悲剧"(Oshako,1999)。这些语句不仅将生活在暴力街区的儿童病态化,而且促使出现了一种上述讨论的"第三世界儿童"的版本,尽管这一假设的论证明显不足且相互矛盾。

　　研究报告显示,童年时期接触暴力将影响道德发展,因为青少年会将暴力作为解决问题的一种方法(Reilly,Muldoon & Byrne,2004)。例如,研究发现街头对抗以色列军队的巴勒斯坦儿童更有可能在家和学校将暴力作为一种解决问题的社会化合理工具(Abuateya,2000)。临床观察已经证实暴力行为的常态化会使人变得麻木不仁,并且非人性化地对待敌人以作为短期的处事策略(尤其在战时),从而也将暴力视为处理很多日常情况的合理反应(Garbarino,Kostelny & Dubrow,1991)。

　　然而,安德鲁斯·道斯(Andrew Dawes)综述了国际上有关道德发展和政治暴力的研究文献,指出所谓的暴力会对儿童道德推理和问题解决产生持久性的影响,这种说法不足为信。(Dawes,1994)虽然研究者观察到儿童的游戏会模仿邻里的暴力行为(Bundy,1992;Jones,1993),但是其他研究者也惊讶地发现类似行为并没有不断地再现。例如,帕梅拉·雷诺兹(Pamela Reynolds)在20世纪80年代中期通过对南非一个小镇的儿童研究观察发现:尽管那里的儿童生活在暴力环境中,但孩子们的游戏中很少会出现暴力行为,无论是真实还是假装的。(Reynolds,1989)其他针对南非的研究也发现,尽管青少年频繁地接触到暴力,但他们似乎没有成为施暴者(Straker,Mendelsohn,Moosa & Tudin,1996;Straker,Moosa,Becker & Nkwale,1992)。另一项有关南非的研究发现:直接面临暴力将会引起攻击、反对、蔑视,以及自我管理的缺陷;而观看暴力行为,则与反社会行为并不相关。性别(男性)更能预测是否会有反社会行为,而非个体对暴力的直接接触(van der Mcrwe & Dawes,2000)。

　　这些复杂而矛盾的研究结果为"暴力再生产"的一般化假设提出了挑战。越来越多的研究者将注意力转向识别增加暴力风险的因素,或者是加强青少年**抗逆性**的因素。这种试图理解暴力的多面特性及其暴力后果的生态模型,在研究和政策制定中发挥越来越多的影响(WHO,2002;Pinheiro,2006)。该模型试图测量如个体特征、家庭、生活环境、大的社会背景等综合性因素是如何共同影响处于暴力频发环境的青少年(Cicchetti & Lynch,1993;Dodge & Pettit,2003;Matthews,Griggs & Caine,1999;Tolan,Gorman-Smith & Henry,2003)。有关南非的研究举出了一些可能影响青少年走向犯罪行为的关键因素,这些是复合而非累加式地产生影响。包括贫穷、种族、年龄、性别、居住地、受害史、来自一个不正常的家庭、学校表现不佳以及滥用药物。(Matthews，Griggs & Caine，1999)

　　研究再三发现，尽管存在风险因素，但是很多儿童似乎并不会遭遇预期的负面结果，这导致研究者越来越关注抗逆性，即一种隐含个体在经历重大逆境时仍能保持积极适应力的结构。(Garmezy，1993；Luthar，Cicchetti & Becker，2000；Werner & Smith，1983)Garmezy 在美国的社区暴力环境中识别出了抗逆性的三种来源：气质因素（活动水平、反思性、认知技能、对他人的积极响应）；家庭中拥有一位和蔼的成年人的温暖凝聚力；以及来自如老师、邻居、伙伴或学校的外部支持(Garmezy，1993)。类似的抗逆性来源在有关成长于战区的儿童的个案研究中也得到了确认(Garbarino & Kostelny，1997；Garbarino，Kostelny & Dubrow，1991)。这些因素与接触到的暴力性质相互作用，其可预测性来自社交的和身体的接触也能够影响孩子的抗逆性。(Fick，Osofsky & Lewis，1997；Osofsky，1997)接受过暴力的年幼儿童可能会比年龄大一点的儿童面临更多的负面结果，因为年龄大一点的儿童已经发展了推理和认知能力以适应这样的环境(Garbarmo，Dubrow，Kostelny & Pardo，1992；Perry，1997)。

　　这些研究将关注点从暴力与个体反应的直接因果关系延伸到由一系列网状社交系统调节的关系中。例如，家庭可能会在增加风险的同时提升儿童的抗逆性。影响早期家庭关系的暴力行为会对个体的依恋产生持久的问题，并带来潜在的暴力关系(Fonagy，Target，Steele & Steele，1997)。但来自母亲的关怀与庇护可以保护儿童免受社区暴力的有害影响(Barbarin & Richter，2001)。本地的信仰体系和意识形态也能够被作为抗逆性的来源。还有一些证据表明，当诸如宗教等意识形态能够使暴力行为在儿童所在的道德体系中具备合理性，那么这就能保护儿童免受暴力的负面影响(Garbarmo，1999；Straker，Moosa，Becker & Nkwale，1992)。通过对莫桑比克、尼加拉瓜、巴勒斯坦和柬埔寨成长于战区的儿童展开的研究，Garbarino 及其同事分析意识形态是如何"安抚"儿童，并使他们能够得到由信仰团结在一起的社区的支持。(Garbarino，Kostelny & Dubrow，1991)他们将其与生活在芝加哥贫民区的儿童展开对比，因为芝加哥贫民区的文化联系较弱，他们的积极处理机制缺乏共同的目标。

　　有许多关于风险抗逆性的文献越来越对环境敏感(Dawes & Donald，2000)。这种观点的说服性在于不同层次的生态系统相互作用、相互影响，其拥有一种弥补、免受或挑战风险因素影响的抗逆性。例如，适度的压力会提升儿童长期的应付能力(Dawes & Donald，2000)。然而，与此同时，测量不同变量之间关系的机制方式导致了对儿童社交世界之间复杂关系的过度简化。它基于预编码实验与调查问卷中的数据，其往往是来自西方已制定好的工具的导入或调整。这种做法可能会扭曲本地的经验以及对暴力行为的解读。例如，研究发现西方国家所使用的语言暴力对南非的黑人以及工人阶级的妇女毫无意义(Levett et al.，1997)。各种暴力形式叠加在一起成为一种解释性变量，而产生暴力行为的复杂权力关系却常常被忽略。类似的研究路径所提出的干预措施便是预防，目标针对特定的高危群体。虽然这可能对开辟福利支持渠道非常重要，但是同时加强了人们对那些高危群体进行"指责"的倾向。但这些心理学研究文献却指出儿童对此所做反应的差异性与多样性，并强调我们需要考虑的不只是可能的后果，还要思考青少年对暴力的理解以及对其做出诠释的过程。

社会学视角下的儿童与暴力

　　针对儿童和暴力的社会学以及人类学研究将重点从个体或者网状系统中的个体转向了对社会制度本身的分析。不同于证明假说，民族志方法更能够展示丰富的社会现象。心理学研究对政策和实践产生了极大影响，也许是因为发展心理学长期致力于儿童研究的缘故（Mayall，2002），也可能是因为这些研究结果能够通过不同的环境进行归纳，并为之后的发展提供实际的建议。此外，民族志方法的挑战性要高于问卷、调查和临床评估等方法，其涉及长时期的田野调查，并且往往关系到研究人员和参与者的安全问题。尽管如此，民族志的研究大量地描述了处于不利社会环境中青年人的生活，记录了他们经历的多种暴力形式，并思索了暴力化社会关系的多重含义、功能以及导致的后果（Bhana，2002；Hecht，1998；Hendcrson，1999；Jones，1993；Kilbride，Siulu & Njeru，2000；Reynolds，1989；Wood，2002）。研究者通过花费大量的时间在这些社区中生活与工作，培养研究人员与研究参与者之间的密切关系来探索通常作为禁忌或隐私的暴力经验（Lee & Stanko，2003）。

在这些研究中多次出现的是对暴力的多种维度界定，它与权力紧密连接，并产生了一种更加微妙的分析，而非狭隘地将暴力视为一种解释性变量，后者在以实证主义为导向的心理学研究文献中占据主导地位。这种研究工作说明了暴力再生产的复杂历史和社会进程。例如，David Rosen针对塞拉利昂童子军的研究追踪了儿童在前殖民地与殖民奴役战争以及最新的后独立主义政治中的参与行为，在这种世袭的政治系统中创建的关系使得年轻人依附于那些涉及他们生计与社会地位的"大人物"：

> 年轻男子为大人物提供用于恐吓和谋杀政敌所需的体能与胆识。在塞拉利昂经济被破坏的情况下，这种城乡社区中青年人、儿童、青少年和大人物之间的暴力与依附纽带破坏并扭曲了家庭和亲属关系之间的联结。（Rosen，2005）

Rosen的分析演示了这种由暴力实践支撑的胁迫性社会关系是如何为儿童参加恐怖的战时暴行提供条件的。不过他认为，不同于成人犯罪时的被动受害者，这些儿童战斗人员经常会做出理性的决定，认为比起战斗，不战斗是更坏的选择。

研究者在南非开展的大量研究追溯了殖民时期，尤其是种族隔离政策与家庭体制的侵蚀或崩塌之间的关系。Jones在一项针对开普敦附近外来务工人员家庭的10—15岁儿童所做的研究中展示了种族隔离政策中的强制性劳工迁移是如何破坏家庭，从而造成很多儿童的童年是在国内动荡与冲突中度过的（Jones，1993）。在拥挤的居住环境中，家庭暴力会传播，而且报复性的暴力行为通常会得到社会认可。儿童通过游戏中的暴力，包括用削尖的棍子、刀、螺丝起子和瓶子等打斗来模仿他们看到的暴力行为，从而为暴力的生活方式提供实践。之后暴力可能会成为生活在这种残缺或动乱环境中儿童的一种资源。

帕特里夏·亨德森（Patricia Henderson）在开普敦镇开展的一项针对10—16周岁儿童的长期民族志研究中考虑了暴力在儿童生活中的功能（Henderson，1999）。暴力行为被看作一种暂时性的对社会境遇的重塑——去强征稀缺资源、创造新的权力配置或者去表达不满及沮丧。她强调在其特定的社会环境中看待暴力的重要性，因为不同程度的暴力会导致完全不同的后果。例如，尽管暴力在两个男孩的生活中发挥了重要作用，对其中一个人来说是一个"同志身份"（青年时期隶属于某个政治团体），他的暴力在社会上得到认可，因此可以公开地进行讨论和反思；而对于另一个参与犯罪团伙的男孩来说，他的暴力行为并没有得到认可，因此他只能对自己人生中经历的这些事件保持沉默。因此儿童对暴力的看法往往是模棱两可的，例如，与帮派斗争被视为一种赋权，但儿童也会批评过度的行为——一个儿童可以拿砖头打架但不能用刀子。亨德森认为暴力是一种解决问题的临时方案，他使用大厅的镜子作为比喻来说明暴力并不是解决方法而是无限的反思——男子殴打自己的儿子是试图结束帮派暴力，加入帮派的男孩是为了保护自己免受其他帮派的暴力，"不同形式的暴力行为参与者在街头斗殴是为了发声以及为了试图修复他们内部权力关系的具体类型"(Henderson，1999：102)。对于亨德森而言，不同层级的暴力会对儿童发展各阶段的社交关系都会产生影响，包括认同感的潜在残缺，"他们用于重新缝合社交网络的文化组成部分并不能对该过程的终极目标起作用"(Henderson，1999：iii)。

暴力实践的性别维度虽然在心理学文献中尚未有研究，却是大部分社会学研究的重点。针对后冲突环境的研究已经追踪了暴力是如何成为强占稀缺资源的工具，并且成为男性身份的一部分(Barker，2005；Bhana，2005b；Reilly，Muldoon & Byrne，2004)。研究者们试图发现当男人无法满足为家庭提供支持和保护的期望时(Ramphele，2000)，性别化暴力是如何从这种"受挫的"男性气质中涌现出来的。(Moore，1994)这种性别暴力加上严苛的体罚形式，教会儿童可以通过力量构建个人关系，在这种关系中将他们的意志强加给弱者(Morrell，2001；Ramphele，1996)。在一份关于生活在南非乡镇的工薪阶层年轻黑人之中的暴力与性健康的人种学研究中，凯瑟琳·伍德(Katharine Wood)跟踪研究了性别暴力行为的多发性和不稳定性(Wood，2002)。对于她研究的年轻男子，暴力行为会导致不平等的性别关系，产生性别之间的层级，但暴力并不总是成功的：

> 对年轻男性而言，无论是出于自尊、威望还是涉及别人的看法，女性对于他们的男子气概是十分重要的。显然他们会将精力花费在寻找女朋友，获得性伴侣(以及寻求建立只属于自己的性伴侣)，监视她们并试图控制她们的行为上。绝大多数针对年轻女性的暴力行为都源自这些实践。(Wood，2002)

为了保持社会地位，他们必须时刻保持警惕，并试图通过暴力的方式来建立和维持这种艰难的控制。在所有这些研究中最明显的是虽然暴力在帮助男性构建特定的社会身份方面可能是有用的，但是这也会带来不可预见以及消极的后果，包括伍德探讨的健康风险以及由亨德森、拉斐尔(Ramphele)以及罗森(Rosen)讨论的各种关系的破裂或残缺。

这些研究较多关注青年人而非儿童，但也有一部分社会学文献探讨了暴力是如何渗入儿童的日常生活空间中的。这些研究探讨了通常被视为避风港的学校是如何成为暴力再现的巢穴(Bhana，2005a；Chatty & Hundt，2005；Davies，2004；Dunne，Humphreys & Leach，2006；Dunne & Leach，2005；Harber，2004；Leach，2006)。通过性别等级关系、惩罚机制以及在以暴力作为一种协调关系的常用手段的操场上，研究者追溯了邻里之间暴力的再生产。也有相关的民族志研究探讨流浪儿童的生活与工作，这些环境对于儿童而言是不适宜的。走进这些"禁止区域"可能会给儿童带来风险。巴西或肯尼亚街头的流浪儿童可能是为了逃离家暴或者从诱使他们从事非法活动的其他儿童和成年人那里逃脱，他们有可能遭遇街头的人身攻击和强奸(Hecht，1998；Kilbride，Suda & Njeru，2000)。

很多民族志研究没有着手研究暴力行为，而是探索了生活在不利社会环境中的儿童，并发现这些儿童必须应对多种形式的暴力行为。这些研究还描述了儿童的机智和抗逆性。但是他们也认为儿童采用的是一种生存策略，往往会伴随着使用暴力来应付在可能毫无希望的未来中遭遇的艰难困境。

儿童中心的视角

很多文献显示了暴力对儿童生活的诸多严重影响。心理学研究探索这些结果对儿童的情绪、发展以及家庭关系产生的后果。儿童的反应会随着年龄、性别和暴力的性质与接触而产生变化。它也显示了很多孩子都具备抗逆能力，他们似乎不受一些消极后果的影响，或许是因为得到家人的社会支持,或许是因为他们对暴力的评价和理解方式。虽然研究人员还不清楚儿童理解暴力的方式。

　　社会学文献丰富了对暴力环境生活的分析,阐释了儿童所生活的社会关系网络内部附加在暴力上的复杂含义,并且描绘了经验、历史和文化之间的紧密联系。这些研究显示了将暴力理解为具有多重含义的社会互动的重要性。虽然这些研究加深了我们对儿童与暴力的理解,但是为什么社会学文献比心理学文献对政策和实践的影响小就不难理解了。这些研究大多数是小规模的,研究场所是特定的社会环境,研究者在做出归纳性观点时十分谨慎。他们识别出的关系复杂而难以理清思绪,深厚的历史以及社会根源导致他们无法提出权宜之计。改变意味着宏观层面权利关系的剧变,以及微观层面当地社区信仰与实践的根本性变化。

　　同心理学文献一样,在许多社会学文献中也能察觉出研究者将儿童视为一种物体,他们脆弱又天真,同时又被卷入自己无力改变的暴力循环之中。然而,有很多研究已经逐渐将儿童重新定义为主观能动的人,并开始考虑解释并试图理解他们所在的社交世界的心理过程。他们创建了一种基于权利的儿童社会学理论(Boyden & de Berry, 2004; Christensen & James, 2000; Mayall, 2002)以及强调学习和身份建构的心理学的理论发展(Bruner, 1990; Cole, 1996; Goodnow, 1990; Stigler, Schweder & Herdt, 1990; Wetherell, Taylor & Yates, 2001)。这项工作利用了民族志和参与式观察的方法,考察了青年一代协调冲突与各种紧张时是如何建构自己的社会身份的。

　　杰森·哈特(Jason Hart)通过研究约旦巴勒斯坦难民营中儿童身份形成的流动性,批判了人道主义机构使用"难民"儿童的同一化视角。他围绕年龄、性别、社会阶层、个人成长史、宗教信仰与父辈们政治观点差异与冲突的讨论指出,以多样化的方式"可能跨越由上一代人提出的集体主义的清晰边界而杂乱地扩张开来"(Hart, 2004)。另一项针对黎巴嫩、叙利亚、约旦、加沙和西岸的巴勒斯坦难民营儿童的研究探讨了儿童如何协调他们作为巴勒斯坦人、难民、难民营居民以及穆斯林或基督徒的身份(Chatty & Hundt, 2005)。政治和军事冲突反映在儿童生活中的各种人际关系中,包括家庭和学校。年轻人面临着各种竞争和冲突的话语。以女孩为例,婚姻可以被看作不稳定时期的一种庇护或作为一种逃离家庭经济或社交限制的方式,她们的家庭会限制她们的行动,而且还会阻碍她们完成教育。虽然一方面人们认为教育会让他们更有成效,充实人生,但是另一方面他们认为课程的设置并不适宜,而且学校中暴力横行(Chatty & Hundt, 2005)。

　　我在研究南非一个小镇上的工薪阶层儿童时发现,年轻人挣扎于冲突之中,但看似矛盾的观点是他们又在一个暴力形式多样的环境中协调自己的身份(Parkes, 2005)。以男孩为例,力量、胆识和打斗技巧是他们追求的属性,在他们有关家人的犯罪陈述中,他们讨论了男人和男孩保护家庭的重要性,必要的时候应该使用暴力。然而与此同时,他们极度指责加入帮派的年轻人。在谈话过程中,他们会摆出一种不自然的主人姿态,骄傲地谈论他们与地方帮派的关系,由此从这些联系中获得了社会地位,同时他们坚持他们不会采用帮派的暴力做法(Parkes, 2007)。研究发现这些男孩和女孩谈到需要严苛处罚来维持法律和秩序,然而他们对这种处罚的有效性持怀疑态度。有趣的是,在2001年这场历时数月的讨论过程中,他们似乎转变了对暴力问题解决方法的看法,并且越来越多地提出可以通过谈话和协商的方式来解决暴力问题。似乎研究关系中的力量和乐趣的微妙互动使这些年轻人感觉到有人在倾听并重视他们的看法,这可能会带来反身意识的增强(Parkes,出版中)。

　　将青年人的观点置于心理学和社会学研究的中心可能有助于拓展我们对男孩和女孩围绕暴力展开的复杂而矛盾的话语方式的理解。虽然这项工作处于起步阶段,但它使我们开始确定儿童应对暴力的重现模式,这种模式常常是既反抗暴力又延续暴力的。它也提醒我们变化的可能性,但同时要意识到儿童被深深嵌入高度约束的社会环境中的方式。

这项工作通过综合心理学和社会学的研究方法,并将儿童界定为他们社交世界中积极的参与者,转向以青年人的视角进行的干预措施(Daiute & Fine,2003)。

正如关于创伤的心理学文献指出的,对于一些儿童而言,治疗干预措施的设计需要兼顾本土环境和传统的敏感性,这对于促进应对严重的后果以及支持在战争和冲突中破碎的关系重建是十分重要的,无论是对个人还是对社区而言。对其他人来说,进行早期干预来为高风险环境中的家庭提供支持也许会结束可能存在的暴力循环。同时,正如社会学研究文献所强调的,干预措施必须指出那些加强冲突的强迫性的社会关系,并向其发难。在学校中,这种干预措施可以将注意力集中在人权、社会正义与和平方面。无论是哪一种意义上的干预措施,都需要避免将儿童与童年概念同质性、普遍化,因为这种单一化的理解往往会边缘化儿童并呈现儿童的弱小。相反,理解儿童回应和影响他们社交世界的方式并不是固定的,而是多样的、流动的。我们可以建构讨论和对话的教育学框架,邀请青年人参与讨论,挑战、重建观点与人际关系,并探讨改变暴力社会关系的种种可能性。

参考文献

Abuateya, H. S. (2000). *Adolescents' behaviour within the context of political conflict: Case of Palestinian Secondary School Students*. American University in Cairo.

Barbarin, O. A., & Richter, L. M. (2001). *Mandela's children: Growing up in post-apartheid South Africa*. London: Routledge.

Barker, G. T. (2005). *Dying to be men: Youth, masculinity and social exclusion*. Abingdon: Routledge.

Bhana, D. (2002). *Making Gender in Early Schooling: A multi-sited ethnography of power and discourse from grade one to two in Durban*. Unpublished Ph.D. thesis, Durban, University of Natal.

Bhana, D. (2005a). Violence and the gendered negotiation of young masculinities in South African schools.In R. Morrell & L. Ouzgane (Eds.), *African masculinities* (pp. 205 – 220). New York: Palgrave.

Bhana, D. (2005b). What matters to girls and boys in a black primary school in South Africa. *Early Child Development and Care*, *175*(2), 99 – 111.

Boyden, J. (2003). Children under fi re: Challenging assumptions about children's resilience. *Children, Youth and Environments*, *13*(1).

Boyden, J., & de Berry, J. (Eds.) (2004). *Children and Youth on the Front Line: Ethnography, Armed Conflict and Displacement*. London: Berghahn Books.

Bruner, J. (1990). *Acts of meaning*. Cambridge, MA: Harvard University Press.

Bundy, C. (1992). Introduction. In D. Everatt & E. Sisulu (Eds.), *Black youth in crisis: Facing the future*. Braamfontein: Ravan Press.

Cairns, E. (1996). *Children and political violence*. Oxford: Blackwell.

Cairns, E., & Dawes, A. (1996). Children: Ethnic and political violence – a commentary. *Child Development*, *67*, 129 – 139.

Chatty, D., & Hundt, G. L. (Eds.) (2005). *Children of Palestine: Experiencing forced migration in the Middle East*. Oxford: Berghahn Books.

Christensen, P., & James, A. (Eds.) (2000). *Research with children: Perspectives and practices*. London: Falmer Press.

Cicchetti, D., & Lynch, M. (1993). Towards an ecological/transactional model of community violence and child maltreatment: consequences for children'sdevelopment. In D. Reiss, J. E. Richters, M. Radke-Yarrow & D.

Scharff (Eds.), *Children and violence* (pp. 96 – 118). New York: The Guilford Press.

Cole, M. (1996). *Cultural psychology: A once and future discipline*. Cambridge, MA: The Belknap Press of Harvard University Press.

Coles, R. (1986). *The moral life of children*. Boston, MA: Houghton Mifflincompany.

Daiute, C., & Fine, M. (2003). Youth perspectives on violence and injustice. *Journal of Social Issues*, 59 (1), 1 – 14.

Davies, L. (2004). *Education and conflict: Complexity and chaos*. London: RoutledgeFalmer.

Dawes, A. (1994). The effects of political violence on socio-moral reasoning and conduct. In A. Dawes & D. Donald (Eds.), *Childhood and adversity: Psychological perspectives from South African research* (pp. 200 – 219). Cape Town and Johannesburg: David Philip.

Dawes, A., & Donald, D. (2000). Improving children's chances: developmental theory and effective interventions in community contexts. In D. Donald, A. Dawes & J. Louw (Eds.), *Addressing childhood adversity* (pp. 1 – 25). Cape Town: David Philip.

Dawes, A., & Tredoux, C. (1990). The impact of political violence on the children of K. T. C. In *The influence of violence on children: Occasional paper no. 13* (pp. 67 – 86). Cape Town: Centre for IntergroupStudies.

Dodge, K. A., & Pettit, G. S. (2003). A biopsychosocial model of the development of chronic conduct problems in adolescence. *Developmental Psychology*, 39(2), 349 – 371.

Dunne, M., Humphreys, S., & Leach, F. (2006). Gender violence in schools in the developing world. *Gender and Education*, 18(1), 75 – 98.

Dunne, M., & Leach, F. (2005). *Gendered school experiences: The impact on retention and achievement in Botswana and Ghana*. London: DFID.

Fick, A. C., Osofsky, J. D., & Lewis, M. L. (1997). Perceptions of violence: children, parents, and police officers. In J. D. Osofsky (Ed.), *Children in a violent society* (pp. 261 – 276). New York and London: The Guilford Press.

Fonagy, P., Target, M., Steele, M., & Steele, H. (1997). The development of violence and crime as it relatesto security of attachment. In J. D. Osofsky (Ed.), *Children in a violent society* (pp. 150 – 182). New York and London: The Guilford Press.

Garbarino, J. (1999). *Lost boys: Why our sons turn violent and how we can save them*. New York: Anchor.

Garbarino, J., Dubrow, N., Kostelny, K., & Pardo, C. (1992). *Children in danger: Coping with the consequencesof community violence*. San Francisco, CA: Jossey-Bass.

Garbarino, J., & Kostelny, K. (1997). What children can tell us about living in a war zone. In J. D. Osofsky (Ed.), *Children in a violent society* (pp. 32 – 41). New York and London: The Guilford Press.

Garbarino, J., Kostelny, K., & Dubrow, N. (1991). *No place to be a child: Growing up in a war zone*. NewYork: Lexington Books.

Garmezy, N. (1993). Children in poverty: resilience despite risk. In D. Reiss, J. E. Richters, M. Radke-Yarrow & D. Scharff (Eds.), *Children and violence* (pp. 127 – 143). New York: The Guilford Press.

Glanz, L. E., & Spiegel, A. D. (Eds.). (1996). *Violence and family life in a contemporary South Africa: Research and policy issues*. Pretoria: HSRC.

Goodnow, J. (1990). The socialization of cognition: What's involved? In J. W. Stigler, R. A. Shweder & G. Herdt (Eds.), *Cultural psychology: Essays on comparative human development* (pp. 259 – 286).Cambridge: Cambridge University Press.

Harber, C. (2004). *Schooling as violence: How schools harm pupils and societies*. London: RoutledgeFalmer.

Hart, J. (2004). Beyond struggle and aid: Children's identities in a Palestinian refugee camp in Jordan. In J.

Boyden & J. de Berry (Eds.), *Children and youth on the front line: Ethnography, armed conflict anddisplacement* (pp. 167 – 188). Oxford: Berghahn Books.

Hecht, T. (1998). *At home in the street: Street children of northeast Brazil*. Cambridge: Cambridge UniversityPress.

Henderson, P. (1999). *Living with fragility: Children in new crossroads*. Unpublished Ph.D. thesis, Universityof Cape Town, Cape Town.

Hubbard, J., Realmuto, G. M., Northwood, A. K., & Masten, A. S. (1995). Comorbidity of psychiatric diagnosis wiht post-traumatic stress disorder in survivors of childhood trauma. *Journal of the Academic Academy of Child and Adolescent Psychiatry*, *32*, 697 – 708.

James, A., Jenks, C., & Prout, A. (1998). *Theorizing childhood*. Cambridge: Polity.

Jenkins, E. J., & Bell, C. C. (1997). Exposure and response to community violence among children and adolescents. In J. D. Osofsky (Ed.), *Children in a violent society* (pp. 9 – 31). New York and London: The Guilford Press.

Jones, S. (1993). *Assaulting childhood: Children's experiences of migrancy and hostel life in South Africa*.Johannesburg: Witwatersrand University Press.

Kilbride, P., Suda, C., & Njeru, E. (2000). *Street children in Kenya: Voices of children in search of a childhood*.London: Bergin and Garvey.

Knox, C., & Monaghan, R. (2003). Violence in a changing political context: Northern Ireland and South Africa. In E. Stanko (Ed.), *The Meanings of Violence* (pp. 184 – 202). London: Routledge.

Leach, F. (2006). Gender violence in schools in the developing world. In F. Leach & C. Mitchell (Eds.), *Combating gender violence in and around schools* (pp. 23 – 30). Stoke-on-Trent: Trentham.

Lee, R., & Stanko, E. (Eds.) (2003). *Researching violence: Essays on methodology and measurement*. London: Routledge.

Levett, A., Kottler, A., Walaza, N., Mabena, P., Leon, N., & Ngqakayi-Motaung, N. (1997). Pieces of mind: traumatic effects of child sexual abuse among black South African women. In A. Levett, A. Kottler, E. Burman & I. Parker (Eds.), *Culture, power and difference: Discourse analysis in South Africa* (pp. 125 – 138). Cape Town: University of Cape Town Press.

Lorion, R. P., & Saltzman, W. (1993). Children's exposure to community violence: Following a path from concern to research to action. In D. Reiss, J. E. Richters, M. Radke-Yarrow & D. Scharff (Eds.), *Children and violence* (pp. 55 – 65). New York: The Guilford Press.

Luthar, S. S., Cicchetti, D., & Becker, B. (2000). The construct of resilience: a critical evaluation and guidelines for future work. *Child Development*, *71*(3), 543 – 562.

Machel, G. (1996). *Impact of armed conflict on children*. New York: United Nations, UNICEF.

Malepa, M. (1990). The effects of violence on the development of young children in Soweto. In *The influence of violence on children: Occasional paper no. 13* (pp. 45 – 48). Cape Town: Centre for Intergroup Studies.

Martinez, P., & Richters, J. E. (1993). The NIMH community project: II. Children's distress symptoms associated with violence exposure. In D. Reiss, J. E. Richters, M. Radke-Yarrow & D. Scharff (Eds.), *Children and violence* (pp. 22 – 35). New York: The Guilford Press.

Matthews, I., Griggs, M., & Caine, G. (1999). *The experience review of interventions and programmes dealing with youth violence in urban schools in South Africa*. Durban: Independent Projects Trust.

Mayall, B. (2002). *Towards a sociology for childhood: Thinking from children's lives*. Buckingham: Open University Press.

Mohanty, C. T. (1991). Under Western eyes: feminist scholarship and colonial discourses. In C. T. Mohanty, A. Russo & L. Torres (Eds.), *Third World women and the politics of feminism* (pp. 51 – 80).

Bloomingtonand Indianapolis, IN: Indiana University Press.

Moore, H. (1994). The problem of explaining violence in the social sciences. In P. Harvey & P. Gow (Eds.), *Sex and violence: Issues in representation and experience*. London: Routledge.

Morrell, R. (2001). Corporal punishment and masculinity in South African schools. *Men and masculinities*, 4(2), 140 – 157.

Muldoon, O. T. (2004). Children of the troubles: The impact of political violence in Northern Ireland. *Journal of Social Issues*, 60(3), 453 – 468.

Nader, K., Pynoos, R. S., Fairbanks, L., Al-Ajeel, M., & Al-Asfour, A. (1993). A preliminary study of PTSD and grief among the children of Kuwait following the Gulf Crisis. *British Journal of Clinical Psychology*, 32, 407 – 416.

Oshako, T. (1999). The developing world. In P. K. Smith, Y. Morita, J. Junger-Tas, D. Olweus, R. Catalano& P. Slee (Eds.), *The nature of school bullying: A cross-national perspective* (pp. 359 – 375). London: Routledge.

Osofsky, J. D. (Ed.) (1997). *Children in a violent society*. New York and London: The Guilford Press. Osofsky, J. D., Wewes, S., Hann, D. M., & Fick, A. C. (1993). Chronic community violence: What is happening to our children? In D. Reiss, J. E. Richters, M. Radke-Yarrow & D. Scharff (Eds.), *Children and violence* (pp. 36 – 54). New York: The Guilford Press.

Parkes, J. (2005). *Children's engagements with violence: A study in a South African School*. Unpublished Ph.D., University of London Institute of Education, London.

Parkes, J. (2007). Tensions and troubles in young people's talk about safety and danger in a violent neighbourhood. *Journal of Youth Studies*, 10(1), 117 – 137.

Parkes, J. (forthcoming). The power of talk: transformative possibilities in researching violence with children in South Africa. *International Journal of Social Research Methodology*.

Perry, B. D. (1997). Incubated in terror: neurodevelopmental factors in the "cycle of violence". In J. D. Osofsky (Ed.), *Children in a Violent Society* (pp. 124 – 149). New York and London: The Guilford Press.

Pinheiro, P. S. (2006). *World report on violence against children*. New York, United Nations Secretary General's Study on Violence against Children.

Punamaki, R., & Suleiman, R. (1990). Predictors of and effectiveness of coping with political violence amongst Palestinian children. *British Journal of Social Psychology*, 29, 67 – 77.

Ramphele, M. (1996). How sweet is home? Family dynamics in new crossroads. In L. Glanz & A. D. Spiegel (Eds.), *Violence and family life in a contemporary South Africa: Research and policy issues* (pp. 43 – 60).

Ramphele, M. (2000). Teach me how to be a man. In V. Das, A. Kleinman, M. Ramphele & P. Reynolds (Eds.), *Violence and subjectivity* (pp. 102 – 119). Berkeley, CA: University of California Press.

Reilly, J., Muldoon, O. T., & Byrne, C. (2004). Young men as victims and perpetrators of violence in NorthernIreland: A qualitative analysis. *Journal of Social Issues*, 60(3), 469 – 484.

Reynolds, P. (1989). *Children in crossroads: Cognition and society in South Africa*. Cape Town and Johannesburg: David Philip.

Rosen, D. M. (2005). *Armies of the young: Child soldiers in war and terrorism*. New Brunswick: Rutgers University Press.

Seedat, S., Nyamai, C., Njenga, F., Vythilingum, B., & Stein, D. J. (2004). Trauma exposure and posttraumatic stress symptoms in urban African schools: Survey in Cape Town and Nairobi. *British Journal of Psychiatry*, 184, 169 – 175.

Seedat, S., van Nood, E., Vythilingum, B., Stein, D. J., & Kaminer, D. (2000). School survey of exposure to violence and posttraumatic stress symptoms in adolescents. *Southern African Journal of Child and*

Adolescent Mental Health, *12*(1), 38 – 44.

Simpson, M. A. (1993). Bitter waters: Effects on children of the stresses of unrest and oppression. In J. P. Wilson & B. Raphael (Eds.), *International Handbook of Traumatic Stress Symptoms* (pp. 601 – 624). New York and London: Plenum Press.

Stigler, J. W., Schweder, R. A., & Herdt, G. (Eds.) (1990). *Cultural psychology: Essays on comparative human development*. Cambridge: Cambridge University Press.

Straker, G., Mendelsohn, M., Moosa, F., & Tudin, P. (1996). Violent political contexts and the emotional concerns of township youth. *Child Development*, *67*, 46 – 54.

Straker, G., Moosa, F., Becker, R., & Nkwale, M. (1992). *Faces in the revolution: The Psychological Effects of Violence on Township Youth in South Africa*. Cape Town: David Philip.

Swartz, L., & Levett, A. (1989). Political repression and children in South Africa: the social construction of damaging effects. *Social Science and Medicine*, *28*(7), 741 – 750.

Thabet, A., & Vostanis, P. (1999). Post-traumatic stess reactions in children of war. *Journal of ChildPsychology and Psychiatry*, *40*, 385 – 391.

Tolan, P. H., Gorman-Smith, D., & Henry, D. B. (2003). The developmental ecology of urban males' youth violence. *Developmental Psychology*, *39*(2), 274 – 291.

van der Merwe, A., & Dawes, A. (2000). Prosocial and antisocial tendencies in children exposed to community violence. *Southern African Journal of Child and Adolescent Mental Health*, *12*(1), 19 – 37.

Werner, E., & Smith, R. (1983). *Vulnerable but invincible: A longitudinal study of resilient children and youth*. New York, McGraw-Hill.

Wetherell, M., Taylor, S., & Yates, S. (Eds.) (2001). *Discourse theory and practice: A reader*. London: Sage.

WHO (2002). *World report on violence and health*. Geneva: World Health Organisation.

WHO (2002). *World report on violence and health*. Geneva: World Health Organisation.

Wood, K. (2002). *An ethnography of sexual health and violence among township youth in South Africa*. Unpublished Ph.D. thesis, School of Hygiene and Tropical Medicine, London.

Woodhead, M. (1999). Reconstructing developmental psychology – some first steps. *Children and Society*, *13*, 3 – 19.

Zeanah, C. H., & Scheeringa, M. S. (1997). The experiences and effects of violence in infancy. In J. D. Osofsky (Ed.), *Children in a violent society* (pp. 97 – 123). New York and London: The Guilford Press.

8. 孕育我们认知传统和书写我们愿望的本土话语：反思印度和非洲

安妮塔·拉姆帕尔（Anita Rampal）

现代化-本土化困境

2004 年，在南非开展的一个农村学校项目（Nelson Mandela Foundation，2005）的会议上，我无意中捅了"马蜂窝"。我想知道为什么塑料桌子和椅子在小学会成为优先事项，甚至以牺牲其他能保证更好学习的迫切需求为代价。在南非和印度，大部分儿童在家中不会使用这样的家具，这也不是其居家文化的一部分。很多黑人教育家捶胸顿足、大声愤慨，宣称那些早期在学校中被剥夺的东西现在应该"正当地"给他们使用。否则孩子怎么写字呢？他们宣称，"坐在地板上写字"有损尊严且很野蛮。也许这是善意的情绪，但有点不合时宜。这种说法拒绝承认文化与认知的一致。接着发生了一场有趣的辩论，在某一刻，我继续列举大部分印度人是如何仍然选择盘腿坐在地板上，甚至在著名的政治会议或音乐聚会上也一样。这是许多西方人投入大量资金在其瑜伽课堂上模仿的基本姿势！然而，问题还在那里。为什么非洲——书写的发源地之一，因其独创性和具有创造力地使用纸莎草和羽毛而受到世界尊重，现在却被认为没有桌椅进行书写有损尊严？

值得注意的是，大部分参与了农村学校项目的黑人教育家认为，教育与"文化"或"身份"的关系不大。很遗憾，他们的这些话语仍然带有过去殖民和种族隔离的痕迹，那时"文化"被用作肤色和"种族"的基本标记。讽刺的是，目前这种文化灭绝了，出现了另一种"文化"。这种文化通过极度加强学校教育，以一种复仇的方式去追逐难以捉摸的"西方梦"。通过不加批判的模仿，寻求机会均等（这有点表面化），用某种方法"追赶它们"。然而，令人悲伤的是用"他们的"而非"我们的"术语。西装、家具和建筑以及用英语教学（通常大部分是通过死记硬背，而非理解）只是它们文化的某些例子，却被强烈要求作为学校中"我们的基本权利"。我们迫切需要呼吁有关当代教育的"本土"话语，以重构长期以来在其他地方被改编的人们的社会现实。在当前全球化的图景中，我们对这种抄袭式思维激情去殖民化。

学校教育的"本土传统"源于欠发达国家的反殖民斗争。这种斗争反对"输入式"的知识、想象、价值观与信念。例如，圣雄甘地（Mahatma Gandhi）和朱利叶斯·尼雷尔（Julius Nyere）都强调教育是为了自力更生、平等和促进农村人口就业。因此，本土传统被看作：

- 重申教育与国家和学习者的社会文化环境具有相关性的重要性。
- 确保这种相关性意味着要对课程内容、教学和评价加以本土化设计，并运用学习者丰富的前知识资源。
- 通过参加非正规和终身学习活动，超越课堂/学校的界限。（UNESCO，2005：34）

基础教育的甘地模式（Hindustani Talimi Sangh，1938）呼吁"教育是为了生活，以及通过生活而教育"，使用生产性工艺——编织、木工手艺、农艺或陶艺——作为小学课程中跨学科实践性学习的手段，用母语作为教学媒介。在小学高年级阶段，通过灵活的分轨来减少传统"学术"和"职业"分流之间的差异，科学、家政学和文化科学应当具有同等价值。这一激进的举措与反殖民主义自由议程（争取全纳学校不依赖政府经费）相一致。它要求向那种将低等级群体及其职业污名化的传统种姓制度发难。印度在 20 世纪 50 年代获得独立以后，重新开办了基础教育学校,但是并未得到政府和社会精英的持续支持,政府和社会精英期望通过"现代"教育促进白领就业。

两个主要的印度思想家——甘地和泰戈尔——互相敬重,他们之间的辩论很文雅,也丰富了讨论的议题:比如发展、民族主义、教育、语言、科学及其统治,他们就教育的非殖民化话语进行了一场具有历史意义的辩论(Bhattacharya,1997)。甘地领导了"非合作"运动,支持"(印)抵制英国货运动",抵制英国商品,包括英国开办的学校。泰戈尔开办了自己的当地学校,但是在1921年写给甘地的信中,他认为"竭力使我们的心灵与思想疏远西方是在试图进行精神自杀……(实际上)很长时间我们都未曾接触我们自己的文化"(Bhattacharya,1997:62)。甘地称:"让我难以忍受的是,本土语言需要像现在那样被碾压和消灭。我希望我能像伟大的诗人一样成为自由空气里的信徒……我希望所有地方的文化尽可能自由地弥漫在我的屋子里。但是我拒绝因任何事情来动摇我的立场。"(Bhattacharya,1997:64)这是两种本土教育独特发展的模式。然而,泰戈尔质疑了在基础教育中以牺牲艺术与美学为代价的手工劳动中心主义,并且疑惑这是否会导致一种"发放不充足的配给给穷人"的新式教育(Bhattacharya,1997:34),从而导致这些人只能被分配到有限的地方从事有限的职业。

具有历史意义的甘地-泰戈尔之间的交战与当代的一些教育辩论关联起来了。的确,课程表现为一场持续的"复杂的对话"以及"社会和主观的重建",允许分析"过去人的经验和未来的幻想以更充分地、综合地、敏锐地理解人在当下的沉沦"(Pinar,2004:4)。20世纪20年代的现代化-本土化困境当前在几个国家中仍然在重构,围绕着几个不同的有细微差别的课程维度,从"发展的-生态的"危机、"理性的-道德的"价值观、"学术的-日常的"知识、"智力的-手工的"工作、英语-母语作为沟通方式到物质的-文化的身份政治(Rampal,出版中)。

印度独立后的第一个教育委员会(Government of India,1966)提倡致力于发展"非暴力科学",从而使印度能"重新解释和重新评估"其内部严重分裂的不平等和不公正,能基于源自西方的自由主义的同时,运用"其自身文化的共情、宽容和灵性"。然而,在教育中包含文化或文明资源的尝试是重大政治主张的一部分,尤其是在具有复杂殖民历史的多文化国家中。

学校教育的本土话语要求对"国家"或"多文化认同"的概念进行新的比喻。在后种族隔离的南非,所探究到的动态和多样化的社会的比喻是亚历山大(Alexander,2002:107)提出的"大河"(Garieb)。在此,主流是所有支流汇合而成,支流以不断变化的形式继续构成和重构河流,这样就没有一条支流占主导,也就是没有"主流"。

印度的独立是伴随着巴基斯坦的分割与建国后实现的,之后经历了很长一段时间的暴力、社区暴乱,后来甚至发生了语言学上的争执。这段历史的特征是,它是通过教育系统塑造国家认同的一段持续的充满问题的过程。教育部下属的情感融合委员会(1962:3)被迫宣称:

> 统一不是步调一致。并不要求任何人放弃他对其祖先所信奉的宗教信仰,也不要求他放弃对语言的热爱,语言是诗人——诗人鼓舞了他的生活,数以千计的人像他那样生活——选择用来表达真和美的感觉的媒介……这些忠诚并不减损对国家的忠诚,相反却加深了对国家的忠诚,这些忠诚的意义和重要性源自国家应得的全部忠诚。

然而,多元的忠诚持续性地妨碍国家主义者-沙文主义者的日常工作,这些人试图建立霸权文化和占支配地位的"主流"语言,建立宗教和种姓身份。教育为权威——种姓、等级、宗教和性别——的学校教育保留了一个在政治上有争议的场所,尽管激进委员会和世俗政策质疑这些制造分裂的谋划。例如,通过2000年国家课程框架(NCF),这是处于权力中心的右翼政党提倡的一种宗教身份占主导地位的文化帝国主义,该教材体现的是歪曲的、引起分裂的历史观

(SAHMAT & Sabrang，2001)。政府变革重新恢复了后来在 2005 年 NCF 中的世俗教育，但是由于学校课程和教材是由州政府准备的，右翼意识形态继续在一些州中盛行。拉尔(Lall，出版中)分析了就有关国家认同议题不断增多的争论，他认为"一般的基本原则，特别是课程的基本原则由州的话语机制所控制，通过这种机制以牵制和转移社会中全球化效应所产生的潜在功能失调"。

在印度获得独立以后，语言尤其是一个敏感话题。与印地语中心地带的政治霸权相结合的宗教沙文主义要求高度古典化的印地语作为"国家"语言。通过多次政治辩论，国家制止了"国家"语言的宣告，却把印地语称作"官方"语言，把英语作为一种"相联系的附加官方语言"，以作为多数地区或州之间的联系语言。《宪法》(第 351 条)也直接指出：

> 发展印地语是印度应有的责任，以使印地语能作为印度多种文化的所有因素的表达媒介，并通过同化得以丰富这些文化，但并不抵触在印度斯坦语和印度其他语言中所使用的这些文化的特征、形式、风格和表达。

政府建立了官方语言委员会并下设若干分委员会来认真研究发展印度语言的必要性。委员会建议，新术语不应该"在文学研讨会上被捏造"，而应该源于手工艺人、工匠、技术员和半熟练工人的职业语言，这些人并不熟悉英语，但是能够设计他们自己的混合形式的技术和科学术语。然而，遗憾的是，随后的事态发展与委员会甚至与《宪法》的明智建议相左。单词不仅不是采自手工艺方面的"方言"大场景中，而且源自通俗词汇的单词甚至被当作"外国的"或"穆斯林的"语言而被清除，反而支持的是源于梵文的通常更为不自然的术语。官方形式的印地语术语不是源自不断变化的语言变体和被广泛使用的印度斯坦语，它事实上是从不同社区多种文化的结合中形成的，因此成为共同记忆的强大的情感纽带。此外，为争取拉伊(Rai，2001)所谓的"北印度民族主义"的暴力斗争，印度斯坦失去了创造性人才。与其他地区语言相比，印度斯坦语是一种有效的地区语言，它是被一个"渴望行使国家主导权的上层种姓地方精英"发明的：

> 它的自我界定是长期以来与其他竞争者的对抗——在早期，乌尔都语不单单是乌尔都语，后来也包括英语——具有一种带刺的防御性，这是它最深刻的特点……尽管它与文学实践的真实世界不相关，与日常语言使用的世界不相关，这种"印地语"还是继续基于其在教育系统中持续的主导地位而产生有害的影响……这种官方的"印地语"主要负责北印度地区文化记忆的建构；在课堂内外、在幼稚的文学作品及学术文章里，"印地语"的实践运用不过是进行分离逻辑的一种仪式表演。(Rai，2001：118—119)

分离式的教育话语在大部分州根深蒂固，甚至这些州学校教育运用的语言被选作州的地区语言。术语和技术词语被人为强加给学习者，而不考虑他们的认知和交流过程。然而，在比印度其他地区有更高文化水平的南印度喀拉拉邦，他们认真尝试了从熟悉的现有词汇中发展出新的术语。有几个词语被作为衍生词从英语中创造出来，但是带有一个相配的马拉雅拉姆语后缀。一部包含 4 万条词语的字典由群众组织"喀拉拉邦印度教圣典文学委员会"编纂而成，一个小规模的致力于科学普及的志愿者学者团体。这是具有里程碑意义的成就，帮助组织调动大规模来自普通人的支持，通过这些人，带头发起寂静山谷环境保护运动及其有广大群众基础的人民科学运动。这个例子强调创造性的本土干预的需求，这种干预通过人们自己的语言塑造了他们的独创性，并支持教育扩张的发源地。在南非也表现出类似的关注，英语仍然是学校的主导语言，人们正在努力确保发展和"理智化"地方语言(Odora Hoppers，2002；Dlodlo，1999)。

谁的知识具有价值?

非洲、南美和南亚都在呼吁要批判性地重新使用本土语言,摈弃所有"外来"形式,包括经济、科学和技术方面。以底层人的视角重新评述学校的历史课程,10月12日是哥伦布登陆"新世界"的日子,现在在中美洲和南美洲被称作"土著人民抵抗日"。社会运动呼吁审查殖民国家的"生态负债",这些国家几个世纪以来都在剥夺第三世界的矿业和其他自然资源,为其带来严重的经济债务。有必要重申和要求类似地确认他们对最古老文明的本土知识的"认知债务"。

现代科学的发展基于几个知识传统,包括与航海发现相联系或作为欧洲殖民地部分的简单文化传统。然而,在传播现代科学的过程中,这些他者的传统并不能有意地取消或者甚至"在认知上漠视"科学。我们的认知遗产需要被批判性地加以重新审视和重新利用,这种利用不是在全球市场中被剥削,而是丰富我们经济和知识生产的本土体系。对于后者来说,我们的学校不仅要充当生产新知识的本土场所,而且同样地也要充当对一些丢失的传统进行重新合法化和评价的本土场所。

通过正规教育正在丢失的传统的一些例子主要集中于当前学校中谁的知识有价值这一问题。部落或农村的孩子了解自然世界,他们并不需要观看图片来数蜘蛛有几条腿,来识别青蛙的卵或苦楝树的叶子。她可以从她所在的社区中了解金属铸造,或从森林中识别药草和生物的丰富多样性而获得知识,但是,讽刺的是,学校并不重视这些知识。另外,学校教育的知识结构让农村或部落孩子挣扎于无意义的表征,甚至是那些她非常了解的事物(Rampal,2000)。这种本土知识、语言和学校科学之间的文化失调也能在毛利儿童的案例中体现出来(McKinley,McPherson & Bell,1992)。

古纳蒂内克(Goonatilake,1998:67)强调,需要通过一系列丰富的技术、隐喻和明智的解决方案,有意识地"挖掘文明知识"来改变现代科学的传统:

> 人类学家最近对这些小型社会群体(所谓的"原始"民族)的研究揭示,讲究科学的动力是普遍存在的。我有意关注这些社会群体,是因为科学革命始于航海大发现后,这两项事业的各个方面互相联系,也就是寻找科学与寻找欧洲的"他者"相互联系。与这两个事件相伴的帝国主义视角很快开始宣称一切涉及欧洲的优越性和排外性。很快,在不同程度上,这些态度汇集成一个观点,即他者文化本来就不能胜任在今天"科学"盛行之下的脑力劳动。这个视角歪曲了后来有关知识的观点,以及过去二十年的观点或那些逐渐被重新思考的观点。

对自然的好奇不仅是被激发的,而且每个主要的文明地区也在正式的机构中对其进行系统的培养,不同文明地区之间也在进行着重要的传播和移植。例如,根据使用类似标准进行客观观察,全世界不同群体所做的民间生物分类在不同环境中被认为非常相似。一项尝试针对没有进行过正规生物学培训也不具备标本的先验知识的美国学生所进行的有关分类的田野研究显示,他们都根据观察标准得出了相似的分类系统(Boster,1987)。越来越多有关人种生物学和人类学的研究表明,土著人独立观察环境,并得出了相似的结论和分类标准,很大程度上是出于对知识的渴望,不只是纯粹的工具需要。"林奈的分类体系与民间分类者所建立的体系之间的差异只是程度上的差异。林奈(如同在他之后的其他现代科学家)获得了更大容量的植物样本,这个样本是欧洲扩张到世界其他地区而得来的。"(Goonatilake,1998:70)

学校的文明化议程?

学校不仅不考虑部落儿童的文明知识资源,也让他们遭受一种严重的异化感,尽管以一种有损尊严的方式描述的正是他们的存在和身份。教师身处于对本土部落的社会偏见的话语体系中,而刻板化地将他们称作"沉迷于喝酒和跳舞的不文明人,对教育不感兴趣"。在一本六年级教材中,像"在我们国家,哪里能找到老虎?"的问题与"哪里能找到部落?"的问题被放置于同等的问题框架中进行设计,甚至也没在"能在哪里发现人群"和"人在哪里生活"之间的语义区分上做出过任何努力。通常学校书本中不会出现部落的特点和部落的名字。事实上,教师总是"更改"部落名字,因为他们觉得部落名字不合适,并把这些名字看作"正确的"梵文名字被歪曲的版本。

空间隐喻对建构解放教育学以抵制教育的驯化发挥了重要作用,这里的空间隐喻是从"跨越边界"到"合法的边缘性参与"(Edwards & Usher,2000)。如今南部的国家的城市贫民目睹了越来越多的不人道,甚至"野蛮的不平等",城市重新配置、极度蜕变成现代都市。另外,媒体将年轻人丰富的想象力和旺盛的愿望无情地描刻成不真实的形象;奔放的按摩浴缸和花哨的配件似乎成为司空见惯的现实,而适宜的水龙头和卫生厕所却是遥远而不可思议的。然而学校并未尝试为贫困儿童的"空间意识"提供支架,去质疑"他与邻居、他所在区域(或者用街头帮派的语言来说,他的'地盘')之间的关系"(Harvey,1973:24;Rampal,2007)。

学校教材通常保持着一种呆滞的距离感,其拒绝认可部落的生活,以一种冷漠、无情的方式对待生存问题。学校课本上假设每一个人都住在砖和灰泥砌成的供有自来水的平房,教材宣扬"节约用水"以使人在刷牙时水龙头不会一直流水。教材也有意回避被视为"让人不安的"、城市中产阶级作者写就的任何冲突问题,不加掩饰地、自命不凡地称"他们"——穷人和"不洁者"——一定不能保持自身清洁。课程中所暗含的一种认识是:一方面,教育必须教会"那些落后的"儿童如何"恰当地"生活,另一方面,教育也只能投射快乐、"积极的"场景,以保护特权阶层的"单纯"。在传统上,教材包含高度说明性、道德性的课程(有关卫生学、清洁、勤奋等),也包含有关穷人生活的朴实平淡的普遍原理。事实上,房子类型包括混凝土平房、砖屋①和贫民窟,似乎这些房子有另外一种自然的科学分类,就好像植物或者土壤的类型。另外,"好的"房子总是被界定为一所有鸡、厕所、窗户和电的房子。几百万儿童生活在并不符合这些故意造成疏离感的标准环境下,他们接收到的信息是他们的生活方式是"坏的"。

学校的"文明化"议程几乎是不定期地、自以为公正地强加给贫困儿童,并且认定这些儿童需要"从深渊中被解救出来",学校纪律与他们家中的混乱和肮脏成为鲜明对照。事实上,在我们现在的学校中,城市贫民所面临的鄙视让人想起19世纪的英国,1870年《义务教育法》以国家名义批准了通过经常压迫性的措施来维护所谓的"命令"。教育强制执行和罚款,如果家长不支付就会被没收物品,甚至坐牢。秩序与服从而伴随的洁净,赋予人相同的道德正义、相同的"羞耻"感等方面,甚至比教学拥有优先权(Davin,1996)。

拆开被包装过的话语

学校教育所传递的语言加剧了课程对贫困农村儿童的知识排斥。学校话语一般是高度事务性的、没有人情味和深奥难懂的,带有期望被记忆的压缩信息,因为儿童不管怎样都不能理解它

---

① 没有钢筋混凝土结构,但是由很好的砖石和水泥砌成。——译者注

(Rampal，1992a)。地区性语言所使用的术语被严格分类，其霸权性使得在政府学校上学的儿童的科学和数学都学得不好。这在很大程度上导致他们无法成功应付这些学科。

1993 年，人力资源开发部任命了一个委员会帮助减轻"学校书包的负担"。该报告"没有负担的学习"(Government of India，1993)的序言是有关观察到书包的重力不是主要问题，而"更有害的负担是不理解学习内容。事实上，很大比例的辍学儿童可能是那些拒绝对学习内容的不理解做出妥协的儿童——他们可能胜过那些仅通过记忆但不太理解学习内容便能在考试中表现好的儿童！"这对以高度压缩且非常深奥的方式把尽可能多的信息压缩进有限的教材篇幅的总体趋势提出了尖锐批评，这种批评强调：

> 除非例外，我们所写的教材似乎主要是传递信息或"事实"，而不是让儿童思考和探索……儿童日常生活与教材内容之间的鸿沟加强了知识向负担的转化……甚至用来教母语的书本都用一种时尚的措辞，儿童不能指望自身认知这些语言。儿童在其环境中普遍使用的词语、表达和细致入微的描绘是不存在的。幽默也是如此。造作、复杂的风格占主导地位，进一步强化了知识与生活疏远的传统。(Government of India，1993：7—8)

通常，教材采用的是"基于活动的"教学的豪言壮语，但并未有推进任何探究或活动的尝试。儿童被要求观察物体的"图片"，而不是走出教室去观察"真实的"事物，一只麻雀或一片树叶，"要观察什么"的结论早已预设了。三年级课本中的一段有关"天气"的典型文章"探索环境"显示出，课本距离真正的探究方法多么遥远。关注文本的紧密性和语句的使用实际上并不能解释任何事(Rampal，2002；PROBE Team，1999)：

> 当水蒸发，水就从液体转化为水蒸气。水蒸气是水的气态形式。当潮湿的物质中的水成为水蒸气进入大气中，潮湿的物质就干了。你看不见水蒸发成水蒸气。水蒸气以非常微小的粒子的形式而存在。

教师并不能就大部分的这些句子提供任何解释，这些有关蒸发的概念和物质的状态，对于这一年龄阶段的儿童而言甚至是无法解释的。它们只是原地绕圈圈的句子，就像同义反复语。如果一个儿童问"但是什么是水蒸气"，她得到的答案是"水蒸气是水的气态！"。自然而然地，儿童就不会再尝试去理解正在被"教"的内容，而只是附和那些被期望不假思索地进行重复的被教授的内容。

很少具有从儿童那里得到反馈的系统性尝试，也很少引出他们对这种写法的看法。人们普遍认为，如果儿童在学校中学习失败，他们就有什么问题，他们就需要各种额外的投入，比如学费和补品。孟买的一个 11 岁学生盖吉(Gargi)是一个例外。当教师要求她对教材进行批判性分析时，她从有关"空气"的章节中看到了两页很高密度的生疏的术语和概念，例如坩埚、炼药、干燥剂、陶土管三角形、镁、装置、氧化汞。城市学校所使用的书，本应该是质量更好的教材，但这种书籍由私人公司出版，盲目加入精心设计的实验说明，以寻找镁"块"在空气中燃烧的差异，而这实验通常是适用于高中生的。盖吉敢于质疑所学内容的合适性。她用一幅画向我表达评论：

> 课本中普利斯特列的实验部分最让人困惑。汞、红色粉末、加热、重新加热……再加上普利斯特列、拉瓦锡、发光的碎片、氧气……都是垃圾！我头都大了。

作为一个第三世界的国家，我们不得不应付的一个主要问题，尤其在设计课程时，是应对印度必须"迎头赶上"的观念，了解常言所谓的"全球信息爆炸"。例如，当听说欧洲儿童学习原子价或化学工程式的概念要晚于其他国家儿童开始学习的时间时，有人就会认为，这些国家现在"有条件走得慢"。最近的国家课程框架(Government of India，2005)提倡一个面向儿童学习的社会建构主义方法，着重于概念形成的文化背景。所有的儿童都是自然的理论制造者，在入学之前，他们就开始对观察到的世界建构自己的理论和解释。在儿童时期，学习并不是一个积累或储存不同主题信息的过程，而是学生有能力把对某一现象的理解应用到其他现象上。儿童通常产生一致的"相异构想"或"天真理论"，甚至可能会与既有知识相矛盾(Driver *et al.*，1985)。因此，学校需要在呈现观察世界的新方式之前，有意识地引出、对待和严格探查儿童的直觉观念。

很多学生在数学考试中失败并感到非常沮丧，以为在之后的生活中不能再应付数字了。然而，失学儿童和成人喜欢解答口头谜语，用酸豆籽和小圆石玩民间游戏，这非常有趣，而且加强了他们的数学能力。村庄中仍然使用的估值、排序、测量的传统方法有自身的术语，这些与真实生活场景有着意义非凡的联系。我们发现，在市场做售货员或做职业工作的失学儿童和成人擅长心算，因为这是他们日常事务的一部分，他们使用有效的算法和策略得出答案(Rampal *et al.*，1999；Rampal，2003a，2003b，2003c)。

教材中呈现的数学在传统上也与强化性别不平等有关。玛丽·哈里斯(Mary Harris)(印度共和国秘书处代表)进行的一项针对数学教材和教师手册的详细研究指出，一年级课本《让我们学习数学》的语言太过正式，冒着从学校教育伊始阶段就疏远女孩权利的风险。"比起文本中及其整个系列的文本中更为定义式、分层的方式，女孩发现合作、生成的学习方式能更好地理解数学。"(Harris，1999：93)因此，在教材中纠正性别不平等并不是简单地介绍更多女性例子的问题，而是理解女性在各个领域的活动中积累和提炼传统知识中所继续扮演重要角色的问题。

的确，在教育研究与培训委员会(NCERT，2006a，2007，2008；也见 www.ncert.nic.in)编写的新版小学教材中，我们有意识地给儿童还没学过的科学知识和日常数学留有空间。我们强调那些最易受伤害、被排挤出学校的人，以及不同于学校中流行的"缄默文化"、开放式地解决不平等或差异议题的一些关键问题，鼓励儿童反思他们的生活经历，虽然这一过程并不愉快。三至五年级的环境研究教学大纲(NCERT，2006b)运用综合方法，基于"主题"，涉及对科学、社会研究和环境教育学科中按照惯例出现的相互关联的理解。这需要超越传统的学科界限，共同考察重要的事情，关注产生于不同文化环境中儿童的理解和经历。

例如，有关"食物"的主题始于"烹饪"和"在家吃饭"，让儿童对食物是一个深刻的文化概念这一观点变得敏感。关键问题"下面哪一个是食物——红须蚁、鸟窝、山羊奶等？"旨在关注对这种差异的理解，来促进宽容，且解决有关原住民烹饪方式的社会偏见。某些部落群体喜欢吃由红须蚁或油炸白蚁做成的调味品，但是经常面临着来自冷漠无知的非部落同龄人和教师的歧视，这让他们难以忍受。主题之后转移到食物是如何生长的，如何运到城市的，谁种植这些食物以及农民遇到的困难(鉴于严重的农业危机和农民前所未有的自杀)，而这仍然扎根于我们自己遭受饥荒的痛苦现实或那些不能获得食物的人所处的困境。而且对饮食习惯和作物种植模式改变的分析是经由村庄老人或祖父母的历史经验，不只是来源于教师或教材。

教学大纲中有关"水"和"住所"的主题包括最直接的种姓问题以及城乡环境中的贫困问题。例如，接下来的问题旨在为批判性的对话搭建支架：你必须走多远才能打水？有没有人不允许从你的水源处打水？你见过浪费水的现象吗？在你所在的地方有人总是面临缺水吗？你发现过工厂或人在河里或海里倾倒过垃圾或有害物质吗？同样地，针对"住所"的问题是：每个人都有住所吗？为什么人们一起住在村庄/聚居地/居民区？教学大纲和教材也包括儿童的叙述故事，这些儿童因水坝建设或城市贫民窟的拆迁而被移置。

教育研究与培训委员会的新版教材是根据修改过的教学大纲编写的，在 2006 年被引入学校。由于我们的团队继续从事环境研究(EVS)方面教材的编写，我们经历了一个争辩和反省的过程。时刻保持对所有儿童的关怀，有意识地包含农村和部落儿童的生活现实，这确实是一个挑战，尤其是当大多数的我们——教师和教育家——来自社会中接受城市教育的地区，这些地区社会和文化交流的共享空间越来越少。对于我们来说，自来水（尽管现在在大多数城市中供应不足）或私人厕所是城市生活毋庸置疑的必需品，然而还有很多其他我们中产阶级生活的标志物品——无论是燃气、冰箱、冰激凌蛋卷甚至是普通的彩色纸——也可能草率地出现在我们起草的章节中。我们也继续与中产阶级有关卫生和清洁的道德话语作斗争，以及与穷人需要通过学校获得"正确信息"的看法作斗争。然而，我们需要为来自不同地区、文化和社会-经济背景的不同的儿童声音和所关心的事制造空间——那些每年被洪水冲走房屋的儿童，以及那些要走几英里才能打到一罐水的儿童。我们有意识地在教材的语言、数学和三年级 EVS 中包含了几个具有启示性的真实生活的叙述故事和变革行动（NCERT，2006a，2007，2008）。

科学态度和社会信仰

在大部分的第三世界国家包括南非和印度，科学促进发展是共同的梦想。然而，过度的实证主义以及甚至对科学宏大视角不正确地夸大被认为是解决所有国家问题的万能灵药（Rampal，1992b）。科学思维被认为是与民族宗教、传统信仰、迷信和以往实践相对抗的。学校的标准课程并未留下思考和批判性反思的空间，以便明智地对待学生的自主知识或敏感地质疑社会信仰。

媒体盲目地释放大量通常是粗鲁、有优越感的信息，却不尝试进行批判调查或互动解释。例如，在一个有关印度电视的定期"社会广告"中，一个居高临下、空洞的声音询问贫穷的家庭主妇，问她是否将盘子洗好了，甚至自命不凡地要求电视观众在饭前（便后）洗手。这种形式不仅非常无礼，且对性别问题不敏感。甚至在拉贾斯坦邦炎热、容易遭遇干旱的沙漠里，女性独自承担非常辛劳的重任，从很远的地方挑几罐紧缺的水，她们用沙子擦洗餐具，显露出足够的天生智慧和清晰、良好的判断力。相类似的有关儿童接种疫苗或把食物遮盖起来的居高临下的信息，似乎完全责怪那些疾病致穷的电视观众，却绝口不提州提供基本的便利设施比如饮用水或初级保健护理的责任。这些媒体话语没有普及化的科学尝试去传播**为什么**接种疫苗有作用或吃了受污染的食物会发生**什么**，因此这些说教式的话语在其含义和实质上几乎类似于产生于"不合科学的"信念系统中的任何其他知识言论。

科学思维的传授是一个缓慢而复杂的过程，仍然内嵌在不同的、相互补充的社会认知层次中——神话、信仰、民间传说、迷信、禁忌等，几个世纪以来影响了人们的思维。这种信仰明显地构成了霍顿（Horton，1970）所谓的思维"封闭"系统，其特征是没有意识到个体信条之外的其他可能性，这种个体信条只被"受限的习语"中的理性倾向所支持和限制。科学语言在援引观点时需要谨慎，这些观点在给人们提供"科学的"解释的尝试中，可能与人们受推崇的社会信仰有关。迈向科学思维涉及提供可供选择的解释，让传统原则随之逐渐失去有效性而不再那么受到推崇，因为维持这种原则伴随而来的是社会结构的松散（Rampal，1994；Ogunniyi，1988，1989）。

这个议题多次陷入困境，我们在扫盲运动以及作为全印度人民科学网络活动的一部分工作中，与同事和朋友一道创造性地参与了这一议题。例如，在 1994 年的日全食期间，数千名国家的扫盲活动人士进行了一次独特的"时空之旅"，旅行中的文化巡回演出穿越了整个国家，与数百万人民交流，并动员他们观看和了解这种现象。诗歌和戏剧在书中经过特别编写和印刷，在呈现新知识的同时，也显示出了它们是如何体现人们自己的信仰和传说的。戏剧《太阳在日蚀期间也很美》（*Grahan men bhi Surya Sundar*）运用民间幽默和讽刺来描绘与日蚀有关的流行信念和仪式，同时也试图鼓励人们观看这个壮观的景象，接受日蚀发生率的其他解释。轻率地否定传统信仰，而不解释过去的文明如何为这种自然事件寻找解释性隐喻是反生产力的。这异化了人们对科学的印象，且使人们对科学留下了不必要的印象，即科学太"没有人情味"，反对所有人们所珍视或崇敬的事物。

结 论

本文指出了学习者所拥有的本土化数学、科学知识与学校教材所呈现的正规、有疏离的、通常费解的知识之间的鸿沟。另一方面，在与从事工艺的失学青年和成人一起工作时，我们可以看到他们的知识是如何适应各种实践情境的(Rogoff & Lave，1984；Lave，1996)以及他们的知识是如何以高水平的创新、创造力和智慧为基础的。我想起一名年轻的手表技工，我带着一块非常昂贵的(可能是一次性的)不能运转的手表去他那里(我以前住过的小镇)。他第二天就修好给我了，表还是在一分一秒转动，他只收了我很少的 10 卢比(大约 20 美分)，他带着明显的自豪感说："我从我父亲那学到的，我的工作就是要让手表运转，而不是扔掉它!"这种情感是他未经过学校教育所得的知识伦理的一部分。这种情绪扎根在他做尤希达(ustaad)或大师的学徒期间所体验到的学习系统中，而这位大师恰好是他的父亲。正是这种"使事物运转"的智慧和创新，即通过节俭的方式、花最少的一次性资源，通常对其创造性地回收利用，是教育系统的品质证明。另外，这种"做中学"是基于更多的参与和集体努力，思考、行动和感受是有机联系的(Rampal，2003a)。我们的学校可以从这种未经受学校教育的知识中学到很多。这些知识可以用来为抵制全球化的反霸权话语搭建支架。确实，与使手表再次走起来而不浪费资源或直接把它扔掉所带来的自豪相比，还有什么更好的方法能够抵制全球消费主义!

这是一个需要关注的问题，在诸如印度等低收入国家中"职业"教育仍是最不受欢迎的，人们认为职业教育是向那些非理论的"发展迟缓的学习者"开放的，甚至在那些学校使其孩子远离他们自己的职业和谋生方式而失望的工薪阶层家庭中也是如此。更常见的是，提供这些课程的学院或科技专科学校并没有创造性地或理论性地从事教育，它们甚至隶属于劳工部门。在当前"大脑 vs 身体"技能的全球化背景话语体系中，"创造性的 21 世纪技能"被工业国家学校竞相追逐，几乎向欠发达国家只能外包"低技能"工作是正当的，以创新、理论的"高技能"优势为大多数人设计自主性的、本土化职业课程是一个紧迫的挑战。另外，正如布朗、劳德和阿什顿(Brown、Lauder & Ashton，出版中)所认为的，需要挑战教育和全球化的主导话语，以表明"英国和美国不是知识经济体，其知识的价值继续上升，但其特征是教育、工作和回报之间的关系正在发生转变的知识经济"。

津巴布韦有一句谚语是这样的："直到动物有自己的历史学家时，打猎的故事才将是荣耀的故事。"(Brock-Utne，2002)我们文明知识的故事需要用历史学家的口头语言和本土知识来讲述，使用孕育了我们认知传统和书写我们愿望的本土语言来讲述。

参考文献

Alexander，N. (2002). *An ordinary country*. Scottsville，South Africa：University of Natal Press.

Bhattacharya，S. (Ed.) (1997). *The Mahatma and the poet: Letters and debates between Gandhi and Tagore 1915 – 1949*. New Delhi：National Book Trust.

Boster，J. (1987). Agreement between biological classification systems is not dependent on cultural transmission. *American Anthropologist*，89(4)，914 – 920.

Brock-Utne，B. (2002). Stories of the hunt – Who is writing them? In C. Odora-Hoppers (Ed.)，*Indigenous knowledge and the integration of knowledge systems*. Claremont，South Africa：New Africa Education.

Brown, P., Lauder, H. and Ashton, D. (forthcoming). Towards a high skills economy: Higher education and the new realities of global capitalism. In D. Epstein, R. Boden, R. Deem, F. Rizvi & S. Wright (Eds.), *World yearbook of education 2008 - geographies of knowledge, geometries of power: framing the future of higher education*. London: Routledge.

Davin, A. (1996). *Growing up poor: Home. school and street in London 1870 - 1914*. London: Rivers Oram Press.

Dlodlo, T. S. (1999). Science nomenclature in Africa: Physics in Nguni. *Journal of Research in Science Teaching*, 36(3), 321 - 331.

Driver, R., Guesne, E., & Tiberghien, A. (1985). *Children's ideas in science*. Milton Keynes: Open University Press.

Edwards, R. & Usher, R. (2000). *Globalization and pedagogy*. London: Routledge.

Goonatilake, S. (1998). *Toward a global science*. Bloomington, IN: Indiana University Press.

Government of India (1956). *Report of the official language commission*. New Delhi: Government of India Press.

Government of India (1962). *Report of the committee on national and emotional integration, Ministry of Education*. New Delhi: Author.

Government of India (1966). *Report of the education commission 1964 - 66: Education and national development*. New Delhi: Author.

Government of India (2000, 2005). *National curriculum framework*. New Delhi: National Council for Educational Research and Training.

Government of India (1993). *Learning without burden*. Report of the National Advisory Committee, Ministry of Human Resource Development. New Delhi: Author.

Harvey, D. (1973). *Social justice and the city*. London: Edward Arnold.

Hindustani Talimi Sangh (All-India Education Board) (1938). Report of the Zakir Hussain committee on basic education. Wardha, Maharashtra: Author.

Harris, M. (1999). *Gender sensitivity in primary school mathematics in India*. Report of the Commonwealth Secretariat. London: Commonwealth Secretariat.

Horton, R. (1970). African traditional thought and western science. In B. Wilson (Ed.), *Rationality*. Oxford: Basil Blackwell.

Lall, M. (forthcoming) Globalisation and the fundamentalisation of curricula: Lessons from India. In R. K. Hopson, C. Camp Yeakey & F. M. Boakari (Eds.), *Power, voice, and the public good: Schooling and education in globalized societies*. Oxford: Elsevier.

Lave, J. (1996). The practice of learning. In S. Chaiklin & J. Lave (Eds.), *Understanding practice: Perspectives on activity and context*. Cambridge: Cambridge University Press.

McKinley, E., McPherson Waiti, P., & Bell, B. (1992). Language, culture and science education. *International Journal of Science Education*, 14(5), 579 - 595.

NCERT (2006a, 2007, 2008). *Math-Magic and Around us* (Textbooks for primary mathematics and Environmental Studies). New Delhi: National Council for Educational Research and Training.

NCERT (2006b). *Syllabus for elementary school*. New Delhi: National Council for Educational Research and Training; also at www.ncert.nic.in.

Nelson Mandela Foundation (2005). *Emerging voices: A report on education in South African rural communities*. Cape Town: HSRC Press.

Odora-Hoppers, C. (Ed.) (2002). *Indigenous knowledge and the integration of knowledge systems*. Claremont, South Africa: New Africa Education.

Ogunniyi, M. B. (1988). Adapting western science to traditional African culture. *International Journal of*

Science Education, *10*(1), 1 - 9.

Ogunniyi, M. B. (1989). Traditional African culture and modern science. In E. Ekeh & A. Ashiwaju (Eds.), *Nigeria since independence: Volume on culture*. Nigeria: Heinemann Educational Books.

Pinar, W.F. (2004). *What is curriculum theory?* Mahwah, NJ, Lawrence Erlbaum Associates.

PROBE Team (1999). *Public report on basic education*. New Delhi: Oxford University Press.

Rai, A. (2001). *Hindi nationalism. Tracts of the Times*, *13*. New Delhi, Orient Longman.

Rampal, A. (1992a). A possible orality for science? *Interchange*, *23*(3), 227 - 244.

Rampal, A. (1992b). The image of science and scientists: A study of school teachers' views. I. Characteristics of scientists. *Science Education*, *76*(4), 415 - 436.

Rampal, A. (1994). Innovative science teaching in rural school of India: Questioning social beliefs and superstitions. In J. Solomon & G. Aikenhead (Eds.), *STS education: International perspectives on reforms*. New York: Teachers College.

Rampal, A., Ramanujam, R., & Saraswathi, L. S. (1999). *Numeracy counts!* National Literacy Resource Centre, Mussoorie: LBS National Academy of Administration.

Rampal, A. (2000). Education for human development in South Asia. *Economic and Political Weekly 35*, 2623 - 2631.

Rampal, A. (2002). Texts in Context: An EFA 2000 Review. In R. Govinda (Ed.), *India education report*. New Delhi: Oxford University Press.

Rampal, A. (2003a). Counting on everyday mathematics. In T. S. Saraswathi (Ed.), *Cross cultural perspectives in human development: Theory, research and applications*. New Delhi: Sage.

Rampal, A. (2003b). The meaning of numbers: Understanding street and folk mathematics. In B. Kothari, P. G. V. Sherry Chand & M. Norton (Eds.), *Reading beyond the alphabet: Innovations in lifelong literacy*. New Delhi: Sage.

Rampal, A. (2003c). Indian market women and their mathematics. In J. Solomon (Ed.), *The passion to learn: An inquiry into autodidactism*. London: Routledge Falmer.

Rampal, A. (2007). Ducked or bulldozed: Education of deprived urban children in India. In W. T. Pink & G. W. Noblit (Eds.), *International handbook of urban education*, (pp. 285 - 304). Dordrecht, the Netherlands: Springer.

Rampal, A. (forthcoming) Curriculum, economic and cultural development. In B. McGraw, E. Baker & P. Peterson (Eds.), *International encyclopedia of education*, 3rd edn. Oxford: Elsevier.

Rogoff, B. & Lave, J. (1984). *Everyday cognition*. Cambridge, MA: Harvard University Press.

SAHMAT and Sabrang (2001). *Against communalisation of education*. New Delhi: Author.

United Nations Educational, Scientific and Cultural Organization (UNESCO) (2005). *Education for All Global Monitoring Report 2005 - The quality imperative*. Paris: Author.

9. 南非后种族隔离时代的人权与底层声音

纳齐尔·卡里姆(Nazir Carrim)

  南非后殖民主义时代的到来以及人权方面所取得的成绩标志着其向后种族隔离社会的转型。尤其是在种族隔离对"黑人"[①]人权的否认与侵犯这一大环境下,保护他们的人权成了定义后种族隔离、"新"南非的前提与核心。教育政策和管理的变革就强调了这一点。《南非共和国宪法序言》中提出:

> 我们,南非人民,
> 承认我们过去的不公正;
> 纪念那些在我们的土地上为了正义和自由而遭受苦难的人民;
> 尊重那些为建设和发展我们国家做出努力的人民;
> 以及相信南非属于所有生活在此且在多样性中保持团结的人民。
> 因此,我们通过自由选择的代表,采纳这部《宪法》
> 作为共和国的最高法律,为的是——
> 弥合过去的分歧,建立一个基于民主价值观、
> 社会公正和基本人权的社会;
> 为一个民主、开放的社会奠定基础,在这个社会中,政府是基于
> 人民的意志,每个公民受到法律的同等保护;
> 改善所有公民的生活质量,释放每一个人的潜能;
> 以及建立一个团结、民主的南非,能够作为一个主权国家在世界民族之林中
> 占有其正当的地位。
> 愿上帝保佑我们的人民。
> 天佑南非(科萨语)。天佑南非(祖鲁语)。
> 天佑南非(南非荷兰语)。天佑南非(英语)。
> 天佑南非(文达语)。天佑南非(加赞库卢)。(South Africa,1996a)

  《宪法》明确指出了其产生的历史背景,以及在未来的民主进程中解决历史遗留问题的方式。《宪法》还强调它替换了种族隔离制度下存在的事物,试图"弥合过去的分歧"。为了这样做,它"承认我们过去的不公正""纪念那些遭受苦难的人民"以及那些为"建设"和"发展"南非做出贡献的人民。只有结合历史背景和种族隔离遗留的问题,才能理解南非制定的《宪法》以及教育变革的效果。《宪法》的目的是重新处理种族隔离的"不公正"和"分歧","为民主、开放的社会奠定基础",而民主、开放的社会在种族隔离制度下是不合法且受压制的。

  承认南非"黑人"为公民是基于法律面前人人平等的原则,而这种承认改变了政治格局,恢复了所有南非人的"尊严"。这也为"黑人"进入政治系统,成为议会成员、国家总统提供了基础。1994年4月27日的选举标志着种族隔离的官方废除,其不仅具有名义上和象征性的意义,而且

---

  ① "黑人"(black)一词指的是种族隔离制度下,在《人口登记法》中被归类为"有色人种""印第安人""非洲人"的人。因此,"黑人"包含了所有按人种分类的南非人。在本文,我使用对人进行种族划分的引用并加引号,来表明他们是种族隔离下的种族划分,更重要的是指出种族划分是社会建构的,我拒绝将其当作种族隔离时代或现在的南非内外对人的正当描述。然而,本文使用这个词是为了方便叙述及理论便利。

对于从实质上改变南非"黑人"在国家组织中的地位至为关键。因这一历史成就，南非成功回归到世界民主国家的行列中，并备受各国欢迎。因此在法律中得到认可和被法律认可，能够极大地改变人民的生活。其影响是不能低估和削弱的。

然而，本文的关注点在于，在何种程度上所有南非人的人权在法律中得到认可和被法律认可，以及在何种程度上南非允许释放"底层人"的声音。在第一部分，我沿用了贾里亚特·斯皮瓦克(Gayatri Spivak)和沃尔特·米格诺罗(Walter D. Mignolo)研究中所提及的论点，以此来展开关于后殖民理论化的思考。我探究了在后种族隔离时代南非的人权和民主的实现程度。然而，这与现代性是相伴相随的，就这一点而论，它限制了"底层人"的声音得以释放的程度。在第二部分，我说明了人权话语的某些限制性因素；由此，进一步指出尽管这些限制性因素曾经（现在仍然）在抵制种族隔离中扮演着重要的角色，但平民百姓在人权被侵犯时仍然可以采取自卫的方法。为此，我运用了有关记录学生性取向经历的实证数据。

我的主要研究目的是关注性取向，这是因为新的南非《宪法》承认性取向是一项人权，全世界只有极少数的宪法也承认这一点。《人权法案》第9章声明：

> 国家不能直接或间接歧视持有一个或多个立场的任何人，包括种族、性别、性行为、怀孕、婚姻状况、民族和社会出身、性取向、年龄、残障、宗教、道德心、信念、文化、语言和血统。(South Africa，1996b)

2006年，南非通过法律认可同性伴侣中的公民联盟，成为世界上少数认可同性恋的国家之一，而在大多数环境中，性取向往往是使人缄默的话题。男同性恋者和女同性恋者几乎在所有社会里处于边缘化的空间中，社会被异性恋强有力的控制着。对性取向进行探究为我们评估后种族隔离时代南非所规定的人权在多大程度上触及了为处于异性恋霸权秩序边缘的人提供一个有用的方法。在本文，我梳理了人权教育的个别影响、后种族隔离时代南非的建构以及后殖民想象和底层人群。

属下阶层能发声吗？

本部分借鉴了《属下阶层能发声吗？》这篇文章的标题，在该文中，贾里亚特·斯皮瓦克(Spivak，1993)探究了有关底层人的霸权思想。该文复杂而缜密地分析了"西方"被构造成"主体"以及"其他国家"被定位和构造成西方"服从者"的方式。在该文中，斯皮瓦克与德勒兹(Deleuze)和福柯(Foucault)展开了对话，并在其对"殉夫自焚"或"殉夫自焚的寡妇"——印度寡妇在已故丈夫火葬的柴堆上自焚——发人深省的解构中，在引用德里达(Derrida)之前，特别对马克思(Marx)、加塔利(Guattari)、葛兰西(Gramsci)和萨义德(Edward Said)进行了引用。

斯皮瓦克认为属下阶层的声音——她指的是殖民地人民——不完全是关于"释放""他们的"声音以便他们可以"为自己说话"。她把这看作美国所发表的某些针对属下阶层的研究趋势，这种研究趋势忽视了"宏观逻辑"的限制以及对人民进行定位的条件。她认为这类"微观逻辑"的研究以去情境化和个性化的方式关注个人经历，忽视了在社会、经济和政治层面上建构我们世界的更广泛的权力矩阵，而这种权力矩阵具有全球维度和历史维度。微观逻辑的研究并未表述这种与更广泛的社会-经济、政治和历史力量相关的个人经历，而只做出有偏见的描述。斯皮瓦克认为在"微观逻辑"的和"宏观逻辑"的之间应该"衔接"(Hall，1996)，即研究必须关注在全球和历史环境中的社会、经济和政治力量。分析不仅需要考虑"属下阶层"的身份和经验，也要考虑总体的社会现象。

在"属下阶层能发声吗"这个问题中,斯皮瓦克尽力强调,属下阶层要发声就需要重构知识系统的特有基础并重构主体地位。在对作为"属下阶层"、具有"殉夫自焚"经历的"印度妇女"展开的考察中,斯皮瓦克表明,首先需要对印度妇女进行解构。我们需要将其看作一个与西方帝国主义者和帝国主义化的合法、占主导地位的概念有关的主体,而不能将其看作殖民框架内被同化的他者。因此,需要做的就是用其自己的环境去看待她。斯皮瓦克对印度妇女和"殉夫自焚"的解构包含了对印度教以及古代印度经典的探究。这些说明印度妇女仍然从属于男性,这种从属铭刻在她的身体里,尤其是她的生殖器。斯皮瓦克总结道,尽管对属下阶层做出解构,仍然不能使其发声。但是她不能用西方语法来发声,不能以印度教男性沙文主义的方式来发声,不能以虔诚的所罗门经文来发声,不能以上帝的口吻来发声。直到她的肉体从男性身体中脱离出来,摧毁自己并不再是一个妇女,只有在她作为妇女的身份彻底毁灭时她才能发声且被别人听到。只要她是妇女,是底层人,就不能发声。

斯皮瓦克对属下阶层的分析,指出了分析后殖民、后种族隔离时代南非的两个至关重要的因素。首先,斯皮瓦克让我们了解到,底层人的声音要被听到,只有他或她被作为西方的主体所同化。但这种发声是以"他的主人的声音"说出的。对南非而言,这意味着在"新"南非通过当前的宪法规定所确立的人权与西方能"听到"的声音相关联。而"新南非"这个词本身是在西方的话语与语法下所表达的。斯皮瓦克提醒我们,即使有人尊敬本土知识系统,这也不一定意味着底层人的声音能够或将被释放。

沃尔特·米格诺罗(Mignolo,2000)在评论属下阶层的困境中指出,"边界思维"或"另一种思维"以及"双重批判"刻画了有关底层人分析方式的特征。他指出了后殖民以及后现代思维方式中的某些张力及遭遇的挑战。他说:"边界思维结构本身是基于一种双重意识、双重批判,其对现代和殖民世界体系的想象或现代性和殖民性起作用。"(Mignolo,2000)因此,"底层人的理性"能够:

> 作为一个自西方扩张开始就与之抗衡的空间开创一种反现代的世界秩序,使其能与现代性的知识空间和一种预设的世界秩序对抗,这种世界秩序将西方和东方、同一和他者、文明人和野蛮人的二元对立视为一种自然的存在。(Mignolo,2000:96)

因此,米格诺罗的观点是,属下阶层的环境不是固定的,而是始终处于不断的变化中,显示出反霸权的思想潜力。但是这种潜力总是会受到全球环境的限制。

"边界思维"或"双重批判"与斯皮瓦克"宏观逻辑"和"微观逻辑"的分析形式相似且是对其的细化。"双重批判"和"边界思维"是关于对人们个人经历的理解,以及对它们的解构,这种解构是关于它们在西方现代性和"知识空间"中定位的方式。它同时允许"底层人""以他们自己的声音"诉说"故事",而不是由西方主体来书写。为了进一步扩展这一点,下文将会把其与"种族"范畴关联起来。人们可能会被归类为"黑人",但这并不意味着他们实际在基因或历史方面是"黑人"。在理解"边界思维"和"双重批判"之后,必须懂得"种族"范畴以及它所有的含义由"现代和殖民想象"构成的方式,必须探究那些被归类为"黑人"的人们的经历,且要用这些人的术语和"他们自己的声音"来进行探究。然而,我们需要知道,即使"黑人"自己的声音得到表达,这些声音也不一定是"反现代"的,因为它们也可能在其他权力矩阵的意识形态结构中得以产生和建构,这些权力矩阵不一定会释放"底层人的声音",实际上甚至以另一种霸权结构的形式将它们重新表达出来。

在运用这种带有双重意识的双重批判时,我们在以边界思维的方式分析后种族隔离时代南非时必须质疑其在何种程度上、以何种方式与现代性和世界秩序相勾连。这可能太过容易以至于不能运用斯皮瓦克所称之的"微观逻辑"的分析,并且不足以庆祝南非废除种族隔离所取得的民主和人权成就,进而忽视了这个过程和全球政治经济以及知识系统之间"宏观逻辑"的相互联系。

那么,为什么后种族隔离时代的南非如此受西方主体的欢迎?米格诺罗借鉴查克拉巴蒂(Chakrabarty)的观点谈道:

> 一个人只能以历史的名义阐明底层人的主体地位——这种话语将欧洲奉为至高无上的统治者、所有历史的理论主体。(Mignolo,2000:203)

在很多方面,这道出了为什么后种族隔离时代南非的民主成就受到西方和欧洲的欢迎。在殖民地国家中民主的全球化与人权文化确立的大环境下,废除种族隔离是一件必要的事。很多人也指出,这是全球政治经济的意识形态条件,全球政治经济要求发展殖民国家的现代性(Castells,2001;Zizek,2005)。种族隔离并不符合全球资本主义的轨迹,无法在其框架中维持一个现代主义的社会经济和政治方案(Wolpe,1986)。后种族隔离、后殖民时代的南非是一项现代主义工程,正是基于这一原因,例如,德里达把曼德拉(Mandela)看作"最后的现代主义先知"(Derrida,1986)。后种族隔离时代的南非受到了西方和欧洲的赞誉。在政治方面表现出来的就是,南非现在(在2006年10月)在联合国安全理事会中享有"非常任理事国的席位"。在文化方面后种族隔离时代南非的地位也是显而易见的,例如,南非在2010年被评选为世界杯足球赛的主办方,赢得了奥斯卡最佳外语片奖(《黑帮暴徒》)以及索韦托福音合唱团(Soweto)夺得格莱美奖。在全球经济、政治和文化方面,后种族隔离、后殖民时代的南非能非常自如地将自己视为西方主体。

在下文,我利用斯皮瓦克和米格诺罗的框架来说明,在当前的条件下,南非"属下阶层"的声音从教育环境中发出既是可行的也是受限制的。在继续这一论证的过程中,我指出,人权话语是矛盾的,但是这种矛盾并不是负面的。它是建构的且确有助益,但它限制其他事物,同时又被其他事物所限制。在这一论证中我的观点是阐明虽然有人认为在后种族隔离、后殖民时代,"属下阶层"的声音是被释放的,但事实上"属下阶层"仍然不能发声。相反,属下阶层表达的事物在西方的想象中是被重新阐释且以西方的名义呈现、定位和接受的。我对该领域的分析是通过讨论南非的人权框架和同性恋者以"自己的声音"主张权利的方式展开的,这些权利是关于性取向和"新"南非制度中的学校教育。

在南非使用人权实现民主

关于人权方面的话语是既被许可却又同时受到限制的。它的许可是因为它为全世界的所有人赋予了形式上的平等。但它的受限是因为其起点和话语框架。人权话语受到了若干批评。包括早期马克思和边沁(Bentham)对《人权与公民权宣言》的批判,对联合国的《世界人权宣言》(1948)的批判,这些批判导致了后来《非洲人权和人民权利宪章》(1981)对一些意见的采纳。这里我的目的不在于回顾对人权话语的批判,而是指出这些批判的中心内容,以证明人权话语并非完美无瑕,我们应该对其加以批判性看待。然而,正如上文所指出的,我也旨在表明,人权话语同时也确实为对抗压迫形式提供了有利条件。

通过联合国1948年颁布的《世界人权宣言》,人权话语在国际上声名鹊起。在《世界人权宣言》颁布以前,1776年7月颁布的《美国独立宣言》(USA)、1776年6月颁布的《弗吉尼亚权利法案》(USA)、1789年法国大革命期间颁布的《人权与公民权宣言》都对人权进行了系统阐述(Osler & Starkey,1996;Touraine,1997;Weston,2002)。这种话语因为"错误地认可"或"没有认可"(Taylor，1994)非洲人民和世界其他殖民地民族的特殊性而受到批判。对于"错误地认可"，泰勒(Taylor)指的是占主导和支配地位的主体对"受辱的、压迫的"和处于从属地位的"他者"进行定位。"没有认可"包含几乎完全忽视和否定"他者"的"存在"，好像"他们"甚至不存在一样。

> 在现代世界体系的构想中，"人权和公民权"宣言中的殖民问题已经消失了。因而，人和公民的概念使一个区域问题普遍化了，并抹去了殖民问题。(Mignolo，2000：62)

米格诺罗的上述评论提出了一个关键问题，这对于非洲至关重要，尤其是对南非而言。当考虑到 1789 年法国在宣布《人权与公民权宣言》之际，还在继续殖民非洲大陆的"其他"国家这一事实时，在人权的确立和起源中"抹去""殖民问题"就显而易见了。当 1776 年 6 月美国颁布《弗吉尼亚权利法案》时，为了联合全美国，美国原住民重新拥有了失去的土地(Squadrito，2002；Goldberg，2002)。联合国《世界人权宣言》中"殖民问题"的"抹去"在南非种族隔离的经验中是最明显的。联合国的《世界人权宣言》颁布于 1948 年，正是在这一年，种族主义、白人至上主义和种族隔离制度在南非确立。因此，虽然欧洲和西方宣告并突出人权的重要性，并将其建构为好像在殖民国家如南非中具有普遍性时，但事实上他们在践踏那里的人权，并且非人道以及侮辱性的方式反而得到了巩固。这个过程受到了所涉国家政府的积极支持，同时，它们号称人权是"全世界所有民族"的"标准"。德里达评论道：

> 人们绝对不能忘记，尽管种族隔离不是因为"apartheid"这个名称的到来而出现的，但是这个名称却成为这种秩序的口号，直到二战结束才正式成为南非的政治术语。当人世间所有种族主义受到谴责，国家政党敢于参与到"在所分配的地理区域中每个种族的独立发展活动中来"。(Derrida，1986：330—331)

因此，当西方提出人权话语是"普遍性"的时，非洲大陆的国家仍然受到殖民主义的束缚，这种殖民主义包含了西方人民对人权的公然侵犯。有部分原因推动了《非洲人权和人民权利宪章》的制定，该宪章是非洲统一组织（现在是非洲联盟）于 1981 年采纳的，并于 1986 年生效(Weston，2002)。

在非洲，很多人把联合国的《世界人权宣言》看作一个西方、欧洲的文件。它是在欧洲和西方铭记的历史环境中制定的，并且认可早期西方人和欧洲人的意见和经验历史。《世界人权宣言》似乎并不认可非洲和非洲人的经验。它似乎对使殖民主义的结构产生差异的经济、政治和社会文化力量保持缄默。西方的知识系统被合法化了。殖民化世界的观点并没有被表达出来。处于从属地位的殖民地人民是无足轻重的，因而低人一等。这意味着殖民国家是可被帝国主义利用的，它们的财富被西方所攫取。

就这一点而论，如所预料的，《世界人权宣言》中虚伪的普遍主义显然是"独白式的"(Taylor，1994)。在泰勒的术语中，"独白"是与自己谈话或与自己类似的他人谈话。殖民者会与他们自己或在他们这类人中间谈论被殖民者，而不是与被殖民者展开"对话"。对于泰勒来说，这样的"独白"基本上是来源于对"他者"的"错误认可"。这种错误认可是因为他者的形象是由"同类"(the Same)以"同类"的术语建构的，因此"同类"被认为是优于"他者"，以便在意识形态上证明和巩固殖民主义事业。就此而论，《世界人权宣言》并未"提到"被殖民的"他者"的经历，因此，用米格诺罗的话来说，"殖民问题"被"抹去了"。《世界人权宣言》自身认为是对二战期间西方和欧洲所经历的暴行的回应。这种具有雄心壮志的回应被塑造成"具有普遍性的"，即使它是由一群特定的外交家及其所代表的国家建构的。

人权在多大程度上适用于非洲大陆的争论涉及三个主题。第一，非洲的环境特点是极度贫困、疾病和欠发达——所有这一切也被认为是殖民主义的后果——这意味着非洲的人权不得不聚焦于发展问题以消除贫困和疾病，而不是个人公民权利和政治权利(Ambrose，1995)。第二，由于殖民主义，非洲的人权主要与发展独立的国家联系在一起，这些国家比起欧洲和北美，通常会要求接受更多的国家干预(Nanda *et al.*，1981)。第三，非洲本土文化并不完全适合人权范式，通常如若不是侵犯人权，也与人权相矛盾(Abdullah，2000)。这些批判表明，我们需要承认环境、大陆文化及其人民的特殊性。这些特殊的存在隐晦地或者有时明确地提议，不能不加批判地接受《世界人权宣言》中的"普遍主义"，也就是说，必须承认非洲人的环境和存在方式。事实上，他们的论点表明，《世界人权宣言》中的"普遍主义"并未明显地包含非洲的现状，因而需要加以修改以适用于非洲的环境和生活。

　　除了错误地认可或不认可非洲人民及其现状以外，《世界人权宣言》还因其对女性的经历保持"沉默"而受到批判(MacKinnon，1993)。通过对前南斯拉夫战争中女性经历的具体考察，麦金侬(MacKinnon)表明，《世界人权宣言》不仅忽视了此次战争中女性及其权力的被侵犯，而且人权话语是以男性形象以及认同男性的现实和经历塑造的。它毫无疑问是男权主义的。因此，不能认为有关"种族"、性别和阶级的人权话语能使人们反抗他们所经历的统治形式。

　　根据上述讨论，很显然，南非学校课程中仅仅是将人权法律化是既不合适也不充分的。将人权法律化只能让学生意识到法律所规定的内容，包括南非《宪法》和联合国《世界人权宣言》以及类似的人权文件中对人权的规定。然而，正如以上讨论所表明的，人权是有争议的且是可以争论的，这意味着不能将其认定为似乎是抽象的、既定的真理。可以说，教授法律不足以使学生明白人权发展过程中以及话语中的种种争议，人权的争议是人权话语发展以及人权话语中发展的标志。就其本身而言，在人们生活的特定环境中将人权法律化并不能概括人权规定的具体含义。因此，在教育中，对人权展开教学需要探究人权的争议性且能被争议的本质，并考虑到人权在人们实际生活中的含义。否则，它们将只会具有合法的抽象性而不涉及人们生存的环境。

　　在南非，在抵制种族隔离和建立民主制度过程中，人权话语都发挥了重要作用。很多人认为，人权以及人人平等的呼声在反殖民斗争中扮演着重要角色，为反对殖民主义的单向强加和不平等提供了基础。在1998年联合国《世界人权宣言》颁布50周年纪念日上，南非宪法法官阿比尔·萨克斯(Albie Sachs)说：

> 20年(《世界人权宣言》颁布后)，我一直在被流放……我用《宣言》的文本证明我的国家是全世界最差的……我逐一查看了条文，以说明南非的法律和政策是如何违反它们的。(Sachs，1998)

在反种族隔离运动中，很多人像萨克斯一样运用《世界人权宣言》来说明种族隔离如何不公正以及如何公然违反人权。在种族隔离法庭中，曼德拉(Mandela，1964)站起来并运用《世界人权宣言》据理反对违反人权的种族主义。曼德拉说：

> 你的敬拜讨神喜悦(基督语，表示对在座的尊敬)。我要讲的主要问题是，在一个被白人完全控制的司法部以及执行的法律由白人制定的议会中，我们没有代表，在大多数情况下，法律是在不顾非洲人全体反对的情况下通过的，因而一个作为被告的非洲人所站的经受政治审判的地方并不是一个公正法庭。
>
> 《世界人权宣言》提出，法律面前人人平等，所有人都有权享有法律的平等保护，不受歧视。1951年5月，D. F. 马伦博士后来成为首相，他告诉联邦议会，《宣言》的规定适用于这个国家……但实际的真相是任何条款只要涉及我们的人民，法律面前并不平等，相反，这些声明完全就是错误的、误导的。

诚然,表面上,在法庭上就所审判的行为而言,被控告的非洲人与被指控的白人享有相同的权利和优待。他与适用于被指控的白人一样,受相同程序规则和证据所制约。然而,从这一事实中得出非洲人在法律面前人人平等的结论是非常不准确的。

法律面前人人平等的正确含义是,被法律监管的人有权参与法律的制定,宪法保障所有区域的人口享有民主权利,确保在权利受到侵犯时有权要求法庭保护或申诉,有权以法官、裁判官、首席检察官、法律顾问和类似于职位人员的身份参与司法行政。

缺乏对这句"法律面前人人平等"的保障措施却应用在我们身上,这是毫无意义的、迷惑人的。我指的所有权利和优待被白人垄断了,而我们并不享有它们。

白人制定了所有的法律,他们在法律面前拘捕我们,控告我们,他们坐在我们的头上审判……我感到被白人统治的压迫气氛,在这个法庭中到处潜藏着这种气氛。不知何故,这种气氛令人想起白人统治造成了这个法庭以外我们的人民所经受的不人道、非公正待遇。
(Mandela,1962:40—63)

上文的特点是曼德拉——用一部法律来对质另一部法律中的法律。但是,这具有讽刺意味的悖论并未引起曼德拉的注意。的确,他以自身之法、律师之法、"黑"人之法和"公正"之法,去呼吁对黑人的"认可",提醒我们法律的框架完全是种族主义的。正如麦金侬(MacKinnon,1993)指出,人权框架是男权主义的。曼德拉指出,南非所使用的法律的种族主义框架并未认可大多数人的情况。正如曼德拉所说,"白人"是"利益相关团体",法律的创立是服务于"他们的利益"。在这方面,有人注意到"白人"通过法律且在法律中同时得到了"认可",而黑人通过法律是在法律中"得不到认可"且被"错误地认可"。曼德拉在法庭中的出席和声明表明了这种明显的区别。曼德拉做到了利用人权话语来表达司法系统应该基于的理念。在上文中,他直接引用的是《世界人权宣言》。他通过出席在法律面前来强迫法庭承认法律中没有他的一席之地。

在人们进行自我保护时,人权话语的作用是一种有利的因素,这种作用似乎在后种族隔离时代的南非仍将存在,而且在学校的年轻男同性恋学习者最终决定其立场的方式中非常明显。这在一项研究中可见一斑,这项研究考察了西开普省、豪登省和夸祖鲁-纳塔尔省的学校九年级师生对人权、民主和公民权的理解和经历。[①] 迪昂(Dion,化名)是西开普省学校中的一个男同性恋学生。一个星期一早晨,迪昂来到学校,他的头发染成了"令人震惊的橙色",到处说"我再也不害怕了。我就是我,我为我自己骄傲"。迪昂"暴露了"自己。他的橙色头发表明他对自己是同性恋者毫无愧疚之意。在他的受访记录中,这一点明确地体现出来了:

我:跟我讲讲你的橙色头发。

迪昂:你知道的,我已经受够了,我的意思是,我已经厌倦于一直处于害怕之中,无论什么代价,我要做我自己。

我:你害怕什么?

迪昂:你知道,我们学校到处都是帮派,他们总是威胁要强奸我并侮辱我、取笑我,天哪("我的天"),还总是骚扰我。我对此感到恼怒(厌恶和疲倦),甚至厌恶提及这一点,你要知道我走路不管走多久都会感到害怕。所以,我决定把我的头发染成橙色,让他们看到我不害怕,我为自己是同性恋而骄傲,为我自己而骄傲。我就在这里。

我:他们是如何反应的?

迪昂:现在他们认为我很疯狂,就像疯了一样。但是他们接收到了我的信息。我告诉

---

①　该研究是在 1996 年至 2000 年期间进行的,是范围更广的研究的组成部分(Carrim,2006)。

帮派的一个大人物，我就在这里，他最好习惯，我有我的权利，他看着我完全震惊了。嚯……（笑声）我喜欢这样。

我：那么，他们停止对你的骚扰了吗？

迪昂：是的，但是他们仍然会议论，但没那么糟糕了，因为他们知道现在我会坚持做自己，我不会再接受他们的任何侮辱了。

迪昂提到了他现在所享有的权利，并运用他的权利，以维护他的身份和存在。

另一位男同性恋学生图拉尼(Tulani,化名)来自豪登省一所学校，他利用有关人权的观点来讨论他是如何被对待的。

我：你现在在镇上受到过任何歧视吗？

图拉尼：算不上，但我"出柜"了，我不会容忍这事。

我：你会怎么做？

图拉尼：我现在有我自己的权利，他们不会像以前那样做他们想做的事了。现在我可以把他们带到警察那里，他们是"帮派"。

我：你会这样做吗？我的意思是你会把他们带到警察那里？

图拉尼：当然，我有我的权利，我跟他一样，如果他们对我做坏事，我会带他们去警察那里。

我：到目前为止，你向警察报告过他们中的任何一个人吗？

图拉尼：没有。

图拉尼明确提到了能保护自己的"权利"，将法律手段——"警察"——看作"现在"存在的能保护他的权利。图拉尼认为这些权利能在他和其他人之间建立平等关系——"我跟他们一样"。他也认为这跟过去不一样了。在社区成员中，感到接受度有所提高，也可以在图拉尼更强的自信和声明中看出来，也可以在所存在的对平等的正式规定中体现出来，这个规定认可性取向是一项人权，就像图拉尼和迪昂提到的那样。

因此，对于图拉尼和迪昂来说，人权话语正式载入"新"南非宪法中，似乎能够积极维护他们的身份，捍卫他们与其他人的平等权。我特意选择集中讨论研究迪昂和图拉尼，是因为作为男同性恋学生，他们能够让人们看到一个被边缘化和通常被忽视的社会群体。然而，在他们被边缘化的空间里，人权话语在这种情况下明确认可了他们性取向选择的权利，似乎对他们积极认识自己且在"其他人"面前维护自己的权利方面有直接的影响。

因此，在有必要批判性看待人权话语的同时，也要注意到历史上西方和欧洲对人权话语的建构，正如上文中的例子中表明的一样，它对抵制种族隔离发挥了重要作用，也将继续对后种族隔离时代的境况产生积极影响。在很多国家，这对教育有着直接的影响。当教授人权话语时，我们需要对其加以批判性对待的同时，也需要明确它备受争议的本质，但这并不意味着教师不应该确保学生理解法律和他们的人权。人们需要知道什么是人权。他们需要知道国家《宪法》和法律中包含了什么内容，以及国际性的人权文件有哪些。这些仍然是"必备知识"(Osler & Starkey, 1996)。法律之外并不存在权利，人们需要了解这些法律以便了解他们的权利。

然而，我认为我们对人权进行法律化理解也许是有必要的，但绝不是充分的。当人权与更广泛的人类经验联系起来时才会是有意义的，这些经验包含着很多强大却无声的过程。对于这一点，人们也需要确保人权方面的教学要认可这些环境。人权教育需要"谈及"人们自己的经历，以这样一种形式即斯皮瓦克所提出的宏观逻辑和微观逻辑语言或米格诺罗的"双重批判"来阐述。这种人权教育方法有巨大的潜力。它会：

1. 为学习者提供相关人权法律方面的"必备知识";

2. 向学习者揭示人权话语的历史发展;

3. 使学习者能够理解人权过去与现在的种种争议;

4. 使学习者了解一些人权话语被构造的方式,而不是把它们当作预先给定和非建构的;

5. 允许在人们生活的环境下探究人权的含义,从而能让人权教育"谈及"人们自己的经历。

尽管如此,南非人权话语与现代性工程紧密联系,因为南非后种族隔离的社会结构是随着民主的巩固而逐步建立起来的。在这种现代主义工程中,释放"底层人"声音的可能性并不是想当然的。在新的南非《宪法》中,废除种族隔离、保障性取向自由是一项人权表明,南非被同化进了西方和欧洲的主体中,而非反对西方和欧洲的主体。但是正如米格诺罗所指出的,这并不稀奇。在阐明"外部的底层"和"内部的底层"之间产生的差异时,他写道:

> 这种差异让我们理解性别、种族和性的差异能被制度所吸纳,并置于内部底层的范围中。在今天的美国这种情况是显而易见的,对于美国黑人、女性、西班牙裔和同性恋者(尽管这些群体之间有明显区别)来说,他们越来越被制度当作异类所接受,且作为被"同类"控制的整体的补充。(Mignolo,2000:176)

正因为事实如此,南非赞成其"外部的底层",认为其在联合国安理会的席位和世界杯足球赛主办权是"为了非洲大陆"。然而,在与全球政治和经济秩序的同化过程中,它成了"内部的底层",因为它以"异类"的身份被系统接纳,作为"同类"控制的整体的补充。

《民事结合法案》的通过认可了性取向是一项人权,这个实例表明了"内部底层"的明显特征。在围绕《民事结合法案》通过的辩论和公共讨论中,可以看出南非《宪法》认可性取向是一项人权时,并不一定意味着男同性恋者和女同性恋者能够"结婚"。很显然,"婚姻"仍然是在婚姻的传统概念下所框定的,是在男性和女性之间取得的异性恋联盟,它基于被上帝所任命的这种联盟对"神圣"的认可。这涉及占主导地位的宗教和本土的信仰系统。就这一点而论,同性之间的伙伴关系被认为是"公民联盟"而不是婚姻关系,这引起了南非男同性恋者和女同性恋群体的强烈不满(*Exit*,2006)。因此,正如斯皮瓦克所考察的"殉夫自焚"的例子中,男同性恋者和女同性恋者只在他们能被现代性框架所同化的程度下才被认可,现代性框架仍然是异性恋主义。在这个例子中,其话语框架与本土知识和占主导地位的宗教一脉相承。就这一点而言,在后种族隔离、后殖民时代的南非,男同性恋者和女同性恋者确实享有很大的政治、经济和社会地位,但他们仍然属于底层,在本土和传统知识系统中的上帝面前不能"说话",他们被保证的是能在现代主义霸权中作为异类(lo otoro)而存在和说话。

然而情况极其复杂。南非政府认为,对于有效应对全球霸权的挑战来说,南非以及整个非洲现代性的发展是必要的条件。南非政府还声称,它出现在西方的主体中是必要的,只有这样它才能在权利的脚下发出底层的声音并重新定义世界的秩序。就这一点而言,有人认为成为异类也许在战略上是必要的,不一定要被西方同化。然而,这些观点往往低估了全球政治经济中发挥作用的权力力量,设想仅通过将底层人提上全球议程,就能重构权力矩阵。正如米格诺罗引用达斯(Das)所提出的,"'底层人'不是一个类别而是一种视角;底层人视角并不涉及理解这个和这种社会组织或社会行动本身,而是理解其在殖民统治下的'契约'关系以及'属于现代性结构的统治形式'"(Mignolo,2000:188),记住这一点是有益的。

我在此想要表明的并不是南非在全球舞台上的角色和存在不重要,而是指出南非重新进入世界秩序是现代主义工程的一部分,但这并不一定意味着它是反霸权的或能够释放底层人的声音。很可能,进入世界秩序将会限制"另一种思维"的可能性,因为理性和合理性的现代概念及全球政治经济的权力结构为了建构自身而将"他者"底层化。换句话说，南非是以后种族隔离和后殖民的方式加入世界秩序，它并未重构世界秩序。就这一点而言，迪昂和图拉尼在学校中维护他们权利的经历也受到了他们反现代潜力的限制。迪昂和图拉尼对性取向权利的维护在"（现代主义）同一的整体"中是异类的，也标志着他们处于"内部的底层"。被定位为"底层人"的图拉尼和迪昂仍然无法说话，正如斯皮瓦克所分析的"殉夫自焚"中的印度妇女一样。

利用属下阶层地位的复杂性，本文提出，人权以及为了人权的教育首先需要确保其包含人权话语的法律性质；但同时人权话语需要表现为具备争议性且是可以争议的。这意味着人权教学需要提倡对人权的批判性探究，而不是把它们当作教条和无可争议的真理来教学。最后，人权教学需要允许对它们"内部的底层"和"外部的底层"的阐述进行探究，注意到它们与全球和国家秩序的"微观逻辑"和"宏观逻辑"的联系。

这表明，对社会凝聚力至关重要的国家建设的学校教学，不能以狭隘的民族主义和地方主义方式来对待人权。如实例所示，学校需要在更广泛的全球环境中定位他们的社会。

本文的目的是运用与属下阶层研究有关的"双重批判"来理解南非从种族隔离到民主的转型。我首先从人权的视角考察后种族隔离、后殖民时代南非的民主成就，指出了人权话语以非常矛盾的方式发动人们抵制种族隔离，同时继续对年轻人的生活产生积极的影响，比如本文中提到的同性恋学生的例子。然而，我也揭示出对后种族隔离时代南非的"微观逻辑"分析倾向于庆祝人权"胜利"，与其这样，更重要的是将南非置于全球政治经济的环境中。在后种族隔离和后殖民时代，当前的南非是世界秩序舞台上的参与者。但是它并未重构世界秩序的霸权，而是作为一个重要和有影响的参与者参与其中。我认为，这种参与是现代性巩固过程的一部分，以后种族隔离时代的南非为代表。然而，这种代表并不必然是通过教育和文化实践释放属下阶层声音的条件，而是限制了所表现的真实性和可能性。我自始至终都在试图揭示，在抵制种族隔离和后种族隔离这两种情形下，人权话语和现代性工程是如何充满矛盾的。同时，这种矛盾力量构成了后殖民时代南非的现代性，且限制了它的变革潜力。尽管如此，矛盾是有效的，不仅因为它们具有建构意义，也因为它们能够突出存在的紧张局势和挑战，以便运用"边界思维"且抵制全球霸权秩序及其知识系统。

参考文献

Abdullah, H. (2000). *Beyond rights talk and culture talk: Comparative essays on the politics of rights and culture*. Cape Town: David Phillips.

Ambrose, B. (1995). *Democratisation and the protection of human rights in Africa, Problems and prospects*. UN Symposium on Southern Africa: Unpublished.

Bentham, J. (1970). Anarchical fallacies. In A. I. Meldon (Ed.), *Human rights* (pp. 28 - 48). Belmont, CA: Wadsworth.

Carrim, N (2006). *Human Rights and the Construction of Identities in South African Education*, PhD Thesis. Johannesburg: Wits School of Education, Unviersity of the Witwatersrand.

Castells, M. (2000). The new global economy. In J. Muller, N. Cloete & S. Badat (Eds.), *Challenges of globalisation: South African debates with Manuel Castells* (pp. 2 - 22). Cape Town: Maskew Miller Longman.

Castells, M. (2001). *The Rise of the network society*. Oxford: Blackwell.

Constitution of the Republic of South Africa (1996). As adopted on 8 May 1996 and amended on 11 October 1996 by the Constitutional Assembly. Pretoria, Government Press.

Derrida, J. (1986). Racism's last word. In L. Gates (Ed.), *Race, writing and difference*. Chicago, IL: University of Chicago Press.

Hayward, G. (2006). Big "No" to Civil Union Bill, *Exit: South Africa's Gay and Lesbian Newspaper*, November, Issue 198.

Goldberg, D. T. (2002). *The Racial state*. Malden, MA: Blackwell.

Hall, S. (1996). On postmodernism and articulation: An interview with Stuart Hall (L. Grossberg, Ed.). In D. Morley & K. Chen (Eds.), *Critical dialogues in cultural studies* (pp. 131 – 150). London: Routledge.

MacKinnon, C. (1993). Crimes of war: Crimes of peace. In S. Shute & S. Hurley (Eds.), *On human rights: The Oxford Amnesty lectures*. New York: Basic Books.

Mandela, N. (1962). *Old synagogue court of Pretoria trial records*. Johannesburg: Microfilm reel OCLC No. 24897985.

Mandela, N. (1964). *Pretoria Supreme Court trial records*. Johannesburg: Microfilm reel OCLC No. 56330366.

Marx, K. (1969). *Basic writings in politics and philosophy*. London: Collins.

Marx, K. (1978). Quoted in: E. Tay Kamenka & A. Erh-Soon Tay Human rights. London: Edward Arnold.

Mignolo, W. D. (2000). Local histories/global designs: Coloniality, subaltern-knowledges and border thinking. Princeton, NJ: Princeton University Press.

Osler, A. and Starkey, H. (1996). *Teacher Education and Human Rights*. London: David Fulton.

Nanda, V. E., Scarritt, J. R., & Shepherd, G. W. Jr. (Eds.) (1981). *Global human rights: Public policies, comparative measures and NGO strategies: A Westview special study*. Colorado, Frederick A. Praeger.

Osler, A. & Starkey, H. (Eds). (2005). *Citizenship and language learning: International perspectives*. Stokeon-Trent: Trentham Books.

Sachs, A. (1998). Moments of memory. In Ministry of Foreign Affairs, Sweden, *A human rights message* (pp. 133 – 137). Bords, Sweden: Centraltryckeriet.

Spivak, G. C. (1993). Can the subaltern speak? In P. Williams & L. Chrisman (Eds.), *Colonial discourse and post-colonial theory: A reader* (pp. 66 – 112). Hemel Hempstead: Harvester Wheatsheaf.

Squadrito, K. (2002). Locke and the dispossession of the American Indian. In J. K. Ward & T. Lott (Eds.), *Philosophers on race: Critical essays* (pp. 101 – 125). Oxford: Blackwell.

South Africa (1996a). *Constitution of the Republic of South Africa* (1996). As adopted on 8 May 1996 and amended on 11 October 1996 by the Constitutional Assembly. Pretoria: Government Press.

South Africa (1996b). *Constitution of the Republic of South Africa* (1996). Bill of Rights: Article 9. As adopted on 8 May 1996 and amended on 11 October 1996 by the Constitutional Assembly. Pretoria: Government Press.

Taylor, C. (1994). The politics of recognition. In A. Guttmann (Ed.), *Multiculturalism: Examining the politics of recognition*. Princeton, NJ: Princeton University Press.

Tinker, H. (1977). *Race, conflict and international order: From empire to United Nations*. New York: St Martin's.

Touraine, A. (1997). *What is Democracy?* London: Verso.

Uzgalis, W. (2002). "An inconsistency not to be excused: On Locke and racism." In J. K. Ward & T. Lott (Eds.), *Philosophers on race: Critical essays* (pp. 81 – 101). Oxford: Blackwell.

Ward, J. K. & Lott, T. (Eds.). Philosophers on race: Critical essays. Oxford: Blackwell.

Weston, B. H. (2002). Human rights. In *Encyclopaedia Britannica*. 15th revised edition, Vol. 20 (pp. 656 – 664). London: Encyclopaedia Britannica.

Wolpe, H. (1986). *Race, class and the apartheid state*. Paris: UNESCO.

Zizek, S. (2005). Against human rights. *New Left Review*, 34, 115 – 131.

10. 社会公平、发展理论与教育问题

伊莱恩·恩特海特(Elaine Unterhalter)

    自 20 世纪 50 年代以来的各种发展理论中,教育始终占有一个特殊地位。从最初冷战时期和非殖民地化时期的政治经济学,到后来后冷战时代的全球化和政治重组,在这些情势变化中,教育目标的观点、如何系统化学校知识、如何组织教学或看待学校管理等问题一直是争论的话题。特定的发展理论假设、研究方法和实践都强调教育的某些方面而弱化另一些方面。但是很少有人关注公平观点(无论是以明确或含蓄的方式)以及这些观点是如何引导有关教育和国际发展思考动态的。

    本文将探索六种发展理论方法以及它们将教育和社会公正概念化的方式。鉴于篇幅限制,我们无法探讨所有的发展理论及争论,因此只选择其中一部分。这一筛选结果部分是因为这些方法从 20 世纪 50 年代以来是按照时间顺序来发展的,另一方面也是因为这些方法属于当代发展理论中的讨论热点。在讨论这些方法的同时,本文试图解释每种方法定位教育目标的方式以及它们对课程、教学和管理实践的影响,并试图从每种方法中提炼出其对受教育者的本质的假设以及教育和社会公正间的联系。文章最后总结了每种理论相关联的研究偏好。对这些理论一一阐述也为我们提供了关于教育与贫穷的全球行动视野。

现代化理论和国家建设

    现代化理论出现于 20 世纪 50—60 年代。在该类理论看来,西欧和北美的经济、政治和社会形成,比世界上其他"传统"、非现代或不发达社会处于更高的发展水平。罗斯托(Rostow, 1959)将"现代性"和市场经济联系起来,认为市场经济中某一特定部门的投资和增长能够带来行业腾飞、薪金增高以及消费增长。大卫·艾普特(David Apter)通过民主政治来认识现代性问题,其主张用政党、选举议会和高效政府等机构形式取代当地隶属关系与治理(Apter, 1965)。英格尔斯和史密斯(Inkeles & Smith,1974)指出了现代人的一些特有属性,即独立性和理性。

    这些理论家认为现代世界和传统世界之间存在显著且具有原则性的差异。前者被认为是能够带来更高的生活标准、更高效的政府和更理性的具有预见性的人类主体。后者则被认为是以停滞的经济、贫穷、腐败、无能的政府以及守旧的目光短浅的主体为特征。理想状态下现代化理论的中心伫立的是具有一切优秀品质的人。人们认为这些关系对其而言在政治或工作的公共领域是十分重要的。尽管他与女性、孩子或社区都有联系,但是这些都被视为私人领域,处于次要的地位,严格意义上并不是现代化或者还不够现代化。

    在 20 世纪 40 年代也兴起了略为不同的有关现代性的新理解。这种新版本的现代性是由新民族国家的开国设计师们所提出,其并未对"传统"形式进行彻底批判。在这里现代性与新的国家公民制度联系起来,将原本植根于宪法里的一种宗教、一种语言或一个地区等附属式关系放置于一旁,开始新建包括高校、国家广播或计划经济等在内的主要社会机构。而官方语言的确立通常是新国家建立争论最多的话题。尽管很多采用了这一新版本的现代性理解的反殖民化国家运动都主动支持女性流动(Jayawardena,1986;Stasiulis & Yuval Davis,1995),但是预想中的现代公民往往被认为是性别中立的,它所宣称的就是法律面前人人平等以及新的世俗国家中的机会均等(Rai,2002)。

这两个现代性观点的交互点与多种社会力量（其起因有时可能是相同的）达成一致。第一种观点与美国政治经济影响力的拓展有关，这种影响力渗透进原先属于欧洲殖民权力的范畴中（Ambrose ＆ Brinkley，1997）。第二种观点与错综复杂的非殖民化政治有关（Chatterjee，1991；Pieterse ＆ Parekh，1995；Hyam，2007）。然而抛却这些不同，这两种观点间也有一个无论是实践还是理论上得到充分认可的有限共同点：拥有多元背景的公民、对现代性持有模棱两可的理解、无法清晰理解公民与国家之间关系的数以百万的人口（这可能缘于他们居住的区域远离现代机构或大众传媒，或者由于战争或政治流放剥夺了他们的公民身份）。从现代化理论来看，那些不符合理性公民制度、工资经济就业、消费、世俗主义和国家联系等理念的社会关系被认为是受到传统、排他主义和低效的"打压"。就新兴国家形式的民主实践而言，例如在印度和加纳，人们一直为如何获得一个兼容并包的民族愿景而努力奋斗。

这种反差明显的双重性指出了教育的目的应包含使人们变得现代化且能"卸下传统"负担的过程。在学校、技术机构、成人识字班和大学，人们要学习公民属性、民主和国家经济增长的重要性。因此，教育在实现现代化转型过程中起到关键作用（Fagerlind ＆ Saha，1983），与诸如广播、电视等大众传媒相关的新型科技一同，被视为达到这一目标的关键工具（Lerner，1958）。提供大众教育是国家建设的现代化形式中非常重要的部分。为所有公民提供的大众教育对经济增长而言非常有必要，也是新政府致力于为全民发展社会的一种体现（Carnoy ＆ Samoff，1990）。

因此重要的一点是学校应该教授在其他地方学不到的、与现代性相关的知识。对于官方语言中的读写能力，即在理解的基础上能够读写短篇文本的能力，被认为是学校能为成人和儿童提供的最佳内容（Jones，1990）。同国家建设有关的语言，如斯瓦希里语、印度语或西班牙语，也被视为学校教育的职责范围（Aikman，1999；Mvungi，1974）。国家附属的各种实践，比如向国旗敬礼或者让儿童作为公民学习组成这个国家的不同省份同样也应该予以强调（Uchendu，1980；Harber，1997）。计算能力也被视为经济现代化组成部分就业的关键，包括科学测量、数字表示法和抽象演绎等，这些对于效率、科技创新和健康意识等都是非常重要的（Eisemon，1989）。因此学校是教授与现代化有关的科目的关键场所。

基于这些目的而支持学习这些科目的教学法也被称为传输教学，因为它主要是传递知识内容，而不是回应学习者的想法和本土语境。举例来说，埃斯莫（Eisemon）在评论20世纪70年代非洲学校的科学教学时曾指出，教学本质就是教学的内容和质量，其能达到强化理解的目的，而非在校的时长（Eisemon，1989）。阿迪欣（Adesina）在回顾尼日利亚多变的历史教学方法时，记录了在20世纪60年代发生的一系列事件之后最初教学中的重点（Adesina，2006）。与现代化有关的学校管理强调理性的行政系统，由位居省会城市的教育部门来承担中心角色，在它之下有一些附属机构或巡回机构报告进展。比如南非教育行政系统为不同种族群体所用，它被认为是合理且高效的，与国家和地方组织结构的"现代化"理念有关（Behr，1966）。当所有的教育规定都独立且统一在肯尼亚教育部时，这些行政部门的设计就会被视为合理的国家组织结构（Raju，1973）。

现代化制度有关人的假设则主要指向同一性和统一性。所有人都有平等接受教育的机会，都要学习新兴知识。

现代化理论中隐含着两种关于公正的观点。第一种观点认为公正并不是一个理论，而是一系列高效的法律制度，这种理解将国家权威的描述性论述同权威合理性的标准性论述结合在一起（Hart，1961）。如果教育中的法律是由民主选举出来的机构制定的，同时由廉洁的法院给予阐述，如果能够高效地征集税收，并将其合理用于经济计划中的学校建设，那么公正就真正得以落实。

　　第二种有关公正和合法权威的现代化观点是，一个遵循现代性并以现代制度的公正和道德行事的人就是举止正当。在约瑟夫·拉兹（Joseph Raz）的理论里，国家的权威由它在促成善事中的道德感来引导。国家的权威来自法律，这一法律的编纂来自人们已经有的行动理由，比如上缴税款来支持学校和鼓励经济发展。这是合理的，因此它是合法且公正的（Raz，1986）。这一理念认为国家应积极为个体创造条件来追求有意义的生活，有学者认为这催生了 20 世纪 50 年代和 60 年代兴起的全球公平观念，这一宏愿更多是在联合国的成员国和国际系统中清晰表述过的，而非通过个体间或民主社会组织的联系也非通过更宽泛意义下的国家（即不局限于以政府来代表国家）来进行表述（Jones & Coleman，2005）。

　　这些有关公正和平等机会的观点对于如何设定研究议程有特定的影响。学校所研究的和测量的正是教学运作中的读写能力、计算能力、对国家语言的精通和现代性的心理属性的成就，因为这些体现了公平制度在全国范围内工作的落实程度。因此，与测量和大规模调查有关的教学法的解释力被着重强调。该研究范式认为有所改善的制度会扩大供给，让穷人最终有机会上学。

基本需求

　　现代化理论的乐观主义带来的结果并不均衡，许多与之相关的问题也在 20 世纪 60 年代末期凸显。紧迫事宜包括一些新制度无法解决的贫困问题。某些严苛的政府认为自己的行动是在回应现代化。与经济增长和政治合法性相关的制度中涌现的基于人种、种族或性别的排斥让人质疑现代化的效率问题。20 世纪 70 年代，一群颇具影响力的发展经济学家批判了现代化的假设，即贫穷会在经济增长、就业拓展、高收入和成功的资本主义的涓滴效应中被根除（Streeten，1981；Stewart，1985）。社会政策的基本需求强调不应只关注某些结果或者把人作为实现社会、经济和政治目标的一种工具。基本需求理论家勾勒出把那些可能未被包含进成功的现代化工程中的人思考在内有多重要，他们可能在经济上永远无法富有成效，也无法提升经济增长。一些人的重要偏好可能无法在统一水平下得到满足，比如说老人、小孩、残疾人或那些在历史上因为性别、种族、人种等因素而受到歧视进而被排斥在政治或经济活动之外的人。维金斯（Wiggins）非常明确地指出了需求的规范化基础。他的理论指出，需求的重要性在于它们反映了人类繁荣的某些条件。未能确保一定程度的人类繁荣，即满足基本需求，则会带来一定损害（Wiggins，1988）。针对需求展开的研究的重要贡献之一在于它为一些认为现代化理论已经降级至家庭私人范畴并超出了政府政策的范围和资源的关心和忧虑提供了哲学、政治和经济的可视度（Reader，2006）。

　　在弗兰西斯·斯图尔特（Frances Stewart）的研究中，基本的教育和健康直接与优质生活紧密相关，低于基本的需求将会导致危害（Stewart，1985）。因此教育与基本需求直接相关的说法就隐含了这样的认识：获得**一定程度的**教育对于确保人类繁荣至关重要，无论这个人的品性是否现代化，无论教育机构是否按照治理、民主和效率等理念而运行。第二个隐含的观点是，教育的基本需求应该结合健康、住房、食品安全和幸福感的关切加以考虑。需求的多维度以及一系列人或制度会遭遇这些需求的事实（Reader，2006）表明教育目标不能只在学校得到实现，还应当在其他所有的基本需要的框架中得以考虑（Stewart，1985）。

　　"基本需求说"的优点在于阈限的概念以及与社会政策其他领域的联系。但是考虑到学校教育的特点之后，这一清晰的方向指导也呈现出很多问题。学校教学中应用的基本需求可以从弱势和强势两个层面进行解读。弱势的基本需求被解读成有限的学年，通常为 4 到 5 年，用这个数字来表示基本需求的达成。其问题在于只计算孩子的在校时间，而不关注学校的教学和孩子实际学习到的知识,不关注教学方法与教学结果,这样很难保证基本需求得到满足(Unterhalter, 2007)。然而,联合国组织在早期应用的基本需求方案就是分析个别国家中学校儿童的在校时间(UNESCO, 1976; World Bank, 1979)。

强式的教育基本需求在 1990 年的宗滴恩全民教育宣言(EFA)中得到表述,它带来了全民教育运动,起初只是联合国组织和一些政府的辅助运动,但是在 2000 年后,逐渐成为大部分政府、联合国组织和民间社会的运动(Chabbott, 1997; Mundy & Murphy, 2001)。全民教育的目的在于满足基本学习需求,这些需求的定义十分广泛:

> 每个人,包括儿童、青少年和成年人,都应能从满足他们基本学习需求的教育中获得收益。这些需求包括必要的学习工具(如读写能力、口头表述、计算能力和解决问题能力)以及一些基本学习内容(如知识、技能、价值和态度),这些都是人类生存、全面发展潜能、有尊严地工作与生活、充分参与发展、提升生活质量、做出明智决定以及继续学习的必要组成部分。基本学习需求的范围以及满足它们的方式随着个体国家和文化的差异而不同,并不可避免地随着时间的变化而变化。(WDEFA, 1990)

由此可以看出,用于参与经济现代化部分或进入国家机构中的功能性读写能力和计算能力的处方式学习,已经被更为广泛的、模糊的、与自我发展一致的读写能力、计算能力、口头表述和问题解决能力所取代,以便获得一种有尊严和有质量的生活。没有任何一种观点是支持课程内容的单一性的。宣言的第二章强调要宽容课程、教学和管理的多元化观点,将全民教育放在现有的"文化、语言和精神遗产"中加以考虑。因而传统和现代性的语言与实践的差异由此消失:

> 对这些需求的满足使得任何社会的个体更有力量,同时赋予他们一种尊重和建设自己的集体文化、语言和精神遗产的责任感,以此来促进他人的教育,进一步促进公平事业,达到保护环境的目的,更加包容与自己不同的社会、政治及经济系统,确保普世的人道主义价值观和人权,并在一个互相依存的世界里为国际和平和团结做出自己的贡献。(WDEFA, 1990)

在这个支持基本学习需求的形式中,教学法从教授转向学习,从结果转向过程。重要的在于不要太影响一个现代人特定属性的形成,这个现代人应该是理性且负责任的,与国家和经济制度紧密联系。提升学习被视为在互相依存的世界中繁荣、自主和生存的同义词现在成为关键点。学习者的关系和背景方面才是值得注意的事项。因此对学校知识进行选择和排序并管理该过程的问题不再出现在全球议题中,只在一些特定政府和学校的职责范围内出现。在这种转向中,这些讨论可能会失去诸如宗滴恩宣言等文件中表述的需求维度。举例来说,在巴格达,国家扩大民众基础教育以及引进以能力为基础的课程同当地政权的更迭息息相关,这些涉及教和学两方面的援助机构和援助措施,但是它对基本需求的解读并没有用 WDEFA 建议的对学习和自主性的强调,而更多是用现代化精神来解读(Davis, 2001; Hosain *et al.*, 2002)。在肯尼亚,经过 20 世纪 90 年代的发展,很多国际发展组织撤出了其援助,由于肯尼亚严重的贪污问题以及认为肯尼亚"在改革方面并不情愿"(Collier, 2004)。这加速了结构调整的效果,导致了对学校教育各种指责的滋生。然而肯尼亚政府在一些资金援助下开始了一个项目,以此来提升教科书的供应并强化对教师的建议和培训。这个重点在于提升学校的基本要求,而非满足最贫穷人口的基本学习需求(Nzomo *et al.*, 2001)。这些情况表明满足基本学习需求的全球议题在国家政策方面是如何被多方位解读的。

对公正和需求的关注也带来了什么样的需求对于人类生活是基础且重要的讨论话题,以及基本需求中的优先事项应该是什么的问题。有很多讨论针对基本需求是否由商品或各种条件满足，以及非市场化商品和与情感需求相关的服务程度是否处于公共行动的范畴之内（Sen，1981；Doyal & Gough，1991；Dasgupta，1993；Gasper，2004）。然而，对需求的哲学讨论并未在实践的政策中加以考虑，这一政策基于相当狭隘的概念之上，即认为基本教育需求的满足是五年制的学校教育（Unterhalter，2007）。

然而，关于基本需求和个人发展的多维度提出的有关公正的问题并不涉及制度的权威性或者效率，而与政治自由主义筹划出的方案有关系，其强调不存在一个包罗万象式的善的概念（例如，与现代性相联系）。相反，考虑去如何形成交叉共识也很重要，这样人们就能在他们达成一致的共享的公正和合理争论基础上展开合作（Rawls，2005）。通过共识建立的过程，人们能够探索并解决差异问题，将优先权、平等或起始点等问题限制在可裁定的需求讨论中。全民教育行动及其论坛的成立为不同国家和多方面机构提供了会面的机会，它对国际非政府机构的接纳以及对不触及内容的质量问题的关切可以被视为一种行动的政治自由主义形式。在其他地方，我将其称为薄弱的世界主义（Unterhalter，2007），因为它关注的是为了提供基本学习需求而支持全球行动，但是并不要求与政治经济体、文化或性别关系相关的进一步改革。

尽管教育基本需求方法为现代化理论呈现了一个清晰的评判标准，并对个体和公正的不同观点进行了解释，但这种方法并未产生不同的研究方法。回顾现代化程度相关的各类方法，即大规模调查和人口普查数据的解读，这些方法被用于评估基本学习需求是否得到满足。这些研究问题在此类方法中十分含糊——例如基本学习需求是如何得到满足的，何种程度的供给被认为是充足的——这就是所谓的质性研究方法，但是在发展政策中很少使用这类研究形式，正如凯伦·芒迪（Karen Mundy）所说的那样，在全民教育运动的扩大过程中，政治学和伦理学文献很少探讨对于赤贫人群的全球责任（Mundy，1998）。把基本学习需求视为一揽子的教育供给计划以及全球和各国在解读 EFA 时所热衷于援引的牵强的所谓世界主义，这种赋予基本学习需求的弱势解读是由那些并未从现代化理论的范畴中脱离的研究方法所合法化的。这或许导致该方法无法产生与道德关切相适应的全球行动。

人力资本理论

20 世纪 60 年代出现了有关学校教育本身具有经济价值的讨论，认为特定主题或公民身份对现代化并没有那么重要。加里·贝克（Gary Becker）1964 年的经典著作《人力资本》论证了新古典主义经济中人力资本的概念，指出对人的投资应该与其他诸如工厂货物或矿产的生产投资方式处于同等地位。正如基础设施建设的投资会带来回报一样，人力资本投资也能带来一定程度的回报率，这种回报率是可以计算的。贝克的研究目的在于估计美国大学和高校教育的回报率，但是他也指出不仅只有学校教育本身对于经济增长具有重要性，针对人的一系列健康和在职培训的投资也十分重要。

西奥多·舒尔茨（Theodore Schultz）在进一步开展贝克的研究后，开始致力于探讨为了发展人力资本，如何在不同收入水平的国家、不同薪资模式以及对上述收入有不同态度的条件下计算教育回报率。舒尔茨的假设是在人力资本投资中计算回报率能够确认对学校教育和研究的投资对于劳动力产能和经济增长能力的重要性（Schultz，1971）。

乔治·皮萨卡罗普洛斯（George Psacharopoulos）在 20 世纪 70 年代和 80 年代开始详细研究教育对家庭和国家经济的回报率。在收集了许多不同国家中教育在经济增长中的影响数据后，他开始探索如何将教育投资利润与那些有形的物质资本投资进行对比（Psacharopoulos，

1973)。萨卡罗普洛斯同时也思考人力资本的国家间差异是否能解释人均收入差异、全国范围内由教育程度带来的回收率是多少、公共资助教育的力度是否有差异以及补助是否提升了刺激力度等问题。萨卡罗普洛斯的调查结果对于教育投资的国际政策有着深刻的影响。在分析数据的基础上，他总结道：

> 回报率和教育程度成反比。首先看一下社会回报率，基础教育平均回报率是 19.4%，中等教育平均回报率是 13.5%，高等教育则是 11.3%。(Psacharopoulos, 1973)

这种对基础教育高回报率的强调是为了引导世界银行和其他国际和国家机构的决策者将关注点放在这个级别上。萨卡罗普洛斯计算回报率并由此获得结论的方式引发了激烈的讨论 (Bennell, 1996)，但是他的研究对于政策的影响无疑是巨大的。

通常而言，人力资本框架研究假设劳动力市场是以合理高效的方式来运行的，一旦学校开始发展某些人力资本的方面，劳动力市场就会将人分配到适合他们技能水平的职业上。这种框架没有考虑被隔离的劳动力市场，这种劳动力市场不管求职者的教育水平，分配某种职业是基于种族、性别或对关于社会阶级的假设。这个框架倾向于将学校教育视为一个让儿童获取足够人力资本的机器。提升人力资本，就如同发展现代化政治主题一样，对于提升这种学习的知识形式和教学法有着特定的要求。但是该理论指出存在多种形式的人力资本。因此不同的学校在提升人力资本的方式上可能各有不同。举例来说，精英学校可能被要求培养管理者，而一些优秀学校可能被要求培养半熟练工人。因为这两个团体都对经济增长做出了贡献，对于课程和教学的区分对待也就不再是一个关键问题了。学校为来自不同背景和收入的儿童提供不同学习环境的方式只有在学校教育质量很差、学生学到的东西太少以至于无法提升人力资本的情况下才会凸显其重要性。因此，对人力资本感兴趣的研究者通常会考虑学校是不是有效的，换言之，就是考虑学校提供的教学时间、教师的资历水平以及学生的考试结果。2002 年联合国教科文组织发布的《全球检测报告》在制定衡量全民教育运动的各项指标时受到了人力资本理论的深刻影响，它将各种输入和支出的数据编纂在一起，包括入学率、留级率和教师培训 (UNESCO, 2003)。基于这一框架开展写作的人通常对课程是隐性或显性的，对学习过程是建构性还是协商性的，对于教师身份问题等话题都不感兴趣。

尽管一些人力资本理论表示男性和女性的收益率有所不同 (Woodhall, 1973; Schultz, 1995)，但他们的一个共同结论是性别结构或种族不平等并不是值得思考的重点，关注重点应该是为了改善经济增长水平，为这些群体提供越多的教育。由此可以看出所有人力资本理论家所重视的东西。在此框架下，学校教育辅助经济增长，一个主要社会责任在于优化入学途径以加速经济发展。该框架无法解决的问题是经济领域之外的价值问题、不平等问题以及这些问题的解决方案，被认为不适合促进经济增长的批判教学法或新的知识形式是如何或者是否应该被融合进学校中。

在人力资本理论中，内在的人是一个积极的能动者，其主要关注利益最大化，即自己或社会要获得最高程度的财富或幸福。然而，大部分人力资本学者并不会用这种评估的方式来看待个体和他/她使用的思维度量。还有一种假设是关于那些家庭或国家中的个体，他们消失、融入更大的集体中，以便为所有成员谋取利益的最大化，这种观点很少关注分配问题或不同需求。因此，正如娜依拉·凯比尔 (Naila Kabeer) 指出的，普遍利益最大化观点认为在家庭里不存在性别动态变化，父亲或丈夫的角色就是一直为家庭所有成员提升利益，虽然有研究证据显示很多情况下儿子比女儿更受偏爱 (Kabeer, 1994)。当这些观点被解读成教育政策时 (King & Hill, 1993)，这一假设就变成了如果不考虑学校的成本或距离阻碍，利益最大化的合理性就非常明显。

人力资本理论隐晦地引用了与古典资本主义相关的公正观点，在撒切尔和里根时代，这些观点被解读成个体是教育或经济增长的权利承担者。这些权利优先于任何国家形式出现，且不考虑不同的情况或社会背景。因此不能约束允许观点流通、不同学校或不同雇佣形式的自由市场。个体的教育权利和投资收益权利要在有限形式的宪法政府下得到保护。在对亚当·斯密(Adam Smith)有关社会背景的有限解释下，经济的政治维度和社会背景被削弱。这种古典自由主义的解读没有特别关注与关心基本需求、义务和社会公正方面的重合共识等有关观点，而是强调了积累和教育的个人权利。

有关本体论而非道德自由主义的假设，以及确保了简单的经济增长的利益最大化观念引发了人们对建立高效的机构以便传递与经济发展相适的教育关切。这种与大规模调查相关的研究方法着眼于回报率，考虑学校输入和输出之间的关系。尽管研究者们开展了大量质性研究，以便理解为什么一些家庭或特定的道德或社会团体不利用学校教育，却特别关注性别化排斥(Herz & Sperling，2004)，但是研究者并未利用这些数据来思考更广泛的需求或歧视方面的问题。其中暗含的是提升教育收益率的阻碍大多来自许多家庭、社区和无效率的政党。全球行动的范围因此也用来帮助政府移除这些障碍，促进最贫穷地区的发展，最终获得一定的收益。

发展和欠发达

马克思主义对于基于增长的发展理论的批判可以追溯至 19 世纪，但是从 20 世纪 60 年代开始，这些批判开始考虑发展和欠发达是如何联系在一起的，以及持续性的贫穷并非出于一时疏忽，而是资本主义的核心方面，资本主义对劳动力有一定的需求，这些劳动力教育程度低且非常贫穷，而资本主义雇用这些劳动力的目的在于降低薪资，同时在工人阶级中雇佣小部分技术人员并与他们结成联盟(Wolpe，1980；Leys，1996)。沃尔特·罗德尼(Walter Rodney)在其畅销著作《欧洲如何使非洲欠发达》(1973)一书中举例指出 15 世纪的奴隶贸易和对于非洲政治经济的其他干预导致了对非洲的剥削和统治。马丁·卡诺伊(Martin Carnoy)在其 1971 年的著作《作为文化帝国主义的教育》中延伸了这一分析，并指出学校系统是如何被囊括进压迫形式中的。

马克思主义的教育和发展观假设是学校再现了资本主义和帝国主义的关系。因此，在剥削、资本主义模式的话语以及非资本主义生产的政治经济中，学校会根据社会等级或性别来定义儿童的地位。在南非开展的一项研究中，种族通常被视为阶级的等量物，学校系统再生产种族化职业结构的方式也是一个核心主题(Kallaway，1984；Nkomo，1990)。

对马克思主义批判理论的挑战在于教育是如何被转化的。保罗·弗莱雷(Freire，1968，1970)在马克思主义框架结构中发展了觉醒概念，阐述了与资本主义相联系的社会关系的误解是如何被转换的。弗莱雷尤其关注学习者和教师之间的关系本质，这有些偏离马克思主义关于教育的观点，其将学校视为对于资本主义生产关系的再现(Wolpe，1990)。

弗莱雷的学校理论对基本学习需求比宗滴恩宣言有了更进一步的发展，其指出学校不仅要满足不同需求、赋予个体权力，还要帮助他们转变自己和社会。这里有一点比较模糊的问题是关于人的概念，人既为他的社会条件所制约，也有能力去改变。改变既是个人化的，也对改变社会关系有一定的影响。马克思主义认为人能改变历史，但人不能只依靠自己来改变历史，这一观点可以总结为人一旦受限于全球资本主义、等级结构或学校时，也有潜力通过集体或转换式的行动来改变这一点。在学校和成人识字班明确使用转换教学法将这一观点变为行动的尝试很多。通常这些尝试包括制定一个不同形式的学校管理，而不是只聚焦于结果。与弗莱雷教学法相关的管理观点倾向于强调学习者、教师和社区在反思和批判中的参与。虽然弗莱雷的教育研究并不完善且很难持续,尤其是鉴于拉丁美洲、南非、东非和印度等国环境的差异,但是它们为教师和学习者如何参与对社会的批判提供了有力的例证(Archer & Costello,1990;Stromquist,1997;Motala & Vally,2002;Abadzi,2003;McCowan,2008)。

与这一理论相联系的对公正的关切与平等主义和再分配讨论相关,并且涉及学校的条件如何能够更为平等或教育者的组成如何能够同穷人的努力相联系(Lynch & Lodge,2004;Hill,2003)。在卡特莉娜·托马瑟维斯基(Katarina Tomasevski)的研究中(Tomasevski,2003),公正的重要性在于让所有儿童,尤其是贫穷儿童受到免费教育,这一公正观点植根于教育权利的概念中,这一概念区别于人力资本理论中的教育权利概念。这些促进平等和非歧视的道德权利要求得到保障,部分是因为历史上统治和从属的全球关系,部分是因为教育潜在的变革力量。分配和变革由此成为这一有关公正的讨论的重点。

在推进这些讨论的过程中,量化研究方法和质性研究方法得到了使用。量化研究在记录等级、种族、性别或区域的不平等分配上很重要,而质性研究主要用于显示弗莱雷教育经验是如何为上面引文中的个体生活带来转变的。这些方法由此诠释了这一框架,但是关于全球资本主义和国家不平等调节的直率批判并没有被有效落实到行动中。

后现代和后殖民主义

从 20 世纪 80 年代开始,后殖民主义和后现代主义开始引用萨义德(Edward Said)在《东方主义》(1978)中的殖民关系研究和福柯的论述(Foucault,1967,1977),并开始对前几十年中有关教育、社会、国际发展和社会公正的观点提出一个非常明晰的范式挑战。这些影响在后殖民主义理论中集体体现,其对艺术和文学的讨论影响最大,并就教育提出了一系列重要问题。(Loomba,1998)

此前的所有研究方法尽管各有所侧重,但都有共同的抱负去扩大和拓展教育资源分配。差异在于一些理论更关注与权利、不平等和教育之外需求(基本需求和发展不足)相关的更大社会关系,而另一些理论更认可教育和经济增长之间的联系(现代化和人力资本理论)并弱化不公正的结构维度。后殖民主义理论呈现的挑战是思考教育和国家发展的范式是如何本身含有西方优越主义,并将第三世界的人民建构为“他者”的。因此在“西方”和“其他地区”之间、殖民主义和后殖民主义国家之间或者有关适宜的教育的主导性话语和殖民地人民的多种经验之间产生了双重对立。后者通常在与主导性知识的关系中呈逆差状态,同时被某些特定属性同质化,比如“第三世界的女性”,而且在政治讨论中的权力语言面前无法发声(Mohanty,1979;Bhabha,1984;Spivak,1988)。在后殖民主义理论化时代,身份的多样性在不同场景下被建构、重建、混合生成或被抵制,这些都值得关注。需要思考的政治任务是主导性语言和各种话语是所有下层阶级反抗强加给他们的隶属身份的唯一渠道,然而语言又抹去了这些身份(Spivak,1999)。要拥有看待事物两面性的能力是核心(Minh Ha,1989)。因此殖民地的过去总是以教育改革形式出现,并且所有活动都有多方面的影响。

这种范式转换的基础在于所有行动只能在一定的话语分析下来理解,被分析的主要社会关系以语言和代表的形式出现。因此与这一方法有关的人的概念提出了身份的碎片化,并考虑到人类发明以及使用语言的实践,强调这不是一种简单活动主体,它包含了现存语言体系有力形成的方案,通过语言形式和诸如种族、性别或理性相关的观念的连接来建构。

由于这一关注点在于话语分析与身份批判上,因此最初人们对学校授课内容或学校教育结果关注甚少。基于这一框架的最初研究反映了政策话语分析以及论证的转换。因此,举例来说,有研究分析了南非将教育和培训统一进国家资格框架这一观点的传播过程，其在话语分析中使用了一系列不同的方法（Lugg，2007）。在印度，尤其值得注意的是出现了一种对课程进行"藏红花式"的思考方式（"藏红花式"是印度政治体系所使用的一个贬义术语，意指：右翼印度教民族主义者妄图要求印度政府施行那些能光复古代印度教文化历史传统的社会政策）（Kamat，2004）。然而，后殖民主义理论后期的研究开始关注教室内以协商和抵抗等形式来对待主导性话语分析，这些话语分析密切关注儿童和教师的身份形成和论证形式（Hickling Hudson，2003）。由此可以看出对话语分析和过程的强调意味着对于管理和分配问题的相应弱化。

相比于上述框架中对机构和公正分配方法的关注，后殖民主义理论是在认可的基础上提出公正问题。这一理论勾勒出的问题是如何重视附属、多样且处在变化中的各种身份，并且如何认可这一建立好的公正条件（Fraser，1997；Spivak，1999）。

这些关于人的假设——在论证上以不同身份来定位，以及关于公正的假设，已经不再首先关注分配的问题了，其给方法论带来深刻变革。解构和话语分析以及教育身份成为主要的关注点。从文学评论、社会语言学、历史和文化研究中借鉴而来的方法都应用其中。因此出现了更多对于政策形成过程的文本分析、身份协商和主从经验的结构化理解。对贫穷人口接受教育的问题解决或许范围在扩大，但是这种范围的扩大并没有带来相应的应对策略和政策变化。

人的发展与能力路径

人的发展和能力的研究路径涉及马赫布卜·哈克（Mahbub Ul Haq，1995）、阿玛蒂亚·森（Amartya Sen，1992，1999）以及玛莎·努斯鲍姆（Martha Nussbaum）等人的研究（2000，2006），他们将教育重新定位为一种分配问题，并着重关注人类的多样性，但他们打的旗号不同于后殖民主义理论。

哈克将人的发展作为一种理论来界定，他认为：

> 人们被移动到一个中心舞台。对发展的分析和理解是依据人来进行的。分析的每项活动是为了测验人的参与程度与由此的获益程度。发展政策成功的检验标准就是优化人们的生活，而不仅仅是扩大生产过程。（Ul Haq，1995）

因此，对于发展而言，作为人类组成部分的健康和教育如同人们在工作、政治和闲暇时间开展的活动一样重要。这里隐含的意思是，教育是鼓励人发展的过程，也是人在发展过程中获得的乐趣的表达。

哈克关于人的发展的观点明显引用了森的能力和认知观点，即在看待平等的概念时，一个人不能评价机会或结果的平等，而需要评价能力的平等，即一个人"实施有价值行为的能力或达到有价值状态的能力……一个人能做或者能够成为的各种事物的替换组合"（Sen，1993：30）。因此这个理论指向了评价社会、经济和政治安排的重要性，个体能够参与这些事务并乐于采取行动，由此得到更大的自由。因而我们在解决教育问题的同时不仅需要评价输入（教师和教室数量）或输出（教育资历水平），也要评价是否有足够的机会来实现有价值的行为和状态。森尤其感兴趣于人的多样性以及不同情况下人们将教育等资源转为有价值的机能的方式。例如，父权制家庭的女性或许会认为由于她们无法将自身价值奉献到家庭中，她们因而不太需要接受教育（Sen，1990）。扩大能力范围强调的是多样性问题，其不同于后殖民主义只认可差异而不关注分配或社会机构的观点。森也强调了参与甄选有价值的能力并决定供给形式的重要性（Sen，2005）。玛莎·努斯鲍姆在进一步深化了这些观点的同时指出了人类机能的一系列核心能力

（Nussbaum，2000）。显然这三种观点都认为教育目的的范围远远广于培养提升经济增长的技能。他们不仅对作为输入和输出系统的学校教育感兴趣，也对批判性反思的培养过程以及与本质上是道德的、且不仅仅是工具性的、与他者之间的联系感兴趣。

当前在教育实践中，对人的发展和能力研究路径的使用在理想层面更为明显，而非付诸实践。尽管印度的中央邦使用了这一框架来起草教育政策，但是很少有迹象表明各个区域和学校对这些政策的解读完全参与了其中的要点（Page，2005）。已经有很多学者提出发展高等教育教学法、为残疾人士提供教育的各项评估、新的管理形式、教授涉及艾滋病的课程或社工培训等活动，但尚未得到落实（Walker，2006；Teizi，2005；Bates，2007；Unterhalter，2008；Otto & Zigler，2006）。到目前为止，在教育领域中最重要的人类发展和能力理论实例已经在不同的指标下经历了发展评估。

哈克提出了一种衡量人的发展的方法，其允许不同国家或地区之间做出诸如 GDP 一样的排名，但是他也表明了这种方法应该包含一系列人类发展方法中有价值的生活方面。森致力于人类发展指数（HDI）中的数学（Sen，2003），随后研究生成了评估性别、贫穷和权利的指数，HDI 方法被用于测量 EFA 教育发展指数，以衡量全民教育的进展（UNESCO，2003）。随后又有学者制定了性别平等和教育指数（Unterhalter et al.，2005）。

在人类发展和能力研究中，人的概念一直都是积极且反思性的，它考虑的不仅是人力资本理论解读的利益最大化，或者是融合进现代化中的人，还考虑一系列有价值的"行为和状态"。人们对多样性和限制能力实现的各种不同条件给予了极大的关注。这个人不仅仅是人力资源理论中全身奉献于经济增长的人。她或他可能受到马克思主义和后殖民主义理论所提及的各种剥削和压迫条件的限制。但是后殖民主义理论令人质疑的地方在于，其认为人不能被概念化或在特定话语分析形式之外行动，而且各种混合身份体验会带来与公正相关的重大问题。

尽管森在形成其能力概念的过程中批判了基本需求概念（Sen，1981），但是在实践中人的发展的很多方式都被视为对基本需求的方法的延续。能力和基本需求之间的联系一直是讨论热点，对能力方法的关注将一维输出的评价范围拓展到更盛行的各种概念上，二者在评估需求上也有很多相似之处（Reader，2006；Alkire，2002；Terzi，2007）。

森和努斯鲍姆都发展了能力理论，部分是因为他们都参与撰写了约翰·罗尔斯（John Rawls）的《公正理论》（1973）和《政治自由主义》（2005）。正如罗尔斯一样，他们也对公平分配问题相当感兴趣，但是他们试图去进一步拓展他的理论（Robeyns，2006a）。此外，森表示在极为不平等的当代，所需要的公正理论不仅仅是一个完整的超验理论，还需要对减少世界上不平等的行动做出比较评估的远见（Sen，2006a）。在某些条件下，他暗指的是与公正相关的问题必须关注认可、语言和身份，但是这一结论的路径并不是通过话语分析的评判，而是通过审慎参与政治哲学辩论并承认对抗身份的建构是如何与不公正产生联系的（Sen，2006b）。

能力方法和人权主张有很多相似之处，二者都强调平等性和非歧视性，以及接受教育的义务。人们能够保护人权不受剥夺和侵犯的呼吁支持了许多受到能力方法激发的公正观点。罗比斯（Robeyns，2006b）引用布莱豪斯（Brighouse，2004）的观点并指出能力概念能够为与权利相关的思考提供一个规范性基础。维扎德（Vizard，2006）认为人权和能力方法能够结合起来解决贫穷问题，让政府对没有履行的职责负责。

森（Sen，1999）和努斯鲍姆（Nussbaum，2006）都认为他们对于公正的观点适用于全球而不仅是针对地方，并在人类相互的义务方面把教育放在一个重要的位置，以此来拓展能力空间。这也要求对教育的思考必须结合全球主义及全球公平进程。

人的发展和能力的研究方式就人的概念和涉及公正的相关概念生成了一个独特的方法论。

这一框架下的研究通常具有高度的跨学科性,能利用哲学、经济学和社会学理论,能够跨越学科界限并将不同形式的数据联系起来。因此社会数据的利用是以各种联合创新的形式开展的,而且质性研究为如何在实践中理解能力提供了丰富的洞见(Raynor,2007;Uyan,2007)。在使用新的解释框架来解决全球教育行动中的问题时,这一方法似乎已经克服了基本需求方法中遇到的一些无法生成替代性方式的难题。此外,联合国有关组织开展的人类发展研究关注了很多发达环境,因而否定了一些诸如欠发达和后殖民主义理论化的批判方法。然而如何将人类发展和能力方法联合起来以共同影响贫困地区的教育行动还有待进一步发展。

结　论

　　本文探讨了教育和不同发展理论是以怎样的方式相关联,以及已开展的研究中与社会公正相关的观点。该讨论揭示了教育与关注不同属性或结果的发展理论(现代化和人力资本理论),与关注帝国主义剥削和第三世界人民作为"他者"附属地位的发展理论(欠发达和后殖民主义理论),与关注改变贫困地区人民需要、促进批判性反思以及为个体值得珍惜的生活提供更多机会的发展理论(基本需求,发展不足和能力方法)之间的关系。其中最主流的方法(现代化和人力资本理论)将公正视为个体或机构的职责范围。而批判性观点强调了公正的社会维度、是否属于政治自由主义的进程、再分配需求和关注认可等问题。尽管基本需求和人的发展以及能力方法常常出现在联合国下属机构及其项目中的政策文本中,但是与这两种方法相关的公正观点常被忽视。人力资本理论和现代化中的教育假设仍然需要人们对其研究方法予以尊重和广泛的理解。现在的挑战在于将国际上全球教育行动文件中阐述的关于公正的理想转化为能够表达其核心观点的政策,同时制定更为严格的研究议程,以此来保障解决贫穷和教育问题的全球行动的继续开展。

参考文献

　　Abadzi, H. (2003). *Improving adult literacy outcomes: Lessons from cognitive research for developing countries*. Washington, D.C.: World Bank.

　　Adesina, O. C. (2006). Teaching history in twentieth century Nigeria: The challenges of change. *History in Africa*, *33*, 17 - 37.

　　Aikman, S. (1999). *Intercultural education and literacy: an ethnographic study of indigenous knowledge and learning in the Peruvian Amazon*. Amsterdam: Benjamins.

　　Alkire, S. (2002). *Valuing freedoms: Sen's capability approach and poverty reduction*. Oxford: Oxford University Press.

　　Ambrose, S., & Brinkley, D. (1997). *Rise to globalism: American foreign policy since 1938*. Harmondsworth: Penguin.

　　Archer, D., & Costello, P. (1990). *Literacy and power: The Latin American battleground*. London: Earthscan.

　　Astorga, P., Berges, A. R., & Fitzgerald, V. (2005). The standard of living in Latin America during the twentieth century. *The Economic History Review*, *58*(4), 765 - 796.

　　Apter, D. (1965). *The politics of modernization*. Chicago, IL: University of Chicago Press.

　　Bates, R. (2007). Developing capabilities and management of trust. In M. Walker & E. Unterhalter (Eds.), *Amartya Sen's Capability Approach and Social Justice in Education* (137 - 135). Basingstoke: Palgrave Macmillan.

Becker, G. (1964). *Human capital*. Chicago, IL: University of Chicago Press.

Behr, A. (1966). *Education in South Africa*. Pretoria: van Schaik.

Bennell, P. (1996). Rates of return to education: Does the conventional pattern prevail in Sub-Saharan Africa. *World Development*, *24*(1), 183 – 199.

Bhabha, H. (1990). *Nation and narration*. London: Routledge.

Brighouse, H. (2004). *Justice*. Cambridge: Polity.

Carnoy, M., & Samoff, J. (1990). *Education and social transition in the Third World*. Princeton, NJ: Princeton University Press.

Chabbott, C. (2003). *Constructing education for development: International organizations and Education for All*. London: RoutledgeFalmer.

Chatterjee, P. (1993). *The Nation and its fragments: Colonial and postcolonial histories*. Princeton, NJ: Princeton University Press.

Collier, P. (2004). *Consensus building, knowledge and conditionality. Paper prepared for the Annual World Bank conference on development economics* on line at http://siteresources. worldbank. org/ INTABCDEWASHINGTON2000/Resources/collier.pdf (consulted September 2007).

Dasgupta, P. (1993). *An inquiry into wellbeing and destitution*. Oxford, Oxford University Press.

Davis, P. (2001). Rethinking the welfare regime approach: The case of Bangladesh. *Global Social Policy*, *1*(91), 79 – 107.

Doyal, L., & Gough, I. (1991). *A theory of need*. London: Macmillan.

Eisemon, T. O. (1989). Schooling, cognition and creating capacity for technological innovation in Africa. *International Review of Education*, *35*(3), 329 – 348.

Fagan, H., Munck, R., & O'Hearn, D. (1999). *Critical development theory: Contributions to a new paradigm*. London: Zed.

Fägerlind, I., & Saha, L. J. (1983). *Education and national development: A comparative perspective*. Oxford: Pergamon.

Foucault, M. (1972). *The archaeology of knowledge*. London, Tavistock Publications.

Foucault, M. (1977). *Discipline and punish*. London, Allen Lane.

Fraser, N. (1997). *Justice interruptus: Rethinking key concepts of a post-socialist age*. London: Routledge.

Freire, P. (1972). *Pedagogy of the oppressed*. London: Sheed & Ward.

Freire, P. (1974). *Education for critical consciousness*. London: Sheen & Ward.

Gasper, D. (2004). *The ethics of development*. Edinburgh: Edinburgh University Press.

Harber, C. (1997). *Education, democracy and political development in Africa*. Brighton: Sussex Academic Press.

Hart, H. L. (1961). *The concept of law*. Oxford: Clarendon Press.

Herz, B., & Sperling, G. B. (2004). *What works in girls' education*. New York: Council on Foreign Relations.

Hickling-Hudson, A., & Ahlquist, R. (2003). Contesting the curriculum in the schooling of indigenous children in Australia and the United States: From Eurocentrism to culturally powerful pedagogies. *Comparative Education Review*. *47*, 64 – 89.

Hill, D. (2003). Global neoliberalism, the deformation of education, and resistance. *Journal of Critical Education Policy Studies*, 1, 1. On line at http://www.jceps.com/index. php?pageID = article&articleID= 7 (accessed August 2007).

Hossain, N., Subrhamanian, R., & Kabeer, N. (2002). *The politics of educational expansion in Bangladesh*. Falmer: Institute of Development Studies, University of Sussex.

Hyam, R. (2007). *Britain's declining empire: The road to decolonisation, 1918 – 1968*. Cambridge,

Cambridge University Press.

Inkeles, A., & Smith, D. H. (1974). *Becoming modern*. Cambridge, MA,: Harvard University Press.

Jayawardena, K. (1986). *Feminism and nationalism in the third world*. London: Zed.

Jones, P. (1990). UNESCO and the politics of global literacy. *Comparative Education Review*, 34 (1), 41 - 60.

Jones, P., & Coleman, D. (2005). *The United Nations and education: Multilateralism, development and globalization*. London: Routledge.

Kabeer, N. (2004). *Reversed realities: Gender hierarchies in development thought*. London: Verso.

Kallaway, P. (1984). *Apartheid and education: The education of Black South Africans*. Johnannesburg: Ravan Press.

King, E., & Hill, M. A. (Eds.) (1993). *Women's education in developing countries. Barriers, benefits and policies*. Baltimore, MD, Johns Hopkins University Press.

Lerner, D. (1958). *The passing of traditional society: Modernizing the Middle East*. Glencoe, IL,: The Free Press.

Leys, C. (1996). *The rise and fall of development theory*. Oxford: James Currey Publishers.

Loomba, A. (1998). *Colonialism/postcolonialism*. London: Routledge.

Lugg, R. (2007). *Making different equal? Social practices of policy-making and the National Qualifications Framework in South Africa between 1985 and 2003*. Doctoral thesis, University of London, Institute of Education.

Lynch, K. & Lodge, A. (2004) *Equality and power in schools: Redistribution, recognition and representation*. London: Routledge.

McCowan, T. (2008). *Enacting citizenship: A study of three educational initiatives in Brazil*. Doctoral thesis, University of London, Institute of Education.

Minh Ha, T. (1989). *Woman, native, other: Writing postcoloniality and feminism*. Bloomington, IN, Indiana University Press.

Mohanty, C. (1988). Under Western eyes: Feminist scholarship and colonial discourse. *Feminist Review*, 30, 65 - 88.

Motala, S. & Vally, S. (2002). People's Education: From People's Power to Tirisaro. In P. Kallaway (Ed.) *The History of Education under Apart heid* Pinelands: Masked Muller.

Mundy, K., & Murphy, L. (2001). Transnational advocacy, global civil society? Emerging evidence from the field of education. *Comparative Education Review*, 45(1), 85 - 126.

Munck, R., & O'Hearn, D. (Eds.) (1999). *Critical development theory: Contributions to a new paradigm*. London and New York: Zed.

Mvungi, M. (1974). *Language policy in Tanzania with emphasis on implementation*. Dar es Salaam: University of Dar es Salaam.

Nkomo, M. (1990). *Pedagogy of domination*. Trenton: Africa World Press.

Nzomo, J., Kariuki, M., & Guantai, L. (2001). *The quality of primary education in Kenya. SACMEQ Report*. Paris: International Institute for Educational Planning.

Nussbaum, M. (2000). *Women and human development*. Cambridge: Cambridge University Press.

Nussbaum, M. (2006). *Frontiers of justice*. Cambridge and London: Harvard University Press.

Otto, H., & Ziegler, H. (2006). Capabilities and education. *Social work and society*, 4(2).

Page, E. (2005). *Gender and the construction of identities in Indian elementary education*. Doctoral thesis University of London, Institute of Education.

Pieterse, J., & Parekh, B. (Eds). (1995). *The decolonization of the imagination*. London: Zed.

Preston, P. W. (1996). *Development theory. An introduction*. Oxford: Blackwell.

Psacharapoulos, G. (1973). *Returns to education. An international comparison*. Amsterdam: Elsevier.

Rai, S. (2002). *Gender and the political economy of development*. Cambridge: Polity.

Raju, B. H. (1973). *Education in Kenya: Problems and perspectives in educational planning and administration*. London: Heinemann.

Rapley, J. (2002). *Understanding development: Theory and practice in the Third World*. Boulder, CO: Lynn Rienner.

Rawls, J. (1972). *A theory of justice*. Oxford: Clarendon Press.

Rawls, J. (2005). *Political liberalism*. Columbia, NY: Columbia University Press.

Raynor, J. (2007). Education and capabilities in Bangladesh. In M. Walker & E. Unterhalter (Eds.), *Amartya Sen's capability approach and social justice in education* (157 - 176), Basingstoke: Palgrave Macmillan.

Raz, J. (1986). *The morality of freedom*. Oxford: Oxford University Press.

Reader, S. (2006). Does a basic needs approach need capabilities? *Journal of Political Philosophy*, 14(3), 337 - 350.

Robeyns, I. (2006a). *Assessing gender justice: Primary goods or capabilities*. Paper presented at the meeting of the Human Development and Capability Association, Groningen, the Netherlands.

Robeyns, I. (2006b). Three models of education: Rights, capabilities and human capital. *Theory and Research in Education*, 4(1), 69 - 84.

Rodney, W. (1972). *How Europe underdeveloped Africa*. London: Bogle-L'Ouverture Publications.

Rostow, W. (1959). *The stages of economic growth: A non-communist manifesto*. Cambridge: Cambridge University Press.

Said, E. (1978). *Orientalism*. New York: Pantheon Books.

Schultz. T. W. (1971). *Investment in Human Capital: the Role of Education and of Research*. New York: The Free Press.

Schultz, T. P. (1993). Returns to women's education. In E. King & A. Hill (Eds.), *Women's education in developing countries*. Baltimore, MD: Johns Hopkins Univeristy Press.

Sen, A. (1981). *Poverty and famines*. Oxford: Clarendon Press.

Sen, A. (1990). Gender and co-operative conflict. In I. Tinker (Ed.), *Persistent inequalities*. New York: Oxford University Press.

Sen, A. (1992). *Inequality reexamined*. Oxford: Oxford University Press.

Sen, A. (1993). Capability and wellbeing. In M. Nussbaum & A. Sen. *The quality of life*. Oxford: Oxford University Press.

Sen, A. (1999). *Development as freedom*. Oxford: Oxford University Press.

Sen, A. (2003). Foreword. In S. Fukuda-Parr & A. K. Shiva Kumar (Eds.), *Readings in human development*. New Delhi: Oxford University Press.

Sen, A. (2005). Human rights and capabilities. *Journal of Human Development*, 6(2), 151 - 66.

Sen, A. (2006a). What do we want from a theory of justice? *Journal of Philosophy*, 103(95), 215 - 238.

Sen, A. (2006b). *Identity and violence*. New York and London: Allen Lane.

Spivak, G. (1988). Can the subaltern speak? In C. Nelson & L. Grossberg (Eds.), *Marxism and the interpretation of culture* (pp. 271 - 313). Urbana, IL: University of Illinois Press.

Spivak, G. (1999). *A critique of postcolonial reason: Toward a history of the vanishing present*. Cambridge and London: Harvard University Press.

Stasiulis, D., & Yuval Davis, N. (Eds.) (1995). *Unsettling settler societies*. London: Sage.

Stewart, F. (1985). *Basic needs in developing countries*. Baltimore: Johns Hopkins University Press.

Streeten, P. (1981). *Recent issues in world development: A collection of survey articles*. Oxford:

Pergamon.

Stromquist, N. (1997). *Increasing girls' and women's participation in basic education*. Paris: UNESCO: International Institute for Educational Planning.

Terzi, L. (2005). A capability perspective on impairment, disability and special educational needs: Towards social justice in education. *Theory and Research in Education*, 3(2), 197 - 223.

Terzi, L. (2007). The capability to be educated. In M. Walker & E. Unterhalter (Eds.), *Amartya Sen's capability approach and social justice in education* (pp. 25 - 44). Basingstoke: Palgrave Macmillan.

Tomasevski, K. (2003). *Education denied*. London: Zed.

Uchendu, V. (Ed.) (1980). *Dependency and underdevelopment in West Africa*. Leiden: E. J. Brill.

Ul Haq, M. (1995). *Reflections on human development*. New York and Oxford: Oxford University Press.

UNESCO (1976). *Statistical yearbook*. Paris: UNESCO.

UNESCO (2003). *Global monitoring report 2004. Gender and education for all. The leap to equality*. Paris: UNESCO.

Unterhalter, E., Challender, C., & Rajagopalan, R. (2005). *A scorecard on gender equality in girls' education in Asia, 1990 - 2000*, Bangkok: UNESCO.

Unterhalter, E. (2007). *Gender schooling and global social justice*. London and New York: Routledge.

Unterhalter, E. (2007). The capability approach at work in education: Sore issues of operationalisation in the context of the HIV/AIDS epidemic in South Africa, In F. Comim, M. Qizalbash & S. Alkire (Eds.), *The capability approach: Concepts, measures and applications*. Cambridge: Cambridge University Press.

Uyan-Semerci, P. (2007). A relational account of Nussbaum's list of capabilities. *Journal of Human Development*, 8(2), 203 - 221.

Vizard, P. (2006). *Poverty and human rights: Sen's "capability perspective" explored*. Oxford: Oxford University Press.

Walker, M.(2006). *Higher education pedagogies: A capabilities approach*. Maidenhead: Open University Press.

Wiggins, D. (1985). Claims of need. In T. Honderich (Ed.), *Morality and objectivity*. London: Routledge.

World Declaration (1990). In "World declaration on education for all" in World education forum, *The Dakar framework for action*. Paris: UNESCO.

Wolpe, H. (1980).*The articulation of modes of production*. London: Routledge.

Wolpe, H. (1990). Education and Social transformation: problems and dilerres: In E. Unterhalter, H. Wolpe & T. Botha (Eds.), *Education in a future South Africa*. London: Macmillan.

Woodhall, M. (1973). The economic returns to investment in women's education. *Higher Education*, 2(3), 275 - 299.

World Bank (1979). *World development report*. New York: Oxford University Press.

第二部分

文化、知识与教育

11. 教育知识
——一个被比较教育忽视的主题

安德里亚斯·卡扎米亚斯(Andreas M. Kazamias)

20 世纪下半叶发展起来的比较教育学,一直以来以教育系统(其理念、组织和管理)、教育机构(大部分是学校、学院和大学)、教育政策、学校与社会的关系(政治、社会和经济层面)以及教育变迁、教育改革、教育发展为主题。有关这些主题的讨论已经在国家层面、"边缘性"的国家或地区(如太平洋和地中海"边缘"、欧盟、拉丁美洲、非洲和中东)和跨国或跨文化情境等中展开。与此相反的是,那些与教育系统和教育过程密切相关的重要主题尽管未被完全忽视,但并未得到应有的关注。这些主题涉及教育知识(或者说,课程内容)和教学论,换句话说,就是与"学校教育"的内部或"本质"方面有关。

知识——其选择、组织/分类和习得——对于所有现代教育系统至关重要。麦克·扬(M. F. D. Young)认为:"知识获得是教育的主要目的,这是区分教育(不管是普遍的、深层次的、职业的或更高程度的教育)与其他所有活动的关键。"因此,"有关知识的讨论非常重要;这里我说的不是特定的知识内容,尽管它们很重要;我所说的是课程知识的概念性基础"(Young,2008:81)。同样至关重要的是对教学论相关主题的争论,本书该部分的撰写者之一罗宾·亚历山大(Robin Alexander)将其定义为"既指教学行为,也指相关的理论和争论,例如,文化和社会的特征、教育的目的、儿童的本性、学习的本质以及知识的结构"。亚历山大将教学论进一步解释为"人需要参与的话语领域,如果人要弄懂教学行为的意思的话——因为话语和行为是相互依赖的,没有教学论就没有教学,或者说没有教学就没有教学论"(Alexander,2006:6)。

正如安东尼·韦尔奇(Anthony Welch)在 1991 年所指出的(Welch,1991),在比较教育学中,对作为知识领域汇编成"学科"的课程以及课程变革的研究并未完全缺失;对"教学论"的研究也未完全缺失。然而,2000 年,发展研究专家安吉拉·利特尔(Angela Little)在英国期刊《比较教育》中写道,在 1977 至 1998 年间,该期刊中只有 6.1% 的论文"涉及'课程内容和学习者的经验'"(转引自 Alexander,2006:2)。在该期刊的同一期中,罗伯特·考恩(Robert Cowen)写道:"我们离完全掌握课程、教学风格和评价等主题还相差很远,而这些主题是构成特定教育场所实质的身份特征。"(Cowen,2000:34)

本文是对现代英国 19 世纪中期和当代这两段历史时期中中学课程里教育知识的主题/问题的比较-历史分析。本文涉及对长期存在的课程问题"什么知识最有价值"的回答。同时,在欧洲大陆和美国,也有一些新近的文献提出了相关的问题。本书的其他文章将会在不同的历史和国家情境中考察"知识"和"知识传统"的主题,其中有一篇文章特别涉及了几乎被遗忘的主题:"教学法"。

什么知识最有价值? 历史观念

从古至今,"知识"及其价值是所有主要哲学家和教育思想家所关注的认识论问题;也是后启蒙世界中,自从现代国家教育系统产生与发展以来,教育政策制定者和教师所关注的课程问题。例如,柏拉图对教育从"信念"上升到"真正的"理性知识所进行的理性考虑;亚里士多德对知识进行的分类,即著名的"博雅教育/科学"(自由知识)、"实利主义的"(实用知识)、"非通识的实用技艺"；笛卡尔的科学理性主义；洛克的经验主义；斯宾塞的"科学文化"和杜威的问题解决工具主义"我们如何思维"。在不同历史时期，它们在有关"课程知识"的选择、组织和分层的教育思考和规划中，在某种程度上都或多或少产生过影响。

在现代化和民主化的后启蒙时期，当国家公共教育系统正在形成时，英国社会进化论者、社会学家斯宾塞提出了这样一个问题，即在像英国这样的工业社会中"什么知识最有价值"，由此，有价值的知识要包含在学校课程中（Spencer，1859）。在提出这样的问题时，斯宾塞试图向植根于欧美知识传统、学校和大学课程的"自由人文主义派代亚①/文化"霸权发难。当时这种思想根深蒂固地存在于英国、欧洲大陆国家（例如法国、德国、意大利和希腊）和美国（McClean，1995；Winterer，2002；Dimaras，1973；Kazamias，1960）。

斯宾塞的诘问和达尔文出版的科学专著《物种起源》（1859）产生于同一时间，在英国维多利亚王朝中期的知识分子（如哲学家、古典学者、诗人和科学家）和教育实践家中引发了一场争论，这场争论围绕"普通"或"自由"教育中"课程研究"的内容而展开，"普通"或"通识"教育在当时被认为是最有价值和最受尊崇的教育类型。特别是，辩论的主要参与者、政治哲学家密尔（J. S. Mill）提道："那天的激烈辩论核心是古代语言、现代科学、艺术之间的棘手问题；普通教育是否应该是古典的——让我用一个更宽泛的表达，文艺的——还是科学的。"（Mill，1867：5）我曾在1960年就对这场争论进行比较历史分析（Kazamias，1960），在此无须赘述。这里我的目的是要说明，对以下两点进行简要评论便已足够：在后启蒙的现代欧洲的某个特定历史时期（19世纪）里，什么知识被认为是"有价值的"或"最有价值的"；以及在"学科"或"研究"形式下，哪些被认为是"最有价值的"的"知识"需要被纳入中学课程中。

斯宾塞提出这个著名的问题之时，在英格兰和欧洲大陆，占主导地位的"最有价值的知识"的概念集中体现为"以欧洲为中心的自由人文主义经典"或"以欧洲为中心的自由人文主义派代亚"，以古典研究——古希腊和拉丁语言和文化——作为其认识核心。在法国，它内在于文化这一大概念中（Halls，1965）。在德国，它被称为普通教育（Lovlie et al.，2003）。在希腊，它被称作通识教化（Dimaras，1973；Antoniou，1987）。以欧洲为中心的自由人文主义经典/派代亚本质上指的是"文学-哲学研究"；它的取向是"非功利的""非实用的"以及从经济学上来说，它是"非工具主义的"；它被认为拥有比职业教育更高的地位；从认识论的角度来看，就其心智学科价值而言，它是合理的；从道德的角度来看，就其培养基督徒和其他品格德行（如孝顺、虔诚、真诚、爱国和公共服务的理想）的本质而言，它是合理的。然而，从"社会学"的角度来解读，学校知识和课程内容"通过社会来生产和获得"（Young，2008：88），因而，它们不能脱离于其发展所处的社会和政治历史背景；通过19世纪英国全国上下"单色的"精英主义文化以及相伴随的精英政治权力结构，得以看到"自由人文主义派代亚"的主导地位。在这样的历史背景下，根据历史学家布罗根（D. W. Brogan）所说的，显得尤为"特别的"是这样一种观点："只有'公立学校'才能为男孩提供适合于他掌管商业、政治、军队或行政部门甚至艺术的教育。"（Brogan，1943）

在19世纪60年代的"大争论"中，斯宾塞和杰出科学家如赫胥黎、廷德尔（J. Tyndall）和法拉第（M. Faraday）质疑古典自由人文教育的霸权，支持将科学教育的目标置于学校课程的重要地位。这些人和其他人，如古典主义者法勒（F. W. Farrar）和西奇威克（H. Sidgwick）、诗人阿诺德（M. Arnold）和罗斯金（J. Ruskin）认为，支持普通通识教育，即包括古典人文研究、科学和其他现代学科，比如历史和现代外语（Kazamias，1960；Jordan & Weedon，1994）。有人认为，以欧

① 派代亚，即古希腊语"paideia"，与现代"教育"相近的古希腊哲学概念。有学者认为其比"教育"（education）的内涵更广。——编者注

洲为中心的古典人文主义类型的知识和派代亚并不能满足一个发展中的现代工业和民主社会的需要。例如，提倡在著名文法学校和公立学校的课程中加入科学课，不只是因为其心智学科价值，也因为其在工业社会中的工具性实用主义、"现实主义和自然主义"价值。正如布鲁巴克(J. S. Brubacher)所指出的，科学教育的支持者赫胥黎"总体上认为：一个强大的殖民国家如英格兰对工商业有着极大兴趣，却不能在工商业得以强大所依赖的物理学和化学方面提供指导，这是极其短视的政策"(Brubacher, 1947：265)。

对以古典研究作为核心的自由人文主义知识霸权的质疑，在法国、德国和美国也非常明显。例如，在法国，自拿破仑时代以来，人文主义文化的主导地位甚至比在英格兰更根深蒂固。据历史学家林格(F. Ringer)所言："从19世纪70年代到19世纪末，与特殊的或现代的课程相关的争论一直持续……伴随着几乎同样激烈的古典中学课程讨论。"(有关法国的论述也可参见 Talbott, 1969；有关德国的论述参见 Albisetti, 1987；有关美国的论述参见 Kliebard, 1986)

尽管在英格兰和欧洲大陆，19世纪的教育现代主义者呼吁扩充以知识为基础的课程，将科学和其他现代学科纳入课程，但他们关于扩充的普通教育的概念，"最有价值的"知识或派代亚仍处于亚里士多德所言的意义上，是精英主义的、以欧洲为中心的、理论的、享有特权的和"通识的"。除斯宾塞的概念以外，它并不包括亚里士多德所谓的实用，即实利主义的、非理论的和"非通识的"实用研究/技艺。19世纪末和20世纪初，在英格兰、法国和德国，普通教育得以扩张，现代"人文学科"被纳入英国中等文法学校、法国公立中等学校和德国高级中学的英语课程中。

斯宾塞有关"最有价值的"课程知识的观点在欧洲并未引起关注，但在美国引起了关注。在美国，其观点被广泛阅读，并体现在《美国中等教育重组的基本原则报告》中。如美国课程史权威专家克利巴德(Kliebard)所言："到目前为止，该报告(美国中等教育的里程碑)最突出的部分是对指导课程的七项目标(原则)的阐述：1. 健康；2. 对基本过程的掌握；3. 有价值的家庭成员关系；4. 职业；5. 公民身份；6. 善于利用有价值的闲暇；7. 道德品格。"(Kliebard, 1986：112—114)在他对美国课程发展的历史分析中，克利巴德进一步指出："1918年可能被看作是艾略特《十人委员会报告》(发表于1893年)反映出的人文主义立场被迫处于守势的那一年，而不再是像以前那样在美国课程斗争中占主导地位。"(Kliebard, 1986：115)

在"知识欧洲"什么知识最有价值？欧盟的晚期现代续篇

在西欧和美国，"什么知识最有价值？"、"学校课程中应该具有哪些必要的知识成分？"以及"学校知识应该如何组织和教授？"等主题和问题在20世纪的不同历史时期仍继续被讨论。在二战后的数十年，这些争论尤为明显。与19世纪欧美现代工业社会一样，斯宾塞提出的问题"什么知识最有价值？"在今天仍然是最基本和发人深省的问题——我在本书第七部分的另一篇文章《全球化的勇敢新城邦》和现代后期甚至后现代时期的《信息/技术知识/学习社会》中对此也有所提及(Castells, 1998)。有关该主题的文献非常多，本文篇幅不足以对其进行简要回顾。如上所述，在本书第七部分的另一篇文章中，我探讨了不同情境下盎克鲁-撒克逊世界中有关该主题的一些战后重要发展与核心话语。

知识社会

近来，知识社会(KS)和诸如此类的外延术语"信息化社会"和"学习型社会"在经济稳健增长与发展的欧盟及其成员国中成为主导性的话语。法国教育部在1998年宣布："我们正在建立的欧洲不只是欧元的欧洲、银行和经济的欧洲；也必须是知识的欧洲。"1993年发布的白皮书《增长、竞争力和就业》中阐述道，由于世界的变化，如"全球化""信息社会"的到来和技术-科学的快速发展，欧盟向"以知识为基础的"社会转变迫在眉睫(European Commission，1993)。1995 年发布的富有影响力的《教与学：迈向学习化社会》白皮书写道："尽管如此，今天的欧洲国家没有其他选择。如果它们想要保持地位，继续成为全世界的参照点，它们不得不在经密切的经济联系所取得的进展的基础上，通过加大对知识和技能的投资继续发展。"(European Commission，1995：1)

什么是知识社会? 知识社会有不同的概念。哈格里夫斯(A. Hargreaves)从三个维度对知识社会(KS)的概念进行了界定：

> 第一，它包含一个广泛的科学、技术和教育的领域……第二，它涉及在以服务为基础的社会中加工和传播知识和信息的复杂方式。第三，它包含企业组织运作的变革，通过创造使自发共同学习机会最大化的系统、团队和文化，促进产品和服务的持续创新。(Hargreaves，2003：9)

希腊学者斯塔马蒂斯(C. Stamatis)从马克思主义批判角度出发，将知识社会的概念界定如下：

> 从本质上看，"知识社会"的概念核心实际上反映了一种资本主义趋势，它在意识形态上也是被认可的。它意味着，在后期资本主义时期，知识的使用在劳动过程中被作为一种生产力。相应地，在教育机构中形成的教育类型要与这种知识用途相适应。(Stamatis，2005：115，译自希腊文本)

在广为流行的话语中，以下与知识有关的因素似乎能表示新兴的知识社会的特征：

- 信息通信技术的极大发展和精深的学习技术；卡斯特(M. Castells)所称的"网络社会"和"信息/技术认识论范式"的出现(Castells，1998/2000)。
- 知识作为一种生产要素；在竞争性的全球经济体中，为了资本积累和可持续发展，信息技术和盖尔(D. Guile)所称的"可编码知识"变得愈发重要(Guile，2002)。
- 技术-科学工具理性。
- 知识作为商业化的可交易商品。
- 正在改变的生活和工作组织形式："学习型组织"(Senge，1990)；"灵活劳动力""知识工作者"(Drucker，1994)；"三叶草组织"(Handy，1989)。
- 在已确立的权力结构(如民族国家、市场、公民社会、国际组织)中对权力的重新协商。

基于教育和培训的"知识欧洲"

有关知识社会和"知识"的话语——是什么、是什么形式、如何获得——总是涉及教育和培训，涉及在传统上负责知识生产、再生和传播的场所，即学校、学院和大学。在欧盟的文件中，一种欧洲教育话语(政策议题和政策实践)被提出，它强调"技能"和"能力"的发展，以满足单一欧洲市场、整合的欧洲知识社会和欧洲"以知识为基础的竞争性经济体"的需要。尽管一些文本涉及的是"稳固的、广泛的教育"，但在欧盟话语中更突出的是特定类型的知识、技能和能力，如信息技术教育，技术-科学工具理性和职业技能。正如 2000 年里斯本委员会提出的一样，由于这种"竞争优势"，到 2010 年欧盟会成为"全世界最具竞争力和活力的知识经济体，能够实现可持续经济发展，与之伴随而来的还有就业在数量和质量上的改善和更强的社会凝聚力"(里斯本委员会于2000 年做出的结论)。欧盟教育话语中的工具主义知识偏好在 1997 年所发布的《迈向知识欧洲》中表现得非常明显。该文件写道：

值得注意的是,我们正在进入"知识社会",在《议程2000》中,委员会提出要让推动社会的政策(创新、研究、教育和培训)成为联盟内部政策的四个基本支柱之一……经济竞争力、就业和欧洲公民的个人成就不再主要基于有形商品的生产,在未来也不会是。今后真正的财富创造与知识的生产和传播相连,并首要依赖于我们在研究、教育和培训领域的努力,依赖于我们促进创新的能力。这就是我们必须打造真正的"知识欧洲"的原因。(European Commission,1997)

在前文提及的被广泛引用的《教与学:迈向学习化社会》(1995)中,能够获得有关欧洲知识社会和知识欧洲的欧盟教育话语的更清晰的图像。这个重要文本是向全球化(即"国际贸易、技术的全球化语境,尤其是全球信息社会的到来")的致敬。根据这一点,在未来的全球"学习型社会"中,知识和认知技能将至关重要,尤其是那些以经济增长和繁荣为目的的技术-科学、数学中的知识和技能。然而,与此同时,白皮书强调"学习型社会"中的教育和培训不应该被狭隘地工具化,而应该是目的多样化。它应该:(a)关注"广泛的知识基础",强调广度和灵活性而不是偏狭;(b)构建学校和"商业部门"之间的桥梁;(c)反对"社会排斥";(d)熟练掌握"至少两门外语",即"三门欧盟成员国语言";(e)"基于平等的基础对待资本投资和培训投资"。白皮书更进一步探讨了"个人发展"的重要性、"文化遗产的传递"和"自力更生方面的教学"。最后,它还提到"人类价值"和"公民身份"的发展,据此,"如果欧洲社会要实现开放、文化多元和民主,这很重要"(European Commission,1995)。

然而,如果认真研读文本,似乎在设想的"知识欧洲"中,更多的重点与空间放在了获得特定类型的知识、认知与职业技能的发展上,这些知识和技能将有利于工作者形成富有生产性的就业能力,有利于财富和经济增长的积累,有利于欧盟的繁荣。在这一点上,约翰·菲尔德(John Field)对白皮书改革取向的批评值得深思。菲尔德评论道:"尽管白皮书对个人发展、社会学习甚至积极的公民身份和培训的需要做出口头支持,但没有任何迹象显示委员会在这些领域有任何具体的提议。"事实上,菲尔德补充道:"白皮书只是简单地复制职业培训和普通教育之间已经确立的界限。"(Field,1998:75)而且,据斯普林(J. Spring)所言,不用提科学和数学,甚至是诸如文学和哲学这样的学科,都不是因为"它们的内在美或个人满足感"而被重视,而是因为它们在改善欧洲在全球经济体中的地位所具备的工具性价值(Spring,1998:105;也可参见Grollios,1999)。

对于设想中的知识欧洲,欧盟正在传播的教育话语概括在以下核心观点中:

- 教育和培训,工具理性,而非派代亚。
- 技术-科学知识/信息基础,而非普通/自由教育和人文文化/派代亚(普通文化,普通教育)。
- 容易被评估和持续更新的认知的、职业的、灵活的和社会的技能;竞争力、企业家精神、就业能力、创新、创造力、生产力和资格认证。
- 强调胜任力(理论的、实践的、认知的),大部分是工具主义的;不够重视美学、伦理取向和公民美德——我称之为灵魂的派代亚。

最后,有必要提一下哈格里夫对在"知识社会"和相关的"知识经济"中教学(和教育)的当代改革话语的敏锐观察。哈格里夫认为,当代资本主义社会也是知识经济,主要为私人财产服务;它们的学校适应于主要发展知识社会和知识经济体中的认知学习、工具技能和能力。但根据他的观点,知识经济是一种"创造性破坏的力量"。一方面,"它刺激增长和繁荣",但是另一方面,"它对利润和自我利益的不断追求也使得社会秩序受到破坏和分裂"。在知识经济体中,学校系统"变得沉迷于对课程的一致性施加影响和进行微观管理"，而不是"鼓励创造力和独创性"。哈格里夫补充道：

> 与培养同情心和社区意识的宏伟使命不同，学校和教师的视野很狭隘，只能看到考试分数、目标达成和责任制下的排行榜。太多的教育系统不是培养世界性身份和基本的同情(亚当·斯密所称之的民主的情感基础)，而是促进夸张的、固执己见的国家认同感。(Hargreaves，2003：xvi – xvii，9)

什么知识最有价值？——回顾过去，展望未来

综上所述，很容易能推断出，现代后期全球化欧洲的"网络社会"中"最有价值的"知识不同于19世纪现代早期工业化欧洲中"最有价值的"知识。在现代早期的工业化欧洲，"最有价值的"知识是那些被称作"自由人文主义的知识"。在当代后工业化信息技术的和全球化的晚期现代化欧洲，"最有价值的"、享有特权的知识是"技术-科学"和工具理性的知识。正如我在本书第七部分的文章中所提到的，似乎伴随着对工具理性、有用知识的生产和菲雷迪(F. Furedi)所谓的"实利主义的担忧"，新自由主义全球化和"市场原教旨主义的工具主义风气"正在对自由文化、艺术和"精神生活"产生腐蚀性影响(Furedi，2004)。对欧盟的行动计划，即苏格拉底计划、达·芬奇计划、伊拉斯谟计划、阿里昂计划和夸美纽斯计划进行评论时，菲尔德指出，这些计划"不断地强调职业、功利主义和工具主义"，他认为，这些计划是一种"技术选择"，并造成了"工具主义"和欧洲人文主义教育传统之间的紧张关系。(Field，1998：8)

可以推测，如果斯宾塞还在世，很可能会欢迎认识论钟摆从"人文主义的"和"一般性知识"占主导地位摆动到技术-科学知识占主导地位。但是，依我之见，如果赫胥黎在世，尽管同样支持科学教育，他将不会欢迎这种摆动。在19世纪60年代有关什么知识最有价值的大争论中，赫胥黎指出需提防"排他性"和课程研究的失衡；他还适宜地提出"货物的价值对一艘失衡的船只于事无补"(Huxley，1902：153—154)。

结　语

最近，著名社会学家麦克·扬(Young，1998，2008)，同时也是一位致力于对影响教育知识和课程的当代教育趋势进行评论的批评家，强调"将知识带回到教育中"，未来的社会"要包含教育指引下的经济而不是经济指引下的教育系统"。在本书的另一篇题为"阿伽门农与普罗米修斯的对决：新的国际大都会中全球化、知识、学习型社会与人文教化"的文章中，我批判性地分析了"全球化"对教育的负面影响，赞同广义的"人文主义派代亚"的复苏，以及我称之为包含"所有人类艺术"(不管是理论的还是实践的)的"普罗米修斯人文主义"。

参考文献

Albisetti, J. (1987). The debate on secondary school reform in France and Germany. In D. Muller, F. Ringer & B. Simon (Eds.), *The rise of the modern educational system: Structural change and social reproduction, 1870 -1920* (pp. 181 - 196). Cambridge：Cambridge University Press.

Alexander，R. (2006). Dichotomous pedagogies and the promise of cross-cultural comparison. In A. H. Halsey *et al.* (Eds.), *Education, globalization and social change*. Oxford：Oxford University Press.

Antoniou, D. (Ed.) (1987). Ta programmata tis mesis ekpaideusis, 1833 – 1929 (The programmes/

curriculum of secondary education), vol. 1. Athens: Historical Archives of the Greek Youth – General Secretariat of the Young Generation.

Brogan, D. W. (1943). *The English people: Impressions and observations*. New York: Alfred A. Knopf.

Brubacher, J. S. (1947). *A history of the problems of education*. New York and London: McGraw-Hill.

Castells, M. (1998/2000). *The information age: Economy, society and culture, Vol. I. The rise of the network society*. Oxford: Basil Blackwell.

Castells, M. (1998). *The information age: Economy, society and culture, Vol. III, End of Millennium*. Oxford: Blackwell.

Cowen, R. (2000). Comparing futures or comparing pasts? *Comparative Education*, 36 (3), 333 – 342.

Dimaras, A. (1973) (Ed.). *He metarrythmisi pou den egine (The reform that never was)*. Athens: Hermes.

Drucker, P. (1994). *Postcapitalist society*. New York: Harper Business.

European Commission (1993). *White Paper on growth, competitiveness employment: The challenges and ways forward into the 21st century*, Parts A and B. COM (93), 700 final/A and B, 5 December 1993. *Bulletin of the European Communities*, Supplement 6/93.

European Commission (1995). *White Paper on education and training: Teaching and learning—towards the learning society*. COM (95), 590 final, 29 November, 1995).

European Commission (1997). *Towards a Europe of knowledge. Communication from the commission to the council, the European Parliament, the economic and social committee and the committee of the regions*, COM (97), 563 final, 12. 11. 1997.

Field, J. (1998). *European dimensions: Education, training and the European Union*. London and Philadelphia: Jessica Kingsley.

Furedi, F. (2004). *Where have all intellectuals gone? Confronting 21st century philistinism*. London: Continuum.

Grollios, G. (1999). *Ideology, pedagogy and educational policy: Logos and praxis of the European programs in education*. Athens: Gutenberg. In Greek.

Guile, D. (2002). Skill and work experience in the European knowledge economy. *Journal of Education and Work*, 15(3).

Halls, W. D. (1965). *Society, schools and progress in France*. Oxford, Pergamon Press.

Handy, C. (1989). *The age of unreason*. Boston, MA: Harvard Business School Press.

Hargreaves, A. (2003). *Teaching in the knowledge society: Education in the age of insecurity*. Maidenhead and Philadelphia: Open University Press.

Huxley, T. H. (1902). *Science and education*. New York: D. Appleton and Company.

Jordan, G., & Weedon, C. (1994). *Cultural politics: Class, gender, race and the postmodern world*. Oxford: Blackwell.

Kazamias, A. M. (1960). What knowledge is of most worth? An historical conception and a modern sequel. *Harvard Educational Review* (Fall).

Kliebard, H. M. (1986). *The struggle for the American curriculum, 1893 – 1958*. Boston, London and Henley: Routledge & Kegan Paul.

Lovlie, L. *et al*. (2003). *Educating humanity: Bildung in postmodernity*. Oxford: Blackwell.

McClean, M. (1995). *Educational traditions compared: Content, teaching and learning in industrial countries*. London: Kogan Page.

Mill, J. S. (1867). *Inaugural address delivered to the University of St. Andrews, February 1, 1867*. Boston: Littell and Gay.

Ringer, F. (1987). On segmentation in modern European educational systems: The case of French secondary education, 1865 – 1920. In D. K. Muller, F. Ringer & B. Simon (Eds.), *The rise of the modern educational system: Structural change and social reproduction*, *1870 – 1920* (pp. 53 – 196). Cambridge: Cambridge University Press.

Senge, Peter, M. (1990). *The art and practice of the learning organization*. New York: Double day.

Spencer, H. (1859). What knowledge is of most worth? *The Westminster Review*, XVI (July and October).

Spring, J. (1998). *Education and the rise of the global economy*. Mahwah, NJ and London: Lawrence Erlbaum Associates.

Stamatis, C. M. (2005). *He avevei koinonia tis gnosis (The uncertain knowledge society)*. In Greek. Athens: Savvalas Publications. In Greek.

Talbott, J. E. (1969). *The politics of educational reform in France*, *1918 –1940*. Princeton, NJ: Princeton University Press.

Welch, A. (1991). Knowledge and legitimation in comparative education. *Comparative Education Review*, *35*(2), 508 – 531.

Winterer, C. (2002). *The culture of classicism: Ancient Greece and Rome in American intellectual life*, *1780 – 1910*. Baltimore, MD: The Johns Hopkins University Press.

Young, M. F. D. (1998). *The curriculum of the future: From the "new sociology of education" to a critical theory of learning*. London: Falmer Press.

Young, M. F. D. (2008). *Bringing knowledge back in: From social constructivism to social realism in the sociology of education*. London and New York: Routledge.

12. "什么知识最有价值?"英格兰对一个古老问题的再思考

丹尼斯·劳顿(Denis Lawton)

本文的假设之一是:教育,尤其是课程,在做出即便是小幅度的普遍性尝试之前,应当先在特定的区域进行检验。这篇文章重点关注的是英格兰:而威尔士、苏格兰和爱尔兰的近代史和英格兰大有不同。例如,自 20 世纪 90 年代起,威尔士的教育政策决定权由英国议会下移至威尔士国民议会,在国家课程方面,比起英格兰特色的全国统一课程,威尔士拥有更多决定"威尔士特色"的优先权。

在英格兰,"什么知识最有价值"这个问题往往被视为理所当然,而缺乏特别的关注。英格兰的政治家和包括教育家在内的其他决策者都较为守旧,倾向于以传统而非更为重要的知识论探求作为制定课程的依据。当这个问题被特别提起时,通常都是因为政治或经济等社会压力。相较于理念或者教育理论和实践方面的变化,社会压力与变化似乎更为重要。

关于学校课程中的知识价值这一问题的探讨,最知名的著作之一由赫伯特·斯宾塞(Herbert Spencer,1820—1903)所著。在他《教育论》(*Education*,1861)一文中,斯宾塞清楚地指出,他质疑学校课程内容的原因是英格兰在 18 世纪和 19 世纪早期发生了巨大的社会和经济变化,但这些变化却没有充分地反映到学校课程上。英格兰在 18 世纪率先开始了工业革命,因此在 19 世纪产生了种种社会和经济压力,但是学校大多忽略了这些变化。当知识的主导形式已经变成科学和技术时,公共或私立学校的课程仍然很大程度地集中在拉丁语和希腊语上,或许还有少量数学。

在 20 世纪,包括课程在内的教育体系被多次重新审视,包括 1902 年教育法(the 1902 Education Act)和 1904 年中等教育法规(the Secondary Regulations of 1904)、1944 年教育法(the 1944 Education Act)、1988 年全国统一课程(the 1988 National Curriculum),以及持续到世纪末的不断的增订和调整。

本文的重点是回顾这几次课程改革,试着分析究竟是什么社会压力或者哪些压力的结合(经济、政治和意识形态)引起对教育体系的重新审视和课程的改变。另外,可以看到,这些社会变革通常比教育理念的改变更被优先考虑。

1902 年教育法和 1904 年中等教育法规

斯宾塞在 19 世纪时曾担忧的各种社会变化导致了 20 世纪初英格兰受教育劳动力不足的危机。在伦敦市和其他地方,市场对有读写和算术能力的职员的需求量远远超过学校体系产出的人数。因此,英格兰政府首次批准在国家中等教育上花费公共资金(1870 年教育法只批准在初等学校上花费公共资金,特别排除了中等教育)。1902 年的《巴尔福教育法》鼓励地方教育局使用资金支持中等学校发展。在法案颁布不久之后,英格兰教育局为中学课程制定了一系列法规,即 1904 年中等教育法规,严格控制了教学内容。(有一种说法认为在 1988 年之前不存在对课程的掌控,这完全是无稽之谈。这一点很重要,因为自此以后,课程所面临的压力之一是对教育的中央集权的政治关切,旨在实现对部分课程内容的掌控。)

20 世纪初发生的这些事件不单单是针对知识价值问题,也是对有价值的知识在多大程度上应当为全部人所共享的质疑。只有少部分年满 11 岁的年轻人拥有学习新的中学课程的机会,大多数 5 岁至 13 或 14 岁的学生被限制于学习小学课程,其中主要包括阅读、写作、初等算术和宗教教育。那些起草中学课程的人意识到,继续保留初等教育(面向所有人)与中等教育(只向筛选出的少数人开放)之间的明显差别是非常重要的;而这些少数人学习的课程与能够花钱上私立学校的人学习的课程是一致的。1902 年教育法有时被称为是英国迈向全民教育的一步,但是现在看来却不是如此,而且也不能说其在出发点或结果上是民主的,实际上很有可能是恰恰相反的。

1944 年教育法

1944 年,二战即将结束,很多人表达了对平等主义观念的向往。1944 年教育法规定所有 5 岁至 16 岁的儿童,根据其年龄、天赋和能力的不同,都应享受免费义务教育,这意味着英格兰朝着"面向所有人的中等教育"迈向了重要的一步。当然,这并不意味着英格兰已经完全实行民主教育,因为地方教育局通常会对教育法进行解释,所有儿童应去中等学校接受教育并不一定意味着同一类中等学校,当然也不是指获得同样的知识。在回答"什么知识最有价值"这个问题时,依然存在着区别对待的假设,如果不是依照社会阶级来区分,那就总是依照"能力"。然而,在这一阶段,对于课程内容的疑问并没有特别在教育法中提到。有人认为这是为在议会中达成一致而故意避开了这个问题,因而,这个疑问留给了地方当局来自己决定,而不是由中央政府决定。所以,中等教育法规即便没有在法律上,也在精神上继续将文法学校的学生视作学术型学生,地方当局允许其他类型的学校(中等现代技术学校)自行选择课程。我们关于知识和价值的疑问因为社会不同的层级而有不同的回答。即使是在强调民主的时代,这个问题的回答也没有涉及平等地享有获取有价值的知识的权利。

然而,一群独立的、非政府的教育者们指出了这种政治优先的"面向所有人的中等教育"的疏忽。一群教育专家自行组成了"课程改革委员会"。他们广泛地讨论有关新课程的所有问题,并且最终提出了一份很有意思的报告《教育的内容》("The Content of Education",1945)。这个团队提出了那个时代关于学校课程最有智慧的见解,尽管他们并没有受到任何官方支持,实际上只依靠了教育学院的 50 英镑和伦敦合作协会 25 英镑的资助。他们所提供的对于教育问题的一些答案,很显然,对于当时的政府和地方当局来说过于先进了,甚至完全没有被 1945 年新成立的工党政府考虑过。然而,1945 年议会的提案提出所有年轻人应当有机会学习以下各种类型的知识：道德和宗教教育、美育(包括文学和视觉艺术)、语言(英语和外语)、数学、自然科学、社会科学(社会研究、历史、经济和政治)。

议会的提议大多被忽略了,而有关中等教育的组织问题(不是课程)却在接下来的 30 年间常常被讨论。讨论更多地关注学校结构的问题(是否应当有面向所有人的综合学校或是依照能力划分的文法、技术和中等现代学校),而不是应对更加重要的问题,即什么类型的知识是所有年轻人都应该有机会学习的。

教育理念的变化：哲学和社会学的知识观

同一时期在伦敦大学教育学院,有关"什么知识最有价值"的问题被广泛讨论。哲学系的彼得斯(R. S. Peters)在《道德与教育》(*Ethics and Education*,1966)中试着弄清楚,如果从哲学的视角来提出这一问题,那么在评价学校课程时运用的标准是什么。彼得斯对于功利主义对这一问题的答案表示不满意,即"绝大多数人的最大幸福"。他的同事赫斯特(P. H. Hirst)在看待知识和学校教育的问题时得出的结论是,许多教育理论如果没有制定出决定哪些科目应当被教授的原则,那么这些理论是不完整的。他批判一些极端进步主义的、强调"以儿童为中心"的课程的教育观点,以及一些有关教育自治的观念。他主张,谈论动机没有好处。尤其是当我们忽略了这一事实,即教育不是简单地关于学习如何学习,而是也包括了有关知识的本质和应当学习什么观念。因此,赫斯特(Hirst,1975)区分出了七种知识的"类型",它们有着不同的核心概念和不同种类的验证程序以及获得方法。他以此提出一种批判地看待现有学校课程的方式。他的七种知识类型分别为:数学和形式知识、物理科学、包含历史在内的人文科学、道德认识、宗教、哲学和美学。

不久之后,劳顿(Lawton,1983)在不否认其同事哲学观点的价值的同时提出,要想从课程的角度回答知识和价值的问题,就必须要超越学术知识,超越哲学的语言分析。他认为需要从社会学、人类学的角度去思考知识。他提出了两种探寻知识的尝试:第一种涉及的是属于人类的共性知识。他指出,人类的普遍知识以某种形式存在于所有人类社会中,而正是这些人类的普遍催生了不同的文化体系以及生成了不同种类的知识。在发展更为成熟的工业社会,这种不同或差异比在相对简单的、无文字的社会里更加明显。他的第二个论点是,人类的普遍知识可以被分析成独特的文化体系,每一个文化体系都包括不同种类的知识,这些知识可以被用作课程结构的基础。他的探寻方式在本质上说明了,每一个学校课程都必然地包括一些类型的"文化的选择",但很多课程有严重的欠缺和遗漏。作为一种可行的来分析文化选择的方法,他提出很多从人类普遍知识中衍生出的文化"体系":社会政治、技术、通信、经济、信仰、道德、理性、美学以及身体或生理。他认为尽管这些文化体系可以不用于作为课程设计的基础,可以不替换现有的学校科目,但我们应当将其视为一个检查清单,以确保在课程中没有重大的欠缺和遗漏之处。以英格兰为例,奇怪的是,社会政治、经济和道德体系往往不被重视或者有时完全被忽视。他建议将文化体系作为矩阵的一边,而另一边是现有的学校科目。这两者的交叉可以提供一种用以分析知识遗漏在哪里和如何填补的方法。这样的一个矩阵不会为我们的问题提出完整的解答,但是会暗示着课程设计程序中文化分析的第一阶段。

1988 年肯尼斯·贝克的全国统一课程

自第一任工党政府(1945)起,官方鲜少尝试回答有关知识和价值的问题,直到 1988 年,肯尼斯·贝克(Kenneth Baker)和撒切尔政府提出要实行全国统一课程。1979 年保守党任职时,他们最初并没有提出全国统一课程,而且撒切尔的第二任教育部长基思·约瑟夫(Keith Joseph)在意识形态上反对这一提议,因为他认为考虑到父母有权为孩子选择学校,学校应当自行决定其教授的课程。然而,他的继任者肯尼斯·贝克是一名现代主义者和教育上的集权者,他认识到我们需要通过加大对学校教授的内容的控制来提高学校的绩效。当肯尼斯·贝克决定英格兰应和其他欧洲发达国家一样发展全国统一课程时,他或许已经寻求过他自己的专家团队,即皇家督学(Her Majesty's Inspectors,HMI)的意见,但是如果他这么做了,他的决定并未表明他咨询的是合适的督学。有一组督学已经花了几年的时间研究中等学校统一课程,甚至已经制定了一些关于科目的手册,并鼓励一部分地方教育局下面的学校依据他们制定的模式来开展一些试验。尽管督学没有明确地解决我们的问题,但他们提出了一些非常实用的提议:使用熟悉的学校科目,但要通过强调"知识和经验的领域"来超越传统的方法。和劳顿一样,他们显然也想走出文法学校纯学术科目的套路,并且尝试设计一种适合于所有年轻人的课程——"权利课程"(Entitlement Curriculum)。需要提醒一下,在当时,大部分的中等学校都是综合学校,即全能学校(all-ability school)。督学所提出的八种知识和经验的领域为：美学/创造性的、伦理、语言、数学、物理、科学、社会学/政治学以及宗教(HMI,1983)。

我们不知道贝克是否知晓这些督学和"权利课程"模式的存在,或者是否了解一些中等学校在其督学的监督下进行的有价值的试验工作,抑或是否他被劝告忽视这些革新。不管怎样,1988年全国统一课程纯粹是基于一系列传统的学校科目,而且几乎和1904年中等教育法规一致,以至于很多评论者都曾一对一地检查过这两份科目的列表,而他们得出的结论是,显然,贝克的全国统一课程实际上是保守和后退的。

表1　1904年中等教育法规和1988年全国统一课程的学校科目列表[①]

1904	1988	1904	1988
英语	英语	外语	现代外语
数学	数学	绘画	艺术
科学	科学	体育运动	体育教育
历史	历史	手工劳动/家政	技术
地理	地理		音乐

然而,为小部分的学术型学生而设计的1904年法规在过了80年后,已经不足以满足综合课程的要求。换句话说,贝克没有能够提出有关知识的最重要的问题,而是满足于以提高学校标准为目的,以能为技术社会产出更有竞争力的人力为追求。如果说他对民主社会的课程需求不感兴趣,这是不公平的,但是他的确没有试着将"公民"作为一门新科目,尽管在他成为教育部长之前曾对此表示过有兴趣。

所提出的全国统一课程间的差距如此明显,以至于国家课程委员会(National Curriculum Council,简称NCC,官方成立的监管全国统一课程实施的机构)马上开始研究通过交叉课程主题来补充科目列表的方法,并将其他重要的教育的优先事项也囊括在内,例如环境研究、公民身份、健康教育和职业生涯教育(1902年后,这些都未曾正式进入中等学校课程)。

因此,为了适应NCC提出的其他要求,学校几乎未能开始处理1988年的新科目列表,就被鼓励着去设计自己学校的课程。教育部长没有能提出有关知识和价值的关键问题,但他所在的NCC认识到他们错过了一个机会。不幸的是,由于全国统一课程是法定的,如果学校已经忙于全国统一课程的实施,NCC的附加要求对于学校来说只是可以被忽视的建议。

全国统一课程的变化(1990—2000)

如上所述,制定全国统一课程的目的之一是设置10门科目,其中3门为优先考虑,而所有10门科目都应定期且严格地被评估。这一点曾在多个场合被提及：如果能实现以上这一目的,英国将会拥有世界上最规范且最高标准的课程。但这却没能实现,因为专业教师认为教学和评估的压力过大,无法忍受。1990年,开始撤销10门科目的内容。首先,科目内容被删减,但是当内容的缩减仍不够时,则逐渐减少科目数目本身,所以最终留下的是核心科目的范围,即英语、数学

---

① 参见 Aldrich(1988)和 Lawton & Chitty(1988)。

和科学以及不那么受重视的宗教教育。当此之时,想要以 NCC 跨学科课程知识的方式来为全国统一课程增加更多材料几乎是不可能的,然而很多私立学校可能认为这样的跨课程知识是有价值的。这里也没有必要仔细分析贝克的全国统一课程是如何在接下来的 10 年间退回到一个精简版本。为 14 岁至 16 岁学生制定的国家义务教育课程只剩下 3 门核心科目,而即使是这 3 门课,其内容也已被删减。

教育机构并没有明确地回答有关知识和价值的问题,它给出的答案是到 2000 年,最有价值的学校知识是英语、数学和科学。但在新世纪之初,一门新的学科——"公民教育"加入了国家义务教育课程中。

"公民教育"课程

20 世纪 90 年代期间,随着人们对非核心课程科目的重视不断减少,一门新的科目作为"有价值的知识"出现了。1979 年至 1997 年,保守党连续执政,直到 1997 年,托尼·布莱尔(Tony Blair)领导的工党获得压倒性的选举胜利。鉴于布莱尔的口号是"教育、教育、教育",人们期待着进行一次对课程内容的回顾。然而这一点并未实现。在教育政策方面,如同在其他方面一样,布莱尔延续着撒切尔时期的方法,但他希望能追求更高效率和更多经费。

对此原则,只有一个例外:在年轻人民主教育的问题上——一门新科目"公民教育"被高度重视,所有中等学校学生都必须学习这门课程,而初等学校要做好预备工作。这暗示着政府中有人认为这是一门有价值的知识。而且,这一定得到了工党其他成员及其他政党成员的支持。

在整个 20 世纪,为了能将公民教育或政治教育纳入学校课程之中,人们做了很多努力。存在的一个问题是,即便是对那些认为这门知识有价值的人来说,依然有着"高风险-低回报"的危险。伦敦大学政治学教授伯纳德·克里克(Bernard Crick)是一位学校政治教育的长期拥护者。他做了多方面的努力来推动在中等学校课程中教授公民责任。政治学对于 16 至 18 岁的学生来说是一门结业考试中的选修科目,但克里克希望这门科目变成所有学生的必修科目。他花了 30 年的时间试图劝说教育学家和政治家,让他们明白这门知识不仅是有价值的而且对于民主来说是至关重要的,他是如何去做的是一个有趣的故事,在这里就不细说了。克里克参加了很多项目,其中一个是由广受尊重的汉萨德学会(Hansard Society)支持的,这个学会在 20 世纪 70 年代时提出了很多有关学校中"政治素养"的想法。尽管有肯尼斯·贝克的暗中支持,但这些在撒切尔时代并未实现,直到 1997 年政府变动后,这一严肃项目变成了官方政策。布莱尔政党最热烈的拥护者之一是大卫·布朗奇(David Blunkett),他于 1997 年担任教育部长。更早之前,布朗奇曾是克里克的众多学生之一,并被他的思想所影响。他曾劝说布莱尔任命克里克为委员会主席,为公民教育提些建议。在商讨阶段,这些提议被广泛地讨论,最终在新世纪,提议通过立法被纳入国家课程并获得了全党支持。

在 20 世纪末期的英国,政治教育是"有价值的"的原因在于,政治家们和教育家们都对这一现实表示担忧,即年轻人对自己所处社会的政治方面都极其忽视,第二个原因在于,政治家们对年轻人在大选和地方选举的低投票率表示担忧——尤其是 18 岁至 30 岁这个年龄层,这种现象的原因可能是对政治的忽视和冷淡而不是政治的复杂性。

在世纪的转折点上,就英格兰而言,有价值的知识主要由英语、数学、科学和政治教育组成。宗教教育是官方要求,但并不像其他必修学科一样被重视。这种优先度的排序是由社会和政治压力造成的。但自 20 世纪 70 年代起,英国的教育主要受经济的影响,包括对技能水平更高、受教育程度更高的工人的需求以及能更有效地与其他工业和商业对手竞争的渴望。

什么知识最有价值——在 21 世纪？

在上节中，我们对这个问题给出了直接答案，但重要的是，也需要对知识和价值方面更长期的重点有所考虑。而在 20 世纪没有被公开认真讨论过的问题是：除了经济以外，还有其他什么重要的或值得关注的内容应当被反映在课程中？

教育家们，包括督学（HMI）在内，都常常担心人们在小学阶段对艺术、音乐和文学缺乏重视，以及在中学，很少学生能在 14 岁之后还坚持学习如历史和现代语言之类的已变为选修的科目。在强调什么知识最有价值的同时，所有类型的文化分析还需要强调另一个问题，即教育的一般目的。如果说，教育的一个重要目的是依据被认为最有价值的知识来传递某种文化中的选择，那么关于平衡的问题同样需要关注。换句话说，文化选择是否是平衡的？对于年轻人来说，仅仅能够依靠所学的知识维持生活是不够的，还有其他的需要。比如说，那些能够让年轻人成为独立个体的知识，例如美学科目，或者是除了公民知识之外使一个人成为对社会更有益的贡献者的知识，这包括了例如信念体系、道德体系和成长体系之类的知识。所有的这些都在大多数中等学校中被忽视了。因此，对于中等学校在短期内能够拥有平衡且有价值的课程体系的期望是不太可能实现的。是什么构成了对于所有年轻人的有价值的教育，这一问题还需要透彻的分析。

结　语

很明显，藏于本文标题中的问题并不存在着一个绝对的答案，无论是就时间或是空间来说。在特定的社会中，优先级会随着社会、政治和技术上的压力而因时因地发生改变。通过文化分析，教育家们能做的是制定界限来指导文化选择，以及当人们为了追求更即时的优先考虑而忽视了某些有价值的知识时，将这一点指出来。如果我们更深远地回顾历史，超越本文标题的限制，我们就会发现问题的答案可能也会是神学知识。在中世纪，神学无疑是"科学之王"。然而，在文艺复兴和宗教改革之后，拉丁和希腊的历史和文学被认为是对有教养的绅士而言有价值的知识。之后，经过 18 世纪的启蒙运动和工业革命，科学和数学开始获得优先地位，相较拉丁语和希腊语，科学和数学在现代世界中更有意义。学校有时很难根据社会的变化做出立即调整，但最终，课程上的压力会足以确保变化的发生。

在本文所涉及的时间范围，即在 20 世纪，我们回顾了很多教育史上的政治事件，并试图了解发生了什么变化以及哪些社会压力引发了这些变化。1902 年教育机会的扩大是由于对受教育的劳动力的需求以及对受过良好教育的选民的需求。即使是部分民主，但它也强调了能有更多机会获得有价值的知识。到 1944 年，面向所有人的中等教育被看作一项重要的原则，这主要是因为由二战引发的平等主义的变化。但在那时，人们没有提出有关什么类型的教育以及知识应当面向所有年轻人的问题。这之后，经济压力——尤其是对有技能的劳动力的需求快速增长，以至于人们对教育的普遍态度是，教育的主要目的是"为就业而训练"。在保守党执政期间，即1979 至 1997 年，这种庸俗的观点被强调，而且与很多教育者的希望相背离，这一观点在 1997 年布莱尔执政后继续流行。例外情况是 20 世纪末期，人们对政治教育有更多的重视。21 世纪将会发生什么，我们仍在拭目以待。在整个 20 世纪中，人们常认为甚至有时明确提出从"大众文化"可以看出知识和教育的问题。在 21 世纪，这不太可能成为一个可接受的政策。英国目前是一个有着浓烈的少数民族文化的多元社会。其中最大问题是存在大量的穆斯林公民（还有可能是非公民），他们不仅希望维持自己的信仰体系，而且开始要求形成他们自己的道德体系、语言和学校。如何来处理这类多元化现象,可能会成为将来的主要问题。

参考文献

Aldrich, R. (1988). *The National Curriculum: An Historical Perspective*. In D. Lawton & C. Chitty (Eds.), *The National Curriculum*. Bedford Way Papers, 33. Institute of Education, University of London.

Crick, B., & Porter, A. (Eds.) (1978). *Political education and political literacy*. London: Longmans.

HMI (1983). *Curriculum 11 -16 (Towards a statement of entitlement)*. London: DES.

Hirst, P. (1975). *Knowledge and the curriculum*. London: Routledge & Kegan Paul.

Lawton, D. (1983). *Curriculum studies and educational planning*. London: Hodder & Stoughton.

Lawton, D., & Chitty, C. (Eds.) (1988). *The National Curriculum*. Bedford Way Papers, 33. Institute of Education, University of London.

13. 启蒙运动与欧洲的宗教、知识和教育

蒂根·温瑟-詹森(Thyge Winther-Jensen)

欧洲历史上的 18 世纪下半叶通常被称为启蒙运动时期。这场运动的起源,则是人们在 17 世纪便已感受到的新趋势。英国哲学家约翰·洛克(John Locke,1632—1704)继承了培根(Francis Bacon,1561—1626)关注经验的传统,尤为关注作为人类认识基础的知觉经验。像笛卡尔(Descartes,1596—1650)、斯宾诺莎(Spinoza,1632—1677)和莱布尼茨(Leibniz,1646—1716)这样的理性主义哲学家则认为,从理性上讲,解决人类生活的根本问题是可能的。经验主义和理性主义在 18 世纪末因为对启蒙的追求而结合在了一起。这一追求的基础,是人们开始对自然、社会和人类有了新的理解。同时,对启蒙的追求也影响了人们对教育的看法。教育本身已经发生了改变,同时它还为新观念的传播做出了突出的贡献。从此,教育被视为独立于教会的活动,并且只为建立在理性科学、民主和人权基础上的世俗国家服务(Grue-Sørensen,1972;Winther-Jensen,2004)。

启蒙运动诞生的时代正是君主专制的时代。文艺复兴和新教改革之后的社会动荡加强了国王和贵族的力量,这正是相互斗争的天主教会和新教都需要的。在北欧新教国家,国王任命最高主教,也负责接管教会财产。但与南欧天主教国家情况有所不同,由于天主教会需要援助,以便同异教作斗争,防止新教改革思想的进一步传播,因此,教会最后变得高度依赖世俗权力。只有在英格兰,由于各宗教之间的相互竞争,避免了绝对权力的集中。

但是,最高权力掌握在个人手中的绝对君主制的出现,并没有带来个体的解放,而这正好鼓励了文艺复兴的推动者。原来的绝对统治者——教会,被另一新的统治者"国王"所取代,而新的统治者的严酷程度与原有统治者并无二异。尽管中世纪基督教教导平等、文艺复兴要求个体自由这样的理解,为"人类是什么样的"的这一问题提供了多元化的认识,但是我们仍然有必要追溯中世纪之前的时光,回到罗马皇帝时代,去寻找相似的集权制度。

君主和特权阶层在各个方面都实行了严格的社会规章制度,但是教会同时也或多或少地在顽强抵抗,削弱着君主和贵族的力量。世俗权力和教会之间的联盟看起来像一个不可战胜的堡垒,一方面使整个社会变得安定,但另一方面,也束缚着社会(Barth,1925)。

然而从长远看来,能摧毁这座堡垒的思想观念在很长一段时间内都只有一些雏形,并且隐藏在"自然法则"(The Principle of Nature)这个统一概念之下。18 世纪下半叶,这一法则在思想和社会领域运用十分广泛,成了为个人和社会追求更多自由行动的斗争的一个重要手段。

自然法则

自然法则的背后是一系列目标相同的观念,这个共同目标就是建立人类思考和认知的新基础。"启示之光"(light of revelation)不再是认知的基础,取而代之的是"自然之光"(light of nature),也就是理性。那些经不起人类经验和理性彻底检验的部分被去掉之后,留下的就是自然。

一切从所谓的"自然"宗教的发展开始。随着文艺复兴时期一些古代哲学家的思想被重新发现,人们开始明白,许多原先只是由耶稣在福音书中揭示的真理现在也可以在古代哲学家的著作中找到。在柏拉图以及之后的斯多葛学派的理论中,一神论已经非常活跃了。罗马哲学家塞涅

卡的作品生动刻画了不死灵魂的概念①。世界末日的理念也可以在柏拉图的《理想国》(Plato, *Republic*, book X)中找到相关的论述。

正因为"这种"自然宗教的出现,18 世纪的思想家们认为他们创立了一种宗教,不仅可以帮助改革现有宗教,还能在基督教的不同信仰分支之间架起连接的桥梁。

当然,自然法则在其他精神生活领域也变得活跃和强大起来。对于斯多葛学派而言,自然法(natural law)的名称和概念已经通过经典的自然权利概念为人们所了解。它认为人的理性是宇宙神圣理性的一部分。自然权利并不是强者的权利,而是建立在普遍的平等与个体自由的基础之上(Grotius, 2005)。这一概念被那个时代的所有名人都采用过。比如约翰·洛克将自然法与上帝希望的理性权利作比较(Locke, 2003;Russell, 1993:603)。自然法在政治上的重要性十分可观,一部分是因为它在法律进步的斗争中发挥作用,另一部分则是因为是它对之后广为人知的人权做出设计。洛克(Locke, 1964)在《教育漫话》中主张基于自然法则的养育。他反对通过外界强加给孩子一般性规则和命令并以奖惩来维系的教育。他提倡的教育则是与孩子的态度和天性相适应的个性训练。

对"自然法则"更具创造性的运用是在国民经济领域。1776 年,在苏格兰经济学家亚当·斯密的作品《国富论》中,他把"自然自由"作为国家经济运行的准则。他强烈批判了重商主义体制,并且要求国家在公民经济活动中要尽可能少干预。只要各种经济力量都处在自由市场中,市场中的供需法则就会像"一只看不见的手"那样,为了个人在集体和国家中的利益发挥调节作用(Smith, 1962)。

道德领域中,在面对经验和理性的检验时,宗教部分的内容也在减少。与他的老师洛克不同,英国哲学家沙夫茨伯里(A. C. Shaftesbury, 1671—1713)认为伦理学独立于神学,而且人类有天生的自然道德冲动,这一冲动构成了道德的基础。这就是所谓的道德感理论。因此,启蒙运动包含大量道德成分,而非说教。

教育是另外一个例子。在蒙田那样的早期思想家那里,这个原则尚未成熟。到了 1613 年,德国教育家拉蒂希乌斯(Ratichius)主张一切都要依据自然的方法(Omnia juxta methodum naturae),对他来说,这意味着学习母语应该在学习拉丁语之前(Vogt, 1894;Linderstrøm-Lang, 1903)。受拉蒂希乌斯影响的捷克教育家夸美纽斯(1592—1670)在他的教学中总结了自然法则(Comenius, 1910)。然而,让-雅克·卢梭(1712—1778)在《爱弥儿》中确立了教育领域中的这一原则,并且进一步加入了诸多新的维度(Emile, OC, vol. 4)。

启蒙运动时期对于人类本质的认识

人类的特点之一就是可以解释和表现自己,这再一次表明了人可以自己决定其想要把自己所塑造成的样子。动物在出生时就几乎是"成熟的",并且获得了特定环境中的生存技能,可是如果环境突变的话,动物就会灭绝。但人类通过运用自身出色的学习技能,能够适应各种各样的环境。人不但可以适应他所在的自然或者技术环境,同时,通过主动学习,他还能够适应自己所处集体的价值观(Winther-Jensen, 2004)。

为了阐明启蒙运动给人类概念带来的重要影响,我们需要考察此前的时期,考察那些由精神和文化领域的剧烈变化引发的最有影响力的观点,来帮助我们弄清楚这个问题。

①　参见他的两封慰问信:*Consolatio ad Marciam*, *Consolatio ad Helviam*。

古典观点

根据德国哲学家恩斯特·卡西尔(Ernst Cassirer)的说法,希腊人首先提出"什么是人"这一问题。在苏格拉底之前的希腊哲学主要关注物理宇宙：宇宙哲学比其他的哲学研究都重要。只有赫拉克利特在宇宙哲学和人类哲学的界线来进行思考。不过古希腊人类学是在苏格拉底时期才达到顶峰的。"因此我们发现,"卡西尔说,"关于人类的问题就是一个分水岭,让我们得以区分苏格拉底和他之前的思想。"(Cassirer,1963：4)苏格拉底一直在追寻人类存在。然而,尽管苏格拉底在柏拉图的对话中分析和讨论了人的特征,却从来没有直接给出人的定义。有形的物体可以通过它们的特征来描述,但是人只能经由他的观念来理解。只有通过交谈——对话——才有可能洞悉人类的本质(Cassirer,1963)。

苏格拉底和柏拉图更加喜爱以辩论和对话为中心的教学,他们运用类比这个必要的方法来检验他们面对的新问题：什么是人？(Plato,*Republic*,book VII)在《理想国》中,苏格拉底被问如何定义"一个正直的人",他并未直接回答,而是采用了间接的方式,通过描述公平社会,使得直接谈论正义本身成为可能。

在经典的古希腊观点看来,人的形象就是试图通过不断的问答寻找自我。人的基本能力就是通过坚定相信理性来支持自己,理性对人来说是一项可利用的关键工具。而柏拉图也想把这个工具在集体和个人的生活中提升到至高无上的地位。

基督教观点

古希腊时代有关人的概念在斯多葛学派这里延续。但是随着基督教的出现,传统观点遭到了强有力的新观点的反对,这一新观点为人的概念增添了新的维度。基督教观点尤其体现在圣·奥古斯丁(St. Augustine, 354—430)的著作中。他是一名崇拜柏拉图的修辞学教师。身为一名基督教思想家,他批评古代哲学过于乐观相信理性,将理性作为处理人类事务的主要原则。圣·奥古斯丁将《圣经》中的人类理性概念介绍到西方文化中。他认为,有关理性的传统观点无法继续成立,它只能被神圣恩典拯救。人类堕落以后,罪孽成了人类的固有特点。根据卡西尔的说法："在奥古斯丁这里,所有希腊哲学认可的价值观完全颠覆。人类曾经的最高特权变成了危险和诱惑;过去的骄傲变成了现在的屈辱。"(Cassirer,1963：10)古希腊传统与基督教观点的碰撞可以追溯到17世纪。比如说夸美纽斯,尽管他的看法属于基督教这一派,但仍然受惠于希腊哲学。不过他以一种不那么武断的方式将教育和启蒙看作人为的方法,让人回归到最初那种原始纯粹的状态(Winther-Jensen,2004)。尽管他一直在强调启示对于拯救理性的重要性,他与他的普遍教育理想——把一切事物教给所有人——仍然是一种基督教的例子,认为只有世俗手段能拯救被奥古斯丁怀疑的"理性"。

理性主义观点

随着文艺复兴的萌芽,基督教与世俗观念形成了有关人类理性的新的冲突。新概念首先是由被称为"新科学"的概念带来的。弗朗西斯·培根(1561—1626)在《新工具》(1620)中宣告了"新科学"这一概念。在文艺复兴期间及之后丰富的精神氛围中,"新科学"概念得到了更进一步的发展。

出现新概念的关键是尼古拉·哥白尼(Nicolaus Copernicus)发现了日心说。日心说给人类理性带来了新的危机。当时,人是宇宙中心的基本观念一下子被摧毁,人被置于无尽的空间中。人类理性突然把人简化成无尽宇宙中的微小的点(Landmann,1964)。

哥白尼的宇宙观意味着人类理性的废除。人类理性不再像中世纪强调的那样,是等级系统内仅次于神的存在。不过,哥白尼的宇宙观也对理性提出了新要求。它通过科学这一新工具,赋予理性新的任务,也就是要把这个显而易见的弱点变成新的强项。

为了战胜这场由哥白尼世界体系引起的人类自我认知的新危机,17 世纪理性主义哲学家和科学家都做出过努力。布鲁诺、笛卡尔、斯宾诺莎、牛顿、莱布尼茨和伽利略这些人都为问题的解决做出了贡献,他们选择的方法是数学。数学理性成为连接人类和宇宙之间的纽带,数学的思考方式成为理解宇宙和道德秩序的方法。人类越来越多地求助于新科学,而不是神的力量,正是如此,他们必须把自己看作逻辑的和理性的存在。信仰和知识之间的关系自然成了 17 世纪的重要主题之一。

启蒙运动观点

这些随着时间而逐步建立起的关于人的理解,在启蒙运动时期逐渐具体化,变成一种新理念。哥白尼的世界观获得了胜利,世界不再是充满神的天地,而是一台由理性,也就是自然原则调节的机器。神仅仅是机器的创造者,人类被看作需要根据理性原则来照料和管理的机器。在《人是机器》(L'homme machine)的作者拉美特里(1709—1751)看来,教育是为了让机器保持良好状态,为其增添强有力且经精心筛选的运作部件。

这种理性主义的想法在启蒙运动时期达到了顶峰,同时也和经验主义融合在了一起。伏尔泰(1694—1778)将约翰·洛克的思想介绍给法国的启蒙哲学家。洛克把精神生活看作由感官带来的知觉的产物。不过他的"白板"理论也包括内部感知和反思,强调所有的精神力量都是通过感觉发展起来的,感觉是唯一的认知来源。这是孔狄亚克作品中的著名观点(Condillac, 1984)。

但是与理性主义者不同,洛克和法国理论家都认为经验是知识的真正来源,并且否定所谓的先验或者内在因素。这个概念对教育的意义比迄今为止的其他概念都要重要。"可怜的教育,匮乏的想法",拉美特里这样说道(Grue-Sørensen, 1972)。理性观念,而非宗教观念,才可以成为经验的对象,这一点是不言而喻的,也只有理性观念才能出现在这样的计划中。

之后的启蒙运动也是一场世俗运动。作为文艺复兴时期理论基础的新科学,将要取代教会成为社会和人类关系的组织者。敬拜是个人事务,可以独立于教会,而且公共机构,包括教育机构,都不应该再归教会管理。人类自己首先被看作他们自身禀赋和特性的产物。什么是人的概念对于教育理论有着至关重要的影响,不过还是要等到卢梭的理论出现,这一概念才最终被接受。

让-雅克·卢梭

一方面,卢梭是启蒙运动时期的代表,但另一方面,他又并不是那么典型。在他的文章《论科学与艺术》(OC, vol. 3, org. 1792)中,他谈论的主题后来在他的作品中占据了主导地位:自然优先,自然的事物位于艺术和人造物之上。他的作品可以分为两部分。第一部分包括《社会契约论》(OC, vol. 3, org. 1792)、《论政治经济学》(OC, vol. 3, org. 1755)和《论波兰的治国之道及波兰政府的改革方略》(OC, vol. 3, org. 1772)(以下简称《论波兰》)。他比较了现存的社会条件和对更好社会的理想要求。这里所提及的教育,它的性质就像是我们今天所说的那种为建立和维护理想社会而建立的一致的、爱国的大众教育。在《论波兰》中,这一点表现得尤为明显。

第二部分,除了他经典的教育小说《爱弥儿》(OC, vol. 4, org. 1762)外,还包括《论人类不平等的起源和基础》(OC, vol. 3, org. 1755)、《新爱洛依丝》(OC, vol. 3, org. 1761)。这部分对于社会主题的关注有所减少。在《论人类不平等的起源和基础》中，他赞美天堂般的自然条件。在《新爱洛依丝》中，他极力赞扬农村田园地区的家庭教育和家族教育。然而在《爱弥儿》中也是，至少在爱弥儿人生的前15年，社会都处于困境之中。"如何过人的生活，"他说，"是我希望他学会的。当他离开我，他——我承认这一点——既不是士兵、法官，也不是牧师，他首先是一个人。"(OC，vol.4，*Emile*，book 1)人应该对这一事实有所准备，那就是，生活只有在极少数情况下是理想的。所以，必须教育他相信自己的行为、经验和思考。这是爱弥儿的基本态度。

在他的作品中，以上所有主题都以特别的方式呈现出来。平等的概念占据主导地位。在《社会契约论》中，他把在《论科学与艺术》和《论人类不平等的起源和基础》中的改革观点结合在一起，变成一种近乎直接民主的激进政治制度。国家最初是建立在每个人都认同的社会公约的基础上的。平等和个体自由被认为是"自然"的自由。最高统治权取决于人民，且不能被废弃或者共享。国家的真正统治者是吸收了个人意志的"共同意志"。法律是"共同意志"的表达，人们必须定期集会以制定法律。这本书和孟德斯鸠(Montesquieu，1949—1956)的《论法的精神》一起，对于法国大革命后的人们来说是一部宝典并延续至今。《论法的精神》更是启蒙运动中有关现代民主发展的最重要文献之一。

《社会契约论》并没有特别强调教育，但是规划的有关教育的章节在几年之后出现在《论波兰》一书中。在这本书中，卢梭在一名波兰爱国者的敦促下试图设立律法。《社会契约论》中的抽象国家被具体的祖国或者民族代替。在这本论著中，他引领唤醒欧洲民族主义。教育的目的不仅是培养《社会契约论》中提到的共和主义者或公民，而且还是爱国者，他们无论好坏，都吸收了祖国母亲的乳汁，对国家怀有强烈的爱。许多方法可以用来加深这种感情。比如，阅读的文章必须有爱国主义的成分，强调身体教育，包括强制的公共运动和锻炼、公共竞赛和神圣的颁奖。

此外，我们在卢梭的作品中透过其对人性的堕落这种新的神话来认识理性的概念。这里指的堕落是世俗的，而非宗教的人性堕落。基督教关于天堂、罪恶和恩典的阶段的主题都在卢梭的作品中体现了出来，并且以非宗教的方式得到强调：原始自然阶段、文化阶段和根据自然法则重建的阶段。在卢梭看来，不是罪恶阶段，而是文化阶段腐化和玷污了人类的理性。能够恢复的忏悔不是神的恩典，而是依据自然法则的新型教育。也就是他在《爱弥儿》中描述的全新的、革命性的教育。这本书中，当他要求感觉的运用应该是新教育的中心部分时，他与启蒙哲学家们同属一个阵营。理性并不是——像柏拉图说的那样——人出生时固有的品质，而是通过感官印象逐渐产生的，不是通过正规的训练，而是通过在自然和现实条件下个人选择的活动。读书这种智力教育应该被推迟到爱弥儿自己能意识到它的作用的时候。"锻炼他的身体，他的四肢，他的感觉，他的力量，但是让他的思想尽可能长时间保持空闲。在判断之前不要相信任何意见，要对它们加以区分。抑制和避免奇怪的印象；为了防止邪恶的诞生，不要急于做好事，因为善只有在理性的启发下才可能发生。"(OC，vol.4，*Emile*，book 2)

在卢梭这里，柏拉图曾经提出的思考的人(thinking man)被**感性**的人(sensing man)所替代。在这一点上，卢梭与启蒙哲学家保持一致，但又与他们不同。因为卢梭指出，**感觉**(feeling)是人类天生的特性。对感觉的强调是卢梭所有作品中的一个特点，这也是他理解人类的方式的重要特点。他认为感觉比理性更加原始，更有价值，也更加自然，而且他把文化关注的焦点从理性转移到感觉。在他之前，从柏拉图开始，人们就一直在关注理性。"尽管斯宾诺莎、沙夫茨伯里、哈奇森和休谟都是他的前辈，但正是因为他，感觉作为精神生活中一个独立和特别的特征被承认……(感觉)带来我们真正的价值：我们在知识的世界里很渺小，但是在感觉的包围中很伟大。"(Høffding，1896：101)

在他看来，人最基本的特征就是对于爱自己的需要。"因此，自我准备要求我们应该爱自己；

我们必须爱自己胜过一切，这就直接演变为我们爱可以保护我们的事物。"（OC，vol. 4，*Emile*，book 4）从爱自己所衍生的不仅有自然的、人类的情感，如同情、对人类的爱、宗教的情感，还有幻想和想象。

卢梭对感觉的强调对于帮助他发现自己和狄德罗以及百科全书派（1755）的意见不一致无疑是有帮助的；他们都被那个时代的理性启蒙精神深深影响——在更大的程度上是指启蒙精神的创立者。正因为卢梭强调感觉，后人记住更多的是他浪漫主义先驱的身份，而不是启蒙运动的代表。

他对感觉的强调也影响了他的宗教观。被认为是他写得最好的论著《一位萨瓦牧师的信仰自白》（包含在《爱弥儿》中）可以证明他是一个拥有强烈宗教信仰之人，并且有可能开始信仰"自然"宗教，但同时他把这一宗教建立在主观感觉而非理性的基础上（OC，vol. 4，*Emile*，book 4）。卢梭的话清楚地表明了教会不再是人与神之间的中介。

随着卢梭和启蒙哲学家们观点的发展，教育的概念从此被改变了：从外部培养转为先天的和"自然的"能力的内在发展，课程从以课本学习为基础转变为活动主导，知识也从推断和理性思考的结果转变为个人经验的产物。这些观念成为19世纪和20世纪席卷欧洲的教育改革运动中的关键因素，在美国进步主义运动中也清晰可见。尽管约翰·杜威（1859—1952）批评卢梭把自然提升到神的地位，但是卢梭关于教育和知识的许多理念在杜威的实用主义、以儿童为中心的课程中都有所体现：强调生长、问题解决、经验和活动主导的教学方法（Dewey，1916，*Democracy and education*，MW 9）。卢梭的思想在北欧新教地区（德国、斯堪的纳维亚半岛）地位稳固，但是在南欧天主教地区影响较弱。这一现象引起了人们对启蒙运动时期处理国家和教会之间关系的不同方式的注意。

国家和教会

在欧洲的启蒙运动中，国家这一概念在历史上第一次并未建立在宗教意识形态上，而是表示一个不需要神的权力或许可的纯粹的世俗组织。然而，发展到这一步的过程却是极为漫长的。

公元311年，罗马皇帝放弃与基督教之间的斗争。次年，君士坦丁大帝任命自己为皇帝。因此，在380年，政府正式给予那些追随圣徒彼得（也就是罗马）信条的传教士保护，并将不同教义的信徒视为异教徒。从那时起，基督教国家教会产生了——虽然不是现代意义上的（Lindhardt，1961）。奥古斯丁从理论的角度论证，上帝的国家通过两种制度统治世界：国家作为世俗生活的统治者，而教会负责神的生活。两者是平等的，但是分属不同领域（Augustinus，1857—1972）。

在东拜占庭，这一转变的发生很简单。国家和教会完全合并。而在西拜占庭，因为实际上两种体制之间的界限很难定义，情况也就不同。因而，中世纪以教会和国家之间的激烈斗争为特点。之后，当民族国家出现，国家通过改革运动使得中世纪的教会团体破裂，中世纪时教会的胜利也就变成了失败。

宗教改革以后，国家通过国教来巩固自身。在罗马帝国，罗马教会保持了自身影响，并且继续处于国教地位。但是在北欧，不同的民族国家由三种主要的改革教会联合起来，即路德教、加尔文教或圣公会。1555年在德国的奥格斯堡制定的区域性原则，实际上适用于整个欧洲。也就是说，政治权力决定国家的宗教（Bergmann，1965—1972，vol. 2：48）。这与当时的绝对主义潮流是相一致的，并且各种形式的教会都觉得为上帝给予的绝对主义发出符合《圣经》教义的声明是一项自然的任务。

但是国教常常意味着强制。那些与当权者信仰不同的人只好逃到美洲，因为美洲对所有人开放。因此，当北美的自由国家挣脱欧洲的管辖并创建了他们自己的宪法——由有着宗教迫害痛苦经历的人写成——建立在国家和教会必须彼此独立且宗教信仰自由是人权和社会原则的前提之上，原先在自己国家受到迫害的人便都聚集到这里（Lindhardt，1961）。

这份关于人权的宣言迅速传回了欧洲。对于法国民主人士来说，法国的皇权和教会之间的联盟是真正的敌人；国家只有政治利益；如果教会要继续存在的话，它必须是以一种宗教信仰相似者的联合协会的形式。因此，现代民主制度下教会方案可以用两句话清晰表达出来："宗教是一件私事，因此国家和教会必须分开。"（Lindhardt，1961：46）

新方案必然在教育领域产生影响。启蒙运动之后，教育向着学校和教会分离的方向发展，但是在不同的国家，进度并不一样，而且分离的进度也比我们想象中要慢。最激进的做法就是法国的费里法案（the Jules Ferry Laws，1879）。教会和国家有各自不同的观点，但是新式学校是完全属于国家的学校（世俗原则）。为了强调这一点，宗教教育在公立学校被废除了；它变成了家庭和教会的事情。不过，可以通融的是，一周中的一天可以自由用于校外宗教教育。另外，允许私立学校，主要是天主教学校，提供宗教教育。这些规定到今天依然适用，而且仍旧会引起争议和摩擦。

与此相反，根据 1944 年教育法，英国在学校继续保持着宗教教育，作为唯一的必修课程。斯堪的纳维亚地区的学校也保留了宗教课程，但是教会对学校的监督在 20 世纪上半叶被取消了（在丹麦，从 20 世纪 30 年代中期开始，牧师不再担任教育委员会具有职权的主席）。

政教分离原则实行以后，问题以新的形式出现。美国可以作为一个例子。尽管，从法律的观点来看，教会和国家之间没有联系，但事实上，它们之间的联系很广泛。国家庆祝和宗教仪式相关的节日，议员们必须谨慎表达自己的想法，以免引起宗教团体的不满。超过 300 个宗教团体显示为私立教士教育机构（Lindhardt，1961：49）。自从 19 世纪免费而普遍的公立教育体系在美国建立，教会-国家议题的复杂性便逐步显现出来，特别是在 20 世纪下半叶。核心议题是宪法第一修正案规定的禁止事项的含义，"政教分离条款"这样写道："国会不得制定关于确立某种宗教为国教或禁止自由信仰宗教的法律。"19 世纪国家支持的公立教育体制建立，这一体制是为所有的阶层和不同的宗教团体服务的，而教育也就成为有关（a）国家对教会学校的资助，和（b）公立学校的宗教教学与宗教实践的合宪性等相关问题的主要争议地。

关于前一个问题，负责处理教育相关事项的最高法院（在案件需要裁决之前）裁定，给那些并未在公立学校就读的学生提供免费课本和午餐，以及诸如公共交通这样的辅助服务，还有医疗和牙科方面的公共服务，这一做法并不违反美国宪法第一修正案，用杰斐逊的话说，这为国家和教会之间建立了一道"隔离墙"。根据法院的判定，这样的福利并不意味着政府支持教会学校；建立在"儿童福祉理论"上的福利，是对在这些学校上学的孩子的支持（Kliebard，1968：313）。

第二个问题，即在公立学校的宗教教育和其他宗教实践以不同的形式开展，并且继续引起争议。下面几个最高法院的案例表明了这个话题的复杂性，这些案例包括宗教教育的合宪性和公立学校中的其他宗教实践：

a. 在伊利诺伊州（*McCollum v. Board of Education*，1948），在学校内部进行宗教教育，即使是由非宗教团体进行的，也被判定违宪（Kliebard，1968：313）。

b. 在纽约州著名的"学校-祈祷者"案例中，最高法院认定，在州公立学校中无宗派祈祷者每天的朗诵是违宪的。祈祷者读的是"万能的主啊，我们承认对你的依赖，我们祈求你祝福我们，我们的父母，我们的教师和我们的国家"。

c. 在宾夕法尼亚州（*Abington School District v. Schempp*），每个教学日开始的时候，阅读《圣经》中的 10 节，不附加任何评论，而这样的行为被州法院判定牵涉宗教权力，尽管"那些章节仅仅是不带评论地阅读,而且只要有父母或监护人的书面要求,任何一个孩子都可以不读这些章节或不参加《圣经》阅读"(Spring,2002:262)。

　　一方面,政教分离原则可能越来越强,尤其是因为欧洲社会中来自不同宗教代表之间的融合程度在不断增加。另一方面,历史告诉我们,宗教和政治——也就是教会和国家——在一定程度上是分不开的,它们总是以某种形式相互联系。不过这个问题需要经过全面的比较研究。最近,与宗教相关的问题再次出现,即新的欧盟宪法是否应该提及基督教是欧洲文明的基础这一事实。

结　语

　　启蒙运动时期的观念与思想的特征是当时时代发展的结果。目前,人类在世界中的新位置是由关于人、自然、社会和教育的许多承袭下来的关键问题决定的,这一事实激发了人们的兴趣。这些主要问题在很大程度上也决定着我们今天组织生活的方式;有些人甚至会认为我们仍然生活在启蒙时期。首先,在数学定律的作用下,科技征服的成果和人在世界中的新位置这两者实现了平衡状态。虽然人类理性依然被人们信仰,但是它被赋予了新的解释。理性不再仅仅被当作人固有的能力,在很大程度上,它也是通过我们的感觉逐步建立起来的。我们头脑中什么都没有,这样的观念影响了我们对于知识的概念和性质的认知。尽管知识仍然被视作理性的重要产物,但感知经验从现在起被认为是一个必要条件。洛克的经验主义和法国的感觉主义在教育思考这方面看法不一。

　　卢梭是特别值得提及的人。一方面,启蒙运动哺育了他,使他成为欧洲教育改革的先行者。另一方面,他对于感觉的强调使其区别于这场运动。正因为如此,他成了浪漫主义和民族主义运动的先驱。

　　教会和国家之间的关系得到了探讨。强调自由与平等的现代民主国家的出现导致了与教会之间的冲突。教会处于被动防守状态,而国家的概念、角色和功能均得到了强调。这就带来了政教分离的需求。换句话说,现代民主国家的基础得以奠定,而教育将会在新的现代化方案中扮演重要的角色。19世纪,当民族国家建立时,现代化方案中的教育理念就与国家引领者的理念一同融合到不同的欧洲教育传统中:法国百科全书派(笛卡尔),英国人文主义(洛克),北欧自然主义(德克罗利、格伦特维、凯兴斯泰纳等)。这可能并不是启蒙运动最初的代表们想要的。他们有更具世界性的方法。

尾　声

　　不过这一路径可能还是很活跃。在比较文学中,我们有时候会遇到一个概念叫"世界体系",它表明某些教育上的要求会跨越文化和国家的界限被普遍接受(Boli *et al.*,1985)。对这一现象的解释就是:源自启蒙运动时期的观念导致了新的教育模式的产生,并且逐渐成为欧洲教育的基础。这一模式的特点就是理性的世俗教育机构,实施义务教育,并建立在尊重个人、宗教宽容、民主和人权的价值观之上。显然,这一模式成功地在政治方面达到了这样的水平——尤其是通过国际组织——使得在现代大众教育全球化发展的思路下谈论全球统一变得有意义——尽管以不同的方法发展。这些观察启发了一些比较教育学者谈论"世界体系",他们期望通过地方国民教育体制,尽可能去实现这一理想。

　　不管谈论"世界体系"本身是不是合理,可以确信的是,就像启蒙运动的观点产生之初一样,这些观点在今天仍然活跃,并且具有影响力。

参考文献

Augustinus, A. (1957 - 1972). *The city of God against the pagans*. (Original title: *De civitate dei contra paganos*. Parallel Latin text and English translation). London: Heinemann.

Barth, P. (1925). *Die Geschichte der Erziehung in soziologischer und geistesgeschichtlicher Beleuchtung* (The history of education in the light of sociology and the history of ideas). Leipzig: Reisland.

Bergmann, L. (1965 - 1972). *Kirkehistorie I - III* (church history). Copenhagen: Haase.

Boli, J., Ramirez, F. O., & Meyer, J. (May 1985). Explaining the origins and expansion of mass education. *Comparative Education Review*, 29(2), 145 - 170.

Cassirer, C. (1963). *An essay on man: An introduction to a philosophy of human culture*. New Haven and London: Yale University Press.

Comenius, J. A. (1910). *The great didactic of John Amos Comenius*. M. V. Keatinge (Ed.) (originally published 1628 - 1632). London: A & C Black.

Condillac, E. B. (1984). *Traité des sensations, Traté des animaux* (originally published 1754). Paris: Fayard.

Dewey, John (1916). *Democracy and education* in Middle Works 9 (Boydston, J. A., General Ed.). Southern Illinois University Press.

Grotius, H. (2005). *The rights of war and peace*. R. Tuck (Ed.). Indianapolis, IN: Liberty Fund (original title: *De jure belli ac pacis libri tres*, published 1625).

Grue-Sørensen, K. (1972). *Opdragelsens historie I - III* (History of education). Copenhagen: Gyldendal.

Grundtvig, N. F. S. (1991). *Selected educational writings*. M. Lawson (Ed. and trans.) (the selected texts are originally published in the 1830s). Skive: The International People's College and The Association of Folk High Schools in Denmark.

Høffding, H. (1896). *Jean-Jacques Rousseau og hans filosofi* (Jean-Jacques Rousseau and his philosophy). Copenhagen: Det Nordiske Forlag.

Kliebard, H. (1968). Religion, the state, and public schooling: The American context. In A. M. Kazamias & E. H. Epstein (Eds.), *Schools in transition* (pp. 308 - 316). Boston, MA: Allyn & Bacon.

Landmann, M. (1964). *PhilosophischeaAnthropologie*. Berlin: Sammlung Göschen (1969).

Linderstrøm-Lang, C. F. (1903). *Wolfgang Ratichius: Et bidrag til pædagogikkens historie* (A contribution to the history of education). Copenhagen: Gyldendal.

Lindhardt, P. G. (1961). *Religion og evangelium* (Religion and gospel). Copenhagen: Hans Reitzel.

Locke, J. *An essay concerning human understanding* (originally published 1690).

Locke, J. (2003). *Two treatises on government and A letter concerning toleration*. I. Shapiro (Ed.). New Haven, CT: Yale University Press.

Locke, J. (1964). *Some thoughts concerning education*. F. W. Garforth (Ed.) (originally published 1693). London: Heinemann.

Lowum, A. (1899). *Den franske oplysningstids pædagogiske ideer* (The educational ideas of the French enlightenment period). Oslo.

La Mettrie, J. O. (1996). *Machine man and other writings*. A. Thomson, (Ed. and trans.) (originally published 1748). Cambridge: Cambridge University Press.

Montaigne, M. (1949 - 1951). *Essais* (Oeuvres complètes). Paris: Garnier.

Montesquieu, C. (1949 - 1956). *Oeuvres complètes*. Paris: Galimard.

Plato (1997). *Republic*. J. L. Davies & D. J. Vaughan (trans.) (original work from about 367 BC). Hertfordshire: Wordsworth.

Platons skrifter (1932 - 1941). *Plato's writings*, vols. I - X. C. Høeg & H. Ræder (Eds.). Copenhagen: C. A.Reitzels Forlag.

Plato (1993). *Republic*. R. Waterfield (trans.). Oxford: Oxford University Press.

Rousseau, J.-J. (1964). *The first and second discourses*. R. D. Masters (Ed.). New York: St. Martin's Press.

Rousseau, J.-J. (1985). *The government of Poland*. W. Kendall (Ed.). Indianapolis, IN, Hackett.

Rousseau, J.-J. (1990-1996). *Oeuvres complètes* (OC). (Édition publiée sous la direction Gagnebin, B. et Raymond, M.) 5 vols. Paris: Galimard.

Rousseau, J.-J. (1991). *Émile or on education* (originally published 1762). Harmondsworth: Penguin.

Rousseau, J.-J. (1996). *Confessions*. Wordsworth.

Russell, B. (1993). *History of western philosophy*. London: Routledge.

Smith, A. (1962). *The wealth of nations* (originally published 1776). London: Dent.

Spring, J. (2002). *American education*. New York: McGraw-Hill Higher Education.

Vogt, G. (1894). *Wolfgang Ratichius, der Vorgänger des Amos Comenius*. Langensalza.

Winther-Jensen, T. (2004). *Undervisning og menneskesyn hos Platon, Comenius, Rousseau og Dewey* (Education and view of man of Plato, Comenius, Rousseau and Dewey). Copenhagen: Akademisk forlag.

14. 阿根廷和巴西的教会和国家：知识、宗教和教育

玛利亚·菲格雷多-考恩（Maria C. M. De Figueiredo-Cowen）

西尔维纳·吉维茨（Silvina Gvirtz）

引　言

在拉丁美洲，天主教传统是这片次大陆身份认同、文化根源和统一性的基础。这是历史与文化事实。唯一的例外是 20 世纪发生在尼加拉瓜和古巴的左派革命。

从历史和传统的角度来看，教会和国家一直保持密切的关系，尤其是在殖民时期。15 和 16 世纪，葡萄牙和西班牙帝国就是打着王权与神权的旗号进行扩张。比如，在巴西，当葡萄牙人登陆今天被称为巴伊亚州的塞古罗港时，他们做的第一件事便是举行了天主教弥撒以示庆祝。

之后，随着 19 世纪独立浪潮的兴起，在很多拥护世俗国家制度的新兴共和国，由于孔德实证主义思想的影响，尤其是其对军事精英阶层的影响，国内局势开始变得紧张。但教会依旧在公众政治中持有发言权。

教育是饱受激烈争论的领域之一。为了寻求和保持政治领导权，世俗派和天主教派都特别提出包含着各自关于社会愿景与教育想象的教育大纲。

本文将会讨论阿根廷和巴西的教会和国家在不同文化、经济、政治和社会时期的关系。本文将在具体情境中分析不同政府、政客、知识分子和天主教领导者们在决定学校课程、提供给学生的知识以及针对个人的政治教育计划的诸多教育实践等方面做出的努力。本文的结尾部分将会就两国的政治意识形态的关系和模式、各自的经济问题和不同教育实践等方面来分析阿根廷和巴西的异同。

阿根廷小学中的国家和天主教：一种历史研究方法（1884—2007）

这部分主要回顾在阿根廷的基础教育领域中民族国家与天主教会之间关系的历史发展。1880 年之前，教育基本由家庭和教会提供。直到 19 世纪的最后 10 年，国家在教育领域的参与度才显著提升。与此同时，天主教和国家部门之间的对抗也日趋激烈。

因此，讨论的时间跨度将从阿根廷颁布第 1420/84（1884）号法案《普通教育法》开始一直持续到现在。本文还将特别将关注由双方发起并参与其中的争论：小学教育应该是天主教的还是世俗的？

本文的分析构建于三个相关的历史阶段基础之上。第一个阶段，从 1884 年到 1930 年，世俗主义在基础教育领域盛行；此后，随着 20 世纪 30 年代保守派势力重回政治舞台，天主教得到了重建，并一直持续至庇隆统治时期（1946—1955），这期间公立学校被强制要求开展天主教教育；第三个，也是最后一个阶段是从 20 世纪 50 年代末至今，这一时期天主教教育与世俗教育均受到高度重视。

阿根廷小学和世俗学校立法规定的起源：1884 年通过的 1420 号法案

许多专家（Puiggrós，1989；Tedesco，1970）都将 19 世纪 80 年代称之为阿根廷民族国家建

立的关键时期，这一阶段同时也是阿根廷基础教育系统实现制度化和大众化的关键时期。这一时期，参与国家教育系统设计的各方人士都赞同国家政府应该在这类事项上扮演中心角色。然而，对于国家应该提供世俗教育还是天主教教育这一问题，也就是说，**公共教育**是否应该以基督教教义为出发点，以及学校是否应该教授天主教的宗教内容，他们存在很大分歧。

布拉斯拉夫斯基（Braslavsky，1989）认为，在众多因素之中，教会制度和组织的弱化使得越来越多的人开始认同国家应该在教育中处于中心地位。

特德斯科（Tedesco，1970）指出罗萨斯下台之后宗教自由是如何开始占据上风的。这种自由实际上源自罗萨斯执政时期一代流亡民主人士所提出的主张，该主张在 1853 年被提交至制宪会议讨论，并于 1860 年最终通过一项宪法，拒绝认同天主教立场，也因此消除了天主教被立为国教的可能性。然而，国家对于教会的政治策略致力于控制教会，因此也避免了教会和国家之间产生制度上的分裂。

在 1884 年，自由派和天主教派在国家议会狭路相逢，最终颁布了 1420 号法案《普通教育法》。然而，特德斯科（Tedesco，1970）指出，在此期间自由派基于阿根廷所经历的移民浪潮，试图争取世俗主义在学校教育中的合法性。也就是说，他们主要关注北欧的移民，这导致了对宗教自由的学校的需求。

上述提到的第 1420 号法案《普通教育法》在布宜诺斯艾利斯自治市和联邦领土上逐渐设立了具有自由和世俗特点的小学。在接下来的几年里，国家教育委员会构建了必要的规范措施，实现有效的"宗教宽容性和中立性"，依照法律，在学校需要遵守这一点。

因此，世俗主义在小学的深入是对天主教会最直接的挫败。教育领域世俗主义的胜利甚至越过了联邦政府管辖的范围，进入其他省份，在这些省份，公立学校原本必须传授天主教教义，而在 1884 年以后，天主教教义的讲授则需要适应第 1420 号法案《普通教育法》所呼吁的世俗模式（Campobassi，1964）。

不过，随着时间的推移，教会的力量变得越来越强，由教会提供教育的可能性随之上升。同时，新的社会部门也开始把天主教当作统一国家的潜在工具。因此，教会也开始调整它对教育事务的观点，在 1930 年开始的保守党控制时期达到了自身发展的巅峰，并一直持续到 1954 年正义党执政时期和最后的军事独裁时期（1976—1983）（Braslavsky，1989）。

天主教教育的回归

坎波巴斯（Campobassi，1964）指出，在 1420 号法案《普通教育法》实施的前 45 年，学校在实行世俗主义的法律原则和天主教教义的传授方面没有遇到大的困难。保守党派（1884—1916）和激进党派（1916—1930）都遵守"世俗学校"的法规。甚至当时大多数主流教育家，如贝拉（Berra）、托雷斯（Torres）、费雷拉（Ferreira）、斯卡拉布里尼（Scalabrini）、维加拉（Vergara）、梅尔坎特（Mercante）、塞内（Senet）、因赫涅罗斯（Ingenieros）、科恩（Korn）、冈萨雷斯（González）、纳尔逊（Nelson）和薇拉·潘纳罗萨（Vera Peñalosa）等人都支持"世俗学校"的想法（Campobassi，1964）。

在 1930 年（军事政变）后，保守势力在国家和行省层面重新掌握了政治力量。接下来的 30 年里，在小学教学方面出现激烈的反自由主义和反激进派的请愿活动，并在保守党和正义党的保护下得到发展。在这几十年里，为了控制公立教育，天主教展开了猛烈的攻势。在这些方面，普伊赫罗斯（Puiggrós，1993）指出，从 1930 年开始，这项国家主义-极权主义的运动便开始在政治领域发展起来。同时，天主教的价值观与习俗开始获得一定的发展空间与影响力，人们不再探讨学校的世俗化议题。

在保守党执政的头几年,来自社会各界的抵抗阻碍了教会利用国家立法来攻击学校世俗主义的企图。然而,在地方行省情况则不是这样。当时,一些未能把天主教教义立为官方宗教的司法辖区通过了各类法律或命令,要求在小学阶段教授天主教相关内容。这在布宜诺斯艾利斯和圣达菲最为突出(Campobassi, 1964)。

从 1943 年开始,随着军队获得统治权并开始关注公共领域,教会的攻势变得更为强烈(Campobassi, 1964)。普伊赫罗斯和博纳蒂(Puiggrós & Bernetti, 1993)指出 1943 年罢工运动中产生的政府实际上代表着一种观念,即不允许世俗教育持续发展下去。1943 年 12 月 31 日,18.411 号法案正式通过,阿根廷小学开始强制实行天主教教育,天主教被认为是课程体系中的"通识学科"。这一时期的天主教在学校中的地位迅速崛起,并达到巅峰。它的起源要追溯到1930 年,而第一次胜利则在 1937 年:这一年,在曼努埃尔·费雷斯科(Manuel Fresco)的领导下,天主教教学开始在布宜诺斯艾利斯省实施(Puiggrós, 1993)。

小学教学框架内的"天主教复仇"没有对世俗价值观进行妥协。在这些方面,坎波巴斯(Campobassi, 1964)重点指出了对于宗教课本中"非天主教"内容的中伤。民事婚姻、"错误的宗教"、自由主义和学校世俗主义显然都是天主教抨击的对象。

1946 年庇隆在大选中获胜,他批准了与天主教和小学教学相关的内容。1947 年 4 月 29 日通过的 12.978 号法案允许公立学校进行天主教教学。两年后,国家宪法修正案宣布,家庭和私立机构都是学校系统的支柱。普伊赫罗斯和博纳蒂(Puiggrós & Bernetti, 1993)认为,宪法远没有确立国家在教育领域的统治角色,而是表明其参与对私人和社区活动的支持。这是自国家教育系统建立以来,国家在鼓励私立教育发展的道路上采取的最有力的措施。

不管怎么样,在庇隆主义时代后期,天主教会和国家之间的关系产生了危机,更为主要的原因是几年前相关法规的废除稳固了公立学校中天主教的教学地位。因此,1420/84 号法案被强制执行。省立法规也遵循国家宪法,废除了司法执行令的相关法规。坎波巴斯(Campobassi, 1964)指出,所有天主教会在小学教育领域获得的权利在和庇隆政权短短六个月时间的对峙期内就消失殆尽。

随着 1955 年 9 月 16 日所谓的"解放革命"推翻了庇隆政权,天主教开始重新为 1943 年的法案争辩。然而,新政府仍然继续执行 1420 号法案,小学教育也就一直执行世俗主义政策。

从 20 世纪 60 年代至今的宗教教育

从 1958 年开始,随着弗朗迪西(Frondizi)当选国家总统,关于天主教的新观点开始出现,并意外地促进了私立教育发展。这是国家教育历史上第一次开始将私立教育作为一项有机系统来建设。纳罗多夫斯基(Narodovsky, 2001)指出,国家法规对私立学校持续而进步的态度变化——允许私立学校拥有更多的自主权以及与公立学校等同的法律地位——构成了 20 世纪 60 年代至今阿根廷国家教育政策最重要的特征之一。

在 1976 年至 1983 年最后的专制主义时期,阿根廷连续更换了五任教育部长。其中两位部长最为突出:布鲁拉(Bruera)和列雷纳·阿马迪奥(Llerena Amadeo)。他们在任期间的主要特征是对重建秩序、等级制和权威以及稳固社会科学表现出了明显兴趣(Tedesco, 1983)。

需要特别关注列雷纳·阿马迪奥所发起的项目以及他对传统天主教思想的信奉。他遵循最传统的权威教学路线。他的基本目标之一是限制世俗化进程。因此,在这几年中,天主教教义的价值观被吸收为道德教育的组成部分,并进入国家小学教育课程。全国上下对于天主教教义的吸纳各有千秋。在一些地方,天主教教义与道德教育内容有所重叠,而在其他地方则直接把天主教作为一门课程教授。

当前的天主教教育

1883 年还不尽完善的学校普查显示,当时全国共有 437 所私立小学,其中 109 所(25%)具有宗教性质。而在近 120 年后的现在,四分之一的阿根廷非大学学生进入私人教育机构学习(Morduchowicz, 2001);他们中超过一半的学生(57%)在天主教会学校学习。甚至在私立教育内部,小学教育阶段相对来说是较不发达的部分(私立学校拥有 21% 生源,公立教育占 79%),但小学阶段天主教机构的参与度占私立教育总体的比例(63%)比中学教育阶段(55%)更高。

到 1906 年,国家以显性或隐性的方式对私立教育的鼓励已经改变了阿根廷初等教育的公共传统。布拉斯拉夫斯基(Braslavsky, 1989)指出,在这一过程中,天主教教会成功地成为最强大的私立教育主办者,是目前阿根廷私立教育机构的主流。

总的来看,或许可以这样说,即使是从 1960 年起,天主教开始以其在私立教育领域中的主要角色为基础,建立它在阿根廷教育领域中的强大实力,但是它从未忽视过公立学校,并利用不同历史环境所提供的一切机会将其宗教价值观和意识形态渗透到国家课程中。天主教教会是目前教育舞台上的主要力量之一。

巴西的教会和政府

始于殖民时期的巴西的宗教教育基于葡萄牙帝国的官方宗教——罗马天主教,之后延续至巴西帝国。1889 年共和国正式宣告成立,根据 1891 年宪法的明文规定,教会和国家实现合法分离。巴西成为世俗国家。尽管没有特定的宗教信仰被冠以官方宗教,但在实际中,宗教教学仍一直是天主教教学(Cury, 2004)。最新的教育法案——1988 年宪法(第 210 条)和 1997 年的《教育方针和基础法》(第 33 条)都宣布宗教教育是公民基本教育不可或缺的一部分,此外还将宗教教育建立成为一门学科,作为小学和初级中学的选修课,并对诸如宗教教学模式的定义、课程组织、方法论和宗教课任教老师的类型等细节给予了特殊关注。

在巴西,天主教会、国家和教育之间的关系实际上一直很密切。随着历史的发展,这一关系的特点也一直有所变化:教育的行动者从全面控制教育的耶稣会会士(殖民地时期)转变为牧师与天主教知识分子(20 世纪初),他们在关于学校课程与高等教育的争论中反对所谓的教育改革者。

因此,本文的第二部分着重分析巴西天主教教会和国家之间的紧张局势,尤其是在对巴西教育系统轨迹有重大影响的时刻。这一部分将指出教会为保持其在教育领域持续和稳定的实力,维持(或努力维持)其在教育政策制定中的霸权地位而做出的努力,此外还将描述知识分子与鼓吹自由和世俗教育系统的政客截然相反的表现。双方各有特定的教育方案,以及相对应的学校课程模式、教学内容和教育方法。

耶稣会、殖民地与帝国

在 16 世纪葡萄牙人到达巴西后,耶稣会被授予特权和领导权来设立和控制新殖民地的文化和教育。他们建立了学校来为印第安原住民传授教义,并为行政官员的子女提供基础教育。

　　耶稣会认为他们拥有超自然的权利来主管教育，但是当他们被国王约瑟夫一世的首相蓬巴尔侯爵（Marquis of Pombal，18 世纪一位有影响力的政治家）驱逐出巴西的时候，便被剥夺了这一权利。

　　因此，在约两个世纪里，耶稣会控制着葡萄牙帝国（宗主国和殖民地）的学校里的课程以及教学内容。总的来说，耶稣会的教育原则包括：追求完美；对上级的绝对服从；严格的纪律。教育是他们工作的核心：它服务于教义问答传授的目的（针对印第安原住民），服务于福音传道（作为反改革的一个有效工具）以及殖民地对精英的训练（Schwartzman，1979；Maciel & Neto，2006）。

　　耶稣会的教育经验以《教育章程》（*Ratio Studiorum*）为基础，它认为神学位于金字塔的顶端，其次是哲学。图书和文本的选择都受到严格的控制，也不允许学生提出新的问题和意见（Schwartzman，1979；Alves，2007）。

　　根据耶稣会的教育计划，学校中所提供的教学和知识内容的概念要服从于教会和宗教，正如阿尔维斯（Alves）所说：

　　　　耶稣会的主要目的是传播福音，牧师们在巴西举办的所有活动都依附于教会和宗教。耶稣会要求他们参与国内政治和教育事项，同时也要满足天主教的需要和利益。（Alves，2007：15）

　　两位耶稣会信徒在这片新征服的殖民地上对于教育规章做出了卓越的成绩：神父约瑟-安西艾塔（José de Anchieta）和神父曼努埃尔-诺夫雷加（Manuel da Nóbrega）。他们在殖民地的不同地区建立了大量的传教区，创建了一批大规模的新颖学校：由于教学材料的持续缺乏，他们使用自己编写的歌曲，分发自己编写的书和文章，并且组编戏剧来教导基督教道德和宗教（Alves，2007）。

　　在殖民地，由于教育的课程、知识内容和方法是由牧师引入，因此也与牧师、文人和学者的训练紧密联系在一起。拉丁语、语法、修辞、人文、宗教教义的教学是课程的基础。课程主要关注的是道德教育和灵魂拯救。

　　耶稣会的控制如此扩张，以致国王和政治家们也向耶稣会寻求一些关于国家问题的建议。政府机构里或教堂里任何重要的职位只能由耶稣会协商后决定。耶稣会的统治地位因此被一些政客认为是阻断葡萄牙现代化的原因，仿佛是围绕葡萄牙的一圈屏障，使其孤立于现代文明之外。耶稣会的权力开始使政治家蓬巴尔侯爵担忧。当他成为首相后，他禁止耶稣会存在于葡萄牙的任何领地里（Schwartzman，1979：14）。

　　在约瑟夫国王一世统治时期，蓬巴尔侯爵从 1750 年到 1777 年担任首相一职。作为一位既有争议又有魅力的首相，蓬巴尔侯爵代表了 17 世纪葡萄牙的开明专制主义。他曾在伦敦和维也纳担任外交官，这两个城市对他在葡萄牙和殖民地的教育教学改革产生了深远影响。在伦敦时，他深信英国经济的成功主要源自生产领域中对科学知识的应用（Falcon，1982）。在维也纳，正如塞罗（Serrão）所指出的：

　　　　正是在首都维也纳，葡萄牙首相在接触了世界政治与外交体系后，吸收了开明专制主义的重要理念，并且在他回国后将其运用到自己的国家。也是从那里，正如玛利亚·阿尔西亚·里韦罗·科雷亚（Maria Alcina Ribeiro Correia）所理解的，蓬巴尔带回了对其政府十分关键的经济和文化思想。（Serrão，1982：22）

　　蓬巴尔在任期间在行政、经济、教育和社会方面进行了一系列国家改革。据马西埃尔和内托

(Maciel & Neto，2006)所称，正是蓬巴尔侯爵的缘故，耶稣会的传统方法被提倡国家和世俗学校的教学提议所取代。在学校中设置了督学的职位，负责学习顾问以及教学质量管理的任务；一些独立课程(aulas régias)取代了由耶稣会设立的人文类课程。这种创新的教学建议和新的课程形式旨在为葡萄牙社会的现代化提供必要条件。

蓬巴尔的改革——主要是世俗化改革——涉及面十分广泛。这些改革扩展了学校的课程设置，在学校设立了数学与哲学学科。知识主要是基于科学和应用知识。中等教育从根本上发生了转变，尤为重视拉丁语、希腊语和法语。职业教育通过与贸易和火炮有关的课程引入。双轨制教育体系开始实施：大众教育(重视拼写、语法、算术、基督教教义以及社会和公民教育)和通过"贵族学院"为贵族服务的教育(Avellar，1983，12；Teixeira Soares，1961：218；Schwartzman，1979：18)。

蓬巴尔的灵感来自启蒙时期哲学家路易斯·安东尼奥·韦尔内(Luiz Antonio Verney)，他的教育计划包括了教学的世俗化，对拉丁语、希腊语、希伯来语、法语、英语、物理和解剖等学科以及自由和世俗的学校教育的重视。阿泽维多(Azevedo)总结了蓬巴尔的教学设想：

> 用双元的学校替代单一的教育体系；用科学教育的发展取代经典教育……；用现代语言文学(法语和英语)的逐步渗透来代替拉丁语和葡萄牙语的专属教学；最终，各类趋势……第一次开启了耶稣会教学中根深蒂固的旧观念与法国百科全书派影响下的新教育思想之间的冲突。(Azevedo，1976：56—57)

在殖民地，蓬巴尔领导下的教育改革旨在恢复国家对教育的控制，实现教育的世俗化和课程的标准化。在不同的村庄里设立学校，一部分是男子学校，另一些是女子学校。课程与知识内容根据性别的不同有所区别：男孩将学习如何读、写、算和基督教教义，女孩将学习如何照顾家庭和做针线。(Salem，1982；Maxwell，1996)

蓬巴尔教学改革的一个直接后果是天主教教会逐渐丧失在教育和政治舞台上的威望和权力。然而，教会从未放弃重获在巴西教育中扮演重要角色和拥有特权地位的希望。教会权力的丧失首先是源自蓬巴尔的政策，其次是受到18世纪法国启蒙运动的影响，尤其是对巴西的政治、文化以及教育立场影响深远的法国实证主义浪潮的影响。

共和国、新政府和军事政权

在19世纪帝国时期，巴西取得独立并制定1824年宪法，天主教被设为巴西国教，但教会需要服从于政府(Iglesias，1971)。1889年巴西宣布成立共和国，这之后情况变得更加糟糕。本杰明·康斯坦特(Benjamin Constant)领导下的巴西将军、政治家和知识分子，更赞同孔德和法国实证主义在政治和教育方面的观点。

事实上，在19世纪末和20世纪初，和其他拉丁美洲国家如阿根廷、智利、古巴、墨西哥及乌拉圭一样，巴西的教育政策也遵循实证主义的原则框架。索布雷拉(Sobreira)指出：

> 实证主义回答了共和党人提出的问题，如教会与国家之间的分裂、共和独裁制的理念、对干涉性的强大政权的呼吁、国家的进步、对君主制的反对以及新社会对无产阶级的接纳等。(Sobreira，2003)

实证主义深刻地影响着共和党领导人。正如卡洛斯·罗伯托·雅米尔·库里(Carlos Roberto Jamil Cury)所称：

> 1891 年的大宪章（Magna Carta）让我们从帝国宪法下的天主教国家成为世俗国家。宪章宣称宗教自由与言论自由，却禁止国家建立任何形式的宗教崇拜，禁止拥有经济责任以及建立任何形式的联盟。（Cury，2004：188）

在共和国宣言发布后，新兴的工业化正兴起；城市化进程越来越快；欧洲移民数量越来越多；与新兴产业和工人阶级一样，一个强大的城市中产阶级正开始成长。因此，新的社会和经济阶层希望有更多参与快速变化的社会的机会。反过来，新的政治体制变得越来越弱。咖啡寡头大亨的精英们正面临新的社会阶层的反对。不同的政治、社会运动开始出现（主要发生在城市），并对社会改革提出了建议，这其中也包括对教育的建议。关于这种社会、政治和文化骚动的一个例子是 1922 年现代艺术周以及共产党的成立（Iglesias，1971）。

为了给社会和教育的重塑提供不同方案，天主教的精英（神职人员和知识分子）开始对自身进行重组和整治。1921 年创刊的《秩序》以及 D. Vital 中心的建立，对塞勒姆所称的"天主教文艺复兴"起到了重要的作用（Salem，1982：4）。

天主教运动不是孤立的行动。共和国的软弱政治体制刺激了不同运动的出现，这些运动和天主教运动一样，都宣扬自己对社会改革的建议。1930 年革命使教会也重新获得了一些合法的权力。因此，教育成为谈判的一个重要因素。教育改革被视为重塑社会的首要因素（Salem，1982；Cury，1978）。

不久后，在 20 世纪 30 年代，两项教育提案占据国家教育争论的主导地位达 10 年之久。天主教团体从意识形态的角度阐述了教育的意义——教育将成为社会结构变革的基本工具。由基督教教义的教学所构建的教育类型才是值得重视的（Cury，1978；Nagle，1974；Salem，1982）。天主教的提案还涉及天主教更高文化的传播和宪法中的天主教立法。

在 20 世纪前半叶，知识分子们如杰克逊-菲格雷多（Jackson de Figueiredo）、阿尔塞乌-阿莫罗索·利马（Alceu de Amoroso Lima）、神父莱昂内尔·费兰卡（Father Leonel Franca）、索布拉尔·品托（Sobral Pinto）、奥林达和累西腓的大主教（Archbishop of Olinda and Recife）、莱米（D. Leme）在天主教运动中起到了非常重要的作用，他们都希望通过教育改变社会（Cury，1978；Sale，1982）。

天主教运动在 20 世纪 30 年代获得了新的动力，这来自一系列组织的成立，如天主教大学学生会、天主教高等研究所、天主教国家工会、天主教新闻联合会、天主教书店协会、玛丽安娜圣会、工会以及天主教教师协会。这些组织对国民生活的各个部分都有不同的影响。同样非常重要的还有 1935 年成立的巴西公教进行会（Brazilian Catholic Action）。

在 20 世纪 30 年代，教育在全国范围内成为一个主要问题，正如施瓦茨曼所声称的：

> 所谓的"1930 年革命"使热图利奥·瓦加斯（Getúlio Vargas）获得执政权并开始了新时期的政治集权，才最终使教育成为国家的优先事项。（Schwartzman，2004：17）

正是在 1930 年至 1945 年间，天主教运动处在鼎盛时期。当然这是因为 1930 年革命前后政治形势的帮助。国家形成了由不同的薄弱政党组成的联盟。这给教会更多的交涉资本，包括重新定义它对其与国家之间的关系的影响。塞勒姆对这一点有非常详尽的说明：

> 莱米……在 1931 年基督教救世主雕像落成时（当时聚集了很多天主教徒）……警示道："上帝的名字深深植根于巴西人的灵魂中。要么国家承认人民所信仰的神明，如若不然，人民将不承认这个国家。"这一警示……立即被瓦加斯所理解。从那时起，世俗权力与神权关系的新篇章开始得以巩固。这两种力量由原先的分裂与对立转变为合作与逐渐紧密的关

系。(Salem，1982：10)

对教会来说，以下四个议题一直以来都至关重要：第一，对巴西共产主义影响的反对；第二，非合法化的离婚；第三，国家宪法正式认可教会；第四，学校的宗教教学。

反对共产主义将是一个漫长的过程，但其他政策领域的收获却几乎是直截了当的。例如，1934 年宪法中将宗教婚礼定为官方正式婚礼；宗教教育重新进入学校课程。教育是政治家和天主教知识分子将教会和瓦加斯政府联合起来的重要的谈判工具。比如，在 20 世纪 30 年代初，教育部弗朗西斯·科坎波斯(Francis Campos)就曾写信给瓦加斯，提出有必要通过教育重新建立和教会的联盟(Lima，1931；Cury，1978)。

作为新教育运动(New School Movement)的追随者，教育开拓者(Pioneers of Education)这一组织在关于教育的辩论中反对天主教徒。新教育运动基于杜威的思想，源自 19 世纪末在美国和欧洲兴起的类似运动。它代表了对传统教育实践的反抗，旨在实现一种教育，能促进社会中个人的统一以及大众对教育的更广泛的接触。这个团体主要由所谓的进步教育家和重要学者组成，如洛伦索·菲力欧(Lourenço Filho)、阿费拉尼奥·佩肖普(Afrânio Peixoto)、赫尔墨斯·利马(Hermes Lima)、卡内罗·莱昂(Carneiro Leão)、阿尼西奥·特谢拉(Anísio Teixeira)、费尔南多·阿泽维多(Fernando de Azevedo)，他们在不同的基础上建立了教育概念。他们在 1932 年出版了由费尔南多·阿泽维多撰写的《新教育开拓者宣言》，这一著作很大程度上是基于阿尼西奥·特谢拉的思想，并由众多教育开拓者们签署(Azevedo，1932)。《宣言》不久便成为进步团体和天主教团体之间明显的分水岭。对于教育开拓者们而言，教育和学校的扩张是能保证国家跻身于发达国家行列的一个重要机制。

教育改革的实施遵循具体的教育认识论，这一认识论基于杜威的哲学，其主要观点是：如果想建立一个个人也能得到尊重的、真正意义上的民主社会，教育是唯一的实现方式。特谢拉在研究了杜威并熟悉美国的实用主义之后，深受民主和科学思想的影响；他认为教育是能够改变国家现代化需求的唯一途径。新教育运动的教育开拓者和教会组织一样，通过创立巴西教育协会获得了制度性支持，这一协会主要负责组织讲座、课程和会议(Cury，1978；Salem，1982；Piletti，1996)。

《宣言》的主要思想包括以下主题：教育是巴西重建民主的一种手段；它理应具有足够的公共性、强制性、无偿性以及世俗性；应该拒绝任何种族、性别或学习类别的歧视；教育也必须在社区内进行；教育应该是统一的并适用于人类发展的所有阶段；统一并不意味着一致性；教育必须考虑各区域特性；学生应该成为教育的焦点；课程必须适应学生以及他们的兴趣；每一位教师，即使是小学教师，都应该接受大学教育(Piletti，1996：177—178)。这些主题阐述了教育开拓者们的教育计划及理念，与天主教的教育相比，在两方面存在显著差异——教育的忏悔性以及私立性。

在当时，新教育运动的一些学者在巴西各个州担任重要职务。他们通过在不同州和联邦地区的教育改革，将他们的教育理念转变为公共政策。当时，巴西的政治局面对于教育改革及新的教育政策非常有利。这个国家正在经历重要的政治、经济和社会的变化——城市化正在迅速发展，咖啡种植业的壮大带来了工业和经济的进步，自由主义成为一种强大的政治和哲学思想。(Schwartzman，2004；Piletti，1996)例如，阿尼西奥·特谢拉从 1931 年到 1935 年担任里约热内卢联邦地区的国家教育秘书。他依据新教育运动的指导原则，在当地计划和实施了教育改革。特谢拉还创造了从小学教育到高等教育的教育体系。他引进了现代学校建筑，扩大了学校学生名额，引进了中学职业教育系统并将师范学校转变为教育研究所。通过写作，特谢拉将他的教育思想传播开来，在里约热内卢教育秘书处任职期间，他的著作如《进步教育—教育哲学简介》和

《迈向民主》分别在 1932 年和 1934 年出版(Cury，1978；Schwartzman，2004)。

开拓者们相信并为之奋斗的信条包括教育系统的重建,他们相信这会导致国家的重建。这就意味着控制教育系统的人同时也掌握权力。在阿尼西奥·特谢拉的教育观念中,在一个变化的社会中,比掌握权力更为重要的是要拥有这样的理念:学校应该致力于培养新人,即能融入民主社会的现代化的人。因此,阿尼西奥·特谢拉信仰科学、科学方法和技术应用(Anísio Teixeira，1968)。

天主教徒也认为,新的教育计划带有政治色彩。因此教育将成为一种重要的权力工具。和阿尼西奥·特谢拉以及其他教育开拓先驱们一样,阿尔塞乌-阿莫罗索·利马和神父费兰卡在一些书籍和文章中也提出了他们的争论,并得到教会的拥护(Franca，1931；Lima，1931)。利马所提出的观点之一是,精神革命是社会秩序重建的唯一基础:

> 对自由主义者而言,一个国家精神上的统一已不再是公共事务所关心的内容。人们考虑各种统一:政治统一、法律统一……精神统一是政治自由主义者唯一没有兴趣的,然而它却是其他所有统一的基础。(Alceu，1931：V - VI)

天主教对于新教育运动的批判的核心是教育世俗化的概念,这是由教育开拓者们提出的教育计划中的一个重要理念。对于天主教徒而言,必须反对新教育运动的教育者们所提倡的教育,因为它没有遵循一贯的教育原则。在这一教育计划中,科学主导了哲学并且忽略了人类的超自然能力。这种教育计划呈现出一种纯粹的功利性和实用性特征。教育,对天主教徒来说,必须是宗教的;世俗学校由于拒绝宗教,所以无法开展教育(Franca，1931；Lima，1931)。

这些争论中的另一个问题是谁应该负责教育。教育开拓者们主张国家对教育的垄断。天主教会认为教会和家庭应该成为管理教育的主要机构,国家在教育上只有协调作用(Cury，1978；Salem，1982)。

最终,1931 年 4 月 30 日的立法实现了宗教教育在公立学校中的可选择性。这满足了天主教的诉求。然而,两个组织之间的斗争并没有停止。1931 年的立法并没有达成共识,而只是既成事实——双方还继续斗争着。

因此,1931 年后,在天主教运动的压力下,宗教教育被列入学校课程并成为一门学科,但是只是选修课。在随后的宪法中,包括 1988 年颁布的最后一项法律,宗教教育仍然是国家和私立学校中课程的合法部分。但是在世俗国家、世俗文化和信仰多样性的背景下,这一问题仍旧非常复杂且富有争议(Cury，1993)。

20 世纪 30 年代末的特点是一系列活动的出现——天主教教师协会和巴西天主教教育联合会开始在全国范围内推进课程和会议,其目标是制定一个以基督教教义为基础的教育政策。天主教徒和教育开拓者们双方都有所收获。1934 年宪法半官方地认可了天主教会,通过一系列文本声明《民法》对宗教婚礼的承认、对离婚的驳回以及公立学校对宗教教育的纳入。另一方面,1934 年宪法表明政府对国家教育计划的相关问题拥有干涉特权。它还指出,初等教育理应免费且义务。因此,两个利益集团都使得它们的基本要求得到了国家的批准。然而,利马认为双方都缺乏一个明确的教育计划:

> 如果天主教徒的优点是强调国家维度,那么改革者们则开创了新的机会,但非统治社会团体却无法从这一机会中获益……大众学校的诞生渐行渐远了。教育继续成为统治阶级的代言人。(Cury，1978：IX - X)

在天主教的教育主张中,学校中提供的知识应该是天主教观念中的世界和人类:

这样的教育理想不是由实验科学家提出的,而是思辨科学对生活的一种观念。反过来,神学伦理统治着这些思想。(Cury,1978:54)

与此相反,新教育运动的开拓者们主张教育的知识内容应该以科学为基础:

因此,这样的(教育)科学是以社会科学以及发现人类正常发展进程的科学方式为基础的。例如,生理学、生物学和心理学。生物学要求教育和儿童的发展趋势之间的和谐。社会科学定位了学校的角色和社会功能。这形成了学校组织的科学依据。(Cury,1978:83)

因此,天主教和自由党派之间的紧张关系持续了近20年。这样的紧张关系在高等教育领域也很明显。从教会转向天主教高等教育研究机构的创建的第一次运动发生在20世纪头10年。和 D. Vital 中心的创建一样,它的目标也是吸纳精英和宗教教育。一些机构,如天主教大学学生会和天主教高等研究所都对教会提供支持,为天主教的高等教育发展提出建议(Salem,1982)。

提供高等教育水平的正式课程的第一次尝试是由天主教高等研究所进行的。最初的课程局限于三门必修课(社会学,哲学和神学)和三门特许课程(法律概论、数学概论和生物概论)。后来,课程适度增多。塞勒姆指出,在20世纪30年代末,学生人数升至两百人。(Salem,1982:18)

当然,在高等教育层面提供天主教研究课程并不是一项很容易完成的任务。1931年4月11日的19.851号法令制定了巴西大学的实施章程,国家在高等教育管理和控制方面扮演着重要角色,教会则被边缘化。至此,天主教领袖和学者们很清楚国家不会支持他们建立天主教大学。创建于1932年的天主教高等研究所开始了创建未来的天主教大学的第一步。塞勒姆指出:

天主教大学被当时的天主教和教会领袖们认为具有双重政治意义……一方面,它是反对世俗教育与思想、确保解决民族危机的机构;另一方面它将反对共产主义意识形态在全国的影响……教会可能想通过它实现向社会和国家重新传播福音的目的。(Salem,1982:21)

天主教高等研究所旨在为巴西提供另一种大学模式。天主教学者和神职人员相信它能将大学从国家统治中解放出来,因为它永远属于教会管辖。自然,天主教对1934年创建的第一所州立大学相当不满。他们认为在阿尼西奥·特谢拉支持下建立的联邦大学是世俗主义和反天主教的,甚至声称这一新的机构将使巴西教育实现更彻底的美国化或甚至更容易实现向共产主义制度的转变(Salem,1982)。

1939年召开的巴西主教第一次会议提出了成立天主教大学的需求和急迫性。两年后,在国家教育委员会的正式批准下,第一所天主教学院成立。课程包括法律、哲学、文学、语言、地理、历史、社会科学与教育学。这主要是在天主教教学框架下,针对中等学校教师进行培训。所有学院的课程都必须包括一门宗教文化课程(Salem,1982)。1942年,由政府立法,天主教学院拥有授予自己的证书的权利,类似于联邦和州立大学。在1946年,8.681号法令的通过使天主教学院升级为大学级别,即天主教大学。

如今,天主教大学所提供的知识和课程远远超越了宗教教育,巴西每个州的天主教大学都提供包含几乎所有领域的知识,从人文学科到科学。这2 000所机构均是私立性质的。如今,巴西的联邦大学和州立大学仍然大力反对政府对私立大学提供任何形式的资金支持。大部分天主教大学是非常优秀的研究机构。

20世纪后半叶,巴西经济和政治生活有了巨大的变化。1964年,军事精英和经济精英掌握了权力;民主选举被取缔;20世纪60年代和70年代,小学、中等和高等教育依据军事政权下的经济和政治意识形态进行改革(Figueiredo,1986,1987)。军事政权期间,教会在政治和文化生活中扮演了不同的角色。起初,教会是军事政权的联盟,1964年关于酷刑的问题出现后,教会开始反对当局政权。

1968 年在麦德林(哥伦比亚)召开的拉丁美洲主教会议是教会地位的一个转折点。受第二次梵蒂冈大公会议(1962—1965)的影响,教会的活动朝向民众的物质生活条件发展。在巴西,教会对于国家民主化重建进程是非常重要的,这主要是通过基层教会团体和神学解放组织实现的(Castro,1984；Pucci,1984)。

当前的宗教教育

公立学校的宗教教育不能看成一个简单的课程问题,还必须考虑到社会文化背景下世俗化与宗教无权主义之间的辩证关系。

事实上,1824 年宪法将天主教立为帝国的宗教(Pauly,2004)。1891 年的《共和国宪法》在实证主义影响下,废除了学校课程里的宗教教育,并宣布教育是世俗的,教会将会与国家分离(Pauly,2004)。如前所述,在这之后所有的宪法中,宗教教育都成为一个有关宪法的问题。通过 1931 年的 19.941 号法令,瓦加斯将:

> 宗教教育重新引入公立学校,赋予教会设计课程方案、选择教材、聘任教师和监督他们对教义和道德的忠贞的权力。(Cury,1978：175)

总的来说,自 1931 年以来,宗教教育虽是选修课程,但仍带有教义问答教学的本质,并处于学校系统的常规学科之外。教师不能接受国家发放的工资,在教学内容上也未能达成共识。学校宗教教育的大多数教师通常属于一个特定的宗教团体。其他情况下,教师是某一团体的成员,参与教义问答传授或其他宗教活动。这样的现状一直持续到 20 世纪 90 年代。

关于宗教教育应该提供宗教知识的新定义以及它在学校课程中的地位的理念开始出现,这时,1996 年的 9.394 号法令《国家教育的指导与依据》第 33 条中也确认,宗教教学作为一门选修课程,是国家的一种义务:"宗教教育作为一门选修课,是公立学校中小学和初中教育课程表中的一门学科,且不耗费国家资金。"(Cury,2004)天主教的反击是迅速和有效的。在 1997 年,9.475 号法令对第 33 条进行了修正,对课程中的宗教教育做了强制性规定并保持了它的可选性。它也开启了使用公共资金为教师发放工资的可能性(Cury,2004)。同时,第 33 条新法令还有一些创新之处:宗教教育将与公民教育融合；每个教育系统都将规范教学大纲的定义和教师的招聘和培训(Cury,2004：186)。1995 年创立的国家高级宗教教育常设论坛(FONAPER),对宗教教育应提供的知识内容问题进行了激烈的讨论并给出了建议。这一论坛致力于课程的推广、文件和书籍出版、课程中应包含的知识的界定以及教师培训。该论坛还制定了宗教教育的课程参数,包括对多元化社会的重要性、不同社会文化语境中的宗教传统以及人类道德态度的强调。

尽管课程参数在不同行省区实施的情况不同,但仍在很大程度上引发了广泛的讨论。政治联系仍然与过去的历史有着或多或少的关系。最近,学校管理者和教师提出建议,认为学校教育计划是一项政治计划,因为它建立在某种特定的世界观和意识形态上。

最后,依据库里的观点(Curry,2004：183),对世俗教育的讨论已经远远超越了"学校课程的组成部分"的局限。教育改革的规划和实施中缺乏连续性是更为复杂的问题。这一困难可能会一直存在于类似改革发生的历史社会语境中。

结　语

阿根廷和巴西或许一直都在它们的相似之处与差异之间保持着平衡。从语言和文化角度来看,这些差异是相当惊人的。葡萄牙语和西班牙语都是浪漫的语言,有时却会导致令人尴尬的困惑。阿根廷的探戈和巴西的桑巴深深根植于他们的文化里,并不会(以任何严肃的方式)在国家层面进行转换。从政治角度来看,两个社会自实现独立后,都在强大的、独裁(通常军事化)的、民主的政府之间摇摆。甚至巨大的民族耻辱——折磨——都曾让两国历史上的一些重要时期晦暗无光。从经济上来看,阿根廷和巴西都经历过从经济停滞到经济繁荣的真实阶段——虽然不是发生在同一时间。

在教育方面,自殖民时期以来,两国的相似性是显而易见的。与巴西类似,耶稣会主导整个阿根廷的教育体系。他们在殖民地建立了学校,负责教学和传播福音,只有极少数的学校归直辖市管理。

国家独立以后的整个 19 世纪,阿根廷和巴西的政治体系是完全不同的。教育系统亦是如此。巴西是一个帝国制国家。直到共和国宣布成立,天主教会一直是国教,宗教教育也是强制性的。相比之下,在阿根廷,仅在 1943 年到 1946 年的 3 年间的宗教教育才是学校课程所必须学习的一部分。

在这两个国家,教会和国家之间的紧张关系偶尔也会松缓,但从未消失过。他们和保守政府已经形成一个强大的联盟。一旦民主制得到恢复,如 20 世纪末发生过的一样,尤其是在巴西的坦克雷多·内维斯(Tancredo Neves)和阿根廷的劳尔·阿方辛(Raúl Alfonsín)当选后,天主教会便一直保持着在教育政策制定和实施方面的影响力。例如,在巴西,1997 年的立法引起了天主教的施压,最终改变了 1996 年 9396 号法令第 33 条——宗教教育保留其可选性的特征,仍然为学校课程的组成部分。在阿根廷,教会再次阻止基什内尔政府引入基于进化论的新课程内容。

在这两个国家,高质量的私立天主教学校的力量都十分强大。其中一些私立天主教学校为了向工人阶级提供机会,能够获得政府补贴。这是教会在巴西、阿根廷以及其他拉丁美洲国家无形的、非常有力的行动,这些都不容低估。

参考文献

Alves, M. C. L. (2007). *"The Good Teacher": morals, progress, and order in Brazil*. Masters Dissertation, Institute of Education, University of London.

Azevedo, F. (1976). *A transmissão da cultura*. São Paulo: Melhoramentos/INL.

Azevedo, F. (1932). *Manifesto dos pioneiros da educação nova*. http://www.histdebr.fae.unicamp.brdoc1_22e.pdf.

Braslavsky, C. (1989). *Educación en la transición a la democracia. Casos de Argentina, Brasil y Uruguay*. Santiago: UNESCO/OREALC.

Campobassi, J. (1964). *Ataque y defensa del laicismo escolar en la argentina (1884 -1963)*. Buenos Aires: Ediciones Gure.

Castro, M. (1984). *64: Conflito igreja x estado*. Rio de Janeiro: Petrópolis.

Cury, C. R. J. (1978). *Ideologia e educação brasileira - Católicos e Liberais* [Ideology and Brazilian education - Catholics and Liberals]. São Paulo: Cortez.

Cury, C. R. J. (2004). Ensino religioso na escola pública: O retorno de uma polêmica recorrente [Religious teaching in the state school: The return of a recurrent polemic]. *Revista Brasileira de Educação, 27* (1), 183 - 191.

Falcon, F. J. C. (1982). *A Época Pombalina. Política econômica e monarquia ilustrada* [The Pombal years. Economic policies and illustrated monarchy]. São Paulo: Ática.

Figueiredo, M. (1986). Academic freedom and autonomy in the modern Brazilian university - a comparative analysis. Doctoral thesis, Institute of Education, University of London.

Figueiredo, M. (1987). Politics and Higher Education in Brazil: 1964 – 1986. *International Journal of Educational Development*, 7(3), 173 – 181.

Franca, L. (1931). *Ensino leigo. Ensino religioso*. Rio de Janeiro: Ed. Schmidt.

Iglesias, F. (1971). *História e ideologia*. São Paulo: Perspectiva.

Lima, A. A. (1931). *Debates pedagógicos*. Rio de Janeiro: Ed Schmidt.

Maciel, L. S. B. &. Neto, A. S. (2006). A educação brasileira no período pombalino: Uma análise histórica das reformas pombalinas do ensino. *Educação e Pesquisa*, 32(3), 1 – 9.

Maxwell, K. (1996). *Marquês de Pombal – Paradoxo do Iluminismo*. São Paulo: Editora Paz e Terra.

Morduchowicz, A. (2001). (Des)regulación y financiamiento de la educación privada en Argentina. In *Educación privada y política pública en América Latina*. Buenos Aires: PREAL-BID-CEPA.

Nagle, J. (1974). *Educação e sociedade na primeira república*. São Paulo: EPU/MEC.

Narodovsky, M. (2001). Segregación y regulaciones en el sistema educativo argentino. In *Revista Propuesta Educativa*, no. 24 (pp. 24 – 52). Buenos Aires.

Pauly, E. L. (2004). O dilema epistemológico do ensino religioso. *Espaço Aberto*, 27, 172 – 182.

Piletti, N., &. Piletti, C. (1996). *História da Educação* (The History of Education). São Paulo: Ática.

Pucci, B. (1984). *A nova práxis educacional da igreja*. São Paulo: Paulinas.

Puiggrós, A. (1989). *Educación en la transición a la democracia. Casos de Argentina, Brasil y Uruguay*. Santiago, Chile: UNERCO/OREALC.

Puiggrós, A. (1993). *Peronismo: Cultura política y educación (1945 – 1955)*, Historia de la educación en la Argentina, Tomo V. Buenos Aires: Editorial Galerna.

Puiggrós, A. (1996). *Qué pasó en la Educación Argentina. Desde la Conquista hasta el Menemismo*. Buenos Aires: Kapelusz.

Puiggrós, A. Y, &. Bernetti, J. (1993). *Peronismo: Cultura política y educación (1945 – 1955)*, Historia de la educación en la Argentina, Tomo V. Buenos Aires: Editorial Galerna.

Salem, T. (1982). Do Centro D. Vital à Universidade Católica. In S. Schwartzman (Ed.), *Universidades e Instituições Científicas no Rio de Janeiro*. Brasília: Conselho Nacional de Desenvolvimento Científico e Tecnológico (CNPq).

Schwartzman, S. (1979). *A formação da comunidade científica no Brasil*. Rio de Janeiro: Companhia Editora Nacional/FINEP.

Schwartzman, S. (2004). The Challenges of Education in Brazil. In C. Brock &. S. Schwartzman (Eds.), The Challenges of Education in Brazil (pp. 9 – 39). Oxford: Symposium Books.

Serrão, J. V. (1982). *História de Portugal: O despotismo iluminado (1750 – 1807)*. Lisboa: Editorial Verbo.

Sobreira, M. I. F. (2003). *A concepção de educação no Positivismo de Comte*. Masters dissertation, Federal University of Minas Gerais.

Tedesco, J. C. (1970). *Educación y Sociedad en la Argentina (1880 – 1900)*. Buenos Aires: Ediciones Pannedille.

Tedesco, J. C. (1983). *El proyecto educativa autoritario. Argentina 1976 – 1982*. Buenos Aires: FLACSO.

Teixeira Soares, A. (1961). *O Marquês de Pombal*. Brasília, Editora da Universidade de Brasília.

Teixeira, A. (1968). *Pequena introdução à filosofia da educação: Escola progressiva ou a transformacção da escola*. São Paulo: Melhoramentos.

15. 儒家思想,现代性与知识:中国、韩国和日本

特里·金(Terri Kim)

本文将从批判性的视角来分析东亚的现代性、知识以及教育学里所蕴含的儒家文化遗产。[①] 我们将通过中国、韩国、日本三国的比较分析来展开相关的论述。这三个东亚国家,在现代化的不同阶段都经历了抛弃与重拾孔子遗产的过程。但是,它们都保有浓厚的儒家教育文化,这种文化构建了知识的传播方式并被用来定义东亚的现代性。

尽管儒家文化传播广泛并被多次重写,但它仍具有巨大的一致性。自19世纪后期起,各种各样有关儒家文化遗产的创作和重写的历史资料层出不穷。起初,学者们把这三国的落后归因于这种文化传统,但是近来,更多的人将这种传统视为这几个国家成功的原因(Bellah,1957,1968;Eisensadt,1968;Morshima,1982;Weede,1996;Bell & Hahm,2003)。

换句话说,儒家思想被一再用于分析东亚现代化的成败。在19世纪和20世纪初,儒家文化被指责为东亚国家经济萧条的主要原因。但是随着日本以及之后的韩国、新加坡以及中国在经济上的快速腾飞和持续的工业化进程,儒家思想又开始被认为是促进这些国家和地区发展的主要原因(Berger,1986,1988;Tu,1984,1996;Tai,1996)。

总而言之,儒家思想一直以来是理解东亚的分析框架,似乎也是我们用来理解近来东亚国家发展和快速现代化的共性的关键。儒家强调家长式的家庭和社会关系形态(Bell & Hahm,2003),儒家社会在训练和选拔统治精英与国家干部的时候非常看重教育文凭(Zeng,1999;Wilkinson,1964,1969),以上两种文化特点也被认为是导致东亚国家经济发展受阻和取得巨大成功的长期因素(Woo-Cumings,1999)。

尽管在不同时期,对于儒家思想的评价有积极的也有消极的,但是人们普遍认同儒家的教育思想对东亚的教育和社会生活产生了影响。儒家教育思想,比如孝顺和家长权威,都能够在儒家政治和社会关系中找到普遍的与之相应的特点,并长期地存在于家庭化的社会组织网络中(Ansell,2006),这样的文化增强了人与人之间的依赖性、责任意识以及互动性,社会关系也根据年龄、性别和地位形成了严格的分层。无论如何,这些特征作为非西方国家或是传统国家的共同属性能够被明显地分辨出来。

东亚的世俗主义和英才教育被认为是儒家文化的独特一面,这种文化存在于应试教育的学校传统中和以考试选官的行政机制中。为了保证奖惩制的教育机会公平,国家掌控着学校课程、学校的其他方面以及选拔程序,从原则上来说,这些可以看作儒家教育的重要特性。

这些说法在实践中正确与否,以及儒家教育思想在当代中国、韩国、日本的现实生活情境中是如何被影响的,都将在本文得到解读。据此,本文将从以下几个主题展开讨论:(1)儒家的现代化概念;(2)儒家思想中的知识和教育的本质;(3)东亚的现代化和儒家思想的特性;(4)儒家思想特质下的东亚教育共性;(5)在20世纪全球知识经济以及移民背景下,儒家文化对教育流动性的影响。在结语处,本文将在东方主义的后殖民话语下进一步讨论儒家的教育学。现在我们必须提出最基本的问题:什么是"儒家学说"?

---

① 衷心感谢罗伯特·考恩(Robert Cowen)建议我以东方主义与儒家思想为框架进行写作。

儒家的现代化与知识

在汉朝(公元前 206—公元 220)时,当时的中国政府以及统治阶层中的士人都信奉古代美德传统,并将其命名为儒家思想。在包括《论语》《孟子》《大学》《中庸》在内的大量的古代文献中,孔子被认为是圣人。尽管这些文献的出处尚不确定,但它们构成了儒家思想的传统。

儒家思想认为知识是宇宙秩序的开端,并遵循以下的顺序:学习儒家的思想以及言行的准则、培养思想能力、使灵魂完备、增强自我修养、追求自我实现、使家庭生活有条理、国家有序发展、追求天下太平。[①] 按照这种顺序,儒家认为国家是自然进化的结果,因此它只是社会的一部分。无论是孔子还是其门徒都没有给出有关国家的具体定义。现存的西方文献资料显示儒家的政治思想并不是西方概念中的国家。也就是说,儒家思想中的国家既不是源于自然状态也不是基于社会契约的合法形式(《易经·系辞下》,转引自 Hsü, 1932:33—36)。从天地的形成到道德化国家的兴起都可以以象征的方式归为八个进化阶段:天和地;有形的物质;男人和女人;丈夫和妻子;父亲和儿子;君主和臣子;地位高低;礼和义。按照次序,它们代表了有形的国家、生命的开端、人类的产生、社会生活的源起、父系社会、政治阶段、宪法政治、道德政治阶段。在《易经》一书的附录中作者就强调了人与人之间关系及秩序的原则,而且国家也应该根据这些原则进行组织(Hsü, 1932:61—89)。

儒家思想是由一套系统的政治伦理观念构成的,其中指导私人生活的规定和原则是与那些为担负国家管理责任的人员所制定的规则紧密相连的。儒家思想影响下的国家常表现为伦理与政治紧密相连。作为国家正统,儒家思想为社会秩序奠定了基本原则,更确切地说,社会等级中的忠孝思想是维护社会稳定的关键(Zeng, 1999; Tu, 1996)。

儒家思想把道德品质与知识联系在一起。它通过给予德才兼备的儒家学者以官职,来推行精英化管理。在汉朝,地方官学得以建立起来,儒家的教育传统也扩展到全国。自从那时起,在东亚地区,很多文人学者开始研究儒家文化典籍,而这种研究贯穿了中国社会的历史。"四书"被规定为科举考试选拔官员必须要求学习的课程。科举考试是政府严格组织的具有高风险的求职测试体系,它起源于公元 606 年,正式结束于 1905 年,有着将近 1 300 年的历史跨度。在科举考试实施的巅峰时期,每三年一次的考试会有将近上百万的考生参加(Suen & Yu, 2006:48)。在国家级别的公务员考试中,除了要考查与经典著作有关的问题,还要考查考生分析时政问题的能力。一些比较权威且特别的考试会按照朝廷的法令不定期地举行。一些不怎么有影响力的考试一般考察的是法律、书法、国家利益以及军事知识(Dawson, 1981:71—73)。为参加国家级别的公务员考试,考生不得不背诵大量经典的儒家教科书,但并不需要展示自己系统的理论知识或者对经典权威的大胆的质疑精神。学者型的官员阶层之所以存在是为了官僚通才的再生产,这些官员只要熟悉儒家的伦理观念和主体知识就行了,他们不需要参加知识的争辩或者精通某一学术专业。根据在科举考试中的成绩,成功的考生会被立即或者最终安排政府职位。但是,在科举考试中获得成功的概率是很小的。在社会政治稳定且基于儒家官员选拔系统的文化繁荣的唐代(618—907),科举考试的通过率也只有 2%(Merson, 1990:86)。总之,正如孙(Suen, 2006)

---

① 这一序列应是出自《礼记·大学》:"古之欲明明德于天下者,先治其国;欲治其国者,先齐其家;欲齐其家者,先修其身;欲修其身者,先正其心;欲正其心者,先诚其意;欲诚其意者,先致其知,致知在格物。物格而后知至,知至而后意诚,意诚而后心正,心正而后身修,身修而后家齐,家齐而后国治,国治而后天下平。"作者对此有所改动。——译者注

所说,科举是一种"高风险"的评价体制。个人在备考阶段和考试阶段需不断地努力并接受严峻的考验,而这也成为中国学问的一部分。

通过学习强势的儒家文化、在考试中获得成功而走向仕途的方式也被周边国家所模仿,尤其是韩国。在唐代,韩国的儒家学者和学生到中国游学,他们在这里学习并且为科举考试做准备。比如崔致远,他是韩国著名的学者型官员而且还是后来统一的济州新罗时期的哲人与诗人,他在12岁的时候就来到中国学习儒家文化。在送别自己年仅12岁的孩子时,他的父亲说,如果崔致远在10年内不能通过中国的科举考试,他就不承认崔致远是自己的儿子(《三国史记》卷六,转引自 Chang,1977:57)。在10年内,崔致远不辱父命通过了最高级的文官考试并且被安排在政府最高机关工作。在回韩国之前,他作为最高等级的学者官员在政府服务了10年,而且与唐僖宗非常亲近。

在东亚文化圈,教育是统治精英管理国家的强有力的手段。在孔子看来,无论是统治者"学习关心民众"还是被统治者"学会顺从",都要依靠教育(Zhou,1996:242)。孔子的理想是将学习与精英选拔放在统治精英文化的核心位置。在整个封建帝国历史中,君主被认为是教育的伟大的支持者,他们会定期参观国学院,传达有关建立学校的法令,对万圣先师孔子表达尊重。新的儒家学者们会用儒家思想对中国的帝王进行说教。

儒家教育原则的民主和精英本质是由孔子本人创立的,这一本质体现在:它提供了社会上升通道,任何人只要能够经受住艰难的学习和严酷的考试选拔就有可能成为上层阶级。孔子的一句谚语正好符合这一说法——"劳心者治人,劳力者治于人"。总之,考试驱动下的教育是在东亚国家生存和发展的重要策略。通过公务员考试从而吸收执政精英的统治原则在19世纪也被英国和法国仿效,这些国家由于海外殖民地的扩大需要大批的公职人员为广袤的帝国服务(Wilkinson,1964,1969)。

中国的东亚邻国比如韩国和日本,甚至东南亚的越南都吸收和改造了儒家思想文化并且将之运用于国家机构中,这些国家在发展的过程中创造了属于自己的儒家文化形态,而这也导致了每一个国家走上了通往现代化发展的不同道路(Pye,1985:55—89;Smith,1996:155—159)。比如在韩国,儒家思想将其原有的母系社会秩序转变为父系社会(Deuchler,1992),从而建立了等级更加森严的秩序,与此同时通过公务员选拔考试系统——国考——将精英提拔原则更加制度化。在韩国,国考作为一种考试选拔系统在公元958年被完全采用,并持续到19世纪晚期。在韩国以及整个东亚中统治时间最长的李氏王朝(1392—1910)时期,韩国完全成了一个儒家国家。在1894年的韩国甲午改革中,儒家的公务员考试被正式废除,同时被废除的还有法制中的阶级歧视以及原有的等级制度(Eckert et al.,1990:98;Jin,2005:226—234)。

虽然现代化和各种变革已经在政治和教育系统中产生了作用,但是基于考试来选取公务员的儒家原则仍然存在。儒家公务员选拔考试的精英原则今天依然适用:任何通过公务员考试的人都会被任命为公务人员,而在韩国这还意味着拥有权力与各种保障。因此,进入公务服务机构的竞争非常激烈,而大多数通过考试的人来自韩国最有名望的大学(Kim,1997)。儒家学者为官的传统在当今的韩国依然具有活力,这也就形成了政府机构和学术机构之间的紧密联系。我们常常可以看到韩国的大学教授被任命为部长或者成为高级政府官员,抑或在国会中占有席位(Kim,2001:227—228)。

日本在平安时代采用了这种考查中国儒家经典著作的考试模式,但是与中国和韩国不同的是,在日本,考试成功并不能获得很高的政府职位。根据世袭制,只有那些世袭的特权阶级才能够获得高官厚禄(Amano,1990:21—23;Zeng,1999:8—9)。日本的儒家思想只是作为一种文化意识形态服务于德川幕府时代(1600—1868)的政治需要,并且与日本佛教和神道教形成联盟。

随着时间的推移,日本的儒家思想逐渐从原有的政治意识形态中脱离,转变为社会和伦理原则的集合(Hwang,1978:18;转引自Smith,1996:158)。

总而言之,儒家思想对于东亚现代化的重要性体现在孔子作为一种楷模以及动力激励着无数的学者为了在公务员考试中获得成功而花费大半生的时间来学习。如果他们没有实现他们的野心,那么教书便是他们才能可以发挥的唯一出路了。但他们中也仍有很多人保留在未来成为学者型官员的野心,尤其是政府改组之时,他们希望在那时能够被国家任命为高级政府官员。

儒家思想中知识与教育的本质

儒家相信世界存在着绝对真理,它将道德准则同宇宙规律结合在一起,而且儒家的圣贤已经理解并且以著作的形式表述了这些真理(Dardees,1983)。这种对真理的信仰直接推动着后来者将精力专注于经典的作品以及标准的解释(Wilkinson,1964:162)。儒家的学问主要是文献学习,在学习的过程中遵守并且保存历史和经典所认可的传统行为规范。在儒家社会,儒家思想的研究被认为是最有价值的知识,占星术以及历法的研制只是起辅助作用。在知识学习中,医学的地位很低,数学的价值更是很少被问津。在儒家传统中,技术以及应用科学更是不受青睐的(Wilkinson,1964:53—54)。

在儒家传统中,知识本身并不重要,关键是必须能够躬行实践,但这并不是实用主义意义上的操作。孔子本人并不怎么认可神学和形而上学,他关注的是道德和政治实践。对于儒家而言,或者对于整个中国传统而言,学习并不是为了其本身而储备知识,学习意味着为指导社会实践而进行的知识收集(Dwason,1981:9—10)。由于关注知识的实践,一些儒家的考试作文要求运用一些公理去解决具体的问题——正如我们在之前已经提及的,通过朱熹对运用自律约束人自身的强调,新儒学(理学)思想被认为是中国乃至东亚最理想的社会状态。总而言之,一种新的儒家课程建立起来了。

儒家思想是以知识实践的道德价值为基础,知识的实践又与自我修养、自我实现、个人责任、家庭合作以及地方政府自治有关(Tu,1996)。自我修养在这里是意味着认识自我在**社会关系网络**中的位置,并根据自己的地位约束自己的行为。自我修养的原则适用于社会各个阶层。统治者有责任为所有人的自我克制、自我改过和自我提高树立榜样。儒家知识关注的核心是如何学习成为人。在儒家思想中,学习某一专业的知识或者成为某项工作的专家并不代表成为人。在儒家思想中,学习过程是持续且全面的。

在学习成人的过程中,有五种知识被认为是非常重要的。这五个领域分别由五部经典加以阐释:《诗经》《礼记》《春秋》《尚书》《易经》。在汉朝后期,《论语》《孝经》与"五经"一起合成"七经"。儒家最基本的教科书还包括"四书":《大学》《中庸》《论语》《孟子》。这四本书重点关注的是人的自我修养,也是作为培养未来具有责任意识的领导者的工具(Hsü,1932)。

新的儒家(理学)的理论原则是建立在人性本善的前提之上的,但是这种理论也是形而上学的。它希望通过对圣贤、自我修养,以及最终对宇宙的哲学思考,从而在宇宙的自然秩序中寻找到这种前提的根源。通过演绎推理,理学将所有的存在划分为两个不可分离的元素:一种是理,一种是气。理是一种模式或者是一种构成要素,它们可以用来解释事物的本质、事物如何行动或者应该如何正确行动,而气则是具象化的提供支持的元素。这两者是相互依存、不可分割的。自从15世纪后,这种二元论的儒家学说在韩国发展出了两种不同的儒家学派:一派关注理,另一派则强调气的重要性。这些不同的理论视域为了争取韩国政府的认可互相竞争(De Bary,1981;Eckert et al.,1990)。

　　在中国和韩国，儒家政府建立起教育系统从而传播基于儒家理论设想的知识，并将熟练掌握儒家经典的人招募进政府机构。儒家思想在核心价值观中强调人道、同情、和谐、公共与私人关系的互惠和责任、礼仪、交流，这些为现代化的实现提供了持续的支持以及实际有效的帮助。

　　但是，我们能否确信在当下的中国、韩国和日本，儒家思想在教学中仍然占有主导性的信念呢？在当代东亚现代化和知识语境下，我们怎么才能实现相关儒家思想的合法性呢？

东亚现代化和儒家特质

　　撇开儒家思想在中国、韩国、日本的悠久历史与深厚的文化习惯传统积淀，在它们跟随西方的脚步发展之前，人们一直在争论儒家作为东亚现代化和工业化的认知模式的关联性。在《新教伦理与资本主义精神》（1930）和《中国宗教：儒教与道教》（1951），马克斯·韦伯认为资本主义没有在亚洲独立发展起来的原因主要是宗教的限制，在中国主要是儒学和道教。

　　二战之后，许多学者、评论家、政治家和其他权威人士开始反思韦伯对于儒家思想的观点。尽管接受韦伯（Weber，1930）有关文化是经济活动的基础的理论，他们却不赞同新教是资本主义发展唯一的、最好的宗教基石。战后的日本成功地建设了自己的国家政权并且取得了经济的快速发展，紧接着东亚的新型工业化国家（NICs）也迅速崛起，而这些国家的成功被归因于拥有共同的儒家思想遗产，这些遗产与促进西方资本主义发展的清教伦理有着相同的价值。努力工作、强调教育、尊重成果和勤俭节约是儒家思想的重要观点；和韦伯认为是推动西方资本主义发展的清教伦理一样，这些儒家价值观念对于现代资本主义的发展也是非常重要的。

　　20 世纪下半叶，东亚强有力的政府主导型经济发展的成功为现代化的发展提供了一种新的模式，人们将这种经济发展方式定义为"儒家资本主义"（Yoshihara，1977，1994；Kahn，1979；Vogel，1979）或者是"发展型国家"（Johnson，1999；Thompson，1996）。有学者认为儒家思想影响下的国家有着强有力的政府、紧密的官僚结构、等级化的社会关系、网状的社会结构、高度的教育动机以及成就动机，这些国家的文化强调勤俭节约、合作、对组织忠诚等。在日本著名经济学家吉原（Yoshihara）看来：强有力的政府或者发展型国家模式是促进经济发展的最佳方式，这种模式在发展过程中强调对人的教育并发展有活力的私营部门（Yoshihara，1977，1994：196—197，202；Berger，1997：269）。例如，在洛奇和沃格尔编辑的《意识形态和国家竞争：基于九国的分析》一书中，新的儒家的"发展型国家"概念被认为可以用来解释东亚快速的崛起（Lodge & Vogel，1987）。

　　总之，儒家思想被认为是理解东亚国家快速工业化过程中各种政治经济活动模式的参考框架。儒家的家长制传统、扩展化的家庭型社会关系中的孝道和忠诚、勤俭节约、努力工作以及对于知识、学习和官僚特权的尊重都融入了东亚政治和经济活动（Tai，1989；Tu，1996；Berger，1997）。

　　在韩国，社会关系和活动涉及对和谐的关注，这一和谐建立在对等级关系尊重的基础上，包括对于权威的服从。在日本，公共关系的运行是在"wa"（关系）的语境中进行的，它强调集体之间的和谐以及社会凝聚力（Alston，1989）。在韩国和日本，员工经常被教导要将公司视为自己的家庭，将公司的领导看作家长。员工被教育要将自己定义为大家庭的一员，这个大家庭是一个典型的按照儒家文化组织起来的有明显等级架构的家庭，这种现象在大公司（如日本和韩国的财阀集团）表现得更加明显。鉴于群体的定位划分出了包容和排斥的社会界限，学术联系在韩国被认为对于成功就业以及职业发展尤为重要。在学术职业领域，学术权威网络在主要大学中的校友教员比例方面得到了明显的体现，比如，在 2002 年，首尔大学 95.5% 的教员都是自己的毕业生，延世大学是 80％，高丽大学 68％，而全国的平均水平是 60％。相比而言哈佛和斯坦福的学生获得学位并留校做教员的比例分别为 12％和 1％（韩国 KBS 1TV 报道，2006 年 6 月 10 日）。

尽管这种文化在东亚有了很多变化，但是不可否认其总体的社会关系依然源于儒家思想，在这种人情社会中为了创造一种比较和谐的社会关系，人们有意地对人与人的不平等加以限制。儒家的社会规则对于东亚国家的现代化和工业化的发展起到了积极的作用，这一点经常被拿来与韦伯有关清教对西方资本主义的发展的贡献的观点进行比较——前文对此有所述及。

在这一话语中，类似于龙、老虎甚至幼兽等隐喻都会被用来描绘东亚国家快速和成功的经济发展。但是这些符号也被认为实际上只是由来已久的东方主义被重新用来描述当下的东亚而已。Lee（2006）也认为此刻认定儒家思想是推动整个东亚地区资本主义经济成功发展的主要文化因素还为时过早。比如，中国香港和新加坡的经济发展或许更多是受到了英国资本主义的影响，因此应该将其与日本和韩国的经济发展模式区分开来，后者是建立在政治圈和商业圈之间紧密联系的基础上。Kwon（2007）认为儒家思想更应该被视为国家为了现代化和经济发展进行宣传和社会推行的产物，而不是在文化上传承和包含的社会价值观念。

继续这样的讨论，我们可以看到儒家思想在东亚现代化过程中如此重要的原因，并不是与经济发展本身紧密联系的，更多的是与教育模式和教学关系相关联。

作为儒家特质的东亚教育共性

儒家教育传统的主要特质已经融入了东亚国家的政治系统和社会文化习惯中——他们已经融入了先前讨论的"儒家资本主义"和"发展型国家"中，在这些国家，高水平的大众教育与经济发展之间的关系已经得到认可。到 20 世纪 70 年代，韩国的儿童都接受了小学教育，三分之一甚至更多的学生能进入中学就读。与此相反，印度只有 50％的女孩能上小学，而孟加拉只有 34％，巴基斯坦只有 22％（Pempel，1999：170）。可以认为，重视学习和努力工作的这种儒家伦理和价值观间接或者直接地推动了东亚国家快速、成功的发展。

儒家价值观强调教育的重要性、工作伦理以及等级社会关系中的和谐，而且儒家文献认为受教育等于"道德训练"。在《尚书》和《孟子》中，传说中的明君舜就专门任命了管理教育的官员，因为他看到人民并不能遵循五种基本的社会关系——蕴含在父与子、君与臣、夫与妻、长与幼以及朋友关系之间的责任（Dawson，1981：11）。儒家思想中的文人形象体现着儒家所推崇的勤奋学习和节俭的精神品质，被称赞为"即使出身贫贱，困苦的学子仍然为获得考试的成功而奋发努力"。总之，在东亚工业的快速发展中，儒家教育的"孝"以及"精英统治"的教学传统仍然继续存在于东亚的学校教育体系中。

在东亚的学校体系中，一个众所周知的共性就是学校教育为基于考试的人才选拔服务。（这种高考选拔制度在教育改革中的争议最大，例如，从 1945 年至今，韩国已经有超过 10 次的高考改革了。）然而，东亚社会的学习热情与对于知识的兴趣或者对于知识本身的爱好无关，它来自对好大学以及好工作一心一意的追求。对学习缺乏兴趣与教育中创造性的缺乏是有密切联系的。

总而言之，东亚社会中浓厚的学习文化关注和追求的是能够在各种考试中获得成功并且最后获得认证或者证书。普通人都很认可这种正式教育的实用主义，他们将教育视为向上层社会流动的敲门砖。据报道说，为能够在竞争激烈的高考中脱颖而出，韩国有将近 72.6％的学生都在接受课外家教辅导（Choi，2003；KEDI，2003）。由于儒家文化非常强调高等教育并且认为考试获得成功后可以得到重大的收获，所以在东亚国家和地区，高等教育的入学率很高。以韩国为例，在 2005 年，18 岁的高中生中有 97％的学生顺利毕业，其中 81.3％的学生进入了高等教育机构进行学习。日本也有类似情况,在 2005 年,97.5％的 15 岁学生继续接受高中教育,76.2％的 18 岁学生进入高等或者后中等教育机构继续学业(Yonezawa & Kim,2008)。其他的东亚地区,比如有"四小龙"之称的中国香港和中国台湾也继承了儒家的传统,它们的教育入学率的水平都很高。鉴于中国大陆的高等教育的毛入学率已经从 1998 年的 9.8％增长到 2006 年的 22％,我们可以说自从 1999 年之后,中国正在向高等教育大众化进军(中华人民共和教育部;《中国新闻》2007 年 3 月 10 日,来自 www. china. org.cn)。

尽管教育是为了满足个人的需要,但是在东亚国家中,现代学校教育系统经过了精心设计以满足政治和经济计划,如宣传国家政权的主流思想观念从而推动大众社会化,维护国家统一,为快速的工业化发展提供技术工人,以及维护政权的持续性(Pempel,1999:137—181)。在中国、韩国和日本,出于国家对(高等)教育目的性、实用性和技术功能的利用需要,政府对教育加以规定和限制。总之,在东亚国家现代化和政治、经济发展中,儒家对于教育的重视功不可没。儒家政治理念是以德治国,这一点需要通过教育来发展。

儒家教育传统强调人要通过自己的努力过好当下的生活。在孔子看来,社会是由五种基本关系构成的,他很看重社会和谐而且他的教学主要关注善政的问题:"修身,齐家,治国,平天下。"(Confucius,2006:8)①因此,中国社会最独特的价值观是和谐关系,它不仅指人自身的和谐,也指人与他人、自然和整个世界的和谐。儒家的学习可以认为是人道的、终身的学习,它起始于人的自我修养以及日复一日的社会实践活动。这种以集体为中心的态度有利于东亚国家的经济生产活动和社会凝聚力的形成。

在儒家文化架构中的东亚社会,在社会背景中的共同学习是被高度珍视的(Yang,1981)。这可能是与儒家教学传统中的集体中心(这就像家庭网络组织关系的扩展)有关,这种集体学习的方式不同于西方以个人为中心的学习方式。通过对东亚的教学实践的微观层面的观察,我们能够发现不同国家在教学风格上的共同点和连续性。比如在中国、韩国和日本,班级教学是以整个班级为背景进行的,教师在教学中起到关键作用。在东亚儒家文化中,教师应该是充分掌握了学科知识的学者和君子。而教学的重要性则是排在第二位的。这就直接导致了东亚国家班级整体授课模式的形成。对于学者型教师的期望以及班级整体授课形态可以在西欧早期大学的演讲传统中找到,但是在现当代英美的教学方式中却很难找到。总之,在东亚儒家教育文化传统中,教师在成为学习的帮助者之前先要成为一个德才兼备的学者。

我们可以说在东亚国家教学实践的共性中融入了儒家的教学传统因素吗? 在这些共同的实践背后藏着的是什么样的价值观呢? 一般来说,在东亚的学校系统中,课程是以知识为中心和考试为驱动的(Zeng,1999),东亚的教育一直以其死记硬背为人诟病。但是,在高效学习观念的驱动下,学者们开始重新认识这种"重复学习"的模式,他们认为东亚教学内容的反复学习有利于对知识的深刻理解,然而应该对这种重复学习和西方批评的死记硬背的学习方式做出区分(Biggs,1994,1996;Marton et al.,1996)。

但是东亚国家的整体班级教学、死记硬背以及考试中心的筛选系统存在着一个明显的问题,它们最终筛选出来的是特定类型的学生,即那些记忆力好而且学习非常认真、听从老师的教导以及擅长应试的学生,尽管这些品质和儒家传统中好的管理者或者官员之间的关系并不明晰。

总之,我们可以说东亚的学校教育的主要目标是为了培养有文化、有纪律的工人或白领;第二个目标则是使学生通过层层的筛选进入不同层次的大学,而那些一流大学的毕业生在毕业后更有可能通过精英竞争,获得在政府以及大型企业工作的机会。在东亚国家中,筛选的依据就是

---

① 原文如此。此句应出自蔡志忠主编:《大学·中庸》,现代出版社 2006 年版。——译者注

成绩。事实上，长期以来这种精英主义造成了韩国内部的思想偏狭、任人唯亲、自高自大以及理想化、知识趋同、社会僵化等各种问题，这些将最终腐化平等教育机会以及精英管理的儒家原则。东亚当前教育流动和移民的模式是从中国和韩国移向其他国家，尤其是美国或者其他以英语为母语的国家，在这种教育流动的背后体现的是东亚国家民众对于各级国际化教育作为另一种教育选择的强烈需求。

21 世纪全球知识经济与移民背景下，儒家思想对于教育流动性的影响

在中国，孟母三迁的故事仍然广为流传：孟子的母亲为了给孩子找到好的老师、好的邻居和优秀的同龄人曾三次搬家，这样便能够给孟子创造更好的教育环境。这也与当今的亚洲母亲的形象非常接近——广为人知的"教育妈妈"形象。

在东亚地区，教育移民已经是一种新的趋势。现如今，韩国学生出国的数量急剧增加。根据OECD 的数据，韩国出国留学的学生人数仅次于中国，排名第二。在 2005 年 3 月到 2006 年 2 月之间，首尔的小学生和中学生中有 7001 人出国留学，比之前增长了 15%（首尔城市教育局；《东亚日报》于 2006 年 5 月 11 日报道）。2007 年 4 月，仅在美国学习的韩国学生约有 93 728 人。根据美国海关移民总署的数据，美国的海外留学生中韩国的学生人数最多——占美国海外留学生总人数（共 630 998 人）的 14.9%，紧随其后的是印度（76 708 人），中国大陆（60 850 人），日本（45 820 人），中国台湾地区（33 651 人）（美国海关移民总署；《京乡新闻》2007 年 4 月 5 日）。

韩国出国留学的学生人数（包括了从小学教育到高等教育的各阶段），尤其是去往美国就读的学生，每年以超过 10% 的速度持续增长（《京乡新闻》，2007 年 4 月 5 日）。现当代的教育移民趋势主要是从东亚地区（韩国、中国大陆、日本和中国台湾）到美国和其他以英语为母语的发达国家，这种现象非常有趣也很有研究价值，它可能是受到了东亚人民意识中深层残留的儒家文化的影响，创建了 21 世纪一个新的跨国学术流动的地理分布和教育网络（Kim，2008）。

结 语

儒家思想日益成为西方国家理解东亚崛起的主要分析框架，并且遍及主流的西方话语体系。在政治经济领域，儒家思想起初被认为是抑制了东亚的发展，但是随着时代的变化，西方理论家们又认为这种思想促进了发展。

在中国，儒家思想对于维护封建制度有很重要的作用，所以在近代史上受到批判。但是随着在全球经济中扮演着越来越重要的角色，中国开始宣扬儒家思想，旨在增强自己在全球的文化软实力。中国在全球建立了大约 120 所孔子学院，这些机构都是由中国教育部附属的中国对外汉语教育办支持和推广。第一所官方孔子学院于 2004 年在首尔成立，其目标是传播中国文化以及汉语（Hyland，2007）。这类"文化软实力"在亚太地区和国家很有影响力。

总之，东亚的儒家思想不断地发展、改变并且以各种方式重新建构。就教育而言，儒家教育形式仍然保留了一些不变的教学模式，比如教师地位、应试教育、父权和等级的文化传统、尊重长者、遵守集体规范、个人成功与"家庭面子"的紧密联系（Watkins & Biggs，1996）。

即使在教育领域，儒家的教育方式也存在着两种不同的解释，比如传统的儒家教育强调记忆，但是这种依靠记忆的学习方式受到了正反两方面不同的评价。许多研究者——比如沃特金斯和比格斯（Watkins & Biggs，1996）——都试图解释这种"亚洲学习者悖论"的现象。东亚的教学模式/教育环境（大班化、教师主导课堂、考试驱动、内容主导课程、侧重内容而不是过程、强

调记忆等)和东亚学生的学业成绩表现之间存在着明显的矛盾,事实上,东亚的学生在测试成绩方面比他们的西方同伴的分数高,这在国际数学与科学趋势研究(TIMSS)和国际学生评估项目(PISA)测试中都有体现。在 2003 年的 PISA 测试中,韩国、日本和中国的成绩都位居前列。就拿韩国来说,它在数学、阅读和科学方面的成绩十分靠前,并且在解决问题能力方面处于领先地位(参见 www.pisa.oecd.org)。虽然东亚学生在国际测验中取得了亮眼的表现,但是我们还是要认识到儒家思想一直都强调品德修养,并已经对学校文化产生了影响(且不仅是正式的课程)。

在许多地区,儒家思想是非常受争议的,因为对它的解释常常是双重的而且这些解释不断变化。尽管存在各种不确定的解读或者否定,然而儒家思想还是我们用来解读东亚的主要方式。但是如果将东亚的共性过度地概括为儒家思想,那么我们便容易陷入东方话语的解释中。这便会影响我们对于其他可能的解释的探索。

现当代的东亚学者们对于东方主义也进行了学术研究,但他们对此的分析实际上是西方话语下的东亚分析模式。禹贞恩(Meredith Woo-Cumings)认为东亚的回应是有力的(Woo-Cumings, 1993:142—143)。比如,森岛通夫(Michio Morishima, 1982)在《日本为什么成功?西方的技术和日本的民族精神》一书中将日本的成功解释为更广泛的东亚儒家文化影响的一部分。森岛通夫着重强调了在日本语境下转变的儒家伦理规范对日本资本主义建立的作用,尤其是对自己的公司和国家的绝对忠诚。

批评家们试图用"新东方主义"这一术语去解释儒家思想的本质。现在的亚洲价值理论就可以被认为是一种后殖民主义视角下东方理论视域中的亚洲重塑,并已经被新加坡以及马来西亚用来服务于政治(Berger, 1997:265—275)。戴鸿超(Hung-chao Tai)认为日本和东亚的新型工业化国家的"文化背景"创造的就是他描述的"东方"经济发展模式,这种经济模式强调"人与人的情感纽带、集体意识以及和谐相处"。他还认为"东方模式"是除了西方模式之外第一种"可选择且有意义的"发展模式(Tai, 1989:6—7)。

总而言之,这种新东方主义的后殖民主义话语是东亚发展过程中的一种辩证的运动。在一段时间内,西方人反复地评论儒家思想从而对东亚进行类别划分,然而现在的东亚人正在将儒家思想融入具有东亚特质的现代化的塑造和重塑中。在这层意义上,儒家思想在东方主义的后殖民话语中被认为是一种信条。很明显,在东亚的"现代性"和现代化过程中,儒家的教育特点将继续得到改变和发展。问题在于我们还不知道它会如何变化。

参考文献

Alston, J. P. (1989). Wa, Guanxi, and inhwa: Managerial principles in Japan, China, and Korea. *Business Horizons*, *32*(2), March-April, 26 - 31.

Amano, I. (1990). *Education and examination in Modern Japan*. W. Cummings & F. Cummings (trans.). Tokyo: University of Tokyo Press.

Ansell, C. (2006). Network institutionalism. In R. A. W. Rhodes *et al.*, *Oxford handbook of political institutions*, Oxford University Press.

Bell, D., & Hahm, Chaibong (Eds.) (2003). *Confucianism for the modern world*. Cambridge: Cambridge University Press.

Bellah, R. (1957). *Tokugawa religion: The cultural roots of Japan*. New York: The Free Press.

Bellah, R. (1968). Reflections on the Prostestant ethic analogy in Asia. In S. N. Eisenstadt (Ed.), *The Protestant ethic and modernization: A comparative view*. New York: Basic Books.

Berger, P. L. (1986). *The Capitalist revolutions: Fifty propositions about prosperity, equality, and liberty*. New York: Basic Books.

Berger, P. L. (1988). An East Asian development model? In P. L. Berger & H. H. M. Hsiao, (Eds.), *In search of East Asian development model*. New York: Transaction.

Berger, M. T. & Borer, D. A. (Eds.) (1997). *The rise of East Asia: Critical visions of the Pacific century*. London: Routledge.

Biggs, J. B. (1994). What are effective schools? Lessons from East and West (The Radford Memorial Lecture). *Australian Educational Researcher*, *21*(3), 19 – 39.

Biggs, J. B. (1996). Western misconceptions of the Confucian-heritage learning culture. In D. A. Watkins & J. B. Biggs (Eds.), *The Chinese learner*, *cultural psychological and contextual influence*. Hong Kong: Comparative Education Research Centre.

Buttery, E. A., & Wong, Y. H. (1999). The development of a Guanxi framework. *Marketing Intelligence & Planning*, *17*(3), 147 – 155.

Chang Tok-Sun (1977). Ch'oe Ch'i-won and legendary literature in *Korea. Journal*, *17*(8), August, 56 – 64.

Choi, S-K *et al.* (2003). *A study on the reality and volume of private tutoring expenditure*. Korean Educational Development Institute Research Paper No. CR 2003 – 19, (published in Korean). Seoul: KEDI.

Confucius (2006). *The great learning & the doctrine of the mean*. B. Bruya (trans.) (original work traced back to 2, 500 years ago). Beijing: Xiandai Press.

Deuchler, M. (1992). *The Confucian transformation of Korea: A study of society and ideology*. Cambridge, MA,: Harvard University Press.

De Bary, W. T. (1981). *Neo-Confucian orthodoxy and the learning of the mind-and-heart*. New York: Columbia University Press.

Dardees, J. W. (1983). *Confucianism and autocracy: Professional elites in the founding of the Ming dynasty*. Berkeley, CA: University of California Press.

Eckert, C. J., Lee, Ki-baik, Lew, Y. I., Robinson, M., & Wagner, E. W. (1990). *Korea old and new: A history*. Published for Korea Institute, Harvard University, Seoul: Ilchokak Publishers.

Hahm, Chaibong (2004). The ironies of Confucianism. *The Journal of Democracy*, *15*(3), July, 93 – 107.

Hsü, L. S (1932). *The political philosophy of Confucianism*, *an interpretation of the social and political ideas of Confucius*, *his forerunners and his early disciples*. London: Routledge & Sons.

Hwang, Byung Tai (1979). Confucianism in modernisation: Comparative study of China, Japan and Korea (Ph.D. thesis), Berkeley, University of California.

Hyland, T. (2007). Confucius say … universities at risk in link-up with Chinese Government. *The Age*, 18 November. (http://www.theage.com.au/news/national/confucius-say-universities-at-risk-in-linkupwith-chinesegovernment/2007/11/17/1194767024579.html: Accessed on 22 November 2007)

Kahn, H. (1979). *World economic development: 1979 and beyond*. Boulder, CO,: Westview Press.

KEDI (2003). Measures against private tutoring: Material for the fifth public hearing. Korean Educational Development Institute, RM 2003 – 32 – 5 (published in Korean). Seoul: KEDI.

Kim, I. W. (1998) *Hankook moosock sasang yonku* [*A Research on shamanistic ideology in Korea*]. Seoul: Jipmoon-dang.

Kim, T. (2001). *Forming the academic profession in East Asia: A comparative analysis*. New York and London: Routledge.

Kim, T. (2008). Transnational academic mobility in a global knowledge economy: Comparative and historical motifs. In D. Epstein, R. Boden, R. Deem, F. Rizvi & S. Wright (Eds.), *World Yearbook of Education 2008—geographies of knowledge, geometries of power: framing the future of higher education*. London: Routledge.

Kim, Young-Pyoung (1997). *The Korean civil service system: A country report*. A paper presented at the

Research Consortium of Civil Service Systems in Comparative Perspective，5 - 8 April. Indiana University，Bloomington，IN.（http://www.indiana.edu/csrc/kim1.html：Accessed on 22 November 2007）.

Kwon，Keedon（2007）. Economic development in East Asia and a critique of the post-Confucian thesis. *Theory and Society*，*36*（1）March，55 - 83.

Johnson，C.（1999）. The developmental state：Odyssey of a concept. In M. Woo-Cummings（Ed），*The developmental state*（pp. 32 - 60）. Ithaca and London：Cornell University Press.

Lee，Seung-hwan（2006）. *A topography of Confucian discourse: Politico-philosophical reflections on Confucian discourse since modernity*. Translated from Korean by Jaeyoon Song and Seung-hwan Lee，Paramus. New Jersey：Homa & Sekey Books.

Leung，F. K. S.（1998）. The implications of Confucianism for education today. *The Journal of Thought*，*33*（2），25 - 36.

Liu，Shu-hsien（1996）. Confucian ideals and the real world：A critical review of contemporary neo-Confucian thought. In Tu，Wei-ming（Ed.），*Confucian traditions in East Asian modernity*（pp. 92 - 112）. Cambridge，MA：Harvard University Press.

Lodge，G. & Vogel，E.（Eds.）（1987）. *Ideology and national competitiveness: An analysis of nine countries*. Boston，MA：Harvard Business School Press.

Marton，F.，Alba，G. D.，& Tse，L. K.（1996）. Memorizing and understanding：The keys to the paradox? In D. A. Watkins & J. B. Biggs（Eds.），*The Chinese learner*. Hong Kong：Comparative Education Research Centre.

Merson，J.（1990）. *The genius that was China: East and West in the making of the modern world*. Woodstock，NY：Overlook Press.

Morishima，M.（1982）. *Why has Japan succeeded?: Western technology and the Japanese ethos*. Cambridge：Cambridge University Press.

Said，E.（1978）. *Orientalism*. New York：Vintage Books.

Smith，R.（1996）. The Japanese（Confucian）family：The tradition from the bottom up. In Tu，Wei-ming，*Confucian Traditions in East Asian Modernity*（pp. 155 - 174）. Cambridge，MA：Harvard University Press.

Suen，H. K. and Yu，L.（2006）. Chronic consequences of high-stakes testing? Lessons from the Chinese civil service exam. *Comparative Education Review*. *50*（1），February，46 - 65.

Tai，Hung-chao（1989），The Oriental alternative：An hypothesis on culture and economy. In Tai，Hung-chao（Eds.），*Confucianism and economic development: An Oriental alternative*（pp. 6 - 37）. Washington D.C.：The Washington Institute Press.

Thompson，M.（1996）. Late industrialisers，late democratisers：Developmental states in the Asia-Pacific. *The Third World Quarterly*，*17*（4），625 - 647.

Tu，Wei-ming（Ed）.（1996）. *Confucian traditions in East Asian modernity*. Cambridge，MA：Harvard University Press.

Vogel，E.（1979）. *Japan as number one*. Cambridge，MA：Harvard University Press.

Weber，M.（1930）. *The Protestant ethic and the spirit of capitalism*. Translated by T. Parsons. New York：Scribner's.

Weber，M.（1951）. *The religion of China: Confucianism and Taoism*. Translated by H. H. Gerth. New York：Free Press.

Wilkinson，R.（1964）. *The prefects: British leadership and the public school tradition*，*a comparative study in the making of rulers*. London：Oxford University Press.

Wilkinson，R.（Ed）（1969）. *Governing elites: Studies in training and selection*. New York：Oxford University Press.

Woo-Cumings，M.（Ed）（1999）. *The developmental state*. Ithaca and London：Cornell University Press.

Woo-Cumings，M. (1993). East Asia's America problem. In M. Woo-Cumings & M. Loriaux (Eds.)，*Past as prelude: History in the making of a new world order*. Boulder，CO：Westview Press.

Yonezawa，A.，and Kim，T. (2008). The Future of Higher Education in a context of a Shrinking Student Population: Policy challenges for Japan and Korea In the OECD Volume: *Demographic Challenges and their Impact on the Future of Higher Education*，edited by Stéphen Vincent-Lancrin，Paris: OECD (in press).

Zeng，Kangmin (1999). *Dragon gate: Competitive examinations and their consequences*. London: Cassell.

Zhou，Nanzhao (1996). Interactions of education and culture for economic and human development: An Asian perspective. In J. Delors *et al.*，*Learning: The treasure within*，Report to UNESCO of the International Commission on Education for the Twenty-first Century. Paris: UNESCO，239 – 248.

16. 走向比较教学法[①]

罗宾·亚历山大(Robin Alexander)

比较研究对教学法的忽视

教学法是被英国比较教育学者们所忽视的重要教育主题之一,这一点令人吃惊。在顶尖英国学术期刊《比较教育》的千禧年特别纪念刊上,安吉拉·里特尔(Angela Little)指出,在 1977年至 1998 年间,该期刊上发表的文章中仅有 6.1％是关于"课程内容和学习者经验"这一主题的,与之相比,关于教育改革与发展这一主题的文章却达到将近 31％(Little,2000:283);考恩称"我们并没有完全抓牢课程、教学方式和教学评价等主题,也未能使其成为在具体的教育领域能够形成有特点的强有力的信息系统"(Cowen,2000:340);同时布罗德福特认为,未来教育的比较研究应该更加重视"学习过程本身,而不是像现在这样只重视教育的组织和规定"(Broadfoot,2000:368)。

既然对教学的忽视如此明显,那么理所当然就会有人问,为什么比较教育学者没有对此进行纠正。以下可能是一个简单实用的解释:政策分析是一个比课堂教学研究更易于操作的选择,尤其是当它建立在文本分析而不是实地考察的基础上时。此外,政策分析也更便宜、更快捷、更舒适:谁会愿意将和图书馆或互联网的轻松连接与耗时而且偶尔还十分可怕的旅程来交换呢?何况这行程中还会被视频和音频录像机、摄像机、三脚架、观察进度、访谈日程、服装、食品和所有其他必要的"深描"(thick description)设备所烦恼——更别提在观察老师或跟孩子们谈话之前需要进行的复杂交涉了。

作为一种可能的宽容,以及对布莱恩·西蒙(Brian Simon)"为什么英国没有教学法"的回应(Simon,1981),我们提出,一个没有本土化的"教学科学"的国家是不太可能孕育教学比较的:择优挑选和政策借鉴或许能被称为比较研究,但不能作为严格意义上的比较研究(Alexander,1996)。

又或许教学法是比较教育众多方面中的一部分;比较教育要求了解所比较的国家的知识、文化、体制和政策。我倒认为是如此,尤其是考虑到西蒙所形容的英国现有的情况。迈克尔·克罗斯利(Michael Crossley)认为:

> 倘若不要再遇到比较教育中显而易见的陷阱,对于那些新进入比较研究中的人来说,涉猎该领域的核心文献是十分重要的。同样,对于那些自认为是比较教育学者的人来说,在扩展的研究网络和话语中抓住现有的机会是很重要的。(Crossley,2000:324)

显然能发现,在这两点之间存在着一定的不平衡:非比较教育学者必须"涉猎文献"(大概是因为他们对此的了解更少),但是比较教育学者只需要去"抓住机会"。也许有证据表明在这些"新"的教育比较者之中会出现判断不当的比较,但我们仍可以在主流的比较教育学之中发现一些对特定教育现象分析浅薄甚至是不当的例子。除非某人满足于将国家教育体系的比较限制于

[①] 本文特别借鉴了笔者在英国、法国、印度、俄罗斯和美国的文化、政策和教学法方面的比较研究(Alexander,2001),同时还引用了更广泛的出版物。笔者最近在国际上发表的关于教学法的几篇论文都可以在《教学法论集》(*Essays on Pedagogy*,由劳特利奇出版社于 2008 年出版)中找到。

A 相对于 B 的肤浅并置中（这曾经是大学比较教育课程的主要部分），幸运的是，现在已经很少见这样的研究。有意义的教育比较是一项宏伟的挑战，因为它需要同时涉及几种不同的文献和分析模式。如果对法律或者文学的最低程度的了解没有和对所比较的国家和文化以及比较的专业知识的了解一样多的时候，一个人是很难研究比较法律或者比较文学的；同样这也适用于比较教育。

这就是为什么本文的标题是"比较教学法"①。教学法是一个复杂的领域，包括它自身的实践、理论和研究。比较教学法的挑战是以某种方式将教育研究和教学、学习研究联系在一起，这种方式既能尊重这两个领域的探究，同时也能超越这两部分的综合，创造出新的内容。

新领域，旧地图

里特尔对比较教育期刊文章分类的框架（Little，2000）将背景（研究的一个或多个国家）、内容（使用该期刊封底上 1978 年的主题分类）和比较（比较的国家数目）三者区分开来。将我的《文化和教学法》（*Culture and Pedagogy*，Alexander，2001）一书置于这个框架内的尝试表明了教学法在主流比较话语中的边缘地位。我的这一研究采用了纪录片、访谈、观察、视频和影像数据等方式，这些资料是 1994 年至 1998 年间在教育系统、学校和课堂中搜集的。这一研究的"背景"是英国、法国、印度、俄罗斯和美国。尽管五国的研究相对来说与众不同，但到目前为止一切顺利。埃德蒙·金（Edmund King）的七国研究依然是这一流派的经典范例（King，1979）。这一研究的"内容"至少涉及了里特尔所指出的 13 个主题中的 6 个，但是没有任何一个主题能够完全符合，而且它涉及的教育阶段——初等教育——在该框架内并没有出现（值得注意的是，无论是"教"还是"学"这个术语都没有出现，更别说"文化"或"教学法"了）。这一研究的"比较"跨越了五个国家（罕见），同时还包括南方和北方（总的来说非常少见，而且在里特尔的五个国家的分类中也是很新奇的）。

如前所述，除了比较研究中教学法是一个被忽视的领域这个事实之外，也有更多的理由表明为什么这类研究的内容会和里特尔提出的框架不能完全吻合：该框架并不适合那些越过一个重要且至今未提及的界限的研究，这个界限即宏观和微观之间的界限。正如书名所示，《文化和教学法》阐明了萨德勒（Sadler，1900）关于学校内部和外部世界的不可分离性这一古老准则，但里特尔的框架似乎暗示着比较研究必须是国家或区域的，关于政策或实践、体系或课堂的研究，而不是关于它们的相互作用的研究。在这方面，比较教育学者或许落后于更广义的社会科学研究，一个多世纪以来，关于社会结构、文化和人类主体之间的关系一直"处于社会学理论化的关键地位"（Archer，2000：1）。

因此，教学并不开始或结束于课堂。只要将实践定位于区域和国家这两个同心圆结构内，定位于课堂、学校、系统和国家内，只要愿意在这些层面来回引导，探索老师和学生们在课堂中的表现反映更广泛的社会价值的方式，这一点就能被理解。这就是 5 种文化研究要寻求解决的挑战之一。

比较教学的另一个挑战是建立现在和过去之间的联系，并制定这一原则：如果某人想要了解关于其他地区教育的任何事情，那么历史会为其提供强有力的视角。因此，当《文化和教学法》中的比较研究涉及对师生话语的详细探讨时——因为语言是人类学习以及文化和身份认同典型表达的最有力工具——它是从五个国家的历史根源记载和初等教育发展开始探讨的，并且特别

---

① 本文是原作的修订版，原作发表于《比较教育》第 37（4）期，第 507—523 页。

重视那些核心且永久的价值观、传统和习惯的出现，它们塑造、促进并制约着教学的发展。

对教学法的定义

到目前为止，我们已经对教学法的定义进行了推断，现在是时候使其更加明确。比较主义学科的价值之一是，它提醒人们，在某个特定话语中的基本术语可能完全是另外一回事。

公民教育是法国公立教育的一部分，"éduquer"表示抚养长大成人并提供正式教育，"bien éduqué"表示很好地抚养长大成人或者抚养其成为一个彬彬有礼的人，而不是指受过良好学校教育的人（英语中"educate"这两个意思都有，但现在后者含义更加占优势），在当前国家增强对公民教育投入的背景下，了解这些便很重要了；俄语中表示教育的单词"obrazovanie"的根源意味着"形式"或"形象"而不是像我们的拉丁语里说的"引导"；"obrazovanie"是和"vospitanie"紧密联系在一起的，"vospitanie"是一种理念，在英语中没有对等的词，因为它结合了个人发展、私人和公共道德以及公民承诺，而在英国，这些因素往往被视为各自独立的、不同的甚至是相互矛盾的领域；"obuchenie"通常被翻译为以教师为主导的"指导"（"instruction"），代表了学习以及教学。这一点非常重要，在英国（和美国），教育"发展"被认为是一种生理和心理的过程，都独立发生在正规学校教育以外。而俄罗斯教师认为"发展"是过渡性的，并将其作为需要他们积极干预的一项任务：在某一背景下发展是"自然的"，而在另一背景下，发展则更类似于文化适应。同样，在英美传统中，最有能力的孩子被认为是拥有最大潜力的孩子，而在俄罗斯前苏联时期的教学传统下，拥有最大潜力的孩子被认为是最没有能力的孩子，因为他/她不得不付出最大程度的努力来达到对所有的孩子来说非常普通的目标（Muckle，1988；Alexander，2001：368—370）。

这些术语暗示着，比较教育学者不仅需要保持对语言和翻译问题的敏感性，在开始调查政策和实践的细节之前，他们还需要遵循文化独特性来安排教育议程。在上述列举的情况下，无论是"l'éducation"和"vospitanie"都建议将公共道德和公共利益纳入话语之中，潜在地影响着法国和俄罗斯关于学校目标和课程的讨论；俄国的"潜力"和"发展"都分别意味着——事实上强加影响着——教师的能动性和责任，而在某种程度上，更为被动和个人主义的英国和美国的内涵则没有此含义。教师作为"促进者"这一理念是盎格鲁-撒克逊进步传统的核心，但是在那些视教师的干预和指导为学校学习必不可少的因素的欧洲大陆国家，关于教师的这一理念影响很小。

这里暗含的意思也意味着一种教学模型和比较教学分析的类型，这种模型和分析类型尽可能远离"以教师为中心"（或"学科中心"）和"以儿童为中心"的两极分化的教学，它们往往是教学的惯用手段，仍然能见于比较研究中（Alexander，2006）。多年前主流教学研究就放弃了这种二分法；主流的比较研究也应该这样做。也许这种思想最具破坏性的残余仍然能在一些教育发展顾问的报告中看到，这些顾问会愉快地向非西方国家政府赞扬西方"儿童为本"的教学法。但是他们却忽略了当地的文化和教育环境实际，没有考虑到近期心理学在学习和教学方面取得的进步，也忽略了对西方课堂以儿童为中心的教学中明显存在问题的教学研究发现。

将这一尖锐的接触分开，我们会谨慎对待这里的另一个边界问题。在关于文化定位观点和教学模型的文献中，广义的"亚洲""环太平洋""西方""非西方"和"欧洲"的教学和学习"模式"特点非常显著（Reynolds & Farrell，1996；Stevenson & Stigler，1992；Clarke，2001）。如果我们认识到，"亚洲"的地域和文化覆盖面过于宽泛而不能对教学分析做出有效的描述，那么我们同样应该也能够意识到"西方"的霸权色彩。"西方"包括南美和北美吗？它会包含一些欧洲国家而排除另一些欧洲国家吗？自2003年布什政府关于新/旧欧洲的中伤，"西方"这一词便出现了，并带有一种对特定世界观的含蓄的赞同；它很可能加剧而不是取代反对派的教学，推动着一种与萨义德(Said，1979)所说的东方主义一样有害且完全自以为是的西方主义。

　　作为我们的核心教育理念，"教学法"(pedagogy)在语言和文化上依赖的根基像沙子一样松散而不牢固。在英美传统中，教学是附属于课程的，有时将其推断为教学方法。"课程"本身既是广义的(学校所做的每一件事)，也是狭义的(正式被教的内容)，而狭义的课程不包含准科学"课程教学论"(法语的"la didactique"或是德语的"die Didaktik"，包括学科知识和它被传授时所遵循的原则)的含义，更接近欧洲大陆所说的"教学论"(didactics)。课程在一些系统的教育话语里更为突出，在这些系统中，课程是备受争议的，而在被实施和接受的系统中课程则不那么突出。然而在中欧的传统中，则是相反的：教学处于教育话语的中心位置，并指导着其他的一切，包括课程(迄今为止，使用的是这个词)和教学论(Alexander，2001：540—556；Moon，1998)。

　　由于在英语中，教学法的附加含义变化都很大——更不用说英语和其他语言之间的差异了——因此我们必须对这个含义进行界定，使我们能够使用这个术语进行比较分析。我宁愿避开"课程"带来的更大的歧义，以及由此产生的"教学法"地位下降的趋势；我更愿意使用后者来涵盖更大的领域。我将教学法(pedagogy)视为一种话语，将教学(teaching)作为一种行为，从而将两者相区分开来，但我又让他们密不可分。教学法既涵盖教学的行为，也包括偶然的理论和争辩。教学法是个人为了更聪明的教学并使教学变得有意义所需的话语——因为话语和行为是相互依存的，可以说没有教学法就没有教学，或者说没有教学就没有教学法。

　　比较教学法成为这种话语不是一个阶段便能完成的，而是要经过几个阶段的进一步发展。教学法将教学的行为和显示以及解释它的理念联系在一起。比较教学法跨越比较的单位(如民族国家)来定义、探索并解释教学法上的异同，如概念、话语和实践。因此，它利用只有恰当的比较才能提供的一些机会：从文化和地缘的特殊性之中，梳理出教学法中普遍的特性；揭示教学理论的发展，并扩大教学实践的词汇和内容。

比较教学法的条件

　　现在，我们可以提出比较教学法的三个条件。第一，它应该包含一种可以使跨地点、文化、国家和/或地区的比较研究站得住脚的原理和方法。第二，它应将教学实证研究的程序与获取价值观、理念和争论的方式相结合，这些价值观、理念和争论能够显示、塑造并解释教学法。第三，由于这些价值观、理念和争论是更广泛的教育话语的一部分，并且——典型地——处于国家公立教育系统以及学校和课堂的背景下，比较教学法应该获取这些不同层次、背景和支持下的价值观和理念，研究它们是如何相互关联并显示教学话语和教学行为的。

　　第一项条件适用于所有的比较研究，所以我无需多言：它无疑会在本书其他文章中出现。然而，关于第二和第三项条件，我需要做更详细的解释。

比较教学法的框架

　　如果教学法受国家文化和历史、跨国理念和实践的迁移，以及更直接且现实的紧迫性和制约因素(如政策和资源)所制约的话，那么是否有可能存在一个能容纳多种形式和变化且不受价值和环境所约束的教学模型以及研究这一模型的框架呢？我们能否设计一个在任何情况下都能够满足实证研究人员需求的分析模型？这就是我们在《文化和教学法》这一研究中所接受的挑战，因为我们需要明白不同的课堂数据的意义，在某种程度上这意味着需要对特定文化层面的具体学习和教学没有明显的偏见。

由此产生的框架由三部分组成。第一部分是指可观察的教学行为;第二部分是能够显示与教学有关的理念;第三部分是通过课程将课堂交流与国家政策两者联系起来的宏观-微观关系。

我们从定义开始:

> 教学法(pedagogy)是可观察到的教学行为和与这一行为有关的教育理论、价值观、证据和判断的话语。它是某人为了产生和证明教学建构中不同类型的决定所需要了解的内容和需要掌握的技能。

关于这一点,我们坚持国际上的标准意见。在英国,如果使用这个词,那么"教学法"(pedagogy)仅仅标志着教学行为,而该行为的理念充其量是和这一行为保持一种不稳定的关系,因为这么多的"理论"被"应用"(或没有被应用)。但是,不幸的是对理论/实践的二元论者来说,不管他们喜欢还是不喜欢,该理论都在那里,当然,除非他们准备宣称教学是一个无意识的活动。我们的任务是阐明这一理论,在教学中,我们知道这一理论就像是一种复杂的混合物,它包含了沉积的经验、个人的价值观和信念、对已发表的研究的重新解读和或多或少地尽职尽责实施的政策。

教学法作为一种实践

多年前,人类学家埃德蒙·利奇(Leach,1964)曾提出,模型越加复杂,它的有用性可能越小。将这一警告铭记在心,我们将教学减少到最基本的一些必要因素,把教学定义为:

> 教学(teaching),在任何环境下,是指使用方法 x 来使学生学习 y 的行为。

很难质疑这一结构精简的命题,如果确实如此,我们从中提取两个同样基本的问题来指导实证调查:

- 学生希望学到什么?
- 老师使用什么办法来确保他们这样做?

如果"方法"作为一种跨空间和时间的分析类别是有用的话,那么有必要对"方法"进行拆分。任何一种教学方法都包含**任务、活动、互动**和**判断**。它们的功能进一步由 4 个问题来表示:

- 在一个给定的教学会话或单元里,学生会遇到什么样的**学习任务**?
- 为了解决这些学习任务,他们会进行哪些**活动**?
- 老师通过什么样的**互动**来提出、组织和维持学习任务和活动?
- 通过什么方式,以及什么样的标准,老师能够准确**判断**每个学生进行任务和活动的性质和程度(**差异性**),以及学生能够实现的学习类型(**评价**)?

任务、活动、互动和判断是教学的基石。然而,它们在一致性和意义之间缺乏连贯性。因此,根据我们的第一个命题,我们必须增加第二个命题,来解决第一个问题中留下的"在任何环境下"这一短语:

> 教学(teaching)具有结构和形式;它位于空间、时间和学生组织模式之间并且被它们所主导;并且它是带有目的进行的。

教学的**结构**和**形式**是最能够清楚而明确地体现在**课堂**中的。课堂及由此组成的教学行为受**时间、空间**(教室布置、组织和资源分配的方式)、**学生组织**(整个班级、小组或个人)的选择形式所构建和制约。

但是教学是在概念上和伦理上,以及时间上和空间上被塑造的。一堂课是体现了教育目的和价值观的**课程**的一部分,课程还反映了对于什么样的知识和理解对个人和社会是最有价值的假设。这就是"教学……是有目的地进行"的推动力的一部分。仍然还存在一个因素。教学不是一系列随机行为。学生和教师一起创建了一种微型文化并被这一文化所定义。他们发展了一类程序，可以用于调节师生关系和生生关系，以及公民社会中法律、习俗、惯例和公共道德的复杂的动态过程。我们将这个因素定义为**程序**、**规则**和**礼仪**。

框架	形式	行为
空间		任务
学生组织		活动
时间	课堂	
课程		互动
教学程序、规则和礼仪		判断

图 1   一项普遍的教学模型

完整的教学框架（更详细的讨论内容见Alexander，2001：320—325）如图 1 所示。各种因素被分类在**框架**、**形式**和**行为**这些标题下。教学的核心行为（任务、活动、互动和判断）是由课堂组织（"空间"）、学生组织、时间和课程以及课堂教学程序、规则和礼仪所构建。在课程或教学中它们被赋予了形式。

接下来要对如何分析每一个因素这一问题做出选择。这就引出了更多关于如分析类别、研究方法和技术的问题（限于篇幅，这里不能解决这个问题）。一言以蔽之，在《文化和教学法》研究中，上面的每一个因素都被分解成了若干个分析子单元，主要的研究工具是观察、视频和访谈，核心数据包括现场笔记、访谈笔录、课堂记录、照片、教学文件和长达 130 小时的录像带。但是，只有这些信息证明该框架在实际运转时确实有效时，它才是有意义的。《文化和教学法》研究中关于教学的比较分析从对课程、空间、学生组织、时间和程序/规则/礼仪这些因素的构建以及调控元素的基本设置开始，在对课堂互动模式的持续分析和师生话语的动态和内容结束之前，它对其他的每个因素进行了分析。同一框架可被用于说明另一截然不同的研究方法。这里的争论是概念上的，而不是技术上的：它关注的不是系统观察的相对优势，系统观察能够使用预编码互动类别产生大量数据和使用笔录记录来维持严谨的话语定性分析；它所关注的是在任何环境下以及使用任何手段的情况下，这一研究教学框架的可行性。

教学法作为理念

我们的比较教学法研究框架的第二部分包含了说明和判断教学行为的理念、价值观和信念。这些可以分成三类，如图 2 所示。个人对教学的设想和信念在这里并没有和教师接受培训时接触的理念所形成的公共理论区分开。这里的目标不是区分理论到底是公共的还是个人的，是受支持的还是正在使用的（Argyris & Schön，1974），而是这些理论所涉及的主题。教学法的核心思想是关于学习者、学习和教学，这些思想受到环境、政策和文化的塑造和改变。三类划分中的第一类是**使教学成为可能**，第二类是参照政策和基础设施使教学**正式化**及**合理化**，第三类是在时间、地点和社会世界中**定位教学**——以及儿童本身——并使它牢牢地集中于人类身份认同和社会目的的问题上，因为如果不考虑这些问题，教学便毫无意义。这些理念标志着从教学到教育的过渡。

宏观与微观

在政策和学校的狭义内涵中而非文化或者专业机构中，图 1 框架中能最明确地将宏观和微观联系起来的因素是课程。在大多数系统中，无论是在国家层面还是在州和学区的层面（如美国的联邦和权力下放体系），课程都被统一规定。简单来说，任何公共教育系统都控制着仅在学校中才被教授的课程。

　　课堂层次：促进教学的理念
- 学生　　　　特点、发展、动机、需要、差异
- 学习　　　　性质、促进、成就和评估
- 教学　　　　性质、范围、计划、实施和评价
- 课程　　　　了解、做、创造、调查和使之有意义的方式

　　系统/政策层次：使教学正式化和合理化的理念
- 学校　　　　例如：基础设施、职工、培训
- 课程　　　　例如：目标、内容
- 评估　　　　例如：正式的考试、资格、入学要求
- 其他政策　　例如：教师的招聘和培训、公平和包容

　　文化/社会层次：定位教学的理念
- 文化　　　　形成并塑造某一社会中对自我、世界和教育的看法的集体概念、价值观、习俗和关系
- 自我　　　　是什么使人之所以为人；身份是如何获得的

图 2　教学法作为理念（理论、价值观、证据和理由）

　　事实上，课程初始是一系列正式的要求；从这之后，可能最好将它看作一系列的**转化**（translation），**换位**（transposition）和**转变**（transformation）。这一变换进程的开始是国家或州立课程，而进程的结束则是对每个具体课程目标和范围的理解，这些课程目标和范围是学生在他/她的课堂活动和接触中获得的。在开始和结束之间是一系列或剧烈或轻微的变化，伴随着课程从具体规定到实施，伴随着老师和学生对课程内涵的解释、修改和添加。这种改变有时是轻微的：当一所学校需要将某一要求的教学大纲或学习计划反映到课程表中；我们可以称之为一个**转化**。之后，学校或教师可能会调整课程的命名，并将课程范围的一部分移至另一个课程中，这便产生了**换位**，导致了一系列的课程计划的产生。但真正的变化是这种**转变**：课程从政策文件转换为实际的行动，分解成学习任务和活动，并通过师生互动和转化而表达和协商。

　　无论老师如何忠于政府、州或学校的要求，教学始终是课程变革的行为。因此，在这个意义上，如图 1 显示，只有在课程转变为任务、活动、互动、话语和结果之前，课程是教学行为的"框架"部分。从该点上看，课程与它们中的每一部分都是分不开的。在教室里，课程是任务、活动、互动和话语，并且它们也都是课程。

　　图 3 将这一过程系统化，并将其和图 1 的教学模型中的"框架""形式"和"行为"一类联系起来。连同图 2，框架在行动上为构成一个相当全面的实证主义的教学法提供了基础，并为参与随之而来的话语做好了铺垫。

具体规定	国家的、州的或者地方的课程	1	
转化	校本课程	2	框架
换位	班级课程和课程表	3	
	教学计划	4	
转变	课堂	5	形式
	任务	6	
	活动	7	行为
	互动	8	
	评估	9	

图 3　课程变化

当然，宏观-微观的关系比国家-学校之间的课程传递和转变要复杂得多。一开始，这个过程

的复杂化体现在多层次的划分，而不仅仅是两极模式的存在如"宏观与微观"或"集权-分权"。区域和地方政府都有自己特定的权力，或都能够利用他们的行动来努力弥补自己的不足，除了政治和行政形式外，地方机构还会通过许多其他正式或非正式的形式来证明自己。在《五种文化》这本书所提供的数据中，这些中级层次和机构的重要性纠正了玛格丽特·阿切尔（Margaret Archer）有关州教育系统发展的经典案例（Archer，1979）。教学话语如果想要摆脱像这种单一模式的约束，即教学遵循政策制定而教育则作为不加修改的文化传播，那么它的解释需要结合控制和行动这一更为复杂的舞台。这里，吉鲁（Giroux，1983）和阿普尔（Apple，1995）的著作对鲍尔斯和金蒂斯（Bowles & Gintis，1976）或者布迪厄和帕斯隆（Bourdieu & Passeron，1990）所主张的更为严格的再生产主义提出了较温和的观点。

这也需要谨慎地来解决"层级"（levels）这个有点机械的概念，因为一旦我们通过尤为重要的价值观视角来看待教学实践，我们会发现——正如阿切尔在他的研究（Archer，1989）中所表明的——结构、文化和（教学）主体之间的关系仍然更为复杂。

价值观

价值观念出现在教学法分析的每一个方面，同时它是许多主流教学研究一直以来的弱项之一，这同样也出现在比较教育文献中，尽管这类文献较少且倾向于降低价值在塑造和解释观察实践中的重要性。最近，"价值中立"的教学理念因为一些英语国家政府对学校效能研究（这类研究将教学简化为技术，把文化缩减为许多因素之中的某个不是特别重要的因素）的支持以及粗糙的功利性标准——"有效果"——在公共政策各个方面的实践应用而被赋予了强大的动力。教学是一种有目的的和道德性的活动：它是有目的性地开展的，并根据教育目标和社会原则以及操作效率进行证实。在任何文化中，它都要求考虑一系列注意事项和必要性要求：实用主义的，但同时也是实证性和概念性的（Alexander，1997：267—287）。

显然，无价值观念的教学法是不可能存在的，这就如同文化中立的比较教育学一样没有太多意义。然而，价值总是很容易被忽略，并且这一问题反映出来的可能是技术原因而不是有意的设计。肯尼亚小学课堂互动的例子（Ackers & Hardman，2001）采用辛克莱和库尔萨德（Sinclair & Coulthard，1992）的话语分析系统，将所说话语降低为一种等级式的事务和行为，而几乎没有考虑到话语的意义和它的社会语言背景。肯尼亚的这一研究很有启发，但如果所选择的程序本身在语言上是有问题的，那么在由另一个国家的研究者开展的对某一国家的教师比较研究中，它的影响有可能会是双倍的。

在美国东海岸某个研讨会的一个特别的环节上，一位参会者观看了《文化和教学法》中的一个课堂视频录像[1]，当录像中的教师和她的学生们交流而并没有指导学生们的时候，这位参会者指责这位美国教师简直是在"浪费时间"。录像里的这位教师有着丰富的教学经验，而且她完全有能力驾驭一节传统的课并将自己的意志强加给孩子们。但她并没有选择这样做，因为她的教育目标包含了个人自主权和自我选择的发展，并且她认为，（尽管很艰难）很有必要让孩子学习如何掌握时间，而不是让时间掌握他们。（我们在这项研究发现，时间是教育的一项价值以及衡量教育的一个工具，并且在五个国家中，看待和使用时间的方式都不同。）这位教师在教学实践中不仅表现了她的个人价值观，而且表达了那些体现在她所属的学校、学区和州的政策之中的价值观。这些价值观应该是研讨会的参与者首先需要考虑的。

---

① 在获得有关老师许可的情况下，必须严肃对待使用视频这种研究工具的伦理问题。

这里的问题不是一个简单的专业能力的问题,而是在一个明显支持个人行为自由的文化背景下,教室里的 25 名学生的不同个性如何与表面上普遍的学习目标相调和。我们所观察到的美国教学法与对俄罗斯和印度的观察是两个相反的极端,这个例子便是这个观点的继续,是价值"冰山"上的尖端。一方面,价值存在困惑、矛盾和不一致;另一方面,价值也有清晰、连贯和一致的一面(至少存在于课堂中——我们在苏联解体后的俄罗斯街头所看到的是一个不同的故事,但我们的调查对象教师却非常清楚,他们的任务是坚定反对激增的社会**失范**浪潮的立场)。正是这种固有的文化失调,和简单的胜任能力一样,解释了和价值观相联系的实践中的许多惊人的对比,以及实践效率的明显差异。

这个例子也可以帮助我们更早了解萨德勒的文化借鉴和输出。也许正是不同水平的价值观的相容性程度限制了在实践中可以成功传递的内容。声称教师权威、学科包容、普遍文化和公民身份的教学法,将很难适应崇尚民主课堂、个人知识、文化多元性和对国家机构的反感的教学法,反之亦然。这个很容易在实践中检验的简单命题难住了这些政策引进者——他们期望在一个国家发挥作用的因素也能适用于另一个国家。在俄罗斯教育被 20 世纪 90 年代中期经济崩溃之后的资源匮乏压垮之前,俄罗斯儿童在数学和科学方面曾一度胜过美国儿童,尽管两个国家的教育系统存在巨大的资金差距(Ruddock,2000;World Bank,2000)。然而,世界银行和经合组织认为俄罗斯的教学"独裁专制"和"老气横秋",迫切需要建立一种更加"民主"和"以学生为中心"的教学法(World Bank,1996;OECD,1998)。

时间和空间的连续性

因此,价值解释是比较教学法的一个必要条件。这样的分析既可以揭示连续性,也可以显示差异性。尽管是大革命的产物,但是法国的公共教育仍保留了革命前以及教会的原始特点(Sharpe,1997),另外政教分离制度和个人自由的结合也并非是没有冲突的,周期性的头巾案危机就是一个例子(这里的头巾是指穆斯林妇女穿戴的头巾,有时也可以指代黑色罩袍)[①]。俄罗斯教育中明显的苏联影响已经衰微,但是保留在其教育中的这些特点,如恪守"vospitanie"、重视学校和课堂上的集体行动、重视与教师权威紧密相连的责任,更别提教学方法的特点,都清晰地表明了其与俄国沙皇式和苏联式教育的连续性。印度教育的连续性则可以追溯到更远,我们发现至少有四个传统——其中两个是本土性的(婆罗门时期和独立后时期),另两个为外来强加的传统(殖民时期和传教士时期)——它们结合在一起塑造了这个辽阔而复杂的国家当代的主要实践(Kumar,1991)。

在英国,初等学校保守主义和进步主义思想传统的遗留平衡了政府想实现彻底现代化的尝试。前者仍在塑造着学校结构和课程设置的优先次序(政府和教师一样都受到了束缚),而后者则继续影响着专业意识和课堂实践。事实上,为了战胜这一令人不满意的教学力量,英国政府2003 年后的主要国家战略致力于通过直接呼吁进步主义的"享受""创意"和"灵活性"的价值理念并配有微笑儿童的大型字体和照片来软化其中央集权的形象(DfES,2003;Alexander,2004)。有些人识破了这个计谋,而其余许多人则没有。

---

①　在法国那些政界人士看来,头巾是具有强烈象征意义的宗教标志,这里的头巾有时指穆斯林头巾,有时指黑色方巾。2004 年以来,法国先后颁布了几部"头巾法案",主要是对在公共场所佩戴宗教标志进行规定。但是许多人认为法案的颁布侵犯了宗教信仰自由权,而且带有移民歧视和性别歧视等,所以"头巾法案"的颁布在法国引起了大规模的游行,与"查理周刊"事件一起加速了法国乃至欧洲政教关系的恶化。——译者注

杰罗姆·布鲁纳（Jerome Bruner）也提醒我们，在我们的教学理论中：

> 从离我们更加遥远的前实证主义时代中，我们仍能够汲取丰富的经验。乔姆斯基承认他继承了笛卡尔的思想，而若没有康德，很难想象皮亚杰有今天的成就，没有黑格尔和马克思，也很难想象维果茨基会是什么样子，"学习理论"是建立在由约翰·洛克奠定的基础之上的。（Bruner，1990：x–xi）

这种知识谱系在俄国教学法中最为可见，部分是因为实践的整体一致性，部分是因为那些被采访的人自己已充分了解自己的思想根源；因为在这一教学法中——不像在英国——教育理论和历史都被认为是非常重要的。因此，如果俄罗斯教学法有诸多方面都（通过维果茨基和他的弟子们）归功于黑格尔和马克思的影响，它同样也归功于教学理性传统的影响，而这一教学的理性传统需要追溯到夸美纽斯和弗朗西斯·培根对乌申斯基的影响。在采访中，一位俄罗斯老师谈到维果茨基（1896—1934）、乌申斯基（1824—1871）和夸美纽斯（Comenius，1592—1670）对其教学的影响，更不用说后维果茨基者们，例如达维多夫（Davydov）、艾利康宁（Elkonin）和列昂节夫（Leont'ev），以及当地师范大学的一些学者们对她的影响。有多少英国老师有这种深度的历史意识？——更别提他们对那些除了个人价值以外，可能会影响他们的教学的公共政策和课堂环境的兴趣了。

如上所述，尽管政府改革派存在非历史的热情，但时间的连续性仍塑造了当代教育实践并限制了其进一步发展的特点和速度。偶尔跨越国界（并非是对萨德勒的致意）的空间连续性在一项涉及几个国家的研究中是可察觉到的，但在一定程度上在涉及仅仅只有两个国家的一项研究中这是不可能实现的，或者也只是貌似可信的。这些连续性在我们可达的范围内给予我们收获——从具体的文化中辨别出教学法的普遍性。

教学的类型

要列出我们在关于五国文化研究中遇到的所有跨文化共鸣是不可能的。然而，我们简单总结一下能够涵盖这些的六种教学类型和三个原始价值：

1. **教学即传递**（transmission），主要将教育视为指导学生吸收、复制和应用基本知识和技能的过程。

2. **教学即发起**（initiation），将教育视为提供接触高级文化知识的机会，以及将其传递给下一代的手段，如文学、艺术、人文和科学领域的知识。

3. **教学即协商**（negotiation），这反映了杜威哲学思想，即教师和学生在表面的民主社区里共同创造了知识和理解，而不是互相之间作为知识的权威来源和知识的被动接受者。

4. **教学即促进**（facilitation），通过发展的原则（更具体一点说，皮亚杰学派的思想），而不是文化的或认识论的原则来指导教师。教师尊重和培育孩子的个体差异，并耐心等待孩子的行动而不是强迫。

5. **教学即助长**（acceleration），与此相反，这运用了维果茨基的原则即教育是计划和引导的文化适应，而不是促进"自然"发展，并且老师应该努力超越发展，而不是跟随发展。

6. 最后，**教学即技术**（technique），在关于社会、知识和儿童的立场上是相对中立的。这里最重要的问题是教学的效率，不管价值观念的环境如何，为了达到这一目的，这些指标如结构、经济的时间和空间利用、精心设计的毕业任务、定期考核以及清晰的反馈比任何思想如民主、自治、发展或学科都更加迫切。

第一种是无处不在的,但是在五国文化研究的数据中,它在印度主流教学法中的死记硬背式的学习和背诵式的教学中是最为突出的。法国的课堂提供了第二种类型的原型,但是它也存在于俄罗斯和印度,并且——尽管经常受到来自初级教育阶段的抗议——也出现在英国和美国(在英国教育中,它更可能的来源或许是马修·阿诺德和独立文法学校的传统)。美国的教师经常带着对约翰·杜威和让·皮亚杰的敬意,提出并试图实施教学的第三种和第四种类型。在英国,由于受到政府读写能力和计算能力政策的压力,虽然相对缺少民主,但是在这一点上还是获得了诸多的发展准备和便利。吸收了维果茨基的原则"唯一良好的教学是能够超越发展的教学",俄罗斯教师却表现出了教学法的干预和助长(教学的第五种类型),这是与促进和发展意愿截然相反的。与此同时,他们也像广泛的欧洲大陆的教师一样,吸收了更久远的夸美纽斯传统(教学的第六种类型)如高度结构化课堂、全班式教学、将学习任务分解成刻度化的小步骤以及在组织、行动、时间空间利用方面的效率性。(Comenius,1657:312—334)

近来教学改革的轨迹显示了这些教育类型的有趣的组合。在政府出台的印度地区初等教育计划的指导下,印度教师被要求变得更具民主性(教学的第三种类型)和发展性(教学的第四种类型)。(Government of India,1998)发展和促进在法国和俄罗斯同样找到了进入政策文件的路径。(Ministère de l'Education Nationale,1998;Ministry of General and Professional Education,2000)相反,英国的教师们则被要求仿效第六种教育类型所代表的欧洲大陆传统,特别是通过英国政府的识字和算术策略所支持的"全班互动教学"。(DfEE,1998,1999)这些都是人为的教学介入;外来的教学行为能在多大程度上适应本土仍有待观察。

之前已经提出过存在一类明显的欧洲大陆传统。五国文化研究的数据加强了广泛的跨国教学传统的理念。在这项研究中,巨大的文化鸿沟是英吉利海峡,而不是大西洋。英美在教育价值和教育实践方面的联系清晰可见,欧洲大陆在教育价值和实践方面同样也有着明显的特点,一端是高度形式化的俄国,法国则处于另一端——更为折中,更少仪式化,却牢牢扎根于结构和教学。印度的教学法由于历史原因,既有亚洲的因素也有欧洲的因素。

原始价值

在对五个国家的研究中,教师作为对象在关于人际关系的三种类型——**个体主义**(individualism),**共同体**(community)和**集体主义**(collectivism)之间也阐明、建构或转向了不确定的路径。

个体主义将自我置于他人之上,将个体权利置于集体责任之前。它强调的是行动和思想不受约束的自由。

共同体以人类相互依存、关爱他人、分享和合作为中心。

集体主义也强调人类的相互依存,但只有在它是作为一个整体为社会或者国家(两者并不相同)的更大需求服务的情况下。

在被观察的教室里,个体主义的承诺是在知识或社会的分化和发散中显现的,而不是在统一的学习成果中显现的;知识被认为是个体且独特的观点,而不是通过学科的形式由上而下地强加的。共同体反映在协作学习任务中,往往以小组的形式在"关爱和共享"下而不是在相互竞争中形成,它强调的是情感而不是认知。集体主义表现为共同知识、共同理想、面向所有学生的统一课程、民族文化,而不是多元主义和多元文化,它主要反映在共同学习中,而不是孤立的或小团体的学习形式。

这些价值观念在国家、学校和课堂层面都非常普遍。我们很熟悉西方(美国作为首要的反派)的自我中心文化和东南亚的整体的、社会中心化的文化之间的反差。虽然有证据表明这种对立(Shweder，1991)太容易使一方妖魔化而使另一方浪漫化——或者东方化。但我认为，这三种价值观念在教学法上的区别非常明显；并且如此多关于教学法的讨论都集中在班级教学、小组教学或者个性化教学的相对优势上，这似乎绝非偶然。

在法国，关于这点的争论可以追溯至 19 世纪初关于同步教学、互助教学和个别教学的相对优势的辩论(Reboul-Scherrer，1989)。作为培养公民承诺和民族身份以及文化素养的后革命工具，同步教学最后赢得了辩论。只是如今，由于地方分权和不断上升的个体主义，它的霸权开始受到质疑。

个体主义、共同体和集体主义是——作为儿童、小组和班级——教学法的组织节点，因为它们是人类关系的社会节点。然而，我们经常将教学从教学法的话语中分离出来而作为一种技术，因此我们可能无法理解，为什么在课堂内出现的社会关系所体现出的核心价值观和价值失调并不比课堂外少；因此我们可能无法理解，为什么未分化的学习、班级教学以及使全班同学聚集一起的原则在其他许多文化中会比在英国或美国更能够成功适应，以及为什么这两个国家中的教师会怀疑这样的教学定式。因为出现在课堂中的个体主义和集体主义，并不是许多供选择的教学策略之间的某一种选择，而是一种对社会历史和文化意义深远的价值两难。

但是这种情况并不奇怪。人类意识与人类关系涉及这三种价值观念的所有相互作用，尽管其中某一个价值理念可能处在主要地位，但是事实上可能三者在现实中同时存在，并且处于某种紧张关系之中。这种紧张关系在美国最为明显：我们发现美国教师在寻求调和——确实也是在促进这些价值理念的平等关系——个人自我实现与对更大的集体利益的信奉；谦虚共享和激烈竞争同时存在；环境保护与消费主义之间的平衡。同时在学校以外，狷狯的个人主义与美国传统的对公共意识和地方决策的信奉相竞争；爱国主义也在努力应对着反政府主义。正如教师访谈和课堂记录所显示的，从正式的教育目标到教师和学生每天的话语中都能看到这种紧张关系(Alexander，2001：201—206，490—515)。

结　语

如果全球化要求在普通教育研究领域存在更强的比较性和国际性，那么就迫切需要比较教育学者来掌握教育事业的最核心部分，即教学法。然而，这样的教育事业要求我们对教学法的构建和分析要和比较行为一样保持尽可能多的严谨性。在本文中，我利用一项关于五国初等教育的比较研究，提出了一个关于新的比较教育学的原则和框架的假设。教学法被规范性定义为教学的行为和它相伴随的话语、理念和价值。这种话语分析，既需要我们在教室、学校和教育系统层面涉及文化、价值观和理念，也需要我们为教学和学习的实证研究提供一个可行且全面的框架。图 1-3 中的教学法、教学和课程的连续模型，最初是用来构建《文化和教学法》的数据分析，之后经过详细地阐述，将各国文化、结构和政策与教学机构联系起来；但它们也考虑到结构-机构的关系在学校和课堂的微观文化中将会衰弱。

这里的重点不在于五国文化研究中的具体发现，而在于这一分析框架对之后的比较教学法发展的支持。但是在讨论文化、历史和价值观在教学法的适当分析中的核心地位时，以及在将选定的框架、工具和视角应用到五个国家而不仅仅是一个或两个国家时，我们可以开辟其他重要领域：随着时间的流逝，教育思想和实践中变化性和连续性的平衡；以及跨越地域的教学多样性和共同性。这样，我们不仅可以重新评估萨德勒学派对教育输入-输出的抵制，而且也更容易确定教学和学习真正的共性。一种经正确构想的比较教学法既可以提升我们的教育和文化之间的相互理解，也有助于我们提高教育供给的质量。

参考文献

Ackers, J., & Hardman, F. (2001). Classroom interaction in Kenyan primary schools. *Compare*, *31*(2), 245 – 262.

Alexander, R. J. (1996). *Other primary schools and ours: Hazards of international comparison.* Warwick, CREPE.

Alexander, R. J. (1997). *Policy and practice in primary education: Local initiative, national agenda.* London: Routledge.

Alexander, R. J. (2001). *Culture and pedagogy: International comparisons in primary education.* Oxford: Blackwell.

Alexander, R. J. (2004). Still no pedagogy? Principle, pragmatism and compliance in primary education. *Cambridge Journal of Education*, *34*(1), 7 – 34.

Alexander, R. J. (2006). Dichotomous pedagogies and the promise of cross-cultural comparison. In A. H. Halsey, P. Brown, H. Lauder & J. Dilabough (Eds.), *Education, Globalisation and social change* (pp. 722 – 733). Oxford: Oxford University Press.

Apple, M. W. (1995). *Education and power.* London: Routledge.

Archer, M. S. (1979). *Social origins of educational systems.* London: Sage.

Archer, M. S. (1989). *Culture and Agency: The place of culture in social theory.* Cambridge: Cambridge University Press.

Archer, M. S. (2000). *Being human: The problem of agency.* Cambridge: Cambridge University Press.

Argyris, C., & Schön, D. (1974). *Theory in practice: Increasing professional effectiveness.* San Francisco, CA: Jossey-Bass.

Bourdieu, P., & Passeron, J-C. (1990). *Reproduction in Education, society and culture.* London: Sage.

Bowles, S., & Gintis, H. (1976). *Schooling in capitalist America: Educational reform and the contradictions of educational life.* London: Routledge.

Broadfoot, P. (2000). Comparative education for the 21st century: Retrospect and prospect. *Comparative Education*, *36*(3), 357 – 372.

Bruner, J. S. (1990). *Acts of meaning.* Cambridge, MA: Harvard University Press.

Castells, M. (1997). *The power of identity.* Oxford: Blackwell.

Clarke, P. (2001). *Teaching and learning: The culture of pedagogy.* New Delhi: Sage.

Comenius, J. A. [1657] M. W. Keatinge (trans.) (1896). *The great didactic.* London, A. & C. Black.

Cowen, R. (2000). Comparing futures or comparing pasts? *Comparative Education*, *36*(3), 333 – 342.

Crossley, M. (2000). Bridging cultures and traditions in the reconceptualisation of comparative and international education. *Comparative Education*, *36*(3), 319 – 332.

Crossley, M. & Jarvis, P. (2001). "Context matters". *Comparative Education*, *37*(4), 405 – 408.

Department for Education and Skills (2003). *Excellence and enjoyment: A strategy for primary schools.* London: DfES.

Department of Education and Employment (1998). *The national literacy strategy: Framework for teaching.* London: DfEE.

Department of Education and Employment (1999). *The national numeracy strategy: Framework for teaching mathematics from Reception to Year 6.* London: DfEE.

Giroux, H. A. (1983), *Theory and resistance in education.* London: Heinemann.

Government of India (1998). *DPEP moves on: Towards universalising basic education*, Delhi: Government of India Ministry of Human Resource Development.

Hobsbawm, E. J. (1995). *Age of Extremes: The short twentieth century 1914－1991*. London: Abacus.

King, E. J. (1979). *Other schools and ours: Comparative studies for today*. Eastbourne: Holt, Rinehart & Winston.

Kumar, K. (1991). *Political agenda of education: A study of colonialist and nationalist ideas*. Delhi: Sage.

Leach, E. (1964). Models. *New Society*, 14 June.

Leach, F., & Preston, R. (2001). Editorial. *Compare*, *31*(2), 149－150.

Little, A. (2000). Development studies and comparative education: Context, content, comparison and contributors. *Comparative Education*, *36*(3), 279－296.

Lloyd, J. (1998). *Birth of a nation: an anatomy of Russia*. London: Michael Joseph.

Ministère de l'Éducation Nationale (1998). *Bâtir l'école du XXI siècle*. Paris: Ministère de l'Éducation Nationale.

Ministry of General and Professional Education of the Russian Federation (2000). *National doctrine of education in the Russian Federation*. Moscow: Ministry of General and Professional Education.

Moon, R. (1998). *The English exception: International perspectives on the initial education and training of teachers*. London, Universities Council for the Education of Teachers.

Muckle, J. (1988). *A Guide to the Soviet Curriculum: What the Russian child is taught in school*. London: Croom Helm.

Organization for Economic Co-operation and Development (OECD) (1998). *Review of national policies for education: Russian Federation*. Paris: OECD.

Reboul-Sherrer, F. (1989). *Les Premiers Instituteurs, 1833－1882*. Paris: Hachette.

Reynolds, D., & Farrell, S. (1996). *Worlds apart? A review of international surveys of educational achievement involving England*. London: TSO.

Ruddock, G. (2000). *Third international mathematics and science study repeat (TIMSS-R): First national report*. London: DfEE.

Sadler, M. (1900). How can we learn anything of practical value from the study of foreign systems of education? In J. H. Higginson (Ed.), *Selections from Michael Sadler: Studies in world citizenship*. Liverpool: Dejall & Meyorre.

Said, E. (1979). *Orientalism*. London: Vintage.

Sharpe, K. (1997). The Protestant ethic and the spirit of Catholicism: Ideological and instructional constraints on system change in English and French primary schooling. *Comparative Education*, *33*(3), 329－348.

Simon, B. (1981). Why no pedagogy in England? In B. Simon & W. Taylor (Eds.), *Education in the eighties: The central issues* (pp. 124－145). London: Batsford.

Shweder, R. A. (1991). *Thinking through cultures*. Cambridge, MA: Harvard University Press.

Sinclair, J. McH., & Coulthard, R. M. (1992). Towards an analysis of discourse. In M. Coulthard (Ed.), *Advances in spoken discourse analysis* (pp. 1－34). London: Routledge.

Stevenson, H. W., & Stigler, J. W. (1992). *The learning gap: Why our schools are failing and what we can learn from Japanese and Chinese education*. New York: Simon & Schuster.

World Bank (1996). *Russia: Education in the transition*. Washington, D.C.: World Bank.

World Bank (2000). *Entering the 21st century: World development report 1999－2000*. New York: Oxford University Press.

17. 可持续发展的知识型社会中的教育变革

安迪·哈格里夫斯（Andy Hargreaves）

引　言

　　我们生活在一个危机四伏的非可持续性发展时代。发达国家对永无止境的进步及无节制消费的渴望、对及时享乐和短期回报的期待、对拥有一切并即刻拥有的盼望，使得当前的地球及生活在地球上的人们陷于危难之中。那些社会最底层的人们——穷人和被剥削者，是受到威胁最大的群体。政客们沉迷于短期选举和权宜之计所带来的满足与愉悦。为了快速赢得选举中的名望，他们不惜牺牲在气候变化问题上长远的道德责任，全球性贫困问题、普遍存在的气候灾难、全球数百万人的移民问题都是等待着他们的严峻结果。

　　时下兴起的教育变化与改革策略也同样将我们置于这样的危险中。正如跨国企业和政客低估了可持续性发展对自然资源的重要性一样，教育改革也将教师和人力资源视为非可持续的资源。以牺牲所有学生深度学习的机会为代价而进行的强加式短期目标、无止境的测试和快速的政治胜利都是可持续性教育的大敌。

　　近年来，我写了两本表面看似自相矛盾的有关知识型社会中的教育学、领导力和变革的著作。我在第一本书《知识社会中的教学》（Hargreaves，2003）中指出，学校、教学和学习需要进行重组，以使所有青年人都能有所准备，从而能够参与将自己所在的国家转变为创新知识经济体，能够有机会在最高层次经济体中的高技能、高薪酬的社会从事相关工作。

　　越来越多的国家正在变成或者渴望成为知识经济型国家。知识社会并不只是信息社会的同义词。在电子、数字和卫星技术的时代，知识社会强调信息、想法是如何在飞速发展的"以知识为基础的共同体"中被创造、运用、传播和改造的，也就是说，个人网络致力于生产和传播新的知识。在知识社会中，财富、繁荣和经济发展取决于与其竞争者斗智斗勇的能力、适应消费市场需求的能力以及出现经济波动或下行时变换工作和学习新技能的能力。在知识社会里，这些能力不只是个人的财富，也是组织的财富，这些组织在相互学习和不断创新的文化氛围之中能够持续地分享、创造并应用新知识。知识社会的组织通过各种方式来发展这些能力：提供给成员各种提升终身技能和再培训的机会；打破学习和交流的壁垒让人们在相互重叠、异质和灵活的团队中工作；把问题和错误看作学习的机会而不是被指责的理由；让每个人都能参与到组织前进的"大蓝图"中；开发能够为人民提供额外支持和进一步学习的"社会资本"网络和关系。

　　知识社会是一个学习型社会。经济的成功和持续创新的文化取决于职员在整个工作生涯中自我学习和向同伴学习的能力。

　　要为知识社会培养年轻人，学校就必须打破传统。农业和工业时代中所采用的"一师一班"教学模式、只强调读写算的标准化教学需要被一种广泛的、更有认知挑战和创造性的课程所取代；教师们需要团队合作并共同探讨教学，而不是在自己的班级里单打独斗；专业学习必须是持续的而非间断性的；教师的评判不仅要参考主观的经验和直觉，还应该基于客观的证据；教育行业需要发展敢于承担风险和乐于变革的态度，而不是维持既定的程序和舒适的常规。换句话说，知识社会的教学要求我们放弃工业或农业的教学模式中过时的"语法"。它也要求我们放弃盎格鲁-撒克逊式的关注点狭隘、过度考试、高度密集的标准化教育改革的再创造，因为这些做法只会限定课程内容、抑制创造性学习、破坏教师职业风气、阻断招募具有领导力的人才。换言之，《知识社会中的教学》似乎是建议通过摒弃过去以不断向前。

　　而第二本书《可持续性领导力》(Hargreaves & Fink，2006)看似持有相反的立场。通过借鉴环境运动中的可持续发展的概念和实践、引用在 1987 年的布伦特兰大会报告中的可持续发展的定义(Brundland，1987)，以及吸收《2005—2015 联合国十年教育可持续发展》(UNESCO，2005)报告的开始部分，该书提出反对盎格鲁-撒克逊式权宜之计的改革策略——该方案强制实施短期的学业成就目标、向低龄儿童输入草率编写的课程、在耗时费力的识字和计算课程中鼓励教师为考试而教学、在失败学校中为速战速决而对教师推进彻底变革策略。

　　基于对 8 所美国和加拿大高中教育领导力的 30 年研究，以及我们在环境与企业可持续性方面的研究，该书为可持续性领导力做出如下定义：

　　　　可持续教育领导力及可持续性发展改进以一种无论是现在还是将来都不损害周围人利益且能产生积极影响的方式，保持和进一步发展面向所有人的、并能够传播和持续的深度学习。(Hargreaves & Fink，2006)

　　基于这一定义以及我们实证研究的发现，我们推衍出了教育变革和教育领导力中可持续性发展的 7 个原则：深度、广度、耐力、公正、多元、智慧和传承。尽管这些原则都与知识社会中教育及教学的未来相关，但其中有两个原则与这篇文章的关系尤其紧密。

　　首先，就深度而言，可持续教育是非常重要的。它保存、保护并推进它本身作为生命丰富性的特质：深刻、广泛和终身学习(而非肤浅的测试和充满局限性的读算成绩)是其基本的道德目标，从而确保让所有人能够获此机会并时时处于与他人相互照顾的关系中。

　　其次，则是传承原则。可持续教育汲取过去之精华，创造更加美好的未来。在变革的混乱中，可持续教育坚定不移地保存和更新其长远目的。大部分教育变革理论和实践的革新都是没有过去和记忆的。可持续教育重新审视组织的记忆，尊重其先辈的智慧，并以这种方式来学习、保持，进而超越历史的巅峰。它把终身学习描绘成联结个人与社会，并在过去、现在和未来之间编织的引人注目的故事。

　　可持续性知识社会，就像知识社会中的学校一样，看似相互矛盾。知识社会提倡创新，它们称赞所有新的事物，依赖于迅速学习并且竞相追求改变。相比之下，可持续教学重视不急不慢的、具有深度的课程，而不是草率灌注式的课程。可持续教学要求在变革中具备耐心和忍耐力；它要求审慎和智慧，而不是激进、挥霍的投入；它崇尚在充满革新和改变的世界里保留过去的优势。它不仅要求为知识社会教学，还要比其更超前。

　　我们如何协调知识社会及其学校中的革新与可持续性？我们如何在过去的基础上建设一个未来？精力充沛的革新者与谨慎的清教徒如何能够一起生活并且并肩作战？本文指出可持续性知识社会的学校与教育并不是废除或逃避过去，而是把传统与一个引人注目、令人振奋的经济和社会愿景联系起来，在其中人们与整个社会一道向将来前行。

过去、现在和将来

　　教育教学变革往往让过去无立足之地。变革之矢只会飞向未来。过去在急于接近未来的路上是被忽视的或被看成需要克服的问题而存在(McCulloch，1997)。对于那些被变化深深吸引甚至沉迷于变革的人而言，过去是那些喜欢待在原地，在情感上也不能放弃老旧的习惯、情谊和信念的教师们退步的非理性抵抗。或者说，过去还是充斥着无效和拙劣实践的黑暗年代，它遗留了组织严密的工厂式教学模式的糟糕做法所导致的消极后果，而教学中"未宣告的专业判断"阻碍了现代化的进程。

　　然而，当变革只有现在时或将来时，它就会成为可持续的对立面。事实上，亚伯拉罕森描述道，"重复变革综合征"（repetitive change syndrome）是如何随着它无休止的衰退、重建和再设计，而导致了工作人员和领导的大量流失，以及"组织记忆的丧失"（Abrahamson，2004）。没有人留下来庆祝组织的传统，没有人担负起先辈留下的目标和使命，更没有人向新人教授关于如何最好地工作的捷径和方法。

　　与其把教育界的前辈看成对抗变革的坏教师，还不如用方法把他们变成可更新、可再生的资源，通过辅导、持续性学习和改进，这些教师能够提升学校环境和教学质量，在这个意义上，教师智慧和组织记忆必须成为教育改革方案的一部分，而不只是问题的一部分。正如南非人具有启发性的理解：那些体现过去的人们也是我们共同未来不可剥夺的一部分。然而，这种至关重要的教育的、社会的联结至少以三种方式在被人所摒除或否定。

当前的沉溺

　　有时候，综合过去和未来的威胁并不在于主动摒弃过去，而在于沉溺于没有出路也没有入口的当下。在经济缺乏保障、信用不断下降、政治有能力决定未来的时代里，人们把热情和目标投注于当下的举动并不奇怪。但在后工业知识社会里来自未来的飞跃，相比穷人听天由命的辞职，更多地反映在社会经济优势群体的精神放纵。在缺乏安全感的时代里，很多人在对待自身终结和未来末日的问题上不同于他们的先辈。他们不会为了留下遗产而有所积蓄，也不会为宗教的最终奖赏而谨慎地做准备，甚至不愿为了国家身份或安全这些更大的利益在战场上牺牲自己。相反，他们试图通过贬低任何持久的、长期的、可能超越个人生活的事物来否认、欺骗和控制死亡，这就是鲍曼所谓的边缘化问题（Bauman，2006：39）。

　　在后工业现代主义，人们"延迟沮丧，而非延迟满足"（Bauman，2006：8）。他们依赖信用卡生活、讲究体面、花掉本应属于孩子们的财产，尽情地消费购物，在一个不考虑明天的世界里想象他们将永远年轻。

　　这种当下消费受到工作环境的支持和刺激，它强调进步而不是安定，重视短期互动交流而不是保持长期的关系，强调不断地从一个任务转向下一个任务，而并不因为掌握了一门具有挑战性的技能而感到骄傲（Sennett，2001）。用理查德·桑内特（Richard Sennett）的话说来说，就是：

　　　　灵活的组织需要的社会技能是在短期团队里与他人完美合作的能力，这些人你没有时间去充分了解。在团队解散时，你要进入一个新的团体，你必须要解决的问题是尽可能快地与新队友一起开始工作。（Sennett，2001：126）

　　没有批判性的参与，从不质疑组织目标，也不求长远的思考和道德的深度，对于"以短期交易和不断变换的任务为基础的机构……并不会产生那样的深度。确实，组织可能会对它产生恐惧"（Sennett，2001：105）。由于短期的诱惑、对当下交往的沉溺，"把分析从信仰中分离出来，忽视了情感的依附性，并对深度挖掘进行惩罚"（Sennett，2006：121—122）。在这个耗费身心的现代环境中，"无论环境如何，你的技能就在于合作"（Sennett，2006：126）。

　　这些倾向和偏好在我与同仁丹尼斯·雪莉（Dennis Shirley）在英格兰开展的一项测评项目中显而易见。在该测评项目中，300多所在过去一两年内绩效测量表现有所下降的学校相互之间形成联系，它们能得到解释学业成就方面的技术支持，还有来自导师学校的支持，并有适度的自由支配预算，以达成该项目的目标（Hargreaves et al.，2006）。该项目还提供给参与学校来自从业者的、经过验证能带来短期、中期和长期改善的策略清单。

学校在短期方面所取得的进步十分显著,然而很少有学校开始进行更为长期的提升过程。有关教学深度变革的对话基本上还没有出现。相反,教师和学校热衷于实施和交换短期改变策略,比如提供给学生应试策略,花钱请毕业生辅导在校生,测试前让学生吃生菜、水和香蕉,或者通过收集手机号码联系那些在考试日当天没有出现的学生。

在过去,教师感到所设定的短期目标和策略实际作为一种多余的专业干扰而存在(Hargreaves,2003)。但这些表现不佳的学校项目通过同伴支持和经过专业验证的策略克服了教师的反感,这些策略在教师此时此地所教的学生身上做出了真正的改变。

然而,新的短期策略以及获取和交换这些策略的手段目前非常令人满意,也非常成功,以至于它们不再引起反感,而是成了新的令人上瘾的模式。这些策略"如此巧妙和好用",如同一位校长所指出的那样,它们可以拿来就用,不会挑战或鼓励教师质疑并修正他们现有的教学方法。提升学业成就的冒进给教师们注入了不断重复的短期成功的"快感",其结果是在某种程度上产生了一种过度活跃的变革文化,它可以让人兴奋,但也会消耗精力和令人分心。

在我们所观察的一次会议中,校长们以及校长助理们分享的大部分策略是短期的。这些策略不但实施起来快速、容易,而且解释起来简单明了——尤其是在很少有机会展开进一步对话的场合里。那些有着共同兴趣的领导在离开之前,以"极速约会"的方式激动地交换想法和名片。

当这些兴奋的交流被添加到以即时性、关注当下的教学文化为特征的短期资助及政策文化的逻辑中时,同时伴随着采用一种绩效驱动的话语体系,教师和校长们所谈论的并不是参与学习,而是把学生推动到正确的绩效单位中去,他们可以采用的策略有"瞄准"恰当的群体、加大给学生的"施压"力度、促使他们"前进""提升志向""压制学生"和"抓住"青少年,这导致因保持和延续当前的短期定位带来的综合性压力,却没有鼓励思考未来或为其做准备。在这样的教育变革理念的引导下,未来就退居于效率不断提升、永不停息的当下,从而缺少教育转型。

相比之下,其他呼吁教育教学改革的倡议既没有遗漏也没有否定过去,而是作为一种革新未来的方式回顾它。这些"回到未来"的方法从过去的角度呈现未来。

复辟传统

在 2007 年初,由二战时任首相之外孙所领导的日本政府,建议重新把爱国主义引入课程,企图通过辉煌传统的怀旧想象与走向更为统一的未来的前景联系起来的方式,以回应当时在家庭价值、文化身份、旧式工作伦理方面日益剧增的不稳定性和不安全感。同样地,在 20 世纪 90 年代的国家课程中,英国政府对英国历史和英国文学进行了规范,通过提及帝国事实的理念和形象,来恢复国家的骄傲和父母对学校的信心(Goodson,1994)。

而当代最具戏剧化地采用这种怀旧式变革的一个例子则出现在美国。2007 年初,美国国家教育和经济中心通过美国劳动力技能新委员会发布了《艰难选择或艰难时代》报告。作为曾驱动美国教育标准化运动的 1990 年委员会报告的后续,这个由两位前国务卿、几位州/市学校督学和校长以及部分企业首席执行官和工会领袖构成的庄严组织,严厉地批判了当时低下和僵化的国家公共教育系统无力应对经济全球化的挑战与机遇。

此后(尽管很少被认可),受到诸如 OECD(2000)这样的国际性组织的政策的驱动,关注到管理学大师和未来主义者彼德·德鲁克(Peter Drucker)的存在已久的预言(1993),并最终与知识社会分析研究者如菲利普·斯切里奇蒂(Phillip Schlechty,1990)和我自己(Hargreaves,2003)达成一致,委员会指出,相较于其他发达工业国家,美国的教育表现不断下降。委员会认为,衰退的根源在于其相对薄弱的国家教学力量,这种体制已经被过多狭隘的标准化所歪曲,这些所谓的标准化不足以产生创造力和创新。而创新恰恰又是应对快速变化的全球经济所要求的高技能、高回报劳动力所必需的。

用委员会的话来说,在全球经济中建立经济优势和领导力

> 取决于一种深层次的、不断自我更新的创造力,依赖于一大批人,他们能够想象出人们如何使用之前从来没有的东西,能够提出巧妙的营销和销售活动,写书,做家具,拍电影,并且能想象出捕捉人们想象力的新式软件,并成为数百万人中不可替代的人物。(New Commission on the Skills of the American Workforce,2007:xviii)

就教育而言,委员会认为符合当代经济需求的要求要远远高于那些传统的、缺乏想象力的课程类型。这类课程的重点是为大多数从事低技能经济的日常工作的人们准备基本技能和事实记忆知识,这些工作利用其他国家劳动力或机器远比使用美国劳动力更便宜。如果想要在更广泛的、深刻的、具有想象力的课程中使人人都走向成功,则:

> 有必要掌握英语、数学、技术、科学以及文学、历史和艺术等方面的实在且必要的技能;除此之外,候选者必须坦然面对各种观念和抽象概念,擅长于分析和综合,创造和革新,纪律良好并组织有序,能够快速学习并能成为团队一员而有效工作,在经济变革变得更快更急剧的当下,灵活并迅速地适应劳动力市场的频繁变化。(New Commission on the Skills of the American Workforce,2007:xviii-xix)

然而,这种为了增加在全球经济中的竞争力而在教育领域进行的后标准化补救措施似乎与他们所宣称要提倡的创新没有任何关系。

委员会倒退的行动理论提出了在正式教育之前以及接受正式教育之后更多更好的教育机会与可能,也同时在学校中融入各项支持儿童身体健康和社会服务需求的活动(Hatch,2002)。虽然就学校内部而言,这些举措是值得称道的,但是我们所需要的却是一种更具挑战性也更广泛的课程,以使学生脱离标准化考试的桎梏。据说,这些举措可以培养那些学校及学生文化中原本缺少的用功读书的风气。那些致力于提供更具挑战性的课程的、有才能的教师更容易被高起薪、基于绩效的灵活工资制度与退休制度(而非资历)所吸引。通过使学校脱离枯燥的学区控制,与邻近地区内外的其他学校建立联系并创造革新的机会,学校之间产生了一种鼓励竞争的机制——对于表现不佳或产生危机的学校采取干预或收购的方式处理。而所有这一切,都是通过再分配而不是增加财政资源来展开并实现。

实际上,委员会向后标准化时代迈进的过程是一种本能的、颇有敌意的、极具个人主义色彩的美式做法,是对以严酷无情的竞争性个人主义和冷酷的标准化限制为特征的复归与再创造。

与大多数其他国家不同的是,委员会建议保留它对于课程内容和标准的绝对把控,只在实施层面的行政手段上进行权力下放(或谴责!)。同样地,通过经过调整的、与绩效挂钩的工资制度来吸引高水平教师的策略忽视了国内外已有的大量证据:是艰苦的工作条件、过度的外部干预和低效的领导力使得教师远离贫困的学生,而不是所谓的缺乏外在的利好(Lortie,1975;Nias,Southworth & Yeomans,1989;Achinstein & Ogawa,2006)。此外,报告所提出的解决方案与行动理论只是针对因竞争全球化而引起的教育中部分突出、紧迫的问题。它们并没有关注通过培养如同情、共同体、公民、民主和世界公民等来服务于公共利益以及个人经济利益的相关改革。简而言之,美国最有影响的教育委员会只是基于经济的考虑,通过恪守课程集中化与学校竞争力的策略(这些策略破坏了国家教育的有效性)来建议加强教育的革新和创造力。

消费定制化服务

最后，教育变革的愿景并非忽略、否认或再创造过往传统，而是期许一个更加激进的、更具创新的、更新鲜的方式与结果。然而，如果仔细考量就会发现以上所谓的激进、创新、新鲜的方式与结果最终也并没有变革性。因此，英国吉尔伯特委员会关于个性化学习的报告(Gilbert，2006；Hargreaves，2004)看起来似乎在倡导一种超越标准化的学习与教学转型。然而，在实践中，它所提倡的却并不是将学习与一个国家的学习者和公民的终身叙事和计划联系起来的**个性化**，而只是学习的定制化服务，使得获取、传递和包装学习的方式变得更为灵活——就像安装一个 ipod 或者给某人的车发布指令那样。在此，学习可以加速或放缓，定制或者模式化，在学校或在线上，现场或不在现场，与其他人一起或单独，适应预先识别的学习风格，集合着个人偏好或定制化选择的模式。

就像是选购和裁剪家具及时尚衣服一样，这样的学习是流水线式和风格化的，但在削减了具有个人和社会意义的教育性关系中，它是对内容、目的或使命都保持缄默的一种学习。因此，对当今社会的个体创造者及消费者而言，存在一种快速且灵活的学习，但不存在一种将个人与其所在文化、所处环境的历史、社区共同体或他们可能创造的未来的终身参与相关联的学习。

教育的变革和持续性

可持续性的教育与进步是在经济与社会发展的可持续性中，通过减少贫穷、降低不平等、加强团体和民主的方式将当下、未来与过去联系起来。虽然可持续教育变革不应该盲目赞扬过去，然而应当尊重并学习可持续变革，因为它始终都奋力创造更好的未来(并不是非得是更大的)。以下提供了三个实例，以呈现三种完全不同的实现可持续教育发展的模式。

本土参与

世界银行的干预和投资策略常常被人们看作为改革提供标准化、个体化和去中心化的方式，这些改革措施对地方文化没有兴趣，因为地方文化被当作根植于过去的一种障碍，而非建设更美好未来的有利资产。当为了实现它们预想的未来而进行"创造性破坏"之时，这些策略忽视并否认过去。这种批评适用于很多项目，我的同事保罗·肖(Paul Shaw)和我开展的 17 项世界银行的评估项目揭示了一些有趣的、与当地文化一起发挥作用而不是反对当地文化的局外人的实践和教育(Hargreaves & Shaw，2006)。

在纳米比亚，一些谦虚和谨慎的赞助者已经帮助当地的培训中心收集了关于当地消费者需求及技能市场饱和点的数据。这将有助于随着地方需求条件的变化，在 1 至 2 年的基础上能及时为培训课程和规定提供相关信息并引导讨论。

在秘鲁，芦笋产业是建立在发展良好的正式教育的基础上。教育基地的核心是公立农业大学，比如，拉莫丽娜国立农业大学培训了全国大部分芦笋产业的企业家。这些企业家轮流来这里学习美国(绿笋)和西班牙(白笋)生产与种植芦笋的新技术。秘鲁企业家通过美国国际开发署(USAID)去往美国学习这些新技术。另一方面，西班牙投资者因秘鲁廉价劳动力的吸引而在秘鲁进行投资。在这样的情况下，技术发生了转移并且适应了秘鲁的条件。进而，秘鲁企业家通过在以色列上课而学习了(并继续学习)先进的沙漠灌溉农业技术。秘鲁的芦笋生产者经组织成立了一个协会，传播信息并坚持帮助进行市场销售。另外，拉莫丽娜国立农业大学在新的出口农作物以及虫灾和疾控方面开展了研究,这些研究成果可用于芦笋生产者、能够不断适应当地条件并由更大的种植户教授给技术人员和小农场主。所有这种终身学习对经济发展来说都有可观的回报。秘鲁的芦笋产业作为一个例子证明了将公立部门和私立部门联合而非敌对,从而一起发挥作用支持终身学习和培训以提升更大的经济和社会利益的价值。

印度尼西亚的一家联合利华肥皂工厂从附近的河流取水,生产肥皂、牙膏和洗发精——因为这些生产都需要干净的水。提升印度尼西亚的水质量不仅符合联合利华的商业利益,也是它的社会和环境责任的一部分。联合利华的净水项目持续聚焦于培训沿河生活的每个人来改善河水质量,提供训练以便村民能够以一种自我维持的方式照看那条河流。

所有这些案例都表明当地的、长期的、本土的知识不会必然成为知识经济发展的阻碍。相反,传统文化可能被当作文化资本,同时凭借自身力量保留社会价值。这样说并不仅仅是为了说明对弱者的差异和比较要怀有宽容,而是承认传统知识的长处,并将其融入改革之中,将其视为一种未来的创新和知识发展的坚实基础。

在《知识社会中的教学》这本书中,我主张对于教师和学校而言,重要的是教授知识社会之外的东西,即在快节奏的知识社会对创新和创造力的强调与对忠诚、信任和社会融合的发展之间进行平衡。然而现在明确的是将当下与未来及过去进行联结不仅仅是补偿和平衡的问题。这种联结恰恰是知识社会的核心,即以发展信任和忠诚、包容和平等、安全和保障作为高机能社会经济基础的可持续性社会的核心。在这样一个社会里,国际化的身份可以促进对人道主义的理解,促进发展所有人天赋才能的社会和经济能力。可持续发展的教育帮助保护地球,若非如此,将来的经济活动都是不可能实现的。

这些原则展示了社会利益和经济利益如何被交织在一起,不但在上述的欠发达国家的例子中尤其明显,而且在世界上一些经济与教育发展水平高的国家也是如此。其中最重要的是芬兰。

芬兰学校

在 2007 年 1 月,我与同事伽柏·豪洛斯(Gabor Halasz)和比阿特丽斯·庞特(Beatriz Pont)共同为 OECD 负责调查了世界上最高效的教育系统——芬兰学校改进和领导力之间的关系。在拜访和采访了学生、教师、校长、系统管理者、大学研究者以及资深部门官员之后,一种有关国家、学校及其抱负、挣扎与命运的整体叙事便浮现了出来。

芬兰是一个经历了几乎 7 个世纪的控制和压控的国家——只是在最近三代才完成真正独立。由于这种历史遗留的影响,又面临着一种严苛的气候和北部的地理形势,因此芬兰有一句流行的谚语:“它是长期的、艰难的,但我们能克服它!”

然而,这不仅仅是源于斯多葛学派的坚韧以及路德教会努力工作的宗教伦理的影响,芬兰的成功还可以解释为一种高效的教育系统和经济的弹性。国家成功和可持续性的核心是它调解、协调和整合那些分解其他发达经济和社会要素的能力——一种繁荣的高效率经济和一种体面的公正社会。当这种知识经济削弱了其他许多福利社会国家时,在芬兰,一个强大的福利国家却是民族叙事中支持和维系经济成功的中心部分。

在《信息社会和福利国家》这本书里,卡斯特尔和海曼伦描述道:“芬兰表明一种完全成熟的福利国家并非与技术创新不相容,并非与信息社会的发展不相容,并非与一种有活力的、竞争性的新经济不相容。确实,作为稳定的基础,它看起来对于新经济的增长而言是决定性的贡献要素。”(Castells & Himanen,2002:166)

与那些以加剧社会分裂、损失儿童福利为代价而获得资源财富的盎格鲁-撒克逊国家相比,差别更加显著:

　　芬兰与硅谷模式形成强烈对比，硅谷模式完全被市场、个体企业家、风险文化所驱动，伴随着相当大的社会花费、严重的社会不平等和一种对当地人力资本和经济基础设施而言逐渐恶化的基础。(Castells & Himanen, 2002：167)

　　这种成功融合的中心在于其教育系统。教育使这个国家在半个世纪不到的时间里从一个停滞不前的乡村转型成一个高科技经济强国。OECD 所访谈的各个层级的对象都指出，芬兰人被一种共同而又明确的社会愿景所驱动——如同生产和供应量占国家 GDP 总值的 40% 的诺基亚通信公司所概括的那样（Haikio, 2002）——这一愿景将一个创造性的繁荣的未来与人们拥有一种创造性的历史和社会身份的自我感觉联系在一起。我们所访谈的一所学校距离芬兰作曲家西贝流士（Sibelius）家乡仅仅 2 英里。视觉艺术、创造艺术和表演艺术是所有儿童教育和终身学习的不可或缺的部分，甚至超越初中学校的经验。

　　技术创造和竞争性并没有破坏芬兰人与他们的过去之间的联系，而是以一种终身学习和社会发展的统一叙事将他们与过去联系起来。所有的这些都发生在一个支持和掌舵（steer，一个特别受喜爱的芬兰词语）教育与经济的高福利国家。强大而有力的公立教育系统提供免费的从小学到大学的教育，并将其作为一项普遍的权利——包括所有必要的资源、设备、乐器和人人都有的免费午餐。科学和技术是高优先级，尽管不是以牺牲艺术和创造力为代价。几乎 3% 的 GDP 用于科学技术发展，一个由主要大企业的高管和大学校长组成且由首相担任主席的国家委员会掌控和整合经济和教育策略。

　　如同芬兰评论家和分析者曾评论的那样，所有这种教育和经济的整合发生在珍视儿童、教育和社会福利的社会里。这一社会高度重视教育，把教育者作为公共利益的公仆，把教学列为高中毕业生最理想的职业，因此也使得教师这一职业的门槛有着高要求和高度竞争性（Sahlberg, 2006；Aho, Pitkanen & Sahlberg, 2006）。

　　因为有着关于社会愿景的共同想法，所以国家掌控但不具体规定国家课程，而委任具有高质量水平的教师们，以最适合学生的方式共同开发具体课程。在这样出奇安宁平静的学校里，教师们发挥其明显的职业和社会责任感，努力地关照处于底层的儿童，以便提升他们以后的生活水平。这不是通过连续的积极性或定向干预来达到，而是通过所有参与教师的"安静合作"（另一个受人喜爱的词汇）而达成。

　　芬兰的法律要求芬兰中小学校长必须一直是教师并且持续参与每周至少 2 至 3 小时的课堂教学。这可以增加他们在教师中的可信性，能够使他们保持与学校孩子们的联系，确保教育领导力不仅仅是飞在空中的华丽辞藻，而是一种鲜活的、日常的现实。

　　同样，我也需要承认芬兰将信息经济与福利国家融合成一种确定国家身份的持续性遗产和持续性进步的叙事方式并非没有盲点。由于芬兰历史上一直是一个被敌人围困和压抑的少数民族，与其他许多国家相比，芬兰是一个某种程度上恐惧外国人的社会。他们质疑移民者和外来者，害怕那些挑战或偏离芬兰生活方式的人们（Castells & Himanen, 2002）。他们并不意愿容纳高移民率，迫在眉睫的大规模移民雇工的退休（如同许多市政当局管理者向我们描述的）也将增加福利国家的财政负担，危害芬兰经济和社会所依赖的基本稳定。

　　无论如何，芬兰为渴望在教育和经济上取得成功并实现可持续发展的知识社会提供了重要的经验。在没有割裂过去的情况下建设未来；不仅支持教育变革，而且支持延续性；在没有牺牲文化和创造力的前提下，促进教育与经济发展之间的牢固联系；提升大部分人而不是推进少数特权人士的标准；把个人成功与公共利益联系起来；发展通过承诺、信任、合作和责任而进步的高标准职业；把教育领导力植入和体现在几乎每个校长的每周活动中；重点强调专业人员和共同体而不是强调管理绩效——这些只是一些取自芬兰独特教育和经济之旅中的必要经验。

积极的参与

在可持续的知识社会里，如果芬兰看起来像一个排他的和非典型的教育变革的例子，那充满文化多样性、喧闹的洛杉矶街头可能为如何以一种迷人的、包容性的社会愿景（同样强调用明确的理论指导在行动中进行变革）来驱动教育变革的测试提供了更强有力的例子。

珍妮·奥克斯（Jeannie Oakes）及其加利福尼亚大学洛杉矶分校的同僚们认为，传统变革之所以失败并非是由于狭隘地关注学业成就测试和学业成就差异，而是因为学习和教学设想未能清晰地表达其目标与社会公正之间的关系（Oakes, Rogers & Lipton, 2007）。而且，那些变革的策略都是指向学校或学校系统中的专业人员并受其驱动，而很少谈及学生与家长。在这个意义上，既非变革所使用的方法或结果，也不是变革所使用的理论在挑战着或面临着结构性的权力，这种权力原本偏向于精英及其子女，并为学校、项目和教育措施的发展提供系统性的保护。

为了回应以上问题，奥克斯和她的同仁们（2006）援引了杜威（Dewey, 1927）的参与探究式原则，沿用了美国社区组织运动的传统，以促进课堂和学校层面的改革，提升教育成功和确保更为广泛的进步。特别是通过将弱势和贫困的低成就学生、大学研究者以及教师学习网络三者关联起来，以辅助这些孩子，为他们提供支持，帮助他们了解自身的处境，并且激发他们对自己所处的环境与教育有所作为。像这样的合作探究，并不仅仅是对因文化差异而出现的学习风格多样化的文化回应教育（Ladson-Billings, 1995）；也不是仅仅对提升认知成就而开展的合作教学，或者也不是针对智力的创造性活动。相反，奥克斯和她的同仁试图（无论是在理论上还是实践上）创立的合作性探究实践秉承了保罗·弗莱雷的教育遗产，通过帮助这些学生去认识并反思他们的处境、鼓励他们能够对影响自身生活和教育以及他们的社区的问题（比如危房、大体量的下层人群、阶层分流、书籍与资料的匮乏、高质量教师的缺失以及学习机会的缺乏）有所作为和有所改变，来帮助学生们提升成就，改善生活条件来助力他人的成就。

类似于这样的教育实践改革连接了学生、家长和当地的社区，是一种运动取向的改革。这种改革基于证据的讨论以及破坏性的策略与知识，挑战着传统的官僚主义和合法性，从而既能为贫穷者也可以为富裕者提供真正平等的权利。用爱尔兰的一句反抗之歌，这样的策略就可以称之为"风吹麦芽"。

像这样的真实的"被压迫者的教育学"可能无法大范围地在任意一个地方推广，特别是本土研究和慈善能力很强的大城市之外的地区，但是倡导公众驱动的、而非官僚政府强制的改革的网络渐渐在美国蔓延开来（Shirley & Evans, 2007）。家长和学生中的积极探究式教育学是推动这一日益增长的影响力领域发展的重要因素之一。

结　论

我们应该给可持续的知识社会中的教育变革做一个怎样的总结呢？自《知识社会学中的教学》出版以来，许多证据都表明经济的成功与繁荣仍然需要依赖于基于信息的活动的创新。此外，在任何一个领域取得成功与繁荣都必须要取决于广泛而又集中的获得和传播知识的能力。只有这样才能加快经济竞争的步伐，以及通过提升个人意识、关联性和责任来提升公共服务的效率，特别是对流动人口和老年人而言（Castells & Himanen, 2002）。

所以保持这样的教育仍然是必要的：强调创新性；发展应用型知识，以提升解决问题的能力；提倡终身教育，促进学生适应和根据自己环境的需要而自我改变的能力；根据学生个体的不同情况,来设置定制化的教学,使学习与学生的风格和需要相一致,保证学习能够更高效,使学生的能力和成就实现最大化。

《知识社会中的教学》刚好写于并且发表于"9·11"事件之后,该书同样提出了一些关于公正、人道主义和安全的问题。这些问题只是变得更加突出而已。当世界上最富有的国家将"9·11"事件的愤怒诉诸军事行动、诉诸对最古老文明的征服时,当盎格鲁-撒克逊军队穿越了大西洋和太平洋时,这就意味着民主和稳定已成为过去,取而代之的是中东地区的大量死亡、流离失所、妻离子散,以及恐怖袭击、安全事件、宗教极端主义的不断增加。

此外,联合国儿童基金会(UNICEF,2007)的一项有关 21 个国家儿童幸福健康调查报告表明:标榜为世界上最富裕的两个国家,即英国和美国,在所有的工业化国家中排在了这项报告的最底端。这表明了经济上的繁荣与富有并不会保障社会公正和幸福安康。

当人类和地球的危机变得越来越显性化,一种新的人文教育学开始出现——促进公民教育、培养情感素养和关照孩子的健康幸福。对历史和地理课程进行干预和改编,教授有关环境可持续发展的有关内容,要理解对于所有不同的文化而言成为美国人、日本人或是英国人意味着什么。然而这些措施常常是附加于已有的教学实践中,而不是完全取代现有的教育实践。所谓的公民课程、课程改革、情感素养活动以及其他干预措施只会淹没教育系统。而一波又一波的非意愿性活动,只会把教师和学校领导压得喘不过气来,从而带来亚伯拉罕森所描述的"重复变革综合征"。

在芬兰时,我与 OECD 的同事问他们:"作为一个班主任,怎么可以在经济高度发展、教育高度发展的国家一边从事教学一边从事领导呢?"其中一位被访谈者说:"不像盎格鲁-撒克逊国家,我们不需要花太多的时间去应对那些来自政府层面的臃肿的、自上而下的活动。"

可持续发展的知识社会所需要的教育学答案,无法在政府对目标和考试成绩的热衷迷恋中,无法在政府层面的那些数不尽的干预和各项多余的活动中,甚至无法在那些充满了活力的教育创新(如多元智能、合作学习、基于脑的学习等等)当中找到。举例说明,众所周知的是芬兰教师在教学策略方面非常低调,甚至有点保守(但并不是固守传统)(Sahlberg,2006;Aho,Pitkanen & Sahlberg,2006)。

相反,在世界经济链中,我们也见证了将现代化创新与存在已久的本土化知识相结合的益处。在芬兰,我们也见证了课程、教学和教育咨询是如何很好地被整合于教育的愿景和实践中。这些教育愿景和实践也与个人和社会所处的社会愿景(这一愿景由值得信任的国家政府所指引,但在微观管理层面却没有任何政治官僚的干预)是相互关联的。最后,在洛杉矶的例子里,我们见证了参与式探究和社会性活动在帮助学生理解他们所处的情境和反抗抑制他们学习的压迫性环境的价值,所有的这一切都表明可持续的知识社会的教学策略不仅仅是智力上的创新与启智,而且也是道德上的驱动和社会公正发展。

我们的过去也是未来的一部分。如果在我们匆忙奔向未来的时候,把过去的"包袱"甩在一边,我们只会发现我们会不断地失败、跌倒。人人都富裕是恰当的目标,但并不是不顾一切、牺牲一切。可持续性、社会公正、生存的权利是我们目前的优先考虑。在学生生活的重要场所——学校,人文的、创造的、参与式的教育提供了未来最具有希望的路径,这种教育由可信任的系统引导,由家长的参与驱动,而不是被多余的活动所淹没。

知识信息社会应该能够与一个强而有力的福利国家并存。狮子可以与羊共眠。繁荣与安全也应该肩并肩,共同存在。过去的 20 年被盎格鲁-萨克逊粗鲁的、以测量驱动的发展战略所支配,其结果是不断增加的贫穷、不平等以及其他社会问题。而现在,正是那些更具有可持续敏感性的国家来取代的时候了。

参考文献

Abrahamson, E. (2004). *Change without pain: How managers can overcome initiative overload, organizational chaos, and employee burnout*. Boston, MA: Harvard Business School Press.

Achinstein, B., & Ogawa, R. (2006). (In)Fidelity: What the resistance of new teachers reveals about professional principles and prescriptive educational policies. *Harvard Educational Review*, 76(1), 30 – 63.

Aho, E., Pitkanen, K., & Sahlberg, P. (2006). *Policy development and reform principles of basic and secondary education in Finland since 1968*. Washington, D.C.: World Bank.

Bauman, Z. (2006). *Liquid fear*. Malden, MA: Polity Press.

Brundtland Commision (1987). *Our common future*. New York: United Nations General Assembly.

Castells, M., & Himanen, P. (2002). *The information society and the welfare state: The Finnish model*. Oxford, UK: Oxford University Press.

Dewey, J. (1927). *The collected works of John Dewey: Later works*, 1925 – 53. Carbondale, IL: Southern Illinois University Press.

Drucker, P. (1993). *Post-capitalist society*. New York: HarperCollins.

Freire, P. (2000). *Pedagogy of the oppressed*. London: Continuum International Publishing Group.

Gilbert, C. (2006). 2020 vision: Report of the teaching and learning in 2020 review group. London: Department for Education and Skills.

Goodson, I. (1994). Studying curriculum: Cases and methods. London: Taylor & Francis.

Haikio, M. (2002). Nokia: The inside story. Helsinki: Edita.

Hargreaves, A. (2003). Teaching in the knowledge society: Education in the age of insecurity. New York: Teachers College Press.

Hargreaves, A., & Fink, D. (2006). Sustainable leadership. San Francisco, CA: Jossey-Bass.

Hargreaves, A., & Shaw, P. (2006). Knowledge and skills development in developing and transitional economies: An analysis of World Bank/DfID knowledge and skills for the modern economy project World Bank.

Hargreaves, A., Shirley, D., Evans, M., Johnson, C., & Riseman, D. (2006). The long and the short of raising achievement: Final report of the evaluation of the "Raising Achievement, Transforming Learning" project of the UK Specialist Schools and Academies Trust. Chestnut Hill, MA: Boston College.

Hargreaves, D. (2004). Personalising learning: Next steps in working laterally. London: Specialist Schools and Academies Trust.

Hatch, T. (2002). When improvement programs collide. Phi Delta Kappan, 83(8), 626 – 639.

Ladson-Billings, G. (1995). Toward a theory of culturally relevant pedagogy. American Educational Research Journal, 33(3), 465 – 492.

Lortie, D.C. (1975). Schoolteacher: A sociological study. Chicago, IL: University of Chicago Press.

McCulloch, G. (1997). Marketing the millennium: Education for the twenty-first century. In A. Hargreaves & R. Evans (Eds.), Beyond educational reform. Buckingham: Open University Press.

New Commission on the Skills of the American Workforce (2007). Tough choices or tough times. National center on education and the economy. San Francisco, CA: Wiley.

Nias, J., Southworth, G., & Yeomans, R. (1989). Staff relationships in the primary school. London: Cassell.

Oakes, J., & Rogers, J. (2007). Radical change through radical means: Learning power. Journal of Educational Change, 8(3).

Oakes, J., Rogers, J., & Lipton, M. (2007). Learning power: Organization for education and justice. New York: Teachers College Press.

OECD. (2001). Knowledge management in the learning society. Paris: OECD.

Sahlberg, P. (2006). Education reform for raising economic competitiveness. Journal of Educational Change,

7(4)，221 - 365.

Schlechty，P. (1990). Schools for the twenty-first century: Leadership imperatives for educational reform. San Francisco: Jossey-Bass.

Sennett，R. (2001). The corrosion of character: The personal consequences of work in the new capitalism. London: W. W. Norton.

Sennett，R. (2006). The culture of the new capitalism. New Haven，CT: Yale University Press.

Shirley，D.，& Evans，M. (2007). Community organizing and the No Child Left Behind Act. In M. Orr (Ed.)，Transforming the city: Community organizing and the challenge of political change. Lawrence，KS: University Press of Kansas. Shirley，D.，& Evans，M. (In press). Community organizing and No Child Left Behind. In M. Orr (Ed.)，The ecology of civic engagement. Lawrence，KS: University Press of Kansas.

UNESCO (2005). Asia-Pacific regional srategy for education for sustainable development/UN decade of education for sustainable development (2005 - 2014) (working paper). Bangkok: UNESCO.

UNICEF (2007). An overview of child well-being in rich countries. Florence，Italy: United Nation Children's Fund.

第二部分

"新的思考"

18. 编者按：新的思考

罗伯特·考恩(Robert Cowen)

英格兰曾出台过一份官方教育报告，这份报告开篇便提到这样一句模棱两可的话："儿童是教育制度的中心(at the heart of the education system lies the child)。"我对这句话非常感兴趣，想知道那些工作在英国行政部门中通常无可挑剔的散文作家[①]是如何想出这样一句话的。当然，如果有哪点不太令人满意的话，就是这句话的措辞过于简单了。我们可以借用为"教育制度是比较教育的核心"，这句话体现了一种有益的模糊性。

"教育制度"是本部分的研究议题之一。通过将"教育制度"看作一种学术的、大学层面的、比较教育的中心，我们向自己提出了如下四个亟待解决的问题：

1. 评判教育制度的依据是什么？即相对性问题(the relativism problem)。
2. 实施教育制度的依据是什么？即反思性实践问题(the praxis problem)。
3. 描述教育制度的依据是什么？这是老套问题(the banality problem)。
4. 解释教育制度的依据是什么？我在这本书的前面部分已经提到，这是潜移默化问题(the osmosis problem)。

当然，当"比较教育"着手处理其复杂性问题，并关注国际教育关系（这种关系反过来也能解释国际经济和政治关系）理论内部的"借鉴"(transfer)问题时，这些问题就被放大了。

但更为简单的问题是：我们如何处理相对性、实践性和老套问题？这些问题会把我们引向何方？

相对性问题

人类社会条件的进步和改善这两种（美好的）前景，部分掩饰了相对性问题。因此，有赖于你在何种时代看待何种比较教育，总是有望实现更好的理解和更容易的改革。在萨德勒时代，比较教育致力于通过考察国外教育以获得对本国教育的更好理解。劳韦里斯(Lauwerys)在个人层面上深信这样一个命题，即"由于战争始于人们的意识，因此必须在人们的意识中构筑起捍卫和平的观念"。他的比较教育思想受到或部分受到国际相互理解这一需求的启发。

然而，在比较教育的专业文献中，很难找到研究者对南非种族隔离教育模式的谴责，对苏联倒置的分层筛选原则的诟病，以及对日本、中国香港或韩国的教育系统施加于儿童的过分的考试压力的非难。教育界极少去谴责这些现象。不过也有一些明显的例外，这些例外来自被压迫群体的抗议，主要是针对种族、肤色、性别和宗教方面的歧视。

比较教育学家大概未必比其他学科的学者更谦逊有礼，也未必比他们脾气暴躁。然而，他们确实有一个特别的问题：初步沉浸于这一研究领域使其学会喜欢陌生的、异域的和难于理解的事物。他们鼓励对外来事物的包容和对其持有同理心，并将此作为一种职业道德和应该具备的美德。

唯有使用普遍性原则才能颠覆这一平衡行为。当个人身份认同的重要方面与妨碍这一身份认同的教育制度交织在一起时，就可能出现来自个体的责难：乔治·贝雷迪(George Bereday)和

---

① 这是作者调侃的说法，指撰写该教育报告的人。——译者注

爱德蒙·金（Edmund King）就在出版物上对社会等级和种族问题公开进行过此类争论。

除了基于个人政治信念、国际学生评估项目（PISA）分数、外籍身份或当下流行的政治正确性，比较教育又会在何时做出判断，是以含糊的国际主义者，抑或偶尔的温和的马克思主义者或新马克思主义者，又或是专业的相对论者的视角来进行评判？又应在何时做出评判？判断的标准何在？

反思性实践问题

有些学者可以带着几分自信宣称，美国的教育制度是糟糕的。更为准确地说，在过去的 40 年中，美国教育的海外研究者以学术口吻提出了一系列详尽的批评意见。那么，这就显而易见了：这一教育制度是糟糕的，且需要外部顾问和国际援助促进其发展。也就是说，美国正是一个需要得到教育治疗的合适案例。

同样显而易见的是，这并不可能发生。

外国人士就教育系统采取措施，甚至是提供最微不足道的"建议"的情况通常只发生在某些特定条件下，如政治和经济力量上的不平衡和采取一种乞求者的姿态，或者像 1945 年的日本和德国那样，通过占领的方式。同样非常有用的一点是，教育制度中问题的存在应该是一种正常的行动拼图：识字率低、女性毕业人数偏低、低效乃至无效的学校教育以及暴力现象的复苏。因资金短缺、技能不足、政治上的乞求者地位以及援助渠道的存在等造成的国内能力不足，便注定了要采取"组织化和应用性的比较行动"，即有限范围的教育理念、原则和过程的借鉴。

因此，除了"借鉴"（也就是，对本土情况有足够的了解以便在引入国外教育模式时能够进行转化）的问题，还有一个更为重大的道德伦理问题。在比较教育研究中，尤其是在注意到大部分教育的比较研究都发生在极不平等的政治、文化和经济关系中，以及注意到比较教育的非批判性和相对性问题的情况下，我们什么时候说"不"？例如，你会向缅甸学习借鉴吗？什么时候出于何种原因？

这个问题同比较教育实践（或者你知道的有关教育制度的其他方面）相关，也同社会和文化背景（潜移默化问题）下对教育制度的比较研究相关。

老套问题

来看看我们用以描述教育系统的传统分类：目的、结构（初等和中等层面学校的模式）、行政和管理、资金、课程、教师教育、考试，还可能有职业技术教育以及高等教育。

当然，有些学者会就教育系统的特定层级提出复杂的社会学观点或历史学观点。我们会想到罗宾·亚历山大（Robin Alexander）的课程思想、彼得·贾维斯（Peter Jarvis）的终身学习思想、盖伊·尼夫（Guy Neave）的高等教育思想（在本书中，都有专门的文章论述这些思想）。但总体上而言，下列想法是很难避免的：搜集对教育系统的描述就像收集列车号码一样，入迷之时方觉有趣。

但情况变得更糟，这些老套的描述也会沦为一些更为复杂的东西。

对教育系统的描述很容易变成识别相似性和差异性。这一问题突然间已经成为比较教育研究领域中老生常谈的内容——比较教育就是进行比较：它将对教育的描述并置，从而找出它们的相似性和差异性。但同样的，通常我们很难避免这样的想法：在教育制度中找出相似性和差异性就像收集列车号码一样，入迷之时方觉有趣。

情况甚至变得更糟。如果比较教育主要就是按照上文所述的传统分类，并置这些教育系统的描述，并且如果这些描述包含可识别的相似点和差异性，那么，就需要解释这些相似性和差异性——这是传统比较教育的方向，即探寻这种相似性和差异性的原因（并且，通常情况下，这就与约翰·斯图尔特·密尔的工作有了相似之处）。

因此，比较教育学一不小心便使自己轻而易举地陷入了接受其早期传统与教育学框架的境地。它使自己陷入了形式上的老套（进行并置描述），也陷入了内容描述上的老套——这种描述极大地受到教育系统的分层（不同层级的教育系统往往由不同的管理者在行使管理职责）的影响以及了解"教育背后的原因"的传统模式。

但正是潜移默化问题，即学校内部事物与学校外部事物的关系问题，赋予比较教育叙事以理性。这就产生了双重的琐碎。一方面，在对教育体系的说明中，对相似性和差异性的列举甚至无需解释。另一方面，幸运的是，那种文章再也无从发表了。

不过，所有这些都将产生重大影响：

• 比较教育的学术研究设置了界限（只有关于"教育制度"的研究才被看作比较教育）。

• 比较教育的经典方式就是将教育描述进行并置，可能还包括对教育制度背景的非系统性评议。

• 关乎教育的任何内容都可以比较：两个或以上国家中完成家庭作业所用的时间，母亲对初等教育阶段学校教育的态度，以及教师的幸福感。

• 然而，总体而言，比较教育研究中所描述的内容一般都是教育政策中重要且具有时代性的方面。

因此，从朱利安开始，我们便为比较教育建构了一个现代主义的陷阱。

这一现代主义陷阱有这样五方面特点：

1. 只有特定的时空范式是值得认真研究的。

2. 对当代特定时空范式之外的研究不属于比较教育研究，因为它们并不研究具体的教育系统。因此，世界上大部分教育经验仍处于未触及和未开发状态。

3. 对教育制度的研究以及对重要政策问题的建议成为比较教育中重要的关注点，无论从实践层面和知识层面都是如此。

4. 在政策问题研究中，那些紧迫而显著的政策问题最需要研究。这使得比较教育研究具有使命、相关性和有用性。

5. 为满足这样一种需要，就要像先前说的那样，描述教育制度中的相似性和差异性，并通过"比较的方法"理解差异性产生的原因。

比较教育的意义日益显现，且不断取得成功，部分是以大学为基地的比较教育研究作为非常现代（或现代后期）的研究领域和具有高度"相关性与有用性"的学术工作这一界定的结果，这也是一个同我们自身的规范化历史息息相关的主题。比较教育的表层架构（期刊、院系、专业科学）建设也有模有样。

在提供教育咨询、培养毕业生、订立合约、发行和恢复期刊的背后，关于比较教育的现在和未来仍有许多困惑。

现在，我们的重点在于反思。这一部分（以及本书的第八部分）提出了一些新问题，并给出了一些新答案。

在实现所谓现代化之外，也存在一些别样的可能。

19. 后现代时期比较教育学的绘像

罗兰·波尔斯顿(Rolland G. Paulston)[*]

谨以此纪念以赛亚·伯林

两种极端：拒绝理性，或者仅承认理性。

——布莱斯·帕斯卡尔《思想录》

行善总是具体而细致的；抽象笼统的行善是恶棍、伪君子和献媚者的托词；因为艺术和科学仅存在于有条有理的细节中。

——威廉·布莱克《耶路撒冷》

本文探讨了我们如何理解、呈现以及实践国际与比较教育学中的后现代挑战。更确切地说，我提出了三个问题：（1）通过相关文献的研读，能否识别并将本领域中后现代主义争论的主要立场或论据进行分类？（2）这些立场或知识社群如何被不同视角和关系的话语场域所描绘？（3）运用布莱克的微小细节或微型叙事这种不同视角的"异托邦"理念，思考关于多视角主义的后现代式挑战，及其如何影响比较教育学者选择呈现这个世界的方式，我们又能从中得出什么合理的结论？

但是，首先要讨论几个与本研究相关的关键概念和方法。虽然大量相关书籍区分了"后现代""后现代主义"或者"后现代性"，本文对这些术语的使用未作区分。[①] 对于这些术语，我唯一的兴趣是识别并搜集与此话题相关的 60 篇文章，即我所能找到的所有相关文章。在呈现比较教育学的后现代挑战及其作为文本关系总体的相关叙事时，我尽量避免表现出双重性和对立面之间的二元斗争。相反，我认为此领域中的所有观点都是相互关联的，如果让它们的意义和价值在互文空间中互相沟通，或许会更有助于理解。

为了分类和了解具体信息，首先我必须要进入文献之中揭示现实的真相（即本体论），真理的主张是基于什么历史规则和法规（即谱系学），以及被选定的叙事框架和程序如何形成一种视角或传播叙事（即叙事学）。在选择将叙事作为主题框架时，我试图强调各种文本的特定范围，同时不得不承认，文本的有些方面比其他方面更加重要。

因此，只有根据互文之间所具有的可能异质性，才能理解我的解读。其他人的解读，包括作者自己都非常有可能产生不同的解释和建构。对我们解释性和构建性的合作进行分享和评论能够帮助我们更好地了解自己、他人以及我们所共同创造的世界。在此，需要记住的一点是我的目的不在于解读作者，而在于解读书面和具象的文本。这就需要文本自身尽可能地为自己辩解，并通过引用，讲述自己的故事。

我一直将后现代形态理解为一种讽刺感、一种成长中的反思意识以及一种逐渐增长的自我意识、空间意识和多元意识。启蒙运动常常运用理性与科学尽可能地变陌生为平常，

---

[*] 我要感谢不列颠哥伦比亚大学的罗杰·博舍尔(Roger Boshier)教授和他的学生们，是他们在 1998 年 6 月的比较与国际教育学会西部会议上邀请我为一个主题演讲提交这样一篇论文。另外还要感谢那三位评论者做出的有益评论。

[①] 对新社会科学理念的复杂性和现代化之后的教育术语感兴趣者，还可以参见 Buenfil-Burgos(1997：97—107)，English(1998：426—463)。关于大众文化和后现代形态的入门级书籍，可参见 Anderson(1990)。

而其反对者①以及近期的后现代主义者则试图使熟悉变得陌生或者不确定。这不禁使我想起早期古典思想中阿波罗式的和谐、理性与狄奥尼索斯式的离心、解构之间的对比。后现代主义者也就是当今的酒神派,自20世纪60年代以来,他们所提倡的具体论点倾向于将其所见看作现代性中虚假的确定性。或许我们有特别注意到五种后现代的论述。② 最重要的论述是对启蒙运动基础的摒弃,这些基础出现在进步、解放和理性的宏大叙事中。这些元叙事被认为是一种“恐怖主义”,它们使微型叙事不敢言声,或者用布莱克的话说,微型叙事即他者详细且有组织的特例。

第二种论述是反对普遍知识或霸权知识,反对任何一种特定真理体系(如功能主义、马克思主义、后现代主义等类似的体系)的先验性特权,以及在社会探究中要求批判性反霸权多元主义。第三种论述试图从假定或篡夺特权的角度来评判各种相互矛盾的认知性和理论性观点。相反,后现代文本则认为所有的知识观都存在疑问,普遍的非情景性知识会使我们获得自由的想法被视为是幼稚的,或是出于善意的自欺欺人。反对父权真理观的女性主义文本为后现代主义论述注入了异构的自我的概念。对照现代性文章中所出现的笛卡尔式的自主行为者,后现代时期的身份认同则被认为是易变且随语境变化的。“身体”也被认为是一个有争议的领域,我们正是在此基础上对“我们是谁”以及“我们将成为谁”有着不同的思考。

第四种后现代论述抨击欧洲中心主义,并试图为知识实践加入后殖民经验和非西方的文化规则与解释。第五种论述赞成转变研究范式,包括从时间到空间、从事实到诠释、从基础立场到叙事文本、从检验假设到描绘差异。

或许后现代敏感性中最重要的一个特征即一种本体论的转变,是从一种特定现实的本质观,也就是理性作为宇宙的主宰法则,转变为一种反本质主义观,这种观点认为现实的构建是反对封闭的,在此多种多样的真理假说则成了持续对抗、争辩或斗争的一部分。

在更大范围的后现代主义争论中,社会改革的中心问题也是比较教育领域近期争论中有待解决的问题。这个问题就是:作为容易引起后现代主义者争论的当代发展,是否标志着一种朝向截然不同的社会形态的运动? 这种以非机械化的复杂关系为特征的社会环境“表现为一种混沌的空间和长期的不确定性,表现为一种在传达主张时遭受对抗和矛盾意义并因此永远矛盾的领域”(Bauman,1992:193)。③ 或者,与此相反,作为容易引起争论的新现代主义文本,当代发展是否最应该被认为是全球发展和“晚期现代性”反思的内部理性过程?④

---

① 参见 Berlin(1980),尤其是第1—24页。伯林将反启蒙运动的三个核心观点定义为:(1) 民粹主义,或者认为只有当人们将自己归属于根深蒂固的团体或文化中时才能充分地实现自己;(2) 表现主义,或者认为人类所有的作品首先是传达世界观的言论或表现形式;(3) 多元主义,即承认文化、观察方式和价值体系都存在着无数的潜在多样性,彼此平等却也大相径庭,这使得有关人类进步和成就的普遍有效的宏大叙事或理想道路这些启蒙运动信仰在逻辑上显得不连贯。伯林认为反启蒙运动的主要倡导者有马基雅维利、维科、威廉·布莱克、赫尔德、赫尔岑等等,另外还有乔治·索雷尔、弗里德里希·尼采。

② 更详细的论述可参见 Owen(1997:1—22)。欧文认为后现代“理论”试图将社会科学作品从理论化真理假说转变为在永恒的变化中表征新社会和互文领域。关于“仔细研读”注释类文本分析的实用指南,可参见 Francese(1997:107—154)。

③ 早些时候,福柯也许会期待网络空间(cyberspace)革命,他认为当今的意识确实从时间向空间发生了根本性的改变:“19世纪最无法释怀的恐惧已成为历史,其主题包括发展和停滞、危机和循环、过去的堆积、死者的盈余。但另一方面,我们自己的时代似乎成为一种空间时代。我们处于一种同时、并置、远与近、并肩与分散共存的时代。在这种时代中,当世界经受考验时,与其说是一种注定要适时发展的伟大生活方式,不如说是一张连接各点并创建了自身混乱的网。因此可以说,我们日常争论中的某些意识形态冲突发生于虔诚的时间衍生物和顽强的空间居住者之间。”参见 Foucault & Miskowiec(1986)。

④ 关于反思现代性或晚期现代性世界观的有益探讨,可参见 Beck, Giddens & Lash(1994)。

　　为了回答这个特殊的问题,我提议(见表1)比较教育学者做出一种空间的转向,成为更具有反思性的实践者。我试图"在以下问题上激发更深刻的意识,即与社会现实和社会变革有关的个人见解如何更易于导入且渗透进观念中,并寻求其他可能性来呈现教育改革的潜能和限制。为此,对于那些曾被用于支持教育改革策略的理论观点,那些暗示个人行为选择在感知社会现实时如何受基本哲学、意识形态和实验取向影响的理论观点——我对这些理论观点的所有范围进行了描绘"(Paulston,1977)。对320篇国际论文如何构建出多种教育改革现实的现象学描述——尽管是混乱的和静态的——在一本比较教育杂志中出现了。相比之下,若追溯到1950年,阿诺德·安德森(C. Arnold Anderson)则在这个特殊问题上支持高度现代性中的持久正统观念。用这位比较与国际教育学会(CIES)创始人的话说:"我仍然坚持认为传统社会科学学科应该继续作为这一领域的研究工作基础。"(Anderson,1977)他主张构建理论模型并形成完善的普遍性结论,而且建议避免流行的意识形态及其语义、陈词滥调和标新立异。他劝告比较与国际教育工作者通过摒弃人类学和民族方法学、采用社会学和经济学形式创作出扎实的学术。总之,安德森建议对比较与国际教育学会的持续发展持谨慎乐观的态度,除非该领域"避免令人厌烦的新式灵丹妙药",并且更加努力"识别教育系统中的基本结构和职能的对等功能"(Anderson,1977:416)。

表1　社会和教育变革/"改革"之间的理论关系(Paulston,1977:372—373)

关于教育变革的可能性和过程的相关说明性假设				
社会改革的范式和理论	教育改革的先决条件	教育改革的基本原理	教育改革的领域和过程	取得的主要成果
平衡理论:进化式	进化准备状况	进入下一个更高的阶段所需的压力,支持"国家现代化"工作	渐进的、可适应的;"自然历史"路径	制度性、进化性适应的新阶段
新进化理论	早期阶段令人满意的完成状态		采用西方模式和技术支持的"制度构建"	教育和社会分化/分工的新"高级"阶段
结构功能主义	变化的功能和结构必需品	社会制度需要激发教育回应;外在威胁	现有体系的渐进性调整,偶尔重要	"动态平衡"或"活动"平衡的继续;"人力资本"和国家"发展"
系统论	"系统管理"中的专业技术;"理性决策"和"需求评估"	需要更加高效的操作系统和达成目标,例如,对系统"故障"的反应	在现存系统中创新性地使用"问题解决"方式,例如,"研究和发展路径的应用"	提高成本与收益角度的"效能",采纳创新
冲突理论:马克思主义	精英主义者的改革需求意识;或者社会主义统治者和教育改革家的权力转移	调整社会生产关系和社会教育关系之间的一致性	社会突变或彻底重组之后适当地增强马克思主义主导地位	整体化工人的形成,如"社会主义新人"

续　表

		关于教育变革的可能性和过程的相关说明性假设		
社会改革的 范式和理论	教育改革的 先决条件	教育改革的 基本原理	教育改革的 领域和过程	取得的 主要成果
新马克思主义	受压迫群体的政治权力和政治意识的增强	对社会正义和社会公平的需求	通过"民主"制度和程序实施大规模的国家改革	消除"教育特权"和"精英主义",创建一个更加平等的社会
文化复兴论	恢复或创造"一种新文化"的集体努力的兴起。对"离经叛道"规范活动及其教育项目的社会容忍度	拒绝将传统学校教育作为强迫的文化适应。教育需要支持运动目标的发展	创建非传统学校或教育环境。如果运动获得政权支持,国家教育思想体系和结构将发生巨变	灌输新的规范体系。满足运动召集、培训和团结的需求
乌托邦式的无政府主义	支持性场景的创建;批判性意识的增长;社会多元化	从制度和社会制约中解放出来的自由人;提高"终身学习"的创造力需要	单独地"解除"现有项目和制度,或创建新的学习模式和场景,如,一个"学习型社会"	自我更新和参与;资源和社区的地方控制;消除剥削和异化

注:关于国际文献如何被看作构建了国家教育和社会改革的观点。

　　我的工作在于关注国家教育改革争论中文献建构的文本空间,并运用福柯所谓的系谱学方法将文本模拟成为向多元现实开放的理论窗口。相比之下,安德森的文本支持一种正统的普遍性研究,这种研究能够生成假说,涵盖规律,并追随基于高度自主和专业化的行动者以事物本来的方式进行评定的现代化理论。介于我的阐释学解释主义和安德森的父权逻各斯中心主义之间,安德烈亚斯·卡扎米亚斯(Andreas Kazamias)和卡尔·施瓦茨(Karl Schwartz)表明了另一种更加实用的立场。在牢牢植根于现实主义本体论的同时,这两位作者明智地呼吁文化和批判的方法能变得更加开放(我的偏好),呼吁教学实践和教师教育能受到更多关注(他们的偏好),并希望有人能将社会科学(安德森的偏好)看作"多元的、适度的、开放的",从而绘制了一条通往日益充满争议的比较教育领域的道路(Kazamias& Schwartz,1977:175—176)。

　　在22年或者更久后的今天这样一个更具异质化的时代,我们可以运用注释学的分析方法定义比较教育话语中的至少五种知识社群,这些知识社群即使不是后现代主义观念的支持者,也或多或少对其青睐有加。它们出现在以下理论阵地:(1)后现代主义解构观;(2)绝对的他在;(3)符号社会学;(4)反思性实践者;(5)社会制图学。以上五种社群均试图将20世纪70年代之后的后现代主义萌芽定义为一种阶段性的概念,或相应地作为一种表面的现代性。这些社群为现代性的宏大叙事辩护,但他们可能同时还认可后现代主义的批判,并像哈贝马斯一样倾向于认为,后现代争论是内在于晚期现代性的,并仅在晚期现代性概念下才可理解。在细读所选的大约60篇文章时,我发现争论中出现了四种现代主义流派或立场:(1)关于理性、解放和发展的元叙事;(2)理性行为者的博弈;(3)批判性现代主义的借用;(4)反思性现代主义的同化。我们可以根据他们用何种方式理解现实、如何将实践问题化来对这些立场进行描述、绘制和比较。图1呈现了它们之间的差异。接下来,我们将关注点聚焦在争论领域的左边,也就是后现代主义那里。

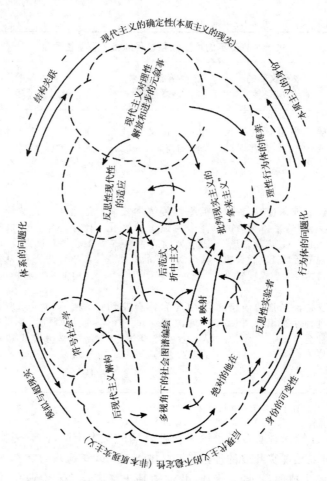

图 1：比较教育相关的后现代性论争的知识立场示意图

注：图 1 是由比较教育(及相关)论述中后现代性争论的知识立场所构建的一个隐喻性映射。在这个开放的互文领域中，箭头表示知识流动，专有名词表示上文中引用且并列的说明性文本，而非作者姓名。对比受广大多现代文本喜爱的乌托邦(非真实场所)，这幅图从米歇尔·福柯的"异托邦"概念中汲取灵感。它们是虚构的，同时也是竞争激烈的日常生活中的真实空间。正如上文所言，后现代主义文本偏爱"异托邦"，因为它们"能够在一个单一的真实地点中并存若干个空间和场所，而它们本身是不相容的"。(Foucault & Miskowiec, 1986：25)

后现代主义解构理论

    1991 年，瓦尔·拉斯特(Val Rust)出版主席报告，使得比较与国际教育话语向后现代思想敞开了大门。从 20 世纪 70 年代开始，这个广泛的争论激励并动摇了学术界的大部分知识分子。拉斯特介绍了法国后结构主义者德里达、福柯和利奥塔关于解构主义的争论，他们的观点抵制现代的基本语言和现实主义假设。拉斯特(Rust)声称比较教育团体在这场辩论中几乎没有扮演任何角色，他从后现代主义中选择了四个方面，在他看来这四个方面对当今该领域中的后现代理解极其重要：(1) 批判元叙事的极权主义本质；(2) 识别他者的问题；(3) 通过技术识别信息社会中的发展；(4) 为日常生活中艺术和美学的新可能创造机会(Rust, 1991)。

    虽然拉斯特为后现代主义思想在我们这个时代的效用呈现了一个有力的事例，他的分析仍带有很强的现实主义痕迹,甚至是一种社会向善论:"我们比较教育学者必须讨论该领域初创期的各种可能性……我们必须更加清晰地定义驾取此领域的元叙事……我们必须参与到分解这些叙事的关键任务中,因为它们决定了比较教育学者能发现什么可以接受的东西……我们必须更加关注微型叙事……我们必须学会平衡高雅文化和流行文化。"(Rust,1991:625—626)

且无论拉斯特的基本教育论和工具主义视野,正如他的文章所展示的一样,放弃现代性语言提倡起来容易而实现起来不易。尽管拉斯特的文本与信息之间存在矛盾,其放弃普遍信仰体系、构建众多信仰体系的开创性呼吁仍然具有时效性并令人振奋。不幸的是,这在比较与国际教育学会的演讲中引起的反响并不热烈,如果有,那就是直到 1994 年,利布曼和我引用他的评论支持后现代"社会制图学"的引入(Paulston & Liebman,1994)①。

对比拉斯特文本中确实存在的关于后现代思潮的工具性效用,英国学者罗宾·厄舍(Robin Usher)和理查德·爱德华兹(Richard Edwards)在 1994 年的文章中提倡一个更加玩笑式或幽默的方法,以便更好地避免造出一个新的后现代主义元叙事怪物。"我们对后现代主义的态度是矛盾的。我们认为,一个人要想成为一名始终如一的后现代主义者,他就永远都不应该称自己为后现代主义者。对此,这里存在一种自我指涉的反讽,在我们看来这能清楚贴切地概括这篇文章的作者与我们之间的关系。无论如何,我们……不得不让后现代主义运用这些示范性的文章为自己'辩解'。"(Usher & Edwards,1994)

以拉斯特的早期宣言为基础,厄舍和爱德华兹将现代性工程中的解放观念问题化并进行了解构,用以表明他们对其强迫性假设和结论的看法,特别是在教育领域中。在这方面,他们与德里达看法一致,希望化解二元对立,他们认为教育如同权力,既非天生压制,也非自由,而是可能兼而有之,抑或都没有。

这里没有黑格尔学派的综合体,即其反对意见会被正确观念或一个更具逻辑性的论述所超越。相反,就像尼采一样,他们在各种视角中发现了一种持续不断的、无法解决的紧张与挣扎。鉴于这种情况,厄舍和爱德华兹赞成一种反抗式的教育,用以瓦解元叙事之力。

> 反抗的形成在于打乱权力的实施而非努力克服它。后现代契机使我们能够越过现代性的边界而不被包含其中。反抗和违背而非解放意味着挑战权力主导形态的可能性。这类似于葛兰西(Gramsci)的机动战,而不是消耗战。并且,这是一场无休止的战争,一场不断拒绝征服与被征服的战争。(Usher & Edwards,1994:224)

在这方面,他们与詹姆斯·惠特森(James Whitson)的论点一致,认为或许最好应该把后现代主义看作反霸权主义的尝试,而不会陷入反霸权主义,也不会因此作为一种相对无害的言论,与大部分批判教育学一样,陷入被主导的控制结构合并的危险之中。②

---

① 这里,作者们将社会制图学介绍给比较教育学者,即"一种新颖且有效的方法,旨在为开放社会对话直观地展示后现代影响的敏感性,尤其是针对那些被现代主义剥夺了公民权的人"(Paulston & Liebman,1994:232)。他们的社会制图文章认为,空间并置提供了一种在网络时代寻求更情景化的真理的新方法。现在的真理不一定仅仅是基于可测量的事实,它也因为获得一种包含许多真理的宽宏视野而得以预见,即后现代文本中所谓的"见证的多重性"和"观念的民主化"。通过以这种方式进行公开对比,后现代社会制图学帮助行动者摆脱重整自我的主观真理,转而进入一个由多种声音和故事组成的新社会结构/空间。这种观点被弗兰切赛(Francese)(上文第四点)称为"后现代多视角主义",他主张将其用于防范"过去的任何过于强烈的、排他性的解读,即一种扼杀了其他所有真理并迅速使之变为具体化神话的单一真理"(Paulston & Liebman,1994:130)。

② 参见惠特森带有一点空想的《作为一种反霸权实践的后结构主义教育学》(Whitson,1991)。关于那些提倡或运用后现代解构主义视角的文章,还可以参见 Weiler(1996),Luke(1995),以及其他人,包括 Gottlieb(1989)。

绝对的他在(Radical Alterity)

后现代主义势力中"绝对的他在"阵营运用德里达等人的"他者"概念，以及非本质主义关于身体和身份的概念而打开新的可能性，试图离心和推翻现代主义者的控制结构(即等级制和父权制)。现代主义文本把科学、道德和艺术看作是顽固性地被分化的，而"绝对的他在"的支持者则认为后现代性之后的自我不仅是多种语言形式、不同语言游戏和富于变化的叙事的构建，还根据其交流方式把它看作以行动为导向的和自我界定的。正如卡尔文·施拉格(Calvin Schrag)所言，后现代性之后的"自我"通过话语、行为、在群体中的共在和有关超越的经验而获得理解。相比之下，"统一、整体、同一、千篇一律和一致的现代语法在后现代主义思想中极少使用。"(Schrag，1997)[①]相反，"绝对的他在"团体的文章接受利奥塔的警告，认为强迫性共识会破坏语言游戏的自由模式，并且，我们对于异质性、多重性、多样性、差异性和分歧性的新解释范畴现在可以用来质疑和解构现代主义观点中自发的笛卡儿式自我，以及其所有传统的形而上学和认识论的游戏。

关于"绝对的他在"的文章最常出现在有关种族和性别运动的论述中，这不难理解。这类运动试图反对现代性的等级制与排他性。它们往往是试图冲击、挑战和反抗的充满愤怒情绪的文章。在本领域的期刊中我只发现了三个例子。也许其中最好的就是 1994 年戴安娜·布兰迪(Diana Brandi)的书评了，其次是出现在期刊《比较教育评论》中的一位匹兹堡大学博士生。在我看来，布兰迪的文本首先是对书中三位资深作者/编辑的人身攻击，这三位是知名的、受人尊敬的解放现代性的倡导者。她将他们有关比较教育的代表作描绘为 20 世纪 90 年代就已经出现的马克思主义、功能主义、结构功能主义观点的改头换面。她发现这种内容、视角和分析的一致性不仅麻烦，而且令人费解。她声称那些章节缺乏多样性，以自我为参照，还缺乏一系列丰富的理论选择和多学科方法，并且，这本书中的结构主义正统观念排斥任何关于"研究反映了谁的观点"或者"为了建立一个更人道的世界，比较教育应如何支持变革"的批判性反思。(Brandi，1994)[②]

布兰迪总结说，20 世纪 90 年代比较教育中的首要新兴问题就是要求向持续地使大部分人类边缘化和沉默的统治阶层提出挑战，这个问题在那本书中几乎被忽略了。她认为编者忽视了更加多元的话语，认为多元分析挑战国际发展教育及其对结构调整、军国主义和结构性暴力的贡献，而这些正受到别的学科与领域的批判性分析。在这里，布兰迪对我们的领域提出挑战，认为我们应该为他者理论的声音开放空间，这些非本质主义的立场如果不攻击和拒绝我们有关解放的现代主义确定性，也会转而攻击和拒绝我们有关秩序和进步的现代主义确定性。

一年之后，欧文·爱泼斯坦(Irving Epstein)以一种更平和的语气陈述了重整比较研究的愿望，即将研究焦点从看似无害的实践及对教育计划与政策的评论转向有争议的地方性知识和种族、性别、残障以及身体的文化研究的空间。爱泼斯坦抱怨说，尽管与他在有关的这些争论在 20

---

① 关于底层的视角，可参见 Mohanty(1991)。关于运用绝对的他在视角探讨女性主义研究中的空间学派，可参见 Spark(1996)。

② 布兰迪声称这本书的结构主义正统压制了一些问题，如研究如何反映那些被研究者的观点，以及谁的声音和什么问题指引了此领域的演变(Brandi，1994：160)。她还认为在结构调整和当地视角的现象学研究中纳入女性主义理论能更好地帮助受压迫者改善他们的生活质量。

世纪 80 年代后的学界不断扩散,其在比较教育论述中却很少被关注(Epstein,1995)。[1]

符号社会学

符号社会学视角建立在加拿大人马歇尔·麦克卢汉和法国人让·鲍德里亚的思想之上。麦克卢汉在他 1964 年的开创性作品《理解媒体》(*Understanding Media*)中,把现代性理解为一种分化过程,一种商品化、工业化、机械化和市场关系的涌现。这些分化产生了"热"媒介。相比之下,电视作为一个"冷"媒介,是一个所有的边界、区域性和差异不断消解的场所,其中包括雅俗文化(如"新地球村")之间的区别,表象和现实之间的区别,以及由传统的现代主义哲学和现代化理论维持的二元对立的区别(McLuhan,1964)。

鲍德里亚起初反对麦克卢汉在新马克思主义阶段论文中的观点,最近才开始接受并拓展了麦克卢汉的"意义消解"观点。鲍德里亚当前认为,通过中和并分解所有的内容,那些看似无穷无尽的符号与信息扩散抹杀了意义。这不仅导致了意义的瓦解,还毁坏了媒介与现实之间的区别,创造了他所谓的超现实(hyperreality)。鲍德里亚的最新文章认为政治经济、媒介和控制论联合创造了一个符号社会,它远远超出了马克思主义所描述的资本主义阶段。这是后现代性的时代,模拟模型在这里构成了世界并最终吞噬了表象。社会因此被认为是从一种资本主义生产者取向走向一种旨在全面控制的新资本主义控制论秩序。就像在电视节目中一样,模型和代码构成了日常生活和社会关系(Poster,1988)。正如布兰迪(Brandi)所言,鲍德里亚的分析认为社会臣服于持续增长的控制论。在这里,自称是对抗的、外部的或威胁到体系的评论被模式化,成了一个虚拟社会(即没有原件的副本),仅仅作为进一步加强社会控制的单纯借口。

迪士尼乐园是鲍德里亚关于超现实的最好的例证,也就是说,不是不真实的,而是比真实更真实。在这样的世界里,一切都是经过精心设计且处于控制之中,所以没有爆炸性的矛盾、危机,甚至对立。这里没有现实,甚至不存在压迫现象被批判和改造的可能性,因为符号、编码和拟像的传播背后什么也没有。在这个可怕的超现实社会里,甚至社会批判或者批判艺术都成了不可能。对鲍德里亚来说:"一个很酷的数字世界……吸收了无数的隐喻和转喻。模拟原则胜过有关快乐的现实原则。"[2]这就是鲍德里亚令人不安的幻想世界,它呈现出一种后现代虚无主义的极端形式。

最近,英国《比较教育》杂志中提到了有关后现代性和比较教育学的一个新型特殊问题,这个问题也是本领域中的第一个。其中的三篇文章(均未引用鲍德里亚的文章)指出了所谓"网络空

---

① 相比爱泼斯坦的文章认为我对此领域抱有所谓的乐观态度,我认为我的观点更接近伯林的理想主义和怀疑论的奇妙组合。爱泼斯坦的文章还对评估本领域未来可能性的审慎怀疑论做了一番论述。在爱泼斯坦看来,问题是对自我不够了解限制了比较教育领域中知识工作的范围和可能性。但这是因为我们缺乏反思性自知,因为我们天真,因为我们的克星吗? 如果是这样,能否不要将其视为可能运用异位绘图处理的教育问题? 第三种比较教育学中将行动者问题化的绝对的他在案例可以参见 Moran(1998)。莫兰怀着极其诚实和内省的态度比较了她自己和加伊·帕拉迪塞·凯利(Gail Paradise Kelly)的两种生活史。她在叙事中讲述了一个女人与父权制现代性规则的斗争,这为比较教育做出了宝贵的开创性贡献,至今,大部分理性中心主义的男性话语在莫兰的故事中受到了非常绝对的他在情感的排斥。

② 参见 Kellner(1989)对鲍德里亚观点的新马克思主义批判。虽然,克尔纳似乎被鲍德里亚观点中的才智和创意深深吸引了,不过他认为鲍德里亚陷入了"代理和中介理论的缺席状态(由)……任何形式的政治变革代理的不可能性……客体对主体的形而上学式胜利"(Kellner,1989:216)。然而克尔纳总结:"鲍德里亚思想的吸引之处可能表明了我们(确实)生活在一个新的社会环境质疑旧的正统观念与界限的过渡情况中。"(Kellner,1989:217)

间挑战"的一系列更加实用的方面。罗纳德·古德诺（Ronald Goodenow）考察了全球通信网络的兴起尤其是信息的高速化如何创造了一个网络空间新世界。有关所有权和权力的问题，如何定义和分类知识与服务的问题，以及技术贫民如何进入网络世界的问题现已成为主要的政策问题。古德诺还强调，当今的教育者应该具备丰富的涉及其他领域趋势和争论的跨学科知识（Goodenow，1996）。

冈瑟（Gunther Kress）的文章更加明确地提出后现代主义的基本原则如何暗示对新表征方式的需求，如多样性、多重现实性、他者性和形似性原则。当今的意义建构理论或者符号学理论大多以19世纪晚期稳定的社会体系概念为基础（如涂尔干和塔尔科特·帕森斯），以稳定的符号传达稳定的意义为基础（如索绪尔），以抽象的、物化的、正式表象的假设为基础（如阿诺德·安德森）。但是为了应对文化差异、改革以及创新，当今的后工业化社会正在努力构建以信息为基础的新经济形式。克雷斯（Kress）呼吁比较教育学者加入创造思考意义的新模式中，并探究我们如何"在多产的互动中运用差异的多种形式"共同创造和重塑我们的表征体系（Kress，1996：196）。但是，人们会猜疑克雷斯将对鲍德里亚的不稳定性超现实概念做出何种反应。

简·肯威（Jane Kenway）的文章看起来更像是一个警示，告诫教育者和学生应该质疑网络空间所主张的乌托邦（比如，比尔·盖茨这类人）和反乌托邦（比如，鲍德里亚这类人）。在认同数字革命的必然性的同时，她将注意力放在了我们生产和消费新技术以及相关的政治和司法问题上。她指出，教学生懂得技术的后果或许比教学生学会如何操作机器更加重要（Kenway，1996）。玛丽·威尔逊（Mary Wilson）及其同事在之后的一个有关万维网的政治经济研究中正好讨论了此问题，文章声称一大群美国人出现在网络中，致使"美国视角"成为规范或者中心，而世界的其他部分则处于边缘地位。他们认为网络空间因缺乏地理上的界限和联系而隐藏了美国的统治地位，但是聪明的教育学者应该识别这些因素并在研究时绕开它们（Wilson，Qayyam & Boskier，1999）。

反思性实践者

在我们的时代和领域中，另两个赞成后现代解读的阵营是反思性实践者和社会制图文本类型。两者都支持解释学的主张，且两者都与教育中蓬勃发展的质性研究传统紧密联系。反思性实践者学派尤其深受西方人文主义和浪漫主义运动的影响。在教育中，它抵制不断使这个世界客观化、商品化的科学和技术。在20世纪70年代和80年代的范式斗争期间，具有强烈人文主义色彩的反思性视角作为个人学习和知识工作的关键概念和目标，成功地为诠释社会学或见解辩护。在当时，使反思性方法在教育中合法化的一本富有影响力的书即唐纳德·舍恩（Donald Schön）的《反思性实践者》（The Reflective Practitioner，1983）。[①] 舍恩探讨专业知识的信任危机，倡导一种从技术理性到在行动中反思的解决方案。在比较教育中，我于1990年做出同样的论断，试图同时确认想象力和技术理性的价值，但这似乎收效甚微（Paulston，1990）。

当今，后现代主义对基于本质主义现实观的现代主义认知方法的抨击，有助于为反思性视角打开一个更大的空间。对许多人来说，无论是对激进的后现代性与其描述绝望的解释学的苛求视角，还是对怀旧的、中规中矩的现代性的视角而言，一种行动者和系统的反思性视角提供了一种不同的理性选择。例如，布里斯托大学的帕特里夏·布罗德富特（Patricia Broadfoot）在《发展

---

① 关于当代运用反思性思维审视不同传统的视角，参见 Potter（1996）。对于试图超越大多数现代知识生产转向"陈述、补充和做结论"趋势的两类虚构文学，可参见 Ermath（1992），以及 Paulston & Plank（2000）。

中国家的质性教育研究》(*Qualitative Educational Research in Developing Countries*，1997）一书的前言中选择了这种本体论的中间立场。她的前言不仅承认后现代主义的影响，即信仰体系的多元和多重现实的认可，还承认文化和情境的影响，但其更多地关注社会科学研究及"其终将导致什么样的进步"。折中派学者对多种观点和不同利益的认可发生了变化，这在教育研究文献中也变得越来越明显了。例如，埃利奥特·艾斯纳（Elliot Eisner）提倡数据表达的多样性，开始接受艺术、语言和另类视觉以及更传统的实证主义表达方式。但他也警告说，一个解释性的多维视角方法可能会带来危险的歧义和潜在的反抗：

> 如果受众不是带着自己关于一种作品流派的所读、所见、所闻的情境去读、去看和去听，那么这种作品流派可以脱离解释性情境而独立存在。而当他们不这么做时，他们很可能会变得迷茫。很少有人希望这样。当我们涉足新的领域时，我们就需要情境。我们也需要确定性……以便我们不用新奇和聪明代替本质。换句话说，我们需要对自己做最苛刻的评判。（Eisner，1997：9）[1]

社会制图学

集中在社会制图流派的文章也有许多共同的本质特征，或许最引人注目的要数福柯的异托邦（heterotopias）概念。与现代化的集中式乌托邦（也就是虚构之地）空间相比，异托邦式的空间在日常生活中是虚构与现实兼而有之的空间，它能够将各种不同的场所（sites）并存于某一个地方（place），这对其本身而言可能无法相容。正如威廉·布莱克（William Blake）指出，现代主义文本青睐有关普遍的善的理想化理性乌托邦。相反，后现代主义文本支持情境差异和地方知识的异托邦。图 1 正说明了这样一种差异性的异位映射。在这样一个互文领域中，出现在比较与国际教育学界的后现代性争论中所有文章的观点，为其他类似或完全不同的观察方法留出了空间并建立了联系。这样，对知识地位和关系的这一错综复杂且相互关联的绘图，或者说像德勒兹式的根系网，可以作为这种辩论的隐喻，一种启发式方式，或者作为逻辑倒错和后现代过程的一个真实场所。它也可以被视为一个有用的新空间工具，专门以视觉形式呈现当今知识工作不断增加的复杂性。当巴勃罗·毕加索（Pablo Picasso）与分析性立体派能够同时呈现物体的多面性时，社会制图学也在描述性行为中创造了一些东西。这不仅仅是一个脆弱的综合体，还是一种看待世界的新方法，对观者而言还相当于世界的一个新方面（Foucault & Miskowiec，1986）。[2]

视角性差异背后的异位绘图观点开始在我的论文《调查社区的认知方式比较》(*Comparing Ways of Knowing across Inquiry Communities*)中形成，并呈现于 1991 年的匹兹堡比较与国际教育学会（CIES）年会上。之后，匹兹堡大学的许多博士生加入了这个项目，我们一起努力创建一个可以使多样性形象化、图示化的社会制图，无论它是多重视角、流派、观点，或者是理想。在

---

① 安娜·斯法尔（Anna Sfard）告诫人们没有必要努力争取研究中的概念统一，并且过于积极地献身于某种特定隐喻可能会导致理论失真和不良实践后果。相反，她反对托雷斯（Torres）的苛评（见第 666 页注②），主张运用"隐喻映射"和隐喻多元的话语途径来更新概念和改进实践。可参见她的研究，"论学习的两个隐喻及只选其一的危险"（Sfard，1998）。

② （见第 653 页注②）在经历了社会分析法由时间到空间的转变后，福柯欣然承认他对德勒兹的知识亏欠，用他的话说，"也许有一天，这个世纪将被称为德勒兹的世纪"（Foucault，1997：76）。他们将概念作为一种范围并认为有必要将地图学作为空间分析法研究叙事的一种策略，同时运用空间分析法来研究话语。关于他们这些独创且多产的思想，参见 Deleuze and Guttari（1980）。关于立体主义类比，参见 Nehamas（1985）。感谢尤金妮·波特（Eugenie Potter）教授指出这种关系。

这种启发式方法中,这个领域也是由外部立场所定义的。在现代实证主义表征中,事情恰恰相反,其目的是为了绘制一个主要趋势,而其中诸如他者性这样的离群者直接消失了。

从表面上看,话语绘像似乎是文本中阅读和对比的一个相当简单的过程,如果有这种需要的话。通过下面这种"食谱"(cookbook)的方式,我进而提出大部分后现代主义同事所担忧的问题：(1) 选择绘像的问题或争论；(2) 选择最有可能构成这场辩论的文章,通过仔细研读,定义其典型的修辞特征、思想和世界观；(3) 在文本间的混合中确定立场范围。例如,在图 1 中,这些立场作为"后现代主义的不稳定性"和"现代主义的确定性"的本体论两极呈现在水平轴上。在纵轴上,选择的极点是"问题化的行动者"和"问题化的系统"；(4) 识别用同一种方式观察和交流现实的文本群；根据空间、线条、弧线、箭头或诸如此类的视觉方式对其空间和相互关联的群体进行定位。虽然反抗所有现代主义者框定或制定一个网格的要求,但是可以在领域之外定位一个坐标,以允许一个比表 1 所提供的主体间性、运动和选择更加不受限制的空间；(5) 与绘图时涉及的个体或知识社群共同检验地图,共享相互矛盾的解释并根据需要重新绘制。

作为一个反面的后现代主义策略,社会制图转而穿梭在各种互动性文章题词中,试图避免理想主义者乌托邦式的现代性整体。这个绘像和转变的过程试图开放意义,揭示文化领域中的限制,反对封锁边界和禁止转变的意图。此乃后现代绘制的贡献所在,即反对霸权式的评论。

社会制图也可以被视为一种来自探究性解释学方法内部的新兴方法论,这种方法承认世界的构建和解释同时具有客观性和主观性,也就是说,在研究领域和知识场中,对话总是发生于虚幻的意义体系之中。这些意义体系是由那些详细描述它们的人形成的,而一个开放的互文试验场则是由对话创建的。为此,比较教育研究者和类似的读者在这种探究性解释学方法中担任了译者的角色。但是,正如艾斯纳(Eisner)的警告,当今的研究人员有三重义务：解释这项研究正在运用什么样的观点；揭示领域或场所本身之间的相互关系；传达一些让她或他选择特定观点的个人或职业经验。

随着我们的社会制图项目在匹兹堡大学成立,一些论文和书籍绘制了比较教育学中理论和操作场景的坐标区(situated area)。例如,马丁·利布曼(Martin Liebman)的论文扩展了我们对比较教育学方法中隐喻分析的理解(Liebman, 1994)。[①] 艾哈迈德(Zebun Ahmed)的研究绘制了孟加拉国的农村妇女如何看待她们的非正式教育经验和西方的非政府组织(Ahmed, 1997)[②]。艾克拉(Kristiina Erkkilä)绘制了创业教育争论在美国、英国和芬兰的地位(Erkkilä,2000)。艾涂(Katsuhisa Ito)最近从人文地理的视角批评了这个项目,米歇尔(Michel Rakatomanana)正在绘制新信息技术和教育发展中的争论,明娜·多德(Mina O'Dowd)则正在绘制多维知识视角在瑞典如何用于构建跟踪式调查研究(Katsuhisa, 1998; Rakotomanana, 1999; Gorostiaga, 1999; O'Doud, 1999)。在我们的 1996 年项目书《社会制图》(Social Cartography, 1996)[③]中,一大批著名的美国、加拿大和国际学者联合展示了如何在科研实践中运用制图学(如,克里斯蒂娜·福

　　[①]　正如后现代叙述中的后现代绘制,隔阂效应同时移向了两个方向：一个放大主观感知,另一个减少任何一种对模拟连接的感知,这种模拟连接联系了那些主观性与看起来既完整又分离的世界。利布曼擅长将这种疏离的感觉转变为一种刻度和感知的失真。用弗拉基米尔·纳博科夫的话说,其目的是找到"想象力与知识之间的一种微妙接合点,这个点,通过缩小大物与扩大小物而达成,(正如社会制图一样)其本质是艺术的",参见 Nabokov(1970)。

　　[②]　艾哈迈德论证了处于边缘的女性故事的绘制如何真正地为教育规划者提供有价值的评估数据,只要这些人愿意看和听。

　　[③]　感兴趣的读者也可以去看由波尔斯顿、利布曼和尼科尔森-古德曼编写的同期项目手册(Paulston, Leibman & Nicholson-Goodman, 1996)。

克斯(Christine Fox)、埃丝特·戈特利布(Esther Gottlieb)、托马斯·莫阿特(Thomas Mouat)、瓦尔·拉斯特(Val Rust)、内莉·斯特罗姆(Nelly Stromquist)均在其中),或批判和辩驳了书中所争论的问题,即社会绘像是当今比较教育分析中一个有用的工具。例如,卡洛斯·托里斯(Carlos Torres)和约翰·贝弗利(John Beverley)提出了与社会制图背道而驰的批判性现代主义和从属研究立场。帕蒂·拉瑟(Patti Lather)从激进女性主义视角出发,而约瑟夫(Joseph Seppi)则从传统的实证主义立场出发质疑制图学。事实上,如果当前所有的知识观都存在问题,那么任何可靠的论点或分析都需要我们有意识地合并和并列那些反对观点。正如我们在下一章节中会提到的现代主义正统一样,这对很多真正的信徒而言都将是一片难以下咽的苦药丸。

现代主义元叙事

在图1的最右边,我描绘了比较教育话语中的说明性现代主义文本,这些话语在三大领域中以某种方式反对后现代主义的挑战,这三个领域是:(1)乌托邦式的文本,它在很大程度上反对后现代主义思想,并通过明确的反击来捍卫核心的现代主义元叙事(即普遍理性或进程);(2)批判教育学文本,它试图通过选择性借用后现代主义或女权主义思想,从而保留关于解放的现代主义元叙事;(3)表述性文本,当有关必然性和技术进步的旧现代主义中的主要故事越来越不具公信力时,它试图为我们这个危险的时代详细介绍一种关于反思现代性的新叙事方式(即他们所谓的"晚期现代性")。

在反击类文章中,欧文·爱泼斯坦(Erwin Epstein)呈现了对集权式的现代主义理性的严词辩解,以及对他所谓的"相对主义挑战"的抵制(Epstein, 1988)。[①] 但是,他的文章没有认识到后现代主义及其不满,尽管当时这种狂热在社会科学和人文学科中已激战不休。相反,除了这些文献,特别是我的研究(总结在表1中)之外,他的目标主要是现象学和民族学。这两个视角与后现代主义都对本体论持有非本质主义的理解,并且他们将现实看作不同情境下的建构。在他自称是无与伦比的精湛比较中,爱泼斯坦的文章对比了比较教育中相对主义(即文化解读和现象学读本)和现实主义(即实证主义的理论发展)视角的例子。他做出了恰当的结论,即他们之间的假设、过程和目标是无法比较的。然而,他的文章没有解决本体论的本质差异或如何多重地感知现实的问题。虽然看似公平,他的这种非此即彼的方式带有很强的本质主义偏见:

> 跨越社会边界的概括定义了……实证主义者的比较教育方法。对文化相对主义者而言,比较是观察个体文化独特性的一种过程。这些立场的确是不相容的,但他们都依靠一个需要多元文化分析的过程,因而可以说是采用了一些"比较"的概念。现象学研究法却不是这样的,它把相对主义运用到了虚无主义的极致,只在严格限制的互文边界中解释极其特殊的互相影响。依据这一原则,即使是文化也无法在语境得到充分的描述,从而不能构成分析的基础。(Epstein, 1988:6)

因此,从一个过度逻辑化的实证主义视角来看,即帕斯卡尔术语中的"承认唯一的理性",爱泼斯坦的文章声称一个选择现象学研究方法的人(如表1和图1)不能成为一个比较教育学者,而且他认为相对主义中的挑战不仅威胁到有关理性的元叙事,还威胁到了比较教育作为一个领域的可行性。"只有普遍性解释或者发现解释所有行为或事件(即普遍经验定律)类别的潜在趋势和格局,才能支持能够发展理论和普遍规律的比较。"(Epstein,1988:22)对于认识论的确定性

---

① 这种元叙事的变体出现于 Psacharopoulos(1990:369—380),以及 Heyneman(1993:372—398)。

以及有关社会进步的实证主义故事的信仰而言，爱泼斯坦的本质主义文本很重要，尽管有关普遍规律发现的实证主义故事仍有待验证。

反启蒙运动立场很有可能会驳斥爱泼斯坦，他们声称只有相对论主义者才能成为比较教育学者，因为唯有他们才愿意接受"存在"的不确定性。但是这将成为一个现代主义者非此即彼的争论。后现代主义者会接受所有立场，并如图1所示的那样转向"事物秩序"，使我们超越了模糊语言的局限。这也会是我的选择，但是我必须把它留给读者，让读者去评价图1中的比较效用，并且海登·怀特(Hayden White)声称的"语言中所揭示的形式化意识的宏观构造"可能会被翻译成一种空间视觉模式的展示方式(White，1978：239)。①

关于对后现代思想更集中的驳斥，可以在基斯·沃森(Keith Watson)近期所作的英国比较与国际教育协会(BCIES)主席演讲和他关于社会制图学的评论中找到。这些后现代思想至少就像在我们有关社会制图学的研究工作中所展现的那样。这两篇文章提醒读者警惕危险的后现代思想中的认知诱惑，比如多元性、多重性、不确定性或沃森错误地贬称的"新时代思维"。他的文章认为后现代主义观点存在致命的缺陷，因为它们不提供可检验的假设或决策的标准或规律的解读。他抱怨这种"模糊的思考"是由狂热者所写，这些狂热者因自己言论中的新颖而激动不已，以至于忽视了其缺点。然而，与此同时，他还做出了奇怪的断言："这些过度热情的后现代绘像者(只)是将大多数社会学家……一直认可的东西纳入到图表形式之中。"(Watson，1998)②

但沃森的文章指出了异位绘图中一个比学术兴趣和热情更严重的缺陷。他警告说，大多数行政官员和援助机构的官员很可能将社会制图看作另一个与他们不相关的"深奥的比较教育"例子。虽然他的文章承认后现代地图学确实可以描绘所有参与者的微叙述，无论这些人手握权力还是处于边缘地位，但是，他的文章认为这些知识是不必要的，并声称教育规划者和决策者只需要"硬数据"(hard data)来做出理性决策。③ 这里的术语"硬数据"像口头禅一样不断地重复且没有定义，也没有提供任何数据来支持沃森的排他主义主张。

沃森的文章似乎是把图1中的后现代社会制图看成了传统的科学或模拟建模，在这里图像被假定是反映了一个可以从经验上或意识上了解的现实。但是对于我们的后现代隐喻的绘制，地图就像"本我"一样也可以被描绘成"酒神式"的分散状态，正如福柯的异托邦概念一样，将多样性构建为一种临时性的统一体。

---

①　怀特的结论是理解福柯"转录"法的关键在于如何使用它揭示思维过程的内部动态，由此，一个既定的语言世界的表现根植于诗歌中："将散文翻译成诗是福柯的目的，因此他特别热衷于展现人文科学中所有思想系统如何仅被看作语言世界中诗歌式结尾的术语表述式，而不是他们声称代表和解释的事情。"(White，1978：259)

②　沃森回应阿诺德·安德森关于比较教育的早期现代化议程："最重要的是，所从事的工作应该进行有目的的改革和确立实践目标，还应该用来向政府做报告和提建议"(Watson，1998：28)。在他的文章中，沃森用例证的方式提供了两个结构功能主义数据，一个是"教育体系的决定因素"(Watson，1998：22)，另一个是"塑造教育体系的国际影响"(Watson，1998：27)。然而，目前还不清楚这些表述如何满足他的"硬数据"标准，尤其是第二个数据，这个数据使用世界系统思想编码并对国际资本主义提出一种温和的批判，例如，"股票市场的角色，如，东京的恒生"(Watson，1998：27)。但每一位香港的小学生都知道，恒生股市不在东京，甚至所谓的"硬数据"可能有时也会变得有点模糊。实际上，日经指数才是东京的证券交易所数据。

③　另参见沃森对 Paulston，Leibman & Nicholson-Goodman(1996)一书的评论；以及 Paulston(1998)。虽然统计分析可能的确适用于技术工作，平衡的教育评估需要一个形成判断的备选方案，不仅是在指定的数值评定中，也是在语境中的使用性能中。沃森的文章从一个相当狭窄的现代化理论观点中发现了有用的知识(即，简单的表达、本质主义、机械论术语)。我的观点更宽泛，也欢迎这样一种观点，即认为知识是个人和社会建构出来的，并可以反映在一个特定的语境和话语中，可被绘制、讨论和重新映射。参见 Delandshere & Petrosky(1998)。

理性行为体

可以认为,理性行为体(或博弈论)的立场与安德森和沃森关于进步的现代主义元叙事之间具有密切的关系。在这里,比较教育研究力图发展一种能够运用通用术语解释和预测经济与教育的普遍规律的模型。雷蒙德·班登(Raymond Baudon)将这些努力划分为两种类型,即"决定论者"和"互动论者"(Baudon,1982)。戴维·特纳(David Turner)引用了马里·简·博曼(Mary Jane Bowman)1984 年的模型(Bowman,1984)来说明前者,因为这种模型试图根据先验事件解释入学率,并试图支持普及率的发现。运用方差分析这样一种决定论方法将会表明每个个体都受"社会结构强加于他的规划"所驱使(Turner,1988)。在这方面,现代化和马克思主义理论赞同相同的确定性和还原论观点。但特纳的文章使行为者问题化,而不是使结构问题化,并且认为决定论的模型过于简单,不能识别自由意志和反复无常的人类行为特征。特纳相信社会理论和最终的社会规律仍然可以实现,但前提是使用基于学生冒险行为的实证研究的交互式模型。特纳的文章认为只有通过对个体行为体和教育需求的科学研究,而不仅仅是对形式结构的研究,教育改革才能取得进展。

批判现代主义

在试图将新生命和信誉注入启蒙运动中时,选择批判现代主义视角的文本典型地恪守对解放的现代主义元叙事的坚定承诺。他们通过从反本质主义的现实立场中选择性地借用后现代思想来支撑自己的本质说。即便这一任务不会使人困惑,但其显然绝非易事,它需要大量的条件和理性思考。彼得·麦克拉瑞(Peter McLaren)新出的一篇文章提供了一个有关这种本体论时尚的典型例子:

> 虽然我承认确认马克思主义分析(即马克思主义的普遍性)的概念范围对于理解后现代形态的某些具体方面非常重要,但我相信马克思主义分析的主要支柱仍然是完整的,即经济学的主导地位以及对资本主义的各种不断变化的力量中的矛盾和对立的识别。重要的是批判教育家转而从……后现代主义中吸取(反基础性的)见解时,不能忽视这些焦点认识(即现代主义基础)。(McLaren,1994)[①]

麦克拉瑞(McLaren)的这篇文章以确证数据的形式分享了实证主义者对确定性的渴望:"我们需要能够在特定语境中讲明哪些影响是压迫性的,哪些影响是社会转型的成效。我相信为了捍卫解放……我们必须要明白不是所有的声音都值得赞赏"(McLaren,1994:338)。[②] 爱泼斯坦的反击排斥相对主义,将其看作启蒙理性和真实比较的敌人,麦克拉瑞的文章则像沃森的文章一样压制了他者的意识形态。为了避免这种压制,我邀请卡洛斯·托里斯(Carlos Torres)使用书

---

① 另可参见 Buder(1992)和 Stromquist(1995)的相关研究。Stromquist(1995:454)认为批判性性别问题是适合女权主义话语的,用以支持一种更自由的"通过学校教育和大众传媒对性别认同进行的操控"。关于这个学派,另参见 Dimitriadis & Kamberelis(1997)。

② 麦克拉瑞呼吁将批判教育学建立在新马克思理论之上,这种理论以选择性借用后现代主义而进行更新,相比之下,珍妮弗·科尔赞同福柯的策略,那就是将关于反抗的特定战术和策略留给那些在某一具体时刻直接参与斗争的人,而这一具体的时刻由他们自己的生活或工作情境而定。这里的转变是从知识分子所做的关于解放的宏观叙述,转向由情景化经验和实际权力关系而产生的微观叙述或小故事。参见 Gore(1993)。

中不确定理论的对立面，即批判现代主义视角为我们的《社会制图学》一书（Paulston，1996）撰写结尾章节。这种将反对观点融入互文建构中的做法被多元主义者和后现代主义者看作一种逻辑倒错，而不是受虐倾向。在这种逻辑倒错中，科学不仅向测试和验证真理价值的阿波罗式项目开放，同样还包括逻辑倒错式解构的酒神式过程和所有知识主张的循环过程。通过这种方式，我们试图创建一场充满生机的对话并使其继续下去。① 正如图 1 中一样，通过映射，托里斯的自我特权元叙述被认可了，并重新写入互文领域/地图中，它不是作为"普遍的善"的宏大叙事，而是作为另一种抗争的微型叙事，也就是作为一种可在实践中评价的有用的"微小特例"。

托里斯也认识到表述的后现代主义评论的效用，但前提是他们避免将他的所见（但没有阐释的）作为极端相对主义和唯我论的陷阱。托里斯的文章认为后现代观点中最大的危险是他们声称语言构成了现实。从确证数据和"正确"意识形态到隐喻、多元视角和方法论的多元主义的后现代，他的文章将这种转变看作是他对于享有特权的解放的现代主义元叙事的对立，甚至是颠覆。他在文章中辩护道："如果隐喻取代社会理论化，包括元理论（或认识论）、实证理论和规范理论，隐喻……就不该出现在社会科学中。"（Torres，1996）②在这里，托里斯的文章似乎深刻怀疑任何理论，除非是用一种科学分析的方法得到的理论，且这种分析法的目标不是恢复和确认自身的意识形态起源。像麦克拉瑞一样，虽然托里斯承认后现代思想有助于减少马克思主义阶级分析理论的集中化和决定论，但他的文章仍然要求所谓的具体情境中的复制，以顺应其现实主义的本体论选择及其普遍真理体系的主张。③

反思现代性

代表反思现代性立场的文本与批判现代主义的文本拥有共同的起源。然而，至少从表面上看，它们已经能够更好地放弃式微的现代主义确定性和宏观叙事。通过从后现代文献中选择性地使用有用的解释、故事和词汇，以及选择晚期现代性和反思现代性的隐喻，它们在后结构主义风暴中得以存活。④ 来自这新兴共同体的文本保留着一元化的现代主义观念和社会的理想空间，连同民族国家的领土主张和国家教育系统一起，被映射到一个社会的人群上。同时，它们似乎已经失去了所有有关确定性的希望，并试图选择性地吸收和采用后现代的片段、多重身份和不连续思想空间的思想。（Welch，1998）⑤在西方，特别是在西欧，反思性系统观念识别出了一种政治立场与表现，这种政治立场与表现经常试图取代被认为是无能且专断的福利国家政策。与

---

① 有关试图情境化或绘制教育心理学中建构主义理论的各种矛盾版本的有价值研究，可参见 Prawat（1996）。正如在这篇研究中的一样，巴越运用文本分析和概念绘图来识别和比较观看（seeing）的不同方式。这对于工作中的反思性实践者视角来说是一个很好的例子。

② 在许多批判性现代主义文章中，说教方式的一个主要问题在于它往往会导致作者进入一个以自我为中心的死胡同，在这里边缘化者变得更加边缘化。纳斯特解释说："仅仅聚焦于不平等的存在，而非不平等如何被转化的这种内疚是……非生产性麻痹。"参见 Nast（1994）。

③ 有关后现代时代中为激进的批判开辟新空间的各种思想，相关文章可参见 Simons & Billig（1994）。我发现理查德·哈维（Richard Harvey）《后现代批判之后社会理论的重建》（Simons & Billig，1994：12—37）特别有助于宣传自我反思性的"谈论谈论本身"（talk-about-talk）及其对教学争论的建议。

④ 参见贝克等人的介绍（第 653 页④）。

⑤ 这里，韦尔奇（Welch）担心分裂的后现代思想将被当成一个指挥棒用来推动学术界的表现性努力。尽管这似乎的确正在进行中，他的呼吁重申了反对将西方民主的"普世"理想作为判定标准，作为评判真理的绝对立场，这听起来有点欧洲中心论且有点怀旧。要想试图认真反思当今的政治空间，也就是说，在我们所有人目前所居住的"地球村"中的政治"多维空间"，可参见 Magnusson（1996）。

那些批判现代主义的确定性的文章形成鲜明对比,这一观点的核心是为了回答"我们应该如何行动"这个问题,我们需要知道"发生了什么"。为此我们需要开发一种语言和空间,使我们现在愿意让大部分(如果不是全部)知识观点互相争论和竞争。

在比较教育中,这种反思系统观在罗伯特·考恩的近期文章中得到了很好的阐述。他在文章中声称,随着社会和大学进入"后工业时代以及文化进入所谓的后现代时代"(Cowen,1996:247),利奥塔在 1979 年关于后现代状况的分析仍然为社会和大学提供了最准确的评估。[1] 利奥塔认为,当今的知识受制于"表现性"或系统效率的优化。知识已经成为一门技术,即一种不仅受制于表现性,还受制于真理检验的可买卖的商品。考恩敏锐地指出,这些变化定义了一种不同类型的比较教育,这种比较教育与陈旧的现代主义元叙事中的确定性无关,而是认识到了合法性的危机。在那里,约翰·杜威、塔尔科特·帕森(Talcott Parsons)及其同事们的现代比较教育主要关注公民准备和教育机会均等,而在晚期现代教育系统中,国际经济和促进全球竞争的教育系统被认为是最强的组合。考恩认为,民族国家向晚期现代教育转型中存在混乱,当今的研究者需要:

> 为这些混乱指明规律。(当今,)有关分析范畴的常识正面临着危险,这些范畴即学校管理和财政、行政结构、课程和教师教育。即使我们能够(按照现代性的拥护者要求我们所做的那样)根据这些常识推断出明确的规则,这些规则可能会成为一个错误世界的解读。(Cowen,1996:167)[2]

结　语

最后,考恩引用了齐格蒙特·鲍曼(Zygmunt Bauman)的观察报告,即"我们不再是立法者,我们首先应该注意我们的解读"(Bauman,1987)。我只能同意并且进一步声明,作为比较教育者,看情形我们也很有可能成为社会制图者,能够翻译、绘制和比较多维视角中的社会和教育生活。并且,正如我们这个研究中的互文漫游所表明的,虽然我们的集体创作变得越来越具有后范式和折中主义倾向,但是作为个体的我们意识到了知识工作中的"最佳点"或有利点,在此我们遇到了更多盟友、实践资源和活动的选择(Ross et al.,1992)。[3] 与此同时,我们正在学习如何识别并包含"他者"的视角,从而扩大我们视野的范围,以及我们陈述的多样性或微型特例。

所以,作为一种对不同世界观进行比较性绘图的实践,比较教育或许会有机会发现一种类似于"普遍的善"和"缩影"的东西?这就是我们当今的挑战,即理解威廉·布莱克有关真理是特定而非一般的信念,如图 1 所示,同时我们超越了他非此即彼的模式,而选择了批判性反思理解中

---

① 围绕这个角度的相关著作可参见 Coulby & Jones(1995,1996)。另参见 Green(1994:136—49),以及 Schriewer(1988:25—83),其文章热切地主张一种基于推理风格的"比较教育科学",或基于一种对多样化的迥异理论进行发散性思考的思维方式,其中包括科学理论和反思理论。

② 在一个相关的研究中,彼得·贾维斯(Peter Jarvis)使用"晚期现代性"的概念来定位这种消耗教育知识的非西方文化中的表现性关注,这种教育知识现在可以被打包并在全球兜售。参见 Jarvis(1996)。

③ 呈现在这里的研究中,作者们的报告发现了一个"对某些人来说是构成混乱的分散领域,而对其他人来说是一种马赛克,是多样的、有时具有矛盾性的目标、理论框架、方法和主张"(Ross et al.,1992:113)。1988 年,他们发现 CIES 成员大体上"将希望寄托在多样性的多重可能性上,并将保护此领域的折中立场作为一种认同的扩展而非缺席"(Ross et al.,1992:127)。我将这一观点定义为出现在图 1 中心位置的"后范式折中主义"。这也许仍是大部分比较教育学者最青睐的视角,但后续研究却是姗姗来迟。关于从这种折中主义视角对我们《社会制图学》一书所做的敏锐评论,可参见 Pickeles(1999)。

一种更加异位的空间，这种批判性反思理解面向晚期现代性的本质说文本、后现代主义者反本质说文本，以及所有尚未宣称其论证空间的文本开放。[①]

参考文献

Ahmed，Z. (1997). *Mapping rural women's perspectives on nonformal educational experiences: A case study in a Bangladeshi village*. Ph.D. dissertation，University of Pittsburgh.

Anderson，C. A. (June-October 1977). Comparative education over a quarter century: Maturity and challenges. *Comparative Education Review*，21(2/3)，The State of the Art. 405 – 416.

Anderson T. W. (1990). *Reality isn't what it used to be*. San Francisco: Harper & Row.

Baudon，R. (1982). *The unintended consequences of social action* (pp. 155 – 59). London: Macmillan.

Bauman，Z. (1987). *Legislators and interpreters: On modernity，postmodernity and intellectuals*. London: Cambridge University Press.

Bauman，Z. (1992). *Postmodernity* (p. 193). London: Routledge.

Beck，U.，Giddens，A.，& Lash，S. (1994). *Reflexive modernization*. Cambridge: Polity.

Berlin，I. (1980). *Against the current: Essays in the history of ideas*. New York: Viking.

Blake N. (March 1996). Between postmodernism and anti-modernism: The predicament of educational studies. *British Journal of Educational Studies*，44(1)，42 – 65.

Bowman，M. J. (November 1984). An integrated framework for analysis of the spread of schooling in less developed countries. *Comparative Education Review*，28(4)，563 – 583.

Brandi，D. (February 1994). Review: [untitled]. *Comparative Education Review*，Special issue on schooling and learning in children's lives，38(1)，159 – 162.

Broadfoot，P. (1997). Introduction. In M. Crossley & G. Vulliamy (Eds.)，*Qualitative educational research in developing countries* (pp. xi-viii). New York: Garland.

Richard Harvey Brown's chapter "Reconstructing Social Theory after the Postmodern Critique" (pp. 12 – 37).

Buenfil-Burgos，R. N. (February 1997). Education in a post-modern horizon: Voices from Latin-America. *British Educational Research Journal*，23(1)，97 – 107.

Buder，J. (1992). Contingent foundations: Feminism and the question of "postmodernism". In J. Butler & J. W. Scott (Eds.)，*Feminists theorize the political*. New York: Routledge.

Coulby，D.，& Jones，C. (June 1996). Post-Modernity, education and European identities. *Comparative Education*，32(2)，171 – 184. Special Number (18): Comparative Education and Post-Modernity.

Coulby，D.，& Jones，C. (1995). *Postmodernity and European educational systems*. Stoke-On-Trent: Trentham.

Cowen，R. (June 1996). Performativity，post-modernity and the University. *Comparative Education*，32(2).

Special Number (18): Comparative Education and Post-Modernity，245 – 258.

---

① 奈杰尔·布莱克(Nigel Blake)还在他富有洞察力的研究(Blake，1996)中回应这一挑战。布莱克认为后现代主义者拒绝使用有效性标准是为了确定一种用法(见第22、30点)，正如沃森(即"硬数据")和韦尔奇(即"西方民主")在此所提倡的一样。这将排除其他的故事并代表普遍同意一个标准的要求。因此，对于所有为普遍有效性而做出一个先验性断言的调查框架，后现代理论都质疑其价值。确实，否定关于自身或关于自身之外任何独特效用和价值视角的概念，这是后现代主义的一个最显著的智力特征之一(Blake，1996：43)。在这里，布莱克重申在反启蒙运动中和后现代文本所发现的，对有关任何单一宏大叙事或宏伟理论的普遍有效性观点的深刻怀疑。参见 Lyotard(1984)，由于存在不少讽刺，这篇文章可能会被解读为倡导宏大叙事而拒绝元叙事。正如这里所实践的一样，社会制图学试图通过识别和相互关联所有声称知识辩论空间的文章和争论来避免这种诱惑。

Delandshere, G., & Petrosky, A. R. (March 1998). Assessment of complex performances: Limitations of key measurement assumptions. *Educational Researcher*, 27(2), 14 – 24.

Erkkila, K. (2000). *Mapping the entrepreneurial education debates in the United States, the United Kingdom and Finland*. New York: Garland, in press.

Deleuze, G., & Guttari, F. (1980). *A thousand plateaus*, vol. 2 of *Capitalism and Schizophrenia*. Translated by B. Massumi. Minneapolis, MN: University of Minnesota Press.

Dimitriadis, G., & Kamberelis, G. (May 1997). Shifting terrains: Mapping education within a global landscape. *Annals of the American Academy of Political and Social Science*, 551, Globalization and the changing U S city, 137 – 150.

Eisner, E. W. (August-September 1997). The promise and perils of alternative forms of data representation. *Educational Researcher*, 26(6), 4 – 10.

English, W. F. (September 1998). The postmodern turn in educational administration: Apostrophic or catastrophic development? *Journal of School Leadership*, 8, 426 – 463.

Epstein, H. E. (1988). The problematic meaning of "comparison" in comparative education. In J. Schriewer & B. Holmes (Eds,) *Theories and methods in comparative education* (pp. 3 – 23). Frankfurt am Main: Verlag Peter Lang.

Epstein, I. (1995). Comparative education in North America: The search for the Other through the escape from self? *Compare* 25(1), 5 – 16.

Ermath, D. E. (1992). *Sequel to history: Postmodernism and the crisis of representation*. Princeton, NJ: Princeton University Press.

Foucault, M. (1997). *Language, counter-memory, practice* (p. 76). Translated by D. F. Bouchard & S. Simon. Ithaca, NY: Cornell University Press.

Foucault, M., & Miskowiec, J. (Spring, 1986). Of other spaces. *Diacritics*, 16(1), 22 – 27.

Francese, J. (1997). *Narrating postmodern time and space* (pp. 107 – 154). Albany, NY: SUNY.

Goodenow, R. (June 1996). The cyberspace challenge: Modernity, post-modernity and reflections on international networking policy. *Comparative Education*, 32(2), Special Number (18): Comparative Education and Post-Modernity, 197 – 216.

Gore, J. (1993). *The struggle for pedagogies: Critical and feminist discourses as regimes of truth* (pp. 65 – 66). London: Routledge.

Gorostiaga, M. J. (April 1999). *Mapping debates on educational decentralization: The case of Argentina in the 1990s*. Paper presented at the Comparative and International Education Society [CIES] annual meeting, Toronto.

Gottlieb, E. E. (1989). The discursive construction of knowledge: The case of radical education discourse. *Qualitative Studies in Education*, 2, 132 – 144.

Green, W. A. (1994). Postmodernism and state education. *Journal of Educational Policy*, 9, 136 – 149.

Heyneman, S. P. (November 1993). Quantity, quality, and source. *Comparative Education Review*, 37 (4), 372 – 388.

Jarvis, P. (June 1996). Continuing education in a late-modern or global society: Towards a theoretical framework for comparative analysis. *Comparative Education*, 32 (2), Special Number (18): Comparative Education and Post-Modernity, 233 – 244.

Katsuhisa, I. (June 1998). *The social cartography project at the University of Pittsburgh: A geographer's assessment*. Paper presented at the Western Regional Comparative and International Conference, University of British Columbia, Vancouver.

Kazamias, A. M., & Schwartz, K. (June-October 1977). Intellectual and ideological perspectives in comparative education: An interpretation. *Comparative Education Review*, 21(2/3), The State of the Art.

153 - 176.

Kellner, D. (1989). *Jean Baudrillard: From Marxism to postmodernism and beyond* (p. 152). Stanford, CA: Stanford University Press.

Kenway, J. (June 1996). The information superhighway and post-modernity: The social promise and the social price. *Comparative Education*, 32(2), Special Number (18): Comparative Education and Post-Modernity, 217 - 231.

Kress, G. (June 1996). Internationalisation and globalisation: Rethinking a curriculum of communication. *Comparative Education*, 32(2), Special Number (18): Comparative Education and Post-Modernity, 185 - 196.

Liebman, W. M. (1994). *The social mapping rationale: A method and resource to acknowledge postmodern narrative expression*. Ph.D. dissertation, University of Pittsburgh.

Luke, A. (1995/1996). Text and discourse in education: An introduction to critical discourse analysis. *Review of Research in Education*, 21, 3 - 48.

Lyotard, J. -F.(1984). *The postmodern condition: A report on knowledge*. Translated by G. Bennington & B. Massumi. Minneapolis, MN: University of Minnesota Press.

McLaren, P. (Summer 1994). Critical pedagogy, political agency, and the pragmatics of justice: The case of Lyotard. *Educational Theory* 44(3), 319 - 340.

McLuhan, M. (1964). *Understanding media*. New York: McGraw-Hill.

Magnusson, W. (1996). *The search for political space: Globalization, social movements, and the urban political experience*. Toronto: University of Toronto Press.

Mohanty, C. T. (1991). Cartographies of struggle. In C. T. Mohanty *et al.* (Eds.), *Third world women and the politics of feminism* (pp. 1 - 49). Bloomington, IN: Indiana University Press.

Moran, J. P. (January 1998). An alternative existence. *CIES Newsletter 117*, 1, 4.

Nabokov, V. (1970). *Speaking memory: An autobiography revisited* (p. 167). New York: Capricorn.

Nast, H. (1994). Opening remarks on "women in the field". Professional Geographer, 46(1), 54 - 66.

Nehamas, A. (1985). *Nietzsche: Life as literature* (p. 59). Cambridge, MA: Harvard University Press.

O'Doud, M. (April 1999). *Mapping knowledge perspectives in the construction of Swedish educational research*. Paper presented at the CIES annual meeting, Toronto.

Owen, D. (1997). *Sociology after postmodernism* (pp.1 - 22). London: Sage.

Paulston R. G. (June-October 1977). Social and educational change: Conceptual frameworks. *Comparative Education Review*, 21(2/3), The State of the Art. 370 - 395.

Paulston, R. G. (May 1990). Review: Toward a reflective comparative education? *Comparative Education Review*, 34(2), 248 - 255.

Paulston, R. G. (Ed.) (1996). *Social cartography: Mapping ways of seeing social and educational change*. New York: Garland.

Paulston, R. G. (November 1999). Mapping comparative education after postmodernity. *Comparative Education Review*, 43(4), 438 - 463.

Paulston, R. G., & Liebman, M. (May 1994). An invitation to postmodern social cartography. *Comparative Education Review*, 38(2), 215 - 232.

Paulston R. G., & Plank, D. N. (2000). Imagining comparative education: Past, present and future. *Compare*, 30(2), forthcoming.

Paulston, R. G., Leibman, M., & Nicholson-Goodman, J. V. (1996). *Mapping multiple perspectives: Research reports of the University of Pittsburgh social cartography project, 1993 - 1996*. Pittsburgh: University of Pittsburgh, Department of Administrative and Policy Studies.

Pickeles, J. (January 1999). Social and cultural cartographies and the spatial turn in social theory. *Journal of Historical Geography*, 25(1), 93 - 98.

Poster, M. (Ed.). *Jean Baudrillard: Selected writings*. Saint Louis: Telos.

Potter, J. (1996). *Representing reality: Discourse, rhetoric and social construction* (pp. 88 – 96, 228 – 232). London: Sage.

Prawat, R. S. (1996). Constructivisms, modern and postmodern. *Educational Psychologist*, *31*(3), 215 – 225.

Psacharopoulos, G. (August 1990). Comparative education: From theory to practice, or are you A: .* or B*. ist? *Comparative Education Review*, 34(3), 369 – 380.

Rakotomanana, M. (1999). *Mapping the debate on new information and communication technologies (NICTs) and development: Implications for educational planning in Francophone Africa*. Ph.D. dissertation, University of Pittsburgh.

Ross, H., Cho-Yee To, Cave, W. & Blair, D. E. (1992). On shifting ground: The post-paradigmatic identity of US comparative education, 1979 – 1988. *Compare*, *22*(2), 113 – 132.

Rust, V. D. (November 1991). Postmodernism and its comparative education implications. *Comparative Education Review*, *35*(4), 610 – 626.

Schon, D. (1983). *The reflective practitioner: How professionals think in action*. New York: Basic.

Schrag, C. O. (1997). *The Self after postmodernity* (p. 7). New Haven, CT: Yale University Press.

Schriewer, J. (1988). *The method of comparison and the need for externalization* (pp. 25 – 83). J. Schriewer & B. Holmes (Eds.). Frankfurt am Main: Verlag Peter Lang.

Sfard, A. (March 1998). On two metaphors for learning and the dangers of choosing just one. *Educational Researcher*, *27*(2), 4 – 13.

Simons, H. W., & Billig, M. (Eds.) (1994). *After postmodernism: Reconstructing ideological critique*. London: Sage.

Spark, M. (1996). Displacing the field in fieldwork. In N. Duncan (Ed.), *Bodyspace: Destabilizing geographies of gender and sexuality* (pp. 212 – 233). London: Routledge.

Stromquist, N. P. (November 1995). Romancing the state: Gender and power in education. *Comparative Education Review*, *39*(4), 423 – 454.

Torres, C. A. (1996). Social cartography, comparative education, and critical modernism: Afterthought. In R. G. Paulston (Ed.), *Social cartography: Mapping ways of seeing social and educational change* (p. 430). New York: Garland.

Turner, D. A. (1988). Game theory in comparative education: Prospects and propositions. In J. Schriewer & B. Holmes (Eds.), *Theories and methods in comparative education* (p. 158). Frankfurt am Main: Verlag Peter Lang.

Usher, R., & Edwards, R. (1994). Postmodernism and education (p. 3). London: Routledge.

Watson, K. (March 1998). Review: [untitled]. *Comparative Education*, *34*(1), 107 – 108.

Watson, K. (1998). Memories, models and mapping: The impact of geopolitical changes on comparative studies in education. *Compare 28*, 1, 5 – 31.

Weiler, K. (Summer, 1996). Myths of Paulo Freire. *Educational Theory*, *46*, 353 – 371.

Welch, A. (February 1998). The end of certainty? The academic profession and the challenge of change. *Comparative Education Review*, *42*(1), Special Issue on the Professoriate, 1 – 14.

Wilson, M., Qayyam, A. & Boskier, R. (1999). World Wide America: Manufacturing Web information. *Distance Education*, in press.

White, H. (1978). Foucault decoded: Notes from underground. In H. White (Ed.), *Tropics of discourse: Essays in cultural criticism* (pp. 230). Baltimore, MD: Johns Hopkins University Press.

Whitson, J. (1991). Post-structuralist pedagogy as a counter-hegemonic praxis. *Education and Society*, *9*, 73 – 86.

Reviewed Work(s)：Review：[Untitled]. Emergent Issues in Education：*Comparative Perspectives* by R. F. Arnove, P. G. Altbach, G. P. Kelly.

Reviewed Work(s)：Review：[Untitled]. Mapping Multiple Perspectives by R. G. Paulston；M. Liebman；J. V. Nicolson-Goodman *Social Cartography Mapping Ways of Seeing Social and Educational Change* by R. G. Paulston.

Reviewed Work(s)：Review：Toward a reflective comparative education? *New Approaches to Comparative Education* by Philip G. Altbach；Gail P. Kelly *Theories and Methods in Comparative Education* by Jürgen Schriewer；Brian Holmes.

20. 批判教育学的政策、理论和现实

迈克尔·阿普尔（Michael W. Apple）

韦恩·奥（Wayne Au）

引 言

批判教育学通常揭露（社会、文化与经济的）权力与不平等之间的关系如何在正式与非正式的儿童与成人教育中得以体现和受到挑战，以及这些关系呈现的形式、组合与复杂性（Giroux，1997；McCarthy & Apple，1988；McLaren，2005）。然而，这一陈述可能过于笼统，因为"批判教育学"这一术语被用于以多种方式描述多种不同的事物，多少像是多变的能指。确实，有一段时间，批判教育学似乎已经被如此广泛地使用，以至于它可能几乎意味着任何事物：从带有更多政治内容的合作性课堂，到涉及有关教育学是什么、如何实施、我们该教什么，以及谁应该被赋权参与此事的一系列深度重构的更加稳健的定义。

这种更稳健的理解，正是笔者二人的认识根基，它涉及一种认识论与意识形态假设的重要转型，即有关何谓"官方的"或合法的知识以及谁拥有它等问题的认识论与意识形态假设（Apple，1979/2004，2000）。这涉及一种社会转型的信念，以及一种舒适幻想的破灭，这种幻想认为我们的社会及其教育结构以当前的组织形式能够带来社会公正。批判教育学中一个更稳健的理解也是基于人们越来越意识到我们社会中剥削和统治的关系多维动态性的重要性。因此，需要将分配的政治（剥削性的经济过程和动态）和承认的政治（反对统治的文化斗争和争取身份认同的斗争）两类问题结合起来予以考虑（Fraser，1997）。

这些问题的根源是一项简单的原则。为了在与更广大社会的复杂联系中理解教育并采取行动，我们必须参与到**重新定位**的进程中。也就是说，我们必须以受压迫者的视角看世界，并抵制那些再生产这些压迫性条件的观念性与体制性进程与形式（Apple，1995）。这种重新定位同时考虑到了体现批判教育学原则的政治和文化**实践**；但它同时也产生了大量批判性学术和理论，并导致研究及其研究者角色的根本性重建（Smith，1999；Weis & Fine，2004）。接下来笔者将进一步对此进行解释。

批判性教育研究与行动的任务

一般来说，教育的批判性分析（以及批判分析人士）必须承担五项任务：

1. 它必须"见证否定性"。即，它的主要功能之一是说明教育政策和实践与广泛社会中剥削和统治关系之间的关联方式。

2. 在进行这种批判性分析时，它还必须指出矛盾之处和可能性行为的空间。因此，其目的在于运用概念的或政治性的框架批判性地考察当前现实，这种框架强调反霸权行为可能或者正在发生的空间。

3. 有时，这也需要对何为"研究"进行重新定义。在这里，我们把研究行为理解为扮演这群人和社会运动的"秘书"——这群人正参与挑战现有的不平等权力关系，或进行其他所谓"非改革派改革"运动（Apple，1995；Apple & Beane，2007；Gandin，2006）。

4. 在这个过程中，批判性研究的任务是保持激进工作的传统。在面临对差异与抗争的"集体

记忆"的有组织攻击时,最为重要的就是使这些传统得以存活、更新,并在必要之时对其概念性、经验性、历史性和政治性失声与局限进行批判。因为这些攻击使保持多元批判路径的学术与社会合法性变得越来越困难,而该路径对于对抗主流叙事与关系有重要价值。这不仅包括延续理论性、经验性、历史性和政治性的传统,更重要的是扩展和(支持性地)批判它们。它同时也包括延续梦想、乌托邦式的幻想以及"非改革派改革",这些都是激进传统中非常重要的一部分(Jacoby, 2005；Teitelbaum, 1993)。

5. 最后,批判教育者必须像他们作品中所支持的进步社会运动一样**行动**,或者加入抵制其批判性地分析的右派假设与政策运动中。因此,批判教育或批判教学中的学术意味着成为一个葛兰西学派中所谓的"有机知识分子"(Gramsci, 1971)[①]。根据南希·弗雷泽(Fraser, 1997)所言,一个人必须参与并将其专业知识运用于围绕斗争的运动中,这些斗争即我们所谓的重新分配的政治和承认的政治。正如布迪厄所提醒的,我们的智力工作至关重要,但它们"不能对与我们的未来世界息息相关的斗争相疏离、中立或漠视"(Bourdien, 2003：11)。

这五项任务要求苛刻,没有任何一个人能同时在所有任务中表现出色。然而,批判性研究和批判性文化工作是多维动态发展的,同时一直拥有一个悠久的传统,即寻求"见证否定性"和重获那些诚心反霸权的教育工作的集体记忆。我们将在下一节中讨论这一点。

批判教育学的政治根源

在批判性知识分子和拉美激进分子(如保罗·弗莱雷)创造"批判教育学"这一术语之前,来自美国和其他国家不同群体的教育家已经开始了一些肯定会被认为是"批判性"的项目。批判教育学的这些早期表现常常挑战既有的社会关系和权力结构,对种族、阶级和性别关系提出本质性批判,还为当时的既存教育形式提供激进的替代方案。

例如,关于其教育目的和性质,非洲裔美国人和加勒比黑人群体中有一个存在已久的传统(Jules, 1992；Lewis, 1993, 2000)。至少自19世纪晚期开始,非洲裔美国知识分子和激进分子已经投入斗争,质疑美国和加勒比的黑人教育的应然状态,尤其是在他们国家的后奴役制度和当下的制度性种族主义背景下。沃特金斯(Watkins, 1993)解释说,这场斗争导致了他所谓的若干"黑人课程取向":一是"妥协"取向,这一取向倡导对非裔美国人进行实业教育,其倡导者是一些社区领导人,如布克·华盛顿(Booker T. Washington);二是"通识教育"取向,这一取向力图通过对逐渐提升的社会、政治和文化参与度畅所欲言,来培养学生的批判性思维,相关的倡导人有Reverend, Alexander, Crummell和W. E. B. DuBois(Lewis, 1993, 2000);三是"黑人民族主义视角",其中包括民族主义、文化民族主义、泛非主义和黑人分裂主义运动,相关人物有马库斯·加维(Marcus Garvey)、诺布尔·德鲁·阿里(Noble Drew Ali)、以利亚·穆罕默德(Elijah Muhammed)以及马尔科姆(Watkins, 1993)。在加勒比地区,流行文化形式的运用使得利文斯通所谓的"移民知识"流传了下来。基于这种文化记忆和形式的大众教育模式为对抗占据主导地位的殖民叙事与方法提供了强有力的资源(Livingston, 2003；Jules, 2003)。

我们可以找到另一个反霸权活动的例子,这个例子来自纽约哈莱姆区1935年到20世纪50年代早期的历史中,这一时期关注围绕种族和阶级问题而成立的批判性公立学校。"哈莱姆区建设优质学校委员会"(HCBS)是由家长委员会、教会、教师和社区团体组成的联盟,他们一起推动改善哈莱姆区的学校,包括提供免费午餐、改善教师工作环境以及更新学校物质条件。HCBS因

---

① "有机知识分子"是葛兰西在《狱中札记》中所提出的关于知识分子的重要论断。——译者注

几个原因从而声名鹊起。其中一个原因就是它的跨种族性。这很大一部分源于在哈莱姆学校授课的犹太共产主义者,并且,它通过建立家长委员会和教师工会分会获得了社区支持,使其与哈莱姆的大部分非裔美国教师建立密切的关系。另一个值得注意的原因是 HCBS 代表了教育改革、行动主义和跨选区组织,因为它包括了教师、社区成员以及政治组织(Naison,1985)。这些教育形式全都代表了对历史学家伍德森(Woodson,1990/1933)所谓的"黑人的错误教育"的不同回应,并且预示着大量针对公共教育的批判性种族批评。

在当时和后来的英国及其他一些地区,围绕着多种离散社群以及其他同样受压迫的、涉及性别和阶层的权力差别博弈中,我们可以找到类似的社会活动。例如,全世界都有批判性女性主义对教育进行批判的悠久传统。和其他地方一样,在 20 世纪早期的美国,一些著名的女性在组织教师改善工作环境中起领导作用,当时教师劳动力以女性为主(Apple,1986)。这其中包括纽约的格雷斯·斯特拉恩(Grace Strahan)和芝加哥的玛格丽特·黑利(Margaret Haley)。另外还有 1908 年挑战加州男性校长协会的凯特·埃姆斯(Kate Ames),她反抗学校组织和薪酬结构中所强加的父权制。(Weiler,1989)尽管有正当的评论认为这类批判性教育工作使不同肤色、工薪阶层和第三世界的女性处于边缘化地位,但是这些批判性工作的确曾在美国、英国和其他地方打破了阶层界线(Copelman,1996;Gomersall,1996;Martin,1999;Munro,1998;Purvis,1991)。

阶层问题在这里至关重要。因此,阶层关系与反抗剥削的斗争在批判教育学历史上有迹可循。事实上,它们常常构成主要焦点。在美国,批判教育学的早期表现超越了与种族和性别政治相关的权力动态,尽管有时候由于运动后的损害,这些动态也被忽略了。例如,在美国 1909 年到 1911 年之间,超过 100 位社会主义学校官员被推选到全国各个学区。从 1900 年到 1920 年,社会主义活动家在 20 个州建立了超过 100 个英语教学的主日学校,学校规模包括从 10 人一班到超过 600 名注册生的学校(Teitelbaum,1993)。虽然这些社会主义主日学校不属于公立学校系统的一部分,并且,在公立学校系统中也存在关于官方知识政治的不断斗争(Kliebard,1995),但是它们代表了对当时美国公共教育的一种基于阶层的批判性社区反应。建立一种积极寻找打破阶层统治的教育的尝试同样也明显跨越了国界。社会主义者对阶级关系的教育应对在英格兰和威尔士地区也有反映(Simon,1965,1991),并且,在拉美等地区也有一段强大的历史(Bulhões & Abreu,1992;Caldart,2003;Torres,1997)。

批判性教育活动的这种历史在许多其他国家也有相似之处。事实上,无论是正规的教育部门还是社区扫盲计划、劳动教育、反种族主义和反殖民主义活动、女性运动及其他形式,几乎世界上的每一个地区都有激进教育努力的强大运动和案例(Van Vught,1991)。例如,为了对抗日本占领军的殖民统治,20 世纪前半期韩国创办了夜校。通过韩国教师工会的努力,构建基于批判性民主原则的课程和教学模型,这些反霸权实践得以持续。这些尝试曾不得不克服多年的政府镇压(Ko & Apple,1999;Apple et al.,2003)。近期,土耳其也出现了类似的倾向,由于教师工会致力于一个更好反映文化的教育且对教育和经济中的新自由主义政策持批判态度,政府试图宣布这个最大的教师工会是非法的(Egitim Sen,2004)。

到目前为止,对于底层群体努力挑战教育中的统治地位,我们已经给出了一些的简要的案例,即使面临严峻的并且常常极其压抑的后果,这些努力仍然变得越来越普遍。但正如我们前面所提到的一样,批判性教育不仅涉及公开的政治和文化行动,而且,通过日益强调记录学校中的再生势力和表明挑战这种再生势力的可能途径,批判性教育得以生成且被生成。因此,整个批判性教育运动和努力已经从多种学术群体的发展中得到了补充,这些多种学术群体都试图"见证否定性"并记录反霸权工作的空间。起初,见证的任务占据中心舞台,现在我们也要将目光转移至此。再次,在这一篇幅有限的文章里,我们唯一可以实现的就是对这些理论和实证传统之内和之间的发展、成效及其紧张关系提供一个简要的概述。

见证和扩展批判教育学的学术进展

20 世纪 70 年代中后期是教育批判性分析发展的关键时期,尤其是那些处理宏观的社会、文化和经济结构如何与学校组织和经验相关的教育批判性分析(Whitty, 1985)。在当时,批判性分析的焦点围绕着研究学校和社会、经济以及文化再生产之间的关系而展开。当时,批判性研究中,文化再生产的内容和过程这一传统已经开始出现在英国的新教育社会学中(Young, 1971),出现在美国的批判性课程研究中(Apple, 1971),还出现在法国布迪厄和帕斯隆的作品中(Bourdien & Passeron, 1977),对这种关系的主要争论集中出现在鲍尔斯和金蒂斯(Bowels & Gintis, 1976)的《资本主义美国的学校教育》一书中。鲍尔斯和金蒂斯在他们的书中声称,资本主义生产的阴谋和需求,与在教育中和通过教育而产生的基于阶层的经济差异再生产之间存在一个宏观层面上的对应原理。进一步而言,由于学校的结构和成果似乎在很大程度上仅仅是完全直接取决于资本主义经济和带薪工作场所,这种一致性是一个相对机械的过程(Cole, 1988)。事实上,正如我们其中之一认为(Au, 2006),这种机械分析实际上不属于"传统的"马克思主义辩证唯物主义传统。

即使存在明显的问题,但是鲍尔斯和金蒂斯的工作还是有两点可取之处。首先,它帮助建立了学校和教育中马克思主义、新马克思主义和准马克思主义分析的当代意义(Whitty, 1985)。其次,它引发了一场有争议的辩论,激发了对教育不平等的经济决定论解释的一系列深刻评论,还使批判性研究者对学校教育中文化和意识形态再生产取得更高的成就(Apple, 1979/2004; Au, 2006; Cole, 1988)。批判理论家们所得出的最终结果是:继续超越对学校的相对简单的阶层分析而进入公众视野(Bernstein, 1977; Bourdieu, 1984),并随着对种族和性别问题的更加明确的关注,来说明英国和法国有关文化、社会制度和教育之间关系的理论的影响不断增大(Young, 1971)。

同时,由女性主义和种族主义发起的活动和运动适时挑战了社会和经济再生产中仅强调阶层的批判性工作。在此过程中,再生产这一概念本身也受到了极大挑战。(Giroux, 1983)这些动力内部及之间的矛盾与冲突问题变得更为突出。因此,例如麦卡锡和阿普尔(McCarthy & Apple, 1988)主张用一种"非同步进化论者"框架去理解种族、阶层和性别问题,认识到剥削和统治中各种不同动力内部或之间的紧张与矛盾的相互作用,呼吁批判性教育研究者在其假设中更少使用还原论。所以,例如,有人认为种族不平等不能仅仅被简化为经济上的不平等(Apple & Weis, 1983),这一立场虽然没有充分发展,却预示了一些极其高产的批判种族主义者理论观点的出现(Gillborn, 2005; Ladson-Billings & Tate IV, 1995)。

为了寻求新的理论指导来解决像鲍尔斯和金蒂斯等的分析中所缺少的复杂性,许多批判性学者(如吉鲁)转向了葛兰西、阿尔都塞、斯图尔特·霍尔和雷蒙·威廉姆斯以及法兰克福学派的学者的作品。很快,基于活的文化、学校教育和经济发展间关系的一整套深刻分析得到了发展。在某种程度上受威利斯(Willis, 1977)关于青年文化、阶层关系和男子气概的经典著作《学做工》,以及拥有同样深刻见解的 McRobbie(1978)关于学校内外性别和阶层动态互动方式的激励,在理解流行文化形态与实践如何与阶级、种族和性别的实践和动力之间辩证地互相连接的方式上,人们取得了显著收获和持续进展(Arnot, 2004; Epstein & Johnson, 2004; Willis, 1990)。这些分析指向了人们生活经验中的矛盾空间,在这里文化研究或许可以置青年于更加进步的领导之下(Weis, 1990)。

　　然而,即使是在对马克思主义和新马克思主义的理解中,以及在基于女性主义和反种族主义理论的研究中取得了巨大的进步,这些传统还是受到了严格的审查。以批判种族理论为基础的女性主义后结构方法和强大分析对这一切论争做出了富有启发性的介入(Ladson-Billings & Tate IV, 1995; Luke & Gore, 1992)。对不确定性、无微不至的权力、生产权力而不仅仅是再生产权力、同一性,以及通常是基于福柯视角的离散"章程"(Youdell, 2006)的集中关注,使批判教育学成为一个充满争议与冲突的领域,从而赋予其生存和生长的活力。虽然我们可能会担心福柯默会地将批判教育学领域去政治化,使世界过于散漫,或不再强调那些结构性力量实际地掌握巨大权力的种种方式(Apple, 1999),然而,我们确实希望尊重那些致力于引入新见解和更广泛政治视野的人所付出的巨大努力。在某些传统左翼似乎已经失去了一些活力的国家,情况尤甚(Dussel,2004; Gimeno, 2005)。

　　由于出现了越来越多基于后殖民视角的分析,这些问题的国际化特质变得更加清晰可见。由于受萨义德、佳亚特里·斯皮瓦克、恩古吉·瓦·提安哥和霍米·巴巴等人的论著的影响,并随着批判教育学者试图应对新自由主义和新保守主义政策的全球化并试图打破它们,后殖民理论已被证明越来越有影响力(Burbules & Torres, 2000; Dimitriadis & McCarthy, 2001; Singh, Kell & Pandian, 2002)。这就是保罗·弗莱雷的论著及其影响如此重要的缘由——他的名字几乎成为国际批判教育学的同义词。我们将以弗莱雷理论的发展及现状作为一个样例来继续我们的讨论。

保罗·弗莱雷和批判教育学的发展

　　《被压迫者教育学》(Freire, 1974)一书的出版和发行对批判教育学来说是一个具有里程碑意义的事件。在 FranzFanon、Amilcar Cabral 和 Albert Memmi 的后殖民理论,以及马克思、恩格斯和列宁的革命性平等主义视角的基础之上,弗莱雷和他的作品在全球批判教育学者中可能最具特色、影响最为广泛。自 1970 年出版以来,《被压迫者教育学》就售出了 75 万本。毫不夸张地说,弗莱雷代表了批判教育学在国际上的成长和影响,尤其是在后殖民主义语境中(McLaren, 2000)。

　　弗莱雷的批判教育学围绕"实践"这一核心观念,即批判性反思和批判性行为的统一而展开。它试图成为这样一种教育学:使学生和教师成为"他们自身历史的主体"。他们成为活动者(这种身份是一个持续过程),能够着眼于现实、批判性地反思这种现实并采取变革行动来改变这一现实,从而加深他们的意识并致力于一个更加公正的世界。弗莱雷的批判教育学利用提问和对话的教学方法,意图挑战等级制特权中的所有关系,包括其中的师生关系。这样,弗莱雷的批判教育学邀请学生和教师成为其教室和周围世界的变革推动者(Freire, 1974; Shor & Freire, 1974)。

　　在欧洲、非洲、拉丁美洲,甚至是全世界,如果不强调弗莱雷及其追随者的深远影响,就无法处理批判教育学理论与实践的实例化问题。甚至在美国也能看到弗莱雷的影响,在那里,批判教育学在女性主义教育活动(Hooks, 1994)和劳动教育(Horton, 1990)的有色人种中有自己的本土根源,并且有时候这里极其厌恶公然的激进教育工作(McLaren, 2000, 2005; Shor, 1992; Rethinking Schools, 2005)。

　　虽然我们无论怎么夸大弗莱雷批判教育学的重要性都不为过,但他的论著也并非完美无瑕。许多学者试图批判它,有的言之有理(Weiler, 1991),有的存在曲解(Bowers & Apffel-Marglin, 2005),或是两者兼而有之(Ellsworth, 1989)。例如,韦勒(Weiler, 1991)指出弗莱雷对父权制和女性压迫缺乏具体的分析,因为它们通常出现在教育中并特别是存在于他自己的理论化过程之中。其他的如 Ladson-Billings(1997)批判弗莱雷的批判教育学没有充分地处理种族问题(另参见 Leonardo，2005)。还有一些更加具有批判性的环保运动者认为批判教育学需要"绿化"——也就是说，需要纳入环境问题的考虑，正如它积极地纳入对社会问题一样。(Au & Apple，2007；McLaren，2007)对于这些批判，弗莱雷认为自己是提供"一种可能性，使教育家能够使用我的论述和关于压迫的理论，并将之运用于特定语境之中"(Freire，1997：309)，他认为这些可以被用来处理其他语境中的种族主义和女性压迫问题(Freire & Macedo，1995)。确实，胡克斯(Hooks，1994)、斯蒂芬诺(Stefanos，1997)和韦勒(Weiler，1991)都发现弗莱雷、女性主义和反种族主义之间存在密切的关系。无论如何，这些批判反映了我们前面所提到的批判教育研究团体内部的紧张关系。

所有这一切并不是说对弗莱雷批判教育学的评论是不合理的，或是说批判教育学本身(超越了弗莱雷的概念)不需要发展。正像一些持批判态度的学者和理论家批判弗莱雷的论著并将其推向了边缘，女性主义者和种族批判学者同样也在努力地表明，批判教育学一般能够处理种族歧视、性别歧视和恐惧同性恋的现实(Kumashiro，2002)，以及教育中的其他权力形式。(Erevelles，2005)我们的立场是，当我们被推动着共同构建一个"分权统一体"以超越差异时，对女性主义者、种族批判论和生态学及其他批判教育学的批评都是有价值的，因为它们作为推动教育与社会变革的一种更可行的方法，通常有助于该领域的发展和巩固(Au & Apple，2007)。

冲突和矛盾

然而，到目前为止，我们所做的描述看起来似乎是线性的。批判传统非常复杂，并充满了冲突和分歧。此外，我们可能会遗漏一些重要的成果，还有可能会回归到有严重缺陷的简约化和本质化视角。例如，经济功能主义视角确实回归了，这种视角与鲍尔斯和金蒂斯(Bowels & Gintis，1976)的理论何其相似，只是没有经济学的知识。考虑到 20 世纪 90 年代教育中后现代主义和后结构分析法的崛起，倾向于从批判性框架中排除阶层因素的分析类型使一些马克思主义学者和新马克思主义学者基本上采取了强调阶层关系的重要性思想立场(Cole et al.，2001)，从而回归到以一种更为经济学的视角解释学校教育和社会再生产的推力，这种回归是可以理解的。不幸的是，在这个过程中，在我们理解国内、国家与市民社会间阶层关系的复杂性方面，我们在批判性传统中业已积累的很多成果被遗失了，就好像阿尔都塞、普兰查斯(Poulantzas)、杰索普(Jessop)、戴尔(Dale)或其他人从来没有写过任何重要的论著一样。关于意识形态和身份之间的关系，关于文化、身份和政治经济之间的关系，关于政治的重要影响，关于跨越社会阶层界限的社会运动力量，以及许多其他问题所产生的大量高产性论著，要么被一些人认为是在排斥马克思主义**传统**(traditions，这里用复数形式是绝对必要的)的关键原则，要么这些进步被认为是在处理附带的担忧。

在大西洋的两岸，许多人对这些进步发起了攻击，而发起攻击的名义是净化"这一"马克思主义传统中的文化主义污点，以及牺牲阶层因素而过多担心性别和种族的罪名(Kelsh & Hill，2006)。在这个问题上，英国版本的批评根本不能理解美国和许多其他国家的历史，也不理解种族作为一个相对独立且非常强大的因素在建设和维护剥削与统治之间关系上的重要性(Gillborn，2005)。像英国一样，美国有重要的理由来极其认真地处理阶级和资本主义关系的物质性。然而，有时候这种净化的目标似乎在处理学校的现实和其他文化、教育场所以及有关斗争方面主要是修辞性的。就好像这个特定版本的马克思主义超越了其分析对象也即教育的物质和意识的现实，而悬浮在空中。这是一个突出的问题，因为就像我们之前说的那样，在那些围绕着学校教育以及教育学、课程评价、政策和管理的现实而开展的实际运动中,与此隔绝的批判性分析仅仅只是停留在"台面上",而脱离了物质生活。

我们必须尽快强调,批判性地讨论社会关系和阶级对抗,对我们理解批判性文化与教育事业的范围和可能性至关重要。没有这些批判性讨论,我们的批判性分析就不可能完善。但它们应该直接与某些现实的东西联系起来,比如一些事情的细节,诸如教师的劳动过程、新自由主义和新保守派对我们教育体制的重组、教育政策和实践的种族化、官方和大众知识的政治、全球化的复杂而矛盾的影响(这里有多种过程而非一种过程在发挥作用)等等。

以上几点再次谈到我们之前所说的批判性教育分析和行动的任务。这些任务无法通过修辞技巧而完成,也不能仅仅满足于单纯地抛弃由多种运动斗争所取得的理论和政治利益。建设"分权统一体"的重任在很多地方依然存在。我们能否继续以马克思主义和新马克思主义传统所获利益为基础,并通过知识工具和政治见解将它们整合进日益增长的批判种族理论、女性主义、后结构主义、后殖民主义、同性恋研究、残障研究、批判性环境保护论和类似运动的传统中呢?随着我们进入21世纪,批判教育学必须回答这个问题。

批判教育学和保守的社会运动

尽管我们在这里所列出的批判教育学的生命力及其多样性的矛盾并不确保其成功,但它们却是极其必要的。如果做得好的话,批判教育学能够为理论家和实践者提供一种分析工具,来干预持续的甚至是不断加剧的社会和教育不平等。然而,因其"浪漫的可能性主义"倾向(Whitty,1974),并且因其缺乏对社会运动力量,特别是缺乏对相当多国家教育内外部的右翼社会运动力量的复杂性感知,批判教育学有时也受到削弱(Apple,2006;Takayama & Apple,2006)。这是一个致命弱点,最近在美国、日本、澳大利亚及其他许多国家中形成了非常强大的右翼联盟,这使得与批判教育学相关的干预措施显得越来越重要。

正如我们中的一位学者所言(Apple,2006),在美国和世界上越来越多的其他国家中存在四个主要的联盟组织。他们所形成的这些组织和战略联盟拥有不同程度的力量和效果,这取决于地区和国家的历史,以及每一个局部地区的力量制衡。然而,这种联盟背后的势力在当下具有了一种霸权力量,即通过在人民的"好感"之间建立连接,并使用这种连接将社会团体和个人从他们之前的意识形态和社会承诺中分离出来,然后为他们重新连接新的意识形态和社会承诺。这一点变得越来越清晰。这是一个很有创意的过程,这个过程曾被很多学者检验过,如 Hall(1980b)、Apple(1996;2000;2000;1996)、Apple and Buras(出版中)、J. Torres(2001)以及其他许多人。

在许多国家,这种联盟,其一部分被称为"保守的现代化"(Apple,2006;Dale,1989—1990),是由至少三种、有时是四种社会力量组成,分别是新自由主义、新保守主义者、专制的民粹主义宗教保守派(尤其是在美国、巴基斯坦、印度、以色列和其他地方极其强大),以及专业化和管理化的中产阶级。新自由主义的理念通常是把弱势国家、学生作为人力资本,而世界是一个供消费者(和生产者)在其中进行竞争的成熟市场。在教育上,新自由主义的议题体现在学校和企业之间的紧密联系以及"自由市场"改革的实施中,如教育政策中学校教育券的使用。而新保守主义通常主张强势国家对知识、文化和身体实施控制。在教育上,新保守主义体现在国家和州级评价和课程、内容标准、西方经典知识的传达、一种相对不加批判的爱国主义和道德教育(Apple,2006;Buras & Apple,出版中)。

专制的民粹主义者与新自由主义和新保守主义者明显不同。他们对社会秩序的感知直接来自《圣经》的权威和"基督教道德"(尽管有时它的权威可能来自《古兰经》中的特定篇章,或者是印度教徒主义运动中的印度教经文）。宗教类文章的无误论解释成为家庭结构和性别角色的指南，也同样指导着合法性知识与行为。在西方的教育中，独裁的民粹主义议题表现在排斥进化论的斗争中，表现在科学课的知识设计中纳入神创论，以及在家上学现象的快速发展，这种现象出现在越来越多的国家中，如丹麦、挪威、德国、澳大利亚、英国、以色列及其他地方（Apple，2006）。

第四种联盟是专业化和管理化的新中产阶级。这一阶级运用其管理与效率方面的技术性专业知识来拥护问责制体系、评价体系、生产体系，以及新自由主义市场化和新保守主义控制知识时所需要的测量体系（参见 Clarke ＆ Newman，1997）。在教育上，他们支持并获益于如高风险体系、标准化测试和建立在问责制还原形式之上的教育政策，因为他们为这些体系和政策的运行提供了技术手段。他们运用复杂的转换策略将特定种类的资本（文化资本）转化为社会和经济资本。（Apple，2006）虽然这些联盟中的每一类都有其自身的内部动力和历史轨迹，这些群体联合起来则能将不同的社会趋势和政治承诺团结起来，并将其纳入自己的领导之下，因此在多个不同国家代表着一种社会、文化、经济和教育政策的"保守现代化"，这些国家包括有可能是社会民主主义甚至曾是社会主义的国家（Apple，2006；2003）。

批判性地关注这些势力和运动有两个原因。第一，无论我们喜欢与否，这些运动日益强烈地改变着我们对民主和公民权的核心理念。右翼政治中的社会、经济和教育的影响往往是非常负面的，尤其影响我们自己和其他社会中最弱势的那些人（Apple，2006；2003；Apple ＆ Buras，2006）。其中一个最主要的影响就是批判教育理论、政策和实践的合法性越来越难以得到保持。

第二，我们可以从右翼身上学到很多东西。他们已经表明我们可以将各利益团体联合起来并在这个过程中从事一项巨大的社会和教育工程，即改变社会看待权利和公正的基本方式。在几年前还被认为是古怪和完全愚蠢的激进政策，现在已经成为公认的常识。虽然我们不能试图效仿他们常常带有愤世嫉俗和操控性的政治，但是我们还是可以从他们身上学到很多关于如何在意识形态差异的基础上发起社会变革运动的经验（Apple，2006）。资本主义（以及有关种族和性别的历史政权，还有这些动力的交叉和矛盾）是这些动力和运动背后的主要推动力，但是这么说很难解释人们**为什么**加入右派的活动和运动中，以及他们是如何被说服而加入更多的进步运动中的。

批判教育学和进步性社会运动

虽然识别和分析新自由主义和新保守主义政策的力量和真正后果（Apple，2006），以及记录新社会运动能够发展并逐渐开始对抗这些保守运动和趋势的方式是至关重要的"见证"，但是理解地区和地方层面的重新谈判也是非常重要的。正如鲍尔强调说："政策是……在当地情境中才会实现并予以斗争的一系列技术和实践。"（Ball，1994：10）因此，我们必须研究如何重新表述当地发生了什么以便于筹划备选方案的创建，而不是假设新自由主义和新保守主义政策精确地定义当地发生了什么。也就是在这里，批判性研究传统（复数的传统）、作为"批判性秘书"这一研究者角色以及弗莱雷所强调的介入政治，都加入进来了。

让·安永（Jean Anyon）2005 年的新书《激进的可能性：公共政策、城区教育和新社会运动》恰好提供了一个例子。[①] 它介绍并批判了美国学校教育中的阶级和种族构造，同时在这个过程

---

① 需要公开说明，本文中所提到的几本书籍，特别是 Anyon 和 Weis 的书，目前收录在我们中的一位学者（Apple）所编辑的系列书中。但因为在这篇文章中我们的主要任务是呈现批判性工作在美国及其他地方的状态，而这些书都对此做出了重要的陈述，我们觉得把它们排除在外将会使得此研究明显被忽视。

中，最终为动员新社会运动提供了可能性。安永赞同其他人曾详尽讨论过的一些观点，即社会运动才是大量社会和教育改革背后的推动力（Apple，2000）。而且，她将我们的注意力转向了关注那些改变过社会的历史和当前的进步运动。她着手研究这种社会运动的细节，记录它们为什么以及如何克服重重困难，推动这个社会恪守社会正义的承诺。在叙说不同运动故事的过程中，安永也通过参与政治行动证明了在文化、教育、政治和经济上取得巨大进步的同时，被剥夺权利的群体如何成为新激进主义分子（Apple ＆ Buras，2006）。但激进运动不仅有助于改变经济、政治、文化以及教育机构和政策，他们还对其他类似组织产生了深远的影响。那些在当时历史中看起来似乎是空想或激进需求的运动推动了更多的主流组织一起前进并创设了一种情境，在此情境中，他们自己也必须支持那些歧视性和有害的政策的根本改革。

　　虽然我们同意安永所说的，在对挑战提出批判性问题和发起运动时，学校能够发挥至关重要的作用，这种挑战包括当下经济运作的不公平和在每一个机构中起作用的种族政治，但是我们不能对这些可能性抱有幻想。学校是冲突的阵地。在许多国家中，它们不仅象征着失败，还象征着胜利。许多国家中的教育者不得不应对思想、政策和实践的重大转变，正像我们在本文所描述的那样。对我们来说，那些与不平等势力作斗争的教育工作者的经验中，有两点是非常值得我们学习的：第一，我们可以了解教育中新自由主义和新保守主义政策和实践的实际效应；第二，也是更重要的一点，我们可以学习如何干涉新自由主义和新保守主义的政策和实践，以及如何创建更充分的民主教育替代方案（Apple，2006；Apple ＆ Buras，2006）。

　　在这方面，目前可以找到的最好的例子就是巴西的阿雷格里港。（Gandin，2006）面对新自由主义运动势力在国家层面上的不断增长，由劳工党落实到位的政策，如"参与式预算"和"公民学校"为更加进步和民主的政策提供支持。即使有的人曾投票赞成更加保守的教育和社会项目的政党，工党还是能够在这群人中扩大其多数地位，**因为**它一直致力于让最贫穷的公民参与有关他们自己的政策以及钱应该花在哪里和如何使用的讨论。阿雷格里港的例子已经证明，即使在经济危机时期和意识形态受到新自由主义党和保守派报刊的抨击的情况下，通过更多地关注集体参与的更实质性形式，同样重要的还有通过投入资源鼓励这种参与，仍然可以有一个"强势"民主。像"公民学校"这类项目，以及与那些住在贫民窟（棚户区）里的人分享实权，并且与工人、中产阶级、专业人士和其他人士分享实权，这些都提供了充足的证据，表明强势民主为新自由主义之下的掏空版弱势民主提供了现实的选择。管理的、组织的和课程的改革共同为被排斥者开创了一个新的现实：他们努力地缔造新的领导，将积极参与社区带入到社区自身情境中，并在构建问题解决方案的过程中引发更多的积极参与。（Apple *et al*，2003；Gandin，2006）

　　再次申明，我们不希望在这里过于乐观。阿雷格里港的政治、经济和教育中也存在一些问题（Gandin ＆ Apple，2003）。尽管如此，我们仍然对其民主化方案以及建设更加多元和全纳式教育的持续影响持乐观态度。就其本身而言，"公民学校"非常成功地纳入了全部公民——如果没有这个项目，那些人将会被学校排除在外，更甚者是被一个活跃的排斥性社会排除在外。但"公民学校"所蕴含的更深层次的教育意义也极其重要：在其所处情境中赋权于贫困社区，改变了当地的学校以及对"官方知识"的认识。阿雷格里港的转变代表了一种塑造活跃公民的新方案，即可以向自己的经验和文化学习——不仅为当下，也为子孙后代。正是由于这些原因，我们认为阿雷格里港的经验不仅对巴西极其重要，对于所有深切关注新自由主义和新保守主义对教育及一般公共领域重建的影响的人也同样重要。其成功的斗争有很多值得学习的地方。理解这些斗争，记录并积极支持它们，可以帮助我们所有人努力实现在本文最初所提到的批判教育研究和行动的任务。

结　语

在本文中,我们描述了一项宏大的议程。我们提出了一系列对批判教育学的持续成长和成功必不可少的相关任务:"见证";通过诸如确定反霸权主义工作空间的方法来分析现实;为批判性社会运动和实践充当"批判性秘书";通过支持性和自我批判性的方式保持多种批判性传统的活力;投身于针对社会和文化转型的运动。这其中的每一点都很重要,尤其是在对保守主义的现代化或教育的抨击中,都值得运用**批判性**这一术语。

但是我们没有满足于简单地列举一系列"应该做什么"。我们也指出了早期教育行动中,次级组织所实践的批判教育学的一些根源。此外,我们还回顾了数十年来研究权力、教育、再生产和转型之间关系的学术文献。我们也详细叙述了批判教育学者在政策和实践方面所做的努力,例如,保罗·弗莱雷的论著以及阿雷格里港的持续可能性。当我们把这些例子与其他很多例子联系起来,比如美国的民主主义学校运动(Apple & Beane, 2007),比如目前正在西班牙、委内瑞拉和其他很多国家的学校和社区中建构起来的批判性教育努力——案例不胜枚举,给人一种巨大的生机和活力的感觉。这些实践中的任何一个都绝非易事。正像过去一样,所有的这一切均需要国家和公民社会进行持续的斗争。

还有更多应该和必须要谈的东西,尤其是需要更加详细地介绍世界上这些国家中这些问题的反复出现。我们确实意识到还需要记录很多关于批判性学术和批判性政策及实践方面的内容。然而,这也许涉及与所有形式的批判教育学相关的多元知识、政治和文化/教育项目的权力关系。它也说明,无论多么详细地描述,没有一篇文章能做到充分地展现如此多的人及其运动所做出的努力。即使面对由新自由主义和新保守主义理论、制度和政策所带来的全球重组,我们仍乐观地认为教育内外的反霸权运动将继续发展并挑战统治地位。坚持认真对待我们前面所提及的任务对实现这一可能性来说将是重要的一步。

参考文献

Anyon, J. (2005). *Radical possibilities*. New York: Routledge.

Apple, M. W. (1971). The hidden curriculum and the nature of conflict. *Interchange*, 2(4), 27–40.

Apple, M. W. (1979/2004). *Ideology and curriculum* (3rd edn.). New York: RoutledgeFalmer.

Apple, M. W. (1986). *Teachers and texts*. New York: Routledge & Kegan Paul.

Apple, M. W. (1995). *Education and power* (2nd edn.). New York: Routledge.

Apple, M. W. (1999). *Power, meaning, and identity*. New York: Routledge.

Apple, M. W. (2000). *Official knowledge* (2nd edn.). New York: Routledge.

Apple, M. W. (2006). *Educating the "right" way* (2nd edn.). New York: Routledge.

Apple, M. W., Aasen, P., Cho, M. K., Gandin, L. A., Oliver, A., Sung, Y-K., Tavares, H., & Wong, T-H. (2003). *The state and the politics of knowledge*. New York: Routledge.

Apple, M. W., & Beane, J. A. (Eds.). (2007). *Democratic schools* (2nd edn.). Portsmouth, NH: Heinemann.

Apple, M. W., & Buras, K. L. (Eds.) (2006). *The subaltern speak*. New York: Routledge.

Apple, M. W., & Weis, L. M. (1983). Ideology and practice in schooling. In M. W. Apple & L. M. Weis (Eds.), *Ideology and practice in schooling* (pp. 3–33). Philadelphia, PA: Temple University Press.

Arnot, M. (2004). Male working-class identities and social justice. In N. Dolby & G. Dimitriadis (Eds.), *Learning to labor in new times* (pp. 17–40). New York: RoutledgeFalmer.

Au, W. (November 2006). Against economic determinism. *Journal for Critical Education Policy Studies*, 4(2). http://www.jceps.com/? pageID=article&articleID=66. Au, W., & Apple, M. W. (2007). Freire, critical education, and the environmental crisis. *Educational Policy*.

Bakhtin, M. M. (1968). *Rabelais and his world*. Cambridge, MA: M.I.T. Press.

Ball, S. J. (1994). *Education reform*. Buckingham, England: Open University Press.

Bernstein, B. B. (1977). *Class codes and control* (2nd edn., vol. 3). London: Routledge & Kegan Paul.

Bourdieu, P. (1984). *Distinction*. Cambridge, MA: Routledge & Kegan Paul.

Bourdieu, P. (2003). *Firing back*. New York: Verso.

Bourdieu, P., & Passeron, J. (1977). *Reproduction in education, society, and culture*. Beverly Hills, CA: Sage.

Bowers, C. A., & Apffel-Marglin, F. (Eds.) (2005). *Rethinking Freire*. Mahwah, NJ: Lawrence Erlbaum Associates.

Bowles, S., & Gintis, H. (1976). *Schooling in capitalist America* (1st edn.). New York: Basic Books.

Bulhões, M. G., & Abreu, M. (1992). *A luta dos professores gaúchos de 1979 a 1991*. Porto Alegre, Brazil: L&PM.

Buras, K. L., & Apple, M. W. (in press). Radical disenchantments. *Comparative Education*.

Burbules, N. C., & Torres, C. A. (2000). *Globalization and education*. New York: Routledge.

Caldart, R. S. (2003). Movimento sem terra: lições de pedagogia. *Currículo sem Fronteiras*, 3(1), 50-59.

Clarke, J., & Newman, J. (1997). *The managerial state*. London: Sage.

Cole, M. (Ed.) (1988). *Bowles and Gintis revisted* (1st edn.). Philadelphia, PA: The Falmer Press.

Cole, M., Hill, D. McLaren, P., & Rikowski, G. (2001). *Red chalk*. Northampton, England: The Institute for Education Policy Studies.

Copelman, D. M. (1996). *London's women teachers*. New York: Routledge.

Dale, R. (1989-1990). The Thatcherite project in education. *Critical Social Policy*, (9), 4-10.

Dimitriadis, G., & McCarthy, C. (2001). *Reading & teaching the postcolonial*. New York: Teachers College Press.

Dussel, I. (2004). Educational restructuring and the reshaping of school governance in Argentina. In T. S. Popkewitz & S. Lindblad (Eds.), *Education restructuring* (pp. 3-20). Greenwich, CT: Information Age Publishing.

Egitim Sen (Ed.) (2004). *Demokratic Egitim Kurultayi*. Ankara, Turkey: Egitim Sen.

Ellsworth, E. (1989). Why doesn't this feel empowering? *Harvard Educational Review*, 59(3), 297-324.

Epstein, D., & Johnson, R. (1998). *Schooling sexualities*. Philadelphia, PA: Open University Press.

Erevelles, N. (2005). Understanding curriculum as normalizing text. *Journal of Curriculum Studies*, 37(4), 421-439.

Fraser, N. (1997). *Justice interruptus*. New York: Routledge.

Freire, P. (1974). *Pedagogy of the oppressed*. Translated by M. B. Ramos. New York: Seabury Press.

Freire, P. (1997). A response. In P. Freire, J. W. Fraser, D. Macedo, T. McKinnon & W. T. Stokes (Eds.), *Mentoring the mentor* (pp. 303-329). New York: Peter Lang.

Freire, P., & Macedo, D. (1995). A dialogue: Culture, language, and race. *Harvard Educational Review*, 65(3), 377-402.

Gandin, L. A. (2006). Creating real alternatives to neoliberal policies in education. In M. W. Apple & K. L. Buras (Eds.), *The subaltern speak* (pp. 217-242). New York: Routledge.

Gandin, L. A., & Apple, M. W. (2003). Educating the state, democratizing knowledge. In M. W. Apple (Ed.), *The state and the politics of knowledge* (pp. 193-220). New York: RoutledgeFalmer.

Gillborn, D. (2005). Education policy as an act of white supremacy. *Journal of Education Policy*, 20(4),

485 - 505.

Gimeno, J. S. (2005). *La educacion gue aun es posible*. Madrid: Morata.

Giroux, H. A. (1983). Theories of reproduction and resistance in the new sociology of education. *Harvard Educational Review*, 53(3), 257 - 293.

Giroux, H. A. (1997). *Pedagogy and the politics of hope*. Boulder, CO: Westview.

Gramsci, A. (1971). *Selections from the prison notebooks*. Translated by Q. Hoare & G. N. Smith. New York: International Publishers.

Hall, S. (1980b). Popular democratic vs. authoritarian populist. In A. Hunt (Ed.), *Marxism and democracy* (pp. 150 - 170). London: Lawrence & Wishart.

Hooks, B. (1994). *Teaching to transgress*. New York: Routledge.

Horton, M. (1990). *The long haul* (1st edn.). New York: Doubleday.

Jacoby, R. (2005). *Picture imperfect*. New York: Columbia University Press.

Jules, D. (1992). Education and social transformation in Grenada, 1979 - 1983. Dissertation: University of Wisconsin.

Kelsh, D., & Hill, D. (2006). The culturalization of class and the occluding of class consciousness. *Journal for Critical Education Policy Studies*, 4(1). Retrieved August 8, 2006 from http://www.jceps.com/?pageID= article&articleID=59.

Kliebard, H. M. (1995). *The struggle for the American curriculum 1893 - 1958* (2nd edn.). New York: Routledge.

Ko, J.-H., & Apple, M. W. (1999). Teachers, politics, and democracy. *Education and Social Justice*, 2 (1), 67 - 73.

Kumashiro, K. (2002). *Troubling education*. New York: RoutledgeFalmer.

Ladson-Billings, G. (1997). I know why this doesn't feel empowering. In P. Freire, J. W. Fraser, D. Macedo, T. McKinnon & W. T. Stokes (Eds.), *Mentoring the mentor* (pp. 127 - 141). New York: Peter Lang.

Ladson-Billings, G., & Tate IV, W. F. (1995). Towards a critical race theory of education. *Teachers College Record*, 97(1), 47 - 68.

Leonardo, Z. (Ed.) (2005). *Critical pedagogy and race*. Malden, MA: Blackwell.

Lewis, D. L. (1993). *W. E. B. DuBois: Biography of a race, 1868 - 1919*. New York: Henry Holt.

Lewis, D. L. (2000). *W. E. B. DuBois: The fight for equality and the American century*. New York: Henry Holt.

Livingston, G. (2003). *Chronic silencing and struggling without witness*. Unpublished dissertation. Madison, WS: University of Wisconsin.

Luke, C., & Gore, J. (Eds.). (1992). *Feminisms and critical pedagogy*. New York: Routledge.

Mannheim, K. (1936). *Ideology and utopia*. New York: Harvest Books.

McCarthy, C., & Apple, M. W. (1988). Race, class and gender in American educational research. In L. M. Weis (Ed.), *Class, race, and gender in American education* (pp. 9 - 39). Albany, NY: State University of New York Press.

McLaren, P. (2000). *Che Guevara, Paulo Freire, and the pedagogy of revolution*. Lanham, MD: Rowman & Littlefield.

McLaren, P. (2005). *Capitalists and conquerors*. New York: Rowman & Littlefield.

McRobbie, A. (1978). Working class girls and the culture of femininity. In Women's Studies Group (Ed.), *Women take issue* (pp. 96 - 109). London: Hutchinson of London.

Morley, D., & Chen, K.-H. (Eds.) (1996). *Stuart Hall*. New York: Routledge.

Munro, P. (1998). *Subject to fiction*. Buckingham, England: Open University Press.

Naison, M. (1985). *Communists in Harlem during the depression*. New York: Grove Press.

Purvis, J. (1991). *A history of women's education in England*. Philadelphia, PA: Open University Press.

Rethinking Schools (2005). Homepage. Retrieved July 11, 2005, from http://www.rethinkingschools.org.

Shor, I. (1992). *Empowering education* (1st edn.). Chicago, IL: The University of Chicago Press.

Shor, I., & Freire, P. (1987). *A pedagogy for liberation*. South Hadley, MA: Bergin & Garvey.

Simon, B. (1965). *Education and the labour movement, 1870 - 1920*. London: Lawrence & Wishart.

Simon, B. (1991). *Education and the social order, 1940 - 1990*. New York: St. Martin's Press.

Singh, M., Kell, P., & Pandian, A. (2002). *Appropriating English*. New York: Peter Lang.

Smith, L. T. (1999). *Decolonizing methodologies*. New York: Zed.

Stefanos, A. (1997). African women and revolutionary change. In P. Freire, J. W. Fraser, D. Macedo, T. McKinnon & W. T. Stokes (Eds.), *Mentoring the mentor* (pp. 243 - 271). New York: Peter Lang.

Takayama, K., & Apple, M. W. (2007). The cultural politics of borrowing. Unpublished manuscript.

Teitelbaum, K. (1993). *Schooling for "good rebels"*. Philadelphia, PA: Temple University Press.

Torres, C. A. (1990). *The politics of nonformal education in Latin America*. New York: Praeger.

Torres, C. A. (1997). *Pedagogia da luta*. São Paulo: Papirus.

Torres, J. S. (2001). *Educacion en tiempos de neoliberalismo*. Madrid: Morata.

Van Vught, J. (1991). *Democratic organizations for social change*. New York: Bergin & Garvey.

Watkins, W. H. (1993). Black curriculum orientations. *Harvard Educational Review*, 63(3), 321 - 338.

Weiler, K. (1989). Women's history and the history of women teachers. *Journal of Education*, 171(3), 9 - 30.

Weiler, K. (1991). Freire and a feminist pedagogy of difference. *Harvard Educational Review*, 61(4), 449 - 474.

Weis, L. M. (1990). *Working class without work*. New York: Routledge.

Weis, L. M., & Fine, M. (2004). *Working method*. New York: Routledge.

Whitty, G. (1974). Sociology and the problem of radical educational change. In M. Flude & J. Ahier (Eds.), *Educability, schools, and ideology* (pp. 112 - 137).

Whitty, G. (1985). *Sociology and school knowledge*. London: Metheun & Co.

Willis, P. (1977). *Learning to labor*. New York: Columbia University Press.

Willis, P. (1990). *Common culture*. Boulder, CO: Westview Press.

Woodson, C. G. (1990/1933). *The mis-education of the negro*. Trenton, NJ: Africa World Press, Inc.

Youdell, D. (2006). *Impossible bodies, impossible selves*. Dordrecht, the Netherlands: Springer.

Young, M. F. D. (1971). *Knowledge and control*. London: Collier-Macmillan.

21. 多元文化社会中跨文化研究的未来

杰格迪什·古恩德(Jagdish S. Gundara)

大多数的多元文化社会都没能成功地消除其国内的歧视和不平等,许多教育举措都深陷困局,无法对社会各个群体中弱势人群的教育结果产生显著影响。随着各国政府为其公民提供宪法保障的权力下降,许多国家体系解决社会内部经济差异和降低不平等的能力也在日益降低。从外部环境来看,经济全球化在很多情况下侵蚀了国家公共机构的权力,降低了社区的信任水平,提高了在美国的盎格鲁-撒克逊新教徒白人和以印度教原教旨主义著称的印度教教徒的族群民族主义程度。大多数国家采取的跨文化举措、公民培养和公民教育都汲取了以往所获得的经验智慧。本文认识到了当前的这些困境,但是认为迈向未来不一定非要以汲取过去经验为基础。例如,在美国,就不可能用民主的纯粹"形式化"建制理念来表达对美国开国元勋的崇敬,因为民主概念建立在个体主义自由观基础上。法兰西共和国同样也需要确保其公共文化与制度必须包容少数民族和"他者"的文化。同时必须保证种族主义和仇外心理的腐蚀性不会对民主制度和民主过程的信任感造成破坏,要使其保持生机和活力,避免其变得毫无价值。这是因为一个纯粹的、正式的民主在文化上是难以维持的,其在思想上是空洞的,且可被人为操作破坏。为了让民主制度在美国和世界上的其他国家更加可行,我们需要一个更加深入的民主概念,这一概念能够表达出更深层次的基于经验的民主概念。这一基于文化的民主价值应该包容从地方层面不同群体中得到的最优价值,应当强化社区生活的相互关联,正是这种关联使托克维尔(de Tocqueville)的"心灵习性"的分析概念提供了效度(Green, 1999:vi)。

本文将考察国家在区域、洲际以及国际的法律和制度框架中所可能采取的不同运行方式。这些考察将会涉及各类政策,尤其是与教育权利和公民权利相关的政策。像欧盟委员会、欧洲理事会和联合国教科文组织这些机构在飞速变化的时代发挥了重要的支撑作用。而像非洲统一组织这种大陆性或者区域性组织在其地区内部可能会有类似的责任和义务。在英联邦内部,在堪培拉召开的政府首脑会议讨论了实现更广泛的政治、经济和人类发展的社会改革问题,其认为可以通过使用强大的英联邦教育网络来协助完成上述议程(Commonwealth Secretariat, 2007)。

当前,现代国家的教育体系正面临着日益严峻的挑战。一般情况下,各种指标的社会排斥和不平等对国家政治和社会制度的活力而言是一种威胁,因为这些导致不公正的排斥方式在许多社会中被制度化了。社会和公共政策制定者与专业人员能够使用民主环境中的宪法和法律力量,将社会排斥转变为社会融入,他们在这方面发挥着重要的作用。然而,这样的专业人士也面临着一系列的问题。对教育者来说,这些问题包括,多样性和差异性的问题在近些年里是以何种方式被概念化的,以及在某些情境中,这些差异又是如何被解读为缺陷的。这些概念上的扭曲进一步降低了改善社会中边缘群体和贫困人群教育结果的可能性,本文将对这些问题中的某些方面展开讨论。

有些最棘手的问题出现在这样一些社会中,这类社会中的种族主义、排外主义和沙文主义加剧了多元社区的不平等,因而挫败了那些有抱负的群体、社区和个体,使他们感到世代或永久性地被排除在外。因此,对于如何实现公平,在面临如何处理主流与专门的"国家"知识系统的问题时,需要深思熟虑并展开批判性评价。由于很多现代国家无法达到公平公正,许多群体转而归向更加单一的民族或宗教的身份认同,而且在国际上,很少有针对这些问题展开的深思熟虑的教育措施。教育者们需要思考的是,启蒙运动在处理种族主义和仇外心理上的失败何以导致对国家民主政治、宪政体系和国际组织幻想的破灭。群体转向种族和宗教认同的单维度身份说明了在所有信仰体系中进行一场文艺复兴或启蒙运动的必要性。这种必要性在于，它们能够有效地武装其信众，使其在一个拥有繁纷复杂的文化、社会、经济和政治现实的现代世界中发挥一个国家公民的作用。单个的和单一化的身份和团体并没有足够的资源去处理新的或正在形成的全球不平等和复杂的社会问题。为了解决全球公正问题，有必要发展世界性的公共机构和公民（《新人文主义》，2006）。伴随着底层和被压迫群体长期的斗争，世俗人文主义在社会中已经根深蒂固。然而，拘泥于文本的宗教流派却试图在世界各地逆转这些胜利，而代之以宗教为基础的社会价值观、规范、习俗和制度（《经济学人》，2007：3—20；Gundara，2000a）。

教育系统可以解决上述其中的一些挑战，教育工作者们需要认真思考这些问题，并设计合理的政策来处理社会体系遇到的各种问题。这个过程需要被纳入更广泛的公共政策措施中，以消除当前存在的一些危险，而这些危险已经导致东南欧、部分中非地区和索马里出现了社会断裂。长期的冲突也折磨着类似阿富汗这样的国家，一些国际机构，还有诸如英国、加拿大等国家正在试图重建这里的国家体系和结构，特别是开设面向女孩的学校。自 2001 年以来，入学儿童已到达 600 万名，其中超过三分之一为女童。（英国国际发展部，日期不详）

本文将会从跨文化的角度并从教育领域讨论当前和未来的一系列挑战。这些挑战包括在满足经济全球化呈现出的前景与问题的基础上，实现公立教育体系的自由化。本文也会讨论跨文化教育领域概念与框架使用不当的问题，以及实践主导的改革是如何加剧教育不平等、知识中心主义、种族主义和宗教不宽容。由于当前教师教育（培训）的不足，而且由于快速发展的私有化、商业化的媒体在多元社会中所发挥的有力的负面作用，这种状况进一步恶化了。

国际环境：全球化、多样化和统一化

《世界人权宣言》第 26.1 条规定了为每一个人提供教育的权利，这是更普遍的人权的基石之一。第 26.2 条声明：

> 教育应针对人格的全面发展，强化对人权和基本自由的尊重。教育应该促进所有国家、种族和宗教团体之间的理解、宽容和友谊，进一步推动联合国维和活动的开展。（Batalaan & Coomans，1999）

这构成了一个良好的跨文化教育定义，但是它远非现实，因为在诸如教育权利的全球化进程方面，至少有 10 亿人在很大程度上是被绕开了（Power，2000）。《世界人权宣言》中的教育权利被更加精确地解释为《国际公约》中的社会与文化权利和公民与政治权利。在 20 世纪 80 年代和 90 年代，人权议程进一步拓展到发展权利、环境权利，并形成了详细的儿童权利。《联合国公约》中的儿童权利内容有两个专门条款，即第 28 条和第 29 条，分别论述了教育权利和教育目的（WCCD，1995）。

《达喀尔行动纲领》要求签署国承诺"确保到 2015 年，所有的孩子，特别是女孩和困境中的儿童，以及少数民族裔的儿童，能够有机会享受高质量的完全免费和义务基础教育"。在这个意义上，联合国教科文组织的《全民教育计划》（EFA）所面临的挑战就不仅仅局限于为贫穷国家提供基本和初级的教育，也要为所有人提供高质量的教育，根据定义来说，这必须是跨文化的，包括欠发达国家和发达国家。联合国教科文组织的文件"教育和文化多样性"为 2002—2003 年建立了一个优先原则，它强调：

> 联合国教科文组织鼓励将多语种和多元化社会中的价值观教育问题纳入各国的全民教

育行动计划中。(UNESCO，2002)

这个关注点通过将游牧民族、旅行者和吉卜赛人囊括在内,使得《达喀尔行动纲领》变得更具有跨文化性。在美洲,这些群体包括因纽特人、玛雅人和盖丘亚族人。对于世界上许多地区的工业化国家来说,EFA的重要性在于确保教育内容适合可能的未来国际环境。从这个意义上来说,除非教育是跨文化的,否则它不能给所有人提供平等和高质量的教育。一些规定的教育措施在其定义上是跨文化的、导向更大程度的平等,但它们却被批评为是"掺了水分"和降低了质量的教育。这些评论需要加以说明,以确保跨文化政策和实践不会失去信誉,因为质量和平等在教育中是携手并进的(UNESCO，2003)。最广泛层面的教育需要在公共部门内部的法定机构和正规教育机构之间建立伙伴关系;同时私营部门和志愿者部门也要提供支撑来加强非正式教育对于整个社区的教育供给。

此外,在这个过程中还存在其他障碍。这类障碍的标志就是联合国主办的两次大会缺乏后续跟进,即在德班举行的有关种族主义的会议和在约翰内斯堡举行的有关环境问题的会议。许多联合国成员国将这些问题的核心边缘化了,会议之后很少出现国家层面的矫正性措施。这表明了国家和国际层面上政治意愿的缺失。有些学者甚至对于人类状况感到失望。例如,约翰·格雷(John Gray)在他的极度悲观和令人压抑的著作《稻草狗》一书中表现无力改变这个世界的状态。他强有力地指出:

> 目前世界上有近200个主权国家。大多数都在无力的民主和虚弱的暴政之间动荡不安;许多国家被腐败侵蚀或者被犯罪组织所控制,在世界上还有一些地区,如非洲部分地区、亚洲南部、巴尔干半岛和高加索地区,以及部分美洲南部地区,这些地区处于腐败和崩溃的状态。与此同时,世界上最强大的国家在他们的主权问题上不会接受任何基本限制。他们因其行动自由而被妒忌,若是因为他们过去是敌人并且知道在将来也是就好了。(Gray，2002：12)

欧盟试图将国家主权嵌入多个层面的规则、标准和法规中,尝试着"消除20世纪前半叶肆无忌惮行使国家主权的那段暴力历史所带来的后果"(《卫报》2002年9月7日报道)。作为21世纪欧洲跨文化关系整合进程的一个结果,欧洲希望能够消除包括教育在内的公共和社会政策各层面的"欧洲堡垒"观念。而降低富裕国家与贫困国家之间的不平等有助于减少欧洲被建构为一个堡垒的可能性。在欧洲内部,在移民和贫困社群之间的歧视与不平等有造成跨文化冲突与暴力的潜在危险。这种保护性心态与社会存在于世界大部分地方和社会性多元的社群中,它们阻碍了教育公平的实施。通过采取措施使教育更具有包容性并提供技能型的学习,就能够消除一些挫败人们抱负的壁垒。英国国际发展部(DFID)有关阿富汗的报告显示了向这方面的转变,特别是在女童教育和女性技能方面(DFID，2007)。

因此,在某些社会情境和层面上,跨文化关系与理解在某一层面上得到强化,上文中提到的排斥性而非包容性趋势就在这一过程中得到体现。而在另外一些社会及其他诸多层面上,基于种族、宗教、语言、阶层与民族的跨文化冲突正在加剧。东南欧和索马里就是这种情况,这些地区的政府很难约束那些基于种族而设立的机构所提供的文本主义指令(当然这些指令并不十分具有"教育性")。然而,基于民族多样化的欧洲东南部和基于广泛地域差异的分裂地区之间存在着显著的不同,索马里地区几乎不存在种族差异。由此我们不难推测,索马里地区因为其差异很小而产生的自恋性质,也是一直以来存在于它本身的祸根。

在全球层面上,许多问题都不仅仅是当代全球化的结果,而是19世纪帝国主义和民族主义的历史遗留问题。如果国际上特别是联合国机构的行动未能成功地减小这些差距,那么就会有越来越多的成员国及其政府将不得不处理社会分裂，因为不平等、两极分化、冲突和不受控制的竞争持续存在。本节结论认为，人们之间的差距会持续，因为尽管国家机构中不断增强的多元文化性会为更好的跨文化关系提供可能性，但是也会提高跨文化冲突的可能性，除非国家机构采取一些包括教育在内的积极措施，去培育平等性并且将冲突维持在最小化的状态。

议题和概念

引起跨文化冲突的系列复杂问题中涌现出的困扰之一就是人们对术语或分析框架的使用一直难以达成共识。在许多英语国家中，一些学者认为"多元文化主义"这个术语已经种族化了。这种说法有一些道理，例如，一些激进分子和其他人使用关于歧视和多样性的问题仅仅来解决对他们自己及其特定团体的歧视。由这一狭隘界定的政治立场所形成的政策，其设计倾向于暗示只有某些群体面临排斥和歧视。例如，在英国，来自亚洲和加勒比海地区的激进分子们，并没有考虑要同犹太人、罗马人以及其他的少数民族群体一起为了解决教育中的不平等而做出共同努力。再比如，教育中的许多反种族主义政策倾向于强调对于某些少数民族移民的歧视和反对，却忽视了主流社群和其他族群与少数民族的贫困人群受歧视的情况。因此，一直以来人们对这些政策的"政治正确"本质都存在争议，因为这些政策看起来赋予了某些群体特权与优惠（Gundara，2000b：105—127；Batelaan & Gundara，1992）。

这些政策的本质主义修辞方式导致一些群体被认定为"他者"，这进一步推进了二元对立的产生（如多数和少数；移民和公民；白种人和黑种人；成功者和失败者；原住民和非原住民）。这些对立的定义和社会中各个群体的等级定位一样，有损于社会形成基于跨文化政策的包容性制度。我们需要重新回顾把在社区中学习和成长作为一个体验教育过程的措施，其实现可以遵照"育一孩需一村"的非洲谚语。然而目前，村庄本身可能需要再教育，因此迫切需要关注终身教育。终身和覆盖整个社区的学习必须兼有正式或者非正式的学习形式，并且需要强化社区的能力建设以促进地方层面的可持续性。在多元和多样化社会中提供教育措施是一项人权（Gundara，1992；Batelaan & Gundara，1992）。在伦敦，社区教育角色为这样的教育计划提供一种积极的方式（Gundara & Jones，1990：142—154）。英国的继续教育学院促进了共同价值观，但在许多机构里，极右政治和宗教影响给年轻人共同价值观的形成造成了威胁（《教育卫报》2007年11月27日报道）。

关于差异性和多样性，还有另外一个更为复杂的问题，即我们有时候被认为应该倡导多样性。这一相对肤浅的"倡导"概念并没有真正意识到"不同"是通过何种方式被解读为"不足"的，又是怎样被解读成用来侮辱一些群体的方式的。例如，在不发展多语种政策的情况下提倡语言多样性会加剧课程机会的不足，扩大教育的不平等。因此，发展学生语言能力的政策、实践和策略很重要（Gundara，2005：237—251）。

联合国教科文组织在 B@bel 计划上的合作是一个重要的进展，该计划旨在促进网络多语制，防止语言分离，保护濒临消失的语言。跨文化主义和多元文化主义领域中的相关举措需要反映出联合国教科文组织发布的文件《多语种世界中的教育》中被讨论到的一些进展（UNESCO，2003）。

许多国家特别是只使用英语的单语种国家并未认真考虑语言或文化多样性问题。他们同多元文化主义中的种族主义相勾结，因为这被视为一种方式，能够确保社会多样性仅仅被看作二战后移民的结果，特别是对于那些从先前殖民地国家迁移过来的人来说更是如此。例如，在英国，像1965年教育和科学部门发表的《学校课程》文件所宣称，"我们的社会已经变得多元化"，类似这种宣言只能解释为试图忽略更复杂的问题。在官方的政府文件中,英国社会基于历史形成的多元文化特性的相关问题并没有被跟进(Gundara,1993：18—31)。如果有人使用语言、宗教、社会阶层和领土的分类学(Hans,1949)来索引多样性,那么英国社会历来就是多元化的。权力下放到苏格兰和威尔士在很大程度上是和平的,这也是英国国家历史上多民族特性的证据。

欧洲国家的跨文化教育政策直到最近才从长达一个世纪的国际与地方视角中获得启发。(CIDREE,2002)从历时性的维度看,英国和欧洲其他国家的主流文化,是过去几个世纪和现如今各国人民以及他们的文化和国家之间交流互动的产物。殖民帝国和欧洲的一些附属国是这种交流互动的重要部分。因此,当代社会和文化不平等的模式得到民族主义、帝国主义和殖民主义的历史遗产的支撑。然而,这些对于学校中的年轻人来说是非常难以理解的复杂问题,因此,用年轻人能理解的方式来叙写它们就显得格外重要(Gundara & Hewitt,1999)。

一百年前,在布尔战争[①]后不久,英国政府建立了跨部门专门委员会去调查国民体力衰退的原因。几乎不可避免的是,这些报告都提倡优生人种,认为下层社会的"繁殖"将会吞没所谓的"上流社会"。事实上,在世界范围内被复制的社会阶层分类正是源于1911年注册总署署长为对抗这一立场而做出的尝试。但是教育只是被视为达到最低限度社会融合的手段。积极的方面是该委员会建议为所有人提供校餐这一措施。

不足和劣势模型依然是跨文化教育措施的认识基础。在英国,这意味着按照登记分类法区分出来的来自第四和第五社会阶层的人被认为是"文化方面被剥夺的"或者是"在文化方面处于劣势"的群体。这一论辩中的保守派还在继续认定低等地位是基于遗传因素的。自由党派往往强调弱势群体是过去的性别歧视、种族歧视和阶级歧视的结果。在大西洋两岸进行的有关智商的辩论产生了进一步的争议,而在前共产主义国家,一些少数民族政策被认为是无效的,因此需要设置特殊的学校,以安置来自罗马和其他地方的少数民族社群的儿童,使其处于劣势(Tomasevski,2003；Wilson,2002)。

社会不平等的遗留问题构成了2000年在英国北部城市布拉德福德、奥尔德姆和伯恩利暴乱的背景。这些暴乱不仅涉及贫穷的白人,还包括黑人,这些不平等在坎托、里奇和欧瑟里的报告中均被明确指出(Cantle,2002；Ritchie,2001；Ouseley,2001)。

法国启蒙运动导致了"国家"概念的产生,这个概念是基于有关社会的社会学观念,在法国大革命之后,这一概念是基于社会契约论的某些观点而非基于一些古老生物学神话的观念。这一民族国家包括了不讲法语的阿尔萨斯人和欧克斯坦人以及犹太人。随着圣多明各奴隶制的废除,非洲的黑人也被看作"公民"(Amin,1997)。因此,国家不是一个特定的主张,而是一种普遍的表达。虽然保护人权是法国大革命的核心目标之一,而权利则被有选择性地使用,女性被剥夺了完全公民权利。对"他者"民族的同化以及支持法语而放弃本地语言都是需要国家优先考虑的附加指标。在新的文化和语言统一体的环境中建立现代法国国家的任务由共和国下的学校系统承担。官方正式取消各种差异的这一历史遗留问题在21世纪仍有所体现。在2005年至2006年间,法国的城市被由年轻人、贫困人群和被剥夺公民权的法国公民发起的暴动所震惊,而这些人大多数来自少数民族或者有北非背景。88所法国大学中接近一半的大学有示威活动,这已经能够表明存在潜在的公平障碍,25岁以下人口失业率也已经达到了21.7%。这个比例对于那些黑人等来说是很高的(《卫报》2006年3月10日报道)。教育者所面临的挑战是如何使用这个集普遍与特殊为一体的复杂遗产,它们为不平等的民族国家内部的公民身份提供了实质性基础。

---

①　布尔战争,又称英布战争或南非战争,是英国同荷兰移民后裔布尔人建立的共和国——德兰斯瓦尔共和国和奥兰治共和国为争夺南非领土和资源而进行的一场战争,时间为1899—1902年。——译者注

在经济不平等的社会里,差异的基础是横在形成基于更大层面平等的相似性与相互性的概念方面的一大障碍。2006 年至 2007 年发生在法国的暴乱代表着一个分水岭,它警告人们,为了逆转社会和教育的不平等现象,综合性的公共和社会政策是至关重要的,其中包括教育方面的政策。希拉克政府并没有对这些事件给予足够的重视,两名年轻人在维利耶勒贝勒的死亡事件比 2006 年的暴乱更加糟糕,并且扩散到了图卢兹。本文作者曾代表均等基金会(Evens Foundation),在暴乱前一个星期为跨文化关系相关工作颁了一次奖(Evens Foundation,2007)。学校自身的能力不足以解决在更广泛层面上的社会排斥。在英国等其他国家也同样存在有关分歧和分裂方面的遗留问题,种族主义制度化的问题随着《种族关系修正法案》(2000)的实施而在工作议程中受到高度重视,其中要求公立学校和私立学校都不得出现歧视现象。问题是,这些措施是否足够或者太过薄弱?为了减少歧视和消除高层次的不平等,大部分国家在公共和社会政策方面还应该做些什么?

跨文化研究的未来

向威尔士和苏格兰的放权大体上是一种和平和民主的转型,这表明其中存在跨文化主义的积极作用,尤其是因为苏格兰和威尔士人民认可占主导地位的英格兰对待他们的方式。然而,公共和社会的政策与实践对于避免社区的强制性集中居住是很有必要的。这是因为它们都保障人权立法,并遵循宪法对待少数民族社区的规定,尤其是尊重其语言权利。但是对像苏格兰这样权力下放的政体也不能过于乐观,认为其中没有种族问题。苏格兰行政院委托撰写的一份报告表明 25% 的苏格兰人是种族主义者,其中一半的人都没有考虑到使用像"巴基斯坦佬"这样的术语会是种族主义者的表现(Commission for Racial Equality,2002)。

从北爱尔兰的冲突以及冲突的解决中我们也能获得经验,它有可能让英国和爱尔兰的政体在最近的政治协商之后更紧密地一起合作。跨境研究中心已经汇集了来自南北半球的教育者们,以形成一种更高水平的实践性制度与教育合作。这并非一项简单的任务,因为政治和身份问题仍然在发挥着强大的作用。因此,北方的学生认为南方是一个"不同的国家",并且想"在本土地区"完成他们的教育,而另一方则将北方视为"不完全相同的……和你了解的人待在一起总是比较容易的"(Centre for Cross Border Studies,2007)。

概念和分析需要得到开发,这要依靠历史和当代的社会性多元的社会中的冲突与合作经验,这也与形成包容的课程和跨文化公民教育有关。在复杂的社会中,技术性的变革可能会导致高水平的失业,要求公民参与到民主制度中的压力更大。深化民主需要批判性地评估社会关切的问题以及社群参与的发展状况,以及评估为了促进这些合作而进行的课程与教学改革。

另外,促进儿童理解其作为未来公民的权利和义务的不仅是教育的内容或者是他们学到的知识,还包括儿童在学校的真实体验。所以,一个民主的校风是非常重要的,这需要通过积极行使公民权和参与到更广泛的社区中来提升经验。对于成年人群体而言,青年时期工作的作用,其他正式的和非正式的终身教育都很重要,以确保持续的教育经验能够提高公民的技能、知识和能力,以及提高其在多元社群背景中的生存机会(Bourne & Gundara,1999)。

追求公平过程中的障碍

在许多社会中还需要处理另一个难题,因为旧有的社会凝聚尽管为社会中的不同群体提供了明确的角色,却也造成阶层区分,这成为过去 150 年间冲突的主题。旧有的社会凝聚就是建立在社会阶层基础上的,这种社会阶层就是阶层分化的社会的前身。依据种族、宗教和性别进行的划分导致了"受围心态"和受围社群的形成,该情况挫败了世界很多社区的安全性,导致这些社区的社会分裂。像鲍曼描述的那样,在这流动的时代里没有社会凝聚力,社区正在变得分裂(Bauman,2007)。由于没有预先定下的阶层基础用以促成社会凝聚,在没有任何阶层参考的情况下,年轻一代面临着更为清晰的两极分化模式,即被划分为成功者和失败者。身份的排外性给跨文化教育带来了新的挑战。如果那些成功者拒绝承认他们对这个社会的义务,特别是当来自不同背景的群体并不团结也不具有相似性的时候,那么这同样会给跨文化教育带来挑战。因此,跨文化教育有着复杂的作用,要解决所有年轻人中的排斥性和迷失意识,创建一种共享价值观和公民身份的意识。

在印度和美国这样的国家中,有关"正面差别待遇"和"平权行动"政策的实施一直为弱势群体提供公平机会。经过较长一段时间的发展,这些群体现在已被视作是享有特权的,而且主流群体也这样认为。因此,除非这些政策都经过精心的设计,切实以弱势群体为政策目标,而且有明确时间限度,否则它们会变得适得其反,不仅会加剧差异性还会减少不同群体之间的共性。因此,我们有必要反思这些平权行动和差别待遇政策,以便其不会扩大差异和造成分裂性影响,我们制定的政策应该包括来自所有社区的弱势群体,以及那些在多数群体社区和主流社区中的穷人。

如果某些群体因为缺乏社会凝聚力而被教育系统和学校排除在外或者边缘化,那么国家是应该保持中立还是应该有所干预呢?换句话说,国家是否应该保持公正或者公平呢?罗尔斯运用差别原则论述了富人相对于穷人不应该拥有特殊利益的观点(Rawls,1997)。所以,为了符合公平原则,国家应是公平的,但并非不偏不倚。在一个民主国家,公民应该获得教育和知识以赢得平等的生活机会。如果政府保持不偏不倚,它就不能在教育领域创建一个公平竞争的环境。它只能通过干预的方式做到这一点。然而,政府并不是社会变革领域中唯一的机构。私营部门也有社会义务,而志愿机构在乡村地区和社区层面发展活跃公民身份的工作中也起着很重要的作用。当社区通过利用当地所有的资源来发展微观经济以提高当地经济的时候,情况更是如此(Pike,2003)。

教育系统和多元化社区的一个挑战是构建包容性政治,容纳差异性观念。这可以通过以下措施来实现:

- 从教育的视角为不同群体的公平与归属感创造条件;
- 发展基于差异而并非劣势的一体化心态,降低不平等的水平,提供多重选择;
- 教育系统为社会中多重划分的群体构建一系列相互关系,以便他们"拥有"归属感;
- 发展填补不同等级群体间差距的政策,培养被剥夺公民权和被排斥群体的公民身份和人权意识;
- 制定包容性平权行动、正面歧视和有时间限制的政策;
- 发展广泛的包容性女权主义,尤其是确保在公共生活和公共机构中的平等;
- 不同的社区需要活跃参与的公民,发展"我能行"的心态和行动。

中心知识

这些问题在一个更广泛的层面上提出了中心知识的问题,根据1990年COD概念将其定义为"有一个(指定的)中心"。然而,事实上存在多源性知识,即有很多不同的叙事而非单一的知识叙事,因此,"中心"知识系统只是以简化的和排他性的标准为基础的官方学校课程形式运作的。

从不同政体的多种资源中选择课程标准，这对课程规划者提出了一项复杂的挑战。考虑到聚焦主流群体知识基础上的课程并不符合社会性多元政体的需要，这种情况确实是一种挑战。从不同来源获取非中心的或者包容性的课程，这在国家、局部地区和地方环境中都是有必要的（Gundara，2000：161—205）。

跨文化教育实施中的一个问题就是：欧洲一些从属群体的语言、历史和文化被认为不与欧洲主流国家享有平等价值。这样的一种关于非中心或者包容性课程的权利可能是实现跨文化教育发展的最大挑战之一。这个实践将需要一种主要的智力挑战，联合国教科文组织对非洲历史进行的一套八卷本编写工作就是这种情况。这套著作并未被整合进普遍历史知识的主体。联合国教科文组织还有其他重要的项目，如有关奴隶贸易、丝绸之路以及和平与国际理解教育的文化等，这对于在国家主流教育系统内发展跨文化教育有一定启示。

联合国教科文组织提出的未来两年跨文化教育纲领包括：

● 致力于提升历史教学相关的课程与教材；

● 在成员国内部和成员国人民之间进行理解教育的过程中，促进有关语言与文化在发展中关键作用的对话；

● 支持"世界原住民国际化十年"教育活动；

● 传播开展语言教育的新方法；

● 支持母语和多语种教育指导方针的出台；

● 鼓励为当地语言准备文化适切性的材料。

这一联合国教科文组织议程应该使非洲、亚洲和美洲国家能够通过跨文化教育政策来解决社会多样性的问题（UNESCO，2006）。为了维持这些大陆上不同政体、国家内部的安全性，需要开发能够避免以自身文化为中心的课程。在国家和文明的背景下设计必要的知识基础，为课程规划者们提出了一个困难而又重要的挑战。共享知识和兴趣有助于在公共领域和公共机构中形成共享和共同的民主价值观体系。

非中心课程将使教师、学生和其他学习者们能够开发对于民主社会重要的、包容性的共享价值体系。像阿马特亚·森（Amartya Sen）所言：

> 根据传统价值观企图扼杀参与式自由的尝试（比如宗教原教旨主义，或者政治习俗，或者所谓的亚洲价值观）简单地忽略了合法性的问题，以及那些被影响的人们参与决定他们想要什么以及他们有理由接受什么的需要。（Sen，1999）

跨文化学习型社会

历史课程的教学作为课程的一个方面说明了中心课程的问题。从包容性的视角来看，历史教学需要在一个更广泛的国际化水平上得到开发。在欧洲，欧洲理事会也做出了这方面的尝试，在亚美尼亚、格鲁吉亚和阿塞拜疆通过了第比利斯倡议。同样地，考虑到在北爱尔兰的政治协议，是否存在这样一种方式，使天主教徒和新教徒对1916年都柏林起义和索姆战争的内容进行选择性的教学，以便为最近的政治协议提供共同的教育材料和意义？这样的课程发展不应该只是主流教育的一部分，也应该依靠基础教育和历史知识来建立。这样一种整合的系统将会加强在多元文化民主内部活跃的欧洲人、非洲人、美洲人和亚洲人公民身份的跨文化能力。特别需要评估人文学科和社会学科与当代社会需要的相关性。

尤其值得注意的是，至少有1.3亿到1.45亿人在他们的原国家以外居住。如果非法移民也被包含在内的话,这些数字会更高。超过 2 100 万难民住在其他的发展中国家。许多生活在"城市边缘地带"和国家边境地区的人一直都被忽略。许多在这些充满暴力和流离失所的地区和国家中成长的年轻人,对他们本应充满意义的未来不抱有任何希望。阿富汗和巴基斯坦的边境以及缅甸和泰国的边境代表着这种"边缘地带",它们表明了边境的渗透性与单一国家机构和法律制度的缺乏。萨桑(Sassan)开始探索在全球资本和电子市场出现后,边境问题的复杂性以及他们对于国界的定义(Sassan, 2006)。

　　对于建立未来稳定社会的归属感而言,包容性教育供给和共享的有意义课程的发展是很必要的。这样的教育举措可能会帮助这些年轻人,为他们理解民主进程、现代化与发展的意义提供基础。因此这些问题应该考虑到参与式教学法。在边缘地带,教学应该是进步主义的,而不是拘泥于那种传统的非洲、亚洲和美国中心的课程,这会抑制学生的质疑精神。后者进而又使知识的欧洲中心论在全球层面上流行和保持优势地位。在现实中,为了使未来更加易于理解,无论是占主导地位的还是次属地位的,多数群体还是少数群体,都需要定义新的知识维度(Gundara,日期不详)。

　　处理好被剥夺权利的课程改革"声音",将需要一系列精密的、外交的、持久的和复杂的手段,尤其是如果不想让渴望的改革被学术边缘群体所影响的话。在课程方面活跃的、夸张的和反叛的回应不仅是不充分的,也会适得其反。虽然行动需要渗透在所有欧洲、美洲、非洲和亚洲社会,但是这些大陆上的贫困地区会面临更高层次上的困难,并且可能需要国际机构的支持。因此,像欧盟委员会和联合国教科文组织以及区域中心这样资源充沛的和更有经验的教育机构,也有助于为教育的变革与发展提供非定向的支持。

世俗主义和宗教的对决

　　历史上的阿育王(公元前 272—前 232 年在位)因其对印度的征服而引起的屠杀、死亡和破坏感到懊悔。这使他从追求胜利的阵营转移到和平与非暴力的阵营。这个历史性的例子也表明有很多当代遗迹都带有相类似的信息。这些历史遗迹被学校和教师们用来传递和平而非战争的信息,世界上大部分城市广场中的纪念柱都表达了这一信息。

　　如果你从巴黎的联合国教科文组织总部走出来,进入埃菲尔铁塔公园所在的霞飞区会看到一个和平纪念碑矗立于此。在伦敦的塔维斯托克广场,有一座纪念圣雄甘地和广岛长崎原子弹爆炸遇难者的纪念碑;7 月 7 日这座广场的一辆公交车爆炸之后,又有了一座纪念遇难者的纪念碑。这对于住在布鲁姆斯伯里地区甚至整个伦敦的人来说都有深刻的意义。这只是全世界的很多城市中许许多多遗址和象征物中位于巴黎和伦敦的两个例子,教育者们可以用它来传递和宣传民主、非暴力、和平和包容性的世俗国家。还有一些其他的纪念物在纪念一些国家性灾难所带来的国殇,包括在耶路撒冷的大屠杀纪念馆、华盛顿的越南墙和俄克拉荷马城纪念碑。这些象征性纪念物为有选择性地描述悲伤与受害者提供了可以作为例证的方法,使人们可以批判性地看待过去发生的故事,这样才能更好地解读历史,缓和历史。然而,大多数的纪念物都仅仅是在继续标榜某个群体的胜利,英魂谷继续庆祝弗朗哥的胜利,而不是纪念那些在西班牙内战中死去的人。大多数的教育材料也继续代表着胜利者、权势者和占主流地位群体的声音。然而,当前有一些项目开始重新审视教材的编写方式,以及地图上名字标记的排他性和不能代表复杂历史的方式。德国的埃克哈特研究所和联合国教科文组织对这些举措投入了大量时间和专业知识。

　　世俗和宗教意识形态之间的紧张关系可能为多元化和多信仰政体带来最严重的警告,这需要教育者和课程规划者用一种非民族主义的、创造性的来解决。虽然宗教和个人的信仰可能属于私人领域,但是有些来自宗教系统及其知识的问题对于国家和全球思想,以及未来社会的民主化和批判性公民发展都会产生影响。宗教在多信仰、宪政和民主化国家中的作用需要清晰界定,以免产生由原教旨主义者和由信仰支持的"真理"的教条主义概念所导致的社会深渊,这是一个非常重要的问题。

甘地及其门生尼赫鲁的重要性在于,他们对西方和印度文明有一种真正的跨文化理解。他们表现出的创造性和决心,也是现在很多政治家和教育领导人所缺乏的。坦桑尼亚前总统尼雷尔老师,常常简称其为老师。他通过制定政策统一了多元文化的坦桑尼亚社会。也许是跟随他的步伐,前南非总统曼德拉就形成了一个年长者群体,他们有助于提供一种影响力,来解决未经控制的全球市场领域中的跨文化冲突与危机。教育者应该怎样应用这些措施,使得包容、民主以及积极参与这些已经幻灭的理想重获新生呢?

在一个潜在的层面上必须追问的问题是,姆贝基总统[①]的"非洲复兴"的教育意义和学术机构的作用何在。除非它能够建立一个更加公平和包容的南非,否则复兴将永远是一个妄想(《观察家报》2007 年 11 月 24 日报道)。还有一个问题是,原教旨主义的崛起在多大程度上也是现代化社会政府在一般性的公共政策和社会政策领域提供平等这一方面失败的结果?如果政府在这方面的角色失败,那么教育系统在消除宗教冲突方面就没有多少可做的了。

在尼日利亚,改变信仰的宗教侵蚀了当地传统和像奥里萨(Orisa)那样的信仰,扰乱了学校和大学里的教育,沃莱索因卡对此感到很抱歉(《卫报》2002 年 8 月 6 日报道)。在非洲西部环境下,跨文化政策的实施与实践可能是避免教育机构中的宗教冲突的一种方式。

在学术层面上,像巴基斯坦的伊纳亚尤(Inayatullah)那样的学者们辩论道,应该有一种选择性的社会科学,即一种不是基于民族国家而是基于"分层主权"概念的分析模型(Inayatullah,1998)。不可避免的是,这不仅为教育政策带来了复杂的问题,也为深化课程改革和提高教育质量带来了问题。

媒体和跨文化关系的作用

媒体在加强跨文化关系中扮演着重要的角色,因为它们具有误导和教育的双重能力。然而,在全球化的当今阶段,媒体节目一直受到市场力量的驱使。世界上的许多人都认为,相对于教室来说媒体在信息来源方面的影响力更大。如果不需要装饰或者清理庭院,他们的注意力就转移到奇异类、旅行和野生生物相关的节目上,而不是有关发展、贫穷、跨文化问题、政策、历史、经济或者环境方面的节目(Nason & Redding,2002)。这些问题只是作为新闻和时事项目中的一部分受到了一些简单化处理,这样的节目不应该像过去一样是家长专断式的,而应该解决普通公民面临的问题。

电视观众主要是为了娱乐,所以他们不收看训诫类的或吓唬人之类的纪录片节目。观众更喜欢的是一个有良好情节和突出的人物性格的故事。在这里至少需要两个步骤。首先,传媒行业需要采取一种有策略的和综合的方法,而这主要是靠强化叙事和内容。教学中又是如何使用各种新媒体呢?在跨文化理解的问题上,各层面教育者在使用媒体来教育受众方面发挥着重要的作用,使人们不仅在视觉信息方面见多识广,还必须在区分宣传性、修饰性的话语和生产性、进步性的话语方面获得批判性的理解。

---

① 全名塔博·姆贝基(Thabo Mbeki),生于 1942 年,曾在 1999—2008 年期间任南非总统。——译者注

跨文化教师教育的作用

教师教育机构在加强跨文化教育中发挥着持续和主要的作用,因为作为乘法效应中的乘数,接受他们教育的教师能够影响他们所教的很多代人的生活。

在世界上的许多国家,教师教育工作者们需要重温 1986 年卡耐基基金会报告,它建议将教师职业提高到同其他职业同等的较高位置。大多数高等教育机构对医生、建筑师和律师同时进行教育和培训,但对教师则只是培训。这是一个重要的问题,因为"培训"和"教育"之间有所差别。高等教育机构不能忽视同样基础广泛的严格教师教育。前联合国教科文组织的教育主任科林·鲍尔(Colin Power)在伦敦大学教育学院的一次演讲中指出,如果说哈佛商学院教育梭鱼式的商界人才,教师教育机构不应该仅仅把教师培训成收拾梭鱼遗留下的残局的社会工作者。

关键性问题是,这些问题是关于教师培训还是教师教育?"培训"意味着较低水平的知识和技能。

为了得到受过最好教育并且具有专业资格的教师,他们的教育应该以相当的标准在大学或者其他机构中进行。因此,教师作为自主的专业人士应该在获得学士学位之后加入一个教师教育机构,进行一个与其他职业相似的专业教育(卡耐基,1986);当然不同国家的情况各异。

教师应该经过高水平的专业化严格教育,并具有获得认证的研究生层次的教育资格,这对于提高教师教学能力是必不可少的。作为认证的一部分,课程的跨文化维度需要被置于教师教育过程中。这本身就带来一些复杂的问题。来自少数民族社区、在大学中拥有良好表现的大学生更愿意从事其他的职业,而不是教学工作。为了使跨文化教师教育更加有效,教师教育机构和学校都需要有一个多样化的学生主体和教学员工。不仅要让教育成为一个有吸引力的职业,而且下层阶级、少数民族和较小民族的教育需要得到改善,并且要采取一定的措施来保证他们参与到教学工作中。获得过跨文化教育和多元化的教师队伍,其一项优势在于,不仅能够使复杂的社会价值在学校和高等教育机构中得以融通,而且还能够为有能力的和职业化的教师队伍建设提供多语种知识和技能。

在跨文化角度,教师技能应该包括人际关系、实施对话、缓和困难的讨论、处理冲突以及同家长相处等专业知识。教师面临的最复杂的任务是要处理学生种族主义和自治的同辈文化。只有教师具有跨越师生之间、学校与社区之间分歧的必要经验、技能和理解时,沟通交流的需要才能得以满足。

教师在其最初的教师教育中可以获得知识、技能和理解来解决种族问题,这些需要作为其专业发展的一部分在持续性基础上进一步精炼。种族主义和阶级排他过程与宗教分裂因素致命地混合在一起,这就需要教师有高水平的技能和专业素质。这还需要制度上的政策和来自学校内部的支持。在理清这些复杂问题和使所有教师有能力处理它们方面,教师教育机构发挥着重要的作用。

发展的和充满希望的共同体

对于一种包容性民主结构的发展来说,主要原因之一是有 1 万个独立的社区存在于 200 多个国家中,它们的公平与保护没有得到任何保障。由联合国教科文组织设立的 21 世纪国际教育委员会提出:学习共同生活的问题,不仅是未来教育的四大支柱之一,也是教育面临的最大挑战。

　　在发展多元社会中公民的跨文化理解方面，不管是正式的还是非正式的终身教育都发挥着重要的作用。这需要将非政府部门囊括在内，以便这些社会的公民身份不会处于消极被动状态。它需要公民变得活跃，这样他们就可以改善其自身和所在社区的生活。

　　然而，只有同心同德的发展民主活动，建立"发展的和有希望的社区"，否则跨文化冲突的增长会成为必然。只有在教育机构的内部和外部存在深层次的跨文化活动时，贫穷社区中的公民才会积极起来。

　　民主与共享的政治文化与为了所有社会的更高水平的合法性经济活动是齐头并进的。收入不平等与教育和经济不平等的增长有关。在世界经合组织的成员国中，英国存在最大的收入差距，并且在 16—19 岁失学同时又失业的人群中比例最高（19.4%）。许多这样的年轻人不仅有功能性文盲和明显的反社会行为，并且对于其他人的生活和安全来说也是一种威胁。这些受挫的年轻人构成了跨文化冲突的基础。为了英国社会和世界上其他国家的安全创造先决条件，必须做出大量努力。

　　本文提到的许多危机中，作为国家政策中的一部分，教育发挥着重要的作用，主要是要主动地处理多元社会中教育机会和教育结果的不平等问题。基于当前开发的政策和实践的教育措施也有助于创建一个新的社会，这个社会不仅要承认差异，也要帮助发展共性和分享公民价值观，为联盟社区提供未来主义的合法性。

参考文献

Amin, S. (1997). *Capitalism in the age of globalisation*. London: Zed.

Batelaan P., & Coomans F. (1999). *The international basis for intercultural education including anti-racist and human rights education, IAIE, IBE and Council of Europe*. Geneva: IBE.

Batelaan, P., & Gundara, J. (1992). La diversité culturelle et la promotion des valeurs à travers l'éducation. *Questions de Formation*, IV(8), 23 - 53.

Bauman, Z. (2007). *Liquid times: Living in an age of uncertainty*. Cambridge: Polity Press.

Bourne, R., & Gundara, J. (1999). *Human rights education: Learning human rights in secondary schools; curricular framework*. London: Commonwealth Secretariat.

Cantle, T. (chair) (December 2000). *Community cohesion: A report of the independent review team*. London: Home Office; Ritchie, D. December 2001. The Oldham One Future, *Oldham Independent Review Panel Report*; Ouseley, H. July, 2001. Community pride not prejudice – Making diversity work in Bradford.

Carnegie Forum on Education (1986). *A nation prepared: Teachers for the 21st century*. New York: Carnegie Corporation.

Centre for Cross Border Studies (November 2007). A note from the next door neighbours. 15. Belfast: Centre for Cross Border Studies.

Commission for Racial Equality (2002). *Images of race in 21st century Scotland*. Edinburgh: CRE 2002.

Commonwealth Secretariat, Report of the Commonwealth Commission on Respect and Understanding (2007). *Civil paths to peace*. London: Commonwealth Secretariat.

Department for International Development (2007). *Afghanistan: Development in action*. London: DFID.

Evens Foundation (13 - 14 November 2007). A vision of "Europe of the Future".

Fukuyama, F. (7 - 9 - 2002) 'The transatlantic rift', *The Guardian*, London.

Gray, J. (2002). Straw dogs: *Thoughts and human and other animals* (p.12). London: Granta Books.

Green, J. M. (1999). *Deep democracy: Community, diversity and transformation*. Lanham, MD: Rowman & Littlewood.

Gundara, J. (1992). Permettre à des citoyens d'origines différentes de participer à la société démocratique et pluraliste. *Questions de Formation*, IV(8), 55 – 75.

Gundara, J. (1993). Multiculturalism and the British nation-state. In J. Horton (Ed.), *Liberalism*, *multiculturalism and toleration*. Basingstoke: Macmillan.

Gundara, J. & Hewitt, R. (1999). *Life files: Racism*. London: Evans Brothers.

Gundara, J. (2000a). Religion, human rights and intercultural education. In *Intercultural education*. Vol. 11, no. 2. Basingstoke: Taylor & Francis.

Gundara, J. (2000b). *Interculturalism, education and inclusion*. London: Paul Chapman.

Gundara, J. (2002). Social diversity, intercultural and citizenship education in European Union. Le Metais (Ed.). Enschede: CIDREE/SLO.

Gundara, J., & Jones, C. (1990) Education in urban communities: A London case study. In C. Poster & A. Kruger (Eds.), *Community education in the Western world*.

Gundara, J. (March 1999). *Multiculturalism in Asian societies: Issues for intercultural education*. Washington D.C.: Sasakawa Peace Foundation.

Gundara, J. (2005). The global and the national: Inclusive knowledge and linguistic diversity. In D. Coulby & E. Zambeta (Eds.), *World Yearbook of Education*, *Globalization and nationalism in education*. Abingdon: RoutledgeFalmer.

Hans, N. (1949). *Comparative Education*. London: Routledge.

Inayatullah (1998). Imagining an alternative politics of knowledge: Subverting the hegemony of international relations theory in Pakistan. *Contemporary South Asia*, 7(1), pp. 27 – 43.

Interview with Hall, S. (8 – 3 – 2006). London: New Humanist.

Nason, S., & Redding, D. (2002). *Losing reality*. London: 3WE.

Paris: Musée de l'Homme. www.evensfoundation.be.ef10.org

Pike, M. (2003). CAN DO citizens: Re-building marginalised communities.

Power, C. N. 30 – 3 – 2000. *Learning to live together: Interculturalism in the 21st century* (Mimeo). London: ICIS, ULIE.

Rawls, J. (1997). *Theory of justice*. Cambridge: Belknap Press.

Report of the World Commission on Culture and Development (1995). Our creative diversity (President Javier Perez de Cuellar). Paris: WCCD.

Sassen, S. (2006). *Territory, authority, rights*. Princeton, NJ: Princeton University Press.

Sen, A. (1999). *Development as freedom* (p. 32). Oxford: Oxford University Press.

The Economist (3 November 2007). A special report on religion and public life (pp. 3 – 20). London.

The Guardian (27 November 2007). Education (p. 2) London.

The Guardian (10 March —2006) London.

The Scarman Trust Report. London: SES.

Tomasevski, K. (2003). *Education denied: Costs and remedies*. London: Zed.

UNESCO (2003). *Education position paper: Education in a multilingual world*. Paris: UNESCO.

UNESCO (2002). Preface Sir John Daniel. *Education and cultural diversity*. Paris: UNESCO.

UNESCO (2006). UNESCO guidelines on intercultural education. Paris: UNESCO, Section of Education for Peace and Human Rights, Education Sector.

UNESCO (2003). *Education global monitoring report. Gender and education for all: The leap to equality*. Paris: UNESCO.

Wilson, D. (2002). *Minority rights in education: Lessons for the European Union from Estonia, Latvia, Romania and the former Yugoslav Republic of Macedonia*. Lund: Raoul Wallenberg Institute.

22. 女性主义、解放和教育

内莉·斯卓姆奎斯特(Nelly P. Stromquist)

毫无疑问,女性主义会被历史学家看作 20 世纪声势最为浩大的社会运动之一。女性权利应包含于所有人类权利之中的理念自 19 世纪 60 年代末便已成为共识,并随着 20 世纪早期女性获得选举权而达到顶峰,其中新西兰是第一个承认女性选举权的国家。然而,直到 20 世纪 60 年代,女性主义运动才扩展到世界各个角落。这被称为第二次女性主义浪潮。这次浪潮提出了"解放"这一术语,试图将女性从经济压迫、文化从属和政治边缘化中解放出来。第二次女性主义浪潮讨论了男性和女性在社会各个层面上的境遇,从家庭到工作场所,再到政府层面,并总结认为应该改变这些境遇以使男性和女性都能从各种社会安排中获益。换句话说,解放意味着一场改变社会秩序的政治运动,但这种方式并不意味着在现存的等级制度中男性将被女性所替代,而是要创造另一种社会关系,这种社会关系不会以僵化和专制的等级制度为特点。虽然女性主义运动最终目标较少被提及,但通常其目标都包含了男女之间社会差别的缩小。

今天的女性主义团体包含了许多种类:反对父权制的团体、参与学术和文化生产的团体、追求人本权利的团体,以及致力于满足贫困妇女基本需求的社区组织。过去,他们通过最具普遍意义的谋求人类发展和社会公正的活动统一在一起。许多学者认识到家庭和身体是权力政治所在地(Molyneux,1985;Connell,1987;Messner,1992)。大部分学者意识到家庭暴力和性暴力问题是女性从属地位根深蒂固的特征,越来越多的学者开始研究性取向问题,而所有这些问题都同社会变革和国家发展有关(Subrahmanian,2005)。

早期,解放意味着摆脱对女性的固有界定:柔弱、温顺、被动、拥有母性和责任感、被分配做一些看护类工作,并负责打理家庭事务。解放也意味着女性不再因为低廉的收入或者没有铁饭碗或一份有前途的工作而依赖男性。性取向自由是女性主义最初未曾设想的一个目标。还有一个目标是女性掌控自己的身体,其中包括堕胎的权利,这一目标分化了许多国家的女性主义运动。如今,解放这道符咒已经消失,因为不同类型的女性涌现出来,她们以不同的方式关照现实,并且找寻各不相同的目标。拉扎尔在下列陈述中很好地总结了这种情况:"性别压迫对各地妇女的影响都是不一样的,无论从事实上看还是从文本中看。"(Lazar,2005:10)

这场运动伴随着一些新思想的产生,主要表现在以下四个不同方面:女性自身在其不同的社会生活领域所做的努力;由国际发展机构主导的运动阵线——尤其是针对发展中国家而言意义重大;各国政府为回应女性主义和全球压力而颁布的公共政策;学术界的女性主义研究者所做的理论和分析工作。

全球化趋势之下,政府提供的社会服务缩减,并且强调市场力量作为社会功能运行的最好方式(Krieger,2006;Arrighi & Silver,1999;Falk,1999),这导致女性主义的衰弱。企业间、个体之间的激烈竞争无益于加强社会团结。此外,贫困人口,尤其是发展中国家的贫困人口,面临着严酷的经济环境。这使得人们将时间和精力都耗费在维持生计上,从而不可能为了社区工作和利他事业做出贡献。结果,女性主义运动者发起运动的环境愈发严苛。在另一个支持女性主义事业的女性主义团体中,其学术研究变得愈发陷入理论建构之中,政治权力和物质条件让位于作为解释性变量的文化问题。在非政府组织中,女性主义学者和女性运动者渐行渐远。后者,即女性主义运动者,包括了更多来自发展中国家的女性,她们对诸如贫穷、贸易、债务和人权等问题颇感兴趣。她们就职于独立组织或社区组织中,这些组织或者专门致力于解决性别问题,或者从事更宽泛的诸如贫穷和人权等发展问题。而学术领域的女性将性别问题作为一种学科兴趣，而非看作政治转型的一个方面(Mohanty，2006)。结果，她们的研究同女性主义运动脱节了。这些运动通过对特定政策的迫切要求，或让女性参与政治工作从而体现女性利益以试图在政治领域施加干预。

本文将思考近几十年中关于性别和教育的理论研究进展。为探讨这一问题，本章从女性和男性教育的讨论切入，接着呈现女性主义思想发展的不同脉络，最后，结合过去的经验，讨论了有效干预的构成。

女性和男性教育状况

在 20 世纪 70 年代早期，人们在考察女性的教育状况时，普遍关心的是她们能否接受正规教育的问题，尤其在小学和中学这两个为高级知识打基础的阶段。女孩的入学机会低于男孩，特别是在发展中国家。因此，入学机会的平等成为学校教育的一个重要目标。

事实上，随着时代发展，女孩就读小学和中学的比例已经提升。尽管尚不明确这到底是因为特定的政府政策，还是因为其他提升正规教育入学机会举措的附带影响，如建立更多学校，或者缩短学校课时，增加每日班次，以容纳更多学生。尽管就全球层面来看，女孩在初等教育阶段的入学率只有 46.5%，但女孩的入学率的确正朝着同男孩平等的方向缓慢发展。在南亚和西亚、阿拉伯地区以及撒哈拉以南的非洲地区，不平等问题更为突出，女孩的入学率分别为 44.1%、46.0% 和 46.5%(UNESCO，2003)。到 2000 年，发展中国家约有 1.15 亿名小学适龄儿童未能入学，其中女童占 57%，尤其在巴基斯坦、尼泊尔和印度。尽管大部分国家的中学入学率也有所提升，但是女性并未获得性别上的平等权利。在高等教育阶段，情况却发生了逆转，男性入学率更高的国家为 24 个，而女性入学率更高的国家则高达 72 个。这一结果预示着，女性在中学毕业后，较男性有更大机会进入高校深造。另一方面，按学科领域划分的大学入学率仍然表现出强烈的性别分区，由此产生了这样的问题：这一情况是由个人选择造成的，还是由关于男女职业角色定位的文化和社会观念及期待造成的？城乡教育入学率之间的差异也十分显著且持续存在——这反映了在普惠城市人口的同时开发乡村的发展模式。然而，在这些地理空间内，相比于男性，女性在受教育机会上始终处于劣势——这进一步证实，性别不平等的存在同地域和富裕程度无关(Stromquist，2007)。

人们会疑惑为什么女性获得了越来越多的受教育机会。也许这更多地得益于这样一条广泛传播的理念，即总体而言现代公民都需要受教育，而非特定地认为女性需要受教育以改变她们的生活。一些研究者认为，另一个原因可能是，人们逐渐认识到基础教育被看作一种全球性公共产品，但这种解释只局限于较富裕的国家，因为至少在 101 个发展中国家，基础教育仍需要收费(UNESCO，2003)，该举措因公共教育投入预算较低而必然存在，这也是国际金融机构强制推行结构调整计划的结果。

一些政府已经将入学率和毕业率的相关数据作为其致力于实现性别平等的指标。这种做法几乎总是错误的，因为机会平等作为一项政策，需要采取特定的措施来帮助目标群体。除非有证据表明，政府已经采取具体措施以促进女性进入正规学校受教育，否则，就不能认为机会平等是政府有意识努力的结果。大部分国家的教育预算都极少考虑性别核心战略的经费和人员配备。

20 世纪 70 年代中期，教育领域的女性主义思想关注入学率和课堂教学等问题。她们也从学习领域选择的角度关注性别不平等，并对没有人质疑那些引导女生做出某种选择的情况表示担忧。随着时间的推移，女性主义思想家不断意识到，入学机会和顺利毕业尽管都非常重要，却不能保证关于性别的思想观念会发生改变。数值化的性别平等可能与文化、经济和政治变化没有多少关系。例如,我们需要质问自己:在拉美国家和美国,如果更多的女性在中考中胜出并在高中阶段有更好的保持率,那将意味着什么? 的确,研究表明比起未受过教育的女性,受过教育的女性在就业市场与诸多社会情境和决策中都表现得更为出色,但关于女性气质和男性气质的有害观念已经在社会中渗透,并影响了大部分女性,无论她们所受的教育程度如何。

　　大量的批判理论都论述了学校教育作为社会阶级和等级制度再生产的重要场所的特性。借助这些理论,女性主义教育理论也认识到学校作为文化群和亚文化群被创生的场所,维持着性别权力系统和性别意义形成系统的运作。如果把入学机会看作目的本身,那么人们会无视于发生在学校教育中的大量性别分化现象,尤其是男性气质和女性气质观念的形成过程。将入学机会看作目标意味着对每个人而言,学校是中立的环境,因此在这一环境之下,不会产生课堂和学校中的性别等级与对男女生的区别对待。

　　在部分发展中国家,女孩接受教育一直是一个重要问题,尤其在撒哈拉以南非洲,还有西亚和南亚地区。在许多发展中国家,农村地区的女孩入学机会存在严重差距。另一方面,在越来越多的国家中,女孩在教育机会方面逐渐与男孩平等,并且在完成小学和初中学业中较男孩有更好的表现。不幸的是,许多政府将入学机会和学业完成的平等与性别平等混为一谈,这使得他们宣称其各自社会中已经不存在性别问题了。

教科书和学校环境的改变

　　无论人们是否接受女性主义观点,教育和民主之间的关系都包含两方面:教育结构和教育实践如何促进社会民主,以及在何种程度上学校的运作是民主的(Perry, 2003/2004)。第一个方面意味着入学机会和学习机会的问题,而第二个方面意味着课堂实践如何培养宽容的品质、对他者的认可、人权思想和民主思想的问题。

　　教科书中包含了许多重要信息。因此,女性主义者很快便将关注点放在了教科书上,从而使得教育材料随着时间推移不断完善。就大部分国家来看,性别歧视性语言(通常在表达上使用男性化形式作为关键对象)的使用或(在可适用语言中)单纯用男性化代词指代女性也能完成的职业和角色的语用现象已经减少。不过问题也依然存在,即在举例、历史人物和特定个性的描述上依然采用刻板印象,将女性描绘为母性的、温柔的、不争强好胜的,而将男性描绘为勇敢的、具有领导力的、聪明的,但相比于 20 世纪 60 年代早期,这些问题已经少了很多。

　　教科书和课程中依然存在的问题是:以转变后的性别观念为核心的课程是缺失的,或者是被区别对待的。学校不断提供更多的性教育课程。然而,这些课程的主题仍然是基于解剖学、生理学以及性征所造成的对健康的威胁等方面。极少有课程关注性征、性取向、性别和公民权利、性别暴力(家庭暴力、性骚扰、强奸、卖淫、色情文学)以及法律权利等。[①] 学校教育极少将这些知识包含在社会研究和公民教育之中(Arnot, 2006)。而众所周知,发生在学校内部的性虐待和性暴力现象被严重忽视。简言之,知识内容层面以及学校系统呈现的环境层面还会发生显著的改善。但现有的课程仍然青睐于男性知识,并继续传递女性在家庭范围内具备相对优势的观念。

国际公共政策和国家公共政策

　　国际层面已经开展了一些行动。首先是工业化国家的女性主义组织同发展中国家的女性主

---

　　① 毫不奇怪,怀孕和母亲身份是女孩辍学的重要因素。

义非政府组织形成了亲密的同盟关系；其次是联合国组织（UN）行动的开展。因此，妇女和性别问题受到高度关注。联合国大会颁布了一项著名的全球立法，名为《消除各种形式的女性歧视》（CEDAW）。该法于1979年首次正式通过，到2006年，已经得到世界180多个国家认可。20世纪90年代，几大国际会议进一步将促进女性发展问题置于公共议程中。其中值得注意的是1994年的人口和发展国际会议（在开罗举行）。这些会议都高度强调了女性教育的重要性，以及女性获得同等教育机会的必要性。第四届世界妇女大会（1995年在北京举办）通过了一项教育行动计划，这一计划揭示了定义教育问题的复杂性，同时也提出了一系列完整的处理教育系统中性别问题的举措。几乎全球所有国家都签署了这一文件。

联合国妇女发展基金会（UNIFEM）、联合国儿童基金会（UNICEF）和联合国教科文组织（UNESCO）已经成为女性问题的主要倡议者。许多致力于国家发展的双边机构也已经通过了大量改善女性状况的行动计划，其中值得注意的是瑞典、挪威、荷兰和美国的发展机构。主要的国际贷款机构，如世界银行，还有诸如美洲开发银行等各类地区发展银行，也在积极促进对国家发展中的女性和性别问题的考虑方面表现活跃。

制定性别方面的公共政策以及促成干预的公正性，已经成为不同阶级、民族、种族和年龄层女性的共同愿景。由于公共政策的推行意味着政府应该发挥作用，因而建立在机会平等观念基础之上的自由女性主义促成了这些政策的推行。自由女性主义以个人权利为中心，赞成能动性的非问题化视角，认为女性具备自主修复现有关系的能力，其对政府行为也持乐观态度，认为政府机制和法律力量都能够被应用于促进女性问题的解决。

平等和公平，是公共政策及其官方话语中两个令人容易混淆的概念。社会科学，尤其是教育学，认为平等是指在特定的社会指标（如工资、政治代表权、受大学教育）下所呈现出的完全相同的情况，而公平指的是为促成平等而采取的措施。但一些国际组织和国家政府对这两个术语的使用比较含糊，从而混淆了手段和期望的结果。撒布拉门尼认为，平等应该被用来指代同等的情况，而公平则表示"为将平等的概念转化为具有实际意义的资源、机会的分配，以及转变各种条件以鼓励女性做出选择而采取的各种行动"（Subrahmanian，2005：29）。鉴于这一有益的定义，我们还可以这样理解：平等可能是终极目标，公平则需要强制采取措施进行干预，同时为达到预期目标，需要特别明确这些措施的受益群体、财政资源和人员分配。

此外，尽管教育在本质上是一种社会分配方式（如给人们提供某种形式或层面的教育），但教育公平仍包括一些再分配形式，其中包含了各类商品和服务的再分配，以使目标受益人获得更好的产品以及更为长久和优质的服务。大部分性别政策建立在分配而非再分配基础上。

目前全球有两项政策将女性问题和教育问题相提并论，即全民教育计划（EFA）和《联合国千年发展目标》（MDGs）。EFA于1990年在泰国宗滴恩颁布，由于目标的达成效果甚微而于2000年在达喀尔重申。EFA呼吁，到2015年，男孩和女孩普遍都能接受基础教育，并于2005年在中小学教育阶段实现性别平等。《联合国千年发展目标》（2000年批准通过）综合了EFA的这两个目标，并增加了女性权益这一目标，其中的女性权利等同于在受教育权、有酬就业以及政治代表权等方面的平等。《联合国千年发展目标》受到国际金融组织以及联合国的支持，因此其目标相较于EFA得以更充分的实施。一些女性主义研究者不无忧虑地注意到，《联合国千年发展目标》将基础教育年限缩短为四学年——这对撒哈拉沙漠以南的国家以及西亚和南亚国家而言偏高，但对东亚和拉丁美洲国家来说却偏低。在东亚和拉美国家中，男孩和女孩所受的教育都达到了更高的水平。联合国教科文组织（UNESCO，2003）关于中小学教育的调查数据显示，在128个国家中，有60%的国家将不能在2015年实现中小学阶段的性别平等。

EFA和《联合国千年发展目标》这两份文件中都包含了平等和赋权的话语，但缺乏摆脱消极处境的具体行动。虽然国际发展组织对基础教育的援助比例从 1993 年的 0.1％上升到 2002 年的 2.2％（《EFA 监测报告》，2003），但是与此相对应的是，国家层面的行动要么缺失，要么十分薄弱。例如，尽管 EFA 号召文件签约国制定行动计划，并敦促这些计划的后续实施，但很少有国家遵从这些承诺。到 2005 年 6 月，联合国教科文组织网站的一篇报道称，只有 43 个国家开展了国家层面的行动计划。《联合国千年发展目标》的后续活动进展也十分缓慢。联合国妇女发展基金会报道称，2006 年初只有 55 个国家呈现了年度进程报告。教育（包括其他领域）的全球公共政策极少在其目标阐述和达成目标的程序中包含女性团体或女性主义学者，以促成目标和进程的实现，而非洲地区非洲妇女教育学家论坛（FAWE）的加入也许是个例外。然而，为实现性别平等，女性有必要通过基本规则、等级制度以及公共机构实践的转化参与其中。因此，女性必须出现在讨论新治理的公共空间中，这种关于新的治理能力的论争在此呈现出复杂态势（Guzmán，2003）。

借助技术的高速发展，全球经济运动已经为经济发展营造了一种过度竞争的环境，由此导致男性霸权的强化。这同时也导致男性在强权机构中持续占据主导地位，这些机构在全球经济中占据优势地位，如世贸组织、国际货币组织、世界银行和美国财政部。（Kenway，2005）而这些情况无益于性别和社会公正问题的解决。尽管如今许多国际组织都表现出对贫穷问题的关切，但他们的研究和政策却极少考虑贫穷女性，而这些女性构成了每一阶层、每一种族、每一民族中最贫困的群体。另一方面，当这些机构将兴趣点落在性别问题上时，其关心又只面向贫穷女性。因此，国家和政府并未在简单的低收入女性群体之外合理考量性别在社会中的作用以及性别是如何同社会阶层相互作用的。纵观当前的全球发展趋势，梅热认为，"象征性政策和非决策、无产出政策，是女性主义政策的普遍形式"（Mazur，2002：180）。

国家的干预措施

一些工业国家已经颁布大量含有性别视角的教育政策，尤其是澳大利亚、英国和美国。这些政策通常已经经历了几轮修正，以便将其实施目标从消除在入学录取、奖学金和贷款方面的歧视性实践扩展到为女性创设更为友好的环境，保护女性避免性骚扰和性取向问题。澳大利亚的改革十分成功，其特点是教育法的反复应用。其成功归结于多方的共同努力，包括教师工会、教师、研究教育性别问题的女性主义学者以及教育系统内部和其他身居高度战略性机构的活动家（Kenway，2005）。

发展中国家的教育政策也越来越多地将性别维度考虑在内。这些政策的普遍模式是，关注基础教育入学机会的普及。基础教育入学机会是一项基本人权，因此，也适用于女性群体。这些政策主要回应了入学机会和保持率的问题，但其回应方式都是通过运用数据而非通过明确的干预来帮助女性。伴随教育系统的扩张，女性从中受益，但通常都是总体扩张与社会心态变化的附带结果，这得益于媒体信息的影响，尽管其影响可能会有些矛盾。这些政策的主要原则是机会平等，其关注点在平等的入学机会，而非学校内部或知识方面的平等对待。而后者会改变性别支配模式。作为一个概念，机会平等具有局限性，因为它在预设公平准则的同时没有考虑到，如果要促成社会性别秩序的转变，就必须纠正以往和现在的不平等现象。从性别的角度看，教育平等减少了对教育意识形态环境的关注，这种减少往往会导致社会性别关系的再生产（Blackmore，1999）。结果，许多政策对教师培训和新课程开发等问题都缺乏重视。

一些国家已经采取了许多与性别和教育相关的小型干预举措，而大范围的教育政策——其特点是投入更大、稳定性更强——更加倾向于贫穷问题而非性别问题。墨西哥的 PROGRESA

项目(现在称为 Oportunidades)是个例外。该项目为贫困家庭提供大量补贴,这一综合性补贴包含了营养和健康费用,并为中学阶段的女孩提供更多助学金。[①] 另一项意义重大的干预措施是孟加拉国的"中学女生助学金计划"。到 1995 年,该计划已经惠及 50 万名女孩,为她们提供一定数量的助学金,使她们能够进入高中学习并完成高中学业。促进女孩学业有成的举措也包括提供非正规教育,如孟加拉国在小型农村社区创办 BRAC 学校,并计划招收至少 70％的女孩;[②]印度为帮助农村女孩而开展女性平等计划;巴基斯坦俾路支的"奎塔女孩助学金项目"为私立学校提供补贴,使其为低收入家庭女孩提供基础教育。[③] 尽管国内劳动分工的情况几乎没有任何改变,但所有这些项目都成功促进了女孩入学率和学业完成率的增长。对三个拉美国家(巴西、哥斯达黎加和秘鲁)的跨国研究发现,教育政策越来越多地将性别问题包含在内(Stromquist, 2006b)。尽管性别概念已经有所发展,但这些政策仍然主要着眼于入学机会平等,尤其在巴西。总之,人们缺少对关于授予女性公民权这一新实践落实的关注,或者缺少对社会和文化情境中人的主体性问题的关注。

在某种程度上,由于正规教育领域的教化非常成功,大多数人并不将学校教育看作一种本质而深刻地影响意识形态信息传播的场所。梅热(Mazur, 2002)认为,西方政府女性主义政策的内容通常不与任何西方政治思想中特定的女性主义思想趋势相符合。这些政策一般是当下女性主义思想的碎片化结合,通常结合了自由女性主义思想,这一思想关注了女性的政治代表权问题以及政治进程中女性友好型议题的采纳,并且有时也会在性别和暴力政策中表达激进的女性主义立场(瑞典和苏格兰就曾发生过)。梅热对女性主义政策的理解做出了进一步的贡献。她提出象征论,其中明确界定了民主代表权、再生产权利、家庭法、平等就业权以及配偶和解权。梅热将"公共服务产生政策"包含在她的分类中,她认为存在于公共服务中的政策包括医疗健康、住房、教育和交通等领域的政策。这一将教育仅看作公共服务且并非意识形态传播的主要手段的观点是相当典型的。

性别不平等的理论解读[④]

第一次女性主义浪潮(20 世纪早期以追求女性选举权而达到高潮)和第二次女性主义浪潮(大概从 20 世纪 60 年代起至今)都将女性看作一个成员间无甚差异的群体。因而,从属和压迫理论得以提出,以便为**所有**女性提供支持。第三次女性主义浪潮(大概始于 20 世纪 80 年代中叶,且主要在工业化国家产生影响)则看到了女性群体内部**之间**的主要差异。

在最初的争论中,人们将女性地位和条件差异的原因归结为男女在社会化过程中形成的功能和角色互补。这一推理路线被广泛称为自由女性主义。它采取了一种简单的修正,即政府发挥主要的作用,通过颁布和实施反歧视法律来修正男女性别刻板印象问题。后来人们发现这一观点具有局限性,因为它将性别看作习得的偏好和规范,而避免将其看作一个群体凌驾于另一群体之上的权力表达(Williams, *et al.*, 2004)。对于不断增加的激进主义分子和一些女性主义学

---

①　到 1999 年末,PROGRESA 覆盖了 2 600 千万个家庭,或者 40％的所有农村家庭,和九分之一的墨西哥人口,在大约 5 万个社区开展,代表了每年 7.77 亿美元的投入(或者相当于墨西哥 GPD 的 0.2％)(Behrman & Skoufias, 2006)。其后继工程到 2005 年惠及了 500 万个家庭。

②　BRAC 学校项目自 1985 年存在以来,现在已经达到 4 万个,服务于该国大约 8％的小学教育人口。

③　奎塔女孩助学金项目规模比较小,惠及 1 万名小学生,占了女生数量的 30％。

④　这部分主要是关于各种理论议题的演进发展的高度个人化陈述。其他的陈述方式也是可能的。我提交的这篇文章强调的是教育领域内部该问题演进的轨迹。

者而言,父权制(比如,在大部分社会中散布这样的思想,即接受男性的优越性,认同他们在文化和经济上的优先权,还有他们作为一家之主的责任)成为一种更有力的概念,它解释了男女以及男性气质与女性气质之间霸权二分的产生(Daly,1978;Pateman,1988)。康奈尔(Connell,1995)引入了父权制红利概念以强调这样的现实:作为一个社会群体,所有男性都将在获得象征性资本、社会资本、政治资本和经济资本方面受益。对父权意识形态的认知也导向对家庭的研究,因为家庭作为一种社会场所,其带给成员的负担和回报都是不平等的。

在 20 世纪 90 年代形成的更有力的批判性分析认为,"女性"并非单一维度类别,因为性别常常会与其他社会标记(种族、民族、社会阶级、性取向以及其他个体的年龄)相互作用以创造体验性别的复合型方式,这在 1997 年被弗雷泽(Fraser)称为"女性之间的差异"。从一个角度来说,女性不能被看作一个总体类别。从另一个角度来说,性别差异的存在同附加的和多样化的永久社会标记体验**并无关系**。随着政治和理论研究的推进,性别和社会阶级之间、性别和民族之间都存在着明显的重要联系,但个体生活和群体生活的结果不能单纯简化为社会阶层或民族的影响。性别不平等处于更广泛层面的不平等范畴中,这一理论性理解在实践活动中的伴生挑战是,如何辨别性别体验中的变异性而又不迷失性别作为不平等的主要形式这一主线。

20 世纪 90 年代,工业化国家开始出现对男子气质和男童教育感兴趣的女性主义。肯威(Kenway,2005)认为,这一议题较少关注人权,而更多地记录男子气概的不同表现及其对男性和女性的意义。这一议题也有助于以更为精妙的方式理解性暴力和性骚扰。性别和教育研究的主题通常是描述关于多样而相互作用的差异性与复杂的主体性。同时出现的文化女性主义则歌颂女性特质(Kenway,2005)。最近几十年,关于性别的讨论已经不再考虑权力问题与通过集体手段促成改变的问题。因此,20 世纪 80 年代莫利诺(Molyneux,1985)谈论的是女性的实践和战略利益;而 20 世纪 90 年代,话语转变为交叉性和表现性,"交叉性"指的是多种社会标记(如成为一个白种的、有钱的、具有博士头衔的女性)的交叉作用,"表现性"则提醒我们,通过个体微观层面的行为,性别角色会在每日生活中上演——这启示我们,性别也可以在这一层面完成转化。柯林斯(Collins,2000)结合自身非裔美国人的经历,对个体反抗行为的观点表示质疑,并强调诸如种族主义、资本主义和性别主义等结构性不平等现象存在的重要性。

巴克拉克和巴拉茨(Bachrach & Baratz,1970)认为,当今的女性主义运动已不再使用处理权力问题的解释框架,尤其是那些处理非决策问题的解释框架,以及趋向于避免普遍盛行的价值和利益分配遭受挑战的解释框架。因此,很少有关于修正性别压迫的公共政策的有限形成的研究。然而,权力存在于决策制定的方方面面,也存在于包容和排除体系的构建中。(Lynch,2001)一些学者质疑非决策制定框架,认为无法对其进行检验。奇尔顿(Chilton,2003)注意到,这一框架产生了两个可供选择的假设:一项政策可能已经遭到明确的压制,或是启动这一政策的想法太过愚蠢因此根本未曾予以考虑。不过,就特定问题持规范性立场,确实能让研究者继续从事特定议题的研究,并追踪该议题在政策领域的关注度。

自 20 世纪 90 年代起,后现代主义对性别问题的思考带来了许多精妙的观点,其主要代表人物是韦斯特和齐默尔曼(West & Zimmerman,1987)以及巴特勒(Butler,1990)。后现代主义观点包括:身份是流动和变化着的;权力是扩散和关联的,且微观权力发挥着重要功能;表演性,或者说如何通过实践和预期的社会性再现在日常生活中构建性别概念;元叙事从其创建者的视角呈现了真理。在研究性别问题的教育研究者中,后现代思想已经具备相当的影响力,尽管对其的批判也不可避免地存在:脱离诸如女性和男性的二元与霸权的分类听起来似乎是合理的,但这样做使得研究者和政策制定者丧失了所指的主题,更不用说为该主题展开辩护。表演性更强调个体行动,正是在个体这一层面上,人们发现在面对强权标准和行为选择的成本时,要采取截然不同的行动确实难如登天。多样的和相互交叉的差异性的确创造了复杂的主体性，但如果一个人将这种多样性运用于逻辑结论，更有可能导致难下结论而非起到促进作用。布拉德利（Bradley，2004）认为，后现代性别研究不考察性别、性别与阶层，而是将性别从社会阶层中分离出来，转而关注性征、主体、代表、媒体、身份和国籍等问题。总之，后现代思想忽视政治方面的集体观念，低估经济因素，且不充分考虑政府、相关社会机构以及扩散的结构化力量的影响。简言之，后现代主义通常将对性别问题的诊断看作解决途径本身。

同时，自20世纪90年代早期起，产生了一场关于认同问题的理论运动，其代表人物包括弗雷泽（Fraser，1997，1998）和菲利普斯（Phillips，1999）。弗雷泽（Fraser，1998）就女性主义理论做出了突出贡献。他提出了再分配和认同之间的差别，他认为在消除社会性别差异的过程中，必须同时包含经济资源的公平分配和不同文化身份的认同。这里所说的再分配指的是物质上的不公平，其同经济剥削、掠夺和边缘化有关；认同指的是文化上的不公平，同女性的文化支配、贬损以及缺乏认同和尊重有关。其中暗含的意思是，文化上的不公平包含对女性价值观的缺乏认同或低度认同。这同时也包括不能恰当地评价女性在日常生活中所扮演的角色的价值，这些角色常常与照料家务和家庭管理以及一般性的私人领域工作相关。认同思想试图挽救个体自身造成的消极的自我表现。（Lynch，2001）换句话说，认同指的是社会承认女性特质是有价值的，承认她们享有同自身身份相符的权利。弗雷泽（1995，2000）就一项身份政策提出警告，认为这一政策是从体制化身份不平等中分化出来的。弗雷泽（Fraser，1998）和菲利普斯（Phillips，1999）都强调需要把认同问题和再分配问题或获取物质资源同服务联系起来。肯威（Kenway，2005）觉得，也许现在的人们过分强调文化不平等相关的方面，而忽略了对物质不平等的关注。尽管许多有效信息都确证，社会公平方面的认同和再分配同理解和修正两性关系有极大的关联性，但这一关联性在教育领域并未受到足够重视，虽然一些工业化国家也做出了一定努力，提出了多样性和身份问题（Lynch，2001），同时也采取了干预措施以减少课程中的性别刻板印象问题。教育政策强调女性和男性在学校教育中的同等性或平等参与。但是这些政策对社会和学校教育中的性别角色认可度不高，且忽视了处理诸如父权制、物质不平等和身份概念等思想问题的女性主义理论。这其中暗含的意思是，教育政策建立于这样一种依赖于教育的性别理念基础之上，即将教育作为促进女性经济和社会发展的手段，而忽视其内在的普遍的历史与文化力量。结果，在处理性别问题时，教育政策遵循的是分配原则（提供正规学校教育），而非再分配原则（资源的再分配）和认同思想（价值观和身份的再分配）。

对抗力量

作为一项试图改变社会规范和信仰的运动，女性主义运动不得不与一些组织及社会的反对意见相抗争。值得关注的是，主流女性主义理论很少对那些反对在性别意识形态中引进变革的群体的出现进行理论思考。

在拉丁美洲，天主教会在阻止课程修订方面有决定性力量，这些修订支持引入性别教育，将性看作一种男人和女人具有不同因果的文化实践。其论据通常是，家庭正受到攻击，并且质疑"男人和女人之间天性不同"会导致同性恋（Bonder，1998）。类似的经历在多米尼加共和国、秘鲁、哥斯达黎加和墨西哥都有记载。教会将某些问题从讨论中移除的策略正印证了几十年前巴克拉克和巴拉茨（Bachrach & Baratz，1970）的发现。他们指出，当一系列利益和观点阻碍了政策议程中基础性问题的引入，人民就不会知道这些议题。

同性别问题相对抗的一种更为普遍和广泛传播的力量来自全球化。通过强化市场驱动策略的形成和个体的角色,而非关心国家干预和团结一致来解决社会问题,全球化竞争已经促成了一种宣扬个人主义而限制政府参与解决社会问题的氛围。市场驱动(新自由主义)政策主张减少由政府提供的公共服务,却将压力转移到了女性群体身上(Subramanian,2005;Kenway,2005;Gonzalez de la Rocha,2006),而政府机构并未意识到这一影响。我们可以认为,女性生来便被武断地冠上在家庭范围内的角色,这一角色表现出对女性的压迫,政府需要为此向女性提供资助,以补偿其照顾老幼的付出,而政府,尤其是新自由主义政府是不愿支付这笔开支的(Odora-Hoppers,2005)。尽管存在这些事实,许多政府仍然拒不承认随着福利国家的退出,新自由主义损害了女性权益。同时,值得注意的是,许多政府拒绝"概念层面的成长"(Kenway,2005:50),从而不能对男性气质和女性气质这两个概念进行反思。[1]生存竞争或个体生计竞争尖锐地反映在女性领导的非政府组织的激进性减弱上,其外部资金支持已经削减。为了反对许多政府为公立学校提供低于预期的经费,民间社会已经动员起来要求政府加大教育投资。例如,拉丁美洲涌现出大量社会运动,支持创办高质量的公立学校。这一运动在近期的"世界社会论坛"中备受瞩目,然而其中极少提到教育中的性别问题。结果,现在民间社会已经不能对政府施加足够的压力,从而不能从性别角度实施不同的政策。

20世纪80年代至90年代,工业化国家对女性主义教育给予了一定支持,但随之也出现了对女童教育的强烈抵制。澳大利亚(Kenway,2005)、美国(Stromquist,2006a;Nash et al.,2007)和英国(Arnot et al.,1999)都出现了这种情况。就本质而言,这些抵制也可以称为"男孩运动",该运动认为"课堂上存在性别战争",其结果是,男孩在入学和学业成绩方面都遭受损失。现今这种抱怨的产生是由于女孩得到全力帮助而男孩备受忽视,因此男孩们在学业成绩和大学毕业率方面已经落后了。这一论争是以男孩和男性危机为线索推进的,而没有对性别文化的特性和男性气质多元性的形成进行考查,他们倾向于将男性看作女性主义运动的受害者。(Kenway,2005)在美国,对女孩和女性的抵制也以"同性恋威胁"的形式展开,受联邦政府支持的宗教团体提供性教育课程,以促进节欲观念的形成,并将手淫标记为"诱导性毒品"。(Kendall,2006)在对劳动力市场、政治代表权的差异性以及它们同性别思想的关系缺乏关注的情况下,这种抵制也会发生。对男性教育参与度降低的问题存在多种解释。一些研究者在毫无证据的情况下断言,学校教育将变得更有利于女孩。也有人认为,在建筑、机械和交通等行业,男孩即便受教育程度较低,也比女孩更容易进入劳动力市场。还有人认为,女性在受教育时更为坚韧,因为她们意识到自己需要更多资本才能在劳动力市场上竞争。无论如何,似乎再工业化(在发达国家)和去工业化(在许多发展中国家)已经影响了工薪阶层的男性,许多男性失去了工作,并且失去了支持男性气质的传统工薪阶层文化(Kenway,2005)。

机构变革的实施

几十年来致力于提升学校经验和内容以促进性别问题的合理对待的经验告诉我们,变革是可能的,但也是艰难的。目前,主流的学校文化强调的是优秀的学业成绩,以及基于此的学校排名。当前所有力求解决性别问题的行动面临着一个敌对的环境,而且女性试图谈判甚至反抗的空间愈加有限。

各种补充性策略应该落到实处:从所有教育功能中的主流性别观念,到实施性别平等政策

---

[1]　在过去几十年,政府已经认识到某些曾经被认为正常而未曾采取法律行动的情况是存在问题的。这些问题包括儿童欺凌(这一问题直到1965年才得到认可)、家庭暴力、性侵犯、婚内强奸。

和项目者的能力构建，到变更教育资源和课程以便将性别问题考虑在内，再到改善学校环境以便大部分实体空间都能朝着抑制两极分化的性别再造方向发展。

性别主流化是在极少数国家（尤其是南非[①]）尝试过的综合性策略，且该策略的实施需要可靠的承诺。培训是必不可少的，而且很明显不能局限于教师培训。校长、高级教育官员和政策制定者都必须掌握性别问题的系统知识。尽管教师培训十分重要，但无论是政策文件，还是随之制定的政策法规，都很少明确将教师培训考虑在内。就性别角度而言，入职和在职培训的缺失是公共政策的主要不足之一。[②]

性别相关知识应该通过两种主要的课程形式体现在正规教育中：与性教育有关的课程和与社会研究有关的课程（包括公民教育）。这些课程应该面向所有国家探讨相同的主题，当然也包括与特定国家相关的主题。例如，全世界的学生都应该学习关于性、男性气质、性别和负责任的性行为等相关知识，但对于一些严重的性问题，如艾滋病，应该在非洲南部区域加大重视力度。在某些国家，尤其是农村地区，学校中存在大量虐待女孩的问题，因此这一问题应该引起明确重视。公民教育应包括对公民权的讨论，以及其中为何仍包含许多性别特征的讨论；特别重要的是，公民教育应该培养对人类差异的认同，并促进团结和集体行为的形成。我们需要更多国家主导型的干预措施，以切实地实施支持妇女应聘行政管理职位的肯定性行动计划。这些政策应该考虑到整个周期：工作前期准备、入职阶段的帮助以及协助获得合格的工作表现。目前，大部分肯定性行动计划只局限于入职培训。

致力于性别问题的行动过分关注正规教育，这对年轻女孩有益却有损成年女性的利益。在学校教育之外，由于摆脱了政府监控及长期形成的官僚政治的约束，女性团体已经获得显著的个体变化和社会变革，其方式是通过自我组织和向政府施压以实施家庭暴力、健康、就业和政治代表权等领域的公共政策。女性和女性主义组织一直通过非正规教育和非正式学习解决重要的性别问题。通常，这些群体较正规教育能获得更多的改变。

随着非正规教育面向成人开展，它涵盖了在其私人和公共生活中拥有各层次经验的女性。这些体验使她们更易于接受已转化的知识（Stromquist，2006c）。

结　论

问题的构架形塑了其解决之道。目前，在不同的领域内，由于种种原因，对社会问题性别特性的分析十分有限，针对性别不平等问题的解决措施也少之又少。政府在国内或国际论坛上已经能够就性别和女性问题达成全球共识，并就此签署合作协议，但这些协议却是双刃剑。就积极的一面而言，政府已经承诺对人民负责，其中就包括维护女性权益并为女性提供服务。性别和教育问题已经在全球政策中凸显，这促使政府开始采取政策措施。如果不是全球政策的影响，政府在这些方面可能做得很少。就消极的一面而言，政府倾向于借鉴一场运动及其关键概念，而其制定的措施缺乏革新性目的。政府的反应通常是夸张的，最新的全球目标甚至削弱了之前已经达成的女性主义议程（如千年发展目标中几项议程就存在这样的情况）。

话语可以达成很多目的。它们能够呈现某些特定的声音，而通过忽略的手段压制另一些声音。那些经常出现的话语变得愈发具有合法性和权威性。如今，政府散布出矛盾的信息，一方面

[①]　在南非，很多成功经验曾得到报道，包括在教师工会中设置性别问题岗位以实现工资平等，干预课程发展以采用人权框架，促使更多女性进入管理岗位（Mannah，2005）。

[②]　考虑到很多国家的工资和工作条件，教师的动力一般都来自经济发展而非社会转型。

吹捧个人主义和竞争的价值观,另一方面宣称支持社会包容性和民主建设,将这两种价值观联系在一起。就分析内容和权力差异问题的社会学观点来看,可以说,教育系统中的关键性问题并未得到解决。一般而言,在慎重的思考后,公共政策不会因为某些问题不重要而将之抛诸脑后,相反,公共政策会在最开始就忽视有争议的性别问题。这种现象的发生主要是因为政府官员和双边组织没有将教育的女性主义的研究成果文献考虑在内。另外的原因也在于,在诸如性别、性别平等和女性权利等术语的借鉴过程中,没有严格对待这类有力的概念。

　　事实上,性别政策和教育领域目前不是非常活跃,而且这一消极情况还会进一步加剧。此外,有组织的女性极少参与(或要求参与)教育论坛。女性很难从一个她们没有话语权或其话语过于多样的团体中获益。因此,重要的是鼓励女性组织和学院、国内社会组织,以及与处于同情立场的政府部门展开对话与合作,以促进对教育中性别问题的更多重视。

　　当今社会是充满矛盾的。如今,政府,尤其是发展中国家的政府,一面主张市场主导的发展(假定处理好所有事情),一面又高呼人权和民主。然而,前者意味着政府资源的缺位,而对后者而言,政府资源不可或缺。政府尽管在话语层面表达了矛盾的目标,但在实践层面,其着力点显然放在市场主导的实践上。尽管政府不断颁布公共政策,但诸如物质资源、立法、公平计划和报告,以及政府内部性别机制的建立等政策手段的使用远远落后于符号政治的使用。

　　教育中的性别问题已经反映出思想应对上的重大转向。女性主导的非政府组织关注教育的入学机会问题,并确保性别平等在教育的各个层面都能实现,这种现象在发展中国家尤为明显。女性群体关注千年发展目标,并希望看到这些目标得以实现。对学术领域的女性而言,性别的定义方式更多地是从人文科学(哲学和文学理论)而非社会科学中衍生出来的,并试图理解性别方面所有不可捉摸的复杂性,而非关注采取干预措施以解决性别中非对称性力量带来的结果。后现代主义在学术领域日益壮大,激励了新思想和观点的形成,却未能解决老问题。某种程度上,理论是行动的避难所。然而,林奇提醒我们:"人们会愈发意识到,除非对不平等问题的研究能够得出一些具体的方式,以努力实现研究对象的解放目标,否则会让人觉得研究过程变成了另一种压迫工具。"(Lynch,2001:243)展望未来,女性主义真正的挑战在于其在理论和实践层面形成统一战线的能力,在于其说服男性转变思想、加入抗争行列的策略,以及在于其为政策目标的制定而进行谈判的能力,这些政策目标包括对他者的认同,而这一他者占到了人类的一半以上。

参考文献

Arnot, M. (2006). Freedom's children: A gender perspective on the education of the learner-citizen. *International Review of Education*, 52, 67 - 87.

Arnot, M., David M., & Weiner G. (1999). *Closing the gender gap in education*. Cambridge, UK: Polity Press.

Arrighi, G. & Silver, B. (1999). *Chaos and governance in the modern world system*. Minneapolis, MN: University of Minnesota Press.

Bachrach, P. & Baratz, M. (1970). *Power and poverty. Theory and practice*. New York: Oxford University Press.

Behrman, J. & Skoufias, E. (2006). Mitigating myths about policy effectiveness: evaluation of Mexico's antipoverty and human resource investment program. *Annals of the American Association of Political and Social Sciences*, 606, 244 - 275.

Blackmore, J. (1999). *Troubling women. Feminism, leadership and educational change*. Buckingham, UK: Open University Press.

Bonder, G. (September 1998). *La equidad de género en las políticas educativas: La necesidad de una mirada reflexiva sobre premisas*, *experiencias y metas*. Paper presented at the annual meeting of the Latin American Studies Association, Chicago.

Bradley, H. (2004). Catching up? Changing inequalities of gender at work and in the family in the UK. In F. Devine & M. Waters (Eds.), *Social iunequalities in comparative perspectives* (pp. 257 - 282). Oxford: Blackwell.

Butler, J. (1990). *Gender trouble. Feminism and the subversion of identity*. New York: Routledge.

Chilton, S. (November 2005). *Does the empirical study of non-decision-making require a normative position?* Draft.

Collins, P. (2000). *Black feminist thought. Knowledge*, *conciousness*, *and the politics of empowerment* (2nd edn.). New York: Routledge.

Connell, R. (1995). *Masculinities*. St. Leonards: Allen & Unwin.

Connell, R. (1987). *Gender and power: Society*, *the person and sexual politics*. Cambridge: Polity Press.

Daly, M. (1978). *Gyn/Ecology. The methaethics of radical feminism*. Boston, MA: Beacon Press.

Falk, R. (1999). *Predatory globalization: A critique*. Cambridge: Polity Press.

Fraser, N. (1998). From redistribution to recognition? Dilemmas of justice in a "post-socialist" age. In A. Phillips (Ed.), *Feminism and politics* (pp. 430 - 460). Oxford: Oxford University Press.

Fraser, N. (1997). *Justice interruptus: Critical reflections on the "postsocialist" condition*. New York: Routledge.

González de la Rocha, M. (2006). Vanishing assets: Cumulative disadvantage among the urban poor. *Annals of the American Association of Political and Social Sciences*, 606, 68 - 94.

Guzmán, V. (October 2003). *Gobernabilidad democrática y género*, *una articulación posible*. Santiago: Unidad Mujer y Desarrollo, UN Economic and Social Commission.

Kendall, N. (2006). *Intersection of sexuality and public schooling*. Paper presented at the American Education Research Association annual meeting (7 - 11 April). San Francisco.

Kenway, J. (2005). Gender equity in education: The Australian experience. In L. Chisholm & J. September (Eds.), *Gender equity in South African education 1994 - 2004* (pp. 39 - 54). Cape Town: Human Sciences Research Council.

Krieger, J. (Ed.) (2006). *Globalization and state power*. New York: Pearson Education.

Lazar, M. (2005). Politicising gender in discourse: Feminist critical discourse analysis as political perspective and praxis. In M. Lazar (Ed.), *Feminist critical discourse analysis. Gender*, *power and ideology in discourse* (pp. 1 - 28). Houndsmills, UK: Palgrave MacMillan.

Lynch, K. (2001). Creating a dialogue between sociological and egalitarian theory in education. *International Studies in Sociology of Education*, 11(3), 237 - 261.

Mannah, S. (2005). The state of mobilisation of women teachers in the South African Democratic Teachers' Union. In L. Chisholm & J. September (Eds.), *Gender equity in South African education 1994 - 2004* (pp. 146 - 155). Cape Town: Human Sciences Research Council.

Mazur, A. (2002). *Theorizing feminist policy*. Oxford: Oxford University Press.

Messner, M. (1992). *Power at play: Sports and the problem of masculinity*. Boston, MA: Beacon Press.

Mohanty, C. (2006). US empire and the project of women's studies: Stories of citizenship, complicity and dissent. *Gender*, *Place and Culture*, 13(1), 7 - 20.

Molyneaux, M. (1985). Mobilization without emancipation? Women's interest, state and revolution in Nicaragua, *Feminist Studies*, 11(2), 227 - 254.

Nash, M., Klein, S., Bitters, B., Howe, W., Hobbs, S., Shevitz, L., & Wharton, L. The role of government in advancing gender equity in education. In Klein, S. (general Ed.), *Handbook for achieving gender equity through education* (pp. 63 - 101, 2nd edn.). Mahwah, NJ: Lawrence Erlbaum.

Odora-Hoppers, C. (2005). Between "mainstreaming" and "transformation": Lessons and challenges for institutional change. In L. Chisholm & J. September (Eds.), *Gender Equity in South African Education 1994 - 2004* (pp. 55 - 73). Cape Town: Human Sciences Research Council.

Pateman, C. (1988). *The sexual contract*. Stanford, CA: Stanford University Press.

Perry, L. (2003/2004). Education for democracy: Some basic definitions, concepts, and clarifications. *Political Crossroads*, 10 - 11, 33 - 43.

Phillips, A. (1999). *Which inequalities matter?* Cambridge, UK: Polity Press.

Stromquist, N. (2006c). *Feminist organizations and social transformation in Latin America*. Boulder, CO: Paradigm Publishers.

Stromquist, N. (2007). Gender equity education globally. In S. Klein (general Ed.), *Handbook for achieving gender equity through education* (pp. 33 - 42, 2nd. edn.). Mahwah NJ: Lawrence Erlbaum.

Stromquist, N. (Ed.) (2006b). *La construcción del género en las políticas públicas. Perspectivas comparadas desde América Latina*. Lima: Instituto de Estudios Peruanos.

Stromquist, N. (2006a). *The dismantling of tools by the master: Evaluating gender equity by the state*. Paper presented at the annual meeting of the American Education Research Association, 7 - 11 April San Francisco.

Subrahmanian, R. (2005). Gender equity in education: A perspective from development. In L. Chisholm & J. September (Eds.), *Gender equity in South African education 1994 -2004* (pp. 27 - 39). Cape Town: Human Sciences Research Council.

UNESCO (2003). *EFA global monitoring report 2003/4. Gender and education for all. The leap to equality*. Paris: UNESCO.

West, C. & Zimmerman, D. (1987). Doing gender. *Gender in Society*, 1, 125 - 151.

Williams, C., Giuffre, P., & Dellinger, K. (2004). Research on gender stratification in the U.S. In F. Devine & M. Waters (Eds.), *Social inequalities in comparative perspectives* (pp. 214 - 236). Oxford: Blackwell.

23. 比较教育、后现代性和历史研究：致敬先辈

玛丽安娜·拉森(Marianne A. Larsen)

比较教育领域在"登堂入室"(Cowen，1996)以及与后现代主义①思想积极结合的路上发展尤为缓慢。15年前,时任比较与国际教育协会(CIES)主席的拉斯特(Rust)就曾对我们不愿思考新女性主义、后现代和后结构思想带给比较教育的影响一事发表评论。拉斯特认为后现代主义应成为比较教育领域话语的核心概念,并号召比较教育学者：

> 更清晰地界定元叙事,它使我们的领域开始从事解析这些叙事的挑战性任务,因为元叙事为比较教育学者界定了教育领域中什么是可接受的、值得的和有效的。同时,我们必须更加重视微叙事以及这个世界上广泛的他者的叙事。(Rust，1991：625—626)

20世纪90年代期间,我们注意到,一些富有创新精神的比较教育学者已经开始试探性地接触后现代主义思想。宁尼斯和伯内特(Ninnes & Burnett，2003)调查发现,在这一时期,比较教育的文章中对后结构主义学者的引用数量稍有提升。比较教育会议的主题也开始反映与后现代相关的思想和概念(如CIES Western Regional Meeting，1998；WCCES，2000)。一些比较教育学者将新千年作为一个承前启后的契机——思考我们的传统,并积极迎接"后时代"思想的出现带给我们研究领域的新挑战(Cowen，2000；King，2000；Mehta & Ninnes，2000；Paulston，2000)。自2000年起,该领域也出现了一些含有明确后现代倾向的出版物,最明显的是宁尼斯和梅塔(Ninnes & Mehta，2004)编辑的名为《重新想象比较教育：后基础思想及其在新时代的应用》的著作。我们也发现与后殖民理论相关的出版物有所增加,尽管幅度很小(如Crossley & Tikly，2004；Hickling-Hudson，2006)。

然而,这些变化是有限的,那些明确将自己定位为后现代、后殖民或后结构研究者的比较教育学者仍然处在该领域的边缘。令人感到诧异的是,尽管比较教育领域对解释主义和现象学研究有相关兴趣,并且承诺要尊重多样性、多元性和异质性,在过去15年中比较教育领域内这一最新争论出现得相对较晚,且对后现代主义的关注相对缺失。

尽管后现代思想在比较教育中处于边缘位置,但一些比较教育学者还是听到了来自认识论和方法论挑战的警钟,即后现代主义对我们的研究及我们领域的边界提出的挑战(Crossley，2000；Epstein & Carroll，2005；Torres，1997；Watson，1998；Welch，2003)。有批评指出,当下和过去的方法论争论的结果是,我们的学科已经丧失了一定可信度,变得"没有根据、没有方向"(Watson，1999：240)。有些人甚至谴责后现代思想的危险性,认为后现代比较教育学者涉嫌保持霸权和绝对话语,这对比较教育领域所需要的"界限稳定性"而言似乎是最为严重的挑战。(Epstein & Carroll，2005：63)这些批评意见同克罗斯利早些时候的论述一致,他曾认为,我们领域的反应过于直接,以至于无法改变学科风尚,结果是其自身发展表现出对过去实践经验的拒绝,而非是"累积性发展"(Crossley，2000：327)。

---

① 后现代主义是个模糊的概念,这使其很难定义,即便不是不可能的话。简单地说,我在这里主要将后现代主义看作展现西方社会已经发生的一场大变革的思想,其特点是对启蒙运动以来进步、进化和理性思想的抛弃。后现代主义试图以话语的多样性、对知识和权力合法性的质疑以及对真理思想的批判代替现代性的宏大叙事。Lyotard(1984)认为后现代主义是"对元叙事的怀疑",这是对上述立场的最好例证。我在全文都将后现代主义这一术语看作一个总称,其下还有后殖民主义、后结构主义等相关概念。

我不同意上述观点。与之相反，我认为，比较教育领域中的后现代思想（还）不是一种"不可忽视的力量"，我们也未曾见证比较教育领域中后现代和后结构思想的显著增长。（Epstein & Carroll，2005：64）更进一步，我认同拉斯特和其他一些学者的观点，他们认为比较教育领域应为广泛的研究路径留有余地。尤其是，作为一名历史学家，我特别感兴趣的是，在将后现代主义、后殖民主义和后结构主义思想囊括进来时，我们如何再造或重新思考历史研究在比较教育领域中所扮演的角色。

本文旨在阐发三个关键的思想：首先，对有观点提出的自历史的比较教育研究早期起该领域的历史研究便不断减弱提出质疑；之后，本文关注点转移到该领域历史研究的价值上，通过引用法国社会哲学家米歇尔·福柯的部分思想和概念，论述了历史研究的后现代视角对于比较教育的具体价值所在；最后，去除其论著中已被指出的过度批评，我认为福柯的研究为我们提供了与后现代主义建立联系的方式。在这一方面，通过以一种批判的、反思的、多元解释的后现代视角，我们可以重新思考历史的比较教育研究的现实可能性。

比较教育史研究的非连续发展史

当代比较教育学者已经注意到，自 20 世纪 50 年代以来，该领域的历史研究一直有所缺乏（Kazamias，2001；Sweeting，2005）。事实上，这一问题初看确实如此。对于 1955 年至 1994 年间比较教育研究策略的一项调查发现，只有少量期刊文章依赖历史编纂和历史研究。在比较教育领域，以文献综述、历史和比较法为基础的研究在 20 世纪 60 年代占主导地位，但历史研究和文献综述法在 20 世纪 80 年代和 90 年代之间显著减少（Rust et al.，1999）。

这项研究的学者总结认为，极少有比较教育研究者注意到，20 世纪 60 年代到 70 年代的方法论争论是当时该领域研究的特点。他们认为，当代学者之所以没有意识到这些论争，是因为他们对其从属并献身其中的领域很少具有历史意识（Rust et al.，1999）。这一变化使一位评论者指出，我们的领域如今患上了"历史健忘症"（Watson，1999：235）。这些担忧表明，在比较教育领域中，无论对新学者还是对资深学者而言，都有必要书写和提供该领域的历史。

现存的历史提供了比较教育研究发展的概览，并强调历史视角和方法在该领域早期的中心地位（Altbach & Kelly，1986；Crossley & Broadfoot，1992；Epstein，1994；Sweeting，1999）。这些论述主要是遵循一种进化路径，作为该领域发展的编年体而写成。然而，正如笔者在本文后面部分所论述的，我们很有必要展现这样一种历史，即强调开始而非起源，强调小故事而非元叙事以及强调非连续性而非进化原则。在我们自己的历史中，便曾有大量混乱、非连续性和非线性发展，接下来的这段关于比较教育中历史学家和历史研究的角色的简短叙述就尝试对此予以说明。

选择从何处开始其历史是一种解释行为。实际上，作为历史学家，我们通常以叙述的方式构建过去，我们通常直观地采用这种方式交流各自的发现。像其他教育领域的比较史学家一样，我从萨德勒开始说起，在 20 世纪转折点上，萨德勒很清晰地说明了比较教育者们必须通过考察学校之外的因素以理解教育：

> 在研究外国教育制度时，我们不应该忘记，学校外部的事情比学校内部的事情更重要，并且制约和说明学校内部的事情……国家教育系统是有生命的存在，是我们所遗忘的挣扎和困难以及"很久以前所经历的战争"共同历练的结果。（Sadler，1979：49—50）

萨德勒在 1900 年的演讲强调要将历史背景考虑在内。这次演讲之后有一个长达 30 年的间歇期，之后才出现了一些比较教育学者以历史研究为方法的研究成果，他们要么是历史学家，要么就是明确将历史视角融入其研究。坎德尔（Kandel）、汉斯（Hans）、马林森（Mallison）、施奈德（Schneider）和乌利希（Ulich）等人以情境框架的方式研究比较教育，该框架的一个因素即历史在教育系统发展中所扮演的角色。但是，很有必要指出上述每位比较教育学者在展开历史研究时的不同之处。例如，施奈德拒绝坎德尔和汉斯偏爱的国家案例研究，而是强调历史的内在性这一观念，即社会所拥有的观念性和制度性的累积趋势（Schneider，1961）。

坎德尔、汉斯和乌利希代表了比较教育"力量和因素"的传统。他们不仅描写过去的事件，也确定影响教育形式、政策和实践及"决定"教育系统进化发展的先前因素和力量。历史学家汉斯总结道："历史背景（补充以其他方式）对于任何比较数据的解释而言不可或缺。"（Hans，1959）

历史的比较研究在20世纪60年代探索比较教育科学化的进程中并没有像有些论调声称的那样衰落。像汉斯一样，贝雷迪（Bereday）就将历史研究作为理解当代事件的分析工具。另一方面，霍尔姆斯（Holmes）在其问题解决的方法中实用性地运用了历史方法，而非力图揭示可以从中获得解释性和预测性信息的历史原因。同霍尔姆斯的实证主义立场完全相反，金（King）在同一时期的研究工作似乎是那一时代的后现代立场。1958年，他写道：

> 在当今关于技术、社会和教育发展的很多研究中，我们经常认为已经发生了持续的发展和历史性"进化"。我们也倾向于认为不同的层次和阶段同编年时期保持着相当的一致性。我们常常忘了，在任何一个重大变革的特定时段，不同的教育惯例与假设在相当长的时期内都会共生共存。它们常常并不兼容，而是有可能相互冲突。（King，1958：169）

尽管金认为，大部分比较历史研究都认为教育发展是一个连续的成长和进步过程，但阿诺德·安德森（C. Arnold Anderson）在两年后的1961年便提出，随着比较研究者开始拒绝早期研究的单线发展取向，极端历史主义便逐渐衰落了。然而，也正是在同一年，乌利希发表了其宏大的、进化的历史分析研究成果《国家教育：历史视角的比较研究》。在我们的历史性比较研究的发展中的矛盾在此显而易见：比较教育学者在分析过去的研究过程中存在模棱两可和前后矛盾。

20世纪60年代到70年代出版的其他历史研究，再次反映出该领域历史研究方法的多样性。我们见证了安德森和鲍曼（Anderson & Bowman，1965）的《教育和经济发展》以及卡扎米亚斯（Kazamias，1966）的《土耳其教育和现代性追求》的出版。不久之后，大量其他的以宏大叙事为基础的元叙事历史研究作品出现，其作者是阿彻（Archer）、福斯特和扎伯格（Foster & Zohlberg）、胡森（Husén）、金（King）、波尔斯顿（Paulston）、林格（Ringer）和怀特海（Whitehead）等人，这证明了即便是在推崇"比较教育科学化"的时代，比较教育研究对历史方法的兴趣仍在延续。

另一个间歇期出现在20世纪70年代。依附理论、世界体系理论和新马克思主义理论的出现引发了进一步的历史研究，其定位也同比较教育领域之前的叙述相去甚远。在这一时期，比较教育历史研究转而包含殖民主义和文化霸权主义研究。时间往后推30年，我们既看到与这些研究的联系，也看到随着新近后殖民主义研究而出现的明显差异，后殖民主义研究也是以历史情境为框架的。

尽管在整个20世纪70年代，比较教育期刊上历史视角的文章有所减少，但如果忽视从20世纪70年代至今由比较学者所撰写的许多鞭辟入里的教育史和由历史学家所写作的比较教育文章的话，则无疑是对自己是一种损失。而且，有必要指出，比较教育学者的历史研究发表在历史学期刊上，比较教育领域的学者与历史学领域的学者之间存在研究上的重叠（Schuster，

2003）。事实上，我自己的一项关于教育的比较历史研究就刊登在历史学期刊上（Larsen，2002），另外考恩（Cowen，2002）也选择在《教育历史》期刊上详细叙述其关于将时间作为比较教育的重要"观念单元"的思想。

尽管近来有很多人号召对比较教育研究中的历史研究进行再整合和再改造（Kazamias，2001；Sweeting，2005），我却认为比较教育领域的历史研究永远不会终结。我已经就过去 75 年中比较教育研究的历史发展做了一些简单概述。其中大部分都反映出历史研究关注进化论、宏大叙事以及试图揭示历史真相的主流范式。然而，他们采取了不同的视角研究其论题，我们的比较教育研究的历史有其自身非连续性、差异性和不均衡发展的特点。

比较教育中历史研究的基本原理

延续比较教育中浓厚的历史研究传统有众多理由。强调教育政策研究中的历史背景能够让人们提出更为明智的建设性意见，以改善教育系统。历史分析也可以使我们更好地理解被研究的教育系统。最后，我将郑重指出的是，历史研究使我们更好地理解自身及世界。

坎德尔、施奈德、汉斯、乌利希等人将历史方法运用于比较教育，旨在促进人们对教育系统的发展与现状的理解。汉斯（Hans，1959）主张，宗派态度、国家愿景或他所称的"民族性"的差异性深深根植于过去之中，有时它会无意识地决定我们的现在。只有通过历史调查，我们才能"让它们浮出水面，在国家文化生活中展现潜能，并使比较教育真正具备教育意义"（Hans，1959：307）。

汉斯追随坎德尔将历史功能方法运用于比较教育研究中。坎德尔认为，比较教育学者必须对国家教育系统的差异的"原因"进行调查。在其 1933 年出版的著作的引言中，他写道：

> 为了理解、领会和评估一国教育系统的真正意义，很有必要了解其历史及传统，了解影响其社会组织的因素与态度，了解决定其发展的政治和经济条件。（Kandel，1933：xix）

尽管坎德尔"影响和因素"方法的目的在于促进对教育系统的更好理解，他的方法也持社会向善论的观点（Kazamias，1971）。直到今天，大部分比较-历史研究也都是这一情况。就此而言，国际机构和不同层次的政府已经号召比较教育学者为教育系统的改善提供建议，但是大部分这类研究都缺乏历史背景的分析。

当大部分政策研究面临资金和时间限制而导致深入的历史分析的匮乏时，我们需要历史方法以开发出对地方文化、社会和经济关注点有敏感性的政策。就这一点而言，沃斯顿认为："在其他领域尝试过的比较历史经验，无论成败与否……极少被用于政策建议，通常结果都很令人沮丧……要重建为未来政策措施提供比较历史视角这一独特角色，比较教育面临着真正的挑战"（Waston，1999：235）。

将历史方法同比较教育研究重新整合以促进问题解决和政策制定可能是有价值的，但有人已经注意到这一发展方向的问题所在。当我们将"实然"方法和"应然"方法混合时需要非常谨慎。比较教育历史学家卡扎米亚斯（Kazamias，1971）建议，当人们说出"应该"之前，需要尽可能客观而冷静地调查问题所在。因此，历史学家的任务并非开处方，而是描述和解释某种现象。

当比较教育被当作一种解释、预测和科学调查的工具时，我认为我们的领域应该更具备解释性。我们可以使用，也应该使用历史方法来解释特定事件，进行情境化分析。最重要的是，我们不仅要理解教育实践和系统，而且要理解世界本身，并树立问题意识。如果比较教育要从处方性政策建议转为真正的理解或**了悟**，那么我们的确需要重新思考萨德勒的具体研究法了。

(Epstein，1994)我们应该转变思想，从认为比较研究的任务在于理解教育系统转向思考我们的研究如何使我们"读懂社会"(Cowen，2000：334)。在这一方面，历史研究有许多值得我们学习的方面。如布洛赫(Bloch，1964)在《历史学家的技艺》中写道，历史并非因为对过去的喜爱而生机勃勃——这不过是一种复古主义，而是因为对现在的热情而焕发生机。正是这种"理解活生生的现实的能力才真正是史学家的关键品质"(Bloch，1964：43)。问题是，考虑到后文论述的后现代主义对传统历史研究的批评，上述方面该如何实现？

对历史的后现代批评

后现代主义对那些界定它并运用它的人，以及怀疑它或者试图推翻它的人而言，是一个充满争议的议题。如今，历史学科一直活跃在这些论战中已长达数十年之久。早在 20 世纪 30 年代，历史学科忠于客观性的承诺受到了美国进步历史学家比尔德(Beard)和贝克尔(Becker)的质疑，他们认为，由于每个个体都有自身的历史观，历史便成为一种文化谜团，而非对过去的客观解读。他们认为，重建明确而客观的历史，这是一种空想式的理想。事实是不会直白地向历史学家展露的。更确切地说，历史学家以观念假设为指导，精挑细选历史素材，使其无法逃脱当今在决定其兴趣、价值与假设方面的主导性实践问题。这一与当下之间的关系使历史学家无法以客观的方式接触历史，或者了解历史的本原(Beard，1983；Becker，1983)。

在整个 20 世纪 40 年代到 50 年代，在全美和全英的哲学家中持续着有关历史研究的科学身份的论争。1988 年，随着彼得·诺维克(Peter Novick)的《崇高梦想：客观性问题和美国的历史专业》一书的出版，争论再次出现。在这本书中，他总结认为，客观性不仅仅是种幻想，在根本上也是一个令人困惑的概念(Novick，1988)。

进入 21 世纪，历史试图追随希罗多德所主张的目的，"记录过去的真相"继续遭到后现代主义、后结构主义和后殖民主义话语的挑战。历史学家以不同的方式回应后现代对其领域的进犯。一些人将后现代的质疑看成对历史作为一门知识学科身份的威胁，并认为自己是历史学科的捍卫者，抵制后现代主义的相对论冲击(如 Himmelfarb，1997；Roberts，1998)。还有些人尽管承认后现代为历史领域的发展做出了一定贡献，但仍坚守历史对真相的客观探索(如 Appleby，Hunt & Jacob，1995；Evans，1997)。最后，一直有一些历史学家和史料编纂家在不同程度上相信，后现代主义为历史学科提供了令人兴奋的新的发展机遇(如 Ankersmit & Kellner，1995；Berkhofer，1997；Poster，1997)。

一些后现代主义学者认为，元叙事和传统认知方式的终结意味着历史的终结。福柯(Foucault)、鲍德里亚(Baudrillard)、利奥塔(Lyotard)、德里达(Derrida)、德勒兹(Deleuze)、巴特(Barthes)、布迪厄(Bourdieu)，甚至在一定程度上，拉康(Lacan)和阿尔都塞(Althusser)都在他们的研究中阐述过，现代性正走向终结，新事物正在出现(Poster，1997)。就这一层面而言，不同于同样宣称过历史终结的福山等现代主义学者，这些后现代主义学者所表达的是后现代或后结构主义层面的历史终结论。在当代历史编撰学领域，詹金斯(Jenkins，1997)是这一研究方式的代表。在其《后现代历史读者》一书的引言中，他写道：

> 如今整个现代历史表现为一种自我指涉的、兴趣的问题化表达，也是一种通往过去的历史化的思想性、解释性话语。事实上，现在的历史看起来似乎只是一种毫无根基、任人摆布的表达，存在于一个毫无根基、任人摆布的世界中。(Jenkins，1997：6)

詹金斯的观点并非是历史终结，而是宏大叙事历史的终结，以及学术历史学家创造的更为熟悉的历史的终结。

其他人并未就历史终结论发表意见，但他们认为历史学科存在根本上的缺陷。有人批判了传统的或"正常"的历史学科试图呈现和理解有关过去的真相(Berkhofer，1997)。事实上，就传统历史而言，后现代主义假定过去不能成为历史知识的客体，或者更为明确地说，过去不是并且绝不会是历史叙述和表现的所指对象。

像传统历史学家一样，新兴的社会历史学家，包括年鉴学派在内，认为历史学家是客观世界坚定的认识者，其中真相被看成史学家与过去历史的非中介联系。波斯特(Poster，1997)对"旧的"政治思想史和"新的"社会历史学的研究都进行了批判，说明二者都试图获得关于现实世界的真相。像其他后现代历史学家一样，波斯特大量引用了法国历史学家福柯的观点，因为福柯对历史学科进行了综合性批判。

我们从福柯身上学到什么？

福柯批判了传统的历史学，或者换一种说法，他称其为"总括的"或"连续的"历史学。因为它专注于统治时代发展的支配性准则；关注诸如进化、发展、时代精神或文明传统的心态等理念；强调历史的连续性、系列性、历史分期；并从总体性角度界定时间的概念。根据福柯的说法，通史的规划是这样的：

> 它试图重建文明的总体形式、社会的物质和精神准则、同一时期所有现象的共同意义，解释凝聚力的法则——这份凝聚力被隐喻地称为时代的"面孔"。(Foucault，1971a：8)

而且，通史对目的论的关注意味着它试图在起源和当下之间构筑直接联结，以使作为过去历史延续的现在合法化。

福柯在其早期的大量写作中发展出了考古学这一历史研究方式，并将其作为通史之外的另一种选择(Foucault，1971a，1971b，1986)。话语的概念是考古学的核心，福柯将其界定为陈述的体系，其组织架构是有规律的、系统性的，由所有关于某一特定主题的所言所想组成，同时也包括了谁有权发言以及以何种权威发言。考古学包括了描述复发性语句，被理解为知识单元或知识部件，存在于同话题和主题相关的档案文件中。

对某一话题或主题反复出现的文本的审查过程是考古学方法的一个方面。考古学调查还包括确定某一语句是否满足一系列条件而可以将其看成某一具体话语的例子，这些条件包括联系、关联和区分就某一主题而言可以谈论和重复的内容的规则、关系和范式(例如，在《事物的秩序》一书中，福柯(Foucault，1986)试图分析控制人类科学出现的形成规则)。由此，描述使得历史学家能够以考古学家的身份建立一个开放的、理论化模型，以理解各种语句之间的规则、联系以及程序。这一方式的突出性在于，知识变得有组织和系统化，从而使话语成为一种分析工具。

在分析相同主题的一系列语句时，考古学研究并不会试图掩饰语句之间明显的区别、失常和矛盾。福柯告诫说，考古学家不应该在一组语句中强迫达到统一和连贯。相反，考古学也涉及对分裂和分散的研究过程。福柯(Foucault，1972a)解释了如何让这一过程不会指向文本的自相矛盾所隐藏的意义：

> 在考古分析中，矛盾既不是为着被解决而出现的，也不是等待被发现的秘密原则。矛盾是其自身描述的对象，而并不试图从哪种观点中被发现并驱散，或者在哪种层面上被激化从而引发其他的后果。(Foucault，1972a：151)

由此可见，考古学包括一个双重过程，即一方面试图界定一致性和连贯性，同时又解除同一种一致性，具有突出的非连续性、分裂性和间歇性特点，开放了空间，以便更为细致地分析一系列语句如何成为可辨认的话语对象。正如我在上文关于比较教育历史研究的解释中试图说明的那样，非连续性成为一个有待调查的问题。福柯(Foucault，2000)解释道：

> 在引入非连续性这一概念后，历史学就成为"有效的"。因为这样的历史学分割了我们的情绪、使我们的本能变得戏剧化、使我们的主体变得多样化，并使历史学开始反抗自身。有效的历史……将根除传统根基，并无情地瓦解假定存在的连续性。(Foucault，2000：380)

对事件来说，非连续性是指正常的事物进程被打断。传统史学家或社会史学家致力于将事件以线性、连续性模式排列，以理解历史的规律或现象，而考古学研究与此不同，它将历史的间歇性展现了出来。

考古学指向时代的每个瞬间或每个时期的特殊性。每一历史时期都被看成有别于我们自己的时期，但是无关乎好坏。福柯在《疯癫与文明》一书中说明了这一点。这本书颠覆了传统的关于疯癫及其治疗的叙述，并展示了当今情况何以跟过去相比无关好坏。在其关于疯癫治疗手段变更方式的调查中，他并非关注疯癫的初始含义和本质含义，而关注在历史的特定时空，人们如何为了不同的目的而重新定义疯癫。

将时间中的每一瞬间放在其具体特性中去考虑，不再尝试以线性的发展模式将其与前后事件联系起来。根据福柯的观点，这一进程需要建立"伴随着每一个开端的'细节和意外'"，以便历史学家能够"辨别出历史事件的动荡之处、使人诧异之处，以及它无常的胜利和令人不快的失败"(Foucault，2000：369—392)。

在强调时空中每一瞬间的特殊性时，历史事件被描述为偶然发生的，这意味着任何特定事件的发生并非必然，而仅是该事件同其他事件之间全部复杂关系之中的一个可能的结果。因果论思考给决定论以特权，决定论认为，某些特定因素的存在直接导致了某些特定结果。这种思考形式导致了对预见性和必然性的关注。因为，某些特定事件必然引起或决定其他事件的展开，如果这一点是确定的，那么如果满足正确的条件的话，历史学家作为社会科学家就可以预测相似事件发生的可能性。从许多方面而言，这一思维模式也是许多比较教育研究的特点，尤其在国际和政策取向的比较教育研究中。

一项关于条件而非原因的调查削弱了事件如何在时空中发生的必然性特点。理解某一话语如何从一系列条件中产生，意味着历史事件的发生不存在必然性。这种形式的历史研究较少确定性和可预测性，并且承认在任一时空中都可能产生不同的思想和实践。从可能性条件的角度去思考历史，关注点并非解释为何个体开始以新的方式就教育话题或主题进行思考、发声和写作。更确切地说，关注点转变为新思想和事件的出现以及新真理的发现**何以**可能。

在这里，我们可以说，话语有强大的力量构建事实，如关于教育事件、教育系统和教育行动者的事实。这一关于话语的概念摆脱了语言学定义方式，从仅仅将语言作为基本事实转变为分析学科实践(技术)和学科(知识主体)之间的关系。话语作为一种实践方式创造了客体，并通过创造客体而决定了客体的特性。换句话说，客体决定我们的行为，但是客体最初是由我们的实践活动决定的。考虑到只有社会实践活动而没有其他的存在，我们需要理解我们在社会实践中所使用的语言和话语的意义。

实践的思想并非神秘或空洞的。根据历史学家保罗·维恩(Paul Veyne，1997)的观点，福柯试图看到人类实践活动的本质，即人们所做的事情。区别在于，他"准确地"谈论实践，却并没有谈及：

> 我发现了一种历史无意识的、前概念的能动性，我称之为实践或话语，那为历史提供了真正意义上的解释。啊，是的。但是我该如何解释这一能动性及其转化机制？不：他所谈论的事物跟我们一样，例如，政府的实践行为；他只是揭开了实践的面纱，使其本质展现了出来。（Veyne，1997：156）

思想仅仅同相应的实践相关。正是这一朝着话语实践和影响的转变在福柯的历史中显示出如此强大的力量。

最终，福柯的考古历史学成为"关于当下的历史"，并非因为对理想化的当下的理解激发了调查研究，而是因为历史可以成为分析现在的工具。通过使过去的历史陌生化的这一过程，才能最好地实现对现在的历史性理解。也许进行历史研究的最佳原理就是允许我们打乱和重组我们认为既定的事物。福柯提到，在运用历史时，我们绝不能允许这个历史就此终结或安逸地维持其陌生的状态，而应该试图"运用历史、打乱历史，使历史呻吟并抗议"（Foucault，1980：54）。

福柯挑战了我们关于历史和历史研究的偏见，他常以与我们对过去的想当然的假设相对立的方式来展现历史。现在显得总是不确定，因为福柯并非试图说明过去和现在之间的相似性，而是说明这二者之间的差别性。在其研究中，他试图孤立过去有差别和陌生的时刻，以使我们现在的时刻不稳定，并"根除浸淫于现代生活中习惯性的理所当然和正统意识"（Poster，1997：28）。

要深入理解福柯的诸如话语、考古学和谱系等概念可能会有些困难，因为这些概念对常规的历史学家而言是陌生而遥远的，而且是被排除在历史学科的常规程序之外的。但是，如波斯特所解释的那样：

> 当陌生的面纱被揭去之后，无论这过程如何短暂，人们都会发现他的研究是有意义的，且确实提供了一种理解知识历史的新观念。考察关于过去历史的文本不需要借助于学科，这些文本本身便展现出一种可理解性。阅读福柯的问题并不在于他的作品是抽象的，或者他的风格是不可捉摸的……而在于他的观点的出发点始于一个新的陌生的甚至是带有威胁性的所在。（Poster，1997：143）

结　论

像历史学科一样，比较教育领域也需要新的认知地图、方法论和策略以使我们顺利迈入新世纪。波尔斯顿（Paulston，2000）已经提出，我们应该成为社会制图者，以使我们能够反思性地出入不同的现实构想和观察方式。他写道，那些"试着跨入知识的新领域"的比较教育学家"将会获得空前的机遇，去想象并塑造超越于我们如今理解的交互的后现代比较和国际教育"（Paulston，2000：363）。

我们从以前和当代的比较教育学者在其研究中论述的多样化的历史研究方法中获益匪浅。我们也从那些积极应对"后时代"压力下学科挑战的历史学家身上学到了很多。特别需要指出的是，笔者认为，福柯为历史研究提供了一种具有启发意义并且有力的后现代方式，这也将促进比较教育研究的发展。事实上，福柯的历史的、方法论的和认识论的写作是如此引人注目，因为这些作品架构了思想和现实之间的理论桥梁，并提供了理解过去和现在的新方式。

在关于未来比较教育的更为广泛的讨论中，我认为，对所有的比较教育研究者而言，可供选择的方法论和认识论多种多样。在 CIES 的 2000 年大会上，波尔斯顿和卡扎米亚斯在同一小组会议上比邻而坐，前者鼓励大家充分发挥想象以预设关于真理的空间的、视觉的和离散的形式，而后者主张我们应该在比较教育中重建历史以更好地理解世界。有人可能首先会认为这两种方式是不同的,但情况并非完全如此。我们挑战了限制更广泛的论争和对话的障碍,由此我们获益颇多。比较教育可以通过对以下几个方面充满想象力的应用而受益,即多元化立场、多样化解释策略和对总体性元叙事的一般性怀疑,其中元叙事是从后现代主义引入到社会科学传统中的。

如前面强调过的一样,比较教育领域在朝着后现代主义发展,对这一转型,有些人持保留态度。他们认为,迎合新的流行趋势威胁到了该领域界限的稳定性,并否定了过去的优良实践传统。然而,该领域的界限从来都不稳固,并且后现代主义也没有理由逼迫我们放弃过去的优良实践传统,包括历史比较研究的传统。我们可以继续进行历史研究,但不必回到过去受现代主义激励的教育历史中。为什么不能大胆尝试在后现代主义架构下进行历史比较教育研究呢？ 正如考恩所强调的:"并非一个可以接受的邀请,从它进入一种游戏的或无政府主义的、空虚的或绝望的状态……后现代主义和后现代性的文献有力地提醒我们悲剧和混乱的可能性,并使我们放弃之前的信心,即对认知的确定性的信心。"(Cowen, 1999: 80)

福柯的历史和方法论研究为我们进行历史研究提供了最前沿以及关键的方式。例如,通过考古研究的应用,我们可以更好地理解课堂、学校和社区实践对学生、父母及教师的话语影响。在后现代理论框架中,我们也可以从后殖民理论化对殖民主义遗产的问题化中学到很多。而且,明确话语建构主体身份的方式,可以帮助历史研究在教育背景中建构性别、种族和其他要素。

福柯能够帮助我们重新思考我们是如何看待过去的,以及过去与现在的联系,而非提供给我们未来何去何从的处方性答案。罗蒂认为,福柯的研究可以被理解成"展现了先辈在试图做一些正确的事情时未曾料到以及让人痛苦的后果,而非解释先辈和我们都试图深入理解的重要目标在概念界定上的不足。"(Rorty, 1995: 225)

在写到先辈的问题时,爱泼斯坦和卡罗尔(Epstein & Carroll, 2005)认为后现代侵入本领域是对比较教育历史上先辈们的"侮辱",并且某些后现代思想家也无非是"侮辱我们的先辈"。我非常不赞同这类观点。对后现代思想和概念的运用并非对先辈的侮辱,它只是类似于早期的比较教育学者将陌生的人类学研究及其他研究方法引入比较教育的情况。而且,谴责诸如福柯等后现代学者侮辱我们有些言过其实。事实上,通过我们自己作为比较教育研究者来思考后现代主义在我们的历史研究中的潜能,我们对那些在研究中使用多样化方法的先辈们深表敬意;而那些敢于以不同的方式研究历史学的后现代先辈们,我们同样深表敬意。

参考文献

Altbach, P. G., & Kelly, G. P. (1986). *New approaches to comparative education*. Chicago, IL: University of Chicago Press.

Ankersmit, F., & Kellner, H. (1995). *A new philosophy of history*. London: Reaktion Books.

Appleby, J., Hunt, L., & Jacob, M. (1995). *Telling the truth about history*. New York: W. W. Norton.

Beard, C. A. (1983). "Written history as an act of faith" Annual address of the President of the American Historical Association, delivered at Urbana. December 28, 1933. *American Historical Review*, 39(2), 219 - 231.

Becker, C. (1983). "Everyman his own historian" Annual address of the President of the American Historical Association, delivered at Minneapolis. 29 December 1931. *American Historical Review*, 37(2), 221 - 236.

Berkhofer, R. (1997). The challenge of poetics to (normal) historical practice. In K. Jenkins (Ed.), *The post-modern history reader* (pp. 139 - 157). London: Routledge.

Bloch, M. (1964). *The historian's craft*. New York: Vintage.

Cowen, R. (1996). Last past the post: Comparative education, modernity and post modernity. *Comparative*

Education, 33, 131 – 170.

Cowen, R. (1999). Late modernity and the rules of chaos: An initial note on transitologies and rims. In R. Alexander, P. Broadfoot & D. Phillips (Eds.), *Learning from Comparing: new directions in comparative education research* (Vol. 1, pp. 73 – 87). Oxford: Symposium Books.

Cowen, R. (2000). Comparing futures or comparing pasts? *Comparative Education*, 36(3), 333 – 342.

Cowen, R. (2002). Moments of time: A comparative note. *History of Education*, 31(5), 413 – 424.

Crossley, M. (2000). Bridging cultures and traditions in the reconceptualising of comparative and international education. *Comparative Education*, 36(3), 319 – 332.

Crossley, M., & Broadfoot, P. (1992). Comparative and international education research in education: Scope, problems, potential. *British Journal of Educational Research*, 18(2), 99 – 112.

Crossley, M. & Tikly, L. (2004). Postcolonial perspectives and comparative and international research in education: a critical introduction. *Comparative Education*, 40(2), 147 – 156.

Epstein, E., & Carroll, K. T. (2005). Abusing ancestors: Historical functionalism and the postmodern deviation in comparative education. *Comparative Education Review*, 49(1), 62 – 88.

Epstein, E. (1994). Comparative and international education: Historical overview and development. In T. Husen & N. Postlethwaite (Eds.), *International Encyclopedia of Education* (2nd edn., pp. 918 – 923). New York: Pergamon.

Evans, R. J. (1997). *In defence of history*. London: Granta.

Foucault, M. (1972a). *The archaeology of knowledge and discourse on language*. New York: Pantheon Books.

Foucault, M. (1972b). The discourse on language. In M. Foucault (1972), *The archaeology of knowledge and discourse on language*. New York: Pantheon Books.

Foucault, M. (1980). Prison talk. In C. Gordon (Ed.), *Michel Foucault: Power/Knowledge: Selected interviews and other writings 1972 – 1977*. Brighton: Harvester.

Foucault, M. (1986). *The order of things: An archaeology of the human sciences*. London: Routledge.

Foucault, M. (2000). Nietzsche, genealogy, history. In J. D. Faubion (Ed.), *Aesthetics, method and epistemology: Essential works of Foucault: 1954 – 1984* (vol. 2, pp. 369 – 392). London: Penguin.

Hickling-Hudson, A. (2006). Cultural complexity, post-colonialism and educational change: Challenges for comparative educators. *Review of Education*, 52, 201 – 218.

Hans, N. (1959). The historical approach to comparative education. *International Review of Education*, 5 (3), 299 – 309.

Himmelfarb, G. (1997). Telling it as you like it: Postmodernist history and the flight from fact. In K. Jenkins (Ed.), *The postmodern history reader* (pp. 158 – 174). London: Routledge.

Jenkins, K. (1997). Introduction: On being open about our closures. In K. Jenkins (Ed.), *The postmodern history reader* (pp. 1 – 35). London: Routledge.

Kandel, I. L. (1933). Studies in comparative education. Boston, MA: Houghton Miffl in. Kazamias, A. M. (1971). Some old and new approaches to methodology in comparative education. In K. I. Gezi (Ed.), *Education in comparative and international perspectives*. New York: Holt, Rinehart and Winston.

Kazamias, A. (2001). Re-inventing the historical in comparative education: Reflections on a protean episteme by a contemporary player. *Comparative Education*, 37(4), 439 – 449.

King, E. (2000). A century of evolution in comparative studies. *Comparative Education*, 36(3), 267 – 277.

King, E. J. (1958). *Other schools and ours: Comparative studies for today*. New York: Rinehart.

Koehl, R. (2000). Toward an archaeology of comparative education. In J. Bouzakis (Ed.), *Historical-comparative perspectives: Festschrift for Andreas M. Kazamias* (pp. 123 – 136). Athens: Gutenberg.

Larsen, M. (2002). Pedagogic knowledge and the Victorian Anglo-American teacher. *History of Education*,

31(5)，457 - 474.

Lyotard，J. F. (1984). *The postmodern condition: A report on knowledge*. Minneapolis，MN：University of Minnesota Press.

Mehta，S.，& Ninnes，P.（2000）. *Postpositivist debates and comparative education: Resistance*，*reinvention*，*revolution*. Paper presented at the CIES Annual Meeting，San Antonio.

Ninnes，P.，& Burnett，G.（2003）. Comparative education research：Poststructuralist possibilities. *Comparative Education*，39(3)，279 - 297.

Ninnes，P.，& Mehta，S.（Eds.）(2004). *Re-imagining comparative education: Postfoundational ideas and applications for new times*. New York：Routledge.

Novick，P. (1988). *That noble dream: The "Objectivity Question" and the American historical profession*. New York：Cambridge University Press.

Paulston，R. (2000). Imagining comparative education：Past，present，future. *Compare*，30(3)，353 - 367.

Poster，M. (1997). *Cultural history & postmodernity: Disciplinary readings and challenges*. New York：Columbia University Press.

Roberts，D. D.（1998）. Postmodern continuities：Difference，dominance，and the question of historiographical renewal. *History and Theory*，37，388 - 400.

24. 教育借鉴的几个方面

大卫·菲利普斯(David Phillips)

对比较教育的定义、目的和方法一直存在许多令人苦恼和莫衷一是之处。但是,大家都就一件事达成了普遍共识,即教育比较研究的目的应该是:学习外国经验、明确"别处"教育供给的情况以为"国内"教育提供参考,可以说是"借鉴""效仿""模仿""引入""借用"——可用以描述的词汇多种多样,同时也有这样那样的问题——由此,迈克尔·萨德勒(Michael Sadler)得出了这样的结论:"为了我们更好地理解我们自己的教育(制度)。"(Higginson,1979)

自教育的比较研究最初产生之际,政策和实践从别处"借鉴"或"移植"的思想就已经成为一个持续性主题,有人对其热情拥抱,有人却认为这一理念过于简单而不予理会。

本文中,笔者将探讨过去200多年间政策借鉴思想的发展和分析方式。笔者将"政策借鉴"定义为"有意识地把发现于一种情境中的政策应用于另一种情境中"(Phillips & Ochs,2004a:774)。借鉴由此被看成教育政策发展中有意为之、有目的的现象。在这一层面上,借鉴是教育借鉴的一部分,它覆盖了思想和实践运动的一系列的可能性(见图2)。

首先,笔者将考察自19世纪初起,"借鉴"在比较教育发展过程中关键人物的研究工作中所处的地位。然后,笔者将对漫长的历史时期和不同背景下所借鉴的具体例子进行描述。接着,笔者将概括介绍比较教育研究领域最新的重要研究。最后,笔者将对比较教育的当下发展进行论述,并展望未来。

借　鉴

在1816年至1817年出版的《比较教育规划》(*Plan for Comparative Education*)一书中,我们可以看到马克-安托万·朱利安(Marc-Antoine Jullien)是带着明确的目的去界定从一种系统借鉴到其他系统中的教育实践的:

> 人们可以轻易判断(欧洲国家)哪些是先进的,哪些是落后的,哪些又止步不前;在每个国家中,哪些方面是有缺陷和存在问题的,哪些是人们所能意识到的引起内部缺陷的原因,或者哪些方面对宗教、族群和社会进步方面的优势构成了阻碍,以及如何克服这些阻碍;最后,哪些部分的改进措施是可以从一国借鉴到另一国的,并能带来适合国情发展的改进和变革。(Fraser,1964:37)

这一求知若渴的现代抱负顺带让我们想到了经合组织《教育概览》(*Education at a Glance*)中搜集的信息,以及可能由PISA数据产生的应用。

如果我们往前追溯几十年,我们可以从作为"学校督察"的马修·阿诺德(Matthew Arnold)的作品中看到很多有关借鉴的观点。显然,在其多样化的写作中,阿诺德在研究教育供给尤其是普鲁士和法国的教育供给时,发现其中有许多值得称许之处。然而他对他的研究发现满怀希望:

> "我希望,随着实践的推移,我可以让人们信服,"在1868年的一封信中他如是写道,"对于引入的这种或那种外国体制是否是法国的或德国的,我毫不关心,我所关心的是是否能补足英国某些方面的不足之处。"(Murray,1997:240)

阿诺德对教育"拿来主义"的怀疑在牛津大学学者、前林肯大学校长马克·帕蒂森（Mark Pattison）的评论中有所体现。马克·帕蒂森在 1861 年为德国一个政府委员会撰写过一份教育报告（同一时间，法国也报道过阿诺德）：

> 对外国教育制度进行研究，其效用并不取决于以下问题：德国小学或职业学校比我们好吗？……但是，在发展国民教育的过程中，我们不得不处理的难题，包括德国在内的一些国家也同样会遇到，只有在变化的以及无限多样的条件下，才能提供更富教育意义的借鉴……在这个国家中，我们极少在仓促模仿外国模式或借用邻国做法的过程中犯错，从而忘记了，在外国成功的经验并不保障其对本国文化的适应……任何一个对外国教育制度略有所知的人都应该贡献出来，并非为了提供可以追随的先例，而是提供借以思考的材料。（Pattison，1861，vol.4：68）

如果没有迈克尔·萨德勒 1900 年那次广为引用的演讲作提醒的话，早期比较学家的简单调查及其借鉴观点都不会完整：

> 在研究外国教育制度时，我们不能忘记的是，校外的事情比校内的事情更重要，并且制约和说明校内的事情。我们不能随意漫步于世界教育之林，如孩童在花园中闲逛，从树丛中采下一朵花，又从别处摘下一片叶，然后将他们插在家中收集好的泥土里，期待着因此而长出一大片生机勃勃的植物。国家教育制度是有生命的存在，是被我们所遗忘的挣扎与困苦的产物，是"长期抗争"的结果。其中包含着国家生活中的一些隐秘机制。当试图对这一教育制度进行补救时，就意味着国民性存在缺陷。出于本能，国民教育制度通常都将着重点放在国民性尤其需要的训练部分。同样出于本能，考虑到在国家之前的历史阶段已经出现了尖锐的纠纷，国民教育制度通常要避免对此施加压力。（Higginson，1979：49）

因此，从朱利安到萨德勒，对比较教育研究目的已经发生了变化。最初人们对教育借鉴思想抱着足够的信仰。但后来，人们对采用国外案例作为更好理解国内教育制度的方式这一做法的可能性（强调特定的背景问题）及明确意愿表现出适度怀疑。由此产生的理解会促进改革，而这一改革将考虑到国内背景。如兹米克（Zymek）在 1975 年一项开创性研究中所论述的，国外案例可以作为政策讨论时的论据。1998 年，戈农（Gonon）进一步阐发了这一主题。

借鉴这一话题常常为 20 世纪中后期一些比较学者中的领军人物所提及，其中包括布赖恩·霍姆斯（Brian Holmes）和埃德蒙·金（Edmund King）。

霍姆斯（Holmes，1965：34—35）概述了其"问题路径"，谈论了"文化借鉴"问题以及比较研究作为教育改革工具之一的作用这一问题。在试图对政策结果进行预期和预测时，比较学者希望明确"普遍存在的但认知模糊的问题，以便将其推演（或分析）为一般性术语，然后揭示其在特定背景中的具体特征"。揭示了这些特征之后，他们并不会直接对其进行借鉴，但这些特征将促进对潜在改革的预测，改革中也能得出对这些特征的分析。在后来的一项研究中，霍姆斯提出了"选择性文化借鉴是否在理论上是公平的且在实践上是可行的"这一问题（Holmes，1981：33）。他看到了理想型模式的价值所在，这些模式可以分析文化冲突问题，同时也论证了"适度规范模式"。这让我们得以评估所有的创新成果及其教育性价值，并使我们得以预测未知环境中的政策效果（Holmes，1981：33—34）。霍姆斯的路径中，隐含着他对文化借鉴相关方法的拒斥，除非包含的进程有助于一般性原则的界定，而这些一般性原则奠定了预测的基础。

埃德蒙·金不赞同霍姆斯关于预测的主题，他更喜欢从假说的角度进行思考。金采用的表述问题的方式是一种完全不同的方式。在写到借鉴这一主题时，他说道："别处的生动例子也许是处在可比的环境下的,或者这些例子可以用来解释为何明显类似的实践却没有得到预期的结果。"(King,1968:87)因此,国外的案例可以(为我们理解国内问题)做出解释、提供资料,并为进一步推测奠定基础,而非提供科学而直接的预测模式。

历史视角

如笔者所指出的,认为"借鉴"是比较研究已经经历过的一个初级阶段,它只属于诺亚和埃克斯坦所谓学科发展五级序列的第一或第二阶段,这种看法是不对的。

让我们来回忆一下,在诺亚和埃克斯坦提出的第一阶段所代表的时代中,旅行者将他们发现的"故事"带回国内。这些报告构成了"最原始的……观察",这引起了人们的好奇心,加之对异域风情的强调,以致同国内标准形成了完全对比:"只有极少数观察者可以从一系列不加选择的描述中提取出具有解释价值的系统结论。"(Noah & Eckstein,1969:5)那些处在第一阶段的英国或其他国家的旅行者们当时访问了普鲁士,可能出于文化上的以及一般知识性的好奇,他们组织了一大群解说员,但这些解说员的工作质量变化无常。

在第二阶段,旅行者们在研究中开始对教育进行关注。这些来访者希望学习外国经验,从而帮助改善国内状况。但他们的报告极少有解释说明的内容。他们倾向于集中"对外国学校制度进行百科全书般的描述,可能还四处掺杂着对奇闻轶事的描述"(Noah & Eckstein,1969:5)。

但是在比较研究发展的阶段中,另一种研究方式正如米歇尔·施魏斯富特(Michele Schweisfurth)以及笔者都尝试过的,就是描述"一连串的发展重点,这些发展重点始于某一广泛界定的历史节点,并持续伴随和修正已经存在的发展重点",具体见图1(Phillips & Schweisfurth,2006:28)。

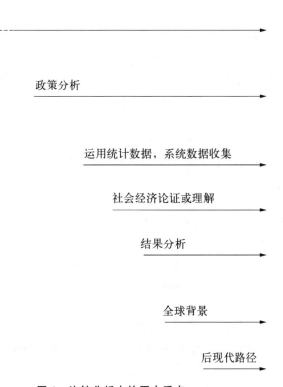

图1　比较分析中的历史重点

这一"发展链"(Phillips & Schweisfurth, 2006：28)最初始于主要局限于描述的时期，正如我们在旅行者所记叙的故事中所看到的，这些"故事"中有许多关于其他国家政治和社会状况的早期解释。紧接着便是一个重叠的时代，这时研究者头脑中已经产生了明晰的关于调查的政治目的，他们希望影响国内的政策争论，并从别处可以借鉴的规定出发提供建议。威廉·豪伊特(William Howitt, 1792—1879)在德国的研究工作可以看作这一路径的一个例子。他的研究目的在于劝阻其英语读者，使他们不支持政府控制教育的思想："英格兰的自由精神和个体利益绝不会允许这里的政府，像德国政府一样，调控和束缚社会**每一个阶层**的教育。"(Howitt, 1844：310)第三个主要发展阶段在统计数据的收集方面取得了重大进展，这便可以对社会经济状况及其与教育供给的关系开展更为复杂深入的分析。德国政府尤其擅长收集统计数据，而等到迈克尔·萨德勒的特别研究和报告所(1895)在伦敦成立时，便有可能以一些趋近于"科学的"证据对其他国家的教育情况做出权威的解释。同时，如图1所描述，其他研究传统也在继续发挥作用。更趋近当代，我们已经看到对学生成绩以及国家教育制度成效的调查不断增加，负责这些调查的单位有教育成绩评估国际协会(IEA)以及经合组织(OECD)，此外，那些密切关注全球化趋势和探索教育的后现代主题的理论学家也在持续进行研究(Phillips & Schweisfurth, 2006：28—29)。政策借鉴将成为每一个这样的发展重点重叠时期的特征。

阿姆特·斯普瑞格德(Almut Sprigade)表示，在19世纪早期的几十年里，相比于外国教育案例研究中的通常假设，现实中存在更多的复杂性。她的研究证实了她所提出的观点：

> 在各种各样的资源中，存在着关于国外教育的广泛信息。这对教育比较的专门知识提出了要求，并且需要各种组织和政治家的积极参与，以促进他国教育供给相关信息的交流和更新。(Sprigade, 2005：i)

结合这一观点及其他论证，就我看来，我们不应该仅仅将"政策借鉴"看作比较教育早已经历过的一个阶段，而不考虑人们对它的兴趣。

如果教育中比较研究的主要目的，用霍尔斯(W. D. Halls)喜欢的术语来说，是"社会向善"(Halls, 1990：23)，意即，促进事物改善，那么(如笔者在上文中论争的那样)这就包含着"吸取教训"，找到良好的实践模式，确定可以效仿、模仿或借鉴的教育政策及实践，当然，前提是你愿意这么做。

但如果在努力汲取教训的过程中，人们确实开始尝试借鉴(别处经验)，那么比较学家就需要理解包含的过程，以调节发生在政策层面的问题，并提供恰当的提醒。我之前罗列过一些促使借鉴行为发生的因素：

- 关于国外环境状况的严肃的科学或学术调查
- 解决教育问题的其他方式的广为认同的优越性
- 在明确了他国教育发展情况同本国的显著区别之后[斯坦纳-卡米斯(Steiner-Khamsi)称其为"震惊"于国内的教育发展]，从政策上积极促进教育改革
- 无论是否刻意，存在对国外经验的曲解(夸大)，由此更凸显出国内的既存问题(这也是大众媒体上所发表的报告的共性)(Phillips, 2000b：299)

接下来，笔者会从各种复杂层面，就国家之间(尤其关注很长一段时间内英国对德国教育的研究)切实发生的和潜在的借鉴案例进行分析，并提出一些研究策略以有助于对进程进行分析。

案　例

1800—1801 年,约翰·昆西·亚当斯(John Quincy Adams,1767—1848)游历了西里西亚,并于 1804 年著书出版于伦敦。书中对国外案例表现出严肃的兴趣,这也是已知的对国外案例认真对待的较早记载。约翰·昆西·亚当斯时任美国驻柏林全权大使,作为美国第二位总统的长子,即将赴任美国驻英大使,他也将参加选举进入参议院,并于 1825 年当选为美国第六任总统。1839 年,英国发展委员会发布了名为《英国教育促进近期举措》(*Recent Measures for the Promotion of Education in England*)的报告,其中便引用了亚当斯关于普鲁士初等教育进步性的描述。作为较好地体现出对别国教育兴趣的早期案例,这一案例值得在报告中引用,并且其中也有很多值得学习的经验。

亚当斯在写作中对腓特烈大帝的教育改革大加赞赏,相比于美国,腓特烈大帝极富热情地追求着在其各个阶层的国民中传播有用知识的目的。

> 大概没有哪个欧洲国家在初等教育领域可以同德国相匹敌。(Adams,1804:362)

他尤其提到了教师培训:

> 教师们被指导提供简单的教学,其教学内容要能切实应用于日常生活。通过对课堂上涉及的每个知识点的解释,他们不仅要用语言让学生记住这些知识,还要使这些知识达到学生能够理解的程度,使学生能够用自己的观点理解并运用所学的内容,以便学生们在考试中能够自己解释这些知识。(Adams,1804:366)

此外,他也引用了强制入学和督察的相关制度:

> 领主和佃户必须承担学费,不分宗教差别。城镇里的学校必须全年开放。教学进度上,要求让儿童在一个月内尽可能学会字母表,两个月使其能拼接字母,三个月能够阅读。6—13 岁的男孩必须入学,无论父母是否有能力承担学费。对于穷困家庭,必须为他们募集学费。每位父母或监护人,如果没有充分理由而未将孩子送去学校,就要付双倍学费,并且监护人也因此拿不到津贴。每位助理牧师必须每周对本教区学校的儿童进行检查。每年,主持牧师都要对各自所管区域学校进行一般性检查,检查内容包括教师能力及其对学校事务的关注度、学校建筑情况、儿童入学情况,由此形成一份关于学校的报告,该报告由代理主教办公室起草,并上呈给皇家办公室,然后根据报告向各个领地下达命令,要求改正陋习,补足缺陷。(Adams,1804:367—368)

随着对教育特性及政府参与教育的论战的开始,这一相对开明的报告已经覆盖了 19 世纪最初几十年人们最为关心的问题。其中的细节描述意义重大,因为这些细节描绘了一幅使效仿得以进行的蓝图,因此,也可以将其看作明确“其他教育制度是如何运作”的早期案例。当然,如今我们并不打算借鉴西里西亚的经验,但在当时,亚当斯所收集的这些信息通常会用于政策讨论中,并被那些支持改革的人借用。

让我们抛开这种个人对官方的模式。1834 年,英国下议院特别委员会出台了一份关于教育改进的报告,其中包含的证据就由那些拥有德国教育一手资料的见证人提供。以下是对威廉·戴维斯(William Davis)一次采访的逐字记录,该被访者在伦敦的怀特查佩尔办了一所学校(按照 Bell 的教务助理系统的方法)。文本讨论了扩大英国教育供给规模的问题,并就德国扩展教育规模的方式进行了探讨。

————你认为是否有必要进一步扩大教育系统的规模？

————如果可能的话，我认为很有必要。

————那么，就业系统是否应该同扩大了的教育学系统相结合，以便让儿童学到有用的习惯？

————是的。可能我观察到的与此不太相关。我发现最底层的外国人都来英国找工作，而且我很少发现哪个德国人不会写自己的名字或不能读《圣经》。

————你的意思是，相比于英国人，更多的外国人能做到那些？

————以我自身经验，我几乎没有发现哪个外国人不会读写。

————你所熟知的那些外国人是否同国内你所了解的人们一样出自较低的社会阶层呢？

————在自己的国家里，他们出自农民阶层，而到这里之后他们主要是炼糖厂的劳工。

————你是否发现德国那些到我国来就业的制糖业者同我国相似身份、相似职业的人相比，受过更好的教育？

————我认为总体上看，他们受过更好的教育。（《特别委员会报告》，1834：215）

这一交流也值得详细引用，因为在当时的英国，对政府是否应该干涉教育这一问题存在激烈的讨论，在此情况下，这一交流反映出早期政府为证明其他国家教育的优越性所做的努力。这一案例也反映出斯坦纳-卡米斯所谓的让国内教育系统"震惊"的说法。

此后的整个 19 世纪，英国的许多官方报告都用很多篇幅探讨国外的教育案例，这一做法一直到 20 世纪还在继续。迈克尔·萨德勒的特别研究和报告所在 1895—1905 年间对外国教育制度的各个方面都进行了大量卓有成效的研究，这一创举自 1989 年起接连被伦敦许多教育部门借鉴，这些教育部门出版了关于其他国家的教育报告（其中关于德国教育的报告不下 8 篇）。这些报告直接或间接地影响到政策领域的决策制定。

伦敦的巴金区和达格南区为英国的借鉴研究提供了地方层面的重要的现代案例。地方教育局首席教育官首创了一项通过学习别国经验以提高当地学校教学质量的非凡计划。该计划对瑞士学校的数学教学进行了具体研究，对其优良实践经验进行观察、分析，并让地方教育局的教师借鉴。这项计划包含了学校之间的积极合作，以及对教职员在教学技巧上的培训，同时还要开发解释性的手册。这是一个不同寻常的案例，这个案例成功地将他国认定的优良实践"移植"到了本地，从而极大提高了地方教育局在数学教学上的水准（Ochs，2006）。

在美国，我们可能会提到霍拉斯·曼（Horace Mann）的重要研究，他对德国教育的解读广泛影响了卡尔文·斯托（Calvin Stowe）和亨利·巴纳德（Henry Barnard）的研究，同时也影响了威廉·托里·哈里斯（William Torrey Harris）卷帙浩繁的"国际教育丛书"。值得一提的是，20 世纪，美国教育部发布了关于日本（1987）和德国（1999）教育的重要报告，这两个国家的教育发展一直备受瞩目。

在法国，由维克托·卡曾（Victor Cousin）撰写的普鲁士教育报告轰动一时。由萨拉·奥斯丁（Sarah Austin）翻译成英语后，该报告在各类评论和报告中广泛传播，并在很长一段时间的政策论争中发挥着积极和消极的双重作用（Cousin，1864）。

在日本，我们可以引用岩仓使团这一新奇的案例。1871 年，在岩仓具视（Iwakura Tomoni）带领下，日本代表团起航向欧洲和美国出发，开始为期一年零九个月的访问。这一代表团包含了当时半数的政府人员。使节人数庞大（总共 107 人），此行目的也涉及广泛：向各国展示包含有条约的国书；着手条约修订；对先进社会进行调查和研究，以便确定哪些社会特质能促进日本现代化进程。后一目标是使节团的主要目标。大使们拜访了美国、英国、法国、比利时、荷兰、德国、俄国、丹麦、瑞典、意大利、奥地利和瑞士。其中也包括对这些国家教育情况的调查。使节团成员的游览和发现由儒家学者久米邦武(Kume Kunitake，1839—1931)整理编纂为一份详细报告，并于1878年出版《美欧回览实记》(Kume，2002)。

在南非，自种族隔离制度废除后，"基于成果的教育"(OBE)引入，输出国对这一教学模式其实早有顾虑，引入南非后也是问题丛生。这可以看成一个学习国外经验失败的案例，在这个案例中可以看到，本国国情的重要性不容忽视。因为OBE的实施需要适当的基础设施作支撑。快速转变传统教学模式，转而成为老师可以跟学生说"我非圣人而只是引导者"这样一种状况是存在严重错误的(Jansen，2004；Spreen，2004)。

在其他地方(Phillips，2000b：302—303)，我也罗列过英国在19世纪对德国案例的积极或消极利用。德国教育中吸引研究者的积极方面是：

- 连贯的教育制度
- 政府职责明确
- 高水准基础教育
- 职业教育历史悠久且发展受重视
- 关注技术教育，且大力研究技术专科学校
- 现代大学的构想

消极层面的关注点如下：

- 一些研究者发现，政府对重要事宜的干预是人们普遍担心的问题
- 官僚机构的专横作风
- 超负荷的课程量及其与威廉·冯·洪堡(Wilhelm von Humboldt)的理想背道而驰(大学预科的课程设置就是一个例子)
- 出现盲目顺从的趋势，这使得政府出于自身的政治和军事目的操纵教育

因此，在过去的200多年里，官方一直就他国教育的积极和消极面发表意见。政策借鉴分析的任务是明确可以切实借鉴的政策或实践案例，然后试图说明如何进行借鉴。不同时期，都存在一些潜在的有用案例，金伯利·奥克斯和我(Phillips & Ochs，2004b：9)将其看作一个由强迫接受向综合影响转变的"光谱"(图2)。

教育借鉴光谱

强加的	被迫要求的	被迫协商的	有目的借鉴的	受影响引进的
教育借鉴				
1	2	3	4	5
(1) 包含极权主义或独裁主义规则 (2) 战败国或被占领国家 (3) 双边或多边协议要求 (4) 别处政策和实践的有目的借鉴 (5) 教育思想或方法的总体影响				

图 2　教育借鉴光谱

在光谱的最左端("强加的")我们可以看到,有些案例中,国外模式被强加于外部受到独裁主义影响的国家,如一些被殖民的国家,它们被强制要求采用宗主国办教育的方式。接着,我们来看看战败国的情况,战胜国会要求他们引入一些新的举措——二战后德国和日本的例子便与此相关。在"光谱"上接下去的一项中,我们可以通过这样的例子理解,一些国家得到了各种帮助,如世界银行的资助,为此它们被要求改变政策和实践。然后是有意和自愿的"借鉴",我们将其定义为"在某种背景下有意识地采用另一种背景下的政策"(Phillips & Ochs, 2004a：774)。最后是教育思想的综合影响,从一些像裴斯泰洛齐、杜威或者皮亚杰这样的有国际影响的大人物的教育理论的影响到教育全球化的影响。

研　究

考虑到这一深厚的历史背景,有必要对各种政策借鉴机制进行分析,这也是近年来比较学家和其他学者潜心钻研的主题。1989 年,《比较教育》特别出版了一期关于教育中跨国影响的研究。(Phillips, 1989)这些论文包含的基本原理是：来自 A 国的评论员会写下 A 国对 B 国教育感兴趣的方面,而来自 B 国的知识渊博的研究者会评估 A 国具有吸引力的特性。毫无疑问,对吸引力的具体关注点还存在较大的争议,正如 OECD 的一份报告中提到的："在几乎所有的国家,改革者提倡借鉴国外模式,而国外相应的研究者却根据自己对这些模式的经验提出批评意见。"(Grégoire, 1967)托斯滕·胡森(Torsten Husén)的研究中提到了瑞典改革的案例,这一案例在两方面都"堪称典范"：

> 特别是在英国和德意志联邦共和国,那些具有改革思想的人希望以瑞典为榜样进行改革,他们倾向于认为瑞典的改革是堪称典范的。而抱着更为保守倾向的一批人,则担心能力不足,担心改革失败,倾向于将其看作消极意义上的典范。(Husén, 1989：346)

这让我们想起了斯坦纳-卡米斯为说明如何将国外案例用于政策论争而提出的"赞颂"和"震惊"。

最近,于尔根·施瑞尔(Jürgen Schriewer)和其他在柏林的学者调查了与世界系统理论相关联的教育思想的国际化情况(Schriewer, 2000；Caruso & Tenorth, 2002)。施瑞尔的外化概念包括应用国外模式以试图让国内带有争议的改革建议合法化(Schriewer, 1990)。

斯坦纳-卡米斯通过蒙古和加纳的特定案例看待政策借鉴问题(Steiner-Khamsi & Stolpe, 2006；Steiner-Khamsi & Quist, 2000)。

比奇(Beech, 2005, 2006a, 2006b)、塔纳卡(Tanaka, 2003)、奥克斯(Ochs, 2005)、斯普瑞格德(Sprigade, 2005)和拉普利(Rappleye, 2006)对不同背景、不同时代政策借鉴的广泛案例进行了调查。

金伯利·奥克斯和笔者主要利用英国对德国教育感兴趣这一案例,描述了分析政策借鉴进程的模式及其他机制(Ochs & Phillips, 2002a, 2002b；Phillips, 1989, 1993, 1997, 2000a, 2000b, 2002, 2004, 2005, 2006b；Phillips & Ochs, 2003a, 2003b, 2004a, 2004b)。其他书刊(Finegold et al., 1993；Steiner-Khamsi, 2004；Phillips & Ochs, 2004b；Ertl, 2006；Phillips, 2006c)已经覆盖了当今及历史上各种各样的政策借鉴问题。历史研究方法尤为重要,通过该方法,我们得以分析完整的进程：卡鲁索(Caruso, 2002)对 19 世纪贝尔-兰卡斯特制(导生制)在国外应用的研究就是一个很好的例子。

金伯利和笔者在牛津建构的方法与对政策借鉴进程阶段的描述与分析有关：我们设定了四

阶段模型以描述政策借鉴进程,包括吸引、决策、实施和内化(Phillips & Ochs,2003a;2004a;2004b),同时我们描述了"筛选"和"透镜"的概念,这二者是政策(或实践)能够顺利从一地借鉴到另一地的重要方式,这正是考恩(Cowen,2006:567)提出的"思想流动和改变"。这些机制并不适用于任何一个借鉴或借鉴案例,而仅仅是为研究者探寻各种背景下的教育借鉴问题提供一种工具。前文引用的论文中已经对这些机制进行了详细描述,这里把这些内容整理成了附录1和附录2。

展　望

笔者的研究始于将政策借鉴的重要性作为比较教育的一个主题以及通过教育中的比较研究明确"吸取教训"这一目的的重要性。到目前为止,笔者并未触碰到全球化的详细内容,但显而易见的是,无论刻意与否,两地之间将会产生比以往更为积极地应对全球化趋势的教育思想借鉴案例。表面上看来,似乎有势不可挡的因素促使这样的借鉴发生,这一有趣的现象可以从欧洲的博洛尼亚进程中窥见一斑,在这一进程中,长期存在的传统有可能让位于相互达成的标准。

该进程的目的在于,到2010年之前,创建一个"欧洲高等教育区",其成员国是那些教育上具有可比性和兼容性的国家。1999年,各国教育部长在博洛尼亚会面,举行了一系列会议以推进一项计划,该计划包括:采用学士、硕士、博士三级系统,赞成共同的质量保证方式、资格相互认同机制和相互关联的学习期限。他们达成了一系列令人瞩目的目标,并声明如下:

我们在此承诺实现这些目标——在机构能力范围内,且完全尊重文化、语言、国民教育体系的多样性、尊重大学自治——以巩固欧洲高等教育领域的地位。为实现这一目的,我们将促进政府合作,并同那些与高等教育相关的欧洲非政府机构合作。我们期望,各所大学能在此迅速而积极地予以响应,为这一努力的成功贡献力量(《博洛尼亚宣言》,1999)。

欧洲共同体[①]自创建以来,就设置了一个舞台,使可观察到的进程有了新的延伸,即成员国之间、成员国与欧盟之外的国家之间的合作关系日益紧密,集中程度也日益提高。比较学家很有必要对这种集中趋势进行监控,尤其要检测考恩提出的"流动和改变"的思想——在何种程度上支撑欧盟合作协议的那些思想会受到地方环境的影响?

当然,环境是分析政策借鉴的一个关键因素。萨德勒在1900年就提醒过,在他之前,其他人也以不同的方式提醒过我们。未来研究的一个艰难却重要的任务是:理解促进或阻碍教育借鉴的环境因素。这将包括对附录1所描述模型中国际化阶段的详细研究。

同样重要的还有对角色的研究,即在促进或阻碍政策和实践借鉴的过程中,模型中的哪一方是"主角"(个人和机构)。各种形式的报道将会在借鉴进程中发挥重要作用,相关的例子如:芬兰由于在PISA测试中取得了惊人成就而受到全球青睐,相反,德国则由于PISA成绩差强人意而受到一定忽视。这些现象都需要调控和批判。

如今,教育借鉴已经形成了一个丰富的有待建构的研究体系。在比较研究这一重要领域中,基于案例的理论未来发展毫无疑问将有助于突出比较教育研究一直具备的重要性,并突出比较数据同政策制定过程的相关性。

---

① 1993年欧盟成立后,欧洲共同体仍作为欧洲主要支柱存在,直至2009年12月废止。故本书仍称"欧洲共同体"。——编者注

结　语

这一关于教育政策借鉴的探查试图用小篇幅涵盖大范围。总体上，我做出如下总结：

● 在讨论借鉴问题时，有必要搞清楚相关术语，大部分术语都可能存在问题。对教育借鉴而言，"借鉴"只是所有可能性中的一个特征。

● "借鉴"应该被看作一种有目的的现象。在借鉴时，我们刻意尝试学习国外经验，并以政策和实践的形式将国外思想引入国内教育制度中。

● 辨别外国方式是否可以借鉴以解决教育问题的一个重要特征是，这些国外方式是否有助于我们更好地理解国内问题。

● 在对借鉴发生的方式进行分析时，最根本的是：处理好与环境相关的难题，并处理好在适应引进的政策和实践时的恰当性问题。

● 比较学者的一个重要任务是理解那些对别国教育体系持支持态度并积极借鉴的改革者们的动机所在。

● 全球化背景下，教育似乎形成了不可抵挡且不断增加的集中趋势，全球和本土的对抗、标准化和传统的对抗，都将日益显著，这也为未来研究提供了丰富的领域。

作为比较教育分析和调查中的一大领域，教育借鉴的中心地位已经确立。比较教育学者的任务就是确保在不断更新的环境中对这一领域持续进行研究。

附录1　政策借鉴的四个阶段(Phillips & Ochs, 2003a, b; 2004a, b)

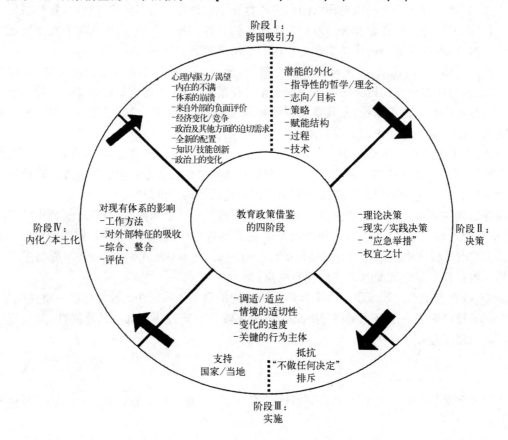

附录 2　政策借鉴过程中的过滤器（Phillips & Ochs（Eds.），2004b）

政策借鉴过程中的"过滤器"

参考文献

Adams，J. Q. (1804). *Letters on Silesia, written during a tour through that country in the years 1800 – 1801*. London：J. Budd.

Barnard，H. (1861). *German schools and pedagogy: Organization and instruction of common schools in Germany, with the views of German teachers and educators on elementary instruction*. New York：F. C. Brownell.

Barnard，H. (1876). *German pedagogy: Education, the school, and the teacher, in German literature*. Hartford.

Beech，J. (2005). *International agencies, educational discourse, and the reform of teacher education in Argentina and Brazil (1985 – 2002): A comparative analysis*, unpublished Ph.D. thesis, University of London.

Beech，J. (2006a). The theme of educational transfer in comparative education：A view over time. *Research in Comparative and International Education*，1(1)，2 – 13.

Beech，J. (2006b). Redefining educational transfer：International agencies and the (re) production of educational ideas. In J. Sprogøe & T. Winther-Jensen (Eds.), *Identity, education and citizenship – Multiple interrelations* (pp. 175 – 196). Frankfurt am Main, etc.：Peter Lang.

Bologna Declaration (1999). Accessible via http://ec.europa.eu/education/policies/educ/bologna/bologna_ en.html

Caruso，M. (2004). Locating educational authority：Teaching monitors, educational meanings and the importing of pedagogical models, Spain and the German States in the nineteenth century., In D. Phillips & K. Ohs (Eds.), *Educational policy borrowing: Historical perspectives* (pp.59 – 87). Didcot：Symposium.

Caruso，M.，& H. -E. Tenorth (Eds.) (2002). *Internationalisierung: Semantik und bildungssystem in vergleichender perspektive*. Frankfurt am Main, etc.：Peter Lang.

Cousin，V. (1864). *Report on the state of public instruction in Prussia*. London：Effingham Wilson.

Cowen，R. (2006). Acting comparatively upon the educational world：Puzzles and possibilities. *Oxford Review of Education*，32(5)，561 – 573.

Ertl，H. (Ed.) (2006). *Cross-national attraction in education. Accounts from England and Germany*. Didcot：Symposium.

Finegold，D.，McFarland, L. & Richardson, W. (Eds.) (1993). *Something borrowed, something learned? The transatlantic market in education and training reform*. Washington, D.C.：The Brooking Institution.

Fraser，S. (1964). *Jullien's plan for comparative education, 1816 – 1817*. New York：Teachers College Press.

Gonon. P. (1998). *Das internationale Argument in der Bildungsreform*. Bern: Peter Lang.

Grégoire, R. (1967). *Vocational education* (p. 34). Paris: OECD.

Halls, W. D. (1990) (Ed.). *Comparative education: Contemporary issues and trends*. London: Jessica Kingsley/UNESCO.

Hayden, M., Levy J., & Thompson J. (Eds.) (2006). *The Sage handbook of research in international education*. London: Sage.

Higginson, J. H. (Ed.) (1979). *Selections from Michael Sadler. Studies in world citizenship*. Liverpool: Dejall & Meyorre.

Holmes, B. (1965). *Problems in education. A comparative approach*. London: Routledge & Kegan Paul.

Holmes, B. (1981). *Comparative education: Some considerations of method*. London: Allen & Unwin.

Howitt, W. (1844). *German experiences*. London: Longman, Brown, etc.

Husén, T. (1989). The Swedish school reform – Exemplary both ways. *Comparative Education*, 25(3), 345 – 355.

Jansen, J. (2004). Importing outcomes-based education into South Africa: Policy borrowing in a post-Communist world. In D. Phillips & K. Ochs (Eds.), *Educational policy borrowing: Historical perspectives*. Didcot: Symposium.

King, E. J. (1968). *Comparative studies and educational decision*. Indianapolis and New York: The Bobbs-Merrill Company.

Kume K. (2002). The Iwakura embassy, 1871 – 73. *A true account of the ambassador extraordinary & plenipotentiary's journey of observation through the United States of America and Europe*, 4 volumes. Chiba (The Japan Documents).

Matlin, S. (Ed.) (2003). *Commonwealth education partnerships 2004*, edited by S. Matlin, Commonwealth Secretariat, The Stationery Office.

Murray, N. (1997). *A life of Matthew Arnold*. London: Sceptre.

Noah, H. J., & Eckstein, M. A. (1969). *Toward a science of comparative education*. London: Macmillan.

Ochs, K., & Phillips, D. (2002a). *Towards a structural typology of cross-national attraction in education*. Lisbon: Educa.

Ochs, K., & Phillips, D. (2002b). Comparative studies and 'cross-national attraction' in education: A typology for the analysis of English interest in educational policy and provision in Germany. *Educational Studies*, 28(4), 325 – 339.

Ochs, K. (2005). *Educational policy borrowing and its implications for reform and innovation: A study with specific reference to the London Borough of Barking and Dagenham*. Unpublished D. Phil. thesis, University of Oxford.

Ochs, K. (2006). Cross-national policy borrowing and educational innovation: Improving achievement in the London Borough of Barking and Dagenham. *Oxford Review of Education*, 32(5), 599 – 618.

Pattison, M. (1861). Report of the Rev. Mark Pattison, B.D., *Reports of the assistant commissioners appointed to inquire into the state of popular education in England and Wales* (The Newcastle report, pp. 161 – 266). London: HMSO. pp.161 – 266.

Phillips, D. (1989). Neither a borrower nor a lender be? The problems of cross-national attraction in education, *Comparative Education*, 25(3), 267 – 274.

Phillips, D. (1993). Borrowing educational policy. In D. Finegold, L. McFarland & W. Richardson (Eds.), Something borrowed, something learned? *The transatlantic market in education and training reform* (pp. 13 – 19). Washington, D.C.: The Brookings Institution.

Phillips, D. (1997). Prolegomena to a history of British interest in education in Germany. In C. Kodron et al. (Eds.), *Vergleichende erziehungswissenschaft: Herausforderung – Vermittlung – Praxis*. Cologne: Böhlau.

Phillips, D. (2000a). Beyond travellers' tales: Some nineteenth-century British commentators on education in Germany. *Oxford Review of Education*, 26(1), 49 – 62.

Phillips, D. (2000b). Learning from elsewhere in education: Some perennial problems revisited with reference to British interest in Germany. *Comparative Education*, 36(3), 297 – 307.

Phillips, D. (2002). *Reflections on British interest in education in Germany in the nineteenth century*. (A Progress Report). Lisbon: Educa.

Phillips, D. (2004). Toward a theory of policy attraction in education. In G. Steiner-Khamsi (Ed.), *Lessons from elsewhere: The politics of educational borrowing and lending* (pp. 54 – 67). New York: Teachers College Press.

Phillips, D. (2005). Policy borrowing in education: Frameworks for analysis. In J. Zajda (Ed.), *International handbook on globalisation, education and policy research* (pp. 23 – 34). Springer.

Phillips, D. (2006b). Investigating educational policy transfer. In M. Hayden, J. Levy & J. Thompson (Eds.), *The Sage handbook of research in international education* (pp. 450 – 461). London: Sage.

Phillips, D. (Ed.) (2006c). *Comparative inquiry and educational policy making, special issue of Oxford Review of Education*, 32(5).

Phillips, D., & Ochs, K. (2003a). Processes of policy borrowing in education: Some analytical and explanatory devices, *Comparative Education*, 39(4), 451 – 461.

Phillips, D., & Ochs, K. (2003b): Educational policy borrowing: Some questions for small states. In S. Matlin (Ed.), *Commonwealth Education Partnerships 2004* (pp. 131 – 136). Commonwealth Secretariat, The Stationery Office.

Phillips, D., & Ochs, K. (2004a). Researching policy borrowing: Some methodological challenges in comparative education, *British Educational Research Journal*, 30(6), 773 – 784.

Phillips, D., & Ochs, K. (Eds.) (2004b). *Educational policy borrowing: Historical perspectives*. Didcot: Symposium.

Phillips, D., & Schweisfurth, M. (2006). *Comparative and international education. An introduction to theory, method, and practice*. London: Continuum.

Rappleye, J. (2006). Theorising educational transfer: Towards a conceptual map of the context of cross-national attraction. *Research in Comparative and International Education*, 1(3). (www.wwwords.co.uk/RCIE)

Report from Select Committee on the State of Education (1834). London: House of Commons.

Schriewer, J. (1990). The method of comparison and the need for externalization: Methodological criteria and sociological concepts. In J. Schriewer & B. Holmes (Eds.), *Theories and methods in comparative education* (pp. 25 – 83). Frankfurt: Peter Lang.

Schriewer, J. (Ed.) (2000). *Discourse formation in comparative education*. Frankfurt am Main, etc.: Peter Lang.

Shibata, M. (2005). *Japan and Germany under the U.S. occupation: A comparative study of the post-war education reform*. Lanham, etc.: Lexington Books.

Spreen, C. A. (2004). The vanishing origins of outcomes-based education., In D. Phillips & K. Ochs (Eds.), *Educational policy borrowing: Historical perspectives* (pp. 221 – 236). Didcot: Symposium.

Sprigade, A. (2005). *Where there is reform there is comparison*. English interest in education abroad, 1800 – 1839. Unpublished D.Phil. thesis, University of Oxford.

Sprogøe, J. & Winther-Jensen T. (Eds.) (2006). *Identity, education and citizenship – Multiple interrelations*. Frankfurt am Main, etc.: Peter Lang.

Steiner-Khamsi, G. (2000). Transferring education, displacing reforms. In J. Schriewer (Ed.), *Discourse formation in comparative education* (pp.155 – 187). Frankfurt am Main, etc.: Peter Lang.

Steiner-Khamsi, G. (2002). Re-framing educational policy borrowing as a policy strategy. In M. Caruso &

H. -E. Tenorth (Eds.), *Internationalisierung: Semantik und bildungssystem in vergleichender perspektive* (pp.57 - 89). Frankfurt am Main, etc.: Peter Lang.

Steiner-Khamsi, G. (Ed.) (2004). *Lessons from elsewhere: The politics of educational borrowing and lending*. New York: Teachers College Press.

Steiner-Khamsi, G., & Quist, H. O. (2000). The politics of policy borrowing: Reopening the case of Achimota in British Ghana. *Comparative Education Review*. 44(3), 272 - 299.

Steiner-Khamsi, G. & Stolpe I. (2006). *Educational import. Local encounters with global forces in Mongolia*. New York: Palgrave Macmillan.

Tanaka, M. (2003). *The transfer of university concepts and practices between Germany, the United States, and Japan: A comparative perspective*. Unpublished Ph.D. thesis, University of London.

US Department of Education (1987). *Japanese education today*. Washington, D.C.

US Department of Education (1999). *The educational system in Germany: Case study findings*. Washington, D.C.

Zymek, B. (1975). *Das Ausland als Argument in der pädagogischen Reformdiskussion*. Ratingen: Aloys Henn Verlag.

25. 阿伽门农与普罗米修斯的对决：新的国际大都会中全球化、知识、学习型社会与人文教化

安德里亚斯·卡扎米亚斯（Andreas M. Kazamias）

引言：假设/情节及神话方式的认知

本文主要从"理论化"的视角，批判正在展开的"全球化的新国际大都会"（Brave New Cosmopolis of Globalization，BNGG）和"信息/技术知识/学习型社会"（Information/Technological Knowledge/Learning Society，ITKLS）的去民主化、去人性化特征的演变后果。本文以古希腊的阿伽门农和普罗米修斯神话，采用对话剧的形式，在设定的"假设-情节"中试图表达两层意思：一是全球化和ITKS① 对知识、学习、教育、社会和个人造成"去人性化"和"去政治化"的影响，二是通过对普罗米修斯式的新人文主义派代亚，"重塑""复魅"人文主义教育，使可能会称之为知识型/学习型国际大都市（Knowledge/Learning Cosmopolis，KLC）中的公民（具有人类学、政治学意义的人）更富有人性。

在第一幕中，我将其命名为"全球化、知识社会、人文主义派代亚的牺牲——阿伽门农综合征"，如同戏剧化地出现在欧里庇得斯笔下的《在奥利斯的依菲革涅亚》中一样，意在用阿伽门农神话批判性地表达全球化和信息技术认识论范式的"去人性化"恶果，避免造就尤尔根·哈贝马斯所言的"工具性的人"，或海德格尔所言的"野蛮的人"或通常所说的"经济人"，而是培育玛莎·努斯鲍姆所言的"理性的人、文明的人"。在第二幕里，"解放的普罗米修斯：普罗米修斯式的新人文主义和人文主义派代亚的复兴"，我将利用埃斯库罗斯的《被缚的普罗米修斯》所塑造的普罗米修斯神话，通过"复魅""复兴"人文主义派代亚，来对新兴的KLC公民进行赋权、解放和人性赋予。

分析模式：神话与认识论的结合

该对话中的分析模式采用了虚构性神话和人类科学知识相结合的方式，运用符号性的表达或图像。我们可以充分利用古希腊两大经典神话达到双重目的：一是可以作为戏剧化地表现特定问题或人类状况的工具或方法，这有望成为最引人入胜的地方；二是作为一种认知、思考和表达的方式，以便对问题进行"理论抽象"和解释，这种方式的意义可以通过一种想象的或超验的话语显现出来。希腊学者维察克西斯（Vitsaxis）认为，神话、图像（真实或想象）以及符号构成"超验之语言，延伸人的反思性思考，并引向想象的境地"。他还认为，神话"比逻辑主义研究方式或理解现象学世界的方式更接近人的直观和审美"。神话甚至可以是"非直系同源的"，即不遵从任何设定的规则，因此也不可能是"荒谬的"。著名的社会人类学家列维-斯特劳斯认为，神话是"审美式"的认知方式，可以与"客观的"认知方式相并行和类比。"神话使世人学会用审美的方式去认知。"（Vitsaxis，2002：15—21）费耶阿本德（P. Feyerabend）认为："科学与非科学之间的明显区别不仅是虚妄的，也是认知发展进程中的一大灾难。如果我们想要深入了解世间万物……就必须充分利用所有方法与理念，而不能只是运用其中一小部分。科学之外无知识的断言不过是个

实用的神话。"(Feyerabend，1975；也可参见 Bowra，1957：127—128)

第一幕：国际大都会中的阿伽门农综合征、全球化、知识/学习型社会和人文主义派代亚的牺牲

开场白——阿伽门农神话

阿特柔斯的阿伽门农，也即阿格斯王，是希腊派至特洛伊的远征军统帅，他通过向神灵祭献女儿依菲革涅亚的方式获得顺风航行以及启动停泊在奥利斯港口的庞大舰队的有利条件，开启了死亡之旅。从表面上来看，远征军是因为复仇而洗劫特洛伊，因为特洛伊人羞辱了亚加亚人（即希腊人），东方的"野蛮人"特洛伊王子帕瑞斯诱拐了"有教养的"希腊王妃（阿伽门农的嫂嫂）海伦。但实际上，这次远征远非仅仅是为了报复羞辱。特洛伊战争也是由专横的希腊人以权力自负、民族声誉、领土扩张、财富、权力及荣耀等名义点燃的。正如依菲革涅亚在送上祭坛时所宣告的那样，特洛伊战争也是为了"希腊人的共同利益"。古希腊悲剧诗人欧里庇得斯利用阿伽门农神话，生动形象地揭示了民主制城邦雅典在历史动荡时期的政治与社会状况及面临的困境，是时它正处于公元前 5 世纪的衰落之中。

正像欧里庇得斯一样，我将用阿伽门农神话和依菲革涅亚的献身作为方法论依据来比较、批判在当代话语及世界范围内社会政策前沿中存在的"社会-政治"与"社会-文化"现象，不过我没有他的编剧艺术。简单而言，这就是新国际大都市中的新自由主义现代性将面临的教育问题，甚至是教化及文化熏陶问题。为了反思当前"社会-文化"领域的现状，我将试着展开下面的情节。

为了让现代国家以及国际性组织如欧盟（EU）能有效而又富有竞争性地参与到新国际大都会，即全球化的知识社会（Knowledge Society, KS）和经济体系中，现代教育体系作为国家调控机制，被要求牺牲传统的知识和文化而强调特定类型的知识和文化。为了更有效地回应全球化和相关的信息/技术认识论范式，中学特别是大学正在转变自身身份和角色。作为"社会-文化"聚集地的这些机构，其主要职能正在发生质变，从整体/全面的教育或智力的、道德的和公民的教化，已经转变成生产工具性知识、科学技术以及获得适应市场的技能的场所。在这一转变中，"社会-文化"的使命逐渐缺少重视"思想和灵魂"的人类学-政治学（"个人-公民"）构建，而是加倍地为竞争激烈的世界经济市场培养见多识广的、富有成效的、技术熟练的"知识工人"。中小学和大学正在从教化的场所，变成美国教育哲学家简·罗兰·马丁所说的教育主要是"生产过程"（Martin，1994：78）、美国社会学家阿罗诺维茨所说的"知识工厂"。特别是在一些现代大学（主要指欧洲和北美的大学）中，大学的理念也正在发生变化，以往大学主要进行通识教育，其功能集中在教育和文化两方面，而现在大学正在转变成"知识理性"的助推器，正如法国后现代主义思想家利奥塔所说的"表现性"（Lyotard，1984）。借鉴罗伯特·考恩（Robert Cowen）的术语，现代大学将被颠覆成"被市场框定的大学"（Cowen，1996，2000）。

全球化的新国际大都会与信息-技术知识/学习型社会

当我们进入第三个千禧年之前，社会理论家已经构建了多样的甚至在某些方面交叉的概念-认识论图式。其中最富有启迪意味的是西班牙社会学家曼纽尔·卡斯特尔（Manuel Castells）的观点：

> 在此千禧年之际，一个崭新的世界已经开始形成。它源于 20 世纪 60 年代晚期至 20 世

纪 70 年代中期三次独立进程的历史巧合，即信息革命，资本主义和国家主义的经济危机及其随后的重建，包括自由主义、人权、女权主义、环境保护主义在内的社会文化运动的蓬勃发展。这些进程的互动影响及其背后的动因，共同促成了一种新的、占主导地位的社会结构，即网络社会；一种新的经济形式，信息/全球化经济；以及一种新的文化形式，即虚实共存的文化……（被定义为）体系，在这一体系中（人类的物质或符号存在）的现实本身已完全浸入到虚拟的想象中，在虚构的世界中，符号不仅仅是隐喻，也包含了真实经验。（Castells，1998，2000：367，381）

有关此次千禧年正在形成的新世界的相关话语，其核心观点包括：全球化、全球社会、全球信息经济、知识社会以及知识型经济、学习和信息社会、网络社会、全球教育、虚实共存的文化等（Castells，2000；Lofstedt，2001；Barney，2004）。在这些观点中，"全球化"和"知识/学习型社会"的概念显得尤为突出（Waters，1995；Lofstedt，2001）。

全球化——祝福还是诅咒？

全球化是一个变化无常的概念，不易做出本质主义的界定或解释。就像传说中的半神半人普罗蒂厄斯一样，根据个人的理论和意识形态取向，这个概念经常披着不同概念和意识形态的外衣。正如其他包罗万象的宇宙理论建构，"全球化"是一个易引起争议的概念，一些社会理论家质疑其特有的真实性，称之为"妄想"（Vergopoulos，2000）或"神话"（Tombazos，1999）。对于这些怀疑论者而言，"全球化"自有其深刻的历史根源。它总是在那里，至少自 18 世纪或更早的时期现代性出现以来就在那里。然而，大多数学者、社会理论家和知识渊博的观察家在某种程度上已经认可了把全球化作为一种经济的、社会的、文化的历史现实的观点，尽管他们认识的范围与深刻程度是最近才扩大或加深的。例如，英国社会学家安东尼·吉登斯（Anthony Giddens）在其最新的政权纲领《第三条道路》中写道：

> 经济全球化已经成为一种现实，这不仅是前些年趋势的延续或回归。尽管很多贸易依然是区域化的，但在金融市场水平上已经有了一个"全面的全球经济"……全球化，不仅仅是或者主要是经济方面的相互依存，更是人类生活在时空中的变革。（Giddens，1998：30—31，1999/2000：28）

无独有偶，安东尼·麦格鲁（Anthony McGrew）与吉登斯持同样的观点，他把全球化定义为一个包罗万象的社会、经济和文化现实。据麦格鲁所言，"跨国网络、社会运动和关系几乎广泛地存在于人类活动的所有领域，从学术到两性"（McGrew，1992：65—66；或可参见 Scholte，2000：15—16）。莫克豪的定义似乎获得了更广泛的认可：

> 尽管没有一种单一的、共识的"全球化"概念，但显而易见的是，全世界正在经历"一系列的进程，以经济、文化、政治等各种方式产生超国家的关系"。同样，不仅仅能在经济领域感受到全球化的影响，在意识形态-文化领域以及时空转变中也能感受到全球化带来的明显变化。尽管没有任何一个国家能免除全球化的影响，但有关全球化的利弊分析确实存在激烈的辩论。（Mok，2000：148—149）

然而，在全球化理论范畴中，关于全球化对经济、政治、社会、教育和文化、甚至是人类生活的影响，不同理论家持不同的评价。许多著名的社会理论家及知识分子倾向于对全球化采取"抱怨"式的回应，也就是强调全球化对社会和人类生存产生的那些负面的、"非人性化"的影响。比如，理查德·福尔克（Richard Falk）在他的一项标题吸人眼球的研究——《掠夺性的全球化》中，论证了"经济全球化对国家提高人类福利的能力的影响",他总结道：

> 尽管全球化的趋势令人乐观,世界秩序的结构化和规范性的基础却越来越不能为全世界的人们提供最低安全保障。受全球化的动态影响,作为人类福祉的工具,国家的功能正在受到微妙的损伤,在某种程度以及不同的范围上被迫转变为全球市场力量的附庸。一方面是为了回应全球化的发展,另一方面也是由于人类成就的源泉即世俗主义的缺陷,国家在很多场景下也丧失了在自身边界内提供社会、经济、物质安全保障的能力。(Falk,1999)

法国政治哲学家皮埃尔-安德烈·塔奎夫(Pierre-Andre Taquieff)将全球化描述成"自由市场的帝国",它既促进了世界贸易的增长,也对社会-经济以及政治产生消极后果,比如拉大富裕发达的北半球和贫困不发达的南半球之间的差距,也加剧了富裕国家内部的不平等及社会排斥。在政治领域,塔奎夫进一步评论道,全球化改变了民主政治和民主公民的面貌,变成一种"市场化的民主",并且限制了公共领域(Taquieff,2002：107;也可参见 Bauman,1998：66)。

另一些社会理论家认为全球化与所有的"新自由主义"一样,认为新自由主义是"一种政治经济学说、意识形态表达或暗示"。以内莉·斯卓姆奎斯特(Nelly Stromquist)的观点为例,"新自由主义强调三种政治良方：宽松管理,私有化,自由化"(Stromquist,2002：25—26;也可参见 Slaughter,1998：52)。最终,福托裴乐思(Fotopoulos)提出了新自由主义全球化对民主政治的最具颠覆性的影响,他指出"相比基于传统、等级和政治哲学的自由主义老右派,新自由主义新右派是基于对市场力量、个人主义及经济'科学'的盲目相信"。据福托裴乐思所言,"新自由主义运动……代表了对社会民主主义的国家主义的强大冲击"。新自由派的主要政策最初由英国的玛格丽特·撒切尔和美国罗纳德·里根政府提议,"然后全世界的政府追随这一提议",这一政策可总结为：市场自由化;国有企业私有化;减少国家福利保障体系使之变成一个保障网络,同时鼓励私营企业拓展进入社会服务事业(健康、教育、养老金计划等);实施有利于高收入群体的税收再分配政策(Fotopoulos,1997：33—36)。

我们倾向于同意上述有关全球化的实证经验观点。不管怎样,无论这是否存在于现实之中,在当代话语及有关国民经济、国家公共服务管理的政策中,全球化已经成为公认的概念。毫无悬念的是,全球化也在教育**制度重构**与改革的话语及政策中被当作公认的概念,包括在学校课程和教学方法、教育评估与教学评价、学业成就或学校管理等领域。在这个意义上,全球化也可作为论证教育改革的原理之一,全球化可能确实获得了"本体论"的存在(Davies & Guppy,1997：435)。

知识型社会

在未来的新国际都会中,像全球化一样,知识型社会也将成为主流话语。作为新国际都会中的激活力量,不同意识形态和认识论派别的社会分析家和政治分析家都已肯定知识和信息的重要意义(Bell,1976,1980;Castells,1989;Drucker,1993)。安迪·哈格里夫斯(Andy Hargreaves)近来从三个维度定义了知识型社会：

> 首先,知识型社会包含扩展了的科学、技术和教育领域……其次,知识型社会包含服务型经济中处理和传播信息的复杂方法。最后,它要求企业组织改变其运行方式,通过构建系统、建立团队、提升文化,最大化地发挥相互的、自发的学习机会,以强化产品和服务的持续创新。(Hargreaves,2003：9)

简言之,在知识型社会以及其他共生概念如"信息社会"和"学习型社会"中,作为经济、社会和个人发展的决定性因素，知识的提升成为主导话语。人与人之间最大的区别不是富人和穷人的区别，而是那些有知识和无知识的人之间的区别(Stamatis，2005：115；Kladis，1999：82；Kazamias，1995；Commission of the European Communities，1993)。

正如"全球化"概念一样，对知识型社会的理解也各有不同。不过，有关这一主题的流行话语中，以下认知要素显得尤为突出，受到更多关注：

——信息与通信技术(ICTs)以及先进学习技术的巨大发展；网络社会的兴起(Castells，1996，2000)。

——在充满竞争力的全球经济中，信息技术和编码知识(codified knowledge)对资本积累和可持续发展的重要性与日俱增。

——技术-科学的工具理性。

——知识作为可交易的商业化产品。

——生活和办公空间的形式不断变化(学习型组织、弹性劳动力、知识工作者)。

——排斥/包容的新范式出现(如"数字鸿沟")。

因此，"全球化"与知识型社会一样，无论是在真实世界还是在我们的想象中，非常贴近我们的冒险精神。这一冒险精神构成了教育话语改革(政策探讨和政策实践)的语境/模型和我们所说的"教育文化"。但是，从神话的思维方式——阿伽门农综合征——全球化，特别是其经济主义和理性主义的方面，也被隐喻地看作"诅咒"或失范，迫使人们在教育中选择性地采取某些行动，而牺牲我们长久珍视的其他东西。诚然，这些选择会带来荣誉与利益，比如有些人认为全球化有助于"幸福感"的形成，因为它模糊了"不平等"，并使国家变得更富强、更有竞争力(Andrianopoulos，2004：14)。同样地，OECD 只看到了全球经济和全球市场格局带来的好处，如经济不断发展、物质文明不断提升、繁荣不断升级，以及因此带来的人类福利、政权稳定和更全面的平等(Spring，1998：160)。

在希腊神话中，阿伽门农洗劫特洛伊的决定最终赢得了利益及战利品——大部分是物质上的，也有荣耀。不过，这样的利益付出的人力成本相当高。除了女儿依菲革涅亚被迫作为牺牲，阿伽门农的做法也产生了其他悲剧性后果：特洛伊这座城市被彻底摧毁，特洛伊的妇女被强奸和沦为奴隶，一些贵族男女被屠杀，阿伽门农自己被妻子克吕泰墨斯特拉谋杀，然后吕泰墨斯特拉又被她的儿子俄端斯忒斯所杀。在我们的冒险中，由全球化和知识型社会推动的教育政策也会引发可怕的、非人道的后果。

征服特洛伊并赢得世界——知识/学习型社会中教育改革话语——向着经济人和电子人进化？

最近的研究表明，正如在欧盟、世界银行和联合国教科文组织等国际组织的重要文本中体现的那样，在国家政策的宏观领域与学校教育的微观领域，占主导地位的教育改革话语作为修辞技巧和实践框架，到处都是经济主义的"社会思潮"、工具理性、新自由主义价值观以及商业伦理。这些观念和价值可以说包含效率、竞争、产量、收益、市场、自由个人主义、去国有化/宽松管理、私营化、自由市场经济以及企业家精神等方面。下面列出几个国际教育世界的相关论述：

(a) 在一项"全球经济的新教育提议"的国际调查中，该调查涉及北美的地缘文化地区(美国)、欧洲(英国和欧洲共同体)和东亚(日本和新加坡)，以及如经济发展合作组织、世界银行、联合国教科文组织等国际组织，乔尔·斯普林记录了当代主流话语(政策探讨和政策实践)关于教育和全球经济之间的互赖关系情况，如下：

　　　　教育和全球经济被预设为存在互赖关系。全球经济的竞争取决于教育质量，教育目标取决于经济。在这种情况下，教育随着经济需求的变化而变化。因此，当前的人力资本理论主导了教育对全球经济作用的探讨。(Spring, 1998：6)

　　在提到某些教育改革话语与政策时，如 20 世纪 80 年代至 20 世纪 90 年代早期新自由主义及英美国家新右派鼎盛时期的学校教育与家长选择权、国家课程、国家和世界级的学术标准以及国家学业水平测试等，斯普林写道："哈耶克的自由市场理论奠定了美国和英国有关教育选择权、国家标准和国家课程、取消福利国家、终生学习等论述的基础。"(Spring, 1998：123，128)

　　(b) 类似的话语和政策声明体现在欧洲的宏大背景中。与之相关联的是出现在欧盟各类文本(白皮书、绿皮书、决议、指示、通告、总结和方案)中的教育话语。欧盟许多的"教育与培训"文本都着重于技能和能力的发展，以满足单一欧洲市场需求，即一个整合的欧洲"知识型社会"和欧洲的以知识为基础的竞争经济的需求。尽管许多文本也提到是为了"坚实宽广的教育"和"广博的知识基础"。令人注意的是，为了形成"竞争优势"，某些特定的知识、技能和能力(如信息通信技术中的教育、技术-科学工具理性和职业技能)被赋予特别优势。这种竞争优势旨在使欧盟"变成世界上最有竞争力的富有活力的知识型经济，实现经济的可持续发展，提高就业数量和质量，并加强社会凝聚力"。这种工具主义的知识取向在向"理事会和欧洲议会"提交议案并于 1997 年发布的《迈向知识型欧洲》(Towards a Europe of Knowledge)中显而易见，其中写道：

　　　　请注意，我们正步入"知识型社会"，欧洲委员会在 2000 年的议程表中提出，要制定政策使社会(创新、研究、教育和培训)成为联盟的内部政策四大基础支柱之一……经济竞争力、欧洲公民的就业和自我实现不再以有形商品的生产为主要依据，未来也不会以此为依据。自此以后，真正的财富创造与知识的生产和传播紧密关联，它首先取决于研究、教育及培训方面的努力和推动创新的能力，这是我们为什么要塑造一个名副其实的"知识型欧洲"的原因。(Commission of the European Communities, 1993)

　　欧盟在有关教育和培训话语中强调"工具主义"和"技术的选择"，但同时也"通过象征主义"强调人文主义文化和认识论传统，这在欧盟的各种行动方案中也十分明显，如以苏格拉底、列奥纳多·达·芬奇、伊拉斯谟、阿里翁和夸美纽斯等人命名的计划方案。为了遵守欧盟指导方案中的工具理性，这些行动几乎包涵了教育和培训系统的各个方面，包括学生、教育者、教育官员和政策制定者，成员国希望成立欧洲基金以实现教育期望。对于欧洲南部的国家而言，在国家提交的"共同体支持框架"基础上，欧洲凝聚力基金(欧洲社会基金和欧洲区域发展基金)提供针对国家教育体系的资金帮助，这将进一步加强其对欧盟补贴的依赖。这些机制补贴与之前提到的白皮书逻辑一致的国家教育政策，促进特定类型的经济和社会发展，旨在实现设想中的"知识型社会"和"以知识为基础的经济"。

　　为了回应设定的承诺，在全球化的新欧洲国际大都会中培养积极主动的欧洲公民，欧洲委员会对在新"知识型欧洲"中公民的认知能力和工具能力有更清晰的了解，对于其个性特征和公民道德、想象的/构造的公民心理的了解则相对薄弱(The European Commission, 2001；Commission of the European Communities, 1995；Field, 1998)。

　　(c) 上述几个核心观点及价值可以在其他的国际组织如 OECD 和世界银行发行的文本和申明中找到。比如，OECD 承认全球化"是世界经济的主流趋势"支持建立"一个无国界的全球市场体系"。除此之外，正如前文所述，OECD 只看到了由全球经济以及全球市场格局带来的好处。OECD 的教育话语和政策与我们之前提及的全球化的经济主义和理性主义维度有关。总结如下：

教育在 OECD 的计划中扮演了双重角色。一方面,教育通过发展人力资源和终生学习促进市场经济的发展;另一方面,需要教育解决全球化引起的问题,如失业、日益增长的经济不平等以及对社会和经济变革的担忧。教育扮演的双重角色与其在欧盟政策中发挥的作用有异曲同工之妙。(Spring,1998:160)

近来(2002 年),OECD 在政策文本中重申了教育和培训方面的经济主义和工具主义取向。该政策文本发布于新成立的 OECD 教育理事会创立之时。由于"成员国政府都意识到了教育政策与日俱增的重要性",OCED 秘书长成立了一个独立的教育理事会。其负责人巴里·麦克高(Barry McGaw)在其讲话中提到:

当代社会需要高水平的知识和技能。缺乏高水平知识和技能的个人将难以有效参与社会和经济生活,因此关注教育公平与关心教育质量同样重要。在全球经济中,所需的知识和技能在不断变化,终生学习变得越来越重要。OECD 在教育方面的工作是从终生学习的角度,使教学的重点从教转向学,并使教育政策和经济、社会政策保持密切联系。(OECD,2002:7)

(d) 教育改革话语和政策注重效率、表现性、工具理性和知识生产、可市场化的学校教育和价值观,这种情况也可见于日本、新加坡、中国香港、希腊、塞浦路斯和土耳其等不同国家和地区(希腊,Kazamias,1998;塞浦路斯,Kazamias,1994,1999;中国香港和新加坡,Mok,2000:150—151,172 & Spring,1998:86;土耳其,OECD,1989:12—14,93—97,Zorlu-Durukan,1999 & Turkish Ministry of Education,2006;日本,Green,1999)。

(e) 在此,有必要引用安迪·哈格里夫斯在"知识型社会"和"知识主导型经济"中对当代教学改革话语的深刻观察。在他的《知识型社会中的教学:动荡时代的教育》中,哈格里夫斯指出当代资本主义社会的经济也是以知识为基础,为私有财产服务,资本主义社会的学校教育都是为了在知识型社会和知识主导型经济中发展人的认知学习、提高工具技能和能力。但是,他也指出,知识主导型经济是一股"创造性的破坏力量"。一方面,"它刺激了发展和繁荣",但另一方面,"它本身对利润和自我利益的无限追求也会扰乱并打破社会秩序"。在知识主导型经济中,学校系统"热衷于实施适合微观管理的统一课程",而不是"有助于培养创造力和聪明才智的课程"。哈格里夫斯补充道:"在本该富有同情和归属感的地方,学校和教师竟然已经被迫滑入唯分数论、成绩导向和问责排名的深渊。不计其数的教育体系提倡夸大的、以自我为中心的国家认同感,而不是培养世界认同感和基本的同情,后者被亚当·斯密称之为'民主的情感基础'。"(Andy Hargreaves,2003:16—17)

(f) 最后,关于全球化时代高等教育改革的论述还有一些。OECD 最新一项的研究表明:"高等教育正在变化,以满足客户与利益相关者的期望,积极回应社会与经济变革,提供更灵活的教学形式,更加注重跨越整个课程体系的能力和技能。"(OECD,1998:49)除了高等教育这些特点之外,相关的观点还有其他,如考恩的"被市场框住的大学",利奥塔的"表现性"以及其他一些观点,如"企业化大学""大学教育的商业化"。考恩有关"被市场框住的大学"的描述引人深思:

从认知论的角度,"被市场框住的大学"必须教授迎合市场的、畅销的、实际有用的知识。这样的大学存在于知识市场中,它必须满足它的客户和消费者们的需求(如学生、研究资助者)。大学的知识生产也必须是可测量的,否则就无法评估其表现。因此管理决策必须遵照外部强制的规则和标准,充分考虑不同知识生产的不同价值。(Cowen,1996,2000)

阿伽门农综合征：尾声

在全球化的新国际大都会和信息/科技知识型社会中，对科学和技术知识的依赖性会越来越大，特别是经济发达的社会，如美国、德国、英国、澳大利亚、日本和亚洲四小龙（新加坡、中国香港、韩国和中国台湾），为了能有效地参与到新国际大都会中，并体现出自身的竞争力，这些发达社会尽可能地把"知识鸡蛋"放进"技术-科学的篮子"中。因此，他们对传统意义上负责知识生产和传播的机构施加压力，也就是说，学校特别是大学院校会更注重"技术-科学"的知识以及工具理性。大学反过来沦为经济驱动的马车，其传统的自治性被破坏，这也违背了"自由精神"的大学理念。简言之，我们目睹了现代大学从通识教育到专业教育的转变，狭隘的技术-科学专业知识和工具主义取代和遮蔽了英语中所熟知的"博雅教育"，特别是"自由人文主义教育观"，德语所说的"知识启蒙"以及希腊语中的"派代亚"(Kazamias，1997：39—42)。

"人文主义的牺牲"：社会公正、公民身份和"灵魂"教化

之前提到的教育话语危机和改革——"政策探讨"和"政策实践"向我们展示了一个绝妙的现代场景，我们可以利用古代的阿伽门农神话，批判性地思考当代政治经济和社会文化现象。在古代神话中，阿伽门农因为家族的"狂妄"而受到诅咒，正如欧里庇得斯将神话所戏剧化的那样，这种"狂妄"引发复仇，同时也是为了荣耀、领土扩张和"希腊人的利益"，他不得不让他的女儿牺牲，最终导致悲剧性后果。为了这样一种诉求，作为人类灵魂化身的依菲革涅亚就必须成为牺牲品。在我们的"戏剧"中，我们将全球化视作"诅咒"或"命名障碍"，在教育话语改革的建构中享有至高无上的"知识权力"。假设在新国际大都市的全球化下，在信息-科技的知识型社会中，教育话语中的霸主作为理性与实践，确实可能会带来财富和"华丽的战利品"，正如在欧里庇得悲剧的闭幕式上希腊妇女合唱队吟唱的那样。但是，我们进一步认为，这种类型的教育以及这一全球知识大都市所要求的教学需要付出一些代价，遭受些许"非议"。从我们的神话思维方式来考量，这些"非议"中有三种"人道的/人文主义的"牺牲特别值得注意：(1)公共领域、民主和民主公民身份的破坏；(2)教师的"去专业化"和"去技能化"；(3)人文主义知识和被隐喻地称作"灵魂的教化"的牺牲。

公共领域、民主和民主公民身份的破坏；占有欲强的个人主义和"摇摇欲坠的民主"

正如前文分析的那样，许多社会理论家、政治经济学家和其他评论者给全球化下定义时，强调在竞争加剧的世界中，"市场、私营经济和占有欲强的个人主义"是经济发展的引擎。因此出现了新自由主义全球化(Stromquist，2002；Fotopoulos，1997；Giroux，2002)、市场原教旨主义(Soros，1998)和"麦当劳化的世界"(Barber，1995)等称谓，以及放松管制、民族国家主权的丧失(Bauman，1998，2002)、自由化和私营化等政策方案。正如福尔克所说，强调的结果是"面对突飞猛进的经济需求，国家的政治意义被抹杀"，在其他方面，"作为人类福祉的工具，国家的功能正在受到微妙的损伤"。同时国家也"失去了在其自身边界内促进社会、经济和个体发展的能力"，公共领域被限制，民主制度被削弱(Falk，1999：49—51)。

同样地，法国政治哲学家塔奎夫曾写道：

全球化的过程，总是以技术商业化的行动方式呈现出救世主似的苍白的乌托邦式拯救理念的符号表征，使政治变得不合法，而技术/工艺、经济和货币获得绝对的合法性。社会结

构/社会凝聚力被消解,取而代之的仅仅是自由交换的互动。在面对媒体、市场时,国家的政治意义被抹杀,民主机制被削弱。(Taquieff,2002:16)

本杰明·巴伯(Benjamin Barber)认为,在"麦当劳化的世界"中,"正义向市场屈服"。麦当劳化的世界"回避公民社会、轻视民主公民权",漠视"公民自由"。巴伯用隐喻性的语言补充道:"如果民主制度和人权法案是自由的保护者,乔治·斯坦纳(George Steiner)认为,新的自由之庙将会是麦当劳和肯德基。"(Barber,1995:6—7;Fotopoulos,1997:33—36)

批判教育家亨利·吉鲁(Henry Giroux)谴责全球新自由主义话语是"当前社会运动中最危险的意识形态",他补充道:

> 新自由主义攻击所有公共的事物,模糊民主价值和市场原教旨主义之间的基本矛盾,并且通过割裂个人思考和公共问题的对话,削弱任何可行的政治机构概念而没有提供任何把私人利益与公共事务联系起来的语言……在新自由主义制度下,政治受市场驱动,民主公民的话语权服从于市场价值……这一话语中的美好生活是"由我们的消费者身份所构建,也就是说,我们的消费行为决定我们的身份"。美好生活意味着生活在公司品牌的世界……公司文化取决于他所称的市场乌托邦这一反面乌托邦概念,其特点是极大地违背公平和正义。(Giroux,2002:428—430)

国家的衰退,随之而来的是公共领域和民主公民受到侵犯,这将对教育产生消极影响。这里必须提到,自启蒙运动、现代性和民族国家的出现,公共教育被认为是民族建设与国家建构中重要的意识形态工具(Green,1990)。如今,在新自由主义全球化、以市场为导向的新国际大都会中,占有欲强的个人主义盛行,私有利益取代参与性公民,这表明为了追求经济效率、竞争力、私有化和财富积累,古代智者亚里士多德和现代教育哲学家约翰·杜威有关学校教育和民主之间不可分割的关系已经被丢弃、抑制或"牺牲"掉了。在一般性地谈及新自由主义全球化对"核心"的——即发达社会的——公立教育的影响时,内莉·斯卓姆奎斯特(Nelly Stromquist)和卡伦·蒙克曼(Karen Monkman)曾经说道:

> 作为一项公益事业,教育已经丧失它的领地,而成为市场化的商品。国家在学校教育方面的责任变得非常有限,通常只保证基本的教育,但在更高一级的公立教育中收取学费,正像市场中的其他服务一样……这一新图景将导致市场第一、社会政策居于第二,并且"使社会原子化",人们只会以消费者的身份关注作为消费者的个人利益,而不会关注公民身份。(Stromquist & Monkman,2000:12—13,15)

尼古拉斯·博布勒斯(Nicholas Burbules)和卡洛斯·托里斯(Carlos Torres)以更具有警醒意味的语言说道:"今日的公共教育正处在十字路口……在我们看来,没有什么比民主治理形式的生存及教育在其中的角色更加处于岌岌可危的境地。"(Burbules & Torres,2000:23)

1995年,著名的政治学家简·埃尔施坦(Jean Elshtain)在其著作《被审判的民主》一书中提到,美国的公民领域充斥着玩世不恭、无聊、冷漠、绝望、暴力,"身心俱乏、投机主义、原子化……公民社会正在逐渐丧失"。她感慨,不知民主今后能否显示足够的活力和弹性来发挥作用。她建议美国人从亚里士多德的箴言中汲取智慧,即民主政体和民主精神的可行性以教育为先决条件,尤为重要的是,教化是培养政治美德的起点。用埃尔施坦自己的话说,美国人应当注重"博雅教育以及公民美德的培养"(Elshtain,1995:2)。本杰明·巴伯与她的观点一致,他认为学校教育和民主存在密不可分的关系,并且"公共教育和公共福利紧密联系在一起"。在谈及美国在教育中倾向于强调工具理性和职业技能,"以使工人们在罗伯特·里奇所谓的'符号分析专家'主导的经济中具有竞争力"时,巴伯指出,美国人需要回想起教育也有"培养公民的重要使命"。并且,像埃尔施坦一样,他坚持认为"博雅教育"应该在美国受到更多重视,因为"博雅教育和公民教育共享批判性反思和自治思想的课程"(Barber,1997：5)。最近,一部题为《学校还是市场？重商主义、私有化和学校-企业合作关系》的研究合著,记录了公司化美国在学校教育的持续参与及其伴生的美国学校与高等教育院校的商业化,以及这些对学校教育培养公民的使命和民主公民权产生的极其负面的影响(Boyles,2005)。

教师的"去专业化"和"去技术化"——从专业自治型教师到技术熟练型专家？

相比于公共领域被侵犯、"民主化的民主"被褫夺,学者们还可以发现教师行业向"去专业化"或称之为"去技能化"的趋势发展。教师正在从一个相对自治的"教师"和"公共知识分子"转向"技术专家",他们的工作就是有效组织教学,不加批判地按照官方设定的知识(课程)与方法推进教学,以便在考试中获得较高的测量结果(Stromquist & Monkman,2003：13),博伊尔斯还补充了一些,"为未来生活导向的课程设定分数等级和做准备,例如关注消费主义、工作与劳动力准备、技能定向路径的课程"(Boyles,2005：220—221)。

哈格里夫斯认为,在许多国家如美国、加拿大和英国,教师的工作强度激增,变得更加形式化和技术化了。这"与悲惨的体力劳动者的工作类似,越来越不像自治性的职业,我们信任自治性职业者能够负责任地行使权力并在课堂上做出明确的判断,因为他对课堂教学比其他任何人知道得更多"(Hargreaves,2003：119;Apple,1986)。受到弗莱雷激励的批判教育学家马赛多(Donaldo Macedo)也指出过教学上不加批判的"技术化"和"官僚化"特点,他挑衅性地批判了从低级的中小学阶段到高级的大学阶段的"工具主义者"和"能力本位的存储学习方式"。马赛多指出：

> 对一些人而言,识字教育的工具主义方式对于培养能够满足日益复杂的技术社会的需求而言是具有吸引力的。然而,这一方式强调机械地学习阅读技能,牺牲了对产生阅读需要的社会与政治秩序的批判性分析……工具主义方式导致"功能性识字者"……它也强调把识字作为改善经济状况、获得工作机会、提高生产水平的工具。(Macedo,1993：189)

另一方面,在《哈佛教育评论》出版的一则对话中,马赛多和颇有影响力的批判教育学家保罗·弗莱雷认为,发展"客观的"、无批判力的"官僚化"教师,他们"剥夺了受压迫者发展对世界的批判性立场的教学空间,特别是这个世界把他们贬低为人性不全的客体,受到剥削和丧失人性。这样的教育者与压迫者沆瀣一气,具有同样的意识形态"(Freire & Macedo,1995：388—389)。

正像博伊尔斯博士恰当地指出的那样：

> 美国的学校目前处在商业主义急剧入侵的境地。学生、教师和校长极少批判商业入侵(导致无批判能力的消费者和公民)……不幸的是,由于考评、升级和为生活导向型的课程做准备(如消费支持、工作和就业准备、技术取向的方式)挤掉了科学研究的机会,所以质疑的机会受到限制。这里关注的是,学校与商业的合作关系在本质上抑制了质疑行为,发展了没有批判能力的消费者而非造就向批判性转型的公民。(Boyles,2005：220—221)

自由人文主义派代亚的"牺牲"

对全球化的第三种意义重大的"不满",在文献中极少提及,即全球化对教育的"认知-文化"

内容的影响，特别是对"自由人文主义"的影响，从宽泛的角度来说，是对"自由教育传统"的影响。针对这一观点的例证是《时代》周刊(2000 年 8 月 22 日)上的卡通肖像，这幅卡通画展示了一个年轻女孩坐在电脑前的沙发上，正忙着敲键盘。她身边的废纸篓里装满上面写着"历史""宗教"和"戏剧"的纸张。附在图片下方的文字说明是："历史和文化？不是现在！"

请允许我在此详尽说明"自由人文主义派代亚"这一重要历史财富的发展，从自由人文主义的构建，即其在 19 世纪后启蒙时期的欧洲和美国，到今天的全球化新国际大都市和信息/技术知识型社会时期的发展。

第一阶段：在后启蒙时代欧洲和美国建构古典精英和男性及欧洲中心的自由人文主义经典/自由人文主义派代亚

自由人文主义派代亚或"自由人文主义经典"的概念，最初以古典文学研究为其核心，后来强调更广泛的认知和文化内容，如非实用主义、非功利主义和非经济工具主义取向。这一概念形成于 19 世纪的后启蒙时期，并在欧洲和美国的中学和高等院校得以发展。英国称之为"博雅教育"，法国称为"普适性文化"，德国称为"通识教育"，希腊称为"古典人文主义派代亚"(Kazamias，1960：264；Arnold，1875：10；Halls，1965：2；McClean，1995：24；Sorkin，1983：63；Dimaras，1973：60—67；Antoniou，1987)。

把视角投向高等教育，美国 19 世纪大学教育的历史经验特别引人注意。最近，卡罗琳·温特热(Caroline Winterer)的研究记述了古典人文主义(希腊和罗马文化)在美国大学课程的核心位置，"自 1636 年哈佛大学建校以来，直至 19 世纪 80 年代全国高校才开始降低对希腊语和拉丁语的要求"。温特热表示，"直到 19 世纪晚期，中小学和大学一直都是古典主义的温床"。古典主义的教育定义并不狭隘，而是被赋予了更深远的整体教化意义，即"让人性通过教育实现智力上和道德上全面发展的过程"。人们相信，对于"形成有道德的人和政治的公民"，广义派代亚意义上的古典人文教育是根本性的。进一步说，古典人文主义派代亚有助于抵抗最恶劣的影响或"现代性癌症"，如"工业化、物质主义、民主公民的丧失、专业化和反智主义"(Winterer，2002：1—4)。

与欧洲中学和美国大学一样，自由人文主义派代亚的观点遍布现代欧洲大学，这与后启蒙时代德国自由人文主义者威廉·冯·洪堡和英国红衣主教约翰·亨利·纽曼所发展的理念一致。在纽曼有关大学的观点中，大学的学习目标不是"实际的"或"有用的"，即应用性知识，而是严格意义上的"教育性的"和"认知性的"。纽曼认为大学是用"哲学的思维习惯"进行"博雅教育"和培养"有教养的绅士"的场所(Readings，1996：65—67)。

洪堡的自由人文主义教育观念比纽曼的更为宽泛。洪堡的德国新人文主义"大学精神"的核心观念是"人格陶冶"(人的和谐发展)、"学术知识"(科学研究)以及"人文熏陶"(民族文化)。格特·比斯塔(Gert Biesta)认为"人格陶冶"是"对人的内在精神生活的培养，也就是人的灵魂、思维、人格，更确切地说，就是人的'人性'"。他也进一步指出，"人格陶冶不仅仅只是一种教育理想"，它也"甚至是对新兴的公民社会中的主体角色这一问题的回答，该个体能够为自我思考(而不是为他人)，能够做出自己的判断……在这一点上，现代派代亚概念也拥有一段与政治有关的历史进程"(Biesta，2003：62)。

在德国和英国有关现代大学教育的观点中，正如洪堡和纽曼各自阐述的那样，都可以看出对文化和知识(科学)的偏好，在德国称为"人格陶冶"和"学术知识"，将其作为大学既定的使命和存在的理由。在这两种观念里，"文化素养"是大学教育的精髓，强调"自由主义哲学"，而不是"机械的"技能或"实用的"知识。在这一文化认识论的框架内，"国家文化素养"渐渐赢得支配地位

（Readings，1996：75）。

争夺自由人文主义文化派代亚的霸权

随着现代性的发展，如工业化和民主化，以及随之而来的政治、经济、认知和社会文化的变化，以欧洲为中心的精英自由人文主义派代亚/文化的霸主地位开始遭受质疑，并主要以古典人文主义教育的形式明确下来，作为中学和大学古典人文主义教育课程的主要内容。同时，"博雅教育"的概念被重新审视和定义。"现代"科目，如现代语言、现代文学、历史和自然科学，都主张博雅教育，甚至是人文主义派代亚。（Kazamias，1960；Jordan & Weedon，1994：23）

以古典教育为核心的自由人文主义经典的霸主地位受到质疑，这在法国、德国和美国也十分普遍（法国，Talbott，1969：14；德国，Albisetti，1987：182—183；美国，Tozer，Violas & Senese，2002）。

第二阶段：什么样的知识在自由和民主社会最有价值？现代时期

在西欧和美国，饱受争议的知识和相关的研究争论，正如"博雅教育"和"受过博雅教育的人"的概念一样，在 20 世纪不同历史时期不断成为探讨和争论的主题。此类探讨尤其出现在二战后几十年以及最近在新国际大都市的现代性晚期和后现代性时期。有关这一主题的文献数量庞大，即使做一个粗略的考察也超过本文研究的范围。在此，我们只是强调一些主要的发展与话语，这些主要发生在二战后（20 世纪 50 年代以及 60 年代）的益格鲁-撒克逊世界中以及近期全球化时代和信息/技术知识型社会中，与我们的争论相关。首先我们将重点阐述二战后几十年内的关键话语。

美国的主要高校回应了相关问题：高等院校的学生享有的学术体验或教育体验应当包含什么？为了成为"在自由民主社会中受过教育的人和公民"，高等院校的毕业生应当具备哪些知识、思维技巧和性格特质？比如，哈佛大学、哥伦比亚大学、芝加哥大学以及其他教授人文科学的高等院校，出版了一些富有影响力的报告和书籍，扩展了"博雅教育"的概念，即美国的"博雅教育"等同于"普通教育"。具体就本文的目的来说，著名的哈佛大学报告《自由社会的普通教育》（1947）和哥伦比亚大学的报告《普通教育的改革》（1966）都强烈建议将通识教育/博雅教育作为"大学教育的基础"（Bell，1966：19）。哈佛的报告认为："现代民主的任务是保持古代博雅教育的理想，并尽可能使全社会的人都能受到博雅教育的熏陶。"（《自由社会的普通教育》，1952：53）在同一时期，芝加哥大学的罗伯特·赫钦斯认为，着重强调人文性的"自由艺术"应当居于芝加哥大学的本科生公开课的中心位置，他谴责有关美国大学作为实用主义的"服务站"的概念。在赫钦斯的许多著作和演说中，他大力提倡人文学科的教育，认为这是"有效民主"的必经之路，"不可或缺"，"不可避免"（Hutchins，1936，1952，1953；Lyford，1962/1986。有关美国在二战后的博雅教育的详细分析及论述，Kimball，1986）。

在英国，斯宾塞写出"什么知识最有价值"后的 100 年，又一个英国人斯诺（C.P. Snow），一个著名的科学家、小说家和公众人物，在 1959 年的 瑞德演讲中发表了著名的演说《两种文化和科学革命》。正如斯宾塞的文章那样，斯诺的演说也引发众人的激烈讨论，据最新的评论报道，这一讨论"仍在当今的媒体中掀起轩然大波"（van Dijck，2002）。斯诺的演说富有感染力，且观点十分明确：

　　我相信整个西方社会的知识分子逐渐被划分成两类群体……一类是文学类知识分子，

另一类是科学类知识分子……这两个群体之间隔着一条互不理解的鸿沟，有时两类群体之间（特别是在年轻人中）还会存在敌意和反感，但最重要的是双方缺乏理解……这种两极化的趋势对所有人以及整个社会而言，都是一种损失。（Snow，1959：2）

从本研究的角度而言，美国和欧洲在二战后的话语说明，在科学和技术主导经济的社会，对于"博雅教育/通识教育"应当包含什么类型的知识和文化，以及随之而来的受教育的公民应当在先进的资本主义民主社会中具备什么知识和文化，人们的观念正在改变。这也表明，在 21 世纪，19 世纪的以古典人文课程为核心的自由人文主义派代亚概念在教育中不再占据主导地位，尽管一个扩展了的人文教育概念在英国的中等文法学校和公立学校比较重视，在英国大学和一些美国的自由艺术学院中依然属于"具有较高地位的知识"（英国，McLean，1990：26），这种扩展除了经典（拉丁语）之外，包括了历史与文学。美国初中的人文主义课程在学校教育中几乎销声匿迹。赫伯特·克莱伯德表示，"社会效率"的拥护者已经赢得了"为美国课程而抗争"的斗争（Kliebard，1995）。

回顾以上话语转变，比较历史学家能获得一些与本研究密切相关的推论。第一条推论，毋庸置疑的是，在 20 世纪中期（20 世纪 50 年代至 20 世纪 60 年代），至少在盎格鲁-撒克逊世界，"自由或'博雅'教育/文化"被重新定义，它的认识论范围或内容得以扩展。人们不能再说"人文主义派代亚/文化"在自由民主社会公民的"自由或通识教育"中占据显要位置，无论是在古典意义范畴（"古典式文化"，Winterer，2002）或现代更广泛的"人文教育"范畴。美国的古典文化（如拉丁文、希腊文）几乎消失殆尽，然而，素有人文主义传统的欧洲的人文主义却最多"降尊"为与自然科学和社会研究同等级的地步。最坏的情况是，在快速发展的后工业化时代和科技世界，相比不断升值的科学，人文主义派代亚/文化因"实用性"和工具性价值而不断贬值。尽管在"人文主义"传统浓厚的英国，人文自由艺术（中世纪三艺：文法、逻辑、修辞）"仍在大学占据主导地位"，巴兹尔·伯恩斯坦（Basil Bernstein）进一步指出："我们所看到的是中世纪四门学科（算术、几何、天文、音乐）中特定学科（科学与数学）的持续发展。"第二条推论是，尽管人文主义派代亚（文化）存在"二维和三维文化"的认知内容和取向，"博雅教育/通识教育"仍然是精英主义和欧洲中心的。

"现代时期"的争辩以及人文主义的"危机"

有关博雅教育认识论内容的研究、文化和相关话语的冲突，主要涉及博雅教育（文化）在中小学、高等院校中的地位，其次是"人文主义教育/派代亚"的地位，不断引发认识论和教育方面的争论。这一状况，以不同的激烈程度，在 20 世纪接下来的年代里会依然如此。

在 20 世纪 60 年代，"学生争取民主社会运动"组织质疑人文主义学习在美国教育中的价值。他们认为这些学习具有"精英"主义特色，局限于过去的时代，无法解决如今的迫切问题。这些学生要求"知识的相关性"（Rasis，1988：135—136）。然而，美国伯克利学生抗议组织的领军者马里奥·萨维奥（Mario Savio）批判大学成为"知识工厂"的观点，认为大学过分注重"对社会、经济有用的知识"，赋予"科学和技术学科"特权，牺牲"人文科学"，特别是"人文学科"。值得一提的是，萨维奥组织抗议的一年前，伯克利的领导人克拉克·科尔（Clark Kerr）首次出版了一部富有影响力的书籍《大学的功用》。他在书中表明"创造实用的知识才是大学的核心使命"（Kerr，1963；Aronowitz，2000：30—35）。在随后的几十年中，博雅教育/通识教育的"二维和三维文化"概念一直被"多元文化主义者"所批判，认为那是另一种形式的精英主义和欧洲中心论（Dijeck，2002）。

人文主义学习在当代以及未来社会的价值及其所扮演的角色，也是一个广受关注和讨论的主题。人文主义学者已经在探讨该领域不断加深的"危机"，他们悲叹 20 世纪最后 25 年中这一危机显得更严重。美国学者罗伯特·普罗克特(Robert Procter)称人文主义的传统是"教育的伟大失忆"，他在一本证据充分的历史研究中写道："人文主义拥有一段奇怪的周期性历史：没落于文艺复兴晚期，回归于 18 世纪早期，再次没落于我们这个时代。"(Procter，1988/1998：ix，87)加拿大学者格雷厄姆·古德(Graham Good)认为，当代"全纳大学"中，人文主义已遭遇"背叛"，自由人文主义者的理念已被侵蚀(Good，2001：103；Schein，2001：213)。

第三阶段：在全球化新国际大都会和信息/技术知识型社会——后现代时期，什么样的知识最有价值？

在北美(美国和加拿大)，古典自由人文主义(CLH)以及自由人文主义派代亚/文化(LHP)从教育的特权地位到现今的衰落之势，是由一连串因素引起的。随着高等教育进一步大众化，CLH 和 LHP 被批判为有精英主义、种族主义、男性至上/父权制的倾向，从文化意义上来说体现地域性差别和欧洲中心主义观念。正如前文所说，自由人文主义知识被认为与晚期现代性的资本主义世界"不相关"、缺乏实用性。同样重要的是，日益恶化的命运，我们在这里隐喻地称之为CLH 和 LHP 的"牺牲"，还必须在不断发展的大学理念、其在未来的全球化国际大都市和知识型社会中的使命和角色中探求原因。谈及北美的高等教育，格雷厄姆·古德将"对人文主义的背叛"归结为"大学的政治化和商业化"：

> 大学不再坚持自由人文主义阶段确定的中心目的——不受利益驱使地追求和传递知识。相反，现在的大学开始迎合、顺从多种利益：个人提升市场技能的需求、企业对训练有素的员工的要求、政治和经济主体表达自己的提议及选择的渴求。由于缺乏一个共同的目的，大学只能被官僚主义操控……如此，大学就同时被商业化和政治化了，前者通过申请企业赞助者对教授席位、建筑和研究项目等资助的方式实现，后者则受到宗派主义及其集团政治、压力群体的影响。(Good，2001：103—104)

与之相关的是，在 20 世纪后 50 年，美国大学已经转变为罗伯特·赫钦斯在这个世纪早期所说的"服务站"，这种教育机构过分强调"经验科学"和职业导向的工具性知识，而牺牲了古典文化和人文艺术(Hutchins，参考前面引述)。类似的大学理念观点，即加利福尼亚大学伯克利分校校长克拉克·科尔所说的强调"在社会和经济方面有用的新知识"的生产。科尔认为，"新知识"几乎等同于科学和技术知识。在科尔的"新的大学理念"中，人文学科被置于次要地位(Kerr，1963；Aronowitz，2000：32—34)。

批判社会学家斯坦利·阿罗诺维茨(Stanley Aronowitz)对美国大学与学院教育的性质、结构、课程与认知取向进行了最严厉的批判，他明确地指出"除了部分大学之外，美国很少有大学符合高等教育的要求……我指的'高等教育'是学生能在其中广泛和批判性地吸收西方知识文化遗产，以及南半球和东半球的知识文化遗产的地方"(Aronowitz，2000：17—18)。以下是与本研究相关的控诉美国高等教育的一些重要观点，总结如下：

——以牺牲人文科学为代价的公立大学职业化，其表现是"牺牲了艺术与科学等专业，而商业、会计、教育、工程以及其他技术领域，包括媒体技术等专业的入学人数"快速增长(Aronowitz，2000：55—56)。

——"工具理性"和"本科生通识教育中'核心课程'的培训"在普通教育中享有特权，例如，阿罗诺维茨认为："哈佛 20 年的教育改革根本就是以工具理性为基础的。"(Aronowitz，2000：139)

——阿罗诺维茨批判"美国社会的学术体系"就是"为了实用性目的"，即"生产实用性知识""为广阔而细分的市场提供受过教育的员工"，而不是"为学者不受任何利益驱使地追求真理提供一个港湾"(Aronowitz, 2000：38)。

——废除美国的"企业大学"、提出"真正的学习的新视野"：正是由于上文显示的原因，阿罗诺维茨认为美国的"企业大学"应该被"废除"。

在"全球化和快速的技术变革时代"中，他提出要树立一种"真正的学习愿景，将全面发展的教育再次回归为大学使命的中心位置"。他阐述道：

> 高等教育的根本使命应该是在普适性文化(general culture)的发展中发挥领导性的作用……高等院校必须既是学习的中心，也是探索发现的场所，不是仅包括自然科学领域而是同时包括自然科学与人文科学领域。(Aronowitz, 2000：172)

与上文类似的观察与批评也出现在对西方当代大学教育的探讨中。在比尔·雷丁斯(Bill Readings)的书《废墟中的大学》中，他表示大学"不再参与作为启蒙运动的文化遗产的人文主义历史项目，也即文化历史项目"(Readings, 1996：5，74—75)。在当今经济全球化、跨国公司的崛起以及民族国家的衰落的背景下，雷丁斯指出，"大学是'已荒废的机构'"，因为大学"已经被剥夺了文化使命"，大学被迫放弃自身的历史性文化使命。变本加厉的是，大学已经变成"单极的资本主义体系的官僚机构""囿于消费主义理念……不再担当培养公民主体的职责"(Readings, 1996：44—48)。

另一个对当代文化机构包括欧洲和北美大学的辛辣批判讨论了上述这些问题，即"市场的工具主义伦理""实用主义""庸俗之风"造成了当代大学中"工具主义对知识生产的压力"，及其对自由文化、艺术和"精神世界"的破坏性影响。在一部标题为《面对21世纪的庸俗之风，知识分子到哪去了？》的富有争议性的文集中，英国社会学家富里迪(F. Furedi)表示"庸俗之风……指导了太多的教育和文化政策"，在这里"庸俗之士"是指"缺乏通识教育的人，他的兴趣都是物质性的、平庸的"(Furedi, 2004：1, 3)。他将大学生活形容为"平庸乏味"，而真正的学问，也就是"对卓越和真理的追求，常常表现为奇幻的、自我放纵和无关的追求"(Furedi, 2004：2)。

富里迪批判当今的批判性知识分子因循守旧和十分被动。他竭力主张知识分子应当"通过重树前辈们在过去的岁月中奋斗得来的自主性来重建自我"。他用以下观点总结了自己的批判：

> 对于让精英们摆脱工具主义和平庸化的世界观，我们能做的很少。但我们仍然能开展一些赢得民心的观念辩论。我们这个时代面临的关键问题就是这该怎么做。(Furedi, 2004：156)

有关全球化对自由人文主义派代亚/文化的破坏性影响的大致相同的观点，也隐含在其他人的评判性论述中。例如，(1) 斯蒂芬·鲍尔(Stephen Ball)认为"全球化问题框定和产生了当代的教育问题"以及"新的正统观念"，其中一个是"经济政策对教育政策不断殖民的后果"(Ball, 1998)；(2) 约翰·菲尔德(John Field)认为"欧盟行动计划的重点持续地带有职业性、功利性、工具性特征"，"技术性选择"在"工具主义"和欧洲"人文主义教育传统的重要性"之间形成一种张力(Field, 1998：8)；(3) 斯普林(Spring)对美国和英国的"学校教育和自由市场"表示了明确的绝望，"会计师们正在接管！会计和经济学家正在取代孔夫子、释迦牟尼、柏拉图和约翰·纽曼、罗伯特·赫钦斯等其他阐释美好教育和美好生活含义的学者"(Spring, 1998：149)；(4) 罗伯特(Robert Cowen)表示："当代危机——全球化趋势的加强和没有权力的'民族国家'的增多，不仅仅是一种经济危机。它更是一种需要从历史学、社会学、人类学和文化哲学等方面进行分析的文化危机。如果社会科学和人文科学因技术化而变得枯竭，即注重表现性、实用性，且过度关注时效与功用，那么国家用于理解现状的手段就被严重削弱。"(Cowen，1999)

最后，有必要指出，知识的形式转向工具主义和科技理性的动力，可被解释为一种"价值观和社会伦理转向"的因素。因此，尼夫认为，教育"越来越被看作经济政策的从属"，而很少被看作"社会政策的一部分"(Neave，1988：247)。

自由人文主义派代亚(文化)的牺牲：尾声

在欧里庇得斯的戏剧《在奥利斯的依菲革涅亚》中，当阿伽门农的女儿依菲革涅亚被带到祭献的神坛后，她被女神阿耳忒弥斯抢走，并成为神的女祭司。阿伽门农对女儿的祭献表示欢欣鼓舞，并且急忙安慰心烦意乱的妻子克吕泰墨斯特拉，他觉得他应该感到开心，因为他们的女儿已经陪伴在神的左右。然后阿伽门农向他的妻子告别，并表示期望从特洛伊归来后再次见她。然而，克吕泰墨斯特拉则保持不祥的沉默。合唱队演唱这一预言性的唱段之后，落幕。

再见吧，阿特柔斯的儿子，祝福你在通往弗里吉亚的途中一路顺风！
祝福你顺利归来，带上从特洛伊夺来的华美绝伦的战利品！

当然，雅典的观众明白神话的意义以及这些话预示着什么：胜利和战利品，同时还有悲剧结局。阿伽门农掠夺特洛伊，并且正如合唱队神秘地预言一样，"带着华丽的战利品"胜利回归阿格斯，但最终付出惨重的"人性"代价：他的亲生骨肉被迫作为牺牲，特洛伊妇女惨遭强奸和奴役，出色的希腊人和特洛伊青年被屠杀，甚至殃及许多无辜百姓。并且在特洛伊战争之后，阿伽门农自己被妻子克吕泰墨斯特拉杀害，她永远不会原谅傲慢自大的丈夫，而克吕泰墨斯特拉被她的儿子俄瑞斯忒斯所杀，因为母亲同样傲慢自大。俄瑞斯忒斯被嗜血的复仇三姐妹疯狂地复仇追杀，因为他弑母的傲慢行为同样应该受到谴责。

像在阿伽门农神话中一样，在上述第一幕中，我们指出，在教育(逻各斯和反思性实践)中建构那些东拉西扯的陈述与实践并使之合法化，是为了回应资本主义"市场原教旨主义"的全球化和相关联的知识/学习型社会，这些可能的确带来财富、祝福和"华丽的特洛伊战利品"。不过，正如阿伽门农神话所预示的那样，这些也会产生惨痛的"人性"代价和必要的"人文主义牺牲"，即暴力、竞争、占有欲强的个人主义、"经济对人民的殖民"(Korten，1995：245)、社会公正以及其他民主公民道德的缺失。与本文最切题的是自由人文主义文化和人本教育学，即我们称之为的"灵魂教化"的缺失，最终导致灾难性的后果。

现在，如果这些情况都成立——(1)人类这个群体典型地拥有思想和灵魂，(2)像话剧第一幕所表现的，想象中的"全球化新国际大都会和信息/技术、知识/学习型社会"，可以说不"完全具有人性"，(3)教育最重要的作用就是培养思想与灵魂，即玛莎·努斯鲍姆(Martha Nussbaum)所说的"人性"(Nussbaum，1997)，(4)人们同意古希腊悲剧诗人索福克勒斯(Sophocles)对人类的赞美，"人是地球上最伟大的奇迹"，"对于任何一种疾病，人都会找到解药"(剧目《安提戈涅》中合唱队的歌词)，如莎士比亚的哈姆雷特所说的，"人是何等巧妙的一件天工！理性何等的高贵！智能何等的广大！悟性是多么像神明！"(剧目《哈姆雷特》中哈姆雷特的台词)——那么，会有人自然而然地抛出这个问题：当代人类(政治家、知识分子、科学家、艺术家、教育家、教师和公民)应该怎么做，才能在经济全球化浪潮和"市场至上的原则"中"避免""丧失人性"的厄运？

在第二幕中，我试图利用另一个古希腊神话来回答这个问题，即埃斯库罗斯所写的《被缚的普罗米修斯》中的普罗米修斯神话。

第二幕　被解放的普罗米修斯：在全球化国际大都会和信息/技术知识型社会中，倡导普罗米修斯式的新人文主义

开场白——普罗米修斯神话

在埃斯库罗斯的悲剧《被缚的普罗米修斯》中，泰坦巨神普罗米修斯是大地之子，是"凡人"的缔造者和朋友，他拥有比动物"更高的智慧"，并且具备"说辩"的能力。普罗米修斯是"预言家"，他在残暴、混乱和暴烈的宇宙中播下智慧和道德秩序的种子，他与宙斯并肩作战推翻奥林匹斯山的众神之主克洛诺斯，宙斯当之无愧成为宇宙的主神。然而，当宙斯成为奥林匹斯山神（地球的统治者）之后，他想摧毁"人类这种悲惨的种族"，代之以被束缚的缺乏独立性的"次于人类的"生物，宙斯会以暴力统治他们。大善人普罗米修斯（人类的福主）从天庭偷了火种，也就是人类全部文明、智慧和艺术的源泉，作为礼物馈赠给人类。宙斯担心普罗米修斯赐予人类火种的善意举动会增强凡人的力量、自信和智慧，他宣判由法力高强的火神赫淮斯托斯将普罗米修斯永远地钉在高加索山的岩石上，派一只鸷鹰每天去啄食他的肝脏。普罗米修斯的同情者去看望他，劝说他接受宙斯作为奥林匹亚新主神的权威，不再争当自由、正义和人类种族的维护者，要放弃对抗。尽管普罗米修斯遭受痛苦的折磨，他从未妥协；他不断挑战宙斯的专制权力，直到宙斯最后释放了他（埃斯库罗斯，《被缚的普罗米修斯》）。

在埃斯库罗斯的戏剧中，普罗米修斯象征富有反抗精神和创造力的人类，拥有敏锐的心智，作为人类的恩人，拥有反抗绝对威权、专制权力、暴力以及缺乏人性的奴役的意志。作为预言家，他预知到全能的众神之主宙斯将会创造缺乏人类"思想与灵魂"的"类人生物"，而不是"人类"。

被解放的普罗米修斯：普罗米修斯式的新人文主义和派代亚

在对话剧的第二幕中，通过诸如跨国公司这样的利益相关者，全球化被表征为一个"知识权力"帝国。正像《被缚的普罗米修斯》中新上位的霸主宙斯一样，全球化势必要构造非完全的人类生物，或者被称为电子人公民（Mann，2001），缺乏典型的人类思维、情感和"灵魂"，正像约翰尼·沃克威士忌的一则出彩的广告所象征性地描述的电子公民一样。在这则广告中，一个类人的生物不停地在说话（拥有人类的外观、机械的脖子以及朝后的头），在接下来的场景中表达出以下思想和情感：

　　——我速度比你快；我是强者；当然，我还活得比你长。
　　——你可能以为我就是未来，但是，你错了。
　　——你才是未来。
　　——如果我有愿望，我希望成为一个人；了解感受是如何发生的，去感受，去希望，去绝望，去好奇，去爱。
　　——我能获得永生，永远不衰竭。
　　——你也可以实现不朽。
　　——只需要简简单单地做一件伟大的事——不断行走，永不止步！

回想起柏拉图著名的洞穴之喻，在电子人（Cyborg）国际大都会中，人类被置于现代的"虚拟洞穴"中，这里"没有派代亚"，里面的人都被"虚拟现实"所俘房，缺乏人的特质、性情与审美能力。这个假想的新国际大都市可能真是一个充满理性的、以技术-科学为主、经济独占霸权的大都市。

但是，我们不由得认为这将是缺乏人性的知识炼狱，一个后人类帝国。

我们该做什么？

在第二幕《解放的普罗米修斯》中，我们认为，为了在"丧失人性"的知识/学习型国际大都市、后人类帝国，用富里迪的话说，就是"庸俗的帝国"（Furedi，2004）中"陶冶人性"，我们就要重构概念/重新想象/再造并改进自由人文主义教化，这种派代亚意味的教育就是指涉和培养人的属性和特质，即人的心智、美德、情感与感受（用前文广告里的类人生物的话说，就是"去了解感受是如何发生的，去感受，去希望，去绝望，去好奇，去爱"），以及教育人去面对困难、理解男人和女人所处的处境。这样包含才智发展、认知论和教育意义的项目，必须建立一个"人文主义学习社会"才行。用奥沙利文的话说，就是建立"人类社群"（O'Sullivan，2001），通过重构人文主义派代亚与教育，重新界定和重构人文主义学习，使其在中小学、高等院校的课程中占据重要地位。

重新界定自由人文主义派代亚的概念，并不意味着恢复以古典文字和文学为中心的狭隘的古典人文主义派代亚概念（Jaeger，1939；Papathanasopoulou，1987），也不是仅指中世纪大学崇尚的古希腊三艺——文法、修辞和辩证法，再加上中世纪七艺中的音乐（Kimball，1995）。我们主张普罗米修斯式的新人文主义在教育上的重塑，通过培养"人类的全部艺术"，特别是广泛的艺术和人文学科领域方面的知识，挑战信息/技术取向的认识论范式的话语霸权，摒弃不利于人性、自由精神、人的想象发展的全部约束。我们主张人本主义派代亚和人本主义教育学是以广博的自由艺术，特别是其中的人文主义为基础，这些包括语言、文学、诗歌、戏剧、哲学、历史、音乐和美术（Procter，1988/1998）。有些批评家可能认为这种教育带点保守意味，并且不排斥欧洲的精英主义、男性至上主义、种族主义以及"阶级歧视"元素，但是，我们重新界定的派代亚和教育实际是"赋权的""解放的"和"转型的"，更重要的，是对所有人都赋予人性，包括贫苦大众、受压迫者以及被剥夺基本权利者。要支持这一观点，有必要提到广受欢迎的克莱门特人文课程①，这一课程在厄尔·肖瑞思（Earl Shorris）的书《穷人的财富》（2000）中有详细描述。克莱门特人文课程以纽约下东区的实验基础为开端，然后扩展到美国、加拿大、墨西哥的17个据点。肖瑞思认为，克莱门特人文课程的目的是"通过人文学科，使穷人开启进入公共世界、政治生活的旅程，像伯里克利曾描述的那样，即先从家庭开始，然后是邻居、社区和国家"。"伯里克利所说的政治生活"，肖瑞思理解为"行动的生活"，旨在培养主动的、反思的公民，在此我们可以再提到亚里士多德所说的"人"就是一种"政治动物"，即苏格拉底阐释的"哲学家式的公民"（Shorris，2000：4—10）。有关上文提及的人文主义教育可能面临的批判，肖瑞思对人文学科学习的观点很清楚：

> 现今在美国呼吁用人文学科的学习来解决贫穷问题，既违背了左派的观点，也不符合右派的主张。左派抛弃人文主义的学习是因为它代表了死去的欧洲白人男性的文化帝国主义，而把它归给保守派，后者曾宣称其主张人文主义学习。事实上，人文学科应当属于左派，因为绝大多数人学习人文学科，特别是穷人，这本身是一种财富的再分配。另一方面，自从柏拉图将诗人从理想国中驱逐出去以后，右派不再关注人文学科的发展。（Shorris，2000：105）

艺术和人文科学方面的认知领域代表了与科学技术研究和实证社会科学不同形式的知识，在去人性化的全球化国际大都市和知识/学习型社会中，尤其需要这类知识。埃利奥特·艾斯纳

---

① 克莱门特人文课程最初由厄尔·肖瑞思于1995年在纽约曼哈顿的罗伯特·克莱门特家庭指导中心创立，旨在为低收入人群提供人文类课程。这一课程后来扩展至美国多地。——译者注

(Elliot Eisner)在一篇极有启发性的文章《认知的审美模式》中指出，诸如文学、音乐和艺术领域代表了"美学形式的知识"，这与被广泛接受的"科学知识"大不相同。如此，"艺术家和科学家都创立了各自看待世界的方式……他们都对其所创建的方式的适配性、连贯性、经济性以及'正当性'做出了定性的判断"。为了支持"认知的审美模式"的观点，艾斯纳断言：

> 审美不仅仅出于对刺激的需求，也是由我们自身建立世界秩序的需求所触发。建立形式就是授予秩序，给我们的世界授予审美秩序，就是让世界团结在一起，去互相适应，去感受舒适，去使事物处于平衡，去建立和谐……然后，审美是出于我们想过一种有刺激的生活的需求……审美也内在于我们使体验变得有意义的需求。(Eisner, 1985: 26—30)

1991年《哈佛教育评论》的编辑们在一个以"艺术即教育"为主题的研讨会论文集中，明确提出艺术的认识论、自由人文主义以及审美价值，尤其是在"全球性的转变期间尤为重要"。编辑们断言"学习艺术是教育的基础，因为艺术是人类认知和存在的最基本方面"，并且"缺乏艺术的教育改革与辩论是不完整的改革"。他们对这一主张的论证值得全文引用：

> 我们认为艺术是认知的基本方式，正如一级教师卡伦·加拉斯(Karen Gallas)的文章标题所表明的，"作为认识论的艺术"。无论是对学生还是教师而言，艺术可以是表达、交流、创造、想象、观察、知觉和思考的形式。艺术对认知能力的发展是不可或缺的，如听觉、思考能力、问题解决能力、形式与功能的匹配能力以及决策能力。艺术能激发纪律性和奉献精神。艺术还能使人理解世界上人与文化的多样性，尤其是在全球转变的时期。艺术既能培养归属感或社群意识，也能锻炼人的独立意识或成为独立的个体。艺术能营造百家齐鸣的景象。承认艺术在我们的生活和教育中的角色，相当于承认个体的完整性。(*Harvard Educational Review*, 1991: 25)

路易斯·罗森布拉特(Louise Rosenblatt)在她的经典之作《文学即探索》(1938/1965/1968/1976/1995)中雄辩地指出，在一个民主社会，特别是处在一个动荡不安、不确定性和问题重重的现代社会中，学习和教授文学，如诗歌、戏剧、小说、传记、散文，具有带来认识论、道德、审美和更具人性化的潜力。与亨利·詹姆斯(Henry James)的观点一致，罗森布拉特认为，文学领域就是人类经验，即"人类想到的、感受到的或创造的一切"。她进一步解释道，"抒情诗人表达了人类心灵能感受到的一切……小说家用隐含的动机和情感方式演绎了错综复杂的人类关系网……戏剧家用动态结构诠释了人类生命交织中产生的紧张和冲突。"(Rosenblatt, 1995: 5—6)

以艺术和人文学科为主的普罗米修斯式的新人文主义，不仅仅具备发展认知能力和"形成思维"的潜力，这都是人类必需的品质，同时它不仅仅是"科学"，也具备培养"人的灵魂"的潜力，"人的灵魂"包括社会的、道德的、情感的和美学的态度、能力、性情和美德，以及人格特质这些人类典型属性(Cohen, 2006; O'Sullivan, 2001)。在前文提到的《哈佛教育评论》研讨会上有关"艺术即教育"的开幕词中，美国著名的教育哲学家马克辛·格林(Maxine Greene)认为，"想象力"是"理解的核心"，有助于理解"经验的本质"，包括品位和感受力在内的"情感""可以也必须通过启蒙使人进入艺术-审美领域而得到培养"(*Harvard Educational Review*, 1991: 31)，她所理解的艺术包括舞蹈、音乐、绘画和其他形象艺术，以及文学和诗歌。她认为"艺术能使人多角度地看问题，获得超越感知的替代方式，更真切地感受这个世界，从而拒绝压制选择的自动化行为"(*Harvard Educational Review*, 1991: 32)。谈到艺术的"可变革性"教育潜力时，格林笃定"艺术的功能之一，是不仅使我们有所发现(诚如约瑟夫·康拉德写过的)'这是对你的奖赏'……不仅是以某种风格改变我们的日常生活，而是颠覆我们对艺术本身的轻率与自满"，并进一步说，

"我主张艺术教育和审美教育领域的核心是一种力量感,甚至是权力感。科伯恩(Cockburn)有关民俗音乐力量的见解是'个人表达的方式和社会变革的工具',这暗示了主要艺术领域具有各种可能性。绘画、文学、戏剧和电影,这些都能为人们开启通向改革之门径"(*Harvard Educational Review*,1991:38)。

艺术能代表不同于"科学"的不同知识形式,并且拥有发展"思维""培育灵魂"的双重潜力,音乐就是这方面的最佳例证。在最近一项名为"被忽视的缪斯:为什么音乐是博雅教育的关键"的研究中,音乐家兼音乐教师彼得·卡拉威(Peter Kalkavage)认为音乐"是理性与非理性、秩序与情感的结合体……即使摆脱音乐与数学的深厚联系,音乐元素在追求秩序与清晰、严格的品质方面显得十分突出"。他进一步解释道,音乐"是我们之所以为人所必不可少的组成部分……音乐通过塑造人们的情感,最终塑造了整体的人"。为了支持其有关音乐的教育价值的观点,卡拉威提到古希腊哲学家亚里士多德有关音乐的观点,即把音乐视为教化的必要成分,音乐对公民的智力、道德和政治上的发展起至关重要的作用(Kalkavage,2006:16)。

有关"社会科学"和艺术的区别在文学领域体现得很清楚,罗森布拉特指出:

> 与社会科学的分析方法相背而驰的是,文学体验具有即时性、情感说服力强的特点。对学生而言,麦迪逊总统还是瑞普·凡·温克尔的形象更生动呢?经济大萧条的历史能像斯坦贝克的《愤怒的葡萄》一样给人留下深刻的印象吗?心理学教科书的理论定义能像《俄狄浦斯》或《儿子与情人》一样引人深思吗?显然,这些分析方法都无需辩护。但是,难道文学材料不能对学生在有关世界、自身以及人类状况方面的想象产生更有力的贡献吗?(Rosenblatt,1995:7)

后记——转向"思想"和"灵魂"的教育

因为其不同于城邦意志的"新思想"布道说教,苏格拉底被起诉和判定有"亵渎神明"、"腐蚀雅典青年思想"的罪名,并被判罚服毒自尽。作为民主的雅典城邦中"人文主义者兼哲学家身份的公民",苏格拉底正如传说中的人文主义者普罗米修斯一样,在审判中为自己辩护,他拒绝权威的命令,拒绝放弃哲学,他认为哲学是民主社会公民培育中教化"思想"和培育"灵魂"的必要条件。当苏格拉底在法庭中辩驳时,他重申宁愿死也不会停止向他遇见的每一个人说这番话:"我的朋友,最伟大、最智慧、最光荣、最富有的雅典公民,你们难道不会对关心如何获得荣誉和财富而感到羞耻吗?你们能对不关注提升智慧、追求真理、看护灵魂而感到惭愧吗?"(柏拉图,《理想国》)

在 21 世纪的知识/学习型的国际都市中,重新界定人文主义派代亚/教育、培养民主公民的"思想和灵魂",可以集中概括为以下核心思想和人类价值:品格、团体、宽容、正直、世界性身份、同情、关怀和民主(Hargreaves,2003;Nussbaum,1997;Noddings,1984),还有正义、智慧、责任、友情和批判性思考。

参考文献

Aeschylus. *Prometheus Bound*.

Apple, M. (1986). *Teachers and texts*. New York: Routledge & Kegan Paul.

Aronowitz, S. (2000). *The knowledge factory: Dismantling the corporate university and creating true higher education*. Boston, MA: Beacon Press.

Albisetti, J. (1997). The debate on secondary school reform in France and Germany. In D. Muller, F. Ringer & B. Simon (Eds.), *The rise of the modern educational system: Structural change and social reproduction*,

1870－1920. Cambridge: Cambridge University Press.

Antoniou, D. (Ed.) (1987). *Ta programmata tes meses ekpaideusis，1833－1929 [The programs/ curriculum of secondary education]*. Athens: Historical Archives of the Greek Youth-General Secretariat of the Young Generation.

Apple, M. (1993). *Official knowledge: Democratic education in a conservative age*. London and New York: Routledge.

Ball, S. J. (1998). *Global citizenship，consumption and education policy*. Unpublished paper.

Ball, S. J. (1998). Educational studies, policy entrepreneurship and social theory. In R. Slee & G. Weiner with S. Tomlinson (Eds.)，*School effectiveness for whom? Challenges to the school effectiveness and school improvement movements*. London: Falmer Press.

Barber, B. R. (1995/1996). *Jihad vs. McWorld: How globalism and tribalism are reshaping the world*. New York: Ballantine Books.

Barber, B. R. (1997). Education for democracy. *The Good Society*，7(2)，3－7.

Barnett, R. (1994/1999). *The limits of competence: Knowledge，higher education and society*. Buckingham: The Society of Research into Higher Education and Open University Press.

Barney, D. (2004). *The network society*. Cambridge: Polity Press.

Bauman, Z. (1998). *Globalization: The human consequences*. New York: Columbia University Press.

Bauman, Z. (2002). *Society under siege*. Cambridge: Polity Press.

Bell, D. (1968). *The reforming of general education: The Columbia college experience in its national setting*. Anchor Books.

Bell, D. (1976). *The coming of post-Industrial society*. New York: Basic Books.

Bell, D. (1980). The social framework of the information society. In T. Forester (Ed.)，*The microelectronics revolution*. Oxford: Basil Blackwell.

Bernstein, B. (1996). *Pedagogy，symbolic control and identity: Theory，research，critique*. London: Taylor & Francis.

Biesta, G. (2003). How general can bildung be? Reflections on the future of a modern educational ideal. In L. Lovlie, K. P. Mortensen & S. E. Nordenbo (Eds.)，*Educating humanity: Bildung in postmodernity*. Blackwell.

Bowra, C. M. (1957). *The Greek experience*. Mentor Books.

Boyles, D. R. (Ed.) (2005). *Schools or markets? Commercialism，privatization，and school-business partnerships*. Mahwah and London: Lawrence Erlbaum Associates.

Burbules, N. C. & Torres, C. A. (Eds.) (2000) *Globalization and education: Critical perspectives*. New York and London: Routledge.

Carr, W., & Hartnett, A. (1996/1998). *Education and the struggle for democracy: The politics of educational ideas. Buckingham and Philadelphia*: Open University Press.

Castells, M. (1989). *The information city*. Oxford: Basil Blackwell.

Castells, M. (1998, 2000). *The information age: Economy，society and culture*，Vol. III，End of millenium. Oxford: Blackwell.

Chrysostomou, K. (2005). Law-plan for the establishment and operation of private universities. *Comparative and International Education Review*，4，185－191 (in Greek).

Cohen, J. (2006). Social, emotional, ethical, and academic education; creating a climate for learning, participation in Democracy, and well-being. *Harvard Educational Review*，72(2)，201－237.

Commission of the European Communities (1993). *Development，competitiveness，employment*. COM (93)，457.

Commission of the European Communities (1995). *Teaching and learning: Toward the learning society*.

Commission of the European Communities (1997). *Towards a Europe of knowledge*，COM (97).

Commission of the European Communities (2001). *Education and active citizenship – Learning for active citizenship*.

Cowen, R. (1996). Performativity, post-modernity and the university. *Comparative Education*, 32(2), 245 – 258.

Cowen, R. (2000). The Market-framed university: The new ethics of the game. In J. Cairns, R. Gardner & D. Lawton (Eds.), *Values and the curriculum*. London: Woburn Press.

Davies, S., & Guppy, N. (1997). Globalization and educational reforms in Anglo-American democracies. *Comparative Education Review*, 41(4), 435 – 459.

Dimaras, A. (Ed.) (1973). *He metarrythmisi pou den Egine* [*The reform that never was*]. Athens: Hermes.

Disraeli, B. (1926). *The two nations*. London: Oxford University Press.

Elshtain, J. B. (1995). *Democracy on trial*. New York: Basic Books.

Drucker, M. (1993). *Post-capitalist society*. Butterworth.

Editorial Board (1991). Symposium: Arts as education. *Harvard Educational Review*, 61, 25 – 26.

Eisner, E. (1985). Aesthetic modes of knowing. In National Society for the Study of Education, *Learning and teaching the ways of knowing – Eighty-fourth yearbook of the national study of education*, *Part II*. *Chicago*, IL: University of Chicago Press.

Euripides. *Iphigenia at Aulis*.

Falk, R. (1999). *Predatory globalization: A critique*. Cambridge: Polity Press.

Feyerabend, P. (1975). *Against method*. New York: Humanities Press.

Field, J. (1998). *European dimensions: Education, training and the European Union*. London and Philadelphia: Jessica Kingsley.

Flouris, G., & Pasias, G. (2000). On the way to the 'Knowledge Society': What question is of most worth? That of 'Knowledge' or that of 'Society'? In S. Bouzakis (Ed.), *Historical-comparative perspectives*, Festschrift in Honor of Andreas M. Kazamias. Athens: Gutenberg (in Greek).

Fotopoulos, T. (1997), *Towards an inclusive democracy: The crisis of the growth economy and the need for a new liberatory project*. London and New York: Cassell.

Freire, P. & Macedo, D. (1995). A dialogue: Culture, language, and race. *Harvard Educational Review*, 65, 377 – 402.

Furedi, F. (2004). *Where have all intellectuals gone? Confronting 21st century philistinism*. London: Continuum.

Report of the Harvard Committee, with an introduction by James Bryant Conant (1952). *General education in a free society*. Cambridge, MA: Harvard University Press.

Giroux, H. (2002). Neoliberalism, corporate culture, and the promise of higher education: The university as a democratic public sphere. *Harvard Educational Review*, 72(4), 425 – 463.

Giddens, A. (1998). *The third way: The renewal of social democracy*. Oxford: Polity Press.

Giddens, A. (2000). *Runaway world: How globalization is reshaping our lives*. New York: Routledge.

Good, G. (2001). *Humanism betrayed: Theory, ideology, and culture in the contemporary university*. Quebec City: McGill Queens University Press.

Green, A. (1990). *Education and state: The rise of education systems in England, France and the USA*. London: Macmillan.

Green, A. (1999). *Education and globalization in Europe and East Asia: Convergent and divergent trends*. Unpublished paper.

Grollios, G. (1999). *Ideology, pedagogy and educational policy: Logos and praxis of the European programs in education*. Athens: Gutenberg (in Greek).

Halls，W. D. (1965). *Society, schools and progress in France*. Oxford：Pergamon Press.

Hargreaves，A. (2003). *Teaching in the knowledge society: Education in the age of insecurity. Maidenhead and Philadelphia*：Open University Press.

Hutchins，R. M. (1936). *The higher learning in America*. New Haven，CT：Yale University Press.

Hutchins，R. M. (1952). *The great conversation: The substance of a liberal education*. Chicago，IL：University of Chicago Press.

Hutchins，R. M. (1953). *The conflict of education in a democratic society*. Chicago，IL：University of Chicago Press.

Jaeger，W. (1939). Paideia：*The ideals of Greek culture*，translated by Gilbert Highet. Oxford：Basil Blackwell.

Jordan，G.，& Weedon，C. (1994). *Cultural politics: Class, gender, race and the postmodern world*. Oxford：Blackwell.

Kalkavage，P. (2006). The neglected muse – Why music is an essential liberal art. *AFT American Educator*.

Kazamias，A. M. (2000). Crisis and reform in US education：A nation at risk，1983 and all that. *World Yearbook of Education 2000*.

Kazamias，A. M. (1997). Comparative analysis of the international experience in post-graduate studies and the case of Greece. In *Education 2000, Post-graduate studies and research in Greek institutions of higher learning*. Athens：Kallithea (in Greek).

Kazamias，A. M. (1960). What knowledge is of most worth? An historical conception and a modern sequel. *Harvard Educational Review*，256 – 276.

Kazamias，A. M.，& Roussakis，Y. (1998). Crisis and reform in Greek education：The modern Greek Sisyphus. In S. Lindblad & T. Popkewitz (Eds.)，*National cases: Educational systems and recent reforms*. Uppsala.

Ker，I. (1999). Newman's idea of a university – A guide for the contemporary university? In D. Smith & A. K. Langslow (Eds.)，*The idea of a university*. London：Jessica Kingsley.

Kerr，C. (1963). *The uses of the university*. Cambridge：Harvard University Press.

Kimball，B. A. (1986). *Orators and philosophers: A history of the idea of liberal education*. New York：College Entrance Examination Board.

Kliebard，H. (1995). *The struggle for the American curriculum*. New York：Routledge.

Kladis，D. (1999). The university between the 'labor society' and the 'knowledge/ learning society'. In *The university in the emerging society*. Athens：Ellinika Grammata (in Greek).

Lofstedt，J. -I. (Ed.) (2001). *Virtualization of higher education in the era of globalization: Issues and trends*. Stockholm：Institute of International Education，Stockholm University.

Lyford，J. P. (1986). *An interview with Robert M. Hutchins in 1962*. Reprinted in The Center Magazine.

Lyotard，J. -F. (1984). *The postmodern condition: A report on knowledge*. Manchester：Manchester University Press.

Macedo，D. P. (1993). Literacy for stupidification：The pedagogy of big lies. *Harvard Educational Review*. 63，183 – 206.

Martin，J. R. (1985). Becoming educated：A journey of alienation or integration? *Journal of Education*. 167 (3)，71 – 84.

Mann，S.，& Hall，N. (2001). *Cyborg: Digital destiny and human possibility in the age of wearable computer*. New York：Random House.

McGrew，A. (1992). A global society. In S. Hall，D. Held & A. McGrew (Eds.)，*Modernity and its futures*. Cambridge：Polity Press.

McLean，M. (1990). *Britain and a single market Europe: Prospects for a common school curriculum*.

London: Kogan Page.

McLean, M. (1995). *Educational traditions compared: Content, teaching and learning in industrial countries*. London: David Fulton.

Mok, Ka Ho (2000). Impact of globalization: A study of quality assurance systems of higher education in Hong Kong and Singapore. *Comparative Education Review*, 44(2), 148 – 174.

Nussbaum, M. C. (1997). *Cultivating humanity: A classical defense of reform in liberal education*. Cambridge, MA: Harvard University Press.

Neave, G. (1988). Education and social policy: Demise of an ethic or change of values. *Oxford Review of Education*, 14(3), 273 – 283.

Noddings, N. (1984). *Caring: A Feminine Approach to Ethics & Moral Education*. Berkeley, CA: University of California Press.

Organization for Economic Cooperation and Development (OECD) (1998). *Education at a glance: OECD indicators*. Paris: OECD.

OECD (1995). *Government in transition: Public management reforms in OECD Countries*. Paris: OECD.

OECD (2002). *OECD work on education*. Paris: OECD.

OECD (1989). *Reviews of national policies for education – Turkey*. Paris: OECD.

O'Sullivan, E. (2001). *Transformative learning: Educational vision for the 21st century*. London and New York: Zed Books.

Papathanasopoulou, A. (1987). *Anthropistiki paideia* [*Humanistic education*]. Athens: D. N. Papademas. (in Greek).

Peterson, A. D. C. (1957). *Educating our rulers*. London: Gerald Duckworth and Co.

Plato. *Apology*.

Procter, R. E. (1988/1998). *Defining the humanities: How rediscovering a tradition can improve our schools-with a curriculum for today's students*. Bloomington and Indianapolis: Indiana University Press.

Readings, B. (1996/1997). *The university in ruins*. Cambridge, MA: Harvard University Press.

Rosenblatt, L. M. (1995). *Literature as exploration*. New York: The Modern Language Association of America.

Schein, S. (2002). Classical letters and cultural studies. In A. Regakos (Ed.), *Dead letters: Classical studies in the 21st century*. Athens: Patakis (in Greek).

Scholte, J. A. (2000). *Globalization: A critical introduction*. New York: St. Martin's Press.

Shakespeare. Hamlet.

Shorris, E. (2000). *Riches for the poor: The Clemente course in the humanities*. New York and London: W. W. Norton.

Slaughter, S. (1998). National higher education policies in a global economy. In J. Currie & J. Newson (Eds.), *Universities and globalization: Critical perspectives*. Thousand Oaks, London and New Delhi.

Smith, D., & Langslow, A. K. (Eds.) (1999). *The idea of a university*. London: Jessica Kingsley.

Snow, C. P. (1959). *The two cultures and the scientific revolution*. New York: Cambridge University Press.

Snow, C. P. (1964). *The two cultures: A second look*. New York: Cambridge University Press.

Sophocles. *Antigone*.

Sorkin, D. (1983). Wilhelm Von Humboldt: The theory and practice of self-formation (bildung). *Journal of the History of Ideas*, 55 – 73.

Soros, G. (1998). *The crisis of global capitalism: Open society endangered*. New York: Public Affairs.

Spring, J. (1998). *Education and the rise of the global economy*. Mahwah and London: Lawrence Erlbaum Associates.

Stamatis, C. M. (2005). *He avevei koinonia tis gnosis* [*The uncertain knowledge society*]. Athens:

Savvalas Publications.

Stromquist, N. P. (2002). *Education in a globalized world: The connectivity of economic power, technology and knowledge*. Boulder, CO: Rowman & Littlefield.

Stromquist, N. P., & Monkman, K. (Eds.). *Globalization and education: Integration and contestation across cultures*. Lanham, MD: Rowman & Littlefield.

Talbott, J. E. (1969). *The politics of educational reform in France, 1918 -1940*. Princeton, NJ: Princeton University Press.

Taquieff, P. -A. (2002). *Pangosmiopoiese kai demokratia* (Globalization and democracy), Greek translation of the French original *Resisterd au "bougisme" - Democratie forte contre mondialisation techno-march-ande*. Athens: Eikostoyu Protou Publications.

Tombazos, S. (1999). *Globalization and European Union: Introduction to the criticism of globalization and neo-liberalism*. Athens: Hellinika Grammata (in Greek).

Tozer, St., Violas, Paul C., & Senese, G. (2002). *School and society: Historical and contemporary perspective*. London and New York: McGraw-Hill.

Turkish Ministry of Education, Turkish Education System, http://www.meb.gov.tr/Stats/apk2002ing/apage29 - 48.htm accessed June 30, 2006.

Van Dijck, J., *After the 'two cultures': Towards a '(multi) cultural' practice of science communication*. Paper given at the Conference on Public Communication of Science and Technology, in Capetown, South Africa, December 4 - 7, 2002.

Varmazis, N. K. (1992). *He archaia Hellinkiki glossa kai grammatia os problema tes neohellinikis Ekpaideusis (The ancient Greek language and literature as a problem of neohellenic/modern Greek education)*. Thessaloniki: Kyriakides Bros.

Vergopoulos, C. (2000). *The chimera of globalization*. Athens (in Greek).

Vitsaxis, V. (2002). *O mythos: Semio anaphoras tes yparksiakis anazeteses (A reference point for the existential quest)*. Athens: Ellen Publications.

Winterer, C. (2002). *The culture of classicism: Ancient Greece and Rome in American intellectual life, 1780 -1910*. Baltimore, MD: The Johns Hopkins University Press.

Zorlu-Durukan, S. A. (1999). *Privatization and religion in Turkish education: The '80s and '90s*. Unpublished paper. University of Wisconsin-Madison.

26. 超越全球化时代比较教育中的方法论"主义"

罗杰·戴尔(Roger Dale)

苏珊·罗伯逊(Susan Robertson)

引　言

　　用于理解社会的一整个系列的关键概念,其力量源自其通常显现出的表现力,其工具性源自其呈现出的各种不同的形式。(Smith,2006:628)

　　加文·史密斯(Gavin Smith)简明扼要的洞见直接把我们带到"全球化"在比较教育中引起的方法论的核心问题,也即实质性问题。我们不必非常精确地界定全球化也能认识到其带给比较教育的研究目的及其所使用的术语与概念的重要挑战,我们将论证:这意味着它也给比较教育自身的含义带来变化。在本文中,笔者认为,认识这一问题的性质与范围对全球化时代教育领域的比较研究而言是最为重要的一个要求,因为不仅针对比较教育领域,而且在更普遍的意义上来说,全球化的一个重要后果是:尽管它对我们所生活的经济政治与社会世界的关键特征有着深刻的影响,但是我们依然维系着用以描述和理解全球化到来之前世界的那些概念。

　　笔者在此将同时从方法论角度和"政治的"角度关注全球化对比较教育研究的核心对象——"国家""教育""制度"——所带来的变化及后果。就前者而言,我们认为比较教育的三个核心要素正成为某种僵化的从而是限制性的甚至是阻滞性的而非扩展性的因素,由此影响我们应对全球化及其背景下制度性与日常生活借以转型的方式的机会。这三个核心要素分别与该领域的三个研究对象直接相关。

　　我们认为这些危险可以被概括为:比较研究中的核心元素在研究教育、国家教育制度、国家办学的方法方面面临着严重的"主义"化危害。我们可能遭遇或者依赖不仅是方法论上的**民族主义**,也有方法论上的**国家主义**和方法论上的**教育主义**。在每一种情况下,"主义"用以表示对待对象的一种途径,这种途径认为对象是没有问题的,并假设了一种永恒的共享意义;它们成为"固定的、抽象的和绝对的"(Fine,2003:465),正如 史密斯所警告的,这一危险的根源在于名义上的连续性是由表面上"相同的"概念所提供的。对"各种主义"的假设或者认可意味着对全球化所带来的各种变化的理解可能是通过这些没什么问题的有关民族主义、国家主义和教育主义的概念镜头折射的,甚至当这些变化本身对有关民族国家和教育制度的含义及其运作带来变化的时候,这其实削弱了其可信度。有关这套概念嵌入深度的思考是,它们自身成为一种这些变化赖以测量和表达的基准;因此我们就有了"去"的概念,如去领土化、去国家化、去集中化、去中心化,等等(Patramanis,2002)。

　　笔者认为确实需要以全球化的影响来揭示"主义"在比较教育(实际上包括更广泛意义上的教育)中的问题。本质上是"教育"赖以治理的规模与方式的变化揭示了先前理论抽象的缺陷。将比较教育核心要素视为方法论"主义"所揭示的是,从来就没有哪种例子表明:教育"完全是国家事务",教育活动和治理从来都是局限于民族范围内的,或者"教育"从来都是一个明确而毫无问题的概念。

比较教育和"民族国家教育制度"

方法论上的民族主义

最广为认可的"主义"是方法论上的民族主义。在其发展历史中,民族国家从来都处于比较教育的核心。它曾经是比较的基础,是比较的对象。正如丹尼尔切尼罗(Daniel Chernilo)所言,"民族国家成了现代性的整个工程得以粘合的组织原则"(Chernilo,2006:129)。我们可以将其看作体现现代性原则而那些原则又通过现代性得以实施的制度。而且,民族国家概念因其被嵌入一个类似国家的完善体系中而得以强化(在这一概念下,民族国家被认为是处于国际法之下的法律实体),这又加深了超越民族国家概念并想象出替代性概念的难度。

正是基于民族国家这一核心概念才形成了方法论上的民族主义,民族主义不仅是比较教育的特性,也是多数社会科学的特性(Martins,1974)。实际上,我们可以识别出该问题(有关比较教育中方法论上的民族主义的进一步论述,参见 Dale,2005)的四个显著要素。第一,也即最广为人知的一个观点,即方法论上的民族主义把国家看作"社会"的容器,因此,比较社会就要求比较民族国家(Beck,2002;Beck & Szaider,2006)。第二是民族国家之间以及在"民族"层面开展的比较之间的密切关联,传统上我们就是在"民族的"层面上搜集数据的;本文的一个作者曾说过,方法论上的民族主义既是关于民族国家,也是为了民族国家而展开的,即我们能够综合进行统计描述的现实是国家层面的,或顶多是国际层面的现实。(Dale,2005:126)该问题的第三个要素源于在一种零和关系中并置一个未经重构的方法论民族主义以深入界定"全球化"概念的趋势。这通常采取了全球化"影响"民族性或者民族性"中介"全球化的形式。这并不是说这些关系不存在,而是说它们并未被当作标准。笔者在此提及的最后一个要素即根据特定规则想象来丰富和界定民族国家概念的问题。这在最近有关"主权""领土""权威"等概念的讨论中变得更为明晰(Ansell & DiPalma,2004)。这些讨论本质上认为民族国家所承担的责任是一种权力与行为的特定结合,这种结合是历史地形成的而非是功能上所必要的或者最佳的。因此,尽管有"一个物理空间……可以被看作一个法人实体"的本体论观点,但是其性质、含义和后果大相径庭,其情况依然是"这一公共权威统一体一般被看作所谓的威斯特伐利亚体系的标志"(Ansell,2004:6),尽管"现代领土规则制度的主要特征是所有分散的、人格化的权威合并为一个公共领域"(Ruggie,1993:15)。但是,尽管"公共权威因离散的民族领域边界而被区分……因此,也就具有了社会利益与认同的表达,这既加固了这一权威也对这一权威提出要求"(Ansell,2004:4)。该问题于是关系到"在一个世界中领土、权威、社会利益与认同的相互强化关系在其中不再能够被视作是想当然的各种含义"(Ansell,2004:9)。

方法论上的国家主义

有关公共权威统一体和单一公共领域的假设将我们带到所谓的"方法论上的国家主义"。如果方法论上的民族主义指的是倾向于将民族国家看作各种类型的国家的一个容器,那么有所关联但极少被认识到的术语,即方法论上的**国家主义**指的是倾向于认为所有国家本质上都具有某一特定的**形式**。[①] 也就是说,所有政体都是以同样的方式被统治、组织和管理的,它们拥有同样系列的问题与责任,拥有同样一套制度。这种设想的系列制度已经理所当然地被作为社会统治

---

① 尽管我们能够发现"国家主义"这个术语,但是它通常作为方法论意义上的民族主义的同义词。

的**既定**模式,这种模式可见于 20 世纪的西方国家,特别是 20 世纪后半期盛行于西欧的社会-民主福利国家(Zurn & Leibfried,2005：11)。笔者认为,该论断可能的核心和特别之处在于将朱恩和莱布弗里德所区分出来的所有四个维度(资源、法律、合法性与福利)整合进民族现象和民族国家制度之中。但是,朱恩和莱布弗里德所澄清的是"过去 40 年的变化不仅是民族国家发展脉络中的折痕,而是黄金时代精心织就的民族标志的阐释"(Zurn & Leibfried,2005：1)。换言之,在一个连续的方法论国家主义概念之外,有关共同责任与其实现方式的假设以及它们必然而非偶然地相互关联的假设都是难以持续的。

方法论上的国家主义所带来的进一步后果是,大部分社会科学的学术话语中已理所当然形成的国家模式不是大部分我们所谓的发展中国家曾建立或当前存在的模式。这种模式不仅强加于二战后创建的大部分后殖民国家,而且其被正式接受或者承诺作为"国际社会"成员国的主要基础。正如之前由弗格森和古普塔(Ferguson & Gupta,2002)等人所指出的,这一国家模式从来就不是认识大部分发展中社会到底如何被统治的一种有效方式。他们基于两个假设看待国家层面上的工作。一个是纵向角度的假设,"指的是将国家看作一种位于市民社会、社群与家庭之上的制度"(1982)。这种自上而下的假设与包含的假设相对,后者指"国家(概念上与民族相融和)位于一个不断扩大的系列圈层,这些圈层始于家庭和地方社区而终于民族国家体系"(Ferguson & Gupta,1982)。这一规则构建形式的政治性强加的幻象不仅扭曲了在那些国家引进公正、有益和有效统治形式的尝试,而且其被学者和政治家们接受为可信和精确解释的做法也同样扭曲了其对发展中国家治理的分析,他们认为同样的术语意味着同样的事情而不考虑其具体情境。有关"主义"假设的影响深度及其后果由鲁杰在撰写有关国际关系时进行了概括,但其所用术语适用于所有社会科学。他认为它们展示了"一种完全无力的思维定势……即只从与国家的制度性替代的实体术语的角度设想国家体系所面临的长期挑战进行"(Ruggie,1993：143)。

本部分的主要结论是,比较教育应对全球化的任何方式的根本基础之一是要认识到使用"国家"作为一个解释性概念,而没有重要限制,就是接受一个不精确的世界图景,并且继续一种政治上的特定结果。简言之,全球化对比较教育以及一般意义上的社会科学的一个影响后果就是要弄清楚,民族国家应该被看作一种**待解说项**,它是需要解释的,而不是一个**解说项**,即解释的一部分。或者,换言之,隐含于民族国家内的组成部分及其在全球化世界中的地位与关系需要由比较教育学家以及其他社会科学家进行"还原"和新的审视。在此总结有关方法论上的民族-国家主义要点的有效方式就是用图解法展示论证的框架。

图 1 展示了上述有关方法论上的国家主义的观点,其认可民族国家不再是教育领域中唯一的或理所当然的最重要的行动者。这意味着随着全球化对教育的影响日益加深,首先要比较的是教育的**治理**。治理指行动、行为者/代理人与层面的结合,"教育"通过这种结合在民族国家中得以建构和实施。该图试图通过"还原"教育治理的活动范围或功能来指出教育治理过程涉及的要素,并减少其复杂性。我们识别出构成教育治理的四种活动类型或功能(为了阐述清楚的目的,它们是相互排斥并且穷尽所有类型的)：**资金、供给或实施、所有权、管理**。这些活动可能在原则上是各自独立展开的,并且由多个行动者而非国家实施。直接利用该图,意味着所有的小格子在实践中都是内涵丰富的。但是,在此必须指出的一个关键点是该图中的所有关系都不能看作零和关系,即相互排他。不同小格子之间的线条被看作可渗透的而非边界界限。因此,该图也反映了这一观点,即所有这些行动都由国家或其他单一行动者开展既不必要也非根本。相反,我们可以期待教育治理中行动者、代理人和层面的不同组合,记住所有这三个方面代理、活动和层面都会有各种结合；相应的案例如公私合作、复杂形式的所有制以及从地方到超国家层面的"跳跃"。但是,这并不意味着我们将面临着各种混合与"单纯"的类型；例如,笔者在其他地方曾用欧

洲高等教育的例子论证过"并行"话语的存在，即在不同的层面上独自存在，在该例中就是院校、国家和欧洲三个层面（Dale，2008）。

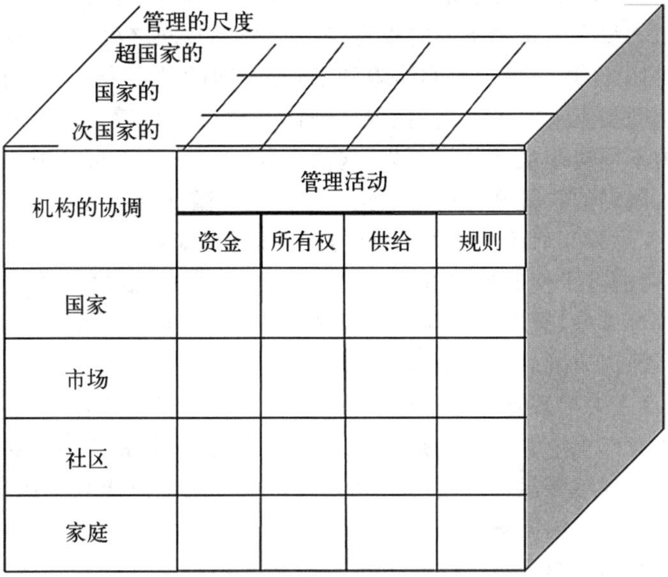

图1　多层面的教育治理

这在实践层面的意义是，我们需要集中关注和尝试理解其对教育的含义，不仅是当前参与该进程的一系列新的行动者，还有其所涉及的一系列新的行动，以及一系列新的层面，当然还需要研究这些行动者、行动与范围中变化的相互关系。

由认识和摆脱方法论上的民族主义和国家主义而使理论抽象成为可能的案例，是不仅将"教育"看作与民族国家不一定和绝对相关联的现象，而是看作通过教育治理领域劳动的功能性和等级性分工的复杂工作所构建而成的（Dale，2003），它可以意味任何或所有单一的治理场所；不同层面治理的并行场所；或者跨越层面、行动与行动者的治理的不同混合形式。因此，采用所谓的循环协调，其中国家可能保持着协调者的作用，或者管理者的作用，或者最终救济的作用（Dale，1997）。

教育主义

现在我们转向第三个可能是最具有矛盾性的"主义"，即"教育主义"。在比较教育以及更大范围被当作教育的概念，正如民族主义和国家主义一样，是教育主义的无问题化。我们理解的教育可以被看作如同其他两个"主义"一样，是固定的、抽象的和绝对的，其也需要解释而非仅提供概念，这种解释对于分析与理解具有同样的影响。必须注意到的是，我们所谓的"教育"的核心要素自身以一种大致相似的方式共同演化了——实际上，是伴随着民族国家的演化而演化的（Green，1993）——也许也需要一种类似的"还原"。

"教育"表面上似乎是我们当前所审视的三个维度中最为永恒的一个。毕竟，世界上人人都曾进过学校或者有机会就学——有趣的是，这正是联合国千年发展目标对教育的界定。但是，我们也知道人们对教育的理解因为不同维度存在广泛的差异，而且，人们的教育经历各不相同——这当然一直是比较教育自其诞生就开始关注的重要内容。

更精确地说，我们所谓的"教育主义"指的是倾向于将"教育"看作以分析为目的的单一类型，即假设有共同的范围和一套内隐地共享的知识、实践与假设。当教育被看作是抽象的、固定的和绝对的、非历史的和普遍的；当其被区分地用以描述目的、进程、实践与结果时，就产生了教育主义。特定的教育表征被看作相互孤立的，它们被分离地处理而没有被看作一个更大范围的表征集合的一部分——因为没有人认为不同的教育表征是毫无共同之处的，也没有人认为该标签是被随意贴上的。远非如此，正是由于我们认识到了，在不同的教育表征中存在重要的关系，而这种关系因为未被区别而被阻隔或者被掩盖，因此确认和尝试超越教育主义就非常重要。教育主义并不区别该术语的不同应用或使其问题化，这使得"教育"几乎不可能成为比较的对象。这一问题又因为两个自我限制的狭隘观念而复杂化。学科性狭隘观念将教育研究的基础局限于该领域内的研究路径，或者局限于带有"教育"字眼的著作；这导致共享该领域的分析具有雷同的假设，由于词汇等同性而消除了使其问题化的必要(Dale，1994)。制度性狭隘观念同样指在所有教育研究中把现存教育体系、教育制度与实践孤立地看作是其研究活动不言而喻的关注中心，而无需对这些体系进行任何质疑(Dale，2005：134)。

本质上而言，教育主义把教育看作一种单一的、无区别的表征聚合，而它们实际上存在质的区别。解决这一问题有三个要素。第一是分解或"还原"这些不同的部分。第二是尝试将教育的边界与内容的决定因素与结果设为独立的研究分区。第三是聚焦于教育当前是以何种方式、由谁以及在何种情况下被表征的问题。

第一个问题我们在前面提及过(Dale，2000)，其涉及用一系列问题代替单一术语即教育，该系列问题需要思考对教育的所有理解。这本质上要求用一系列变量对"教育"进行规定性的表征。"教育问题集"背后的基本观念是不再假定或接受我们讨论教育时所有人都在说同一件事情，而是我们提出一系列精确的问题来框定讨论，提供富有逻辑的讨论以及系统性比较的基础。这些问题旨在提供一些共同的背景，在此背景之中教育概念的性质、基础及其目的、制度与实践，可能首先变得更为清晰，然后最终成为有成果性对话的基础，这在原来这些问题相互忽视以及不可通约的情况下是绝不可能的。这些问题还试图通过提供一系列大家都可以回应的问题使不同的教育概念"相互理解"，即便回应的方式可能完全不同(Dale，2006a)。

教育问题集

这些问题被设置在四个层次上(既为了反映可能与"教育"相关的含义的范围，也为了使问题的复杂性更为清楚，这些都不可能从一个单一层次上获得解答)。

这些层次是教育实践、教育政治、教育的政治学、结果水平。最后需要申明的是，"教育问题集"仍然为"教育"假设了一个民族性基础。因为这正是我们实证发现的在教育这一标题下发生的大部分活动的层面。但是，看一下第三层次的那些问题可以确定，这并不意味着采取一种完全的或者排他性的国家中心观念；它也不要求国家层面上展开可比性假设；当我们在各层次内部以及层次之间应用这些类型进行比较时，对其可比性进行质疑是非常重要的(见表1)。

表1　教　育　问　题

层　次	
层次1 教育实践	受教育者(或者通过专门设计的强化程序进行学习)是谁？学习内容、学习方式、学习目的、学习资源、学习的直接情境和广义条件以及学习结果是什么？这种评价的方式、主体和目的何在？

续　表

层　次	
层次 2 教育政治	如何追求显性的和潜在的社会的、经济的、政治的以及教育的目的？以何种教育治理模式进行？依靠谁进行？对这些事情的问题化反思、决策、管理都遵循何种路径依赖（部门化和文化性）？
层次 3 教育的政治学	当前教育治理的功能性、等级性和部门性劳动分工是什么？ 资本主义（积累、社会秩序和合法性）的核心问题以何种方式反映在教育的授权、能力与治理中？不同解决路径之间的矛盾以何种方式在何种范围内得以处理？ 如何界定"教育部门"的边界？它们之间如何相互重叠与关联？在其他部门中发生了何种"教育相关"的活动？ 教育部门如何与公民身份和性别制度相关？在何种范围以及在何种部门结构中，教育是以何种方式贡献于超经济嵌入或积累的稳定？等级内与等级间以及部门内与部门间的关系性质如何（矛盾、合作，还是相互漠视）？
层次 4 结果	在每个等级中，"教育"个体的、私人的、公共的、集体的以及社群的结果如何？

作为一个部门的教育[①]

一种检视国家教育部门及其内部已经——以及还没有——发生的变化的非常有用的方法，是通过比较政治分析中的"政策部门法"。这是由大卫·利瓦伊（David Levi Faur，2006）所提出的。他指出：

> 当我们研究部门的时候，我们是在两种意义上开展审视，即一般性的和民族特定的（Vogel，1996：258）。部门的一般性特征是一个部门所拥有的最为普遍的特征；它们存在于国家、地区之外，原则上可以适用于像牙买加和德国这样不同的国家。一个部门的民族特定的特点反映了普遍特征在整合了民族情境或环境后的结果。区分一个部门的一般性特征和民族特定特征是为了对跨越民族的各部门之间的共性保持敏感……同时理解各部门是镶嵌于民族情境中的，因此获得了它们独特的个性。实际上，如果在部门的一般性和民族特定性特征的三个不同方面展开区分的话则更有意义，即技术方面、经济方面和政治方面。（Vogel，2006：368—369）

我们认为教育部门的一般性和民族特定性特征（实际上，就是何谓民族特定性）已经发生改变，并且还在政治与经济对技术方面的压力下继续发生着变化。因此，尽管这一路径在这背景下特别有趣而且极为重要，要实现其价值则不能将分析局限于"民族特定性"特征上，而是要根据不断变化的教育治理的精神，将其延展至"次民族性"和"超民族性"特定性的特征上。

我们可以说，教育部门的两个核心技术要素是其话语与实践，它们都是全球化的西方现代性的组成部分，而不是任何特定民族国家的产品或财产。前者的关键证据可见于迈耶及其同事对全球教育概况的分析（Meyer et al.，1992）。这些话语中最重要的，也是最想当然的特点是，它们基本上将教育等同于（义务）学校教育。例如，我们在联合国千年发展目标的制定过程中非常戏

---

① 我们将该情境下的"教育制度"看作是包含在"教育部门"内的。

剧性地看到对这种关联的持续关注，该目标即"实现普遍的基础教育"，特别是在学校教育的第三个目标中有明确的表述，即"确保到 2015 年，任何地方的儿童，无论男女，都能够完成整个的基础阶段学校教育"。实现该目标的进程通过增加获得基础教育的儿童的数量来调控。因此，教育实践可见于学校教育的进程中，正如教育千年发展目标所表示的，它们也采取了一样的"全球性"视角，对此我们可以将其称为共同的"学校教育基本原理"（Tyack & Tobin，1994；Dale，2008）。于是，这些话语与实践可被一起看作构成了教育部门**技术方面**的重要部分。在一种非常真实的意义上，它们界定了什么**是**教育；"教育"被确认为是通过学校教育基本原理来开展和在特定文化中进行传播的。

本质上，这些话语与实践解释是过去（很长时期内，参见 Vanderstraeten，2006）那些属于教育部门普遍性特征关键要素的性质与韧性。这些话语和解释既有技术性的形式，即将教育等同于学校教育和全世界范围内的共同课程；也有政治性的形式，即其受到知识社群、专业人员等的支持。它们不能有效解释的是经济方面（Dale，2000）。然而，更为根本的是，我们在新自由主义全球化时代背景下的教育中看到的是教育部门的一般性和民族特定性特征这两方面以及它们两者之间关系的显著变化。也就是说，作为一个部门，教育变化的方式使方法论上的教育主义这一既有假设与分析形式变得无用甚至有可能存在误导。如果我们通过尝试确定该部门的一般性（或跨民族性）特征，确定其政治的、经济的和技术的特征，则能更好地阐释这一观点。本文这一论断的本质在于：并不是一套单一的共享特征构成了本质上共同和无区别的——即一般性的——教育部门，其中"一般性"以各种形式"融入"民族性；相反，我们所看到的是教育部门一般性特征的分解，代之以概念上具有双重性的甚至是三重性的具体特征，如果我们考虑到民族国家内部次级层面教育部门的发展的话。这些特征框定了不同的"教育"部门，它们之间的关系不再仅仅局限于融合，而是采取了诸如混合和平行运作的形式。而且，我们认为，设定教育部门政治、经济和技术方面的基本特征也是由国际机构开展的工作所建构的，后者在更广泛的共同基础上进行运作（Dale，2006b）。

然而，当我们考虑到该部门扩展至民族国家范围以外的可能性之时，情况又迥然不同。我们不再假设必要水平的国家政治、经济特征可比性，而是一直假定全球化力量将会使国家层面的政治因素与经济因素的关系成为问题，它们自身也会在超国家层面以及次国家层面陷入不同却平行的一套需求、界定和期望。而且这里强调的重点是不一样的。在次国家层面，主要考虑的是政治问题，如代表问题、发言权问题等。在超国家层面，重点关切则被放在经济问题上，如不断重申国际经济竞争力重要性，以及要求教育对全球知识经济方面的重要贡献。我们在此清晰地看到教育治理的功能性与等级性区分，即围绕经济竞争力问题的重要性不断"上升"，而围绕教育在民族社会内部作为机会分配功能的问题主要是在国家层面或者"向下"移动。这里的关键区别与一般性特征的性质与地位有关。在民族国家层面和次国家层面，它们依然是机会分配的政治争议发生的场所。但是，在超国家层面，它们自身处于高风险中，因为人们认为它们在全球知识经济背景下是"不适切"的（Robertson，2005）。正因如此，我们不仅看到了超国家机构在教育领域的兴起，而且也看到了以特定议程对教育基本原理进行改革、重塑和转型的行动不断出现。我们可以想象，这些行为发生的形式是通过有效构建平行的、相互叠加的而又有区别的教育部门的方式进行的，正是这种对教育的一般特征的有意重构强化了教育治理的功能性和等级性区分，而这又继而成为理解在教育中到底该比较什么这一问题的关键。因此，我们看到教育的一般性特征的一个双重运动：在国家和次国家层面主要是政治性融合，以不同但不具有根本挑战的方式进行框定和解释；在超国家层面，则是根据更广泛的政治目标进行分配、转型与联系。

表征

当下全球化时代所砸开的是某种特定的、具有时空表征的"民族教育体系"的霸权地位,这种体系融入并受到国家权力的指导。这在由世界政体理论家[①]所构建的教育表征中尤为明显(Meyer *et al.*,1992),该表征基本上将教育视为国家控制的教育体系中的一套公共课程分类。在全球化时代,我们可以看到对这一霸权地位的重要挑战,有一系列社会性和政治性力量在各层面(全球、区域、地方和国家层面)运作,试图削弱民族国家对教育部门的霸权(尽管可能国家并没有或在很多情况下从未在教育部门具有过霸权地位)。这些挑战有些来自民族国家内部(如新加坡,参见 Olds & Thrift,2004),来自全球和国际组织(OECD、世界银行),有些也来自公司(如微软、Javis,参见 Ball,2007)和学校机构(如大学,参见 Marginson,2006)。

作为一种在更广泛社会进程中的运动,"表征"观念特别有助于我们发现社会中有关知识生产的话语是一种符号化进程,这种进程有着观念性和表征性活动。(Cameron & Palan,2004)通过将这一想象植入社会机构,就能够在观念性和表征性上"确定"一个特定含义,以使权力得以再生产和获得影响力(Jessop,2004)。但是,正如杰索普(Jessop)所指出的,这一时空表征总是临时性的,且一直受到资本主义矛盾的挑战。

现在对教育在 21 世纪该当如何的问题有一系列竞争性的想象,我们以三个(描述性而非穷尽性的)例子的方式概括如下。提供这些案例的意义在于表明这些想象也获得一些超越"民族"部门的关注,如果我们要把这些不同想象看作挑战的话,我们必须开始对其进行更系统的审视。

有一个教育的特定表征就是指标(如 PISA 和 OECD 所用的一些指标)、基准(千年发展目标等)和门槛标准等形式数据的应用。矛盾的是,这些数据的目的是使教育系统更加具有可比性(尽管不必更为多样化)。因此,从比较或并置具有文化区别性和多样性的教育实践与目标的角度看,比较教育被迫转向根据一套共同的指标将教育体系进行排名。

我们还必须注意到这些"教育"的统计指标并不是要整体地表征一种方式,以便更密切和普遍地界定国家教育体系中既有的目的、政策与实践,而是要创造一套支配性的、普遍的替代性目的、政策与实践。它们不仅旨在使教育体系更具有可比性和可测量性,还要以特定的方式来改变和引导教育体系。

第二种有力的形式是应用新的隐喻来驱动和引发变革,如"聚类""网络""热点""中心"等(Robertson & Olds,2007)。这些新的想象不仅为新的参与者进入知识生产领域打开了空间,还在由民族国家开放的平行或混合的空间进行运作(参见新加坡和"新加坡全球学校",Olds & Thrift,2005)。这些新的聚合在既有的管理空间之外而不是在其之内运作;它们也创造了与民族国家教育部门的知识生产部门完全不同的制度形式。

第三个例子是一种有影响力的话语和由营利性教育部门构成的系列机构的出现。现在该部门出现了一种日益复杂和综合性的政策与社会实践,包括为该部门投资者提供信息的公司、所有从事教育服务贸易的公司的年度公开目录(Robertson,2006a)。该部门将原本去商业化的教育视为依据世贸组织规则进行调控管理可贸易服务。

最后一个例子是国际组织对民族国家教育体系的挑战,包括经合组织和世界银行,它们对教育在现代的 21 世纪社会中的作用进行构想与重塑(Robertson,2005)。这一论断的核心在于国家教育体系是工业时代的产物,因此已经到了其所谓的"最后食用日期"。新的景象不断涌现,诸

[①]　世界政体理论的基本思想是全球化会推动形成某种跨越国家和地区的关于全球问题的社会、政治和文化。——译者注

如以个性化学习为特征的网络学校。尽管在国家行动者的反应方面有相当大的差异,个性化选择已经渗入很多国家的政策话语中了。

结　论

在本文中,笔者试图得出三个相关联的观点。第一,在当今全球化时代中,整个社会科学以国家作为分析核心的漫长趋势日益受到质疑,而具体化或者盲目崇拜民族国家层面的趋势已经发展为一种控制形式,即"国家主义",在比较教育领域即转向研究客体即教育。第二,这一运动表明,三个术语从未真正清晰地展现过,例如,国家从来未曾"完全地负责教育"。本文第三个也是最重要的一个观点是这些中的每一个都有源自比较教育作为一套方法论上的"主义"的核心分类的危险,如果我们想要在全球化时代继续推进比较教育,就必须认识到并克服这些危险。

然而,在民族性依然是教育治理最普遍场所的情况下,"国家"是其治理的最普遍形式,"教育"对于我们所关注的活动而言依然是最有用的合成词。正如笔者在本文中试图表达的,重点是今天的"国家"不再是与 10 年前同样的民族和国家。同样,"教育"总是被默认为"就是"(being)和"在做"(doing)不同的事情,但是现在它呈现出了某些质性的新因素。民族、国家和教育在方法论上更加依赖各种"主义",而这些"主义"源自早期时代僵化的假设。笔者认为,认识到这一状况的性质和危险更加重要。这一危险在本文开端史密斯的引言中可以看出,即关于国家层面的教育体系的概念,其权力来自它们表现为一贯如此。其意义并非限于方法论,而在于,当权力根源于继续维持这样的观念,即当所有事情都在变化而依然认为没有什么变化,其含义是政治性的。正如我们试图表现的,"教育"不再是(如果它曾经是的话)国家的或公共性问题,或者意味着一套课程类型,后者曾经是大部分比较教育研究的特点。只要我们不能认识到或者按照这样的理解来行动的话,我们本身以及与我们所试图启示的人们就一起合谋隐藏了变化及其后果。我们在"教育"当下的表现方式中可以更清楚地看到这一点,在此我们也可以看到对比较教育的选择,即成为(不知情者,如果我们不能超越"主义"观的话)通过统计表征方式塑造和再界定"教育"的共犯,这种表征由于其过于根植于透明度和可说明性,而更难以确认和改变。

参与统计性表征对比较教育尤具讽刺意味。(Theret,2005;Novoa & Yariv-Mashal,2003)它涉及在追求可比性以实现更加有效率和有效益的治理中有目的地消除国家差异,使得国家的制度边界更具有可渗透性,为重构和重塑国家教育部门打下基础,同时形成新的跨国教育部门。鉴于比较教育在这里的共谋情形,这种参与绝对削弱了其所依存和曾经想当然的国家基础,这是十分讽刺的。

参考文献

Ansell, C. K. (2004). Restructuring authority and territoriality. In C. K. Ansell & G. Di Palma (Eds.), *Restructuring territoriality: Europe and the United States compared*. Cambridge: Cambridge University Press.

Ansell, C. K. & Di Palma, G. (eds) *Restructuring territoriality: Europe and the United States compared*. Cambridge: Cambridge University Press.

Ball, S. (2007). *Education PLC: Understanding private sector participation in public sector education*. London and New York: Routledge.

Beck, U. (2002). *The cosmopolitan society and its enemies*. Theory, culture and society, 19(1 - 2), 17 - 44.

Beck, U. & Sznaider, N. (2006). Unpacking cosmopolitanism for the social sciences: a research agenda.

The British J. of Sociology, 57(1), 1 - 23.

Cameron, A. and Palan, R. (2004). *The imagined economies of globalization*. London and New York: Sage.

Chernilo, D. (2006). Methodological nationalism and its critique. In G. Delanty and K. Kumar (Eds.), *The Sage Handbook of Nations and Nationalism* (pp. 129 - 40). London: Sage.

Dale, R. (1994). Applied education politics or political sociology of education? contrasting approaches to the study of recent education reform in England and Wales. In D. Halpin & B. Troyna (Eds.), *Researching education policy: Methodological and ethical issues*. London and Washington: The Falmer Press.

Dale, R. (1997). The state and the governance of education: An analysis of the restructuring of the state-education relationship. In A. Halsey, H. Lauder, P. Brown & A. Stuart Wells (Eds.), *Education, Culture, Economy and Society*, Oxford: Oxford University Press.

Dale, R. (1999). Globalization: A new world for comparative education? In J. Schriewer (Ed.), *Discourse and Comparative Education* (pp. 87 - 109). Bern: Peter Lang.

Dale, R. (2000). Globalisation and education: Demonstrating a "common world education culture" or locating a "globally structured Agenda for education"? *Education Theory* 50(4), 427 - 448.

Dale, R. (2003). *The Lisbon declaration, the reconceptualisation of governance and the reconfiguration of European educational space*. Paper presented to RAPPE seminar, University of London Institute of Education, March.

Dale, R. (2005). Globalisation, knowledge and comparative education. *Comparative Education*, 41(2), 117 - 150.

Dale, R. (2006a). From comparison to translation: Extending the research imagination? Globalisation, *Societies and Education*, 4(2), 179 - 192.

Dale, R. (2006b). *Knowledge of / for educational futures: Comparing the OECD, the World Bank and the EU*. Paper presented at ECER Conference, Geneva, September.

Dale, R. (2008). Repairing the Deficits of Modernity; the emergence of parallel discourses in higher education in Europe. In D. Epstein, R. Boden, R. Deem, F. Rizvi, and S. Wright (Eds.), *World Yearbook of Education 2008: Geographies of Knowledge, Geometries of Power: Framing the Future of Higher Education*. London: Routledge.

Ferguson, J. & Gupta, A. (2002). Spatializing states: toward an ethnography of neoliberal governmentality, *American Ethnologist*, 29(4), 981 - 1002.

Fine, R. (2003) Taking the 'ism' out of cosmopolitanism. *European Journal of Social Theory*, 6(4), 451 - 70.

Green, A. (1993). *Education and state formation: the rise of education systems in England, France and the United States*. New York: St. Martins.

Jessop, B. (2004). Critical semiotic analysis and cultural political economy. *Critical Discourse Analysis*, 1 (2), 159 - 74.

Levi Faur, D. (2006). Varieties of regulatory capitalism: Getting the most persistence of national variation. *Review of International Studies*, 26(4).

Marginson, S. (2006). Dynamics of national and global competition in higher education. *Higher Education*, 52(1), 1 - 39.

Martins, H. (1974). Time and theory in sociology. In J. Rex (Ed.), *Approaches to Sociology*. London: Routledge and Kegan Paul.

Meyer, J., Benavot, A., and Kamens, D. (1992). *School Knowledge for the Masses: World Models and National Primary Curricular Categories in the Twentieth Century*. Philadelphia: Falmer Press.

Nóvoa, A., & Yariv-Mashal, T. (2003). Comparative research in education: A mode of governance or a historical journey? *Comparative Education*, 39(4), 423 - 38.

Olds, K. & Thrift, N. (2005). Cultures on the brink; reengineering the soul of capitalism - on a global scale. In A. Ong & S. Collier (Eds.), *Global Assemblages: Technology, Politics and Ethics as Anthropological Problems*, Oxford; Blackwell.

Patramanis, A. (2002). Globalisation, education restructuring and teacher unions in France and Greece; decentralisation policies or disciplinary parochialism? A paper presented to the ESF/SCSS Exploratory Workshop *Globalization, Education Restructuring and Social Cohesion in Europe*, Autonomous University of Barcelona, 3 - 5 October.

Robertson, S. L. (2005). Re-imagining and rescripting the future of education; global knowledge economy discourses and the challenge to education systems. *Comparative Education*, 41(2), 151 - 170.

Robertson, S. L. (2006a). Absences and imaginings; the production of knowledge on globalisation and education. *Globalisation, Societies and Education*, 4(2), 303 - 318.

Robertson, S. L. (2006b). Globalisation, GATS and trading in education services. In J. Kallo & R. Rinne (Eds.), Supranational Regimes and the National Education Policies, Turku; FERA.

Robertson, S. L. & Olds, K. (2007). '*Hubs, networks, clusters, hotspots: new imaginaries of education*', A paper presented to the Economic Geography Conference, Beijing, June.

Ruggie, J. G. (1993). Territoriality and beyond; Problematizing modernity in international relations. *International Organization*, 47(1), 139 - 74.

Smith, G. (2006). When "the Logic of Capital is the Real which Lurks in the Background" Programme and Practice in European Regional Economies. *Current Anthropology*, 47(4), 621 - 39.

Theret, B. (2005). Comparisons internationales. La place de la dimension politique. In J-C Barbier & M-L Latablier (Eds.), *Politiques Sociales: Enjeux methodologiques et epistemologiques des comparisons internationales* (pp. 71 - 95). Brussels; Peter Lang.

Tyack, D. & Tobin, H. (1994). The 'grammar of schooling'; Why has it been so hard to change? *American Educational Research Journal*, 31(3), 453 - 79.

Vanderstraeten, R. (2006). The historical triangulation of education, politics and economy. *Sociology*, 40 (1), 125 - 42.

Vogel, S. (1996). *Freer Markets, More Rules: Regulatory Reform in Advanced Industrial Countries*. Ithaca and London; Cornell University Press.

Zurn, M., & Leibfried, S. (2005). Reconfiguring the national constellation. *European Review*. 13, 1 - 36.

27. 教育、哲学和比较视角

特伦斯·麦克劳林(Terence H. McLaughlin)

本文阐述的主要观点是：教育中的哲学路径离不开比较维度，而教育中的比较路径离不开哲学维度。教育中哲学路径和比较路径恰当关系的分析需要考虑需求、困难和机遇三个方面。

引 言

尽管哲学总是以这样或那样的方式出现在比较教育研究成果中，并且比较教育学家自身也没有忽视哲学关怀，但比较教育并未形成对哲学作用的明确关注。这种关注度的缺乏表现在："教育哲学"和"比较教育"这两类学科之间的关系发展相对不成熟，教育研究仍然受到"学科分隔"的困扰。无论正规构建的教育学科之间存在怎样的关系，教育研究中的哲学和比较路径都应该形成一种互通有无的、敏感的以及批判性的对话关系。本文试图从一系列需求、困难和机遇的角度，分析哲学路径和比较路径之间的合理关系。本文由三部分组成，分别探讨需求、困难和机遇问题。

教育、哲学和比较视角：需求

这部分，笔者将明确表达并捍卫两个主张：(1)哲学需要一种比较的维度(在他国教育的背景下)；(2)比较教育需要一种哲学的维度。同这两个主张相关的进程需要我们关注，如何才能恰当理解教育中的"哲学"和"比较"。

西蒙·布莱克本(Simon Blackburn)认为哲学探索的是人类关于自身问题的思维结构(如，我是谁？意识是什么？我有自由意志吗？)、世界(如，为什么存在"有"而不存在"无"？思考未来可能会影响过去这一问题有意义吗？)、人类与世界的关系(如，我们如何确定世界同我们所想的一样？知识是什么？我们获得了多少知识？)等特定问题。(Blackburn，1999：2—3)这些问题的特点在于：它们具有非实证性，并且它们反对探寻和解决过程中过分简单的程序和评判。这些问题始于一种基本的批判性自我反思，这种反思扩展为"人类思维的脚手架"(Blackburn，1999：3—4)。

提出一种关于哲学特性的一般性解释的难点在于，任何解释都来自"某一特定的哲学传统"，并且很可能偏向于支持这一传统。布莱克本将哲学描述为"概念的建构"(Blackburn，1999：2)，他并不认为某类哲学学派的支持者就是"概念工程师"，他们不会制定计划，更别说设计结构(Blackburn，1999：13)，这一态度表明他主张广阔的哲学分析路径。这一分析路径反对将哲学概念限定在"一种哲学"的思想中，在这样的思想中，"一种哲学"全面解释了存在的特性、人类所处的地位，以及人类面对世界和他人时如何让自己安身立所。(Cooper，2003a：2)在本书中，布里奇(Bridge)、阿斯格德(Asgedom)和柯纳伍(Kenaw)的文章提到的传统非洲信仰可作为"一种哲学"在这层意思上的例子。

理查德·彼得(Richard Peter)之前提出不应该认为哲学(以及教育哲学)提供了"高级指令"(Peter，1966：15；又参阅Elliott，1986)，从中也可看出他对上述哲学概念的反感。任何提到"比较视角的教育哲学"的内容都包含了"一种哲学"层面的哲学观点。如大卫·库珀(David

Cooper)所言，"哲学"作为一种相当具有概括性的知识活动的名称并没有复数形式，这同"音乐"是一样的(Cooper，2003a：2)。

　　哲学中相互对立并部分相竞争的传统的真实存在及其重大意义对本文所关注的内容而言有着显而易见的重要性，这一问题到一定时候还会论及。自 20 世纪 60 年代起，广泛分析传统就已经在英美教育哲学中占据显著地位，近些年，学者也通过不断拓宽的方式对这一传统进行解释。（关于拓宽解释的广度问题，见 White & White，2001）然而，就我们当前的目的来看，参考从广泛分析传统中得出的哲学路径的案例，有助于说明教育的哲学路径中的包含了什么。从这一传统的视角看，我们可以认为教育的哲学路径包含了下列四种相关和重叠的任务（这里的任务分类部分参考了 White，1987；Burbules & Warnick，2004)：

　　(1) 为阐明具有教育意义的术语或概念，要对术语或概念进行分析，显现其多样化用法和意义。用这种方式比较容易阐明的术语或概念包括（比如）：创新、公民权、积极学习和学会学习。在教育话语中，光有阐释还不够，还需要对这些术语或概念进行恰当地理解，这是必需的环节。"分析"的意思是对任意概念、观点或思维单元意义的说明，我们将这些概念、观点和思维单元分解为组成它们的更加基础的概念，据此理解自身和世界，并由此展现其与一个关系网中其他概念的关系，或者发现某个概念所显示的内容(Hirst & White，1998b：2)。

　　这里不宜将"分析"看作以一种假定的价值中立方式发现术语或概念本质的或"准确"的意思，而应该包含具有说服力的定义，以论证某些特定的观点并为调查的开展提供帮助。随着对"某一概念如何同其他概念——某概念同这些概念之间具有逻辑相关性(White & White，2001：14)——组成的概念网络发生错综复杂的联系"这一问题的调查，这种分析的"相关性"特征尤其值得注意。

　　(2) 将(1)中阐释的内容用于教育性术语和概念的哲学批判性评估中，以明确术语使用中的潜在假设、内在矛盾或歧义，或者也可将(1)中阐释的内容用于揭露潜在或真实存在的有偏袒或带争议的影响，术语的这种影响存在于专业或流行的话语中。这里所指的"批判性评估"的思想表明，哲学家不仅仅对**阐释**感兴趣，也对**辩护**感兴趣。例如，一旦阐明了"创造性"这一术语，如果存在问题的话，就"创造性"应该是一种教育目的这一层面而言，这个问题会引起哲学家的关注。因此，不应仅仅将分析哲学家看作"略逊于字典编辑者"(White & White，2001：16)。

　　(3) 将(2)扩展到对教育或具有教育意义的实践、政策、目的、目标、功能、理论和理论学家、学说、思想流派等的哲学批判性评估。

　　(4) 考虑到(3)中所提到的对教育目的、价值观和过程的哲学表达和辩护问题，应形成积极的观点和建议。在这里，我们可以清楚地看到，从过度关注抽象问题向关注实质性问题的转变，这界定了过去 25 年左右的时间里教育分析哲学的特点。

　　哲学和教育哲学分析传统的统一性不仅体现在拥有相同的学说上，也体现在一系列特色方法上。然而，尽管可以明确界定许多突出特点，却很难将教育分析传统的"方法论"清晰无疑地确定为一个整体。该传统特别强调意义和正当性问题，它采用了一种可辨认的论证形式，这种论证的特点（在其他事物中）于阐释和分析概念、前提和假设，思考反例、探查和排除各种推理方式的不足，总结重要区别（如，概念、规范和实证问题之间的区别），运用思维经验、特殊的批判精神和论据的结构化发展。教育哲学的分析路径质疑过度笼统的陈述和要求，而试图找寻一种更为细致和详细的论证和讨论，对意义和公正性问题的关注将在这些论证和讨论中成为解决过度笼统问题的良方。因此，这一路径倾向于从特定问题而非笼统的陈述和理论角度进行研究，从更广泛的哲学论争资源中探寻问题的解决之道（论教育哲学的分析传统，见 Peters，1966：引言，1983；Wilson，1979；Cooper，1986；Elliott，1993；Kohli，1995：第一部分；Haydon，1998；Hirst & White，1998a：第一部分，1998b；Mclaughlin，2000；Heyting *et al.*，2001；White &

White，2001；Curren，2003；Curren *et al.*，2003）。

尽管总体而言教育需要哲学思维，与此相关的方面在此处无法详细论述，但显而易见的是，许多教育思考、政策和实践不仅仅适合哲学关注，而且也确实需要哲学关注。当然，并没有研究表明光靠哲学就能全面阐明教育问题，更不用说解决这些问题。教育中的哲学思考必须在同其他学科紧密联系的情况下，在洞察和关注教育政策和实践需求的情况下开展（关于这些问题，见McLaughlin，2000）。

尽管教育中的"比较"视角尚未受到完全关注，但在这一阶段，我们很可能见证，教育中被恰当解读的哲学视角如何需要比较维度。前文已经明确的分析路径的各个特点可以说明这一问题。(1)中对具有教育意义的术语和概念进行了分析，什么样的术语和概念可以视作具有教育意义的，这（部分地）同时空问题相关：术语和概念是有其生成背景的，也是有自身历史的。教育的哲学化不可能在与世隔绝的状态下凭空产生，包括社会、地理政治和历史上的隔绝。如果对具有教育意义的术语和概念的哲学分析有足够的信息来源，且是硕果累累的，那么就需要比较维度，至少对任何扩展的哲学分析而言（关于一般哲学化过程中对比较视角的需求，参见 Smart，2000；Cooper，2003a。关于教育哲学视角的历史维度，参见 Oksenberg Rorty，1998b）。(2)中探讨了对具有教育意义的术语和概念的哲学批判性评价问题，用于公正评判的各种标准需要根据适当的基础性研究进行评估和认可，这需要包含对比较视角下可供考虑的各种标准的考量。与此相类似，(3)中论述了对教育实践、原则等的哲学批判性评估，在拓宽可能性范围、改进公正论证方面，比较维度是一种重要的资源。这同样也适用于(4)，(4)中提到要发展与(3)中所提到问题相关的积极建议。比较维度可以促进从分析角度对哲学进行理解。对这种比较维度的需求从以下哲学标语中也可以看出："并非你所有的问题都能找到答案，但你所有的答案都会遭到质疑。"对哲学的恰当追求应该走向传统的问题化，在这一过程中运用哲学，并且，正像对待其他问题一样，在这一过程中，哲学化的比较维度是重要的且必要的。

通过参考一种显著的路径，我们已经尝试说明了教育研究中哲学路径的特性，在此基础上，我们何以能够最大限度地理解教育研究的比较路径？这一问题已经成为近年来该学科争论的焦点（参见 Crossley & Jarvis，2000，2001）。为解决当前的争论，这里对"比较"思想的探索提供了一种解释问题的普遍方式。在"比较"中需要注意的是：(a) 将什么同什么作比较（如教师、学校、不同文化下教学方式和教育系统、国家和地域背景）；(b) 比较的基础（如，作比较的标准和原则）；(c) 比较中潜在的原因和动机（如，公正的学术调查、深入研究等等，从一种环境应用于另一种环境）；(d) 作比较的方法（如基于自然研究、社会研究和解释学传统的方法）。涉及这四个方面，教育的比较研究迫切需要哲学维度。

(a)中提到，将什么同什么作比较，就这一方面而言，哲学维度的需求至少涉及两个问题。第一个问题缘起于下列普遍的观点：教育思想、政策和实践的许多方面不仅仅适合哲学关怀，而且确实需要哲学关怀。由于比较教育中大部分用于比较的学科问题都是教育性的，所以比较工作的哲学维度只是简单地作为教育对哲学阐释普遍需求的结果。比较教育致力于开发出"一个日益复杂的理论框架以描述和分析教育现象"（Phillips，2000：298），而这就明确需要哲学维度。比较教育学家在他们的理论中经常提到的具有哲学意味的主题种类丰富：全球化（参见Crossley & Jarvis，2000）、后殖民主义（参见 May & Aikman，2003）、民主（参见 Davies *et al.*，2002）和公民权（参见 Ichilov，1998），此外还有以地域为基础的关注点。第二个问题涉及哲学维度的出现是对教育现象所处的背景的阐释。这些背景包括许多方面（文化的、人类学的、政治的、宗教的等等），这些方面导致并要求哲学关怀成为一系列方法和策略的一部分，通过这些方法和策略，某一特定的背景成为关注点。

(b)是关于比较的评价基础的，"评价"思想(其含义包括标准和准则)的出现预示着哲学在阐释和辩护中所扮演的角色。同其他地方一样，这里的哲学的角色指的是其促进性的角色：实证主义研究的恰当形式在识别"同类事物"的事实层面的调查中占有一席之地。(c)中提到比较中潜在的理由和动机。罗伯特·考恩(Cowen，2000)讨论过，哲学思维是这样说明理由和动机的，如"教育借鉴是一门实用主义科学"，以及"对世界的诠释"。后者包含了广泛的文化、历史和政治方面的解释，是一种成熟的哲学阐释。(d)中提到比较使用的方法，罗宾·亚历山大(Robin Alexander)注意到，比较学家对比较目的和进程的研究同对比较结果的研究不相上下，需警惕"方法至上"，即只关注研究方法而忽视研究本身(Alexander，2001：513)。宁尼斯和伯内特(Ninnes & Burnett，2003)认为，尽管比较教育"主张关注点和方法的一致性"，但却已经形成了"折中主义"的特点，其中包含了"一系列从社会科学中引入的理论和方法，并且交叉形成了一系列子领域，如教育社会学、教育管理学、教育人类学、教育经济学和教育发展学"(Ninnes & Burnett，2003：279)。

正是由于上述可能性，在提出和捍卫比较教育所使用的研究方法论时，哲学思考出现了(参见 Martin，2003；Ninnes & Burnett，2003)，并且一些比较教育学家已经直接提出了这些哲学角度的考量(参见 Ninnes & Burnett，2003)。帕特里夏·布罗德富特(Patricia Broadfoot)提出了定性方法和与自然科学范式相联系的更为定量的方法之间的"深度的方法论区分"，这些确定了比较教育的特点(Broadfoot，2000：360)。她呼吁比较教育领域应形成一种更为批判性的、有理论依据的社会科学视角，其中包含了更强的自我批判意识，尤其是在问题、方法和结论的价值负荷特性方面(Broaadfoot，2000)。她特别坚持，"比较教育学者……自身应该更乐于参与有关价值问题，有关'美好生活'的特征，以及与之相关的教育与学习的角色的根本性讨论"(Broadfoot，2000：370)。更为准确地说，她认为，比较教育有责任推动争论继续向前，超越"方法至上"而达至"目的"的实现。

教育、哲学和比较视角：困难

如果人们认可教育的哲学路径和比较路径以之前建议的方式彼此需要，那么在促成完全理解的各种形式中所遇到的困难就成为需要关注的焦点了。总体而言，跨学科研究面临着一系列公认的困难。在促成这种上述提到的相互理解的过程中，存在许多具体困难。这里将思考四个相关困难。

第一个困难来自，任何对教育背景进行哲学探讨的尝试都必须在对背景的各方面有了全面理解的情况下进行，包括非哲学层面的理解。这一工作包含了在比较教育学家早已意识到的既定背景下，对教育事实及其背景条件达成足够深广理解的广泛和复杂的一般性困难。(Grant，2000)作为内在和外在于某种特定情境下哲学研究的背景，关于许多不同种类困难的详细的情境解释工作是必不可少的。(在本书所讨论的一些背景下，关于这些种类困难的近期研究可参见Green，2000；Tomiak，2000；Cave，2001；Harber，2002；Jones，2002；Yamashita & Williams，2002)以东欧背景为例，对教育哲学探讨的充分理解，除了其他事物之外，尤其要求对各种非哲学因素进行理解，这些因素是苏联时期思想表达的条件，以及思想家在这些条件下的各种顺应与妥协表现(参见 Godoń，Jucevičienė 和 Kodelja 的文章[①])。

---

① 详见 Godoń, R., Jucevičienė, P., & Kodelja, Z. (2004). Philosophy of education in post-Soviet societies of Eastern Europe：Poland, Lithuania and Slovenia. *Comparative Education*，40(4)，559-569.——译者注

　　第二大困难同特定背景下将哲学反思同教育(及其他)事实相联系的抱负相关。某些形式的哲学反思是极其一般的(如对确定基础和一般性教育目标的反思)。并且这些类型的反思可能并不试图同教育实践和政策制定建立直接关系。尽管这种反思有其一席之地,它需要提防落入未决定的和无约束的辞藻中的危险,因为这既同教育不相关也在哲学层面上遭到质疑。同教育事实相关并以教育事实为基础的哲学反思在教育上和哲学上通常都更为充分。奥克森伯格·罗蒂(Oksenberg Rorty)提醒我们,尽管欧洲和英裔美洲国家共享一些一般性的教育目标,但"它们各不相同的政治和宗教历史,以及不同的社会经济条件,使它们面临着不同的道德和教育问题"(Rorty,1998a:10)。由于(许多)教育问题的解决方式不可能是笼统的,更不用说哲学层面上的笼统性,对这些问题的哲学反思必须是同当地各种背景因素相关的,要扎根于其中并随当地具体情况变化。然而,对特定背景下哲学反思同教育事实之间的关系的探讨工作是相当复杂的。在某种程度上,这是因为哲学和教育政策制定与实践的一般性关系具有复杂性(就这一复杂性的探讨可参见 Mclaughlin,2000)。例如,哲学概念和原则既晦涩难懂又不能应用于教育事实中。哲学对教育政策制定和实践的影响通常通过教育政策制定者、教师和教育领导的教学实践智慧(或实践判断)体现出来。在比较背景下,任何试图探索哲学和教育政策制定与实践关系的尝试都会放大上文提及的一般的复杂性。

　　第三大困难与对不同背景下教育的哲学思考达成充分**理解**的工作相关。这一困难具有实践性的特点,这一点在上面罗列的两大困难中也已经提到过。然而,这里将会把关注点放在这一困难的哲学层面。要着手实现理解的相关形式,(显然)合理的做法是,先对各种形式进行**描述**。然而,与此同时,为了促成理解,对特定背景下的哲学传统和教育哲学思考的发展进行描述固然是必须的,但并不充分(要了解这些描述可参见 Jover 提供的关于西班牙教育哲学的文章,2001)。困难的一个显著方面在于**跨越不同哲学传统**基础上的理解问题。本文一开始就将哲学的分析传统和教育哲学作为例子,这二者显然不能免除批判,尤其不能免除保罗·斯坦迪什(Paul Standish)在《比较教育》特刊(29)发表的文章①中所提到的欧洲大陆哲学传统的批判。起源于前文提到的一种哲学的详细的教育视野(即,全部的和广泛的哲学视野和系统)需要尤为复杂的诠释和说明,这种诠释和说明需要相当的敏感性和判断力(相关资料可参见 Deutsch & Bontekoe,1997。如果要特别了解同《比较教育》特刊(29)所展现的思想传统相关的思想,可参见 Albertini,1997;Deutsch & Bontekoe,1997,Chs.7 - 15,32 - 40,43,45;Masolo,1997;Weiming,1997;Cooper,2003a,Ch.3,6,9。关于本地人民和西方哲学的关系问题,可参见 Marshall,2000)。例如,西方思想家要理解儒学、佛学和伊斯兰哲学,这面临着重大挑战,尤其因为这些传统同人类整个生活之间存在着复杂的关系。仅仅因为其非西方属性,所有未被界定为西方的哲学传统,其本身就构成了一种可识别的"优势",根据这一假设,西方思想家面临的一个危险就是内在于非西方教育哲学分类的"东方学"(Deutsch,1997:xii)。多伊奇还关注我们能想象到的另一大危险,即对比于自身文化的多样性,他者文化的思想有明显的统一性和简单性。(Deutsch,1997:xiii)事实上,他坚持认为,在这些"可供选择的传统"中,许多传统的特点都包括深度、广度、多样性和政论性这样几个方面。所以,**本质上**并不存在中国、日本或非洲哲学(或教育哲学)。与此相关的危险是"原生主义",在"原生主义"之下,某一特定的群体认同和潜在的哲学表达被"事先定为"永恒不变的。那么,便产生了关于什么才是"哲学"这一定义上的问题(参见

---

　　① 详见 Standish,P. (2004). Europe, Continental Philosophy and the Philosophy of Education. *Comparative Education*,40(4),485 - 501. ——译者注

Bridge，Asgedom 和 Kenaw 的论文①）。在试图对"哲学"进行理解的过程中一个更为长远的问题是，以超简单的方式从哲学中推论出教育的含义。麦金太尔在其研究中解释过这一危险。他的研究中提到，很有可能，有人会从托马斯·阿奎纳的哲学中理出一些相关元素，"制成一幅拼贴画"，并将其描述为自己的教育哲学思想，这不过是对原思想的拙劣模仿和歪曲（MacIntyre，1998：96）。在这些以及其他问题中，从哲学授权的教育事实入手，对哲学及其教育意义进行理解，这样的路径才是有用的（要了解这一路径可参见 Halbertal & Halbertal，1998；MacIntyre，1998；Mottahedeh，1998）。

第四大困难涉及在不同背景下的教育哲学化思考中参与对话，并对遇到的观点和争论进行判断。不同的哲学观点和传统并不一定仅仅处于彼此并列的关系中，也可能是潜在的和事实上的争论和冲突关系，意识到这一点是十分重要的。多伊奇坚持认为：

> 在探索别处传统的过程中，人们最初的关注点不应该只是发现更多自身传统的特点，以及发现那些自己所熟悉的内容，而应该学习其他哲学经验的可能性，这种经验会在跨文化交流中向人们展现。（Deutsch，1997：xiii）

多伊奇的观点预示着，如果拥有比较的视角，一个人可以成为更好的哲学家和教育哲学家。对于在西方自由主义思想下成长起来的教育学家而言，拥有比较视角的最大困难在于，如何真正敞开心扉，接纳那些同西方自由主义概念、论点和价值观显著区别和冲突的概念、价值观和论点。（尤其参见 Mark Halstead 的文章②）这里的困难之一在于一些流行观点，如"后现代主义"，这些观点似乎以不同的方式对评估项目自身表示怀疑（关于后现代主义可参见 Cooper，2003b）。当然，"西方自由理念和价值观"思想并非显而易见且毫无问题，尽管为了当前的讨论，我们可以调用这一思想的未经分析的一般意义（更深入的讨论可参见，White，2003）。世界范围内，这些自由的"理念、论争形式和价值观"实际与规范的普遍性是显而易见的，尤其是考虑到民主作为其中的核心元素而存在。（要了解以日本为例的自由价值观的普遍性，可参见 Feinberg，1993）这里需要注意的一种普遍现象是，受自由和民主思想的影响，哲学思考的传统形式被置于强烈的哲学压力（也包括社会和政治压力）之下。杜维明论述了西方的启蒙传统何以引起"在中国人的思维中曾发生过的最具毁灭性的论争"（Tu Weiming，1997：22）。哲学化的本土形式具有自身不同的理念、价值观和论证形式，却要面对西方自由主义公认的"普遍"观点的评估（参见 Penny Enslin & Kai Horsthemke③，以及 Bridges，Asgedom & Kenaw 的文章），其他背景下的文化都因此极力迎合西方标准（参见 Godon Juceviciene & Kodelja，以及 Naiko Saito & Yasuo Imai 的文章）。这里，西方学者面临的主要挑战不仅仅是以一种合理而理由正当的方式，根据西方观点重新解释本土思想和实践形式，还包括对包含在本土思想形式内部的真实观点采取开放包容的态度。这一点是十分重要的，尤其是因为自由理念、思想形式和价值观并非如他们所坚持的那样完美无瑕，而需要吸收别处养分，不断充实和改善自身。例如，西方自由主义在反对个人主义以维护公共利益和需求方面的不足之处广为人知。对包含于本土思想形式中的真实观点的开放包

---

① 详见 Bridges, D., Amare Asgedom, & Setargew Kenaw. (2004). From "Deep Knowledge" to "The Light of Reason"：Sources for Philosophy of Education in Ethiopia. *Comparative Education*, 40(4), 531 - 544.——译者注

② 详见 Halstead, J. M. (2004). An Islamic Concept of Education. *Comparative Education*, 40(4), 517 - 529.——译者注

③ 详见 Enslin, P., & Kai Horsthemke. (2004). Can Ubuntu Provide a Model for Citizenship Education in African Democracies? *Comparative Education*, 40(4), 545 - 558. ——译者注

容需要相当多的超越哲学层面的敏感性和想象力资源。当然,不应该假设对话和评估方面的挑战受到限制而无法同诸如儒学、佛学和伊斯兰哲学碰撞交流。在哲学和教育哲学的分析传统和欧洲大陆传统之间,有足够的空间训练敏感性和想象力,以促成二者的碰撞交流(关于这一相遇问题,可参见 Blake *et al.*,1998)。

这里提到的困难都是实质性困难,而不只是已经明确的哲学上的困难。然而,任何认为涉及这些困难的显著进展都不可能的想法,都会对任何满怀抱负且重要的教育比较的可能性提出质疑。

教育、哲学和比较视角:机遇

当人们接受了教育研究的哲学路径和比较路径彼此需要这一观点后,会产生怎样的机遇呢?这里有很大的空间用以详细讨论这些可能的机遇。如果教育的哲学思考更加敏感于比较洞察,而比较教育也对哲学观点和关注点更为敏感,至少这是一件好事。然而,对持久且敏感的跨学科合作的需求显然在前面的讨论中已经出现。这里需要一些灵活变通,例如,哲学层面的研究不应仅仅被视作"哲学家"或"教育哲学家"的领地。

同陌生文化的对话大概是教育的比较路径的关键特点。这里的建议是:教育哲学家和比较教育学家没有理由不熟悉对方的研究,二者之间的对话将促进彼此的研究,并在它们共同和重叠的研究兴趣的合作方面揭示真正的机遇所在。

致谢　由衷感谢罗伯特·库恩在本文的写作中提供的建议和帮助!

参考文献

Albertini, T. (1997). Islamic philosophy: an overview, in: E. Deutsch & R. Bontekoe (Eds.), *A companion to world philosophies* pp. 93 - 133. Oxford: Blackwell.

Alexander, R. J. (2001). Border crossings: Towards a comparative pedagogy. *Comparative Education*, 37(4), 507 - 523.

Blackburn, S. (1999). *Think. A compelling introduction to philosophy*. Oxford: Oxford University Press.

Blake, N., Smeyers, P., Smith, R., & Standish, P. (1998). *Thinking again. Education after postmodernism*. Westport, CT, Bergin & Harvey.

Bridges, D. (Ed.) (1997). *Education, autonomy and democratic citizenship. Philosophy in a changing world*. London, Routledge.

Broadfoot, P. (2000). Comparative education for the 21st century: Retrospect and prospect, *Comparative Education*, 36(3), 357 - 371.

Burbules, N. C., & Warnick, B. R. (2004). Philosophical inquiry. Available online at: www.cedu.niu.edu/epf/foundations/CMRE_(final).htm (accessed 28 July 2004).

Cave, P. (2001). Educational reform in Japan in the 1990's: 'Individuality' and other uncertainties, *Comparative Education*, 37(2), 173 - 191.

Cooper, D. E. (1986). Introduction. In D. E. Cooper (Ed.), *Education, values and mind*. Essays for R. S. Peters (pp. 1 - 7). London, Routledge and Kegan Paul.

Cooper, D. E. (2003a). *World philosophies. An historical introduction* (2nd edn.). (Oxford, Blackwell Publishing).

Cooper, D. E. (2003b). Postmodernism. In R. Curren (Ed.), *A companion to the philosophy of education*. (pp. 206 - 217). Oxford: Blackwell.

Cowen, R. (2000). Comparing futures or comparing pasts? *Comparative Education*, 36(3), 333 – 342.

Crossley, M., & Jarvis, P. (Eds.) (2000). Special Issue. Comparative education for the twenty-first century. *Comparative Education*, 36(3).

Crossley, M., & Jarvis, P. (Eds.) (2001). Special Issue. Comparative education for the twenty-first century: an international response. *Comparative Education*, 37(4).

Crossley, M. & Tikly, L. (Eds.) (2004). Special Issue. Postcolonialism and comparative education. *Comparative Education*, 40(2).

Curren, R. (Ed.) (2003). *A companion to the philosophy of education*. Oxford: Blackwell.

Curren, R., Robertson, E., & Hager, P. (2003). The analytical movement, in: R. Curren (Ed.) *A companion to the philosophy of education*. (pp. 176 – 191). Oxford: Blackwell Publishing.

Davies, L., Harber, C., & Schweisfurth, M. (Eds.) (2002). Special Issue. Democracy and authoritarianism in education. *Comparative Education*, 38(3).

Deutsch, E. (1997). Preface, In E. Deutsch & R. Bontekoe (Eds.), *A companion to world philosophies*. (pp.xii-xiv). Oxford: Blackwell.

Deutsch, E., & Bontekoe, R. (Eds.) (1997). *A companion to world philosophies*. Oxford: Blackwell.

Elliott, R. K. (1986) Richard Peters: A philosopher in the older style. In D. E. Cooper (Ed.), *Education, values and mind. Essays for R. S. Peters*. (pp. 41 – 68). London, Routledge and Kegan Paul.

Evers, C. W. (1993). Analytic and post-analytic philosophy of education: Methodological reflections, *Discourse*, 13(2), 35 – 45.

Feinberg, W. (1993). *Japan and the pursuit of a new American identity. Work and education in a multicultural age*. New York: Routledge.

Grant, N. (2000). Tasks for comparative education in the new millennium, *Comparative Education*, 36(3), 309 – 317.

Green, A. (2000). Converging paths or ships passing in the night? An 'English' critique of Japanese school reform, *Comparative Education*, 36(4), 417 – 435.

Halbertal, M., & Halbertal, T. H. (1998). The Yeshiva, in: A. Oksenberg Rorty (Ed.), *Philosophers on education. New historical perspectives*. (pp. 458 – 469). London: Routledge.

Harber, C. (2002). Education, democracy and poverty reduction in Africa, *Comparative Education*, 38(3), 267 – 276.

Haydon, G. (Ed.) (1998). *50 years of philosophy of education. Progress and prospects*. Bedford Way papers. London, University of London Institute of Education.

Heyting, F., Lenzen, D. & White, J. (Eds.) (2001). *Methods in philosophy of education*. London: Routledge.

Hirst, P. H. (1986). Richard Peters's contribution to the philosophy of education. In D. E. Cooper (Ed.), *Education, values and mind. Essays for R. S. Peters*. (pp. 8 – 40). London, Routledge and Kegan Paul.

Hirst, P. H. (1993). Education, knowledge and practices, In R. Barrow & P. White (Eds.), *Beyond liberal education. Essays in honour of Paul H. Hirst*. (pp. 184 – 199). London, Routledge.

Hirst, P. H. (1998). Philosophy of education: The evolution of a discipline. In G. Haydon (Ed.), *50 years of philosophy of education. Progress and prospects*, Bedford Way Papers. (pp. 1 – 22). London, Institute of Education, University of London.

Hirst, P. H., & White, P. (Eds.) (1998a). *Philosophy of education: Major themes in the analytic tradition* (4 vols). London: Routledge.

Hirst, P. H., & White, P. (1998b). The analytic tradition and philosophy of education: an historical perspective. In P. H. Hirst & P. White (Eds.), *Philosophy of education: Major themes in the analytic tradition* (vol. 1). (pp. 1 – 12). London: Routledge.

Ichilov, O. (Ed.) (1988). *Citizenship and citizenship education in a changing world*. London: Woburn Press.

Jones, A. (2002). Politics and history curriculum reform in post-Mao China. *International Journal of Educational Research*, 37, 545 – 566.

Jover, G. (2001). Philosophy of education in Spain at the threshold of the 21st century – origins, political contexts and prospects. *Studies in Philosophy and Education*, 20(4), 361 – 385.

Kohli, W. (Ed.) (1995). *Critical conversations in philosophy of education*. London: Routledge.

MacIntyre, A. (1998). Aquinas's critique of education: Against his own age, against ours. In A. Oksenberg Rorty (Ed.), *Philosophers on education. New historical perspectives*. (pp. 95 – 108). London: Routledge.

McLaughlin, T. H. (2000). Philosophy and educational policy. Possibilities, tensions and tasks. *Journal of Educational Policy*, 15(4), 441 – 457.

Marshall, J. D. (Ed.) (2000). Special Issue. Education and cultural difference. *Educational Philosophy and Theory*, 32(1).

Martin, T. J. (2003). Divergent ontologies with converging conclusions: A case study comparison of comparative methodologies, *Comparative Education*, 39(1), 105 – 117.

Masolo, D. A. (1997) African philosophy: An overview. In E. Deutsch & R. Bontekoe (Eds.), *A companion to world philosophies*. (pp. 63 – 77). Oxford: Blackwell.

May, S. & Aikman, S. (Eds) (2003). Special Issue. Indigenous education: new possibilities, ongoing constraints, *Comparative Education*, 39(2).

Mottahedeh, R. P. (1998). Traditional Shi'ite education in Qom. In A. Oksenberg Rorty (Ed.), Philosophers on education. *New historical perspectives*. (pp. 451 – 457). London: Routledge.

Ninnes, P., & Burnett, G. (2003). Comparative education research: Poststructuralist possibilities. *Comparative Education*, 39(3), 279 – 297.

Oksenberg Rorty, A. (1998a). The ruling history of education. In A. Oksenberg Rorty (Ed.), *Philosophers on education. New historical perspectives*. (pp. 1 – 13). London: Routledge.

Oksenberg Rorty, A. (Ed.) (1998b). *Philosophers on education. New historical perspectives*. London: Routledge.

Peters, R. S. (1966). *Ethics and education*. London: Allen & Unwin.

Peters, R. S. (1983). Philosophy of education. In P. H. Hirst (Ed.), *Educational theory and its foundation disciplines*. (pp. 30 – 61). London, Routledge and Kegan Paul.

Phillips, D. (2000). Learning from elsewhere in education: Some perennial problems re-visited with reference to British interest in Germany, *Comparative Education*, 36(3), 297 – 307.

Smart, N. (2000). *World philosophies*. London: Routledge.

Soltis, J. F. (1988). Perspectives on philosophy of education. In W. Hare & J. P. Portelli (Eds.), *Philosophy of education. Introductory readings*. (pp. 7 – 14). Calgary: Detselig Enterprises.

Tomiak, J. J. (2000). Polish education facing the twenty-first century: Dilemmas and difficulties. *Comparative Education*, 36(2), 177 – 186.

Weiming, T. (1997). Chinese philosophy: A synoptic view. In E. Deutsch & R. Bontekoe (Eds.), *A companion to world philosophies*. (pp. 3 – 23). Oxford: Blackwell.

White, J. (1987). The medical condition of philosophy of education. *Journal of Philosophy of Education*, 21(2), 155 – 162.

White, J. (1995). Problems of the philosophy of education. In T. Honderich (Ed.), *The Oxford companion to philosophy*. (pp. 216 – 219). Oxford: Oxford University Press.

White, J. (2003). Five critical stances towards liberal philosophy of education in Britain (with responses by Wilfred Carr, Richard Smith, Paul Standish and Terence H. McLaughlin). *Journal of Philosophy of*

Education，37(1)，147 - 184.

White，J.，& White，P. (2001). An analytic perspective on education and children's rights. In F. Heyting，D. Lenzen & J. White (Eds.)，*Methods in philosophy of education*. (pp. 13 - 29). London：Routledge.

Wilson，J. (1979). *Preface to the philosophy of education*. London：Routledge.

Yamashita，H.，& Williams，C. (2002). A vote for consensus：Democracy and difference in Japan. *Comparative Education*，38(3)，277 - 289.

第四部分

对比较教育未来的叩问

28. 比较之路：何去何从？

吉塔·斯坦纳-卡姆西(Gita Steiner-Khamsi)

美国比较教育的历史常常充满了一系列具有革命性的范式改变,这些变革从根本上修改和调整了学科的重点、方法和所涉及的地域范围(比如 Altbach, 1991)。一直到 20 世纪 60 年代,美国的比较教育都是牢牢立足于历史学科的,它醉心于对单一国家的研究,同时也关注了欧洲的教育体系。但是在过去 10 年结束的时候,该领域转变成了比较与国际教育,并拥有了一批具备不同学科背景、来自不同国家的具有国际化视野的研究者和实践者。其专业协会的名称也随之改变,从比较教育学会(CES)转变为比较与国际教育学会(CIES)。根据标准的阐释,历史的"正统"学科让路于涵盖不同的社会学科在内的"非正统"学科(Pauston, 1993)。当历史学科作为教育制度比较研究的唯一合法学科的基础地位被抛弃时,方法论的变革也将随之而来。对于一些学者来说,比较的单元逐渐从国家教育系统缩小为具有文化关联的教育场所或社群。对于另一些学者来说,比较研究的组成单元则变得更为广泛,因为研究不再狭隘地聚焦于北美和欧洲的跨国家比较,学术的好奇心和专业兴趣被重新引导至第三世界国家。在本文中,我将探讨在多案例研究和其他设计比较的研究类型在减少的同时却出现单个案例研究激增的现象。我还讨论了20 世纪 60 年代发生的发展转向①,并反思其对(比较与国际教育研究)方法论的影响。

发展转向

一直以来,人们都强烈地认为 60 年代发生的发展转向都是正向的。以文化为导向的美国比较与国际研究者们总结出来的这种总体评价值得推敲。确实,研究不再只关注欧洲,而是开始指向发展中国家;同时为了理解和赢得第三世界人民的心,美国的大学在语言和区域研究中也开创了伟大风格。因此,发展转向标志着区域研究在社会科学、人文科学和教育研究领域的兴起。正如在其他作品中所更加详细讨论的那样,发展和区域研究的出现是与冷战紧密联系在一起的(Steiner-Khamsi, 2006; Steiner-Khamsi & deJong-Lambert, 2006)。在 20 世纪 50 年代末和60 年代,美国比较教育开始走向全球化,不再仅仅关注欧洲,这与其说是出于对发展中国家的人民更大的敏感性,还不如说是与美国在全球范围内的干预有关。

很自然,发展转向导致在挑选研究目标国家时将注意力从高收入国家转移到低收入国家。此外,本文还将表明,发展转变也对方法论有相当大的影响。它对 50 年代晚期和 60 年代初的单个国家案例研究的推动十分明显:《国防教育法》(1958)和根据该法案第 6 条所设的外国语言和区域研究奖学金都为重点专注某个国家的单个案例研究提供了资金机会和其他经济激励措施。对单个地理区域的研究对于比较研究人员来讲不能说是非常新的课题。由于他们与历史学家的血缘关系,最早期的比较教育研究人员一直将自己看作区域专家,专注于特定区域的教育历史研究。然而,尽管他们专注于某个区域或背景,他们仍然进行比较。他们的分析体现在背景的比较中。然而,随着发展转变,形势也发生了变化。

回顾过去,比较教育疆域扩张最广的时期也是它方法论损失最大的时期:在 20 世纪 50 年

代和 60 年代,美国对发展中国家进行干预期间,比较教育的疆域得到了扩张。它不再局限于北美和欧洲,而是将与美国政府建立友好关系的或打算建立联系的所有国家都广纳进来。这些国家都是典型的低收入发展中国家。然而,仔细推敲可以发现,伴随着对发展中国家给予更多关注,比较却被打断了。这不是因其方法论上的局限性(例如,难以进行严谨的背景比较),而是因为沙文主义:我们能从一个发展阶段处于较低水平的国家借鉴些什么呢? 对马克思、列宁主义的比较教育而言,美国的"资产阶级教育"有什么意义呢? 反之亦然,发展中国家的教育对美国的比较教育又有何意义呢? 这些国家的教育被认为太差,不值得比较(参见 Steiner-Khamsi,2006)。随着 20 世纪 60 年代区域专家队伍的壮大和发展研究的繁荣,在《国防教育法》第 6 条和其他国际研究基金的资助下,美国比较与国际教育开始转向单一国家的质性研究,它在某种程度上失去了它的比较维度[①]。

我想引述哈罗德・诺亚对方法论的敏锐观察。他的评论很好地捕捉到了我自己对在 20 世纪 60 年代冷战时期出现并持续到现在的狭隘研究范式的批判:

> 显然,1970 年以后的 35 年里,我们看到(美国比较和国际教育领域)的组织有了惊人的增长。在此我对此不再评论,关于是否有了质的改善我不发表意见。当然肯定有所不同……从某种角度而言肯定有所不同,但从另一角度而言却又相同。和以前一样,仍然存在大量的单一国家的研究。而最大的问题总是:这是比较教育吗? 这些研究难道不能发表在那个国家的某个教育社会学期刊上、政治科学期刊上或者仅仅是教育研究期刊上吗? 为什么它们属于比较教育呢? 这个问题仍然让我困惑。(Noah,2006)

冷战遗产

发展转向于 20 世纪 50 年代末和 60 年代初初现端倪。这一时期包括美国在内的世界不同地区比较教育协会开始形成。这 10 年恰逢两个超级大国之间竞争最激烈的时期。两国在武器、科学技术方面的比拼空前激烈。对于美国的比较教育研究人员来说,苏联教育起初是崇拜的对象,然而在接下来的 20 年中,它成为所有美国教育不应当也决不想效仿的反面教材。1956 年在纽约大学召开的比较教育学会成立大会上,美国教育与苏联教育的比较成为重点关注对象[②]。在 1957 年人造卫星发射后,苏联教育成为重要的参考对象;而 1961 年尤里・加加林成为太空第一人后,苏联教育的重要地位再一次被强调。20 世纪 70 年代和 80 年代,在苏联政府垮台的同一时期,不同政见者提出要反对政治压迫,并发文谈及当时在社会主义国家普遍存在的"短缺经济"。

冷战的影响一直持续到现在,在美国比较与国际教育中的当代特征里能很明显地看到这一点。第一,发展与区域研究在美国比较教育和国际教育中占据主导地位。第二,美国比较教育非常关注与美国教育体系完全相反的教育系统的对比分析。在美国,苏联研究很快被日本研究取

---

① 需要记住的重要的一点是,比较教育向单一国家研究的转变不一定发生在其他国家和大陆。事实上,欧洲教育研究协会(EERA)的比较教育分会将所有缺乏明确的比较维度的摘要和介绍排除在外,并将其转移到欧洲教育研究协会的其他分会。在日内瓦召开的欧洲教育研究年会上(2006 年 9 月),关于只研究单一案例的报告是否属于比较教育领域的研究曾有一次热烈的讨论。

② 苏联教育是 1956 年会议上唯一一个特定领域的专题研究。所有其他主题都是与理论、方法或比较教育的概念有关(参见 Campisano,1988:35;Brickman,1966)。乔治・贝瑞迪(George Z. Bereday)应邀对美国与苏联的教育进行了比较(Bereday,1957)。其他三个主题由组织者威廉・布里克曼(William Brickman)安排,分别为:(1) 比较教育的理论基础;(2) 本研究领域主题的当前重要性;(3) 对比较教育的定义、目的和价值以及比较的概念和一般原则的审视。在会议的下半部分,与会者讨论了比较教育的实际应用。

代,随后,经过 10 多年的相对停滞,伊斯兰研究又取代了日本研究。对苏联、日本或阿拉伯世界——所有曾经被美国视为经济或政治存在威胁的地区——的教育实践研究都受到了极大的关注和政府资助。最后,值得注意的是美国比较教育研究人员很少把美国教育与世界其他地区的教育进行比较。英国是唯一被美国作为教育改革的"参考社会"(Schriewer et al.,1998),但也仅仅限制在以市场为导向的教育改革方面。对于美国的分析研究者来说,不存在跨国家的"政策吸引",除非这一政策改革正好来自英国。而与此形成鲜明对比的是其他国家的比较教育研究,它们通常热衷于观察、记录和出版那些具有可比性背景的国家的政策改革。

语言和区域研究

美国国会于 1958 年通过了《国防教育法》(NDEA)来提高教育质量(尤其是数学、科学和外语教学),并增加学生进入高等教育机构所需要贷款和奖学金的渠道。共有 10 个领域(对应法案的 10 条)被列为符合联邦资助的资格。在高等教育领域,这些新的领域分别是学生贷款(第 2 条)、国防奖学金(第 4 条)与语言和区域研究(第 6 条)。这些优先资助的项目开始于 1958 年,但是资助水平较低。[①]

仔细研究《国防教育法》1963 年的预算会发现它对社会主义国家尤其关注。在 20 世纪 60 年代早期,排名最靠前的外语是汉语和俄语。更确切地说,现代外语研究奖学金中有 16％用于汉语,13％用于俄罗斯;紧随其后的是阿拉伯语(11％)、日语(10％)、西班牙语(10％)以及其他语言。(Office of Education,1963:Figure 20)1958 年达成的美苏文化交流协定使得我们有可能窥探到铁幕后美苏之间所组织的研究访问或旅行。在 20 世纪 70 年代,政府对外国语言和区域研究的研究资金减少,这导致了对苏联和东欧语言研究兴趣的急剧下降。例如,在美国的大学中获得苏联和东欧研究博士学位的数量,在 1970—1979 年达到高峰(3598 个博士学位),但随后在 1980—1987 年之间下降了 60％(Atkinson,1988)。

虽然《国防教育法》的措辞很显然带有冷战特有的影响,但是大量的外语和区域研究——无论是否源自于社会主义国家——都受益于政府的资金注入。1958 年,美国教育委员会将 83 种语言指定为急需语言,并将其中的 6 种语言确定为第一优先发展语言:阿拉伯语、汉语、印地-乌尔都语、日语、葡萄牙语和俄语(1996 年《美国—拉丁美洲进步联盟》公布后还添加了西班牙语)。到 1962 年底,即在《国防教育法》实施 4 年后,在 83 种"关键语言"中,56 种语言得到了联邦政府的支持,并在高校中成立了 53 个区域和语言研究中心(Office of Education,1963)。

我认为对冷战期间和反恐战争期间的美国教育改革战略进行简要比较是恰当的。自 2006 年以来就一直存在一个争论话题——关于是否要制定新的国防教育法以作为赢得反恐战争的教育攻势。和当今一样,教育直接关系到国家安全和全球安全,且 1958 年《国防教育法》通过之后的 4 年中,联邦政府用于教育的支出增长了不止一倍(Senate of the United States,2006:2)。即使资金使用由教育部管理,为使法案通过,国会所使用的语言充斥着军事引发的焦虑,这些不安来自美国将在科学、技术和军备竞赛中失败的焦虑。如果我们将 20 世纪 50 年代末的美国教育措施与现在美国政府在反恐战争中所采取的教育措施进行比较,《国防教育法》的重要性就显而易见了。这样的比较并不牵强,因为许多政治评论家将"9·11"事件(2001 年)与苏联人造卫

---

① 2005 年,60 所大学拥有了管理外国语言研究和区域研究(《国防教育法》第 6 条)奖学金的资格。2005 年度的财政预算为 2 820 万美元,共有 926 个年度奖学金和 635 个夏季奖学金项目获得了资助。《国防教育法》第 6 条的国际教育计划仍然是联邦资助的最大来源,教育与国家和全球安全紧密相连。其次是 1 500 万美元的国土安全奖(创建于 2003 年)和 2005 年预算为 800 万美元的国家安全教育计划(Glenn,2005)。

星的发射(1957 年 10 月)相比。两个事件都被夸大为对国家的冲击,并引发了一系列的政府干预。在教育方面,两者之间的相似性是惊人的,这反映在 2005 年由小布什总统提出的《国家安全语言计划》①,以及 2006 年为了通过所谓的《新国防教育法》由美国大学协会支持的民主党参议员计划。然而,如果联邦政府像 1958 年对待《国防教育法》那样为了"国家安全"分配相同比例的资金,那么它将花费 4 到 5 亿美元,也就是《国防教育法》第 6 条和国土安全研究经费的 10 倍多(Brainard, 2005)。在这两个时期——冷战和反恐战争——为赢得"战争"而进行的公共支出是巨大的。然而,事实上,冷战期间分配给教育部门的资金比现在要高出 10 倍。

回到 20 世纪 60 年代 10 年间的发展研究,联邦政府对于高等教育支持力度的提升催生了一些非常有吸引力的激励措施,促进了区域研究的建立以及教育和社会科学的发展研究。事实上,大多数美国大学中的国际与比较教育、教育发展研究或国际教育政策研究的研究项目都是在这10 年里建立起来的。尽管这 10 年在 20 世纪 60 年代末已经结束,但是它完全改变了国际比较教育领域,它使这个领域远离了比较历史编纂学并且将注意力一方面转移到(去情境化的)跨国比较,另一方面转移到了不具比较性且高度情境化的单一国家研究。

对比分析

安德里亚斯·卡扎米亚斯(Andreas Kazamias)对 20 世纪 60 年代"比较教育的社会科学变形"(Kazamias, 2001: 440)进行了批判,因为它将比较教育转变成了一个非历史的,或者说在某种程度上非理论的探究领域。我想对卡扎米亚斯的观察进行一点补充:通过苏联研究和之后的日本研究的形式,20 世纪 60 年代早期的社会科学比较形成了最浅显的和去情境化的比较模式——对比分析。从方法论上来讲,对比分析应该被视为一种特定类型的比较。它们强调分歧和共性。比较案例分析研究的类型学有助于对比分析在比较方法论中的定位。

表 1 给出了比较案例分析研究在系统和结果方面的区别(Berg-Schlosser, 2002: 2430;也参见 Przeworski & Teune, 1970)。"系统"和"案例"这两个词我是互换使用的,因为在方法论上,案例是一个拥有自己的"因果网络"的有界系统(Tilly, 1997: 49),这个"因果网络"将案例/系统中的众多变量联系起来。表 1 对抽样决策尤其有用,因为它有助于使案例选择透明化。

表 1　比较案例研究分析

	最相似的系统/案例	最不同的系统/案例
最相似的结果	msS-msO	mdS-msO
最不同的结果	msS-mdO	mdS-mdO

在对比分析中,研究人员选择在各个方面,比如政治系统、教育系统或其他系统标准(mdS)中彼此"最不相同"的案例/系统,并希望能得出不同的结果(mdO)。表 1 中的第四个象限指的是对比研究设计(mdS-mdO);在这一设计中,为找到最不同的结果,需要检验最不一样的系统。

在冷战时期,苏联领域的研究满足了民众对理解为什么美国的太空和军备竞赛处于落后状态的需求。由此可知,它使得在教育研究领域从事对比分析(即主要在比较中识别差异性)变得

---

① 2002 年,美国陆军报告提到"在 6 种关键语言中,有 5 种语言严重缺少笔译和口译人员"(Senate of the United States, 2006: 3):阿拉伯语、韩语、汉语、波斯语和俄语。国家安全语言计划预计到 2009 年,通过为美国军队、情报部门和政府办公室创造 2 000 个"关键语言人员"岗来补救这一局面(Liebowitz, 2006: B29)。

可行。最终两个两极化的体系形成了：苏联教育被描绘成一个依赖于政治教化的系统，而美国可能是一个培养学生批判性思维的教育体系。类似的二元结构可以列得很长。这里需提到另一个错误的二分法：苏联教育系统以牺牲教育质量为代价，更强调教育的普及性。这被认为是典型的社会主义，如全面和免费的教育，这对后社会主义地区当前的改革带来了灾难性的影响（见Steiner-Khamsi & Stolpe，2006）。正如一些评论家（如 Foster，1998）所注意到的那样，对苏联领域的研究骤减并几乎在一夜之间被日本研究所取代。对日本的研究所采用的新方法产生了大量对美国教育和日本教育的对比研究。

与在它之前的苏联研究一样（见 Noah，2006），日本研究也是平民主义的，它以惊人的速度传播了关于教育的广泛的概述和夸张的陈述。此外——正如威廉·卡明斯（William Cummings，1989）通过乔瑟夫·托宾（Joseph Tobin）创造的词语指出的那样——美国研究人员倾向于使用"是的，但是"的方式，该方法在承认其他教育系统的成功之处的同时，认为"这些成功的代价太高，美国人不愿意支付如此高昂的代价"（Cummings，1989：296）。对日本教育夸张的陈述或神话还包括：反向的社会化范式（对童年的放纵，在青春期和成年早期建立行为规范）、为了民族和国家的教育、母亲教育（十分关注孩子教育的母亲）①、死记硬背的学校学习、竞争和自杀、精英高等教育以及社会不平等。由于亚洲的经济危机，日本教育系统对美国的吸引力迅速消失。很快，"谨慎承认日本教育的优势"的态度（Cummings，1989：298）从美国消失。日本的教育系统从圣坛上摔了下来，美国的观察家们开始大量使用关于日本的补习学校、学生自杀和教师职业倦怠的研究文献。批评家们也开始在日本研究领域出现。在日本，在千禧之年出现了关于危机的讨论，并被用来证明基础改革的需要，如在 2002 年实施的影响深远的课程改革（Tsuneyoshi，2004）。

对跨国家政策的淡漠

并非只有威廉·卡明斯一个人观察到了美国对其他国家的教育改革不感兴趣：

> 美国对外国教育系统从来就没有什么兴趣，而且随着美国繁荣发展到国际领先的地位，这种兴趣似乎也在直线下降：毕竟，世界能交给美国什么呢？（Cummings，1989：294）

卡明斯在 1989 年发表了这一观察，与此同时，苏联和它的社会主义盟国解体并进入了一个新时代的黎明。美国政策分析家在全球的立场比之前还要更加鲜明。美国比较教育研究的孤立状态或"自我指涉"成为美国教育改革的主要决策模式，这是相对较新的一种现象（Luhmann，1990；Schriewer，1990；亦见 Steiner-Khamsi，2004）。从历史上看，美国对于其他国家（特别是欧洲）的教育制度最有兴趣的时期是在 19 世纪下半叶和 20 世纪初。考虑到美国比较教育这段特别的时期，哈罗德·诺阿（Harold Noah）和麦克斯·埃克斯坦（Max Eckstein，1969：3）认为这段教育借鉴时期——"当时从国外实践中学习的渴望是主要动机"——是比较教育发展的第二阶段②。与之相仿，盖尔·P. 凯利（Gail P. Kelly）指出比较教育历史上的这一时期是"绅士们四处巡游，并

---

① 这是对日本母亲的一种刻板描述，来源于一部同名电影，意指日本的一些母亲没有工作，全职投入对孩子的教育。——译者注

② 诺亚和埃克斯坦（Noah & Eckstein，1969）定义了比较教育发展的 5 个阶段（1）旅行者的故事；（2）教育借鉴；（3）国际教育合作；（4）对社会和学校教育的研究，包括国民特质研究；（5）比较教育社会学基础。诺亚和埃克斯坦认为比较教育早期对哲学和历史研究的关注已经被社会科学所取代，特别是他们热情推广比较教育研究中的量化研究方法，因而备受指责。他们的 5 个阶段的历史记载与其他学者所说的一致。或许，他们对定量研究的巨大潜力的热情应该更谨慎，但——尽管与某些人的断言相反（Masemann，2006；亦见 Steiner-Khamsi，2006：第 12 条注释）——毫无疑问历史和哲学是美国和欧洲早期比较教育研究和其他任何教育研究的基础。

写下国家之间差异”的时期(Kelly，1992：14)。

　　大卫·菲利普斯(David Phillips)创造了“跨国政策吸引力”(Phillips，2004；Ertl，2006)一词，从历史的角度捕捉到了在相当长的一段时间内英国对德国教育系统的兴趣。这种解释性框架有助于理解，为何一个教育系统的政策分析家对于某一教育系统中的教育制度、改革策略和其他机构的特点持续关注。然而，美国政策分析家则完全不同：他们对其他国家的经验漠不关心。似乎没有其他的教育系统和其他的经验教训可以借鉴，这些经验教训对于(美国)国内政策发展也没有指导性意义。当然也有例外，如英国对美国跨国政策的吸引力确实存在，但美国政策分析家肯定没有一个非常推崇的政策。但是在其他国家，跨国政策的吸引力是常态，而不是例外。例如，在 PISA 的结果发布后的最初几年，大量政策分析家从世界各地来到芬兰探索在语文素养方面芬兰学生获得杰出成就的原因。

情境化的比较所面临的挑战

　　随着 20 世纪 80 年代社会科学领域内普遍的文化转向，情境化的比较——或者说抛弃对比分析——在比较教育中被重新发现。在 20 世纪 80 年代，社会人类学和历史研究的发展的联系越发紧密，从范式的角度全被视为“同胞兄弟”而非“表兄弟”，这对社会科学、教育研究和比较教育研究的方法讨论都产生了积极影响。他们不仅使国别教育系统的焦点转向其他分析单元(教室、学校、社区、地区、世界)，还要求教育系统研究使用更多的解释学方法，其潜台词是，需要对文化和历史语境给予更多关注。由此推理，单一国家研究或案例研究为他们提供了一种研究方法工具；其中从教室到全球的所有分析单元相互交织，此外，还可以获得不同分析单元或分析层次之间的因果关系。

　　我认为文化转向在比较教育领域的主导地位是以牺牲其他的定量和混合的比较研究方法为代价的。如今，质性的个案研究或单一的国家研究是美国比较与国际教育中最常用的研究方法流派。在此要重申哈罗德·诺亚之前提到的观点(Noah，2006)：“为什么这种(研究)是比较教育?”从原则上来说，单一国家的研究可以做出很出色的比较研究。然而，在仔细审视之后，大多数发表在比较与国际教育系列期刊上的单一国家研究并不是比较研究。尤其是那些尽量避免使用以下三种可能的比较类型之中的任何一种的案例研究：历时比较(历史性分析)、空间比较(跨文化或跨维度分析)或跨社会认同的标准的比较(例如，OECD/IED 类型的研究)。毋庸置疑，跨国比较只是若干比较方法之一。直到 20 世纪 60 年代，比较教育的一种比较常用的方法是比较性的历史图像学，即对“外国”的教育进行较长时间的分析和比较。尽管这对更多跨维度的分析提出了要求(Bray & Thomas，1995)，却很少在研究中付诸实际行动。在两种情况下，我把案例研究看作政策分析的一个非常强大的工具：研究者必须明确定义该案例(该案例代表什么?)以及研究人员需要能够通过调查各种行为者、议程、政策水平和教育实践之间的联系，从而对该案例构建出令人信服的因果缘由(Tilly，1997：5)。因此，一个案例研究必须被看作基于小样本(数量少)和多变量的深度描述(Ragin，1997)。

　　例如，在对蒙古教育输入的案例研究中(Steiner-Khamsi & Stolpe，2006)，我们不得不认真对待案例研究的“模糊性”(Bassey，2001：6；亦见 Hammersly，2001；Pratt，2003)。预测的不确定性和案例研究必须扎根的情境信息密切相关。即使我们时常把其他情境中的观察添加进去，但是我们发现我们的大多数结论都是深深植根于蒙古教育改革的情境之中的。案例研究的模糊性既是方法论的弱点，也是它的长处。导致模糊性的原因是展开问题时它所表现出的复杂性(许多变量)，我们需要关注这一背景下不同的行动者、议程、分析单位和实践。例如在蒙古的案例研究中，我们一直使用三个分析单位，分别对应于三种不同的政策水平（政策讨论、行动、执行）；执行者、议程和不同的实践在本书中的每篇文章中的名称都不尽相同，由于名单篇幅过长，在此不再赘述（Steiner-Khamsi & Stolpe, 2006）。

严谨的比较研究或"情景化的比较"通常来源于案例的特有的信息，也源自与其他案例的比较。然而，我观察到的问题是，许多研究只做单个的研究。也就是说，他们要么集中在一个案例——而且是高度情景化的案例——但缺乏广泛的参考框架或视角，并且常常因为研究者（过度）强调情境的差异而拒绝进行比较。或者，他们在有些案例中对变化的描述非常准确，却错过了每个案例的重要细节。这些方法上的差异不仅仅只是细微差异，因为它们依据的研究方法和视角的不同产生了不一样的理论。例如，在关于是否存在单一的（国际）学校模式的国际趋同现象的学术辩论中，方法论的考虑能够帮助学者决定是否认同由全球化带来的国际教育趋同现象。

全球化通常被视为消除辖域化的行动（Appadurai, 1990）。类似地，全球化研究调查金钱、沟通、信仰的跨国流动，或者和比较教育研究一样——研究教育改革从一种文化情境迁移到另一个的进程。作为全球化研究的学生，我们可以借鉴比较教育领域的既定传统，调查研究从某一情境到另一情境的政策借鉴和输出，这同时也意味着研究跨国或全球现象。在比较教育这一关键的研究领域，社会科学中的文化转向（更具体来说是对应于比较教育的发展转向）对跨国政策借鉴/输出或教育全球化研究有巨大的反响。我们今天看到的是比较借鉴/输出研究的分叉点：其中一个分支以跨国比较为特征，另一个分支强调文化或地方背景。在这个双重空间，一批学者——与新制度社会学相关——的研究试图辨识国家教育系统、信仰和实践长期变化的趋同性（Meyer & Ramirez, 2000; Ramirez, 2003; Baker & Le Tendre, 2005; Kamens & Benavot, 2006）；与此截然相反的是另一组代表特定的文化人类学导向的研究者，他们从事单一国家的研究，强调全球或"外部"势力被重新解释和改造以适用于本土，因此对本土结构、信仰和实践的影响有限（Anderson-Levitt, 2003）。

虽然两个阵营——新制度主义社会学家和反新制度主义文化人类学家——之间的分歧引发了对这两种解释框架的优点和缺点的激烈辩论，但我们仍缺乏对方法论条件和学科盲点的讨论。安德森-莱维特（Anderson-Levitt）的书中所提到的单个案例研究从人类学角度对新制度主义世界文化理论进行了批评。在她主编的论文集中（Anderson-Levitt, 2003），9个案例研究毫无例外都反映了教育的外源性影响（全球力量）如何在特定的社会环境中得到解释（地方范围）。正如书名所示，个案研究的作者调查了"当地含义"的愿景和"全球学校教育"的压力，并找到了一个多重的（本地）含义。他们的批判性想法正是建立在这一发现上的，并以此公开谴责世界文化理论早前断言的全球化的趋同影响。作者们提出，即使择校权、以学生为中心的学习方法、以结果为导向的教育理念以及学校市场化等都实现了全球化，但它们既没有取代现已存在的模式，而且在不同的文化情境中，它们的意义也不一样。例如，由于各种原因，由美国传教士在坦桑尼亚推进的教学语言的选择（Stambach, 2003）和加利福尼亚家长教师联谊会（PTA）在数学教学方法上所争取的选择是完全不同的"事"（Rosen, 2003）。这些差异对安德森-莱维特主编的论文集中的作者们而言意义重大，因为这些差异表明，某个特定社会中的个人对于全球改革模式在他们自己的文化背景里的意义有自己的共同理解。他们批评持对立观点的人——世界文化理论和新制度主义社会学的学者，认为他们只是浅显地对待全球的教育模式而没有进入深度思考，也未能研究它们在社区层面有何不同表现。更直白地说，世界文化理论家似乎错误地认为存在所谓的"商标剽窃"，将择校权、以结果为导向的教育、以学生为中心的学习方法等理念从世界的一个地方推广到另一处，作为预见教育国际趋同的征兆。

相比较而言，新制度主义或世界文化理论承认全球教育模式的本土"差异性"（Ramirez,

2003：247），但是把它们仅仅看作官方政策和所实施的政策之间“松散耦合”的表现，或将其看作一种促进差异性和多样性的世界文化的组成部分。对比较社会学家而言，他们对完全同样的学校改革——比如择校权——在不同的情境中如何解释和实施以及为何做出这样的解释和实施不感兴趣。对他们而言，理解系统层面的变化趋势不会有什么结果。来自世界不同地方的决策者以“进步”和“正义”的名义为择校权、教育券、教育私人化以及其他一系列新自由主义改革进行辩护，这一事实只能再次证实他们的教育国际趋同理论。

　　人类学的研究有很多地方可以用来帮助了解全球化如何在社区中发挥作用。他们的方法论工具可以用于了解“全球化”对于群体和社区意味着什么：为什么有人对“它”赞成而有人反对？人们如何根据文化背景对“它”进行调整与修正？通过分析本土力量和全球力量的碰撞，我们对具体文化情境的理解多于对全球化的理解。相反，对全球或“彼处”的定义（Anderson-Levitt，2003：17）不是人类学研究的强项。事实上，在安德森·莱维特主编的论文集（2003）收录的案例研究中，外部压力或全球化（在“彼处”）是在“此处”。这些是我在此书中注意到的一些解释：作者要么认为全球化表现在新自由主义改革（择校权、经济效益项目）中以拟人化的手段看作特定群体中的局外人（以色列的俄罗斯移民、坦桑尼亚的美国传教士等），要么如果其他所有从本地情境中抽取全球要素的方法都不奏效，便只采用简单的减法（把本地情境中现存的残余建构成全球性的），这样做的风险是不得不关注任何新生事物。然而，并不是所有的“外部世界”（Anderson-Levitt，2003：55）都可被称为全球的。因为准确地说全球更多情况下“就在这里”，所以一些人类学家指出空间决定论或“本土”概念的价值有限（例如 Camaroff & Camaroff，2001），同时他们承认跨国发展的各种差距（Appadurai，1990）。这另一组人类学家迫使我们明确地解决全球和地方的、外部和内部的模糊界限并将两个空间的重叠部分作为研究对象。

　　探讨全球化对教育的影响的努力比它表面上看起来的更具野心。最大的挑战是要避免陷入这一误区：首先建立国家边界，而这只是为了说明这之后这些界限确实已经被超越。如果一个改革没有本土基础、地区基础或民族基础，那它就不“属于”一个特定的教育系统。依靠他们在地理上和制度上所处的位置以及他们与世界联系的程度，个人因此来构想改革并成功地让自己的想法传播到全世界。因此，对于比较研究的一个重要问题是：为什么政策制定者和分析家会提到全球化，即通过指向其他国家的教育改革来产生改革的压力？

真正理解比较的比较学者

　　通过我对方法论观察所进行的总结，我强调了一些之前提到的比较方面的挑战。20 世纪 50 年代末和 60 年代初的发展转向强化了比较教育研究中已经存在的一种倾向：高度重视情境（文化、历史、语言等），除非有情境极为相似的案例，否则就不愿进行比较。正如诺亚（2006）所提到的那样，美国比较与国际教育学会期刊（《比较教育评论》）的大多数文章都是单个国家的研究。真正做比较研究的作者则需要冒着被批评为对文化不敏感或从事非情境化比较的风险。

　　鉴于对待比较的谨慎态度，可比性的问题具有重大意义。当然，没有任何事物本身是具备可比性的（Tilly，1998；Ragin，1997），除非研究者确定某一共性，或更准确地说，构建一个针对两个及以上案例/背景能够进行比较的特定的维度，否则比较是行不通的。建立“第三者标准”，即构建、证明和应用某个概念，在这个概念框架内，两个或两个以上的教育系统能够相比较，已经成为一个比较研究者关注的焦点之一。“第三者标准”随着时间而变化。从历史的角度来看，“文明”“现代化”“发展”和“民主”（这里只列举出北美比较教育研究所使用的主要概念），都作为一种解释框架或“第三者标准”来证明跨情境和案例比较研究或者早前的跨国家教育系统的比较教育研究。早期的研究者,如萨德勒(Sadler)和坎德尔(Kandel),运用文明理论构造可比性。处于同一"文明"发展阶段的群体、民族或国家被认为是具有可比性的(Steiner Khamsi, 2002；Welch, 2000)。19世纪新形成的民族国家被认为处于同等(高)级的文明,因此,教育模式的跨大西洋转移也是合理的。同样,20世纪初的美国和英国的研究人员认为非洲裔美国人、印第安人和非洲人(以及后来的所有英帝国殖民地人民)都被认为是在相同(低)阶段的文明。由于这些群体被认为是有可比性的,因此,教育模式从一个大陆(北美)转移到另一个大陆(非洲)在方法上和道义上也是允许的。20世纪20年代从汉普顿和塔斯基吉(美国南部的种族隔离学校)移植到阿奇莫塔(殖民地加纳)的"适应教育"①便是一个典型的例子(Steiner-Khamsi & Quist, 2000)。

有必要对比较的历史图像进行梳理,来解释说明可比性概念的变化。随着20世纪80年代和90年代的指标研究的激增,发展概念多用可测量的量化术语(HDI、GDP、GNP等)来表达。诚然,发展的量化趋势使得比较更轻而易举地获得了正当性。与理论概念相比,从0("不发达")到1("发达")的系数更能够掩盖阶段模型假设②。同时,我们需要积极地承认,大量的关于发展的指标清楚地表明发展的定义已经变得多元化。即使每一个国际组织都在发展与它们相关的阶段模型(例如,发展银行的经济规模、联合国儿童基金会的儿童和妇女权利、国际透明度组织的链接指数等),但是我们仍然对每一个国际组织建立的有关发展和其他指标的数据银行如何积极地建设"发展"或"欠发达"做出贡献缺乏批判性的反思。

如前所述,我们在过去20多年里越来越怀疑跨国和跨情境比较的地位和目的(Steiner-Khamsi, Torney-Purta & Schwille, 2002)。对大规模的国家比较的攻讦不是单一事件。此外,这些攻讦不仅仅是来自文化人类学家。正如围绕世界文化理论的争论所表明的那样,这些攻讦也没有专门针对社会学家。然而,这些攻讦忽视了一些同时关注情境和比较的比较研究者。例如,查尔斯·蒂利(Charles Tilly)强调了对国家内部和国家间的相互作用同时进行审视的必要性,这不仅反映在他被广泛阅读的、关于民族国家(或"民族的国家",参考他的标注)和公民的历史分析的著作中,也反映在他对比较社会学和历史的方法学贡献上。他提醒研究者在比较研究中探讨存在于每个案例或情境中的"因果故事",这些"因果故事"依赖于"不同的因果关系链"(Tilly, 1997b：50)。举一个具体的例子,他在20世纪90年代初的关于若干欧洲"变革状况"的比较和他对这些中东欧国家政治"结果"的讨论,写成将跨国家比较和语境分析相结合的方法论著作之一。对于比较教育政策研究领域,蒂利的方法论有助于我们理解:在特定的情境下,为何某一政策压过其他方案被选中？外部因素又以何种方式影响并融入当地政治系统中？

在比较教育研究领域,推动情境比较的学者们研究成果相当丰富。这一群体在比较教育的传统研究领域——国家间政策的借鉴和输出——为世人所知。尤根·施瑞尔(Jürgen Schriewer)和他的同事们的研究扎根于系统理论(Luhmann, 1990),他们认为应当研究当地具体的情境以理解该情境外化的"社会逻辑"(Schriewer & Martinez, 2004：33)。根据这一理论,参照其他教育系统的作用是将其作为实施改革的杠杆,如果没有外部参考,这些改革很有可能受到质疑。施瑞尔和马丁内斯(Martinez)还发现系统的"社会逻辑"具有启示性的一点:只有某些特定的教育系统被用作外部权威的来源。哪些系统被当作"参考社会"可以告诉我们各种世界体系内的参与者之间的相互关系。我发现"外化"这个概念对比较政策研究十分有用,因为它使我们了解"全球力量"有时是如何被引导来催生国家内部发展改革的(Steiner Khamsi, 2004)。我发现在政策论争

---

① 适应教育是指适应儿童发展水平的教育,尤指适应残疾儿童身心特征的教育。——译者注
② 发展的阶段模型假设：将发展看成是非连续的,在前后不同的发展阶段,发展具有质的差异。——译者注

激烈的时候正是对其他教育系统、宽泛意义上的"国际教育标准"或全球化进行参考的时候。因此我认为话语性或是事实性的国家间政策借鉴对国内政策讨论有确定的影响。梳理当地和全球之间的关系需要一个双重聚焦，使我们能够细致地在各种政策水平上进行本土情境的研究，同时对特定案例以及和它有相似或不同的政策结果的其他案例进行比较。从迈克尔·萨德勒到布莱恩·霍尔姆斯再到罗伯特·考恩，一代又一代的比较学者们都警告和反对在脱离情境的前提下进行教育分析以及用盲目推进国家间政策借鉴的方式进行比较。考恩（Cowen，2000）重申了萨德勒百年前提出的那个经典问题："我们可以从国外教育系统的研究中学到什么？"考恩指出，在实践中，教育系统的比较研究推动了"货物崇拜"[①]，即把跨国界的教育模式作为货物一股脑地输入和输出。考恩是比较研究者中越来越多的、坚信需要考虑情境的研究人员中的一员。这群研究人员试图对那些不理解比较却在从事比较研究的人以及那些理解比较却不去从事比较研究的人提出挑战。

参考文献

Altbach，P. G. (1991). Trends in comparative education. *Comparative Education Review*，35（3），491 - 507.

Anderson-Levitt，K. (ed.) (2003). *Local meanings，global schooling. Anthropology and world culture theory*. New York：Palgrave Macmillan.

Appadurai，A. (1990). Disjuncture and difference in the global cultural economy. In M. Featherstone (Ed.)，*Global culture* (pp. 295 - 310). London：Sage.

Atkinson，D. (1988). Soviet and East European studies in the United States. *Slavic Review*，47（3），397 - 413.

Baker，D. P.，& LeTendre，G. K. (2005). *National differences，global similarities. World culture and the future of schooling*. Stanford：Stanford University Press.

Bassey，M. (2001). A solution to the problem of generalization in educational research：Fuzzy predictions. *Oxford Review of Education*，27（1），5 - 22.

Bereday，G. Z. F. (1957). American and Soviet scientific potential. *Social Problems*，4（3），208 - 219.

Berg-Schlosser，D. (2002). Comparative studies：method and design. *International encyclopedia of the social and behavioural sciences*，no. 4 (pp. 2427 - 2433). Amsterdam：Elsevier.

Brainard，J. (2005). Defense Department hopes to revive Sputnik-era science-education program. *Chronicle of Higher Education*，51（36），A18.

Bray，M.，& Thomas，R. M. (1995). Levels of comparison in educational studies：Different insights from different literatures and the value of multilevel analyses. *Harvard Educational Review*，65（3），472 - 490.

Brickman，W. W. (1966). Ten years of the Comparative Education Society. *Comparative Education Review*，10（1），4 - 15.

Camaroff，J.，& Camaroff，J. L. (2001). Millennial capitalism：First thoughts on a second coming. In J. Camaroff & J. L. Camaroff (Eds.)，*Millennial capitalism and the culture of neoliberalism* (pp. 1 - 56). Durham，NC：Duke University Press.

Campisano，C. J. (1988). *The Comparative Education Review: Thirty years of scholarship*. Ed. D. dissertation. New York：Teachers College，Columbia University.

Cowen，R. (2000). Comparing futures or comparing pasts? *Comparative Education*，36（3），333 - 342.

[①]　货物崇拜是西南太平洋土著社会的一种宗教形式。货物崇拜者相信神祇会与货船或飞机一同归来，提供他们所需的物品。——译者注

Cummings, W. K. (1989). The American perception of Japanese education. *Comparative Education*, 25 (3), 293 – 302.

Ertl, H. (2006). *Cross-national attraction in education. Accounts from England and Germany.* Oxford: Symposium.

Foster, P. (1998). Foreword. In H. J. Noah & M. A. Eckstein. *Doing comparative education: Three decades of collaboration* (pp. 1 – 8). Hong Kong: CERC Studies in Comparative Education.

Glenn, D. (2005). Cloak and classroom. Many social scientists say a new government program will turn fieldwork abroad into spying. Can secrecy coexist with academic openness? *Chronicle of Higher Education*, 51 (29), A14.

Hammersley, M. (2001). On Michael Bassey's concept of the fuzzy generalization. *Oxford Review of Education*, 27(2), 219 – 225.

Holmes, B. (1981). *Comparative education: Some considerations of method.* London: Allen & Unwin.

Kamens, D. H., & Benavot, A. (2006). World models of secondary education, 1960 – 2000. In A. Benavot & C. Braslavsky (Eds.), *School knowledge in comparative and historical perspective. Changing curricula in primary and secondary education* (pp. 135 – 154). Hong Kong: Comparative Education Research Centre, University of Hong & Springer.

Kazamias, A. (2001). Re-inventing the Historical in Comparative Education: reflections on a *protean episteme* by a contemporary player. *Comparative Education*, 37(4), 439 – 449.

Kelly, G. P. (1992). Debates and trends in comparative education. In R. F. Arnove, P. G. Altbach & G. P. Kelly (Eds.), *Emergent Issues in Education: Comparative Perspectives.* Albany: State University of New York Press.

Liebowitz, R. D. (2006). What America must do to achieve competence. *Chronicle of Higher Education*, 52(29), B29.

Luhmann, N. (1990). *Essays on self-reference.* New York: Columbia University Press.

Masemann, V. (2006). Afterword. *Current Issues in Comparative Education*, 8(2), 104 – 111.

Meyer, J. W., & Ramirez, F. O. (2000). The world institutionalization of education. In J. Schriewer (Ed.), *Discourse formation in comparative education* (pp. 111 – 132). Frankfurt/M: Lang.

Noah, H. J. (2006). Video-recorded interview. In G. Steiner-Khamsi & E. M. Johnson, producers, *Comparatively speaking· The first 50 years of the Comparative and International Education Society.* New York: Teachers College, Columbia University and CIES.

Noah, H. J., & Eckstein, M. A. (1969). *Towards a science of comparative education.* New York: Macmillan.

Office of Education (1963). *Report on the National Defense Education Act. Fiscal year 1963.* Washington, D.C.: US Department of Health, Education, and Welfare, Office of Education.

Paulston, R. G. (1993). Mapping discourse in comparative education. *Compare*, 23(2), 101 – 114.

Phillips, D. (2004). Toward a theory of policy attraction in education. In G. Steiner-Khamsi (Ed.), *The global politics of educational borrowing and lending* (pp. 54 – 67). New York: Teachers College Press.

Pratt, N. (2003). On Martyn Hammersley's critique of Bassey's concept of the fuzzy generalization. *Oxford Review of Education*, 29(1), 27 – 32.

Przeworski, A., & Teune, H. (1970). *The logic of comparative social inquiry.* New York: Wiley.

Ragin, C. C. (1997). Turning the tables: How case-oriented research challenges variable-oriented research. *Comparative Social Research*, 16, 27 – 42.

Ramirez, F. P. (2003). The global model and national legacies. In K. Anderson-Levitt (Ed.), *Local meanings, global schooling. Anthropology and world culture theory* (pp. 239 – 254). New York: Palgrave Macmillan.

Rosen, L. (2003). The politics of identity and the marketization of U. S. schools: How local meanings mediate global struggles. In K. Anderson-Levitt (Ed.), *Local meanings*, *global schooling. Anthropology and world culture theory* (pp. 161 - 182). New York: Palgrave Macmillan.

Schriewer, J. (1990). The method of comparison and the need for externalization: Methodological criteria and sociological concepts. In J. Schriewer (Ed.), in cooperation with B. Holmes, *Theories and methods in comparative education* (pp. 25 - 83). Frankfurt/M, Germany: Lang.

Schriewer, J., & Martinez, C. (2004). Constructions of internationality in education. In G. Steiner-Khamsi (Ed.), *The global politics of educational borrowing and lending* (pp. 29 - 53). New York: Teachers College Press.

Schriewer, J., Henze, J., Wichmann, J., Knost, P., Barucha, S., & Taubert, J. (1998). Konstruktion von Internationaliltät: Referenzhorizonte pädagogischen wissens im wandel gesellschaftlicher systeme (Spanien, Sowjetunion/Russland, China). [The construction of internationality: Reference horizonsof educational knowledge and social change]. In H. Kaelble & J. Schriewer (Eds.), *Gesellschaften im Vergleich. Forschungen aus Sozial- und Geschichtswissenschaften* (pp. 151 - 258). Frankfurt/M: Lang.

Senate of the United States (2006). *New National Defense Education Act of 2006*. Session of the Senate of the United States, 13 June 2006. Accessed 2 July 2006: http://www.govtrack.us/congress.

Stambach, A. (2003). World-cultural and anthropological interpretations of "choice programming" in Tanzania. In K. Anderson-Levitt (Ed.), *Local meanings*, *global schooling. Anthropology and world culture theory* (pp. 141 - 160). New York: Palgrave Macmillan.

Steiner-Khamsi, G. (2002). Re-framing educational borrowing as a policy strategy. In M. Caruso & H.-E. Tenorth (Eds.), *Internationalisierung - Internationalisation* (pp. 57 - 89). Frankfurt/M: Lang.

Steiner-Khamsi, G. (2004). Conclusion. Blazing a trail for policy theory and practice. In G. Steiner-Khams (Ed.), *The global politics of educational borrowing and lending* (pp. 201 - 220). New York: Teachers College Press.

Steiner-Khamsi, G. (2006). The development turn in comparative education. *European Education*, *38*(3), 19 - 47.

Steiner-Khamsi, G. & deJong-Lambert, W. (2006). The international race over the patronage of the South: Comparative and international education in Eastern Europe and the United States. *Current Issues in Comparative Education*, *8*(2), 84 - 94.

Steiner-Khamsi, G. & Quist, H. O. (2000). The politics of educational borrowing: Reopening the case of Achimota in British Ghana. *Comparative Education Review*, *44*(3), 272 - 299.

Steiner-Khamsi, G. & Stolpe, I. (2006). *Educational import. Local encounter with global forces in Mongolia*. New York: Palgrave Macmillan.

Steiner-Khamsi, G., Torney-Purta, J., & Schwille, J. (2002). Introduction. Issues and insights in crossnational analysis of qualitative studies. In Steiner-Khamsi, G., Torney-Purta, J. & Schwille, J. (Eds.), *New paradigms and recurring paradoxes in education for citizenship: An international comparison* (pp. 1 - 36). Oxford: Elsevier.

Tilly, C. (1997). Means and ends of comparison in macrosociology. *Comparative Social Research*, *16*, 43 - 53.

Tilly, C. (1998). Micro, macro, and megrim. In J. Schlumbohm (Ed.), *Mikrogeschichte - Makrogeschichte: komplementär oder inkommensurabel?* (pp. 34 - 51). Göttingen: Wallstein. Tsuneyoshi, R. (2004). The new Japanese educational reforms and the achievement "crisis" debate. *Educational Policy*, *18*(2), 364 - 394.

Welch, A. (2000). New times, hard times: Re-reading comparative education in an age of discontent. In J. Schriewer (Ed.), *Discourse formation in comparative education* (pp. 189 - 225). Frankfurt/M: Lang.

29. 数字技术和教育：情境、教学法和社会关系

安德鲁·布朗（Andrew Brown）

引　言

　　数字技术,尤其是信息和通信技术,频繁而又间接地出现在当代比较教育研究中。实现迅速的国际交流和联络的能力,通常被认为是全球化过程中的一个促进因素,或更普遍地作为当代社会形成的重要组成部分,无论它们被认为是后现代的、现代晚期的、后工业化的、以知识为中心的或其他的变化形式。然而,对于这些技术本身的特点和使用却很少得到持续的关注。这是一个遗憾,因为缺乏批判性的审视可能会使我们接受一些令人质疑的假设——数字技术是什么？它能为教育和社会做些什么？

　　人们太容易受到乌托邦幻想的吸引,例如,把虚拟世界当作新的前沿阵地,在这里可以抛弃物质约束和现实压迫来创建新的数字民主,并对被剥夺权利者和被边缘化的群体敞开机会。虚拟反乌托邦对这一点的补充,即潜在的不受约束的社会道德和文化腐败,也同样容易预想和描述。比较的视角(在定义上以活动为基础)将谨慎对待数字技术的使用并防止陷入任何一个单一的视角。作为一项活动,比较要求差异、多样性和对话；作为一项学术活动,比较需要阐释、理解和理论发展。然而,与数字技术相关的比较性的学术研究仍十分欠缺。

　　缺乏对数字技术的特定关注也导致了比较教育失去进一步发展的机会。对此,考恩论述道：

　　　　被称作比较教育的学术研究领域必须经常处理由情境(地方、教育现象的社会隐含性)和转移(教育思想、政策和实践从一个地方迁移到另一个地方,通常是跨国的)的概念以及二者之间的关系所带来的学术问题。(Cowen,2006：561)

　　数字技术和教育的学术研究提供了大量的机会来探索教育和文化实践中的教学法、社会和文化动态,并提供了不断扩展的将科学技术与实践从一种背景迁移到另一种背景的案例集。最重要的是,它提供了丰富的机会来探索重新情境化的影响,不只是因为将技术和相关实践从一种背景转移到另一种背景,也因为技术本身作为知识转移的渠道,将个体和团体以及他们的教育、文化和社会实践结合在一起。鉴于此,在本文中我没有概括地讨论数字技术对本土和全球的影响,而是界定了几个维度,并且探讨了在一系列背景下运用数字技术的一些具体的实例。

　　在计划和编写《2004年世界教育年鉴》(Brown & Davis,2004)时(该书讨论的主题是数字技术、社区和教育),我和尼基·戴维斯(Niki Davis)侧重于个体和团体在各种情境下对数字技术的使用,这些情境不仅包含他们自己的学习也包含学习型社区和网络的创建。在本文中,我们采用数字技术的广义概念——不仅包括数字产品的生产和操作,如数字视频和音频,还包括数字通信技术和媒体,如互联网和移动电话,这标志着数字生产和分配的集中。我们也探索了广泛情境下对数字技术的使用,如个体和团体活动、正规和非正规的教育环境以及穷人和富人社区。因此相应地,这篇文章采用的视角和实质的关注点是多样性的,从数字技术对教学法模式和学校课程的影响(通过技术加强儿童和成人日常的文化习俗和经济活动),到无论是现实还是虚拟空间中都发生的地区、网络和社区的拓展。

　　鉴于最近的实践发展,我在本文中探讨和考虑了一些关键的主题。尤其是,我想要探讨教育中与社会关系的生产和再生产有关的实践和相关背景之间的联系,这明显是社会学所关注的内

，但是符合考恩的比较教育学的研究框架。数字技术以其使用对什么构成了情境的概念（例如，便利的虚拟社区）提出了挑战，此外，尽管它们能作为不同情境之间的渠道，但是，它们的这一能力也强调了理解过程和转移影响的需要。

学习技术

亚历山大（Alexander，2001）在对五个国家的小学教育的国际比较中，阐述了正规教育实践与当代社会的政治、社会、文化和经济条件问题之间关系的复杂性。教学法空间的组织、管理模式、课程内容、学生期望、身份建构以及成就肯定各方面相互关联，由从体系到个人层面的一系列复杂的因素所塑造，因此，在不同的背景下呈现不一样的形式。数字技术给这些实践带来了大量的挑战，但显然，由于实践是在不同情境中被塑造的，因此这些挑战也表现出不同的形式并将产生不同的后果。

克雷斯（Kress，2004）认为，信息在计算机和便携式数字设备屏幕上呈现的方式对现存的读写能力的观点提出了挑战。随着表现和再表现的多模态形式变得越来越普遍，越来越需要设备对音频、数字静态图像、动画、视频等进行生产和解释，而这不仅仅局限在线性的书面文本上。将这些表现形式组合成复杂的非线性超文本，这远远延伸了我们在数字时代可能会考虑的基本交际能力：

> 同时，新屏幕媒体为文本的生产和传播提供了新的方式。鉴于社会多样性和中央权力的消失、衰落或缺失以及最重要的一点——市场取代政府拥有了话语权这些事实，现在已经不再存在某种典型的表现模式。相反，观众（现在在任何情况下不能再视为公民而是消费者）的特点，他们的需求、愿望和他们真正的欲望越加重要和明显。表现模式成为一个设计问题：这些群体更喜欢图像还是文字？是动图还是静图？与观众相比，什么样的模式能够最好地满足我的隐喻需求？（Kress，2004：38）

数字技术对学校教育的潜在影响本身就是多维性的。将与数字技术使用相关的能力加入学校课程中将会很明显地改变课程的内容，但克雷斯认为，不仅如此，多模式文本创建的生产潜力还要求将学习的潜在模式从简单的意义再生产修正为个体和团体对意义的生产，将基于传输的课程转变为基于设计的课程。此外，正如朱维特（Jewitt，2003）指出的，将对"能力"的接受转变为创意和创新，将会重塑课程和教学法，同时也需要改变学校内的评估实践：

> 由多模态的学习情境，尤其是计算机学习所带来的对课程建设和阅读实践的多模态的重塑，将会对读写能力和评价产生重大影响。我们需要超越语言来了解课堂多模态情境下学习和读写的复杂性。进一步来说，为了涉及全方位的学习模式，学习评估需要重新聚焦。（Jewitt，2003：100）

由于多模态沟通在当代学校教育中越来越重要，因此在学校内外使用数字技术具有很大潜力，它能够促进课程、教学法和评价的改变。数字技术也可以纳入学校作为教学资源，并用于整个课程的教学和学习中（例如，发展虚拟化管理的学习环境，采用数字视频和音频作品利用互联网来获取信息和促进协作发展）。虽然大部分关于数字技术与教育的文献都显示出这种转型的必要性（隐含的技术决定论），但是在实践层面仍然存在明显的变化。这并不令人吃惊，因为如亚历山大的研究表明，我们已经了解学校教育的实践是多样化的，并且是一个复杂的影响结果。数字技术和其在正式教育内外的相关实践和潜能很有意义，并被转变且纳入多样性和复杂性背景下的学校教育系统。

对数字技术在特定背景中使用的研究，展示出了这一潜力的实现在实践中可以预见的不同的画面。作为"第二次信息技术在教育中的研究"第一模块（SITES，M1）的一部分，在对 26 个国家的小学及中学中使用 ICT 技术的一项调查（Pelgrum & Aaderson，1999）后，结果显示新技术在不同学校里的应用各不相同，并强调了能否接触到新技术的差异和教师知识的不同是关键因素。SITES 第二模块部分，通过在每个参与国家中搜集关于创新教学实践的报告（地方和国家专家小组所认可的），对此进行了深入的研究（Kozma，2003）。劳（Law）在针对 130 例研究结果的分析中提出，一些证据表明，存在向"更多协作的、学生导向的、基于调查和生产模式的学习"的转变（Law，2004：151）。然而，这一声明是基于专家组所认为的最佳实践的案例，因此，可能并不具备普遍的代表性。之后，Law 将这些案例分为六个活动类型（从创新的科学调查到项目工作，从媒体的制作和在线课程到传统的基于任务的学习和讲授式教学），探究了教师角色以及他们所使用的教学策略在其中的作用。

而现在呈现给我们的画面是：尽管有证据表明，在大量的创新实践中使用了新技术，但是在各种活动方面，教师的角色和他们使用的教学策略却仍然较为传统。劳指出，尽管案例研究所涵盖的五个地区（美洲、东欧、西欧、南部非洲和亚洲）中均有创新实践，然而教育学创新的分布却有显著差别。她认为，尽管各地区之间都较好地建立了活动类型的传播和迁移，但是教学实践或教师角色的转变却并不常见，在实践层面也更加困难。这些并不容易改变，因为它们与教师的专业身份和当地的教学文化都紧密联系在一起。在某一地区、国家或学校的教学上可能实现的幅度（例如，将典型的教学法的教学形式向更为便利的方式转变）可能和其他地区完全不同。SITES的下一阶段（Plomp，Pelgrum & Law，2007）包括对塑造课堂教育实践和数字技术使用的校内外因素，以及可能阻止教师和学校进行创新实践的环境因素的探索。

在广泛和大规模的跨国研究中，比如第二次信息技术在教育中的研究，很难以任何有意义的方式来探究数字技术、教学实践和对学生素养的影响之间的关系（考虑到学校教育形式的多样性）。这种关系的某些意义可以从更具体和更有限的情境中的更详尽和更细致的研究获得，例如，摩斯（Moss）和其同事针对伦敦的学校交互式白板的使用所做的评价研究（Moss et al.，2007）。经济发达国家为学校中的交互式白板进行了大量的投资。这些投资使教师能够发展纳入多模式资源（包括图像、声音和动作）的教学材料，并使用这些资源和班级学生互动。摩斯和同事们致力于确定在教学技术方面对伦敦的学校进行大量投资的影响，尤其关注学习和教学过程、学生和老师的动机、学生的行为和出勤以及核心课程中关于学生成就的标准。在此研究中，在教学中使用技术的方式有很大的不同，那些率先引用技术的教学实践的创新性也最明显。

在评估这种技术对改变教学法的潜力时，研究人员观察认为，这取决于教师对它的目的的认识。他们发现教师对交互白板的看法，主要围绕着它更大的传播潜力、增加的多模式教学资源和更具互动性的课堂教学形式。然而，可以促进教学变化的程度取决于技术与采用的教学方法的兼容度，技术所提供的设施与课堂中的教学方法，以及与所授特定学科领域的特点是如何相联系的。简单来说，传播速度或各种表现形式的使用，并不确定是否对特定学科领域的特定方面的学习和教学有益。技术的潜力因此与现有的教学实践、教学文化以及正在教授和学习的课程内容有关。无论感知的潜力和观察的实践是什么样的，近年来的研究都无法找到任何证据说明核心课程中的学生成就和更多使用交互式白板之间的关系。

这里的重点是，数字技术在实践中的实现形式与它所置身的情境有关；随着技术从一个地方传播到另一个地方，它的意义也随之发生改变。技术本身是重新情境化了的，也是正在被重新情境化的。克雷斯和他的同事将数字技术看作表现和交流的转变模式，并借此要求教育学习和实践的模型也需要进行相应的改变。在正式的和非正式的教育实践中，这些技术和它们的使用从根本上实现情境化；并且国际研究，如 SITES 和越来越多的本土研究，如摩斯和他的同事的研究都表明，诸如某一背景的教学文化（从某一系统到某一特定课堂中的任一层次）、技能、教师的理解和对学生行为的期望等因素，都形成了可能性并产生了多样性的实践，这种多样性的实践程度也是不同的。不过，比起实践的动态性，还有更多需要我们了解的。这些实践具有社会后果和潜力，为了探讨这些，我将把关注点从教学法的这一面转移到另一方面——考虑学习者的参与（尽管教师和学习者之间的明显区别随着时间的推移有时会难以维持），并重点关注实现差异化的策略。我也会将关注点从学校和课堂的现实背景定义转移到虚拟的教学法和其他背景方面。

教学法的空间

交流和表现模式的改变不一定会降低教育在成就和人生机会方面生产和再生产社会和文化差异的趋势。以基诺（Gino，2006）关于视觉交流的研究为例，这一研究以以色列贫困的城镇街区为背景，探讨了居住地很近却来自三种不同文化群体的儿童在制作和解释图像时利用各自独特的文化历史的方式。这些儿童居住在同一街区内，但在日常生活中却很少与其他文化背景的孩子交流。视觉交流，尤其是对他们街区生活经历的图像的表现和描述，可以说是为分享经历和视角，它为建立一个超越语言差异的共同空间和共同语言模式提供了一个机会。但是，尽管共同努力合作来建立和分享他们的努力，群体之间的文化差异仍然导致了非常不同的图像，这不仅存在于视觉惯例上，也存在于所表现的内容上。

这里转向视觉的行为可看作在加强而不是削弱文化的差异性。这引发了关于计算机参与的多模式表现的潜力的问题，这种多模式的表现不仅与学习使多样性形式的文本有意义有关（在何处以及如何会发生？），而且还和跨文化交流的潜力（通过当前共享的交流实践和理解，在线社区在何种程度上加强了相邻街区建构和表现的差异性）相关联。在这一研究中存在三个群体，他们处于紧邻的物理空间并且共享相同的资源和经验，但其身份界定的网络却不由此来定义，而是超越了这一背景。在线交流提供不同的可能性，例如，由于每个群体存在主流的视觉传统，无论怎样，这都可能会削弱与街区其他群体的互动并加强现有的社会、文化以及经济差异。

道林（Dowling）和布朗（Brown）关于后种族隔离时代南非的三个不同社区的中学的研究，探索了社区中各个角色之间的关系（包括学生和家长的文化和实践，与社区和其期望相关的学校教育和教师的角色定位）以及教学实践与学校内部的关系（包括教室布局、教材的使用、学生和教师的互动模型、教师的教学策略和学生的学习策略）。学校的学生如何在当地和社区中定位自己以及如何设想他们与社区相关的未来的发展轨迹，这显然会影响他们对虚拟社区和网络的定向。

例如，位于富裕郊区以白人为主的学校中的学生，会将自己看作全球网络的一部分，并立志于在其中扩大自己的影响（这与学校的愿景和定位是一致的）。相比之下，在非洲乡镇学校的黑人学生更强烈认同他们所处的社区，但那些试图离开这个社区（包括决心要从事其他职业的教师）的人认为，正式教育中的个人努力是实现这一想法的唯一出路（Dowling & Brown，出版中）。虽然这项研究与数字技术没有直接关系，但它确实展示了社区和教学实践之间的复杂关系，在某种程度上或许会使我们仔细思考这一假设——虚拟空间在社会和文化中是中立的，并深思它们如何与现实的教学空间和实践一样，作为背景引发社会不均等的生产与再生产。

多尔蒂（Doherty，2006）说明和分析了设计从一种文化传播到另外一种乃至多种文化（通过网上远程教育方案）的教学实践以及假设的复杂性。这项研究关注由澳大利亚大学面向全球提供的 MBA 学习单元。在设计这一在线课程时，设计者很尊重参与者的文化身份，并把参与者多元化的经验和观点认为是一种教学资源，例如，将来自不同文化群体的参与者分为小组，围绕工作场所进行小组讨论。这一点本身便提供了一种难以操作的矛盾性。群体中的成员能够提供带有文化标记的当地实践，因此也实现自身对此的认同感。这些对各自工作场所经验的抽象和重新描述（面向国际受众），明显带有定义个人和群体与主流文化的联系的危险。它也可能与参与者的期待相冲突，因为参与者积极投身于"国际"项目中，将其看作一种延伸或补充他们的文化身份并获得他们认为具有潜在价值的国际或全球话语的手段。

多尔蒂确认的其他"问题"，更有预见性地围绕着文化同质化的系统性假设，例如，在虚拟学习环境中默认的种族优越感、课程作业评估时对知识文本惯例的推测以及对参与者的反馈规定中时间/空间替代的影响。尽管多尔蒂的分析——相关的国际项目工作，如辛格和多尔蒂的项目（Singh & Doherty，2004）——做得远多于此，这里的重点是虚拟环境中的在线课程要和任何地区的各类面对面教育项目一样，尽可能多地参与到教学、社会和文化身份中。事实上，它们可能提供尤其丰富的环境，促进"教育社会学"的进一步发展（Singh & Luke，1996）。

科利斯（Collis，2006）在一系列探究"政策维度中的社会网络的模式和动力"（Castells & Cardoso，2006）的论文中指出，由于知识经济的转变，企业、专业与高等教育背景也需要做出相应的转变。她尤其注重在线学习的潜力，引用新西兰经济发展部列举的维持当代知识经济体所需的技能，"明白为什么和明白是谁比明白是什么更为重要"——这种情况下在线学习更具有效率（Collis，2006）。虽然这清楚地反映了实现教育的广泛进步形式的长期愿望，但科利斯注意到尽管数字技术被用于教育和培训的管理和传输中（特别是在公司），然而大部分在线学习的实践却通过在去个性化管理的学习环境中传递重新情境化的知识碎片，朝着相反的方向发展。科利斯呈现了当下存在的大量实例，在这些实例中，数字技术，特别是互联网基础资源、在线互动、数字化信息资源库的使用，并且已经能够用来促进公司跨学科知识的建立和共享、远程但相互支持的实践专业共同体以及能促进知识建构的反思、共享和累积的高等教育评估模式的发展。

然而，再一次值得注意的是，虽然数字技术是知识经济发展的关键驱动因素，但是数字技术在教育中能够得到适当和富有成效的使用的条件依然尚未实现。例如，在高等教育中投入使用的电子档案，仍然被认为需要更多的机构投资、认证机构的更多灵活性以及对讲师的教学以及学生期望的转变的改革。塞尔温（Selwyn，2007）指出，像科利斯那类教育技术的拥护者的期望与当前数字技术在高等教育中的使用，存在的明显的限制和约束之间的分歧很难消失。塞尔温认为，高等教育中数字技术的应用被体系内不同层次的力量因素所影响，包括各级政府对全球经济竞争力的关注，高校行政管理层对"新管理"的关注，相关软件、硬件和系统供应商的商业利益以及大学生的体验、兴趣和关注。从这个角度来看，若想实现教育技术专家的期望，数字技术在正规的高等教育中参与的发展需要宏观和微观层面的政治参与。

虽然学校和高等教育机构试图将创新和灵活纳入数字技术的使用之中，也试图设立一些项目来促进知识合作生产，使得知识的生产优先于知识的传播，然而，仍然有一些分散的代理团体，卓有成效地参与到知识的共同建构、协作活动以及对互联网上活跃的信息和策略进行的分享中。最显著的是以共同兴趣为基础的信息团体，例如，一个特别的电视节目或电脑游戏的粉丝，或是那些对特定的科技、文化、政治活动有着共同兴趣的人或者拥有共同身份和实践的人。然而，这些社区并不会逃离文化和社会资本的参与——这标志着"场所空间"类似的行为。

在针对互联网粉丝网站的研究中，怀特曼（Whiteman，2006）探究了权威在在线互动中建立和维持的方式。当前，立场、观点、声音和身份的自由参与还没能完全开放，这些网站虽然在思想和信息的交换中发挥了巨大的作用，但是参与者所贡献的大量专业的、相关的兴趣领域的评论仍然被严格监管。参与者们所部署的战略致力于建立一系列可能的合法身份和立场，规定在哪些背景下谁能够说什么。这些策略可以看作一种教学,因为他们引导参与者进入特定的参与和互动模式中,并生产和再生产他们感兴趣的领域的知识。在这项研究中,怀特曼广泛地使用了比较的策略,因为她关注的是两个明显不同的网站(关于它们如何区别于表面的描述这一问题既是一个出发点,也是分析的结果):一个网站是"天使之城"(City of Angels, COA),致力于美国电视剧《天使》;另一个网站是"寂静岭天堂"(Silent Hill Heaven, SHH),主要关注"寂静岭"系列的视频游戏。

通过分析讨论清单样本中的记录,怀特曼探究了权威和地位是如何在粉丝群体中建立起来的,以及这其中特定目标达成和管理的方式。她定义了这两个网站之间的连续性和非连续性,并能够探讨参与者在建立在线身份、声明权威、建立和管理社区等等方面所采用的不同策略。在每个案例中,表面上完全开放的背景下都存在着一种开放和监管之间的平衡。然而,每个网站都有自己独特的文化,并且展示了一系列教学的策略,参与者通过这些策略会被引导出恰当的行为,并且被定位、包含在内或排除开外(Whiteman, 2006)。虽然没有正式的建立,但是这些都属于教学空间;在这些空间内,社会差异、关系和结构被生产和再生产。

数字化的分裂

在各个背景中对数字技术的获取显然是不均匀的。对于那些将数字技术看作当代关键的教育资源的人来说,获得这些技术的机会的差别是核心问题,这通常被称为"数字鸿沟",不同的访问机会在富裕和贫穷的社区、地区和国家之间的差异十分明显。尽管这些技术的获取显然是一个十分重要的问题,但本文已经试图提出:在理解和解决教育内外的社会和文化的不平等中,它并非唯一的问题。在努力确保更公平地获得数字技术的同时,也必须要了解这一点:通过对这些技术不同的参与模式,不平等是如何(再)产生的。如果不这样做,将会引发对数字技术的盲目崇拜,并将权限获取作为一项社会项目来追求。

由尼古拉斯·尼葛洛庞帝和麻省理工学院媒体实验室的其他教授所进行的"为每个孩子配置一台笔记本"(One laptop for per Child, OLPC)的项目,明显地证实了这一点。该项目的目的是开发低成本的笔记本,广泛地分发给发达国家和发展中国家的各国儿童(见 http://laptop. org)。据(该项目负责人)声称,该笔记本电脑和其软件的开发是建构主义学习方法的典范,因此十分有利于"学会学习"。虽然说该项目表示它是教育项目而非技术项目,但他们仍然更加重视笔记本电脑的开发而非使用原理。这个项目并没有受到普遍好评,例如,印度政府拒绝参与该项目,因为这将会转移其他建设需求中的资金(《印度教徒报》,2006)。其他人认为,再少的钱也能够为那些极度贫穷地区的学生的命运抉择产生影响,例如提供淡水和重要的药物,而投资于此项目是将这钱用放错了地方。此外,该项目本身遇到了一系列的问题,如技术生产相关的规格和预算、对人们生活环境的假设、维持机器运行以及维护基础设施所需资金不足等等。

这一假定——提供一台笔记本电脑(或在这种情况下,只有部分类似商业笔记本电脑功能的简化设备)和选定软件(虽然在这一案例中并非开发商业及教育软件)会为不同社会、经济和文化中的在校学生的教育和命运前景做出重大贡献——本身便暴露出来许多严重的问题。甚至在美国的课堂中,已经有研究者开始怀疑"每位学生拥有一台笔记本电脑"所带来的价值。例如,邓卡维、德克斯特和海内克(Dunlcavy, Dexter & Heinecke, 2007)在针对两所中学的研究中发现,在课堂中每位学生都拥有一台电脑本身并没能带来更多的学习价值,并且还发现笔记本电脑规定带来了高成本并对教师的管理提出了挑战,这一挑战要求教师必须掌握全面的专业发展来确保能够创造和管理新的学习环境。

但这也并不意味着,只考虑经济优先情况而完全放弃数字技术(因此扩大了鸿沟)。另一个策略是,采用让数字技术的使用更适应特定的环境和条件的方式来选择和安排数字技术。根据本文中目前的研究,将重点放在教师发展方面似乎尤为有价值。利奇和穆恩(Leach & Moon,2002)探究了数字技术在教师教育中的部署方式,以便更广泛地改革学校教育以及实现如普及小学教育等国家和国际的目标。他们提供了大量不同背景的例子,撒哈拉以南非洲的贫困农村社区在面对战争和疾病时试图重建城市学校教育,富饶的西方国家则在努力为语言、文化和经济越来越多元化的人群提供教育。在所有案例中,提供和维持拥有相关知识以及专业技能的充足的教师力量,被看作关键性的挑战,在教师教育中应用数字技术和新方法可以帮助完成这些挑战。

这里所建议的方式和所给出的例子的优势在于,其对于干预的情境敏感性和适当性。在许多情况下,考虑到企业的规模和可用资源的水平,教师教育的传统形式本身是不可行的。在这些情况下,促进教师学习和联系的通信技术的使用为教师的发展扩展了可能性,而不再是传统的对于建筑和其他设施的投资——这些建筑和设施往往将资源集中在某一区域,造成了专业发展活动和使其最终实现的环境之间的距离。

加强数字教育项目(The Digital Education Enhancement Project,DEEP)就是一类这样的研究和发展项目,它关注数字技术在促进教师的教育学知识和实践发展的作用,并且在 12 所埃及开罗城镇中学和 12 所南非开普省农村地区中学里探索技术增强战略对学校学生的动机和成就的影响。作为这一研究的一部分,利奇和穆恩(2004)在该项目中探究了教师使用笔记本电脑的情况,发现这些小型、轻便、灵活、易于使用的设备能够轻松地融合到教师的日常工作中,并且对教师的专业化、组织和计划、协作和共享学习、新课堂实践发展和教师的自尊产生了重大的影响。这类研究显示出了新技术在教师教育与发展方面的潜在作用。不过,我们应当清楚,这一结果并不完全是技术的功能,而是它与技术以及相关实践所在的环境因素之间的相互作用所造成的。这不仅意味着我们需要注意不能随意假定技术/实践可以迁移到任何地方并拥有相似的效果,而且还意味着,这种干预本身的效能很可能只是暂时的,因为,例如随着时间推移和其他条件的变化,技术将会呈现出新的社会和文化意义。

结　论

数字技术被认为能够实现跨距离的快速通信。技术使得信息和数字产品以文本、图形、声音和视频的形式被生产和传递。当这些产品从一个地方转移到另一个地方,虽然它们的形式或许会(或许不会)保持稳定,但随着它们从一个意义系统转移到另一个,随着不同的机构对它们阅读和重读时对它们的阐释带来不同的含义和理解,这些产品的意义可能会发生变化。这并不是什么新鲜事,并且的确属于比较教育的学术分支;比较教育一直尝试通过诸如在某个系统和其他系统之间进行借鉴、转移和转化的方式来理解系统和实践之间的关系。所以英国以儿童为中心的教育实践——例如对个别儿童的作品进行展示的做法被认为是表扬个人成就和鼓励集体协作的努力——在转移到印尼农村地区的课堂后表现出了完全不同的内容。当实践从某一意义和文化网络中抽离出来并替代了另外一种实践时,这种重新情境化便构成了一种转化。

从这个角度来看,这些实践不能理解为具有给定的实质意义,而只能被理解为与其实现背景有关联。从一个情境到另一个情境的数字产品的迁移也可以以相同的方式理解。然而,它们穿过的和在其间移动的空间既是虚拟的也是理性的(这里的“和”是至关重要的)。它只是数字文本和产物,也是数字技术本身。

本文的重点在于理解数字技术和其在正式或非正式教育中的使用与它们所处的背景相关。这些情境本身可以嵌入其他情境。例如,独立的学校便是根植于特定的团体(由诸如学生年龄、资金模式、地缘政治位置等定义）并处于特定系统的教育（由诸如国家、区域、跨国的机构等定义）中的。每个更高级别的组织都会为其构成部分提供一个意义储备，反过来，通过作为全部示例实现更高水平，这个意义储备使我们能够描述、理解和解释其特点。因此，我们应当结合它们所处的体系来理解课堂，反过来课堂又作为实例来构成体系。这种关系存在于从个体行为到跨全球系统的任何一个层次中。

本文考虑的正式的和非正式的教学空间很显然不是社会中立的。就像任何现实机构或社区一样，虚拟机构和社区也有社会资本和文化资本的特点，并通过这种社会关系模式进行生产和再生产。虽然从知识和产品的再生产到被数字技术促进的生产和传播的转变，被认为是正在悄悄地颠覆正式的教育机构，但实际上，现有的社会和文化关系模式和相关的实践并不是所想的这样。对培训教师和学生以特定方式使用专门技术的需求便是一个例子。通过将这些技术视为教师和学生在教学时有效使用之前便应该掌握的新能力——这改变了通过新技术实现教育转化的观念。这导致了潜在的缺陷和能力的分配模式，并且在特定方式中使用技术时出现的包容和排斥、成功与失败。

技术本身正日益成为学生和教师的日常生活经验的一部分。然而，这些技术并不能平等地出现在所有学生的日常生活中（文化、实践和共同的权限之间也存在着差异，例如，在家庭与学校之间便不相同），同时物质和符号性的资源（如教师知识和专家知识）也不能够被纳入课程并被平等地提供给所有学校。即使如此，孩子们的文化与学校文化之间的关系也不尽相同。主要是获取相应的硬件和软件权限的"数字鸿沟"的框架也未能解决这个问题。由威尼斯基和戴维斯（Venezky & Davis，2002）在 23 个国家进行的 OECD 研究指出，学校曾经清楚地意识到学校教育中使用数字技术可能会导致的潜在的不平等现象，但他们为克服这一不平等所实施的策略，只涉及帮助收入较低的家庭获得这些技术。这一研究还注意到，学校很少有数据能够监测有关性别、收入或成就的差异。

所有这些都是不确定性的关系，但都具有潜力和意义，当然，它们还意味着促进和约束。在不同背景中关于教育与数字技术关系的讨论大多混淆了实践和潜力、可能性与必要性的区别。从比较的角度来看数字技术可以帮助我们避免或至少减轻种种困惑和混乱，我们需要认可数字技术涉及现象的社会根植性，并且试图理解实体的迁移或在不同的背景中显示的内容。非嵌入的或者是重新情境化的数字技术的潜力也为比较教育对围绕不同情境（例如，围绕国家系统）构建界限的使用提出了一种挑战，同时，当某一情境中的因素进入（阅读或是重读）另一个情境中时，数字技术的潜力还对边界概念的观念提出了挑战。从方法论和概念上讲，正式和非正式教育机构中数字技术的使用为比较研究方法（无论是在学术层面还是应用层面）提供了拓展和进一步发展的机会。

参考文献

Alexander, R. (2001). *Culture and pedagogy: International comparisons in primary education*. Oxford: Blackwell.

Brown, A. J., & Davis, N. (Eds.) (2004). *Digital technology, communities and education* (*World Yearbook of Education 2004*). London: Routledge Falmer.

Castells, M., & Cardoso, G. (2006). *The network society: From knowledge to policy*. Washington, D.C.: Johns Hopkins Center for Transatlantic Relations.

Collis, B. (2006). E-learning and the transformation of education for a knowledge economy. In M. Castells & G. Cardosa (Eds.), *The network society: From knowledge to policy* (pp. 215 - 224). Washington, D.C.: Johns Hopkins Center for Transatlantic Relations.

Cowen, R. (2006). Acting comparatively upon the educational world: Puzzles and possibilities. *Oxford Review of Education*, *32*(5), 561 – 573.

Doherty, C. (2006). Pedagogic identities on offer in a case of online internationalised education. *AARE 2005 International Education Research Conference*, UWS Parramatta.

Dowling, P. C., & Brown, A. J (in press). Pedagogy and community in three South African schools: An iterativedescription. In P. C. Dowling (Ed.), *Sociology as method: Departures from the forensics of culture, text and knowledge*. Rotterdam: Sense.

Dunleavy, M., Dexter, S., &. Heinecke, W.F. (2007). What added value does a 1: 1 student to laptop ratiobring to technology-supported teaching and learning? *Journal of Computer Assisted Learning*, *23*(5), 440 – 452.

Gino, J. (2005). *Visual meaning making: Children's texts for an intercultural Israeli neighbourhood*. Unpublished Ph.D. London: Institute of Education University of London.

Kozma, R. (2003) (Ed.). *Technology, innovation, and educational change: A global perspective*. Eugene, OR: International Society for Technology in Education.

Kress, G. (2004). Learning: A semiotic view in the context of digital technologies. In A. J. Brown &N. Davis (Eds.), *Digital technology, communities and education (World Yearbook of Education 2004)* (pp. 15 – 39). London: Routledge Falmer.

Jewitt, C. (2003). Re-thinking assessment: Multi-modality, literacy and computer-mediated learning. *Assessment in Education*, *10*(1), 83 – 102.

Law, N. (2004). Teachers and teaching innovations in a connected world. In A. J. Brown & N. Davis (Eds.), *Digital technology, communities and education (World Yearbook of Education 2004)* (pp. 145 – 163). London: Routledge Falmer.

Leach, J., & Moon, B. (2004). 4D technologies: Can ICT make a real difference in achieving the goal of Universal Primary Education? *Pan-Commonwealth Forum on Open Learning*. Dunedin, New Zealand.

Leach, J. & Moon, B. (2002). Globalisation, digital societies and school reform: Realising the potentialof new technologies to enhance the knowledge, understanding and dignity of teachers. *2nd EuropeanConference on Information Technologies in Education and Citizenship: A Critical Insight*. Barcelona.

Moss, G., Jewitt, C., Levacic, R., Armstrong, V., Cardini, A., & Castle, F. (2007). The interactive whiteboards, pedagogy and pupil performance evaluation: An evaluation of the Schools Whiteboard Expansion (SWE) Project. *DfES Research Report 816*. London: DfES.

Pelgrum, H., & Anderson, R. (Eds.) (1999). *ICT and the emerging paradigm for life long learning*. Amsterdam: IEA.

Plomp, T., Pelgrum, W. J., & Law, N. (2007). SITES2006-International comparative survey of pedagogicalpractices and ICT in education. *Education and Information Technologies*, *12*(2), 83 – 92.

Selwyn, N. (2007). The use of computer technology in university teaching and learning: A critical perspective. *Journal of Computer Assisted Learning*, *23*(2), 83 – 94.

Singh, P., & Doherty C. (2004). Global cultural flows and pedagogic dilemmas: Teaching in the global university 'Contact Zone'. *TESOL Quarterly*, *38*(1), 9 – 42.

Singh, P., & Luke, A. (1996). Foreword. In B. Bernstein (Ed.), *Pedagogy, symbolic control and identity: Theory, research, critique*. London: Taylor & Francis.

Venezky, R. L., & Davis, C. (2002). *Quo vademus? The transformation of schooling in a networked world*. Paris: OECD/CERI.

Whiteman, N. (2007). *The establishment, maintenance and destabilisation of fandom: A study of two onlinecommunities and an exploration of issues pertaining to internet research*. Unpublished Ph.D. thesis, London: Institute of Education University of London.

30. 反思比较教育学中的情境

迈克尔·克罗斯利(Michael Crossley)

对情境的关注一直渗透到比较教育的核心。这在该领域许多早期研究中都有所体现,同时它也仍是当代学术定位、话语与发展的中心内容。根据过去和现在的研究文献,情境问题还是理论与方法论辩论最激烈的内容之一。因此关于情境的问题不仅揭示了许多关于比较教育学学科历史的相关信息,同时还启发和塑造了当今该领域前沿研究中许多最具挑战性的研究领域和学术成果。

本文探讨了这些争论的性质与影响,并讨论了在塑造未来世界范围内的国际与比较教育学最具创新性的路径中发挥着战略作用的情境主题的本质。这一探讨参考了比较教育研究发展的重大成果,并结合了研究者本人在这个跨学科领域的相关工作。

历史反思与范式间的张力

在教育领域中,寻求普适规律与预测的实证主义范式下的比较研究,与发展更具诠释性/解释性视角来产生更深刻的洞见和理解的比较研究之间的张力,可追溯至比较教育成为专门领域的理论基础。虽然关于这方面的历史细节随处可见(Brickman,1960,1966;Wilson,1994;Crossley & Watson,2003),但是与当代理论和方法论改革创新相关的范式间的争论仍值得我们深思。

马克-安托尼·朱利安(Marc-Antoine Jullien)提出的比较教育计划对 1817 年的巴黎学术氛围产生了深远影响,例如,它创立了该领域的实证主义基础,即努力"探索真实的原则和确定的路径,从而将教育研究转化为接近实证主义的科学"(转引自 Fraser,1964:20)。对于许多西方学者而言,朱利安被视为对当时还是新的领域进行系统研究的该领域之"父"。朱利安的影响延续至今,这反映在众多国际组织所致力的研究中,例如,联合国教科文组织(UNESCO)和经济合作与发展组织(OECD)采用年度国际教育统计的收集来促进全球性比较。它还体现在许多机构的工作中,例如,国际教育成就评估协会(IEA)在跨国学业成就测试和创建国际排行榜中所承担的先驱性工作(Postlethwaite,1999),以及 OECD 统筹的颇具影响力的国际学生评价项目(PISA)(OECD,2004)。

虽然我们可以从当前对跨文化成就研究的热情中受益良多,但我们也要注意此类研究的局限性,以及无论有意或无意地滥用此类研究的危险性。例如,在跨国排行榜里,芬兰一直表现良好,而南非的表现则一直令人失望。这些排名能够告知和激发各国促进教育质量的改进。然而,正如雷迪(Reddy)站在南非的角度所指出的那样,这些排名也被证明可能是危险和无益的。不仅如此,更令人惊讶的是,西莫拉(Simola,2005)指出它对芬兰可能是危险和无益的。这两个截然不同的案例之间的一致性在于:人们注意到如果充分考虑情境和文化差异的影响,大规模比较研究存在一定程度的局限性。例如,雷迪(2005:76)认为,只有在下面这种情况下跨国学业比较研究对南非的潜在益处才能实现:

参与各国将更多精力放在从事此类研究上来满足他们自身的需要。跨国研究中固有的权力关系也应该得到更多的重视,同时也需要建立相关机制来帮助消除差异。如果从多国研究中获取的信息与当地情境相关,研究者则需要对信息进行更仔细地分析……同时,促进和协调此类工作的国际组织的文化变革也至关重要,这样他们才能更好地适应不同经验和环境。

其次,西莫拉(2005)指出,不同的教学假设与价值观深植于跨国学业成就测试中,并且,具有讽刺意味的是,这些假设和价值观往往把形式主义的教学形式放在首位,许多决策者与关键利益相关者声称它不适合21世纪的需求并对此提出了质疑。如果我们想要更好地理解与跨国学业成就测试相关的困境、排行榜的使用情况以及它们的"反拨效应"与全球教育教学和专业文化的危险性,情境问题则将显得更为突出(参见 Dore,1976;Little,1997)。

回到此类辩论的历史和认识论基础,可以看出对情境的关注也是许多领域与学科中比较研究学者所面临的核心问题之一,即我们如何才能最佳地学习其他地方的经验。也正是这样的问题,引发了该领域中对朱利安的实证主义基础以及19世纪教育政策和实践国际迁移或"借鉴"模式的挑战(Phillips & Ochs,2004;Phillips & Schweisfurth,2006)。20世纪初,迈克尔·萨德勒(Michael Sadler)在新兴的比较教育领域的广泛影响力清楚地反映了对此类实证主义假设的挑战,并体现了一种对社会政治立场的重构——既认识到不加批判地对政策与实践进行国际迁移的危险,也强调了教育系统发展中情境与文化的重要性(Sadler,1900;Higginson,1979;Sislian,2003)。在随后的几年中,主要的比较教育研究学者,如艾萨克·坎德尔(Isaac Kandel,1933),尼古拉斯·汉斯(Nicholas Hans,1964),弗农·玛利森(Vernon Mallison,1975)与埃德蒙·金(Edmund King,1979a)发展和运用了他们自己独特的比较研究方法,这些研究方法与萨德勒的思想以及阐释解释学范式相一致。然而,到了20世纪60年代,社会科学领域"科学"研究方法重振,这在西方文献中表现得非常明显。这种研究方法更偏爱量化数据,因为数据能提供规律性的概括以及更加稳健的教育计划和社会工程的可能性。因此,实证主义研究范式在二战后再次流行起来,以试图推进比较教育的"科学性"。美国的诺亚(Noah)和埃克斯坦(Eckstein)便以此而闻名,而在英国,霍姆斯(Holmes,1965,1981)则是通过推动他称之为社会科学与比较教育的"问题研究方法"来促进科学模型的发展。

然而,阐释和解释的传统在许多比较研究学者中仍很有影响力,受到如格兰特(Grant,1977),金(King,1989),卡扎米亚斯(Kazamias,2001)等研究者的大力支持。到了20世纪70年代,"新教育社会学"和社会科学领域的批判理论与质性方法的发展又激发了关于研究新的严谨和热情。斯滕豪斯(Stenhouse,1979)在当选欧洲比较教育学会(CESE)英国分会主席时所发表的报告中倡导注重详细质性田野调查的案例研究(参见 Crossley & Vulliamy,1984/2006),这被看作对当时通行的实践和政策的挑战,并以此来开拓微观层面分析的新单元,使研究者更为关注研究主体可被观察的实践与生活经验。许多观察家认为这表明了:

> 自20世纪60年代开始,这一变化在社会研究的各个方面(包括教育研究)都有所体现,从主要参与者的使用情况来看,教育情境的"现象学"或"本土意义"维度受到了更多的关注。(King,1979b:1)

我自己对此类发展也有所研究,我认为需要更加关注发展中国家的当地特殊专业情境,这对课程改革策略进行不加批判的国际迁移提出了挑战(Crossley,1984)。结合批判理论的影响,新的"声音"因此被更多人听到,不同话语间的争鸣在各级研究过程中被逐渐认识。梅斯曼(Masemann,1982)的批判民族志就是一个很好的例子;此外,她在比较与国际教育学会(CIES)名为"认知方式"的大会主题报告(Masemann,1990)在有关比较教育学科的性质、特点和质量的认识论辩论中引发了对情境问题的直接关注。进一步而言,笔者在此并非打算复述这段历史细节，但它有助于了解"范式之争"如何促进了方法论的进步，这些方法论反映并促进了整个社会科学的重大理论发展。关于这种历史趋势的相关概况以及它们对比较教育的影响的综述，我在其他地方也有论述和研究（见 Crossley *et al*., 2007）。对当前分析更为相关的是，这些研究发展在很大程度上是与情境在理论研究和实证研究中的地位相关的（至今仍然如此）。它事关最新学术成果的性质和意义、情境在这一过程中的中心地位以及我们现在所关注的国际与比较教育研究未来的意义。

反思与改进：反思情境在教育比较研究中的地位

虽然比较教育研究的实证与解释方法之间的张力一直到今天仍然持续影响着研究现状，但批判理论、后现代视角以及其他相关的认识论和理论观点也同样具有深远的影响。随着世界范围内的全球化影响下该领域研究的不断拓展，近几十年来，比较教育经历了引人注目的范式挑战及极具创新性的"再想象"（Crossley & Watson, 2003；Dale & Robertson, 2005）。

可能一些读者对这段历史比较熟悉，但本文旨在通过不同的视角论述，教育研究与教育变革中的情境因素及对其重要性的认识是当今许多最重要进展的基础。这反过来说明，比较教育领域丰富的直接相关经验有助于增进人们对此类问题的理解。这表现在对特定范式转变和对未来可能性进行的回顾与反思，从明确的情境视角可以获得更多的细节信息。

诸如斯腾豪斯和梅斯曼这样的质性研究者在将比较学者的关注力从对民族-国家的情境和宏观政策分析上转移开来发挥了重要作用，这一点或许显而易见。克罗斯利和乌立米亚（Crossley & Vulliamy, 1997）主编的论丛也表明了这一点，该论文集中的一些文章提到了运用民族志、案例研究和其他研究策略的方法，这些研究描述了南半球学校和社区等微观层次的情境。尽管此类研究与布鲁福特、奥斯本及其同事们（Broodfoot, Osborn *et al*., 1993；2000；2003）所从事的颇具影响力的欧洲研究经常将本土情境敏感性与更宽泛的社会政治分析相结合，布雷和（Bray）托马斯（Thomas, 1995）在此基础上更进了一步，他们构建了一个很有帮助的三维理论模型来强调多层次分析的重要性。在这个模型中：

> 作者们观察到大量研究都停留在单一层面，因此他们常常没有认识到教育系统中较高层次的规律塑造着较低层次的规律，反之亦然。（Bray, Adamson & Mason, 2007：8）

而布雷和托马斯都一再倡导将不同层次的情境加以并置和比较。

在有关发展的一系列作品中，致力于更好地理解本土视角以及实践者的不同声音和需求的努力激发了比较调查中的行动研究与实践研究者策略——这大大拉近了研究者与研究对象之间的距离。斯图尔特（Stuart）、莫洛杰勒和勒弗卡（1997）在莱索托所做的课堂实践研究展示了此类行动研究的潜力，而乔克西与戴尔（1997）对他们在印度的合作研究的反思则通过南北合作的方式引发了对从情境认知中获益的关注。受到弗莱雷（Freire, 1971；1982）、钱伯斯（Chambers, 1994）和凯米斯（Kemmis, 1997）等学者的影响，参与和实践方法对国际与比较研究所具有的潜在贡献已逐渐被学院/学术机构、政府、发展机构及基金组织所认可。这进一步激发了包括参与式农村评估（PRA）（Chambers, 1994, 1995）与参与式行动研究在内的一系列创新模型的产生。参与式研究方法因其对情境中的教育发展与社区赋权的贡献而越来越获得认可。

同样，许多应用后殖民视角（Hickling-Hudson, 1998；Hickling-Hudson, Mathews & Woods, 2003）的研究，其背后的原理是：

> 采用一种融合特定地方的历史与认识论的解释性方法，它可以有效地解释后殖民的当

下与殖民的历史是如何交织在一起的。(Hickling-Hudson, 1998:328)

后殖民主义从关注前殖民地、边缘化的南半球视角认识世界,从这一独特的视角洞悉他们的政治与情境意识。因此,此类比较研究经常具备批判性理论的特点(Burns & Welch, 1992; Apple, 1993; Rizvi, 2004),激励后殖民研究的动机是致力于确保研究在挑战不平等权力关系和影响变革的性质和方向中发挥作用(Foucault, 1972; Habermas, 1978; Apple, 2001)。《比较教育研究》期刊在其专刊中(Crossley & Tikly, 2004)探索了在比较与国际教育研究中从事后殖民研究的可能性,并依据相关后现代批判理论对教育研究的影响对此进行了反思。

后殖民主义与后现代主义对全球化导向的宏大理论和启蒙科学假设的批判态度具有很多共同点,与之相辅相成的是它们对多样性、差异性和情境的拥护。引用伽达默尔(Gadamer)的话说:"所有的知识都反映了它所产生的社会历史背景。"(转引自 Hammersley, 1995:14)通过关注知识的产生及其合法化的政治与理论背景,研究者们开始关注对主流世界观的解构并探索政治、知识与权力间的关系。根据考恩(Cowen, 1996a; 1996b)的观点,此类进展在比较教育领域出现较晚,即使现在已有许多当代文献表明此类影响日益凸显——但该影响是间接的,并仍处在政策制定领域的边缘地带。不过,正如内斯(Ninnes)与梅塔(Mehta)所主编的《比较教育的再想象:后基础主义理念及其在批判时代的应用》[①]一书以及拉森(Larsen)和梅塔正在进行的研究(即将出版)——北美"9·11"事件后产生的不安全感对教育的影响——所证明的那样,这样的担忧并无必要。然而就本研究的目的而言,正是后现代主义、后殖民主义与后结构主义思想的哲学基础所要求的情境意识对比较学者的启示颇丰;捕捉此类潜力元素的特定研究是下一节的研究焦点。

变化中的研究情境、新兴趋势与新的可能性

近几十年,尽管各种不同范式进一步发展,但是在全球研究情境下,社会科学领域的实证主义概念还是再一次成为当前许多研究的优先选择。例如,在英国和美国,新自由主义意识形态与国家利益和管理主义原则结合,对研究环境与过程的焦点与性质产生了强有力的影响(St. Clair & Belzer, 2007)。对社会和教育研究的持续性批判观点认为:太多的研究都缺乏理论的连贯性,不够权威,缺乏足够的累积,并且通常对政策实践没有太多裨益(Hargreaves, 1996; Kennedy, 1997; Hillage, 1998; Tooley & Darby, 1998)。作为回应,决策者、研究资助人与其他利益相关者都开始收集基于研究的证据,弗朗(Furlong, 2004)将其称之为基于研究证据的"大科学"方法。该研究方法被许多人视为压制了其他研究方法,尤其是那些对情境实践研究贡献最大的质性研究。乌里亚米(Vulliamy, 2004)在 2003 年英国国际与比较教育协会(BAICE)的主席报告中直接提及了它们对比较教育的影响,对这股潮流的全球性影响提出了挑战。他指出比较研究者必须进行如下抗争:

> ……(对抗)国际上日益流行的系统性的方法论及与其相关的、基于证据的政策占主导地位的量化研究策略,如随机对照试验等。(Vulliamy, 2004:261)

这是包括比较学者在内的教育研究团体现在不得不审视的学术和专业背景。鉴于此,人们也正在考虑其他可能的途径,他们响应了弗朗(2004)的观点:

---

① 后基础主义是国际政治、国际与比较教育研究领域的一股研究思潮,它反对西方人文社会科学研究中的一些奠基性的概念如现代性、社会与发展等。后基础主义并不认为社会发展没有根基,但认为不应当设立一个彻底的、最终的根基。对后基础主义者而言,根基的确存在,但却是暂时的,而非永恒的。——译者注

我们需要论证研究方法的丰富性和多样性，推动不同研究社群之间的关于研究质量的辩论，并鼓励不同认识论和方法论边界之间的开放性讨论。

的确，人们认为在跨文化、国际与比较研究中，这一点显得更为重要——因为不同的世界观增加了复杂性，也使得道德、政治与情境的含义更为凸显(Hayhoe & Pan，2001)。在探索可能的途径方面，本文将以创新比较研究的例子与作者自身的研究为例，以此说明基于情境意识的比较与国际教育研究的可能轨迹。

展望未来时，我们将首先提及两个相关观点，它们将一系列情境主题结合在一起。首先，这将重提笔者所关注的教育领域的国际与比较研究的"概念重建"，更有效地承认比较教育中不同研究方法和模式的可能性与局限性(Crossley，1999)。其次，这一观点是通过鼓励在本领域之内促进"不同文化与传统的联系"来发展的，例如，范式与学科立场、理论研究与应用研究、政策与实践、微观和宏观以及其他层次的分析、人文与社会科学、过去与当下的研究以及南北研究之间的桥接(Crossley，2000；Crossley & Watson，2003)。这种努力被认为在很大程度上可以帮助解决上述教育社会研究在影响力、权威性与可及性方面所面临的挑战，而且甚至有可能解决更广泛的研究环境中不完美改革所导致的困难和窘境。

此外，虽然这一联系过程可能会导致区域、范式与个人界限更加模糊，但它不应被认为或等同于是为了寻求共识而造成的学术或专业上的妥协。相反，如我在其他地方所述(Crossley & Watson，2003)，它优先考虑并置不同世界观可能会产生的持续性创新与创意；更重要的是，它重视更为深刻地理解文化与情境差异的意义。因此，这种"桥接"主题鼓励并重视差异——以及不同比较教育的潜力——并运用多重比较视角与过程来产生新的创意。巴赫金(Bakhtin)对此类过程的理解在这方面是很有帮助的，他指出：

> 只有当遇见并与其他外来的意义发生联系时，一种意义才会展示出它的深度……我们为外来文化提出新的问题(它本身没有提出问题)；我们从它身上看见我们所要寻找的答案；外来文化通过向我们展示新的视角与新的语义深度来回应我们……这样的两种文化间的对话不会导致两者的融合或混合。它们将保持自己的整体性与开放性，但它们也将因彼此交汇而变得更加丰富。(Bakhtin，1986：7)

依据该概念与理论的定位，在将理论知识与致力于在具体情境中制定政策和实践的研究实践联系起来时，我们可以从最近南北半球研究团队的国际合作中所发展起来的比较研究的例子中得到有益的启示。本人过去10年中与布里斯托尔大学和巴斯大学同事合作展开的工作以及本人在伯利兹、肯尼亚、卢旺达与坦桑尼亚的大学、学院与部门的工作就从事了三个这样的研究项目。

第一项研究(1994—1999)旨在记录伯利兹小学教学与学习的特点与质量，并帮助评估英国国际发展部(DFID)所资助的伯利兹小学教育发展计划(BPEDP)所带来的实际影响(Crossley & Bennett，1997)。第二项研究(1996—2000)分为两个阶段，包含了小学管理项目(PRISM)实施的形成性和总结性评估，这一项目是为了培养肯尼亚校长的领导能力而设计的(1996—2000)。此外，第二项研究还结合了项目理论基础与相关研究评估策略的反思性与历史性(2001—2005)分析(Crossley et al.，2005)。第三项研究项目(2000—2002)检验了全球化对卢旺达和坦桑尼亚教育与培训政策产生的影响(Tikly et al.，2003)。

就目前的目的而言，这些举措可以看成是相辅相成的。虽然每个举措都有不同的实质性关注点，但它们都是由英国国际发展部(DFID)资助，并且优先改善与利益相关者的合作关系及过程目标，旨在促进南方的研究和评估能力。从一开始，该研究就被认为需要把能够提高参与研究的各方——包括北半球的研究合作者——的情境意识、跨文化研究、相关技能和经验纳入进来。

　　这三项研究的实质性结论可以在其他地方分别读到,但把它们放在一起可以看到它们展示了实践中所连接主题的不同维度。因此,其过程目标与相关研究策略对当前目标而言最具有启发性。三项研究案例都由国际研究团队展开——强调南北半球组织与个人间的长期合作。这一优势结合了对文化背景的熟悉的局内人和那些带来富有挑战性的新视角的局外人——这是一项在国际文献中颇受好评的策略(Spindler & Spindler,1982)。在伯利兹与肯尼亚的研究中,重点同样也放在实践者的参与形式和行动研究及其评估当中。这与德兰提(Delanty,1997)所提出的社会研究的"话语实践"相一致,此类研究中的问题是以民主的方式加以确定、定义和检验的。同样,参与式研究倡导者钱伯斯(Chambers)也呼吁研究者的角色需要以类似的方式进行转变:

> 从规划、发号施令、传递技术和监督的角色转变为集合、推进和寻求人们需要的项目并给予支持,从教师的角色转变为学习促进者的角色。(Chambers,1994:34)

　　这三项研究因此搭建起了南北半球之间,研究者、政策制定者与实践者之间以及局内外人士之间的桥梁。此外,这三项研究都具备多学科的性质,提供的研究培训跨越了范式边界,结合了宏观分析与微观分析,并将当代政策评论置于深入研究的历史框架中。最后,每一项研究都有效地说明了调查发展问题时所遇到的可能性与难题,对阿诺威和托雷斯(2003)所称的"全球化与本土化的辩证"也更为敏感。在这方面,我们可以看到这些从某种程度上而言旨在帮助增强当地研究评估能力的举措,深深植根于对学科和情境保持高度敏感的国际与比较教育研究视角的中心。

　　如今,此类合作研究方法的影响与潜力由英国国际发展部资助的新研究项目团体(RPC)进行进一步探索,该团体由莱昂·蒂莉(Leon Tikly)、安吉莉·巴雷特(Angeline Barrett)及其同事所领导(www.edqual.org)。这项研究旨在帮助低收入国家提高他们的教育质量,其运行模式持续关注长期国际合作关系与研究能力的增强(Crossley,2006)。

　　对未来比较研究而言具有巨大潜力并且持续关注情境的第二个研究领域与一个关注教育机会的研究项目团体(RPC)相关(www.creat-rpc.org),该项目同样受到英国国际发展部的资助,该项目也和之前跨国学业成就研究及相关排行榜的探讨相关。在最近的英国国际比较教育协会(BAICE)的主席报告中,勒温(Lewin,出版中)以苏塞克斯郡所牵头的"面向所有人的教育"研究项目团体的工作为例,论述了可以通过创新性地应用统计数据来加深对此类问题的理解,即应更加关注而非掩饰本土的多样性及背景差异性。这里引用勒温的结束语:

> 全民教育计划(Education for All)已经展开,至少在最贫穷的国家以及那些最依赖于外部支持的国家,问题诊断与解决方案的趋同使得越来越多的多样性情境及排斥模式被掩盖。如果这种情况继续持续下去,毫无疑问,缺乏情境支撑、与变化的环境之间缺乏有机联系的同质化目标将阻碍进步。

　　事实上,通过对情境的密切关注,这种以统计为导向的研究将有助于说明量化和质性研究可以发挥互补作用,并且在政策评论和发展以及理论进步方面具有重要的潜力——本研究中它与学校入学率、在校率和联合国千年发展目标相关。

　　同样,对跨国学生成就测试、涉及社会各领域所有类型的排行榜的使用以及目标情境的批判都值得比较社会科学给予更多的关注——理想状态是协调量化研究者与质性研究者相互合作,运用混合方法探究情境的含义(Osborn,2004)。例如戈尔茨坦(Goldstein,2004:13)突出地运用了数据统计的方法,同时又结合了比较评论和情境意识,论述了一些组织(如联合国教科文组织)应该挑战:

　　(它们)当前的指向……目前的定位源自 20 世纪 80 年代中期英语国家流行的目标设定及集权决定的"基准点"观念。尽管如此，从被视为不容易达成当前目标的那些国家的角度来看，本土情境化的视角似乎可以提供更多的改善潜力。毕竟，这些国家是最需要帮助的。

　　在对国际教育协会(IEA)过去研究的意义与影响进行反思时，戈尔茨坦(1996：126)持有相似的观点，他呼吁对测试程序、结论及影响进行更为仔细和深入的研究，并指出：

　　　　当教育系统有不同的目标和课程时，对学生成绩的解释就必须与这些不同的情境相关。

　　具有创新的、情境意识的研究的第三组例子可借鉴当前比较研究中叙事研究的应用进展。特哈尔(Trahar, 2006)所主编的丛书是最早明确解释此类组合的书籍之一，其中的一些章节更是对方法论之争做出了非常有价值的贡献，同时还指出了其未来的可能性。正如海霍(Hayhoe, 2006：9)在该书前言中所指出的那样，通过叙事研究：

　　　　不同的情境中的人们可以分享他们对全球化所带来的教育变化的想法和经验，并以反映他们独特的地缘政治的方式对比较教育和国际化观念的概念重建做出贡献。

　　叙事方法因此能在其他已经在解释性研究进展中发挥作用的质性研究传统的基础上有效创建，但它同时也有助于将这些作品与诸如后殖民主义(Fox, 2006)和基于艺术的调查(在此类研究中，叙事、诗歌及其他表现形式被用于理解情境)等理论视角结合起来(见 Holmes & Crossley, 2004)。例如，班顿(Bainton, 2007)最近完成的博士研究创建了"批判性叙事"方法，来探索西方教育对本土知识的影响。在这一高度创新的研究中，研究者主要采用了后结构主义和叙事方法，并结合佛教哲学，调查了拉达克乡村群体的生活实践及教育经验。他与当地农民、雕塑家、诗人、牧师与家庭生活与互动的经历是政策评论及理论见解的源泉：

　　　　批判性叙事方法不同维度之间的有益张力有助于对反霸权知识生产进行尝试性比较分析。在这一点上，佛教哲学作为"本土理论"的一种形式，可以看作一种新的评论形式，而与此同时，也对人的能动作用做出了富有希望的解读。(Bainton, 2007：i)

　　在此类研究中，对不加批判的国际迁移的分析非常重要，而情境既是焦点又是方法论——情境是研究本身的核心。

结　论

　　对情境在比较教育中所处地位的反思为我们提供了许多关于教育研究和教育发展的内容。的确，正如施瑞尔(Schriewer)(2006a)所指出的那样，"文化主义"方法是社会科学各领域的比较研究中的一种明确的方法，并长期以来"用于解释现象——并非是孤立地解释现象，而是从社会与文化情境条件的历史背景出发，更多地依靠这种情境来解读现象"(Schriewer, 2006b：1)。因此，当前分析的启示在未来社会科学的许多领域及跨学科领域的研究中具有潜力。例如，2002 年，美国社会学协会(ASA)发布了新的期刊，这本期刊被直接明了地命名为《情境》(Context)，旨在使得"社会学研究走出象牙塔，并拥有真实世界的视角"(ASA, Contexts Brochure)。在心理学领域，罗格夫(Rogoff, 1990)、维施(Wertsch, 1995)、艾略特和格里戈连科(Elliott & Grigorenko, 2007)所做出的创造性和挑战性的进展呈现了许多比较的原则，展示了社会文化理论如何理解个体所在的文化与社会情境对个体成长的塑造作用。同样，在探索全球经济发展的未来方向时，杰弗里·萨克斯(Jeffrey Sachs)在 2007 年所做的 BBC 里斯系列讲座也讲述了情境意识在减少贫困、应对气候变化与防止战争的未来国际政策中日益增强的核心地位(Sachs，2007)。回到比较教育领域，斯特罗姆奎斯特(Stromquist)同样优先考虑国际公平和公正，以及促进利益相关者和地区间的联系。她论述了国际比较教育的影响：

> 不仅受学术价值影响，而且还受实践者及其与权力圈子的接近程度的影响。那些发挥影响力的并不是学者，而是国际组织的成员及他们的跨国同行，他们都支持那些并未通过实证研究证实却占主导性的、具有市场导向的发展模式。(Stromquist，2005：107)

因此，社会科学各领域的国际比较研究的未来将是令人振奋的、富有挑战性的，并将会越来越多地涉及情境的性质、作用与影响。

本文以"情境"在多学科领域研究与学术成果中长期公认的地位为根据，对探索"情境"的意义与影响的新方法进行了探讨。我们认为，对此类影响的进一步回顾与反思将会对国际比较教育研究的未来做出重大的贡献。然而，乌里亚米(2004)的观点让我们再次回到本文开头所讨论的范式问题，他警告道：

> 对文化情境意识的关注一直是英国比较教育中很重要的部分——从其开创者……到当今倡导者……对文化情境的关注同样也贯穿支撑质性研究发展的社会学传统……未来国际与比较教育研究者面临的挑战是利用这两项传统来抵抗日益增强的教育研究与决策制定的实证主义全球话语霸权。这一全球性话语可能会通过完全忽视文化情境或是将文化贬低为用作统计分析的一个外扰变量来威胁和破坏比较教育研究的成果分析。

我们希望这里所呈现的批判性反思能够帮助其他人挑战教育和社会研究范式以及对政策的不加批判的国际转移；我们也希望他们在某种程度上可以对比较教育的未来方向做出贡献，并帮助说明"情境问题"所被低估了的重要性，这里的人们不仅仅是政策制定者，同时也是教育及全社会科学领域工作的众多研究者。

参考文献

Apple, M. (1993). *Official knowledge: Democratic education in a conservative age*. London: Routledge.

Apple, M. (2001). Comparing neo-liberal projects and inequality in education. *Comparative Education*, 37(4), 409–423.

Arnove, R. F. & Torres, C. A. (Eds.) (2003). *Comparative education: The dialectic of the global and the local* (2nd edn.). Lanham, MD: Rowman & Littlefield.

Bainton, D. (2007). *Suffering development: Indigenous knowledge and Western education in Ladakh*. Unpublished Ph.D. dissertation. University of Bristol, Graduate School of Education.

Bakhtin, M. M. (1986). Response to a question from *Novy* Mir editorial staff. In C. Emerson & M. Holquist (Eds.), *Speech genres and other late essays*. Translated by V. W. McGee. Austin, TX: University of Texas Press.

Bray, M., Adamson, B., & Mason, M. (Eds.) (2007). *Comparative education research: Approaches and methods*, Hong Kong Comparative Education Research Centre, University of Hong Kong: Springer.

Bray, M. & Thomas, R. M. (1995). Levels of comparison in educational studies: Different insights from different literatures and the value of multi-level analyses. *Harvard Educational Review*, 65(4), 472–490.

Brickman, W. W. (1960). A historical introduction to comparative education. *Comparative Education Review*, 3(3), 1–24.

Brickman, W. W. (1966). The prehistory of comparative education to the end of the eighteenth century. *Comparative Education Review*, 10(1), 30–47.

Broadfoot, P., Osborn, M., Gilly, M., & Bûcher, A. (1993). *Perceptions of teaching. Primary school teachers in England and France*. London: Cassell.

Broadfoot, P., Osborn, M., Planel, C., & Sharpe, K. (2000). *Promoting quality in learning. Does England have the answer?* London: Cassell.

Burns, R., & Welch, A. R. (Eds) (1992). *Contemporary perspectives in comparative education*. New York: Garland.

Chambers, R. (1994). Participatory rural appraisal (PRA): Challenges, potentials and paradigm. *World Development*, *22*(9), 1437 – 1454.

Chambers, R. (1995). Paradigm shifts and the practice of participatory research and development. In N. Nelson & S. Wright (Eds.), *Power and participatory development: Theory and practice*. London: Intermediate Technology Publications.

Choksi, A., & Dyer, C. (1997). North-South collaboration in educational research: reflections on Indian experience. In M. Crossley & G. Vulliamy (Eds.), *Qualitative educational research in developing countries*. New York: Garland.

Cowen, R. (1996a). Last past the post: comparative education, modernity and perhaps post-modernity. *Comparative Education*, *32*(2), 151 – 170.

Cowen, R. (Ed.) (1996b). Comparative education and post-modernity. *Special Number of Comparative Education*, *32*(2).

Crossley, M. (1984). Strategies for curriculum change and the question of international transfer. *Journal of Curriculum Studies*, *16*(1), 75 – 88.

Crossley, M. (1999). Reconceptualising comparative and international education. *Compare*, *29*(3), 249 – 267.

Crossley, M. (2000). Bridging cultures and traditions in the reconceptualisation of comparative and international education, *Comparative Education*, *36*(3) 319 – 332.

Crossley, M. (2006). *Capacity strengthening and evaluation within international research collaboration*. A consultation paper for the DFID funded Implementing Quality Education in Low Income Countries, Research Programme Consortium, University of Bristol: Research Centre for International and Comparative Studies (5 January).

Crossley, M. (2006). *Bridging cultures and traditions. Perspectives from comparative and international research in education*. Bristol: University of Bristol, Graduate School of Education (public lecture).

Crossley, M., & Bennett, A. (1997). Planning for case-study evaluation in Belize, Central America. In M. Crossley & G. Vulliamy (Eds.), *Qualitative educational research in developing countries*. New York: Garland.

Crossley, M., Broadfoot, P., & Schweisfurth, M. (Eds.) (2007). *Changing educational contexts, issues and identities: 40 years of comparative education*. London & New York: Routledge.

Crossley, M, Herriot, A, Waudo, J, Mwirotsi, M, Holmes, K., & Juma, M. (2005). *Research and evaluation for educational development. Learning from the PRISM experience in Kenya*. Oxford: Symposium.

Crossley, M., & Tikly, L. (Eds.) (2004). *Postcolonialism and comparative education*. Special issue of *Comparative Education*, *40*(2).

Crossley, M., & Vulliamy, G. (1984). Case-study research methods and comparative education, *Comparative Education 20*(2), 193 – 207; republished in A. Sica (Ed.), *Comparative methods in the social sciences*, vol III. London & Thousand Oaks: Sage (2006).

Crossley, M., & Vulliamy, G. (Eds.) (1997). *Qualitative educational research in developing countries*. New York: Garland.

Crossley, M., & Watson, K. (2003). *Comparative and international research in education. Globalisation, context and difference*. London & New York: Routledge Falmer.

Dale, R., & Robertson, S. L. (Eds) (2005). Globalisation and education in knowledge economies and knowledge societies. Special Issue of *Comparative Education*, 41(2).

Delanty, G. (1997). *Social science: Beyond constructivism and realism*. Milton Keynes: Open University Press.

Dore, R. (1976). *The Diploma disease*. London: Allen & Unwin.

Elliott, J., & Grigorenko, E. (Eds.) (2007). *Western psychological and educational theory and practice in diverse contexts*. Special Issue of *Comparative Education*, 43(1).

Epstein, E. H. (1994). Comparative and international education: Overview and historical development. In T. Husen & T. N. Postlethwaite (Eds.), The *international encyclopaedia of education* (2nd edn.). Oxford: Pergamon.

Foucault, M. (1972). *The archaeology of knowledge and the discourse on language*. New York: Tavistock Publications.

Fox, C. (2006). Stories within stories: Dissolving the boundaries in narrative research and analysis. In S. Trahar (Ed.), *Narrative research on learning. Comparative and International Perspectives*. Oxford: Symposium.

Fraser, S. E. (1964). *Jullien's plan for comparative education 1816 - 1817*. New York: Bureau of Publications, Teachers' College, Columbia University.

Freire, P. (1971). *Pedagogy of the oppressed*. London: Penguin.

Freire, P. (1982). Creating alternative research methods: learning to do it by doing it. In B. Hall, A. Gillette & R. Tandon (Eds.), *Creating knowledge: A monopoly? Participatory research in development*. New Delhi: Society for Participatory Research in Asia.

Furlong, J. (2004). BERA at 30. Have we come of age? *British Educational Research Journal*, 30(3), 343 - 358.

Goldstein, H. (1996). Introduction, in Special Issue of *Assessment in Education* on *The IEA Studies*, 3 (2), 125 - 128.

Goldstein, H. (2004). Education for All: The globalisation of learning targets. *Comparative Education*, 40 (1), 7 - 14.

Grant, N. (1977). Educational policy and cultural pluralism: A task for comparative education. *Comparative Education 13*(2), 139 - 150.

Habermas, J. (1978). *Knowledge and human interests*. London: Heinemann.

Hammersley, M. (1995). *The politics of social research*. London: Routledge.

Hans, N. (1964). *Comparative education*. London: Routledge & Kegan Paul.

Hargreaves, D. (1996). Teaching as a research based profession: Possibilities and prospects. The Teacher Training Agency Annual Lecture, 1996. London: TTA.

Hayhoe, R. (2006). Foreword. In S. Trahar (Ed.), *Narrative research on learning. Comparative and International Perspectives*. Oxford: Symposium.

Hayhoe, R., & Pan, J. (Eds.) (2001). *Knowledge across cultures: A contribution to dialogue among civilisation*. Hong Kong: University of Hong Kong Comparative Education Research Centre.

Hickling-Hudson, A. (1998). When Marxist post-modern theories won't work: The potential of post-colonial theory for educational analysis. *Discourse*, 19(3), 327 - 339.

Hickling-Hudson, A., Mathews, J. & Woods, A. (Eds.) (2003). *Disrupting preconceptions: Postcolonialism and Education*. Flaxton: Post Press.

Higginson, J. K. (Ed) (1979). *Selections from Michael Sadler: Studies in world citizenship*. Liverpool: Dejall & Meyorre.

Hillage, J. (1998). *Excellence in research on schools*. Research report no. 74. London: Department for

Education & Employment.

Holmes, B. (1965). *Problems in education*. London: Routledge and Kegan Paul.

Holmes, B. (1981). *Comparative Education: Some Considerations of Method*. London: Allen & Unwin.

Holmes, K., & Crossley, M. (2004). Whose knowledge, whose values? The contribution of local knowledge to education policy processes: a case study of research development initiatives in the small state of St Lucia. *Compare*, *34*(1), 197-214.

Kandel, I. L. (1933). *Studies in comparative education*. Boston, MA: Houghton & Miffl in. Kazamias, A. M. (2001). Re-inventing the historical in comparative education: Reflections on a protean episteme by a contemporary player. *Comparative Education*, *37*(4), 439-449.

Kazamias, A. M., & Massialas, B. G. (1965). *Tradition and change in education: A comparative study*. Englewood Cliffs, NJ: Prentice Hall.

Kemmis, S. (1997) "Action research" in J. Keeves (Ed) Educational Research Methodology and Measurement: an international handbook. Oxford: Pergamon.

Kennedy, M. K. (1997). The connection between research and practice. *Educational Researcher*, *26*(8), 4-12.

King, E. J. (1979a). *Other schools and ours* (5th edn.). London: Holt, Rinehart & Winston.

King, E. J. (1979b). Notes and comments. *Comparative Education*, *1*(4), 1-4.

King, E. J. (1989). Comparative investigation of education: an evolutionary process. *Prospects*, *19*(3), 369-379.

Larsen, M., & Mehta, S. (Eds.) (forthcoming). *Insecurity, desire and comparative education: North American perspectives*. Special Issue of *Comparative Education*.

Lauwerys, J. (1959). The philosophical approach to comparative education. *International Review of Education*, *5*(3), 281-298.

Lewin, K. (forthcoming). Diversity in convergence: Access to Education for All, *Compare*.

Little, A. W. (Ed.) (1997). *The diploma disease twenty years on*. Special Issue of *Assessment in Education*, *4*(1).

Mallison, V. (1975). An introduction to the study of comparative education (4th edn.). London: Heinemann.

Masemann, V. L. (1982). Critical ethnography in the study of comparative education. *Comparative Education Review*, *26*(1), 1-15.

Masemann, V. L. (1990). Ways of knowing. *Comparative Education Review*, *34*(3), 463-473.

Ninnes, P., & Mehta, S. (Eds.) (2004). *Re-imagining Comparative Education: postfoundational ideas and applications for critical times*. New York: Routledge.

Noah, H. J., & Eckstein, M. A. (1969). *Toward a science of comparative education*. New York: Macmillan.

OECD (2004). *Learning for tomorrow's world: First results from PISA 2003*. Available online at: http://www.pisa.oecd.org/

Osborn, M. (2004). New methodologies for comparative research? Establishing "constants" and "contexts" in educational experience. *Oxford Review of Education*, *30*(2), 265-285.

Osborn, M., Broadfoot, P., McNess, E., Planel, C., Ravn, B., & Triggs, P. (2003). *A world of difference? Comparing learners across Europe*, Maidenhead: Open University Press.

Phillips, D., & Ochs, K. (Eds.) (2004) *Educational policy borrowing: Historical perspectives*. Oxford: Symposium.

Phillips, D., & Schweisfurth, M. (2006). *Comparative and international education: An introduction to theory, method and practice*. London: Continuum.

Postlethwaite, T. N. (1999). *International studies of educational achievement: Methodological issues.*

Hong Kong: University of Hong Kong Comparative Education Research Centre.

Reddy, V. (2005). Cross-national and achievement studies: Learning from South Africa's participation in the Trends in International Mathematics and Science Study (TIMSS). *Compare*, *35*(1), 63 – 77.

Rizvi, F. (2004). Debating globalisation and education after September 11. *Comparative Education*, *40*(2), 157 – 171.

Rogoff, B. (1990). *Apprenticeship in thinking. Cognitive development in social contexts*. Oxford: Oxford University Press.

St Clair, R., & Belzer, A. (2007). In the market for ideas: How reforms in the political economy of educational research in the US and UK promote market managerialism. *Comparative Education*. 33 (4), 471 – 488.

Sachs, J. (2007). A new politics for a new age, 2007 Reith Lecture for the BBC (http: www.bbc.co.uk/radio4/reith2007/lectures5.shtml).

Schriewer, J. (2006a). Comparative methodologies in the social sciences – Cross-disciplinary inspirations. Special Issue of *Comparative Education*, *42*(3).

Schriewer, J. (Ed.) (2006b). Comparative social science: characteristic problems and changing problem solutions. *Comparative Education*, *42*(3), 299 – 336.

Sadler, M. (1900). How far can we learn anything of practical value from the study of foreign systems of education? In J. H. Higginson (Ed.) (1979), *Selections from Michael Sadler*. Liverpool: Dejall & Meyorre.

Selner, D. (1997). *Participatory action research and social change*. New York: Cornell University.

Simola, H. (2005). The Finnish miracle of PISA: historical and sociological remarks on teaching and teacher education, Comparative Education, 41, 4: 455 – 470.

Sislian, J. (Ed.) (2003). *Representative Sadleriana*. New York: Nova Science Publisher.

Spindler, G. D., & Spindler, L. (1982). Roger Harker and Schonhausen: From the familiar to the strange and back again. In G. D Spinder (Ed.), *Doing the ethnography of schooling: Educational anthropology in action*. New York: Holt, Rinehart & Winston.

Stenhouse, L. (1979). Case-study and comparative education. Particularity and generalization. *Comparative Education*, *15*(1), 5 – 11.

Stromquist, N. (2005). Comparative and international education: a journey toward equality and equity. *Harvard Educational Review*, *75*(1), 89 – 111.

Stuart, J., Morojele, M., & Lefoka, P. (1997). Improving our practice. In M. Crossley & G. Vulliamy (Eds.), *Qualitative educational research in developing countries*. New York: Garland.

Tikly, L., Lowe, J., Crossley, M., Dachi, H., Garrett, R. M., & Mukabaranga, B. (2003). *Globalisation and skills for development in Rwanda and Tanzania*. London: DFID.

Tooley, J., & Darby, D. (1998). *Educational research. A critique*. London: Office for Standards in Education.

Trahar, S. (Ed.) (2006). *Narrative research on learning: Comparative and international perspectives* (Bristol Papers in Education, Comparative and International Studies). Oxford: Symposium.

Vulliamy, G. (2004). The impact of globalisation on qualitative research in comparative and international education. *Compare*, *34*(3), 261 – 284.

Wertsch, J. (1995). *Socio-cultural studies of the mind*. Cambridge: Cambridge University Press.

Wilson, D. N. (1994). Comparative and international education: Fraternal or Siamese twins? A preliminary genealogy of our twin fields. *Comparative Education Review*, *38*(4), 449 – 486.

31. 大故事,小故事:超越争议性理论,迈向"多元对话"

索尼娅·梅塔(Sonia Mehta)

献给罗兰·波尔斯顿

终究会有这么一天,在我们的后代看来,声称语言仅指代其自身的"相对主义者"与声称有时候语言可以对应事物的一种真实状态的"现实主义者"之间的战争会展开,就如同关于神圣遗产的争论一样难以理喻。

B.拉图尔(1999)

引言:一个小故事

作为比较教育学的一名"国际"学生,我进入了国际与比较教育学领域,它带给我非常不同的学术传统和文化历史。我将这个领域看作一个理论的殿堂(或者印地语中的"王庭"),它被一种组织结构置于特定范围学科的学术框架中进行管理。其中的学科术语经过专业大纲的选择和管理。这是一个强大的王庭,即使该殿堂上的辩论已经很遥远但是依然很熟悉。我急切地去学习它的语言。我注意到了这些最宏大的故事中闪烁的承诺:对全人类的提升以及社会进步的承诺。我将这些当作我自己学术的宏伟设计的推进器。但很显然,我对此已不再抱有幻想:似乎没有办法表达清楚我像一个秘密一样随身携带的两组不同而单独(对于我而言,是珍贵的)的故事。我带着我自己的小故事进入这一领域,我认为这些故事在更大层面上是有一点意义的,并且我不是唯一一个这么想的:其他学生也带来了他们自己的小故事。但是我发现我的故事变得越来越模糊,因为无法用语言描述它们,并且社会教育实践将它们丢弃在一个遥远的边缘上。在比较教育学研究的殿堂上没人为它们辩护,虽然更多是出于忽视和孤立而非恶意而为。我的故事和一些同学的故事仅仅是无关紧要的,也并不是那么直截了当;或者当它们被慢慢地列入更加强大的和有说服力的教育论述中的研究选项时,它们慢慢改变了原貌。我的故事只是一个小故事,它在教育学问题的大框架中显得很模糊,但是这却促使我对它被置在教育、社会和人类背景下而感到好奇。我要感谢两位亲爱的朋友,感谢他们的帮助使我逃离了这种自我抹杀的状态,帮助我避免将无处不在的人类多样化压缩到这种令人窒息的二元逻辑中。彼得·内斯(Peter Ninnes)和罗兰·波尔斯顿(Rolland Paulston)用他们各自的学术方法、宽广的人道主义、同情和远见向我展示了理解自我以及我通过教育所做的事情的一种流动而可塑的情景,同时还为我提供了另外一种可能的现实。

争议领域中的争议时代

这篇文章的理解是放置在英美比较教育研究的背景下的。首先我通过追溯之前在该领域所完成的一些研究来展开话题,这些研究开启了从事比较教育学研究的新方法以及其他的不同方法,同时又标志了其在学术范围内已经引起的巨变。比较教育学一直与自己的经历做斗争。比较教育学领域被看作是多元且不拘一格的(Laska,1973;Paulston,1994),被看作是对某一具有巨大可能性的领域的知识进行选择性表达(Schriewer,2000)。虽然现代主义已经主导该领域很长时间,但是还可以看到这个领域在朝着意识形态方向发展而不是现代化方向(Paulston,1999;

Rust，1991；Kelly，1992；Welch & Masemann，1997；Cowen，1996，2000）。关于从比较教育学的历史和起源中去除了什么以及对其拒绝接纳的叙事的担忧，有各种各样的疑问（Cowen，1996，2000；Ninnes，2002）。考恩重新审视了比较教育学对其身份的认知和"早期意识形态"的偏见，建议要用反思性和批判性的眼光看待比较教育研究历史文献，并指出了"小故事"中所隐藏的关键价值：

> （如果）一个好的比较教育学要能够将历史、社会结构和个体经历的力量组合起来理解，则将个人身份纳入我们的研究中是非常关键的……任何一份关于移民社群和移民的当代世界读物都表明，当前比较教育已经与其意图要倡导的有关"他者"的研究领域脱钩了。（Cowen，2000：336）

梅斯曼（Masemann）在 1990 年写道："我们如今认识到的呈线性分割的教育传播形式很可能会在一个珍视多元化的世界中变得缓慢或者停滞。"（Masemann，1990：473）她还倡议"要超越一种可能的适应性反应形式……在那里'神圣的知识'被学者和研究者们制造出来"（Masemann，1990：469）。在我所阅读过的研究文献中，梅斯曼、考恩和其他一些人赞同在一个多元化社会里使用其他方式来思考教育问题，并且暗示需要非线性和相互联结的教育形式，这种教育形式能够应对我们目前所面对的多元化世界。这种后殖民和后现代思想潮流，无论多小，在很大程度上都是因为寻求思考比较教育学研究的更相关和更包含的方式而产生的，这表明了正统比较教育学起源故事的转变/转向。我认为这一转变/突破不仅在一定意义上打断了主流的关于比较教育学是什么或者可能是什么的故事，而且也在很大程度上转移或者说远离了英美比较教育领域的现代主义前提。这一"转向"（Paulston，2004）遭到了激烈的谴责，这些谴责者们更倾向于如比较教育学和通识教育建立者们所看到的世界那样的熟悉性和可预测性。最近一次的激烈争辩是爱泼斯坦（Epstein）和卡罗尔（Carroll）所写的发表在《比较教育评论》2005 年第 49 期的文章《滥用的祖先：比较教育学的历史功能主义和后现代偏离》。而在这篇文章发表的 3 年前（即 2002 年），内斯在美国斯坦福大学阐述了自己的文章《比较教育的起源故事和松散构成》。2005 年，波尔斯顿完成了自己最终的绘像，特别指明了学术和知识文化的碰撞。本文后面会详细解释这些绘像。

内斯通过他的文章质疑了比较教育学的起源故事，并且通过使用批判话语分析（CAD）方法对讲述比较教育故事的文本和出版物进行分析来追溯（也替换了）比较教育学的主导性话语体系（Ninnes，2002）。1994 年，波尔斯顿展示的当前（比较教育学领域中的）多元化视角绘像，引起了比较教育学界和更广泛的普通教育学界的注意。同时，他还引入了一种看待理论和研究的特别方式，这是一种包含性而非排除性的对待比较教育学各种知识群体的方式。波尔斯顿成功地标记了参与比较教育学领域的重要的多样化和差异性。正如波尔斯顿的比较教育研究领域绘像显示，比较教育学研究的知识表述还在不断改变和增长。

争辩时代仍在继续。随着局部小规模争论加速演变为学科性的争斗，旧的正统学说受到了挑战；即使"科学"和"非科学"之间的旧战斗没有继续分化该领域的学术。此外，对社会科学"起源"的批评观点指出，启蒙者们为了理性和人道主义意识形态的优雅和美丽，塑造了一个对社会差异和非西方文化（也是非科学知识文化）怀有敌意的社会，并且产生了不幸的社会效应——促进对人类多元化的极其不容忍以及为个体和群体塑造了社会差异性（Seidman，2004）。这并不是说在启蒙运动与其有关的事情之前，个体和群体中就没有社会差异性，因为也存在宗教或者社会分类、不同宗派、种姓制度、男性和女性等。但是，在教育话语中，也许如同在身份构建的其他领域一样，我们依然为了神圣遗产、或大或小的故事而战斗。只要一些认知方式看起来比另外一些更加有效或者更加有价值,则总会存在关于一种理论与另外一种理论的有效性和伦理性的尖锐争辩。

在这个领域中,我们长期以来一直忙于各种讲述教育学和社会学故事的不和谐方式——这类辩论近来越发激烈并且充满硝烟味,由于包含了"后"启蒙运动理论(后现代、后结构化、后殖民等),对这些理论的赞同或者谴责导致教育学领域的人们的立场如同一个理论鸿沟的两侧。我认为这是一个人为的鸿沟:反对现代社会学的"统一故事"并非表明反对经验主义科学或者反对认为人类的研究可能会带来一个更好世界的想法。但是它确实说明科学事实相对于所有其他研究所具有的优势和特权限制了认识论选择和对人类多元性的全面理解。抛弃两极分化也表明,如果不抛弃对社会现实的解释性说明的承诺,而是用社会公正和批判性道德反身性的原理来替代他们的"真实"和社会"进步"原理,用体系和叙事来替代他们的模型和功能对比,则会更加促进对社会中人类境况的理解。但是,学术界继续出现与权利、声望、制度性认可、个人或者其他原因相关的反对的理论立场,从而维持了区分知识文化的分歧。这个理论分歧对于从事比较教育研究的学生尤其有害,而且它也可能会产生更大的限制某些研究的效果,这些研究对基于教育学研究(特别是比较教育学研究)而制定和实施政策决定的个体和机构有直接的影响。学术界的二元对立逻辑和区域主义也严重损害我们自己的简单(以及复杂)的人性。

本文采用比当前颇受争议的视角更宽泛的视角,意图来发现准许和授予学习特权的图景,而不是区域,这样那些从事塑造本体论选择领域的人们可能首先会从事于反学习[这是1989年赫尔德罗(Heredero)创造的社会意识领域中的术语]、学习和再学习实践,也就是"反身性"——这一词语指的是通过文本本身的构造来理解文本,或者通过研究自己故事的构造性来理解研究者。为此,我采用了波尔斯顿最近的研究和绘像来识别并引导"大"和"小"故事朝一种比较方法发展,这种比较方法包含这些过程:这些故事是如何构造的;它们怎么变大或者变小的;如波尔斯顿在他的构想中所示,叙事是如何"看到"并将对方放置在一个相互联系的网络中的。使用绘像方法和批判性话语分析,我的文章继续了关于如何像元话语和小话语一样实现这种"多样性"(构造出多样性的知识视角),特别是将批判性话语分析方法的形式和后现代社会制图学结合起来用于比较教育学研究中。对于那些忍受后启蒙时代语言疲劳的人来说,在我看来这只是一种让语言表述有更多选择的简单练习,通过这种方法来描述我们的多样世界和观点。我们相互连接的、充满争议的、全球化的学术环境以及学术活动和机构让我们可能越过各种思想争辩,并且问道:在争议和分歧的最后,它能够为我们学习和教育群体做什么?

大故事和小故事

麦卡锡(McCarthy)和德米特迪斯(Dimitriadis)质疑了工业时代之后教学本身的知识组织形式:"不同于……当前变化的潮流,主流教育学思想家……倾向在已经建立的学校课程以及丰富了年轻人学校之外的生活的多样世界之间画一条清晰的界线。"(McCarthy & Dimitriadis,2001:2)这指出了将一些故事从倾向于教导和指示的知识体系中排除的问题之一。如果从体系论视角来看,当遵守了二元论,则就会概念化两种独立的知识体系,一种知识体系中存在可能被其他知识体系排除在外的有争议的思想和理论,另一种包含不稳定和不断变化的当地看法和不同的本体看法。在这种僵局中,权威和仪式的调度开始体现,在其谱系学意义上,构造了合法的/学术的/官方的知识以及被视作"知识"的话语,并排除了"不是知识"的替代性知识体系,从众多文化中选择了其中的知识文化。

小叙事(小故事,本土的、经验性的、主观性的和对元叙事的颠覆/越轨/质疑)以及元叙事(大故事,全球的、理论的、客观的且排斥小故事的)从此就变成了互不相容的两种话语体系。这种二元分歧特别会对更广阔的研究和理解过程产生影响。第一,当某些故事试图成为主导话语的一部分时,它们的声音往往被抹掉,并且当这些故事变成人们可见的话语中(研究、"深描",或者隐喻性的社会学描述、政策等)的一部分时,由于传播或者翻译而会导致损失。第二,存在我称之为隐形问题的问题(因为被抹杀而隐形),即向学生否认关于教育学的最多元的观点,对于一个基于跨文化和多学科身份的领域来说,这是一个重要的问题。抹杀问题发生在语言和身份之间,经验和斗争之间。我们面临着制造问题的问题：当知识的取向被有效地排除在外时,如何制定问题框架以及铺设逻辑？我们同样也面临着包含性问题：需要包含什么,不能包含什么；什么算作知识,什么会在该话语体系中变得"合法"。

大叙事和小叙事

大故事,或者元叙事是首要的理论意识形态或者普遍的故事。小叙事或者小故事是特殊的、主观性的和普遍存在的反理论(每个人都有自己的小故事)。当任何叙事被纳入(Sommers,1999)一个设定了排除和参与(比如,社会自然主义或者宗教价值观)规则的二元编码体系中时,就可能变成一种元叙事。这种二元编码将叙事性质完全改变成为一种更加强大的权威和权势,并且在完全相反的证据面前,给予这些元叙事"自然化"或者"神圣的"永久性。这也意味着这种二元分歧内部含有对抗性,使得它的替代性观点变成不受欢迎的事物,这与元叙事所享有的"自然"或者"真实"的规则相反。比如,启蒙运动的元叙事就是这样被"自然化"为一种社会存在状态,以至于它能够孕育出任何数量的理论,这些理论强调了社会自我完善的"自然"需求,支持声称这是一种普遍愿景的真相。我不是想要恶魔化元叙事背后的期望,或者恶魔化任何就此而言的话语。我意图要做的是强调元叙事形成过程中的一部分,这部分被内化、巩固并且被认为是关于社会状态或者社会中的个人的"真实"的神话。萨默斯(Sommers)在她的追溯元叙事的建构的文章中表示,当叙事变成元叙事时,它们就不能很容易地被摧毁。基于这些叙事是存在于二元逻辑之上的,因此它们有两种重要的效应：它们产生并维持了包含和排除之间的界限,从而变成认识论的"守门人"(Sommers,1999：145),在这个领域内,更加"合法"的知识文化变成了基于基础性知识计划或者二元逻辑的文化,而不那么"合法"的知识文化则被认为是基于偶然逻辑的知识文化。因此,知识文化就变成相对立且互不相容的文化。

我认为小故事往往会质疑元叙事,并且它们是多元的和本土的,当它们出现在元叙事的对立面时,有时候被认为是破坏性的话语。小叙事质疑了元叙事的权威性,并且往往能发现其理论局限之处。安德里亚斯·穆佐尔夫(Andreas Musolff,2006)称小故事是"源概念"并且在社会争论构架中分析了小叙事的源概念的组织。在社会学研究中,对于从事构建"起始故事"模式的研究者而言,小叙事是非常有用的工具；或按照康勒(Conle,1992：165—190)的看法,小叙事是对立于概念性框架(换种说法,就是对大故事的选择)的"经验性话语"。但是,小故事的支持者们说什么,则小故事就是什么,且在进入公共领域之前,这些小故事一直不为人所知。在这样一个"王庭"中,在大故事和小故事范围内转向波尔斯顿的知识文化绘像带来一种受人欢迎的瓦解：所有故事都被勾勒成文本,这些文本"讲述"了有特定效应和影响的具体类型的故事。更重要的是,这个绘像提供了让文本相互对话的方式,让故事们彼此联系的方式。对于一个面临着相互矛盾的真理和权势声明的学生而言,将这种图景看作是一种互动系统是弥足珍贵的,这种图景后续可能会被重新勾勒以改变目前展现的动态特性。最后是关于对一种替代性语言选择的需要,接触到该替代性语言的途径的需求,以及获得对元叙事和小叙事语言记录能力的需要。

波尔斯顿在 2004 年国际与比较教育学协会年会上完成了自己的最终绘像。本来他的健康情况是不允许他出席那次会议的,但是他的绘像为比较教育研究领域的人们的可能未来提供了丰富的、富有成果的指示。下一节我们会展示他手绘的绘像(这里是其电子复制版)和我对该绘像的解读,以及该图为比较教育研究所构建的一个不同体系的可能性。

波尔斯顿问道:"在这样一个异化且充满动荡变化的时代,我们如何实践我们的比较教育艺术?"到现在,人们已经提出了几种不同的选项。其中之一是坚守我们学科创始人的永恒真理。另外一种是吸收并优先考虑其他学科的文化差异性。也有一些人为了避免这些问题,使用了大剂量的科学严谨的"药品"——或许是文化混合。相反,我更愿意赞成将所有"大故事"重新刻入小故事的领域和空间内。这种偏离二元逻辑的本体论和认识论的转变带来了一种可能性,即我们比较教育学领域可以有更加多元化和交互性的制图表述。因此,构成关于知识辩论的各种视角可以被纳入差异性网络中,这些网络对其他个体和其他可能的故事是开放的。这并非赞同一种对比差异性的中立立场或者中立语言。所有理论选择都按照自己的术语提供了一种看待世界的观点,而且都可能会被另一种理论立场所批判。我们当然可以坚持我们观点的绝对合法性和正统性立场,并试图将其他表述排除在外。或者我们也可以采用克里福德·格尔茨(Clifford Geertz)的"拒绝"方法为人类理解的精彩多样性加入一种单一的还原性故事。在漫长的学术路途的终点,我选择加入到这些愿意尝试一些看起来不太可能实现的任务的人中,"认可一个人的故事的偏向性(事实上,所有人的故事都有这种特性)并依然带着权威性和确定性去讲述这个故事"(J.W. Scott, 1991:42—43),同时将其绘入比较教育的争议领域中。通过这种方式,我们开始设想如何让我们的领域被人看到——构建成一种表述,一种关于我们的复杂多元化现实的图画(Paulston,2004)。

波尔斯顿的绘像表明了将空间分割开来的本体论割裂——小故事可能出现在这里,同时也展示了这种可能性的条件。

波尔斯顿的绘像通过话语的核心价值、本体论、认识论和关注重点描述了并绘制出了五种话语类型。这些话语类型包括表意性话语、一般性话语、民族话语、不可知论话语和制图性话语,并在表 1 类别属性中详细地做了解释。读者将这些"文本"想象成叙事或许会非常有用,无论是书面还是口头的,这些叙事都包含了特定开端、当前事件(中间)和结尾、结局或者结论——它们用特定的知识文化设定了该叙事以及其内在的世界观。

尽管这个绘像展示了对立的知识构建,但是如果叙述者(绘像者)的价值体系本身不是对立的,那么,这些知识也不应该是对立的。我认为这种知识文化绘像的循环本质也展示了当某一叙事与其他叙事出现在一起时,该叙事中所缺失的东西。因此,随着一个人重新绘像并质疑这个绘像本身,并且参与其他叙事[因为"他者"现在与这个人("我")在一个相关联的话语中],这幅绘像便开启了一种朝向反学习和再学习方向发展的对话或者是"多元对话"(涉及多层次的沟通)。希望这幅绘像及其坐标系统能引发自我的辩论。出于完成这篇文章的目的,这幅绘像也让我改变了自己的理论立场并重新思考我自己的知识文化。本文最后是对比较教育理论可能的教学法模式的评论。

本文中复制的绘像的原版保存在美国匹兹堡大学的特别论文系列中。

表1　图1中的五种研究视角和话语所构建的多样性的比较教育

	核心价值 （价值论）	倾向的实在 和存在方法 （本体论）	赞同的 认知方式 （认识论）	学科关注	对　比	包含类别 "小准则"的 描述性文本
话语体裁						
1. 概念性 描述（表意 性体裁）	唯物论者 文件资料 表述 一致意见 类比 指令 线性	实在论者 计算的 客观的 实证的 基础的 实在	数字 案例学习 类型学 计算 分类的	社会和历史研 究 教育规划和评 估	数据,分类 案例,类型 规划,时间 命名 事实	Jullien(1817) Comte(1876) Kandel(1961) Bereday(1964) World Bank (1995) Bray(2000)
2. 因果性 解释（规则 性体裁）	合法关系 分析的 基本事实 普遍性 验证 确定性	形而上的 命题式的 逻辑 排斥性 分离的 合法实在	系统模型 分析 定量性 相关性	社会科学 社会学和经济 学 统计学 政策学	理论 模型 功能 系统 "社会事实"	Durkheim (1895) Anderson (1961) Archer(1982) Khoi(1986) Schriewer (2003)
3. 文化性 阐释（人种 志体裁）	共鸣 真实性 调解性 整体论 洞察 参与者身份 人类能力	定位的 主观性的 诠释性 相对性 反身性 经验性 实在	民族志 深度描述 解释 符号化 定性的 解码 构建含义	文化人类学 人种学 文化历史 民俗学 人文学	叙事 神话 偶像,古物 编码 图像 仪式	Cassirer(1957) Geertz(1993) Rockwell (1996) Hoffman(1999) Masemann (1999) Epstein, I. (2003)
4. 争议性 阅读（对抗 性体裁）	差异性 矛盾 抗争 替代性 文本性 反语 不确定性	矛盾性 形成 主观性 无神论的 批判性的 混合的 争议的 实在	揭示矛盾 疑问 揭露和解析 修辞 不可知的 准逻辑	符号学 诗歌 文化研究 女性主义研究 后殖民研究 哲学 修辞学	不可见的和 可见的 省略 比喻,类别 话语 叙事 多声音	Gore(1993) Bain(1995) Cowne(2000) Ninnes & Mehta(2000) Hickling- Hudson(2003) Seidman (2004)
5. 透视主 义绘像（制 图体裁）	多样性 多元性 异位 空间 视觉 游牧的 表面	相互联系的 透视主义 包含性 流动性 关系实在	空间联系和网 络模式化 绘像学 并存 认知绘像	比较研究 文化地理 控制论 思想史	世界观 看待模式的 方式 知识 表现 网络,空间 关系	Foucault(1986) O'Dowd(1999) Rust(2000) Shroff-Mehta (2002) Ahmed(2003) Gorostiaga & Paulston(2004)

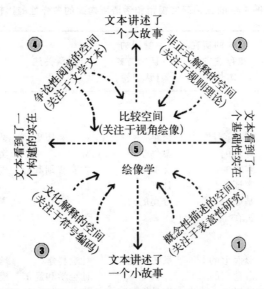

图1　对比比较教育话语中的知识空间和研究类别的亚历山大式绘像(Paulston，2004)

注：附录 A 中有构建每种类别的小标准。

从事多样化研究：后现代社会制图学与批判性话语分析该如何合作

　　这个问题依然是关于如何实施多样性和主观性。我建议使用一种叫多元对话的模式，这种模式由大量教学法主题构成。在文本层面，批判性话语分析关注于话语的社会、历史和政治背景。这一思想学派着眼于话语之间的关系、话语对人类主观性的影响以及权势和知识是如何通过这些影响而传播的(Foucault，1980)。在卢克的文章中(Luke，1999)，根据福柯和德里达的看法，语言和话语"不是描述或者分析社会世界的透明或者中性的方法……(福柯)，更普遍的是指在各种类型的当地文本中重复出现的关键词和表述。这些表述交互性地出现在各种文本中，并且组成了学科和范式知识以及实践的熟悉模式"(Luke，1999：163)。德里达质疑是否可能存在权威性解释，因为所有的文本都是多义的(差异性的动态作用，即不同社会背景下的不同读者会得出多种、不可预测的和特殊的含义)。因此，在社会制图学中"文本"就变成了"叙事"。该绘像的多元化读者能够重新绘像，重新讲述该绘像上与其他叙事有关的文本。

　　批判性话语分析因而开始于特定的假设——"说者和听者、读者和作者之间的权势和资源的系统性的非对称，这种非对称性与他们对语言和社会资源的不同等获取性有关"(Luke，1999：167)。费尔克劳和沃达克(Fairclough & Wodak，1997)进一步详细说明了批判性话语分析这一既有颠覆性又具有建设性的任务。根据费尔克劳和沃达克的研究，批判性话语分析的颠覆性力量中断了文本性和语言性事件的动态力量，并对这些事件的主题提出疑问。在其建设性任务中，批判性话语分析允许学生使用大量资源，通过在进程中平等地分配这些话语资源来批判性地分析社会关系。

　　根据彼得·内斯对批判性话语分析文献所做的分析(Ninnes，2002)，批判性话语分析通过语言假定话语是一系列社会实践的形式，它们在一定社会情景中形成，而同时这些社会情境又由它们建构，这是一个辩证的双向过程。内斯向我们展示了话语如何会拥有实质的效应，这一效应能塑造、再生产、中断又重新塑造不平等关系，从而使话语成为社会行为的一种形式。在处理文本性材料（书面文字）时，批判性话语分析在一定程度上利用了系统功能语言学的方法。如韩礼德和哈桑（Halliday ＆ Hasan，1989）所说的，使用文本的词汇和语法特征有以下三个功能：

在"语场"层面上：文本表征并且展示了社会世界和自然世界；

在"语旨"层面上：文本构建并影响了社会关系；

在"语式"层面上：文本在特定媒介中发展了可识别的作用。

"语场"也认为文本是特定选择性世界观下的书面和口头文字，或者"主体地位"。"语旨"可以被看作"阅读地位"，即文本规定的社会关系。通过建立阅读地位的"语式"，文本能够定位读者，将他们置于关乎文本的可识别的权势和能力关系中。

在批判性话语分析中，通常文本的主体地位已经分析了文本宏观结构中的文化假定，关注于价值、意识形态、"声音"和表述的选择传统。这种技巧能让将要被分析的文本展示出它们如何构造并规定了人类主体之间的社会关系，以及"它们如何构建读者和作者、学生和课本之间的权力和能力的区分性关系"（Luke，1999：170）。通过这种视角，有可能利用一些话语来分化和限制其他话语，而也正是这些话语有可能颠覆性地重构了它们所限制的话语。因此，由于教师和学生对话语文本的重复行为，这些话语最终会落到按照话语实践的人手中。分析的主题，例如关于教育的价值和信念系统，或者消除贫困，就是人们所说或者所认为的（话题）（Game ＆ Metcalf，1996）。

事实上，批判性话语分析研究在文本和言语中说了什么、没有说什么以及不能说什么的阐释性网格。这种方法关注于特定的条件，在这些条件下，"实在""真相"和"知识"被制定和维持，某些特定话语和被吸收的话语被看作比其他话语更加具有主导性。在这个意义上，批判性话语分析成为多元化读者创造地图的关键过程，即完成地图坐标系的关键步骤。

福柯描述了一些话语而不是其他话语如何在特定语境中变得显著，这种显著性和维持该显著性的条件，这两种话语的相互作用的权势关系，以及它们的转化是独立的、相互的或者是相关的（Foucault，1972）。批判性话语分析允许人们对话语提出疑问，质疑各种口头、书面和符号文本（在展示这些话语的社会历史条件与权势之间关系的范围内）是如何组成并定义了知识、学习者、教育者、学术和机构身份的。批判性话语分析不仅仅涉及文件内容，还涉及它们的发展过程和结果。

当有更多的人从事于制作一幅知识构建地图时，绘制多元性图像的挑战将会被解决。如波尔斯顿（Paulston，1996：xvii）指出的那样，绘制地图认可并模式化了差异性："比较学研究中的空间转向将更少关注形式理论和矛盾的观点，而更多关注图像偶然性知识是否可以被看作是具身性的，基于具体情境建构的，并且在变化的场域中呈现出对立但有互补的立场。"波尔斯顿列出了绘像过程的一般性框架，分为六个阶段：

选择将要绘制的"问题和争辩"；

1. 选择"构成这些争辩的文本范围"；

2. 完成对这些文本（或者叙事）的"细读和宏观分析"；

3. 确定"这些文本交互混合中的位置范围"；

4. "分享"：波尔斯顿建议在绘像上标识出那些分享看待和沟通现实的方法的文本性群体以及它们的位置。有可能也会发现差异性。

5. "重新绘制"：绘制过程的最后一步，也是我感觉最关键的一点，是关于教学法的，即波尔斯顿建议将这幅绘像放置到所涉及的个体和知识群体中去检验，然后按照期望的目的重新绘制或者分享对该绘像的不同阐释。

绘制过程要求选择一种坐标系来勾画出文本所讲述的各种故事。这可以通过差异性或者相似性实现，但是这些差异性或者相似性内部也可能会有分化，从而导致重新绘制。可以在绘制过程的任何时间利用批判性话语分析任何叙事，而分析结果有可能会改变该叙事在绘像中的位置。

多元对话

多元对话(此为我创造的术语)的概念对那种认为有差异的教学法只能在教室内完成的看法提出了质疑。最具有流动性的空间最终可能不是从传统空间中找到(比如教室)，而会出现在结合了批判性话语分析的网络空间中(使用语言来解构话语)、后现代制图方法中(让选择进入话语的参与者的位置具有可流动性)以及其他面向过程的批判和表述的工具中。多元对话的概念意味着将构建的教学地点从课堂扩展到任何环境中，呈现普遍和/或不同的空间。多元对话利用了对话的概念并将其放大化，从而会产生一幅内部和外部的绘像，并且产生分享和讨论这些绘像展示的差异性的能力。我认为，共有空间将绘像中的话语呈现成一个群体，这表现了改变本体论和方法论坐标系并引入新坐标系的方法。因而，话语的参与者会参与到一个创造"知识"，或者甚至是"问题解决"的非常有意义的方式的构建过程，参与的方式可以允许话语中出现个人表达和集体互动。

罗兰·波尔斯顿为了让知识越来越具有反身性和包容性，将构建以及再构建知识视角作为自己毕生的工作。超越现代与后现代、正统和异端之间的争斗，他看到了国际学术关于其异质性的未来：网络化和协同性。这体现了多元化实在中的信念，其中既有大故事也有小故事的空间，它是多维度的、复杂的、变动的以及具象化的；在其中，文本间的交互性关系接过了元话语留下的内容。因此，我们从共享和孤立的历史、国家体系和社会运动的宏大故事，以及小异议和其他故事(或者小话语)的中断，转向了一个协同的过程和持续变化的话语。

多元对话依照以下概念性框架发挥作用：

如构建性和颠覆性概念一样，涉及他者和异化；

对同时存在的多种声音的认可；

针对有可能的沉默声音的自我意识的尖锐偏见；

对所有叙事和知识文化中界限、混合性、转型/转型学和运动的存在的认可；

认可颠覆和重构、固定和流动性在学习过程中是被期望的并且是被允许的；

认可权力的存在和效应；

认可每个故事的局限性：所有的知识都是部分性的，并且是在读者和文本的互动中以及多元化交流中建立起来的；

认可每件事都是危险的，以及有能力反身性地参与各层面活动能让我们产生相互连接的力量而非静态的沉默的力量。

将批判性话语分析和后现代社会制图学结合起来给予了我们实施"多元对话"的方式。根据20世纪20年代米哈伊尔·巴赫金(Mikhail Bakhtin)的文学理论，所有表述都是对话性的，因为它期望获得接受者的反应，并且是朝向另外一个人表达的。也就是说，我们通过言语被自己与其他人感到的关系所定义。巴赫金还论述了在认知以及意义构建情境下时间和空间关系的内在联系性。但是，福柯和列斐伏尔(Foucault & Lefebvre, 1974)两人认为空间关系优先于时间，标志着"去空间化"历史的结束。丽贝卡·玛图瑟维奇(Rebecca Martusewicz)的《寻求通道：后构建主义、教学法、伦理》描述了塞拉(Serra)关于"噪音"(由于有太多的小故事而经常被搁置)的观点："塞拉论述了在逃离表述困扰的意义空间里，每个文本或者每个相关知识中的'美丽的噪音'

或者'过多经验性'"(Martusewicz,2001:13)。如果多元对话过程导致研究在教学意义上被配置为包含此类噪音(如同在绘图过程中的可能性一样),那么在"过多经验性"的范围内会有一个或者多个对知识开放的空间。实际上,它可能会打开其他潜在意义和形式的话语,这是一种将个体学习者的所有多元部分、受到压制或者褪色的渴望以及对人类条件的理解应用到知识创造的公共或者私人场所的过程。

超越后现代:结论

教学法的后现代主题是非常有用的,因为它们改变了整个获取知识的范式,但同时也毁掉了范式界限构建的体系。斯特罗纳克和马格禄(Stronach & Mclure,1997)有效地展示对教育学研究的重读或者消解,不仅能打破界限构造和维持的实践,还能从旧研究中挖掘出"新"见解。在那种意义上,后现代教学法既是微观的也是宏观的:微观是因为它们涉及研究关系的细枝末节;宏观是因为它们涉及这些细节之外的效果、行动和影响。

或许比较教育研究的力量存在于其允许该领域的多样性并昭示领域发展的能力(或可能性)。一方面,它在理论和概念上展示了差异性;另一方面,在研究领域又将其落到了实际行动中。展示理论可能意味着它们被表现为遥远的和静态的空间或者不取决于其所定义的背景。我一直认为需要一种展现多元性观点的方式,它要考虑到过程、个人主动性(无论是教师、学习者或者其他人)的"干预",以及变化、关系和联系组织的可能性。如同批判性话语分析和后现代社会制图学一样,多元话语也强调在经验知识范式范围内的未经验证的权力的效果,允许所有参与者在自我意识下将自己放置在某一话语之中。多元对话,最终打破了指导者和被指导者之间的权力关系和障碍,让二者同时参与到学习过程中。只有一个集体才能产生一个有效的多元对话模型,这也提出了传统研究方式的下一个阶段内容。在某种意义上,多元对话以对价值的重新调节为开端,它如同一种无形的教学法,如同一种在故事展示(绘像)以及分享性学习(再绘像)结束之前就已经开始的过程。

通过罗兰·波尔斯顿的工作,以及彼得·内斯和其他人完成的对批判性话语分析的大量诠释,这些情况已经能够成为可能:越过元叙事的尖锐排他性和小叙事的极端主观性,向着展示这些知识文化或者选择的可能的连接性和它们对对方的依赖性的过程转变。对于一个通过为各类合法性而竞争的空间试图去讲述一个故事或者一组故事的学生,对于一个通过文本和视觉工作的学生,在面临学术合法性的整体责难时,空间媒介能提供逃生口和个人肯定。那些认为我们不得不涵盖这一领域并将其规范为一个更安全和可预测的群体的人们肯定明白真的已经没有后路,因为过去从未是静止的,并且比较教育学的内容、人和地点都变得多样化了。无论是争议性地还是默契地,全球范围内关于比较教育学的研究还在进行。实际上,大多数的身份都是多元的、文化的、种族的甚至有可能是伦理的。

想到等待表述的这些难以想象的故事是一件令人胆怯的事情;绘制这些难以想象的故事也是一件不舒服且无法预测的事情。我想响应罗兰·波尔斯顿和彼得·内斯,并提出这样一种挑战:即允许自我意识的和偏见化的多元对话过程成为一种方法的选择,而不是加强理论成为一种方法的选择。因此理论变成了朝着不可预测的研究结果前进的工具。简单说来,我们需要找到一个起点,必须承认这个起点受到限制且不够长远,但它同时也是强烈主观性和详尽的,因而它是极其宝贵的。在波尔斯顿的概念化中,我们要继续去思考关于一个圆形的网图,这个网图带来的研究"起点"仅仅是其线性化的残留,并不关注于结局(尽管也存在结论)而是关注于通过辩论和话语的延续和学习。最后,只要有接纳不可能性、颠覆性、从未想到的事情以及替代性事情的自由,比较研究的学生就能以任何有意义的方式推动界限的前进。在普通层面上,它意味着将反身性纳入每个教学事件之中,如苏珊·斯达(Susan Star)(1991)在她的文章《不可见的社会学》中所做的那样,对所有研究提出如下问题,"什么是替代性方法? 哪里有不可见的方面? 什么是不可见的?",要能够指出已有的替代性方法然后允许其他替代性方法为它们自己命名。无论如何,这并不是说,"命名"任何事情是一种我们都必须要做的耀眼的崭新的方向。它只是强调了我们不能依然受到某一种正统性的禁锢。但是,在为学习本身而不是自我服务时,它将会利用学术精神的真正勇气获得语境(多样化的现在)、历史(多样化的过去)和抽象(多样化的可能未来)的图景。这是一个混乱的方向,但是我认为它充满了无限的可能性。由于方法和研究的可预测性,那些支持对神圣化的文本的服从的人们也可能这么做。如果可预测性意味着"安全",那么一定要让我们都安全。如果我们变得不同,是否我们就不安全? 如果一个空间中包含了这些不同,那么是否它就不是一个安全的空间? 如同任何一个跨文化研究的领域一样,比较教育至少要值得如此。

附录：多元化知识视角促进后基础主义比较教育学形成(© Rolland G. Paulston)

针对知识视角推荐阅读的小文集——第 1 部分：概念描述

Bereday, G. Z. F. (1964). *Comparative method in education*. New York: Holt, Rinehart & Winston.

Bray, M., & Gui, Q. (2000). Comparative education in greater China: Contexts, characteristics, contrasts and contributions. *Comparative Education*, 37(4), 451 – 473.

Chabbot, C., & Elliot, E. J. (Eds.) (2003). *Understanding others, educating ourselves: Getting more from international comparative studies in education*. Washington, D.C.: National Academies Press.

Chang, K. M. (1996). *Quality of basic education in China. A case study of Zhejiang province*. Paris: International Institute for Educational Planning.

Comte, A. (1876 [1830 – 42]). *The course of positive philosophy*. In 3 vols. London: George Bell and Sons.

Fraser, S. (1964). *Jullien's plan for comparative education, 1816 – 1817*. New York: Teachers College Press.

Halls, W. D. (1990). *Comparative education: Contemporary issues and trends*. London: Jessica Kingsley, in association with UNESCO, Part I.

Hans, N. (1958). *Comparative education. A study of educational factors and traditions*. London: Routledge and Kegan Paul.

Hayhoe, R. (1999). *China's universities 1895 – 1995: A century of cultural conflicts*. Hong Kong: The Comparative Education Research Center, the University of Hong Kong.

Husén, T. (Ed.) (1967). *International study of achievement in mathematics*. New York: John Wiley.

Kandel, I. (1961). Comparative education and underdeveloped countries: A new dimension. *Comparative Education Review*, 4(3), 130 – 135.

Noah, H. J., & Eckstein, M. A. (1969). *Toward a science of comparative education*. New York: Macmillan.

Sadler, M. E. (1964). How far can we learn anything of practical value from the study of foreign systems of education? *Comparative Education Review*, 7(2), 307 – 314.

Watson, K. (1999). Comparative education research: The need for reconceptualizing action and fresh insights. *Compare*, 29(3), 233 – 248.

Wilson, D. N. (1994). Comparative and international education: Fraternal or Siamese twins? A preliminary geneology of the field. *Comparative Education Review*, 38(4), 449 – 486.

World Bank (1995). *Priorities and strategies for education. A World Bank Sector Review*. Washington, D.

C.：The World Bank.

针对知识视角推荐阅读的小文集——第 2 部分：非正式解释

Anderson, C. A. (1961). Methodology of comparative education. *International Review of Education 7*, 1 – 23.

Archer, M. S. (1982). Theorizing about the expansion of educational systems. In *The sociology of educational expansion* (pp. 3 – 64). Beverly Hills：Sage.

Beck, U., Giddens, A., & Lash, S. (1994). *Reflexive modernization*. Cambridge：Polity Press.

Bernstein, B. (1975). *Class, codes and control: Theoretical studies towards a sociology of language*. New York：Schocken Books.

Bourdieu, P., & Passeron, J. C. (1977). *Reproduction in education, culture and society*. London：Sage.

Carnoy, M., & Samoff, J. (1989). *Education and social transition in the Third World*. Princeton, NJ：Princeton University Press.

Clayton, T. (1998). Beyond mystification：Reconnecting the world-system theory for comparative education. *Comparative Education Review*, *42*(4), 479 – 490.

Collins, R. (1975). *Conflict sociology: Towards an explanatory science*. New York：Academic Press.

Diebolt, C. (2003). Towards a theory of systemic regulation? The case of France and Germany in the 19th and 20th centuries. In J. Schriewer (Ed.), *Discourse formation in comparative education* (pp. 55 – 85). Frankfurt am Main：Peter Lang.

Durkheim, E. (1895). *Les regles de la methode sociologique*. Paris：Presse Universitaires de France.

Epstein, E. H. & Carroll, K. T. (2005). Abusing ancestors：Historical functionalism and the postmodern deviation in comparative education. *Comparative Education Review*, *50*(1) .

Habermas, J. (1984 – 1987). The *theory of communicative action*. 2 vols. Boston, MA：Beacon Press.

Khoi, L. T. (1986). Towards a general theory of education. *Comparative Education Review*, *30*(1), 12 – 39.

Meyer, J. W. *et al.* (2003). The world institutionalization of education. In J. Schriewer (Ed.), *Discourse formation in comparative education* (pp. 111 – 132). Frankfurt am Main：Peter Lang.

Parsons, T. (1966). *Societies: Evolutionary and comparative perspectives*. Englewood Cliffs, NJ：Prentice Hall.

Schriewer, J. (2003). Comparative education methodology in transition. Towards a science of complexity? In J. Schriewer (Ed.), *Discourse formation in comparative education* (pp. 3 – 52). Frankfurt am Main：Peter Lang.

针对知识视角推荐阅读的小文集——第 3 部分：文化阐释

Abu-Lughod, L. (1990). Can there be a feminist ethnography? *Women and Performance*, *5*(1), 7 – 27.

Aikman, S. (1995). Territory, indigenous education and cultural maintenance. The case of the Arakembut of southeast Peru. *Prospects*, *25*(4), 665 – 681.

Antweiler, C. (1996). *Local knowledge and local knowing: An anthropological analysis of contested cultural products in the context of development*. Knowledge and Learning Center, Africa region web site, The World Bank. www.worldbank.org

Calasso, R. (2001). *The Forty-nine steps*. Translated by J. Sheply. Minneapolis, MN：University of Minnesota Press.

Bloch, A. (2003). *Red ties and residential scholars: Indigenous Siberians in a post-Soviet State*. Philadelphia, PA：The University of Pennsylvania Press.

Cassirer, E. (1957). *The philosophy of symbolic forms: The phenomenology of knowledge*. London：Yale University Press.

Chernela, J. M. (2001). Piercing distinctions: Making and remaking the social contract in the North-West Amazon. In L. Rival & N. Whitehead (Eds.), *Beyond the visible and the material* (pp. 177 - 196). New York: Oxford University Press.

Clifford, J., & Marcus, G. E. (Eds.) (1986). *Writing culture: The practices and polarities of ethnography*. Berkeley, CA: University of California Press.

Epstein, I. (2003). Juvenile delinquency and reformatory education in China: A retrospective. In E. R. Beauchamp (Ed.), *Comparative education reader* (pp. 163 - 182). New York: RoutledgeFalmer.

Geertz, C. (1993). *Local knowledge: Further essays in interpretive anthropology*. London: Harper Collins.

Hoffman, D. (1999). Culture and comparative education: Towards decentering and recentering the iscourse. *Comparative Education Review*, 43(4), 464 - 88.

Krogh, G. V., Kazuo I., & Nonaka I. (2000). *Enabling knowledge creation: How to unlock the mysteries of tacit knowledge and release the power of innovation*. Oxford: Oxford University Press.

Johannsen, A. M. (1992). Applied anthropology and postmodern ethnography. *Human Organization*, 51 (1), 71 - 81.

Latour, B. (1998). A few steps toward the anthropology of the iconoclastic gesture. *Science in Context*, 10 (1), 62 - 83.

Masemann, V. L. (1999). Culture and education. In R. F. Arnove & C. A. Torres (Eds.), *Comparative education: The dialectic of the global and the local* (pp. 115 - 133). Oxford: Rowman & Littlefield.

McCarthy, E. D. (1996). *Knowledge and culture: The new sociology of knowledge*. London and New York: Routledge.

Rockwell, E. (1996). Keys to appropriation: Rural schooling in Mexico. In B. A Levinson (Ed.), *The cultural production of the educated person: Ethnographies of schooling and practice* Albany, NY: SUNY Press.

Tikly, L. (1999). Postcolonialism and comparative education. *International Review of Education*, 45, 603 - 621.

针对知识视角推荐阅读的小文集——第 4 部分：争论性阅读

Bain, W. (1995). The loss of innocence: Lyotard, Foucault and the challenge of postmodern education. In M. Peters (Ed.), *Education and the postmodern condition* (pp. 1 - 20). Westport, CT: Bergin & Garvey.

Ball, S. J. (1994). *Education reforms: A critical and post-structural approach*. Buckingham: Open University Press.

Bonnett, M. (1998). Education in a destitute time: A Heideggarian approach to the problem of education in the age of modern technology. In P. Hirst & P. White. (Eds.), *Journal of Philosophy of Education*, 17(1), 201 - 216.

Brock-Utne, B. (2000). *Whose education for all? The recolonizing of the African mind*. New York: Falmer Press.

Cowen, R. (2000). Fine tuning educational earthquakes. In D. Coulby & R. Cowen (Ed.), *Education in times of transition: World yearbook of education* London: Kogan Page.

Gore, J. (1993). *The struggle for pedagogies: Critical and feminist discourses as regimes of truth*. New York: Routledge, Chapman and Hall.

Gur-Ze'ev, I. (2002). Martin Heidegger, transcendence and the possibility of counter-education. In M. Peters (Ed.), *Heidegger, education and modernity* (pp. 65 - 80). Lanham, MD: Rowman & Littlefield.

Heidegger, M. (1976). The age of the world view. In W. Spanos (Ed.), translated by M. Grene, *Martin Heidegger and the question of literature: Towards a postmodern literary hermeneutics* (pp. 126 - 149). Bloomington, IN: Indiana University Press.

Hicking-Hudson, A. & Ahlquist, R. (2003). Contesting the curriculum in the schooling of indigenous children in Australia and the United States: From Eurocentrism to culturally powerful pedagogies. *Comparative Education Review*, 47(1), 64 – 89.

Long, N., & Long A. (Eds.) (1992). *Battlefields of knowledge: The interlocking of theory and practice in social research and development*. New York: Routledge.

Ninnes, P. (2004). *Fear and desire in twentieth century comparative education discourse*. Paper presented at the 48th CIES International Annual Meeting, Salt Lake City, March.

Ninnes, P., & Mehta, S. (2000). Postpositivist theorizing and research challenges and opportunities in comparative education. *Comparative Education Review*, 44(2), 205 – 22.

Paulston, R. G. (2000). Comparative education as Heterotopia? J. Bouzakis. In *Historical-Comparative Perpectives: Festschrift for Andreas M. Kazamias* (pp. 153 – 178). Athens: Gutenburg.

Ross, H. *et al*. (1992). On shifting ground: The post-paradigmatic identity of U.S. comparative education, 1979 – 1988. *Compare*, 22(2), 113 – 132.

Seidman, S. (2004). *Contested knowledge: Social theory today*. Malden, MA: Blackwell.

St. Pierre, E. A. & Pillow, W. S. (Eds.) (2000). *Working the ruins: Feminist poststructural theory and methods in education*. New York: Routledge.

Stronach, I., & MacLure, M. (1997). *Educational research undone: The postmodern embrace*. Buckingham: Open University Press.

针对知识视角推荐阅读的小文集——第 5 部分:视角主义绘像

Ahmed, Z. N. (2003). Mapping rural women's perspectives on nonformal education experiences. In E. R. Beauchamp (Ed.), *Comparative Education Reader* (pp. 45 – 76). New York: Routledge Falmer.

Antonia, R. J. (1998). Mapping the postmodern social theory. In A. Sica (Ed.), *The philosophical debates*. Boston, MA: Blackwell.

Eckstein, M. A. (1986). The comparative mind. In P. G. Altbach & Kelly, G. P. (Ed.), *New Approaches to Comparative Education*. Chicago, IL: The University of Chicago Press.

Erkilla, K. (2001). *Mapping the entrepreneurial education debates in the United States, the United Kingdom and Finland*. New York: Garland.

Fauconnier, G. (1997). *Mapping in thought and language*. Cambridge University Press.

Gorostiaga, J., & Paulston, R. G. (2004). Mapping diverse perspectives on school decentralization. In P. Ninnes & S. Mehta (Eds.), *Re-imagining comparative education: Postfoundational ideas and applications for critical times*, New York: Routledge Falmer.

Foucault, M. (1986). Of other spaces. *Diacritics*, *16*(1), 22 – 28.

Friedman, S. S. (1998). *Mappings: Feminism and the cultural geographies of encounter*. Princeton, NJ: Princeton University Press.

Huff, A. S. (2000). Ways of mapping strategic thought. In R. G. Paulston (Ed.), *Social cartography: Mapping ways of seeing social and educational change*. New York: Garland.

Mehta, S. (2002). *Mapping excluded knowledge into comparative education discourse: Some implications for pedagogies of difference*. Doctoral Dissertation: University at Buffalo, SUNY, 254 p.

Nicholson-Goodman, J. V. (2000). A Ludic approach to mapping environmental education discourse. In R. G. Paulston (Ed.), *Social cartography: Mapping ways of seeing social and educational change* (pp. 307 – 326). New York: Garland.

O'Dowd, M. (1999). *Mapping knowledge perspectives in the construction of Swedish educational research*. Paper presented at the 43rd CIES annual meeting, Toronto, Canada, April.

Pickles, J. (1999). Social and cultural cartographies and the spatial turn in social theory. *Journal of

Historical Geography, 25(1), 93 - 98.

Rust, V. D. (2000). From modern to postmodern ways of seeing social and educational change. In R. G. Paulston (Ed.), *Social cartography: Mapping ways of seeing social and educational change*, New York: Garland.

Shroff-Mehta, P. (2002). *Mapping local knowledges in Indian rural development*. Doctoral Dissertation: University at Buffalo, SUNY, 277 p.

Stromquist, N. (2000). Mapping gendered space in Third World educational interventions. In R. G. Paulston (Ed.), *Social cartography: Mapping ways of seeing social and educational change* (pp. 223 - 248). New York: Garland.

参考文献

Bakhtin, M. M. (Ed) (1994). *The Bakhtin reader*, Edited by Pam Morris. London: Arnold.

Conle, C. (1992). Language, experience and negotiation. *Curriculum Inquiry*, 22(2), 165 - 190.

Cowen, R. (1996). Last past the post: Comparative education, modernity and perhaps post-modernity. *Comparative Education*, 32(2), 151 - 70.

Cowen, R. (2000). Comparing futures or comparing pasts? *Comparative Education*, 36(3), 333 - 42.

Dimitriadis, G. & McCarthy, C. (2001). *Reading and teaching the postcolonial: From Baldwin to Basquiat and Beyond*. New York: Teacher's College Press.

Epstein, E. H. & Carroll, K. T. (2005). Abusing ancestors: Historical functionalism and the postmodern deviation in comparative education. *Comparative Education Review*, 50(1).

Fairclough, N. & Wodak, R. (1997). Critical discourse analysis. In T. A. van Dijk (Ed.), *Discourse as social interaction* (pp. 258 - 84). London: Sage.

Foucault, M. (1980). *Power and knowledge: Selected interviews and other writings 1972 -1977* Edited by C. Gordon. Pantheon: New York.

Foucault, M. (1986). Of other spaces. Translated by J. Miskowiec. *Diacritics*, 16(1), 22 - 27.

Game, A., & Metcalfe, A. (1996). *Passionate sociology*. London: Sage.

Halliday, M. A. K., & Hasan, R. (1989). *Context and text: Aspects of language in a social-semiotic perspective*. Oxford: Oxford University Press.

Heredero, J. M. (1989). *Education for social development: Social awareness, organisation and technical innovation*. New Delhi: Manohar.

Kelly, G. P. (1992). Debates and trends in comparative education. In R. Arnove, P. Altbach & G. Kelly (Eds.), *Emergent issues in education: Comparative perspectives* (pp. 13 - 24). Albany, NY: State University of New York Press.

Laska, J. (1973). The future of comparative education: Three basic questions. *Comparative Education Review*, 17(3), 295 - 298.

Latour, B. (1999). *Pandora's hope: Essays on the reality of science studies*. Cambridge, MA: Harvard University Press.

Lefbevre, H. (1974/1991). *The production of space*. Oxford: Basil Blackwell.

Luke, A. (1999). Critical discourse analysis. In J. P Lakomski & Keeves, G. (Eds.), *Issues in educational research*. New York: Pergamon.

Martusewicz, R. (2001). *Seeking passage: Poststructuralism, pedagogy, ethics*. New York: Teacher's College Press.

Masemann, V. (1990). Ways of knowing: Implications for comparative education. *Comparative Education Review* 32(4), 465 - 73.

Musolff, A. (2006). Metaphor scenarios in public discourse. *Metaphor and Symbol*, 21(1), 165 - 190.

Ninnes, P. (2002). *Origin stories and the discursive constitution of comparative education*. Paper presented at Stanford University, USA, 2002.

Paulston, R. (1994). Comparative and international education: Paradigms and theories. In T. Husen (Ed.), *The international encyclopedia of education* (pp. 923 – 33). Oxford.

Paulston, R. (1999). Mapping comparative education after postmodernity. *Comparative Education Review*, *38*(2), 438 – 463.

Paulston, R. (1996). *Social cartography: Mapping ways of seeing social and educational change*. New York: Garland.

Paulston, R. (March 2004). *Opening up the canon? How freedom to map the multiple in knowledge debates enhances comparison for disputatious time*. Paper presented at the 48th CIES annual meeting, Salt Lake City, Utah.

Rust, V. (1991). Postmodernism and its comparative education implications. *Comparative Education Review*, *35*(4), 610 – 626.

Star, S. (1991). The sociology of the invisible: The primacy of work in the writings of Anselm Strauss. In D. R. Maines (Ed.), *Social organisation and social process: Essays in honour of Anselm Strauss*. New York: Aldine de Gruyter.

Schriewer, J. (2000). Discourse formation in comparative education, Komparatistische bibliothek; bd 10. Comparative education studies series: Vol. 10. New York: Peter Lang.

Scott, J. W. (1991). Women's history. In P. Burke (Ed.), *New perspectives on historical writing* (pp. 42 – 43). Cambridge: Cambridge University Press.

Seidman, S. (2004). *Contested knowledge: Social theory today*. Malden, MA: Blackwell.

Sommers, M. (1999). The privatisation of citizenship: How to unthink a knowledge culture. In V. Bonnell, L. Hunt & R. Biernacki (Eds.), *Beyond the cultural turn: New directions in the study of society and culture* University of California Press.

Stronach I. & McClure, M. (1997). *Educational research undone: The postmodern embrace*. Buckingham: Open University Press.

Welch A., & Masemann, V. (1997). Editorial introduction (special issue on tradition, modernity and postmodernism in comparative education). *International Review of Education*. *43*(5 – 6), 393 – 399.

32. 两种亚洲背景下的比较教育

王承绪　董建红　柴田雅子

引　言

中日比较教育发展史迥然不同。诚然,两国在历史文化、主要的信仰体系、一些治理方面的传统(包括孔子关于社会与政治和谐的传统理念)等许多方面都有共通之处,但是两国各自的历史发展(除却两国共通的历史)完全不同,并且在 19 世纪后期和 20 世纪走向了截然不同的方向。

我们可以对两国比较教育发展史进行并列阐述,但矛盾的是,编写历史似乎应该是未来做的事:需要大量的后续工作从严肃的比较视角来定义和讨论这些"历史"。

目前已经有许多有关欧洲各国或欧美"比较教育"的研究。当然,随着有关不同国家、不同专业人士、不同社会的比较教育研究逐渐整合,引人思考的各种比较教育基本信息也开始整合起来。

但是,我们对比较教育的社会学和地域背景方面的了解还远远不足:比较教育的形式和风格是如何被特定的社会和政治背景影响而随着时间发展而发生改变的呢?

我们还未确信

因此,这里讨论的中日比较教育发展"历史"对将来的历史撰写工作有一些启示作用。东亚比较教育发展史需要界定和保留重拾。因此,本文简短的中日比较教育发展史概览只是第一步,它是对尚未解决问题的提示,也是对比较教育是怎样与社会大背景联系起来的粗略解读。因此本文分别讲述了中国与日本教育发展史。

中国比较教育演变史

王承绪　董建红

大部分比较教育研究强调英语国家的教育传统,但是东亚地区也有比较教育的重要传统。

许多中国比较教育学者认为,中国比较教育经历了同西方国家比较教育相似的发展阶段(Li, 1983;Cheng, 1985;Wu & Yang, 1999)。自 1949 年以来,中国比较教育深受中国社会、政治和文化变迁的影响,走过了一条历经起伏的发展道路。

古代阶段

在古代中国,就有从对比角度讨论教育的先例,之后,由旅行者传入的有关国外教育的文章或记录得以在中国传播。这一阶段,很难说中国有比较教育研究。春秋时期(公元前 770—前 476 年),历史记载孔子和孟子都对夏、商、周时期(Wang, 1999)的政治、文化以及教育做了对比研究。到了公元 7 世纪的唐朝,黄遵宪的《日本纪事》和玄奘(602—664)的《大唐西域记》对日本和印度的教育呈现了宏大的图景(Li, 1983;Wu & Yang, 1999;Wang, 1999)。中国与周边国家,如朝鲜、日本、印度等的文化和教育交流可追溯到汉朝时期(公元前 202 年)。

16 世纪后期和 17 世纪开始,主要是西方传教士以书面形式将外国教育详细地介绍引入中国(Li,1983;Wu & Yang,1999)。西方教育体系、教学方法以及教育史因而在中国变得越来越受重视,进而在 19 世纪引发了持续很长一段时间的全国范围的讨论。

描述和借鉴外国教育阶段

中国有上下五千年文明历史传统,一直以来历代文人的文化优越感导致了对外国文化的忽略,这也包括教育。直到鸦片战争时期,外国工业和军事力量打开中国国门,中国知识分子才开始自我反思,向外寻求中国发展之路。在这方面,教育发挥着重要作用。

19 世纪后期和 20 世纪早期,知识界及各行各业开始就如何借鉴包括教育在内的外国经验和向外国学习什么进行全国性讨论,并且模仿外国教育体系的做法在中国教育中开始试验。关于"中学为体,西学为用"(中体西用)的讨论在五四文化运动时期达到顶峰,中体西用表明了东方崇尚"道"(精神文明)、西方崇尚技术(物质文明)这样的理念。五四运动在某种程度上是反传统和反儒家的。对外国任何事物的拒绝和反对被视为中国现代化发展的重大障碍之一。因此,五四运动倡导西方民主与科学。这段时期内,比较教育逐渐在更广泛的教育研究领域内赢得声誉(Cheng,1985;Wu & Yang,1999)。

当时出版和改编了许多有关外国教育的文章、翻译书籍甚至教学材料,它们本质上都是描述和介绍外国教育。第一篇真正意义上的比较教育文章最早登在 1901 年(晚清时期)一本叫《世界教育》的刊物上。同年,四卷由湖北省教育部门编写的介绍德国、法国、美国、英国及日本的教学纲要被采用。1911 年,陆费逵编写的《世界教育现状》出版(Li,1983;Cheng,1985)。以上三种出版物开启了这一领域比较研究的先河。随后几年,超过 40 本比较教育书籍或翻译著作得以出版,罗廷光和章毅翻译了坎德尔的《比较教育》著作(Cheng,1985;Wu & Yang,1999)。他们的译著将比较教育方法介绍到中国,并广泛地被中国比较教育领域的学者所接受。

这一阶段,所有的比较教育出版物都主要关注对西方教育和西方比较教育研究成果的介绍。

专业研究阶段

"比较"一词首次出现在 1917 年由余寄编写的《德法英美国民教育比较论》一书中(Li,1983)。此书是基于日本学者的书而写成的,作者几乎是原封不动照搬。中国比较教育学术研究真正开始于 1919 年五四运动之后,当时俄国教育被介绍到中国并且许多在教育领域颇有影响力的美国教育家如杜威、孟禄、迈克尔等也来到中国讲课(Wang,Zhu & Gu,1985)。

这段时期的比较教育研究有四本代表作,它们分别由庄泽宣(1929)、钟鲁斋(1935)、常道直(又名常导之,1936—1937)和罗廷光(1939)所作,这四本著作是当时比较教育研究领域最重要也是最有影响力的著作(Cheng,1985;Wu & Yang,1999)。这四本著作以对许多国家的教育和学校体系的比较分析为基础,并详细分析了德国、法国、英国及美国的不同类型和水平的教育。

庄泽宣《各国教育比论》(1929)的出版使比较教育成为北平师范大学和大学教育学院的必开课程(Li,1983)。

在此阶段,中国学者的著作可划分为三种类型:第一种,以并置的方式对各国的不同教育形式做某一专题的介绍;第二种,分别介绍某个国家的教育全貌;第三种,综合前两种做法(Wu & Yang,1999)。而当时所采用的历史性研究方法主要也是模仿西方同行的做法。

1949 年后比较教育的变化和发展

与西方的比较教育传统(在我看来,西方国家比较教育的发展阶段或多或少总与本领域杰出学者出版的著作联系在一起)不同的是,1949 年中华人民共和国成立以后,中国比较教育的发展与国家政治、社会和文化变迁总是息息相关的。总的来说,中国比较教育的发展历程以几个转折点为界,大致划分为四个阶段。

第一阶段是 1949—1957 年。这是个强调国有化和产业重组的时期,也是国家接管教育体系和"旧政权"机构,对教育实行高度集中管控的时期。在这个阶段中,国家的教育体系以及诸多方面,如组织和结构、教育理论和实践,甚至教学课程和课本都是完全效仿苏联模式。中国的比较教育也毫不例外。然而,在当时,苏联并没有"比较教育",所以中国便取消了比较教育的学习,既不把它列为单独的学科,也不作为教学科目(Li, 1983；Cheng, 1985)。当时的教育研究者和研究课题都仅仅只关注苏联体系。在 20 世纪 50 年代期间,大量有关苏联的教育历史、教学法、教育心理学等教育作品被译成中文并在中国出版(Wu & Yang, 1999)。

20 世纪 50 年代末至 60 年代中期,在这个时期,与经济领域的快速但有起伏的发展和积极的外交政策一致,中国的各行各业与世界其他国家在各个领域的交流愈加频繁,这也包括教育。同时,20 世纪 60 年代初,中国与苏联的友好关系意外破裂。因此,当时社会的方方面面,包括教育,都发生了彻底的改变。在这个关键时期,中国不得不将发展的目光转向世界其他国家。中国的比较教育也同样转向世界其他国家。1961—1964 年间,五所外国教育研究机构在北京大学、清华大学和北京师范大学成立,主要研究西欧和北美、苏联、日本和韩国的教育体系(Wu & Yang, 1999；Wang, 1999)。在 20 世纪中叶,这些研究机构的主要任务,首先就是对各国教育学习并研究,其二便是收集信息和材料。当时,国内唯一的该领域期刊是由北京师范大学研究机构主办的名为《外国教育趋势》的刊物(Li, 1983；Wu & Yang, 1999)。

和国家的意识形态一致,中国比较教育的指导原则为马克思列宁主义和毛泽东思想。其运用的理论和方法论是马克思、列宁和毛泽东所倡导的唯物史观和辩证法。人们对其他西方比较教育理论和方法大多采取拒绝,甚至批评的态度。

1977—1985 年期间,国家的政治、经济和社会秩序都沿着"文化大革命"前的路线得以复苏和恢复,教育也同样得到恢复。因此,中国转变了对国家经济的重点关注,在政治和有关社会经济方面采取开放政策。自 1979 年起,有关教育结构调整与改革的事宜就提上了国家议程。1985年 5 月,国家就做出了有关教育结构改革的决定。此后,全国范围内的教育系统都得以改革,几乎涉及了教育的所有方面。同时,中国比较教育也在这段时间得到了恢复以及长足的发展。

1977 年,教育部组织了一场旨在恢复中国比较教育研究的专家研讨会,与会者都是来自前述四所研究机构的学者(Li, 1983)。会后,这四所研究机构不仅得以重建,而且在规模和研究领域方面都得以扩大。另外,国家还建立了新的研究机构或单位,例如,国家教育研究所中的比较教育研究单位(1979),以及由杭州大学王承绪教授带领的教育系下的外国教育研究机构(1979)。

在过去的 20 年间,中国的比较教育学得到空前的发展,最具代表的就是建立了该领域比较研究的指导原则。这段时期,国家重心向经济建设转移,这也促使国家教育目标和其研究方向也做出了相应调整。在比较教育方面,邓小平的"教育应面向现代化、面向世界、面向未来"和马克思列宁主义的理论、观点和方法论一起作为本学科建设的指导思想。此外,比较教育研究关注全球教育成功实践和规范,为中国特色社会主义现代化建设而服务(Zhang & Wang, 1979)。在当时的国家大背景下,众多各不相同的外国理论和方法论被引入中国,并为中国比较教育学者们所广泛接受。

比较教育的重心和话题总是随着国家政治、社会经济以及文化背景的改变而不断变化。20世纪 80 年代末期至 90 年代初,为与国家发展计划一致,比较教育一度贯彻的两个目标是在中国要"专注提供卓越的教育"和"促进教育发展和改革"。比较研究最初就把重点聚焦在六所发达国家的教育系统上,它们分别为美国、苏联、英国、法国、联邦德国和日本。研究范围涵盖了从学前教育到高等教育,包括中等技术与职业教育、教师教育和教育管理(Li, 1983;Wang, Zhu, & Gu, 1985;Gu, 2005)。同时,研究重点还包括研究有关外国教育的二手资料,这其中包含的可能会对国家教育体系的改革和调整有所帮助的信息和数据被加工和分析来服务于实际需要。

随着改革开放政策的推进,与国外的交流得到鼓励并且日益增多。比较教育领域的专家们有了许多机会对他们感兴趣的国家进行研究调查,不仅有第一手资料,还有自己个人的经验。20世纪 90 年代的主要特征是多样化。这段时期,比较教育重心和主题不断延伸,变得更加具体化。除有关其他国家教育体系改革的理论和实践的研究外,还有诸如文化传统与教育现代化、教育与市场经济、教育与社会进步等主题。比较教育研究的多样化也体现在所采用的理论和研究视角上。许多来自西方国家的比较教育书籍被翻译成中文并在中国出版。与此同时,国家还鼓励学者在比较研究中采用我们自己的哲学思想和方法论。这门研究也逐渐从描述研究变成了分析研究。至此,中国比较教育"进入了专题研究阶段"。换句话说,比较教育研究"从宏观研究(如教育系统研究)过渡到对课程、教学模式及方法等微观领域的研究。这些都与中国教育的改革与发展息息相关"(Gu, 2005)。

有关比较教育的出版物也呈现出明显的多样化。这一时期,比较教育研究成果丰富,相关出版物主题各异。自 1980 年以来,此领域的出版物可分为四类。一为高等教育机构编制的教材,其中有最重要的两本书,其一是由王承绪教授、朱勃教授和顾明远教授共同编定的《比较教育》。这是 1949 年以后的第一本教材,1982 年出了第一版,1985 年再版。其二是由吴文侃和杨汉清于1989 年改编的《比较教育学》,本书修订于 1999 年。二为综合与专题研究作品。这是指 1979 年由张瑞璠和王承绪编辑出版的,有关中外教育比较研究的三卷本简史。这部作品是中国比较教育领域的先驱之作,旨在将对中外教育历史的比较分析研究放置在世界历史和文化的大背景下,以期为中国教育改革提供理论和实践基础。三为选集和译作。四为系列丛书,其中最具影响力的有两部,其一是在 20 世纪 70 年代末期和 80 年代期间出版的"外国教育系列",全系列共 30 多卷书,其二是 90 年代出版的"比较教育系列",共 9 卷,系列囊括了多种主题,如顾明远和薛理银的《比较教育导论:教育与国家发展》、王承绪的《比较教育学史》、吴文侃的《比较教学论》、郝维谦和李连宁的《各国教育法制比较研究》(Li, 1983;Wu & Yang, 1999)。自 20 世纪 90 年代早期以来,中国进入了第二轮改革开放时期,加快融入由美国占主导地位的国际社会的进程。越来越多的学者也参与到与国际机构和其他国家的教育机构的合作项目中去。比较教育研究的涉及领域已大大拓宽,并与诸如文化视角、国际教育与本土教育等国际比较教育领域齐头并进。如今,中国的比较教育分两个方向发展,一是需要深入分析的学术或专业研究,另一个则是以现实需要为基础的实践性研究。前者更注重的是理论和科学研究,对政策制定和实践的影响甚微,而后者关注的是基于实证的研究,对当前教育上的实践的影响较强。

"越来越多国家的决策者意识到,要想应对全球化带来的挑战,发展教育和培训是必不可少的。国际和比较教育研究可以为这些决策者提供需要的信息,帮助他们寻求必要的教育实践和创新,以此来应对挑战。"(Wilson, 2003)这在中国表现得尤为明显。比较实践已日渐成为中国教育制定决策进程中不可分割的一部分。国家教育发展研究中心和教育部负责国际交流与合作的其他部门是担负为国家提供比较研究和信息支持重任的主要部门。在部门内部有许多特刊、新闻简报或参考文献,内容主要是对发达国家和发展中国家在所有教育领域的策略、政策和实践的比较分析和描述性介绍。

在中国教育恢复的这段时期,比较教育领域的学术组织也应运而生。1979 年,外国教育研究学会[后更名为中国比较教育学会（CCES）]成立,1984 年加入世界比较教育学会联合会。1980 年,学会的期刊《外国教育》①创刊。1978 年,学会第一届全国性会议召开,共 50 人参加了会议。2005 年召开了第 13 届全国性会议,共有 260 名与会者(其中包括来自香港、台湾地区的学者以及学习比较教育的研究生)。学会会员规模也从 1981 年的 130 人增长到了 1989 年的超过 500 人(北京师范大学,www.compe.cn)。

20 世纪 80 年代,师范院校或综合性大学的教育系的本科课程中引入了比较教育,当时这还是一门可必修可选修的课程。而从 1979 年开始,比较教育就作为独立学科列入了硕士和博士课程中(Wu & Yang,1999)。例如,1980 年,王承绪教授在杭州大学向研究生引入了比较教育。之后,在同一所大学(今浙江大学),于 1982 年开设了有关的硕士课程,1984 年开设了博士课程。如今,全国共有 7 所大学可授予比较教育博士学位,30 所大学可授予硕士学位(Wang,2006；Gu,2006)。

本领域双月学术期刊和杂志主要有：北京师范大学的《比较教育研究》(又名《学会会刊》)、华东师范大学的《全球教育展望》以及上海师范大学的《外国中小学教育》。此外,还有由联合国教科文组织国际教育局编定,于 1980 年开始翻译并出版的《教育展望》中文版。近来,越来越多由国际组织,如联合国教科文组织、联合国儿童基金会、联合国开发计划署和世界银行筹划撰写的报告和文件被译成中文并在中国出版,这大大丰富了中国比较教育出版物。

日本：简介
柴田雅子

本文的这一部分试图追溯日本的比较教育史,就日本和别的地方来说,比较研究在大学中的产生及其做出的影响并不是必然的。比较研究的观点及它的应用本质上是在现代国家和社会中的建构、解构、重建中形成了它的基本轮廓。基于这种分析层次,我认为,比较教育领域研究是一种现代化的课题。因此,本文关于日本的研究从我对日本这个现代国家的发展的理解开始,着眼于探讨比较教育研究作为一种学术领域是如何在大学中形成的。日本考察并吸收国外模式的曲折学习过程,展现了这个国家比较教育缓慢产生的历史。也就是说,这一研究领域是在现代日本的社会和教育生产与再生产的过程中形成的。

为证明这一点,我们将会讨论大量和日本特别相关的比较教育的现代性方面。它们是：首先,国家的含义及它的权力,这将是研究的主要主题；其次,未受到挑战的线性观念的发展；最后,科学的志向。

日本开始向他国学习的曲折历程

19 世纪,在美国和欧洲,教育被认为是对国家的发展至关重要的社会机构。例如,法国人、

---

① 1990 年,北京师范大学的期刊《外国教育动态》被更替为《社会》,之后在 1992 年更名为《比较教育研究》。

英国人和美国人意识到,发掘并吸收其他"更好"的教育是提高他们自己教育的关键和最有效的策略。在这期间,国家教育官僚主义者花费了大量时间和劳力去考察国外的教育。日本亦是如此,他们去国外更为先进的社会中寻求更好的教育,来实现本国的富裕、强大和启蒙。

早在明治天皇时期(1868—1912)以前,日本就已经开始向其他国家慢慢学习,那时,日本这个国家尚未成形。在德川幕府(1603—1867)时期,尽管存在幕府传统的孤立政策,但是封建藩主要么资助年轻的武士去国外游历,要么对其视而不见。有一些藩,例如,萨摩藩和长州藩(简称"萨长同盟")使幕府意识到向欧洲和美国学习知识的迫切需要,并且,他们的武士后来也在明治维新期间扮演着中心角色。在这方面,这些藩是有先见之明的,他们认为,这最终会满足国家的利益需求。因此,60 位去往西方国家的武士中有 37 位来自"萨长同盟",他们主要是去往英国(34)、美国(30)、法国(5)和荷兰(2)(Ishizuki, 1972:104)。在现代日本国家建立的过程中,那些在国外开阔眼界的人——仅仅指欧洲与美国,不包括亚洲——在即将到来的时代里,承担了领导国家事务的任务。旅历人员名单展示了明治统治时期主要负责人员的名字,例如,文部大臣、东京帝国大学的教授。最后,幕府自身分配了 80 个人去国外,包括法国(27)、荷兰(18)、英国(15)、俄罗斯(6)、美国(3)及其他国家(Ishizuiki; 1972:108)。

在解构半封建的德川幕府统治政权以及建构现代化日本之时,明治维新的领导者认为,国家需要的不仅仅是先进的科技。吸引他们注意力的是西方社会的"先进",这对他们来说意味着以个人主义和社会平等为基础的文明社会。在西方,"现代"这一术语通常与先进技术、民主建立和社会平等联系在一起(Bendix, 1967)。从这个意义上来说,明治维新的领导者是极具敏锐观察力的:日本政府要想承认其合法性并加强自身的政治独立性,必须要实现现代化并使得西方政府承认它的现代性。前武士学生森有礼曾在美国和英国留学,可以说是日本明治时期最具影响力的文部大臣(1885—1889),他非常崇尚西方的公民社会以及他们的社会价值。和日本其他的一些国家领导人一样,他也深受基督教的启发。那些武士学生们在西方国家的所见所闻深深地影响了明治时期教育政策的宏伟蓝图。在政府远洋西行的鼓舞下,主要使者在 1871 年曾记载:

> 在改善社会环境和根除社会罪恶方面,没有什么比学校更为重要了。(一个坚实的国家基础)取决于教育,并且仅取决于此……我们的民族,与今天的美国人和欧洲人没有什么不同;这只是拥有教育或缺乏教育的问题。(Kume, 2002:xiii)

明治维新的领导者对这一观点的坚持也说明了他们的远见:学校外部的事物影响并控制着学校内部的事情。从这个阶段起,日本政府和教育者们在国家教育理念和系统上,用不同的方法不同程度地反映了西方社会的社会价值观。尤其是从 19 世纪末到 20 世纪中期,教育发生了翻天覆地的变化,这主要是通过吸收了严格来说和日本截然不同的观念与体系。对日本政府和教育家们来说,学习国外的主要目的是建立一个拥有类似美国或欧洲的工业科技和文明社会的现代国家。国家合法性和民族自豪感的核心是作为一个兼具这些品质的国家来赢得西方国家的认同。

与此观点相一致,在 24 位西方教授(占总数的 43%)的引领下,东京帝国大学作为该国一个显著的国际机构成立了。政府指出,高等教育必须要使用外国语言,并且对外国语言的良好掌握是日本高等教育的核心因素(DoE, 1876:26;DoE, 1893:112)。在西方的学习,成为日本研究院职业发展的核心。其他的帝国大学的教授和学生也收到了政府支持海外留学的资金。这些机构为向西方学习提供了一扇窗户,通过这些渠道,国内的学术精英们掌握了先进的知识。

从那以后,平衡西方吸引力和"自我"优越感的主题,在国家的政治和教育上不断重复上演。在明治天皇时期,日本的学习曲线随着国家经济、军事及民族自豪感的发展也迅速发展起来。那些来自国外的教授们最终也被日本"海归"们取代,而且在大学教授过程中,日语也占据了主导地位。从那以后,日本主要的研究院实际上保持着单一语言教学。在那个被人称作"往前赶超"的过程中,我们可以看到日本在亚洲国家中的优越感。一些著名的教育家们倡导一个现代的日本应该从诸如中国、韩国这些古老的亚洲国家中脱离出来(Fujita,1995:33)。1876 年在费城国际展览馆,政府骄傲地向西方观众们介绍日本取得的成就:"学习是……贵族、绅士、农民及工人平等享有的共同遗产","男性和女性都应该平等地接受教育"(DoE,1876:20—22,125)。透过西方文明的这扇镜子折射出日本可信赖的面貌对日本来说是非常重要的。

　　总体来说,教育在未发展成一门"科学"之前,它主要是作为民族发展的政治、社会和文化基准。因此,在建设现代日本的背景下,日本学习西方的曲折历程说到底是为了自己的国防。以"进步"为主导地位的这一主题仍然在国外的教育中继续寻求着。欧洲和美国一直是日本的老师,直到 20 世纪 80 年代,日本经济赶超了他们,这一地位才发生改变。甚至在这之后,由于美国在二战中打败日本,这种政治和学术倾向仍然十分有力。

社会发展的线性与科学观念

　　民族帝国的灭亡加强了日本学术界向西方转向的进程。二战后存在着越来越高的重建民主社会的呼声。承认日本是一个民主国家,不仅对日本自身至关重要,而且对亚洲太平洋地区亦是如此。日本和美国教育工作者对日本教育民主化进行了翻天覆地的改革。

　　除了教育改革以外,美国的占领也影响了战后日本学术界的发展及其方向。在日本被占领期间,日本著名教育家重写战前日本的教育思想,支持美国当局。这项由日本提供的合作对美国当局来说非常有用并具有深远的意义,这一点也让美国十分意外(shibata,2005)。例如,海后宗臣与美国人合作,共同筛选和重写了学校教材。满太郎木户在日本教育改革委员会中也起到了主导作用。据一个美国官员的回忆,日本教育改革委员会"给日本的教育带来了任何其他机构(包括占领本身)都难以企及的硕果"(Trainor,1983:119)。许多日本新教育的奠基人在战后的日本学术界都发挥了专业的权威性。

　　战前,平冢益德是东京帝国大学的一名学生,他在年轻教授海后宗臣的指导下培养了学术能力。平冢益德最后成了日本比较教育学会(JCES,最初被称为日本的比较教育学会)的先驱者。他出生于一个牧师家庭,受到了实物教学法的影响。他常说,对基督教的信仰深深地影响了他对教育的奉献。平冢益德对比较教育的贡献在很大程度上是基于他早期的传教教育(Hiratsuka,1975)。他本科时期在东京所做的研究后来出版成书,即《旧约的教育哲学》(kyuyaku-seisho no kyoiku-shiso)。他的另一部作品为《日本基督教教育的文化史》(Nihon Kirisuto-shugi-kyoiku bunka-shi),这部著作吸引了美国驻日当局的注意力并被翻译成英文。作为九州大学教授以及后来的国家教育研究所所长,平冢益德将这两家机构作为日本比较教育的先驱和中心。自 1990 年起,日本比较教育学会为了纪念他的成就,设立了"日本比较教育学会平冢奖"。

　　与 1956 年北美比较教育学会的成立一致,这之后日本对外国教育的研究便不断增加。在1952 年,九州设立了第一任比较教育主席位。广岛、京都和东京紧随其后。在 1965 年,日本比较教育学会只有 94 位成员(在 2005 年成员达到了 821 位)。在 1975 年,学会第一次出版了属于他们自己的期刊《日本比较教育学会纪要》(于 1990 年改名为《比较教育学研究》),由京都的小林哲也担任编委会董事。

　　尽管社会在稳步发展,然而这个领域的研究并没有得到日本学术界的认可。比较教育忍受着作为研究别国的"专家"的边缘性声誉。一般来说,比较研究教育被认为是仅仅提供了一个对外国教育事务的描述性总结，或被认为是学者用以出国旅行的理由（Ikeda，1975）。事实上，由对外国教育有着共同兴趣的学者写的长达10卷的系列作品《世界教育》主要是对国外的教育政策与制度进行了描述，而并没有作出分析（Kido et al.，1958）。从事比较教育的学者们意识到了这类教育的声誉及其实践，以及他们不得不处理的问题。在广岛的第一次会议上，日本比较教育学会把"如何将比较教育引入大学教育"作为首要目标。自那以后，学会一直致力于使该项研究领域成为大学学习中认可的课程。学会认为，如果不能建立比较教育自己的"方法论"，就不可能解决"低水平"作品的问题（Ikeda，1975）。在这段时期，在日本和其他地方，把教育研究与"科学"结合起来的观点被广泛接受。城户曾提到过，这一研究的目的是为了"了解事实"（Kido，1958）。然而在日本，这类对于科学和方法论的普遍的争辩并没有得到创新性的发展。在那里，这类研究关注的是引进汉斯、坎德尔、贝雷迪、金、霍尔姆斯和其他学者的理论和方法论（Ando，1965；Ikeda，1969）。这样做以后，尽管在二战后，对于这方面研究领域的关注度不断上升，但是比较教育作为日本的一个学术领域，并没有超越它原本的地位（Suzuki，1958）。

尽管如此，在世界范围内的比较教育学术界内，日本比较教育学会这一教育组织在1970年已经发展成熟，并成为世界比较教育学会联合会（WCCES）的创始成员。在1980年，该学会通过自身的努力，成功地在东京组织了第四届世界比较教育学会联合会大会。会议的主题是"教育的传统和创新"。与该主题相关的"道德教育"则作为子主题。战后的日本，教育家们很少探讨"传统"和"道德教育"这些话题，他们回忆起战前的"错误"教育以及1945年以后美国对其的否定。随着日本新教育的发展，曾一度由帝国控制的战前教育受到了谴责；在战后时期，国家权力实际上仍然是所有的教育研究领域中一个占主导地位的主题。总的来说，对于日本人，这些话题是对战前民族优越感的民族主义的回顾。并且，对有些人来说，这种思想可能复生。这次在东京召开的会议的主题反映的是日本对于这一讨论的热衷。在冷战结束前，该探讨极其强烈，也未曾被遗忘过。

战争和占领对于日本比较教育的发展同样是一笔遗产。到了1980年，日本的工业通过资本主义方式获得了很大的发展，这足以使曾把日本推向这一路线的美国开始警惕。当美国领导者仍觉得他们处于"民族危机"时，日本在世界经济中取得了重要的地位，尤其是在太平洋沿岸地区。人们广泛地认为日本的教育模式和人力资源的运用是其在发展工业和国民经济中取得"非凡"成功的重要基石（ADB，1991）。结构功能主义者也认为，经济增长取决于人力资本，而人力资本的质量取决于教育的质量。在1980年，日本教育已经受到了来自世界各国的关注（King，1986）。随着其他比较教育中心的发展，继伦敦之后，日本得到了享有成为世界会议组织者的特权（JCES，2004）。

同时，在20世纪80年代，日本被期望能够对国际学会做出比过去更多的贡献。由中曾根康弘内阁（1983—1987）呼吁而建成的特设教育改革委员会（1984—1987）提倡日本学校和大学的国际化。以"10万名外国学生"在日留学的政府规划为基础，日本的海外留学生数量不断上升。相应地，"国际教育"变得越来越受欢迎，随着它的迅速发展，有些类似名字的课程也被设置为大学的课程。在1993年，国际比较教育的168门课程在全国的62所大学和3所研究机构开设（Umakoshi，1996）。

鉴于日本在世界政治、经济、教育中的地位，日本的注意力开始由西方转向东方。随着日本财政对国际机构的资助不断地增长，其中可供日本占据的位置越来越多。在此背景下，和政府一样，教育工作者也把日本经验作为一个重要和有益的模型，这对于发展中国家尤为重要。虽然西方教育的主题和平台在日本比较教育学会仍然占主导地位，但可以看到从20世纪70年代末起关于亚洲的主题也开始兴起（JCES，2004）。从这一时期起，这种东移的趋势便一直存在在日本的比较教育中。这一特点非常明显——几乎所有获得平冢奖(从 1990 年到 2004 年的 15 次奖项)的研究都是关于亚洲的,除了有一卷是关于德国和澳大利亚的。

总体而言,日本教育的这种解释应归功于从欧洲发展起来的比较教育思想传统。首先,日本人了解到,由国家带头教育人民并建立自己的教育模式是非常重要的。这种方式将关系到该国的政治和社会稳定、经济繁荣和安全。此外,他们还了解到,视察别的教育模式也是重要且非常有用的。这样一来,政府和教育工作者就能知道什么是"更好"的教育,什么是更"先进"的教育。数据和它们的系统表现将有助于证明这一观点。

事实上,比较教育是一项现代工程(Cowen,1996)。日本追求以"自由主义""民主""公民社会""科学"与"发展"为思想原则的雄心。虽然日本关于这些价值观的信仰提升了学习曲线的陡峭度,但作为一个学术行为,对这些想法和信念的追求则是非常线性和简洁的。过于注重数据收集,集中于描述和实证主义的简单愿望,简称为"认知型错误"(Cowen,1999;Cowen,2002)的实践,同样也是日本一直存在的问题。然而,他们似乎并没有努力地克服。在处理对新的"知识"的需求方面,日本在这一领域的研究并没能克服过时性(JCES,2004)。这仍然是一个现代化的课题。也许它已经错过了一个旧主题——教育作为文化实践。但可以肯定的是,坚持社会的发展和知识的线性观念,对处理正式教育在全球化世界中的变化模式并不会有大的帮助。

结　论

很有趣的一点是(处于并列解释中的其他事情)将比较教育作为行为和一种思维方式的混合方法。当然,这些主题可以说随处可见(如在美国或法国),但中国和日本引人注目的现代化和再现代化的历史使这些主题变得非常复杂。

同样令人注目的是,战争与革命的政治影响着对所谓的"比较教育"的认知。这些潜在的历史不同于这些变化——思想流派和方法争论的转变、大部分北欧和北美"比较教育"学科和文献所在的期刊的衰落。

再次,在这些解释的基础上(如以上并列的),未来研究的一个有趣的主题便是这一问题:当比较教育与国家之间的联系是可见的和强大的时候,将会发生什么呢？作为比较的实施者,国家是如何影响比较教育的思维方式的呢(反之亦然)？反之也有可能不成立。

因此,存在一个最终的和永久关联的问题,它从属于上述所有的主题。对于今后的工作,其中最重要的、需要追问的问题之一就是:通过哪种层面(用不同的词汇)或哪种描述类别,才可能建立起对东亚地区比较教育的阐释呢？

参考文献

Ando, Takao (1965). *Hikaku-kyoiku-gaku genron – mondai no teiki to kenkyu*. Tokyo：Iwasaki Shoten.

Asian Development Bank (1991). *Education and development in Asia and the Pacific*. Manila：Asian Development Bank.

Beijing Normal University, Memorabilia of China Comparative Education Society，http：//www.compe.cn

Bendix, R. (1967). Tradition and modernity reconsidered. *Comparative Studies in Society and History*，9 (3)，292 - 346.

Cheng, Youxin（Ed.）(1985). Comparative pedagogics, Beijing cultural College Unpublished teaching materials.

Cowen，R. (1996). Last past the post：Comparative education, modernity and perhaps post-modernity.

Comparative Education，32(2)，151 - 170.

Cowen，R. (1999). Late modernity and the rules of chaos: An initial note on transitologies and rims. In R. Alexander，P. Broadfoot & D. Phillips (Eds.)，*Learning from comparing: New directions in comparative educational research* (pp. 73 - 88). Oxford: Symposium.

Cowen，R. (2002). Moments of time: A comparative note. *History of Education*，31(5)，413 - 424.

Cummings，W. K. (1995). The Asian human resource approach in global perspective. *Oxford Review of Education*，21(1)，67 - 81.

David N. W. (2003). *The future of comparative and international education in a globalised world*，comparative education: Continuing traditions，new challenges，and new paradigms.

Department of Education，Japan (DoE) (1876). *Outline history of Japanese Education: prepared for the Philadelphia international exhibition*，*1876*. New York: D. Appleton and Company.

Department of Education，Japan (DoE) (1893). *Outlines of the modern education in Japan*. Tokyo: The Department of Education.

Fujita，Tomoji (1995). Fukuzawa Yukichi no Tenno-kan. In G. S. Kenkyukai (Ed.)，*Chishikijin no Tenno-kan* (pp. 31 - 52). Tokyo: San'itsu Shobo.

Gu Mingyuan (2005). On several issues related to the construction of the comparative education discipline.

Gu Mingyuan (2006). Opening speech in the 13th national conference on comparative education，Shanghai Branch.

Hiratsuka，Masunori (1975). Hikaku-kyoiku-gaku eno michi - zuisou-teki kaiko no joshou. *Nihon Hikakukyoiku-gakkai Kiyou*，(1)，1 - 6.

Ikeda，Susumu (1969). *Hikaku-kyoiku-gaku kenkyu*. Kyoto: Fukumura Shuppan.

Ikeda，Susumu (1975). Hikaku-kyoiku-gaku kara sogo-kyoiku-gaku he - Hikaku-kyoiku-gaku heno hitotsu no jogen. *Nihon Hikaku-kyoiku-gakkai Kiyou*，(1)，7 - 9.

Ishizuki，Minoru (1972). *Kindai Nihon no kaigai-ryugaku-shi*. Kyoto: Minerva Shobo.

Japan Comparative Education Society (JCES) (2004). *Nihon Hikaku-kyoiku Gakkai 40-nen no ayumi*. Tokyo: Toshindo.

Kido，Mantarou (1958). Hikaku-kyoiku-gaku no houhou-ron. In M. Suzuki (Ed.)，*Hikaku-kyoiku* (pp. 255 - 269). Tokyo: Kokudosha，255 - 269.

Kido，Mantarou，Shuhei Ishiyama，Tokiomi Kaigo，Masaaki Kousaka，Sumie Kobayashi，Shidou Sumeragi，Minoru Harada，Masunori Hiratsuka，& Seiya Munakata (Eds.) (1958). *Sekai no kyoiku*. 10 vols. Tokyo: Kyoritsu Shuppan.

King，Edmund J. (Ed.) (1986). *Comparative Education* (Special Issue: Education in Japan)，22 (1)，73 - 82.

Kume，Kunitake (2002). *The Iwakura Embassy*，*1871 - 73: A true account of the Ambassador Extraordinary & plenipotentiary's journey of observation through the United States of America and Europe*. Vol. 1: The United States of America. Chiba: The Japan Documents.

Li Qilong (1983). Development course of Chinese comparative education，Foreign Education Reference (vol. 1).

Shibata，Masako (2005). Educational borrowing in Japan in the Meiji and Post-War Eras. In D. Phillips & K. Ochs (Eds.)，*Educational borrowing: Historical perspectives* (pp. 147 - 168). Oxford: Symposium.

Shugo，Hiroshi，Seiichi Miyahara，& Seiya Munakata (Eds.) (1950). *America kyoiku shisetudan hokokusho yokai*. Tokyo: Kokumin Tosho Kankokai.

Suzuki，Motohide (1958). *Hikaku-kyoiku*. Tokyo: Kokudosha.

Trainor，J. C. (1983). *Educational reform in occupied Japan: Trainor's memoir*. Tokyo: Meiji University Press.

Umakoshi, Toru (1996). Hikaku-kokusai kyoiku-gaku-kenkyu no genzai. In M. Ishizuki (Ed.), *Hikakukokusai kyoiku* (pp. 42 – 59). Tokyo: Toshindo.

Wang Chengxu (2006). Written speech in the 13th National conference on comparative education, Shanghai Branch.

Wang Chengxu, Zhu Bo & Gu Mingyuan (1985). Comparative education. Beijing: People's Education Press.

Wang Yingjie (Ed.) (1999). *Comparative education: A general outline on comparative education for the self-taught examination program*. Guangzhou: Guangdong Higher Education Press.

Wu Wenkan & Yang Qinyi (Eds.) (1999). *Comparative pedagogics: Teaching materials for students in humanities at higher education institutions (Rev.)*. Beijing: People's Education Press.

Xue Liyin (1993). *Study on contemporary methodologies on comparative education*. Beijing Normal University Press.

Zhang & Wang (Eds.) (1979). *Short history of comparative studies of Chinese and foreign education*. Shandong Education Press.

33. 民族文化认同、话语分析和比较教育

埃夫特赫里奥斯·克莱里德斯(Eleftherios Klerides)

引 言

民族性和文化认同的观念一直以来都是比较教育的根本性主题(Mason，2006；Ninnes & Burnett，2004；Tikly，1999)。从 20 世纪初开始，它们就以基本假设和研究对象的形式出现在该学科的各类文献中。它们是专业领域的重要部分，同时也是比较教育工作者的知识资本，甚至被列为该领域的"观念单元"(Cowen，2002a；Cowen，2002b)。

最近，考恩(Cowen，2002b；1996)呼吁就应该如何在比较教育学科中看待这些观念单元进行反思。重新协商这一问题的必要性也是在新千年再次构想比较教育学科这一更广泛的号召的一部分(Ninnes & Mehta，2004；Kazamias，2001；Crossley，2000；Broadfoot，2000；Watson，1999)。这个号召是已经改变了或是正在发生改变的世界——即卡扎米亚斯(Kazamias，2001：439)所说的"后现代性的新宇宙"——所要求的；值得注意的是，该号召也是这一紧迫需求所要求的，即把在后结构主义、后现代主义和后殖民主义等思潮中出现的或正在出现的关于身份、文化和民族的复杂的新观点整合到比较教育研究中(Ninnes & Mehta，2004；Ninnes & Burnett，2004；Cowen，2002b；Tikly，1999)。

尽管世界已经发生了改变，或者说它正在改变，这并不一定意味着有关这些观念单元的旧观点就应该被自动抛弃。对它们的重新讨论不意味着形成一种漠视历史的思考(即历史虚无主义)。相反，对这些观念的重新定义应该被看作是"日积月累地、自信地和批判地建立在过往成就上的一种整合和成熟"(Crossley，2000：329)。因此，应该回顾在比较教育领域中对这些观念的历史性解释，从而判断哪些观念应该被保留，哪些应该被调整，哪些应该被舍弃。

本文旨在通过批判地结合学科传统与针对民族性和民族认同的新观点，重新形成比较教育学科中这些观念单元的概念。首先分析了该领域的历史文献，试图勾勒出这些观念是如何被解释的，以及对其理解为各种场景下的教育研究带来了什么启示。这之后，本文呈现了关于文化研究、社会学和社会语言学等其他研究领域出现的对身份和民族的新观点的概要。这些新观点的出现，迫切要求针对比较教育应如何理解这些观念进行反思，并且通过对它们的重新表达对比较教育研究提出了新的议程。接着，指出对于进行新的、优先的研究项目，实现对学校实践中身份形成的新的复杂理解来说，话语分析是一种有效的方法。这里所提出的主要观点是，话语分析是跨越各种文化背景下，研究身份和民族性的理论和方法论的桥梁。最后发出号召：研究要超越教育和全球化的经济研究方面，要遵循对民族性和文化认同的解放的新观念，来重新关注文化和历史分析主题。

比较教育标准中的民族性和文化认同

身份、民族和文化的观念及其在不同背景下的研究，一直以来都是比较教育某一分支中的核心主题。例如，在坎德尔(Kandel，1993)、马林森(Mallinson，1975)和施耐德(Schneider，1966)的作品中都有"民族性格"的概念。汉斯(Hans，1958)也通过他所谓的"要素"——关于民族文化和认同的一个拓展概念(尤其指种族、宗教、语言和政治哲学)对此进行了强调。萨德勒式的格言

"学校之外的事情甚至比学校之内的事情更重要"也刻画了文化框架的特点(Sadler,1964：310)。

支撑该领域的早期历史文献是一系列关于民族性和民族认同本质的主张。它们通常被当作自然和客观的实体,用盖尔纳(Gellner,1983：48)的话来讲,它们存在于"事物的本质"中。这种假设在文献中的反映就是一种从机体论者和自然主义者的观点来描绘或谈论这些观念的趋势。这种趋势的例子之一是汉斯。他区分出"不成熟"的民族和"成熟"的民族,并将民族共同体与人类进行类比,"民族的成长可以与个人的成长相比较"(Hans,1958：11)。这种民族群体与人的对应也表现在坎德尔的作品中,他认为每种民族和个人一样具有特性和品质。他写道,民族性"之于群体就像个性之于个人,它是生活和文化的表达"(Kandel,1933：xxiv)。

在这类文献中还有另外一种趋势,尤其反映在马林森(1975)的作品中,即把民族性等同于"民族意识"和"民族情感"之类的词。这个术语揭示了他和其他比较教育学者对身份的思考——它们是内在的、固有的本质。这种想法在他们对"民族性格"这个观念的看法上尤其突出。例如,马林森将其定义为一种"稳固的心理构建",是民族行为的决定因素而非表现形式。他还把它的起源归因于"很多相对稳定的态度的存在,及这些对一个民族来说主要的价值观"(Mallinson,1975：14)。坎德尔在关于这一概念的文章中承认普遍化的危险性,同时将它定义为一种以特定方式向集体行为转化的极大的可能性。用他的话来讲,"特定群体由于自身的历史、传统、环境、理想和知识观,很可能会以不同于其他群体的方式行动"(Kandel,1933：23)。即便这样,他也未能避免提出一些普遍化的概述,例如"英国人不喜欢思考或制定行动计划",及"英国人比任何其他民族更相信一盎司的实践等于一磅的理论"(Kandel,1933：25)。

上面的陈述还强调了对"宇宙"的独特解读。在这些比较教育研究者的眼中,世界不可避免地被构成由一系列独特的并且独立的民族组成的联盟,每个民族都在这个世界上有自身特有的身份、文化和命运。马林森的作品也暗示了这种解读。他写道,每个民族都"掌控它们自身的命运,不顺从于任何上层或外在的势力,能根据自己认为最恰当的方式自由地做出决定"(Mallinson,1975：265)。然而研究文献并没有对"是什么构成一个民族和民族性"达成共识。相反,比较教育研究者经常在综合利用种族和公民标准的基础上对其下定义。民族性被认为是由民族-文化元素所决定的,例如共同的语言、共同的宗教、集体的历史经历、共享的传统和风俗,或者相同的血脉;或者是被政治-地域特点所决定,例如共同的地域、对所有公民来说共同的公民价值观和抱负,或者是共同的制度和法律的祖国。

文化认同和民族性的本质被进一步理解为自诞生以来就保持统一和连续,不随外界的各种变化所动。这里再次引用马林森的话,民族性格被描述为"某个人群所特有的并广泛存在的思考、情感和行为的性格的整体,并且在几代人中以或多或少的连续性得以表现"(Mallinson,1975：14)。他在自己的文章中对此有各种各样的阐释——社会的认同"是这个社会总体的生活方式","包含了它所继承的所有东西";"是对连续性的一种表达,对人们在时间、数量和空间中拓展的认识";并且"基于风俗和习惯的长期以来的一致性"(Mallinson,1975：7,263—264)。

总结一下,这里所讨论的观念被早期的比较教育文献看作是基本的、同质化的、固定的和永久的实体。在民族性和民族主义的研究中,它们的具体概念是所谓原生论和永恒主义范式下比较教育殖民地化的表现(Özkirimli,2000；Smith,1999)。反过来,这种对民族特性和民族的解读提出并证明了:(a)某些对教育本质及其目的的观点;(b)民族教育系统和教育知识是如何形成的;(c)一种有特定研究重点和优先安排的比较教育。

因为民族和身份被看作基本单元,反过来它们也被看作独立于学校实践的存在。另外,如果它们在这些实践之前就存在的话,那么民族教育制度无非就只是它们的反映而已。下面引用的坎德尔的话阐明了这个要点："每一种民族教育制度都是民族所特有的，民族创造了它并且向组成这个民族的人群表达了某些独特的东西。"(Kandel，1933：xxiv)汉斯通过强调教育制度"是民族性格的对外表达，也因此代表了区别于其他民族的这个民族"(Hans，1958：9)来呼应坎德尔的观点。

因此，民族教育的主要目的是保护、留存和传递所谓一个民族的文化遗产，通过这种继承的方法，来培养公民的民族归属感，并确保民族文化的延续。马林森的观点便是这种观点的例证。"每个社会都在通过对未成年人的教育来努力保护和保持自身的传统和抱负。"(Mallinson，1975：8)坎德尔也曾类似地描述教育，他认为教育是"维护社会所必要的文化遗产的传承"(Kandel，1933：365)。按照这种观点，教育是让儿童被民族文化同化，并学会以民族的方式存在的机构。这种民族社会化的形式是建立在一种假设之上的，即儿童已经是种族主体，但是它的完全实现需要通过民族教育来达到。

鉴于它们被解释为既定的实体，因此在比较教育领域中，民族心智、传统以及它们的历史轨迹易被当作"学校之外的事情"(Sadler，1964：310)，"无形的、难以理解的精神和文化力量"(Kandel，1933：xix)，或影响教育形成的"要素"(Hans，1958)。换句话说，在涉及文化背景及其历史的思想流派的势力和要素中，教育是被嵌入到某一具有因果关系的叙述中的(Cowen，2002a；Kazamias，1961)；它们是某些形式的民族教育制度和知识的"决定因素"和"原因"。

因此，作为一种研究范式和一种获得知识的途径，比较教育在原生论和永恒主义的民族主义主张下，被设想为一种跨学科领域的知识，它致力于在更广阔的文化和历史背景下研究教育(Kazamias，1961；2001；Cowen，1996；2002a)。这个观点在马林森的文章中或许得到了最好的阐释。他将教育的比较研究定义为"对其他文化和源自不同文化的教育制度的系统考察，为的是发现异同和导致异同的背后的原因，以及为什么不同文化在面对共同的问题时通常采用了不同的解决办法(及其造成的结果)"(Mallinson，1975：10)。该领域的知识方面的研究试图关注与所有教育制度和教育知识的形成有关的文化背景。然而，它处于比较教育主流的边缘，因为比较教育主流研究主要是用更广泛的功能主义和实证主义方法研究教育制度的现代化和发展(Kazamias，2001；Cowen，1996)。

在20世纪70年代中期和80年代早期，这一领域发生了一次转变(Kazamias，2001；Tikly，1999；Cowen，1996)。它开始关注殖民主义、新殖民主义、文化帝国主义，从依附理论的视角考察过去殖民地时代的教育模式。在这种范式下(Carnoy，1974；Altbach & Kelly，1978；Watson，1982)，对教育的比较研究聚焦于不同殖民背景下的学校实践中文化认同的具体形式和内容(Cowen，1996)，但它主要关注的是经济的欠发达方面"使它不能轻易地分析种族、文化、语言和身份的问题"(Tikly，1999：609)。不仅如此，该时期发表的所有作品中有一个共同点就是以社会学的观点，把教育当作文化再生产的机制。比较教育中最能表现这种趋势的是布罗克和图拉西维奇的作品集，其中把"文化认同"的概念用来解释教育对于文化规范再生产的作用。在这卷书的引言中，编者提到"群体的文化认同通过频繁地提及它的文化来保持"，并且"源自一种共同的遗产"(Brock & Tulasiewicz，1985：3—4)。

尽管教育中身份的形式如今成了比较分析的单元，但正如上面最后一个陈述所强调的，身份和民族的观念依然被当作基本的、固定的实体(Ninnes & Burnett，2004；Tikly，1999)。因此，这种比较文献的新主体理所当然地接受现代主义者对"殖民者"和"被殖民者"的分类，并且对其进行再生产和传承。它以全盘接受和必须接受的态度看待这些分类，把它看作无所不能，而没有考察殖民主义对宗主国身份的影响。它几乎不关注：在殖民地背景和宗主国背景下身份形成过程中所出现的多种论调、自相矛盾和紧张局面；殖民地人们面对帝国主义文化计划所进行的文化抵制，以及这些努力所产生的文化混合；殖民地经历在性别、阶级、种族和其他方面的碎片化。换句话说，它没能准确地考察形成民族认同和民族性观念所涉及的所有的问题。

看待民族和身份的新视角

20 世纪下半叶，大量有影响力的作品出现在政治科学、历史和社会学领域(Kedourie，1960；Gellner，1964，1983；Anderson，1983；Hobsbawm & Ranger，1983)，这标志着民族主义研究的转变，"从对民族的原生论和本质论观念到目前主流的认为民族是被建构或发明的观点"(Eley & Suny，1996：6)。有些学者(Smith，2001，1999)称这种转变源自解释民族本质和起源的新范式的出现——所谓的现代主义范式，它区别于民族性的社会建构理论，拥护其现代性。其他学者(Hall，1992)则把这次转变视为解构民族文化与身份的解放性的开端。

最近，在 20 世纪 90 年代，又出现了新的方法(Bhabha，1990；Hall，1992，1996b；Billig，1995；Woodward，1997；Wodak et al.，1999)。这些后现代和后殖民主义的叙述并不代表对民族的解释性的独特分类，而是采用了一种建构主义的思维模式来支持现代主义立论并使它操作化(Smith，1999)。对于埃利和苏尼来说，最近，这些方法论途径和技巧把对民族性和民族的研究推向了"话语和意义生成的领域"(Eley & Suny，1997：6)。确切地说，他们试图从两种意义上解释民族和身份如何被社会建构的：第一，建构它们的时候具体使用了什么方法和策略；第二，构成民族元叙事的元素是什么。接下来是对民族主义研究最新进展的陈述。

讨论的出发点是安德森把民族看作"想象的政治共同体"的论点。对他来说，每一个民族必然都是设想出来的，因为它延伸并超越了直接经验——它所包含的人群远远超出个人所接触的数量，它所包含的地域也远远超出了个人所游览的范围。作为一个抽象的概念，民族被想象为是有限的、有边界的，是水平均匀的：

> 民族被设想成有限的，因为即使是拥有 10 亿人口的最大的民族，也有界线，即便是弹性的边界，边界之外是其他的民族……它被设想为是有主权的，因为……民族梦想着自由，即使是在上帝的影响下，也是如此……最终它被设想为一个共同体，因为，尽管事实上每个民族都可能存在不平等和剥削情况，但民族总是被认为是深刻的、平等的同志关系。(Anderson，1983：7)

类似地，民族认同可被理解为一种心理建构——它通过提倡成为共同愿景的一员并共同分享这一愿景，在人群中创造了团结的观念；这种心理建构强调这种愿景的有界性，提供了一个想象的群体对抗界线之外的人群，这一群体也被认为是独立自主于外部人群的；这种建构被认为是整体性的，实际上隐瞒了民族界线内部实际的分裂和异质性。

这种对想象的民族和身份的重新解读并不是对它们真相和实体效果的否认，相反，它还承认了这一事实：民族和身份性会随着人类实践的改变而有所不同，并在人类和所处世界来来往往的互动中被建构。因此，用安德森的话来说，民族和国家"并不能用它们的虚构性/真实性来区分，而应该按照它们被构想的方式来被区分。"(Anderson，1983：6)

和安德森一样，霍尔也指出身份认同被想象成团结的一种形式。他继续解释这是通过"以团结或身份认同的形式呈现差异性的一种论述方法"来实现的。(Hall，1992：297)因此，无论一个民族中其成员在阶级、性别、宗教、种族、年龄或人种方面有多大差异，这种身份认同方法都描述他们共享这相同的特点，属于同一个民族大家庭。这意味着，这种被每种民族认同当作基础的整体性并不是一种自然的结构，而是通过某种形式的象征力量不断作用而形成的想象的团结结构。

虽然民族内部的多样性通常被抑制,被当作民族认同的背景,但是国际差异则往往被重视和强调(Woodward,1997;Bauman,1997;Hall,1996a,1996b;Billig,1995)。因此,任何身份认同都与想象出来的民族**自我**和民族**他者**。正如霍尔所说,"没有与**他者**的对话关系就不会有身份认同。他者并不是在外部的,而是位于自我内部的,即身份认同"(Hall,1996b:345)。从后结构主义的视角来看,民族构想中他者的存在对于建构民族的同一性非常关键:"只有通过与他者的关系,与它所不是或恰好缺乏的东西的关系,以及与所谓**外部构成**的关系,任何术语中的'积极'意义——也就是它的'身份认同'——才能被建构。"(Hall,1996a:4—5)

如果民族和民族认同是构想出来的、至少包含团结的关键元素和差异的各种观念的复合体,那么这个想象就足够真实,以至于让公民相信它、信仰它,并且在情感上认同它。问题是,想象的共同体如何抵达信服它的人的大脑——它通过**表征**传递和形成。霍尔认为,民族不仅仅是政治构成,还是文化表征系统。通过这些系统,人们表现、解释和创造关于自身的知识:

> 民族认同不是我们与生俱来的东西,而是通过表征形成和改变的。我们知道作为"英国人"是什么样的,因为"英式风格"作为一组含义通过英国民族文化得到表现。由此判断,国家不仅仅是政治实体,还是能产生含义的文化表征系统。人民不仅仅是国家的合法公民,他们还参与民族文化中所表现的民族观念。民族是一个有象征意义的共同体,也正是因为这个原因它具有引起身份认同感的力量。(Hall,1992:292)

巴巴指出一种用于引起和传递民族形象的表征模式是叙述。"民族,就像叙事",他写道:"在时间的神话中丢失了起源,只有在心灵之眼的视野里能得到充分的实现。这样一种民族的形象或者叙述,可能看起来不可思议地浪漫,并且运用了极其夸张的比喻,但它来自那些政治思想和文学语言的传统,民族在这些传统中是一种强有力的历史观。"(Bhabha,1990:1)在最近的一份报告中,本威尔和斯托科强调了同样的观点,他们写道:"叙事的实践包括身份的'行为'。"(Benwell & Stokoe,2006:138)这个观点通常与"叙事身份"的观念相联系,"叙事身份"被看作是叙事中的某一角色的身份——即民族**自身**(Wodak et al.,1999;Martin,1995)。这种身份的精髓在于民族从叙事情节中获取自身的身份,而不是在叙事中被描述。

在所有强调叙事是身份认同的要点的学术著作中,还存在对身份认同多样性的强调。奥兹基瑞穆里曾写道:"民族内部不同的成员促进了有差异的、往往是互相矛盾的民族性的建构"(Özkirimli,2000:228)。因此,"不存在单一的民族叙事"(Özkirimli,2005:169)。但是,多元身份认同的观点并不是简单地指不同社会群体对民族的不同叙事。它还涉及多元叙事的建构,这种多元叙事是叙事发生的社会交际情境种类以及叙述者所处的历史和制度背景造成的。认同作为情境化实体的观点得到了沃达克及其同事的最佳解释,"并不存在一种民族认同,相反我们相信身份认同根据不同的观众、背景、话题和实质内容而被无条理地建构出来"(Wodak et al.,1999:4)。某个社会的民族认同的各种类型与恰当性、互补性、转化、反对和排除有关。

身份认同和民族的理论建设的一些含义可以在这多数论点中得到强调。第一,它们的理论建设可以被看作被质疑的过程,这些概念本身就是有争议的领域(Özkirimli,2005;Smith,1999)。第二,它们以碎片化、对立和混杂为标志。它们是由关于自我和他者的局部的、多样的叙事碎片所组成的,经常被拉入不同的方向。因此,对于马丁来说,"自我是混杂的实体"(Martin,1995:17);对于霍尔来说,文化认同是"破碎的,断裂的"(Hall,1996a:4);对于卡尔霍恩来说,民族是"各种各样的分析客体"(Calhoun,1997:21);而对鲍曼来说,每个群体的身份都是"一种重写的身份"(Bauman,1997:53)。第三,身份认同是矛盾的实体并且存在多种矛盾性。巴巴(Bhabha,1990)声称它们在传统和现代化中间摇摆不定。霍尔(Hall,1990,1992)认为,它们在过去和未来之间的定位不明确，属于未来的同时也属于过去。比利希（Billig，1995）提到了关于民族的排他主义和普遍主义的主张之间的紧张关系。史密斯（Smith，2003；1991）在他的很多文章中指出它们在真实与虚构、文化与政治和包容与排斥之间的波动。

此外，身份认同不仅随着空间的不同而发生改变，例如社会领域、制度和场景，它还随着时间发生改变："民族认同及其传递的意义，可以随着时间而改变和转化，甚至是在很短的一段时间内。"（Hobsbawm，1992：11）类似地，鲍曼把身份认同看作"一项尚未实现的、未完成的任务"，是一个"不仅注定永远是未完成的，而且是永远不稳定"的概念（Bauman，2004：20—21）。霍尔也曾把身份认同比作处于长期变动中的结构，而认同的形成则是"永远无法完成的过程，总是在进行中。它是不确定的，因为它总是在被'赢得'或'失去'，被保持或抛弃"（Hall，1996a：2）。霍尔进一步强调一种认同在外形和形式上的转变总是与"它存在的确定条件"相关，包括物质和符号来源。

如果民族认同现在被看作叙事表征的产物，那么问题在于，什么是"在现代围绕'民族'符号的各种观念和理解"（Suny，2001：870）。有人认为通过叙事建构的认同包括四个主要元素。

共同的民族空间的观念是第一个支柱。"民族不只是人们想象的一个共同体，还应该想象出一个地方、家园。"（Billig，1995：74）民族的地理实体通过一系列方式被表述（Smith，2003；1986）——一片神圣的家园，有明确的起止国界的统一实体，界限之外就是其他民族的领域。它被设想成历史传承的土地，一片在精神上和物质上都属于它的人民的土地，而人民也属于这片土地。它还被想象成一片独特的、特有的、美丽的、自给自足的土地，将"我们的"土地与"他们的"土地区别开来。

第二，在民族身份认同的叙事表征中还存在一个集体的民族时间。史密斯认为"如果民族存在于空间维度，那么它同样也存在于时间维度"（Smith，2003：166）。民族的时间通常被分成三个次元素——共享的过去、现在和将来。它的表现从回溯祖先的模糊神话延伸到同样未知的后代（Calhoun，1997；Miller，1995；Smith，1986）。涉及民族性的形成，霍布斯鲍姆最看重这三个时间中的过去："成就民族的是过去；能在其他民族面前为某个民族辩护的是过去，而历史学家就是创造它的人。"（Hobsbawm，1996：225）在任何民族的史实中，有很多循环的主题——人民的独特性、文化和性格的优越性、种族和文化的纯洁性、历史的悠久、自主权的重要性和受制于人的消极影响（Berger et al.，1999）。

身份认同的第三方面是**共享的民族文化**。"现代人可以不忠诚于一个君主、一片土地或一种信仰，但无论他说什么，他一定忠实于某种文化。"盖尔纳这样写道（Gellner，1983：35）。同样的，对于马丁来说，任何集体身份的形成都暗示着"从已经存在的文化特征中选择一种，并将其转化为身份的标志"（Martin，1995：13）。民族身份认同表现为一种"高级文化"中的所有伟大艺术品的总和，反映在经典的文学作品、绘画、音乐和哲学中，以及这些之外的构成普通人生活的日常，还有被广泛分化的流行音乐、艺术、设计和文学，或者是休闲时间和娱乐的大众活动（Hall，1997；Smith，1991；Gellner，1983）。

身份认同叙事的最后一个方面是共同的民族习性。"民族认同具有自身独特的习惯，布迪厄将其定义为由普遍但多样的观念或感知图式、相关的情绪性格和态度以及行为方面的性情和习俗所构成的复杂的综合体。"（Wodak et al.，1999）这里的民族习性并不是指传统意义上的"民族性格"，而是基于这样的前提，即它表达的不是固有的和永恒的"某些东西"，而是不同时期会发生改变的一组信念或观点、情绪、态度和行为准则，它们可以被内化，或者在社会化过程中被个人所获得。所以，民族习性超越了一成不变的关于"我们"和"他们"的想象，它因此包括一些特点，比如愿意支持自己有归属感的民族，或者当他感受到这个民族受到威胁时准备好去保护它（Wodak *et al.*，1999）。

因此，按照比利希的看法，获得民族认同就是掌握某些平庸的、乏味的、通常相似的方式来书写或谈论民族性——关于民族空间、民族时间、民族文化和民族习性。然而，"身份并不是被反映在话语中的，它是积极地、持续地、动态地在话语中被建构的"（Benwell & Stokoe，2006：4）。同样得，沃达克等人认为，"民族身份认同，作为社会身份认同的特殊形式，是通过话语被创造和再创造，被转化和拆散"（Wodak，1999：3—4）。而对于奥兹基瑞穆里来说，"民族主义从这个意义上说是一种话语形式，是一种看待世界和解释世界的方式"（Özkirimli，2005：2）。这种对民族主义现象的论述方法基于结构主义和后结构主义语言哲学。这种理论不认为语言是中立的、仅仅反映现实的中介，而是把它看作创造经验、认同和关于世界的知识体系的方法（Benwell & Stokoe，2006；Jørgensen & Phillips，2002；Fairclough，1992）。

这一认为身份认同是话语中的刻印的最新解读受到了批判，因为它几乎没有谈到中介，尤其是主体如何与话语互动，他们可能会如何抵制、调整、协商和反对关于民族自我的叙事（Benwell & Stokoe，2006）。为了试图达成妥协，霍尔运用了"身份认同"（identification）一词来解释这个概念：

> 在交汇点，或者说缝合点的两端，一方面是话语和实践，它们试图"质询"我们，或招呼我们站到特定话语中作为社会主体的地位；另一方面是过程，它们产生主观思想，把我们建构成可以"发言"的主体。因此身份是话语实践为我们所建构的暂时的主体地位附着点。（Hall，1996a：55—56）

民族身份类似地可以被理解为一个位置概念。它是身份认同的一种地位，即把主体附加在所谓的民族主义主体位置上。这是被民族主义话语所建构的，也就是霍尔（Hall，1992）所说的民族文化的话语，或者是卡尔霍恩（Calhoun，1997）所说的民族主义的话语。这两种话语都把"民族"或者是"人民"作为它们指代的目标。一个民族的成员被召集到这个位置并由此明确自己的身份，试图参与或者邀请其他人进入到话语中。正如霍尔所指出的，"民族文化通过创造关于'民族'的意义来建构身份，而这种意义我们是可以鉴别的"（Hall，1992：293）。这种假设——民族主义意义和习俗的结构中作者和读者的加入——代表这类文献中的一种共识。

对比较教育的启示：新的研究议程？

根据解构主义的观点，把比较教育领域中民族性和文化认同当作本质的、统一的、外部的，并且是稳固的，这种看法是有问题的。这些新出现的理论报告使重新思考这个领域如何看待认同和民族概念的问题变得非常紧迫。对它们的重新商讨和重新概念化建立在该领域传统的基础上，并且对此的进一步探索还涉及教育的本质和功能，以及教育知识建构的方法。接着我们就看到从这次重新解读的浪潮中出现了一系列有关比较教育的新研究主题。这里的目标是确定一些研究的潜在领域，引发辩论而不是终结它。

既然民族认同和民族性如今被看作语言和话语的产物，那么把它们当作独立于教学过程的存在就是有问题的。从新理论的立场来看，表明教育中的实践（例如，课程和教材的生产和发放以及在学校和课堂上的使用），就像在其他社会领域中一样，不单单是一个民族的特征、历史和文化的反映。相反，它们应该被看作其话语建构发生的位置。任何重要的教育实践，例如公民教育、诗歌朗诵、地理书或历史地图，假设它明确或含蓄地把"民族"或"人民"当作它优先关注的目标，那么它就可以被看作是民族身份认同的具体化。在任何这样的例子中，民族形象的产生都是在历史和社会因素方面因情况而异的实践,它取决于很多因素：认同建构有关的例子所牵涉的主题和面对的观众,教学情境的一般特点(包括目的),这个例子发生时所处的教育制度,更普遍地来说,身份认同所处的更广泛的社会以及这个社会的历史轨迹。

因此,国民教育的作用很大程度上并不是保护、保存和传承民族的文化遗产。相反,从后现代主义、后结构主义和后殖民主义关于认同和民族性的观点来看,他们认为教育的目的是参与该遗产的建构,并将这一遗产传播给大众——例如,对民族统一、自我与他者的区别、人民的独特之处的信仰,民族在时空维度的延续性,以及更广泛一点——特定形式的民族主体性。一些关注历史教育的学者最近开始强调教育的这些功能(Lowe, 1999; Frangoudaki & Dragona, 1997; Green, 1997),还有一些学者则特别从比较的视角对其进行研究(Foster & Crawford, 2006; Vickers & Jones, 2005)。尽管已经有积极的发展,但是需要做的事还有很多,尤其是这一研究的理论发展建设。

此外,以文化情境化和历史的方法为中心对于研究民族背景下的教育问题至今都依然是适切的——正如萨德勒的观点,"学校外面的事情"塑造和规范"学校内部的事情",而教育是"很久之前的争斗的产物"。例如,鉴于民族性和文化认同的新观点,教育中民族认同的建构与民族性在其他社会领域(政治、媒体、学术)的表达有关,并受到它的同步或历时影响。最近比较教育领域的学者不断重申在教育实践探究中情境化的价值,以及在形成教育形式和知识过程中文化特殊性的相关性(Mason, 2006; Crossley, 2000; Broadfoot, 2000; Alexander, 2000)。其他学者(其中最具代表性的是 Kazamias, 2001; Watson, 1999; Sweeting, 1999)拓展了文化情境的概念,呼吁比较教育中历史研究的重新发现。

然而,从认同和民族性的新概念视角来看,"学校之外的事情"和"学校之内的事情"的联系应该用辩证的方法来重新解读："里面的事情"是被"外面的事情"构成的,同时,它们也是组成"外面的事情"的重要因素。因此,如果比较教育考虑到认同形成的新的复杂性,任何有关身份认同构成的教育案例都应该被解释为"历史(社会)嵌入课本中,而课本内容也进入历史中"(Kristeva, 1986：39)。历史嵌入课本中意味着该身份吸收并且源自社会及其历史中可用的习俗,并以这种方式融入过去和再生产的连续性的表现中。随着该课本进入历史中,这意味着民族重写了社会的可用意义,并且通过在民族自我形象的改变过程中做出贡献而创造了历史。

此外,根据关于认同建构的新理论,教育与文化背景及其历史的关系不应该被以决定论为基础的方法考虑和检验——把"难以捉摸的、不易理解的、精神的和文化的力量及因素"作为教育形式和知识的"决定因素"。相反,这种历史比较文献的主题应该在可能性这一观念的基础上重新进行概念化——把"难以捉摸的、不易理解的、精神和文化的力量及因素"作为揭示某种民族主义叙事的前提,同时阐明表现和建构关于自我的知识的其他方式的可能性。本文后面的内容会重新提到这个观点,并进行进一步解释。

在批判地考察该领域的传统及关于身份认同和民族性的新观点之后,现在我们可以勾勒出若干研究的新重点。

比较教育有必要开始考察在不同民族背景下民族性和文化认同的概念。这个过程应该首先对这些作为话语和语言产物的观念做出解释,它们呈现在课程、政策文本、教材或课堂实践中。这种洞见引发了一系列新的研究主题。最相关的研究主题有：民族是如何被建构为最初的单元的；民族和文化如何被当作同类事物而呈现；延续性和独特性如何被阐述；自我与他者之间的区别如何被建构；身份认同如何被呈现为永恒的、自然的实体。这对比较教育的启示是研究这些民族主义观念(统一、永恒、独特性、差异等)在不同地方是如何被建构的。这种相比"是什么"更关注"怎么样"的方法在比较教育和其他教育领域并不常见。在这些文献中,对民族认同和民族性的研究是通过内容分析的方法，这种方法通常忽略语言在构成内容中起到的作用（Oteiza，2003）。

另外一个研究领域是深入理解如今在各种文化背景下的学校教育中被建构的民族主题地位。这种类型的分析可以通过确认和描述下列议题来进行：这个民族的儿童被教授了关于民族历史和文化的哪些知识；他们被提供了关于自我和他者的哪种类型的见解、情感和态度；他们被提供了国家地理实体的哪种呈现；目前和将来在他们身上培养怎样的使命感。正是通过对时间、文化、习惯和空间的独特民族解读的认同，儿童"成为"某种类型的民族主体。

如果比较教育开始考察民族主体性的形成，那么也需要关注儿童以何种方式被号召起来认同民族性的叙述，以及是否给予他们一定的空间来协商、抵制、调整或反对民族的神话。这种分析模式可以进一步拓展，涉及教师或课程教材的作者本身以何种方式与自我的话语相联系。这对比较研究的关键启示是探索和解释不同文化背景下关于儿童对民族话语的质疑和作者对民族话语的态度。

另外，不需要考察认为民族和身份认同在不同地域被想象的"风格"——用安德森（Anderson，1983）的话来说——是连贯且一致的。准确地说，应该从这样的观点出发，即它具有碎片化、模棱两可、异质性、矛盾和多样性的特点，这意味着对这些特点的本质和起源的研究会成为比较的基础。正如我们前面提到过的，这个其实来自后现代主义和后殖民主义的格言，即对民族的想象是断裂的、不固定的和混杂的，是对模棱两可、进退两难和悖论的争论点。

每一个民族身份认同的历史性，即民族的形象都受到改变或永存的制约，都意味着需要考察不同文化背景下民族性是如何被挑战、转化、保持或维护的。维克斯和琼斯（Vickers & Jones，2005）最近有关东亚地区民族认同和民族性的研究，与席斯勒和索伊萨尔（Schissler & Soysal，2005）在欧洲的研究提供了以比较的形式运用这种方法的两个例证。然而，尽管这些书卷的编写者分析了有关民族的正在改变的政治活动，但他们常常忽视了根深蒂固的民族古老神话其实一直存在；以及更重要的，新旧民族形象的协同发声而产生的身份认同的混合化。新旧形象的复杂并置与新型混合体的创造也应该列入考虑的范围。

这里涉及的比较研究的最后一个领域源自这样的观点：民族认同是随着意识形态、政治、社会文化和历史背景的不同而有所差异的，民族认同扎根于这样的背景中，并且以新颖或规范的方式成为背景的基本要素。这暗示了有必要探索教育对于形成和传承某种民族性感知的作用，以及对某种风格的认同产生的前提条件进行探究。对制约性的考察应该试图抓住和阐释文化的独特性和独立性。身份认同的教育结构和更广泛的相关条件之间的复杂关系可以通过话语分析来揭示。

话语是理论和方法的桥梁

这一部分试图展示话语分析如何能卓有成效地帮助比较教育进行比较研究的新重点，这些重点来自对学科传统与民族性和民族认同观念的重新解读。作为一种研究方法和知识的理论途径，话语分析提供了一系列的概念和技巧，这对于用一种系统的方法研究不同地区的国家和民族非常有意义。"话语"这个观念本身可以作为不同文化背景的理论和方法的桥梁。它的分析能力在于它可以捕捉到不同地区的共同点——即民族性和民族认同的话语建构——同时还不会遮盖历史、文化和差异的光彩，"这些主题使比较教育从理性上变得有趣"（Cowen，2002a：419）。它不仅在不同文化之间，还在学科之间，分析的微观和宏观层面之间，以及理论研究和实证研究之间建立了桥梁——被称为"新比较教育"（Broadfoot，2000；Kazamias，2001；Crossley，2000；

Bray & Thomas, 1995)。

确定和描述话语身份

不同文化背景下的各种教育文本(课程、教材、政策文件、教师话语或学生写作)中民族身份认同想象的"风格"，可以通过三种互相联系的分析层次来确定和描述：陈述性内容层次，话语策略层次和语言学实现的层次。这种分析民族话语的三足鼎立的框架源自一种话语观点，即把话语当作组织常规化且系统化的关于某一具体话题的一组声明(Mills, 2004；Hall, 2001；Fairclough, 1992；Foucault, 1972)。

- 首先是话题和命题的层次。话语分析的目的是揭示民族主义话语的主题选择和隐藏其中的信息。它的内容被整合到之前呈现并给出定义的叙事身份认同的四个范畴："时间""空间""文化"和"习俗"。

- 第二个分析层面是策略层面。按照奥斯汀对批判性话语分析的观点(Wodak, 2006；Reisigl & Wodak, 2001；Wodak *et al.*, 1999)，策略就是作者或发言者采用的特别的、有意识的或无意识的方案，为了实现建构或传递时间、空间、习俗和文化范畴的民族的统一和差异的目的。但是，正如我们之前说过的，身份认同也与一系列其他民族主义观念的建构有关——民族的持续性、独特性、优越性、自主性、积极的自我呈现和消极的他者呈现等。

- 所有这些策略都具有建构的本质，即它们试图通过提倡共性、不同、持续性等来表现某种身份。此外还有永久化的策略(旨在保持、维护和再生一种民族认同)和转换策略(改变某个身份及其对于另一个身份的支柱)。这些策略类型都源自其认为话语同时具有下列功能——建构功能、转换功能和永久化功能(Wodak, 2006；Wodak *et al.*, 1999)。

- 还有另外一组策略——这其中包括介入或分离、强化或缓和的策略(Reisigl & Wodak, 2001)。前面一组指的是作者和发言者如何表达他们对被表现的民族主义话语进行介入或分离，以及在话语变迁中表达他们的观点。后面一组用于描述或调整对于一个民族主义命题的认知状态，并表达它对真相的承诺。这两组策略都与听众或读者被号召起来确认民族主义话语的方式有关。

- 第三，对语言学方法和手段的分析，它也属于内容的表达和策略。它的两个层面——一方面是内容和策略，另一方面是语言——"通过'实现'的过程连接：词汇语法'实现'了语义，语言学'实现'了社会功能。"(Benwell & Stokoe, 2006：108)换句话说，这个过程是基于内容和语言形式是不可分割的观点(Fairclough, 2003)。民族主义话语的语言学实现的一个中心纬度是我们所说的民族的词汇。正如比利希所指出的，"老一套民族主义的关键词通常是最小的词——'我们''这个''这里'，都是语言学中的指示语"(Billig, 1995：94)。这意味着我们期望用给定的民族主义话语建构民族时间、民族空间、民族习俗和民族文化的叙事，以及持续性、差异性、独特性和自主性，通过具体的词汇选择来以语言学的方式实现。

这个确定和描述身份的三足鼎立的框架是基于对民族主义内容、策略和语言形式的分析；在关于塞浦路斯和英格兰的民族认同和学校史学的研究中，我运用例子对其进行了阐述。

下面的引文摘录自希腊塞浦路斯的教材。它对塞浦路斯希腊族群体的过去和现状，以及它的习俗、命运、土地和文化做了特定解读。这些解读与三种策略相联系——分别强调持续性、差异性和统一性的策略——而且内容和策略都通过特定的语言学手段进行建构和传递：

> 很多民族(或群体)曾占领或战胜过塞浦路斯：腓尼基人、亚述人、埃及人、波斯人、托勒密人、罗马人、阿拉伯人、十字军、法兰克人、威尼斯人、土耳其人和英国人。然而，是这里的

居民守护了希腊特色,这种希腊特色是自后青铜时代末期迈锡尼人在岛上安家以后形成的;这在语言和传统中都有明显的表现。

这一群体的"希腊特色"(通过希腊语言和传统以文化的方式定义)持续性的反映,在这里非常突出。为实现持续性的策略采用了两种语言学手段。首先,时态系统用于表达差异性和相似性的轨迹比较。这两种轨迹构成了关于遥远的过去和现在的观点,过去是这个群体中的希腊特色的起源,而到现代这种特色还很明显。第二,"然而"这个连词用来实现这一比较。这意味着这一文本中,这一群体"守护"("safeguard"这个动词带有"保留"的含义)他们的特色,尽管不同民族和不同信仰的人群试图对它进行压制、改变或破坏。

在摘录的这段话中,同样有对差异和共性的策略性强调,在语言学方面表现在群体组成标签(例如"土耳其人""法兰克人")和绰号"希腊人"(它使人想起一个统一的希腊民族)。通过这两种策略,产生了自我和他者的构成及其区别,它暗示希腊世界和非希腊世界之间存在象征性的边界,前者是一个被征服的、反抗、抵制和抗争的世界,而后者则是强权、征服、镇压和恐吓的世界。这种分歧强调了在各个民族共存的世界中自我的命运——通过反对试图改变和毁灭希腊特点的他者,来保护他们的希腊特点。反过来,这也与目前以及在历史上塞浦路斯都是希腊领土的隐含信息相关,同时与对自我本质和习性的特殊观点相关,即"我们"是希腊文化共同体,共享语言和传统,拥有对它们的绝对忠诚,并时刻准备着为保护它们与强大的民族斗争。

"话语内容"的范畴对于描绘身份在不同文化中通过历时和共时的方法被构想的不同风格也非常有价值。这是用"过去"来说明的。我在分析中把在英国历史上表现民族历史的两个主要表现方面总结为"宪法进步的叙事链"和"帝国扩张的叙事链"。相反,正如我们上面提到的,希腊裔塞浦路斯人的历史则把这段过去作为在岛上对希腊文化的一种保护。从 20 世纪的头十年开始,对过去的这种希腊路线的解释便一直主导着希腊裔塞浦路斯学校的历史地理教育。随着 1974 年塞浦路斯的地理分区,在已经存在的模式基础上又加入了新的叙事。这便是"他治和自治的叙事链",讲述的是塞浦路斯人为获得生存和自由而与强大势力斗争的故事。

对于揭示塑造身份构成的碎片化、矛盾、困境和混杂性动机来说,内容范畴也是非常重要的。例如,在英国的故事里宪法进步的叙事促进了一个民主的民族,首先是英格兰,然后是不列颠(在联合王国创立之后),随着时间的推移扩大了他们的自由权。在扩张叙事中,自我被以一种矛盾的方式所表述:一方面,强大进步的英格兰民族试图让他们软弱和退步的邻居凯尔特民族归顺英格兰的统治,另一方面,文明优越的不列颠民族致力于向未开化的下等民族传播文明。同样地,同时出现的希腊文化保护叙事和塞浦路斯他治和自治叙事于 1974 年后,在希腊裔塞浦路斯人历史中进一步例证了异质性的、碎片化的、矛盾的和进退两难的身份的本质。这两种叙事链各自展现了民族认同的不同立场:希腊立场——希腊文化保护叙事——通过这一叙事自我被解释为希腊人民,即古希腊共同体不可分割的一部分;塞浦路斯人的立场——自治与他治的叙事——通过这一叙事自我被看作塞浦路斯人,即不同于古希腊共同体的独特的民族。

还可以通过"语言学实现"的话语主题来研究矛盾性和异质性。摘自 1966 年的英语课本中的一段话可以对此进行说明,它也表明了 19 世纪辉格党在把英国历史建构成向政治民主的欢欣鼓舞、势不可挡的前进的国家的持续努力:

> 正如一个孩子要通过经验和教学才能长大成熟,一个国家也必须发展自身的制度和观念,才能在自身的历史中成长为负责任的民族。有些教训是冷酷的,有些经历是令人悲痛的,正如查理一世统治时期的内战,但都起到了相应的作用。在不列颠我们逐渐向一个由法律保护我们的自由和由议会代表我们大多数人意志的国家发展。

在这篇文章中，"国家"和"民族"，以及指示语"我们"和物主代词"我们的"代表的是英格兰人还是不列颠人，并不清楚。这是因为文本融合了英格兰身份认同话语的元素——例如辉格党在内战时期的史实性表现；与不列颠认同话语的元素——不列颠议会代表民族的意志，不列颠法律保卫民族的自由。同样地，"不列颠"一词看起来也是自相矛盾的。到底是指不列颠还是英格兰？其强调的所谓英格兰民族身份认同是不列颠的还是英格兰的？（Kumar，2003）这个例子同时还表明话语分析"领悟言外之意"的目标只能在综合运用细致的文本分析和来自其他社会学科的解释性洞见时才能实现（Fairclough，2003；Reisigl & Wodak，2001）。

"语言学实现"的概念对于追溯听众对不同的身份形成，以及更普遍的教育实践中的多元身份观念非常有用。这个概念所坚持的观点是，即使在两个不同的身份形成案例中有相同的主张或战略，它在语言中的实现也是有差异的。其中一个例证便是初等和中等教育教材中多年以来关于保护希腊文化的观念的不同语言实现。希腊裔塞浦路斯人给小学生的故事通常通过简单的语言传达这个观念，例如，用动词和副词来指出其持续性和时态系统："塞浦路斯人继续热爱着希腊。这种爱从未停止。"同样的意思通常在中学教材中通过抽象名词短语或否定形式表现出来——"极恶劣情况下希腊精神的延续"，"但是，尽管阿拉伯人的袭击对希腊裔塞浦路斯人造成各种苦难，却对他们的希腊性格丝毫没有影响。"

除了内容范畴，"话语策略"的分析范畴也是揭示身份转变的有用工具。这里举一个例子，根据殖民地自治化和后殖民地文献来看，英国历史学试图通过改革的策略重构对不列颠帝国历史的解读。请思考一下这段摘自教材的题为《变化的解读》的材料：

> 20世纪的历史学家50多年来都赞同19世纪的观点：不列颠帝国把欧洲文明的好处带给了原住民……
>
> 到20世纪70年代帝国的大多数国家都从不列颠获得独立，其中部分国家经过了艰苦的战争。不列颠的历史学家不再仅仅从不列颠或欧洲的视角来看待这个帝国。泰勒指出不列颠的统治未必给帝国的人民带来福祉。

通过时间参照的方法，这段话采用差异点来表现对帝国与原住民关系的两种理解。第一种是19世纪的解读（在20世纪的大多数时候依然很明显）：帝国给原住民带来文明的益处。第二种是20世纪70年代及以后的观点：帝国未必给他们带来好处。联系这两种历史解读的是变化——从一个根深蒂固的观点，即帝国对于殖民地人民来说是有利的，到一个新的观点，即帝国不一定能给他们带来利益。

分离/参与的策略和减弱/加强的策略也是很重要的，尤其是比较性地探究作者或演讲者就民族问题相关话语表明自身立场的方式，以及读者或听众对此进行认同的方式。我在对塞浦路斯和英格兰的校史分析中举例对这一点进行了阐述，特别是关于教材中刻板性描述是如何出现的。请思考下列两个选段：

> 1. 爱尔兰人像野兽一样生活，他们的风俗比世界上任何一个地方更野蛮，更肮脏，更粗俗。（源自第4E条资料：伊丽莎白一世统治时期某位英国人的报告，选自英国课本）。
>
> 2. 威尼斯人很容易侵犯集会权利（processions）、荣耀与尊严，以及个人的自由。（选自希腊塞浦路斯教材中的主要叙述）

在英国教材中，利用有来源的直接报道来塑造爱尔兰人未开化的负面印象，这表明了教材作者的一种想法，即把自己与它分离开来并站在普遍真理的立场上挑战它。同时，这种分离策略减弱了刻板印象的言外之意及对读者的说服力影响，告诉他们这只是一种观点，因此给他们留出探讨的空间。相反,希腊塞浦路斯的教材则在威尼斯人是独裁的民族这一点上没有给读者留下多少商量的余地,它把这种观点当作一种普遍真理(通过一般过去时时态)来传达,而它的言外之意则通过副词"很容易"得到了进一步强化。这些特点强调了作者在创造、规划、合法化和永存化这种刻板印象时使用的参与策略。

话语身份建构的条件: 可能性的语境

在针对通过"可能性的情境"的观点建构某些身份的情况进行比较研究时,话语分析有着非常重要的意义。费尔克拉夫和沃达克指出,"话语不是脱离语境而产生的,而且不考虑语境是无法理解话语的"(Fairclough & Wodak, 1997: 276)。布洛马特进一步阐释了语境的概念可以被理解为"话语产生的条件"(Blommaert, 2005: 66)。这种观点与福柯(Foucault, 1972)相呼应,他把这个概念定义为话语形成的规则。对他来说,语境控制着各种可能性,允许同时限制被思考、表述和书写的内容,在这里就是指的民族的**自我**。因此,语境并不决定民族身份的表述,但是它决定的是"使它出现、与其他事物并列,为它在这些关系中定位,确定它的差异性和还原性,甚至是异质性的事物;总的来说就是让它置于外部世界的事物"(Foucault, 1972: 45)。

把语境当作可能性条件来解读民族的表现和建构在两个方面区别于比较教育中对文化和历史语境研究的旧方法。第一,它承认可能存在几种不同的民族身份认同立场,这源于民族共同体成员对可能性的不同解读,以及与可能性语境的互动。旧方法把民族和文化看作基本的实体,并不承认容许多样化的民族构想。第二,相比旧方法的确定性论证,追踪潜藏于有关民族的话语形成之下的可能性条件是一种更简单的,确凿并且显而易见的方法。尽管它指出,有一系列"力量和因素"与它的构建相联系,可能性语境的概念承认研究者可能无法全部抓住它们,最初看起来"最不重要"的因素可能是最关键的,因此要为尚不能确定的条件留下空间。换句话说,这个概念在本土问题上更敏感,更倾向于抓取宏大而复杂的民族话语的图景,并且指向分析与阐释的局限性。

但是,"可能性语境"与"影响因素"或"决定性因素"之间的界限非常稀疏而模糊。拉森(Larsen)(2004)在他的作品中也采用了类似的区别,并指出必须在不考虑确定性的前提下对如何将这两者联系起来进行发展和完善。或许解决这个问题的有效办法将是在文本本身中寻求这些语境,而不是武断地在已有的理论或文献基础上对其下定论。该建议源于这样一种观点:任何话语都是由它与其他因素的关系及其相关的物质制约性所决定的(Reisigl & Wodak, 2001; Fairclough, 1992; Foucault, 1972)。

英国学校在呈现方式上对殖民统治描述的转变可以说明这种话语交互的方法如何能揭示让民族话语的产生成为可能的条件。正如前面提到的,后帝国时代的历史试图把帝国统治为殖民地人民带来文明的观点,转变为它未必造福殖民地人民的观点。这意味着,是殖民地自治化与新的后殖民历史的出现(教材对此有所描述)让这种对民族历史描述的转变成为可能。民族身份重构的另外一个条件是学校的史料编纂存在新历史的实践——尤其是一种信念,即历史只是对过去的解读,它不是确定的,会随着新的历史证据的出现而发生改变。

第二个例子也来自英国历史教材。20世纪上半叶学校对英国大宪章的描述通常是——它是"我们自由的基石",或者是大宪章"把我们的祖先从封建制度残酷的暴政中解脱出来"。这两种表达中的物主代词"我们"都传达了大宪章有利于所有英国人的观点。相反,在20世纪后半叶的教材中对大宪章的描述则是一个仅受部分人欢迎的法案:"它保障所有自由人(而非农奴)的权利。"同样地,这种转变成为一种可能是因为战后时期新历史成为历史教学和撰写以及学术历史编纂的一种新范式出现。在这个时期,对法案的解读大多认为它是英格兰高层社会阶级——而非普通大众——权利的基础。因此,新历史、新的宪法和后殖民主义学术历史编纂,以及去殖民化和不列颠帝国的崩塌都是英国后帝国主义时期课本中身份构成的可能性语境。

这源自前面的讨论,即民族身份建构的例子同样有必要把自身置于语境的非话语方面。或许这个观点能通过希腊塞浦路斯课本中的一个例子得到更清楚的诠释。它清楚地说明了物质条件如何塑造特定国家形象的构成,以及民族自我的命运:

> 自从政变和土耳其人的入侵开始已经过去 4 年了。我们国家 40% 的领土被土耳其人占领,在此期间有 4 000 人牺牲,2 000 人失踪。大约 20 万希腊人被迫遗弃自己的家园和财产,生活在条件恶劣的避难所。掉队的人则在征服者的手中受尽羞辱和折磨,并且被胁迫放弃他们祖先的土地。

在特定的物质条件下——希腊与土耳其的军事打击、岛屿的领土划分、暴力的人口迁移、死亡和糟糕的经济社会情况——普遍的现状被消极的表达所建构,描述成苦难、侵略、哀痛、驱逐和压迫的一种,把自我形象明确地表达为受害人群。

"可能性语境"的概念化有两条线路——话语和物质,它表明这里提供的方法既像后现代主义那样把话语物化为操纵演讲者、作者、听众和读者的共谋因素,同时,它也不认同后结构主义的教条"一切均在话语之中"。它试图找到一个中间地带:话语实践产生、再生、改变、接触世界的物质方面,正如物质现实因素塑造能被思考、口述和书写的事物(Fairclough & Wodak,1997)。

结　论

其他研究领域出现的关于民族和文化身份的新观点,不仅仅意味着比较教育研究要对这些观念单元进行彻底的反思,或许更重要的是,它提醒比较教育工作者们需要拓宽研究的议题,尤其是超越对经济全球化的关注,更要看到包括身份、种族、文化、国家、人种和性别等非经济性议题。最近几年的文献中不断强调这种提倡(Kazamias,2001;Watson,1999;Tikly,1999;Cowen,1996)。现在,我想做进一步延伸,我认为开始对这些非经济概念的研究非常重要:将它们作为话语和话语的产物来理解,以及研究教育问题中它们所扎根的更广阔的文化和历史可能性语境所表达的复杂的辩证联系。我希望本文能够阐明话语分析可以帮助比较教育实现这些研究重点,并且重新抓住它的两个在过去被极度边缘化的传统——对文化和文化历史的研究。

参考文献

Alexander, R. (2000). *Culture and pedagogy: International comparisons in primary education*. London: Blackwell.

Altbach, P., & Kelly, G. (Eds.) (1978). *Education and colonialism*. New York and London: Longmans.

Anderson, B. (1983). *Imagined communities: Reflections on the origin and spread of nationalism*. London and New York: Verso.

Bauman, Z. (1997). The making and unmaking of strangers. In P. Werbner & T. Modood (Eds.), *Debating cultural hybridity: Multi-cultural identities and the politics of anti-racism*. London and New Jersey: Zed.

Bauman, Z. (2004). *Identity*. Cambridge: Polity.

Benwell, B., & Stokoe, E. (2006). *Discourse and identity*. Edinburgh: Edinburgh University Press.

Berger, S., Donovan, M., & Passmore, K. (1999). Apologias for the nation-state in Western Europe since 1800. In S. Berger, M. Donovan & K. Passmore (Eds.), *Writing national histories: Western Europe since 1800*. London and New York: Routledge.

Bhabha, H. K. (1990). Narrating the nation. In H. K. Bhabha (Ed.), *Nation and narration*. London: Routledge.

Billig, M. (1995). *Banal nationalism*. London: Sage.

Blommaert, J. (2005). *Discourse*. Cambridge: Cambridge University Press.

Bray, M., & Thomas, R. M. (1995). Levels of comparison in educational studies: different insights from different literatures and the value of multi-level analysis. *Harvard Educational Review*, 65(4), 472 - 489.

Broadfoot, P. (2000). Comparative education for the 21st century: retrospect and prospect. *Comparative Education*, 36(3), 357 - 371.

Brock, C., & Tulasiewicz, W. (1985). (Eds.). *Cultural identity and educational policy*. London: Croom Helm.

Calhoun, C. (1997). *Nationalism*. Buckingham: Open University Press.

Carnoy, M. (1974). *Education as cultural imperialism*. New York: David McKay.

Cowen, R. (1996). Last past the post: Comparative education, modernity and perhaps post-modernity. *Comparative Education*, 32(2), 151 - 170.

Cowen, R. (2002a). Moments of time: A comparative note. *History of Education*, 31(5), 413 - 424.

Cowen, R. (2002b). Sketches of a future: Renegotiating the unit ideas of comparative education. In M. Caruso & H. E. Tenorth (Eds.), *Internationalisation: Comparing educational systems and semantics*. Frankfurt am Main: Peter Lang.

Crossley, M. (2000). Bridging cultures and traditions in the reconceptualisation of comparative and international education. *Comparative Education*, 36(3), 319 - 332.

Eley, G., & Suny, R. G. (1996). Introduction: from the moment of social history to the work of cultural representation. In G. Eley & R. G. Suny (Eds.), *Becoming national: A reader*. Oxford: Oxford University Press.

Fairclough, N., & Wodak, R. (1997). Critical discourse analysis. In T. van Dijk (Ed.), *Discourse as social interaction: A multidisciplinary introduction*. London: Sage.

Fairclough, N. (1992). *Discourse and social change*. Cambridge: Polity.

Fairclough, N. (2003). *Analysing discourse: Textual analysis for social research*. London and New York: Routledge.

Foster, S., & Crawford, K. (Eds.) (2006). *What shall we tell the children? International perspectives on school history textbooks*. Connecticut: Information Age Publishing.

Foucault, M. (1972). *The archaeology of knowledge*. London: Tavistock.

Frangoudaki, A., & Dragona, T. (Eds.) (1997). '*Ti einai h patridha mas? Ethnocentrismos stin ekpaideusi*. Athens: Aleksandria (in Greek).

Gellner, E. (1964). *Thought and change*. London: Weidenfeld & Nicholson.

Gellner, E. (1983). *Nations and nationalism*. Oxford: Blackwell.

Green, A. (1997). *Education, globalisation and the nation state*. London: Macmillan.

Hall, S. (1992). The question of cultural identity. In S. Hall, D. Held & T. McGrew (Eds.), *Modernity and its future*. Cambridge: Polity Press.

Hall, S. (1996a). Introduction: Who needs 'identity'?. In S. Hall & P. Du Gay (Eds.), *Questions of cultural identity*. London: Sage.

Hall, S. (1996b). Ethnicity: Identity and difference. In G. Eley & R. G. Suny (Eds.), *Becoming national: A reader*. Oxford: Oxford University Press.

Hall, S. (1997). Introduction. In S. Hall (Ed.), *Representation: Cultural representations and signifying practices*. London: Sage in association with The Open University.

Hall, S. (2001). Foucault: Power, knowledge and discourse. In M. Wetherell, S. Taylor & S. J. Yates

(Eds.), *Discourse theory and practice: A reader*. London: Sage.

Hans, N. (1958). *Comparative education: The study of educational factors and traditions* (3rd edn.). London: Routledge & Kegan Paul.

Hobsbawm, E. J., & Ranger, T. (Eds.) (1983). *The invention of tradition*. Cambridge: Cambridge University Press.

Hobsbawm, E. J. (1992). *Nations and nationalism since 1780: Programme, myths, reality*. Cambridge: Cambridge University Press.

Hobsbawm, E. J. (1996). Ethnicity and nationalism in Europe today. In G. Balakrishnan (Ed.), *Mapping the nation*. London: Verso.

Jørgensen, M., & Phillips, L. (2002). *Discourse analysis as theory and method*. London and Thousand Oaks and New Delhi: Sage.

Kandel, I. L. (1933). *Comparative education*. Connecticut: Greenwood.

Kazamias, A. M. (1961). Some old and new approaches to methodology in comparative education. *Comparative Education Review*, 5(2), 90 – 96.

Kazamias, A. M. (2001). Re-inventing the historical in comparative education: Reflections on a protean episteme by a contemporary player. *Comparative Education*, 37(4), 439 – 449.

Kedourie, E. (1960). *Nationalism*. London: Hutchinson.

Kristeva, J. (1986). Word, dialogue and novel. In T. Moi (Ed.), *The Kristeva reader*. Oxford: Basil Blackwell.

Kumar, K. (2003). *The making of English national identity*. Cambridge: Cambridge University Press.

Larsen, M. (2004). A comparative study of the socio-historical construction of the teacher in mid-Victorian England and Upper Canada. Unpublished Ph.D. thesis, Institute of Education, University of London.

Lowe, R. (Ed.) (1999). Education and national identity. *History of Education*, 28(3).

Mallinson, V. (1975). *An introduction to the study of comparative education* (4th edn.). London: Heinemann.

Martin, D. C. (1995). The choices of identity. *Social Identities*. 1(1), 5 – 20.

Mason, M. (2006). Comparing cultures. In M. Bray, B. Adamson & M. Mason (Eds.), *Comparative education research: approaches and methods*. Hong Kong: Hong Kong University Press.

Miller, D. (1995). *On nationality*. Oxford: Oxford University Press.

Mills, S. (2004). *Discourse*. London and New York: Routledge.

Ninnes, P., & Burnett, G. (2004). Postcolonial theory in and for comparative education. In P. Ninnes & S. Mehta (Eds.), *Re-imagining comparative education: Postfoundational ideas and applications for critical times*. New York and London: Routledge Falmer.

Ninnes, P., & Mehta, S. (2004). A meander through the maze: Comparative education and postfoundational studies. In P. Ninnes & S. Mehta (Eds.), *Re-imagining comparative education: Postfoundational ideas and applications for critical times*. New York and London: Routledge Falmer.

Oteiza, T. (2003). How contemporary history is presented in Chilean middle school textbooks. *Discourse and Society*, 14(5), 639 – 660.

Özkirimli, U. (2000). *Theories of nationalism: A critical introduction*. Basingstoke and New York: Palgrave.

Özkirimli, U. (2005). *Contemporary debates on nationalism: A critical engagement*. Basingstoke and New York: Palgrave Macmillan.

Reisigl, M., & Wodak, R. (2001). *Discourse and discrimination: Rhetorics of racism and anti-Semitism*. London and New York: Routledge.

Sadler, M. (1964). How far can we learn anything of practical value from the study of foreign systems of education? *Comparative Education Review*，*7*(3)，307 – 314.

Schissler，H.，& Soysal，Y. (Eds.) (2005). *The nation，Europe and the world: Textbooks and curricula in transition*. Oxford: Berghahn.

Schneider，F. (1966). Towards substantive research in comparative education. *Comparative Education Review*，*10*(1)，18 – 20.

Smith，A. D. (1986). *The ethnic origins of nations*. Oxford: Blackwell.

Smith，A. D. (1991). *National identity*. Reno: University of Nevada Press.

Smith，A. D. (1999). *Myths and memories of the nation*. Oxford: Oxford University Press.

Smith，A. D. (2001). *Nationalism: Theory，ideology，history*. Cambridge: Polity Press.

Smith，A. D. (2003). *Chosen peoples*. Oxford: Oxford University Press.

Suny，R. G. (2001). Constructing Primordialism: Old histories for new nations. *The Journal of Modern History*，*73*，862 – 896.

Sweeting，A. (1999). Doing comparative historical education research: Problems and issues from and about Hong Kong. *Compare*. *29*(3)，269 – 285.

Tikly，L. (1999). Postcolonialism and comparative education. *International Review of Education*，*45*(5/6)，603 – 621.

Vickers，E.，& Jones，A. (Eds.) (2005). *History education and national identity in East Asia*. New York and London: Routledge.

Watson，K. (Ed.) (1982). *Education in the third world*. London: Croom Helm.

Watson，K. (1999). Comparative educational research: The need for reconceptualisation and fresh insights. *Compare*. *29*(3)，233 – 245.

Wodak，R. (2006). Discourse-analytic and socio-linguistic approaches to the study of nation(alism). In G. Delanty & K. Kumar (Eds.)，*The Sage handbook of nations and nationalism*. London: Sage.

Wodak，R.，De Cillia，R.，Reisigl，M.，& Liebhart，K. (1999). *The discursive construction of national identity*. Edinburgh: Edinburgh University Press.

Woodward，K. (Ed.) (1997). *Identity and difference*. London: Sage in association with the Open University.

34. 科学革命的时代到来了？从比较教育到比较学习学

帕特里夏·布罗德福特(Patricia Broadfoot)

比较教育的新曙光?

本书的规模和范围见证了当前比较教育领域的繁荣景象,是对它的学术活力、理论范围和多样性的证明。近年来,比较教育走出了 20 世纪末的低谷,这不仅体现在它的崭新和明确的研究目标上,还体现在外界对其作为一种方法的价值认可度的显著增加。带来这一转变的原因有很多。

其中,最重要的一个原因,就是比较教育学家积极抓住了后现代视角出现所带来的机会;从持续发展的实证主义和主导了前一个时代的人文主义视角之间的争论中逐步发展开来,以获得关注文化和生活经验的新兴社会学视角的丰富学术潜力。比较教育学家并没有回避碎片化看待世界的方式所带来的挑战;也成功回应了世界上翻天覆地的变化所带来的结果。实际上,最近许多能够说明比较教育领域特征的关注热点都把焦点放在这些议题上——正如在《比较教育》期刊千禧年特刊上所提到的议题(Crossley & Jarvis, 2000, 2001)。

因此,与先前更关注教育体制和政策、国家背景和国际调查不同的是,我们现在看到的是想要重新定义这一领域认识论的大胆尝试;想要运用迄今为止尚未实施过的理论方法的努力;想要构想新的分析单位和拓宽核心的结构单元的尝试,如课堂生活的微观比较研究。简而言之,就像本书有力表明的那样,比较教育正处于活跃激荡的状态,新观点和新视角纷纷涌现,以回应一个不断全球化的世界所带来的重要学术挑战。

不过,尽管我们对于处在这个状态感到高兴,但是很明显当前比较教育的某些方面的研究仍然较少。其中最重要的就是方法论问题——研究过程本身的严谨性。我指的并不是这个领域长久以来的关于认识论的晦涩难懂的辩论。相反,我所指的是看起来更加简单,却是最基本的问题:如何收集数据;如何分析和汇报数据;如何储存数据以及如何让其他研究者和后代看到数据。就像克罗斯利和布罗德福特(Crossley & Broadfoot, 1992)认为的那样,这是在比较教育研究文献中涉及相对较少的领域。但它对于最终实施的研究的质量来说是至关重要的。

新的时代带来新的研究挑战。如果说,就像上面表明的那样,目前越来越多的学者意识到需要对比较教育的基本结构单元重新概念化(参见如 Alexander *et al.*, 1999),那么我也认为,是时候重新考察传统工具是否足够应对当前出现的新研究问题。认为比较教育正处在从延长的青春期向朝气蓬勃的成年期发展的过渡阶段或许并不是异想天开。就像所有的青少年那样,它必须经历与母学科分开的挑战,这是发现自我独特的贡献的过程中的一部分;经历一段对自己的身份不确定的时期,在此期间,它尝试了各种不同的视角和方法,也缺少作为一门成熟学科的自信。因此,关于最前沿的文献中有着持久的讨论(参见 Bray, 2003; Watson, 2001),意见不一的各派学说不时地会对此争论不休。

但是,随着对全球化意义的认识不断清晰,政府现在正在越来越渴求比较的视角。因此,对于各类比较研究来说,这是一次提升学科重要性的前所未有的机会。相应地,也就要求这个领域提升发表研究的能力,做出领域内先进的研究,才能回应如此密切的关注。时代的垂青总是会带来责任的增加。比较教育,就像其他的比较学科一样,一定要能够发表有国际特点的研究成果;概念化、研究管理、数据收集和分析不但要有足够高的精确度以承受政治上的攻击,而且还要足够新颖,这样才能确定自身的独立地位,或者对于它**存在的理由**这一现状提出挑战。

所以,比较教育研究的规模和精确度的重大变化有哪些特征呢?在本文中,我认为有两个最基本的重新定位尤其紧迫。第一个,在我看来,是关注焦点的变化,也就是目前定义"比较教育"的认识论基础和组成研究问题的概念。第二个就是对比较教育研究者目前使用的方法论的关注。在紧接着的下一节,我设法阐明对这个领域基础认知彻底重新检验的必要。在文章的第二部分,我探究了比较教育一些令人兴奋的新方法,将来如果要达到 21 世纪成熟科学学科的要求,这些方法很有可能就会登场。这两个部分共同为结尾提供了基础。结尾描述了比较教育真正成熟起来的未来:一种比较研究的方法,它结合辉煌传统的精华和崭新的理论定位,以及增强的实证严密性。这一领域的新发展反之又能支持实施比较研究的可能,这些比较研究既能达到空前的规模,还可以对教育传输的传统思考产生国际影响。

从比较教育到比较"学习学"?

之前,我曾批评过教育界对传统学校教育已接受的"传输"模式的改造力度不够(目前,高等教育也是如此)(Broadfoot,2001)。有个讽刺故事,说当一名外科医生从 1900 年的手术室转移到 21 世纪的时候,他会发现自己很难理解手术室里的那些器材的功能。然而,如果同样的情况发生在一名教师身上的话,当他看到现代教室中那些常见的设备,就会立刻感到很自在。尽管这样比较有些不公平,但它仍然表明了关于教育传输已有知识很少受到质疑和挑战。教育在大多数人看来,仍是通过一名教师、一本书或者二者的结合来给特定对象输送知识的过程;输送的知识由学生"学习",并且尽可能学得足够好以便于能在某种考试过程中再生产出来。如果一切顺利,学生通过考试,每个人都很满意。而如果不顺利,这种失败就会被解释为学生不够勤奋("必须更加努力")或者是学生自身有缺陷("能力低的学生")。这种学习模式与逐渐涌现的"学习科学"是格格不入的(Claxton,1999),即使在作为学习科学发展主阵地的西方世界。它与其他文化的传统和学习方法也是相悖的(参见 Watkins & Biggs,1996;Hufton *et al.*,2003)。

鉴于迄今为止这一模式未受到不管是教育家或是政策制定者的质疑和挑战,那么这一点便也不令人惊讶了:实际上所有的教育研究,包括比较教育,都以这种或那种方式关注这种"输送"的某些方面。无论研究的是教育政策的形成、教育行政和管理、教师培训、学校组织问题、课程开发、评价过程还是其他构成教育研究核心的话题,这些研究几乎都是在现状范围内思考,因为它们关注的是如何促进解决当前教育组织和传输的问题——我们如何提供更有效、更公平或更有力的教育。用理论或实证的放大镜来检验关于教育和学习的不同假设和问题,这样的研究实在是很少。

因此,尽管比较教育领域越来越迫切地意识到教育法律政策以及体制和资源搭建起来的"骨架"上的文化"鲜肉"的重要性,但是这一趋势还未能挑战比较教育领域中已经建立的特征。它也未能挑战用教育传输模式来定义教育议题的话语;在传输模式中,全世界成千上万的儿童和年轻人都或多或少地经历过政府决定的课程组合,并且被教导在以特定的方法重复知识的考试中与其他人竞争。当代比较教育领域中大部分的成就,从本质上都可以被看作现有范式之内的争论。我认为,有必要运用更加后现代的概念工具来创建"新比较"教育(Broadfoot,1977,2001),它承认目前存在大量关于教育传统模式缺陷的研究证据。比较教育研究提供的批判视角或许能在寻找 21 世纪更有成效的概念和方法中扮演关键角色。然而,尽管教育的"传输"模式在变化较慢的时代里发挥了应有的作用,但越来越明显的是,它无法适应当前这个信息技术遍布、就业市场瞬息万变以及共同的价值观标准与行为规范缺失的世界。

到目前为止,21世纪的最显著特点之一,就是正式教育和生活中其他活动之间界限的消失。工作和家庭、休闲和学习的世界正在越来越多地融合在一起。这意味着教育的现代概念——即作为在一个特定场所中被定义和组织的活动形式,并被视为成人生活的准备——这种理解已经逐渐过时。事实上,在一个越来越后现代化的世界中,我们可以说,继续使用教育组织以及教学和测试的现代范式,是一支帮助维持现状的有力的极端保守力量。如果说教育的"规范科学"(Kuhn,1962)即将受到挑战的话,那么研究必须为所需的"科学革新",或"范式转换"提供苗床。

我认为,这个范式转换需要把**学习**本身移到中心舞台并作为研究的焦点。诸如需要怎样帮助个人成功加入无数由科技进步带来不同形式的学习机会的问题给教育研究带来了新挑战。尤其是对于比较教育来说,这片更广阔和不规则的领域,为传统的关于教育政策和教育资源问题的关注带来了挑战。如果学习本身——而不是学习资源的供应或对其结果的评价——成为公认的新学科中心,那么命名法的变化或许可能合理地反映这一发展。"比较教育"作为一个描述术语,可能会被"比较学习学"替代,后者是一个新的研究名称,它指的是通过对背景和文化进行系统地比较来更好地理解有关学习的事情。"比较学习学"这个词的使用,在需要持续的解释时或许不是那么有理有据,却能提供一个强烈的信号,表明这类研究的焦点是学习过程本身以及通过学习塑造个人参与的力量。

这一点尤为重要,因为,就像上文所说的那样,虽说近年来在教学和学习方面进行了无数的研究,但是,我们对于如何在学习发生的不同环境中提高学习成果这一问题的理解仍然存在较大差距。只要有关于"什么起作用"的见解——如政府越来越急于"提高标准",就会存在忽略学习过程不可避免的复杂性以及未能将影响它的复杂的社会因素考虑进去的趋势。对于这些社会因素,詹姆斯和布朗对此做出了如下的定义:

- 环境(学习者或学习环境的特点)对于某种促进学习的特定方法能否成功的影响;
- 清晰界定学习某些重要方面(比如态度、倾向、价值观、身份)的困难,也未能以一种直接的实践或认知技能的方式给出通用的解释;
- 在学习的清晰概念尚未界定清楚时,对此进行评价的困难;
- 由于缺乏许多学习以及教学或教育理论支持所导致的理论层面的问题(比如,缺乏教学法);
- 需要提供学习的证据,能够让包括学术研究人员在内的所有群体都信服(James & Brown,2005:9)。

就像詹姆斯和布朗说的那样,个体在不同的环境和文化中如何学习,以及这个过程如何最好地被促进,这些问题的答案既不简单也不清楚。实际上,牵涉到的因素很复杂。在社会科学的主要传统中,就像卡扎米亚斯说的那样(Bouzakis,2000),解释很有可能是从运用历史学方法、案例研究和其他形式的定性数据的人文传统里产生的,而非采用实证主义的系统化控制实验研究。亚历山大在五个国家对学习进行的比较研究,为这一建立在过去的研究(如 Osborn *et al*.,2003)基础上的方法提供了很好的说明。

学习本身有多种形式,这为人们寻求理解学习过程和特定环境之间的相互作用也增加了困难。各类研究都试图去找出学习的主要因素,如加德纳(Gardner,1993)。最近,新出现的神经科学研究技术也进一步促进了这方面的研究,同时它对大脑本身产生了前所未有的兴趣,将其作为了解学习过程的一部分(参见 Perkins,1995)。神经科学的应用支持着正在发展的"学习科学"。作为研究的主阵地,学习科学将会丰富传统的教育研究视角。

甚至,詹姆斯和布朗(James & Brown,2005:9)针对不同类型的学习还给出了相对高层次

的分类,这一归类有力地说明了学习作为探究焦点这种视角的重要性:

- 学业成就,包括学科知识或工作能力
- 理解—观点、概念和过程
- 有关表现或"新"知识的认知性学习和创造性学习
- 运用—包括实用技能和技术性技能的使用
- 高阶学习,包括元认知
- 个性—态度,感觉,动机
- 成员资格,包括自我价值—学习者身份的塑造

比较研究为我们理解这些错综复杂的事物所带来的特别贡献,就是努力去理解不同类型的学习和不同文化制度背景之间复杂的相互作用,比如试图解释和评估特有文化偏好的不同类型学习的重要性。另外,对体现在"比较学习学"中的学习科学来说,比较方法的一个特别优势就是对核心概念的文化完整性的尊重。这样的研究路径对研究背景下的学习目的和过程是如何被定义不会有先入为主的偏见。

在今天这个后殖民全球化世界中,尽管文化之间的差异不再像过去那么显著,可是,仍然存在大量人类学日志和比较教育的资料,它们表明,学习的过程和目标在全球各地仍然大不相同。另外,就像学习的优先权随着社会和经济的变化而变化一样,学习与传统的教育模式和工具之间的关系,也在逐渐割裂开来。

教育实验为现代与后现代教育视角之间的潜在差异提供了有利的例证。下面的引文对教育技术中最实证主义的部分给出了一个更加人文主义的、个性化的视角:

> 如果说成为一名学习者就是成为共同体的一名成员,并且遵循社会实践和工具使用的标准,或者,如果一个人接受"知识创造"作为知识社会中学习的重要成果,那么对于真实可靠的评价工具的需求……可能会消失。……如果我们感兴趣的学习成果是有活力的、多变的,有时候还是新颖独特的,那么我们需要新的评价方法,或许更多地运用社会科学中民族志和同行评价、艺术和辩护领域的欣赏与鉴赏以及法律领域里的证明和判断。(James & Brown, 2005:19)

这样的评估方法与大部分声称是客观主义立场的当代评估与实验中体现出的现代视角是明显对立的。最近几年有关教育成就的一系列国际调查采用了用于比较目的的复杂定量方法,并为这一传统提供了最有利的证据之一。重新看待 OECD 在这些研究中的关键作用,麦高(McGaw, 2004)给出了一项有关 30 个国家联合的教育"指标"调查的描述,这些指标会带来:

> 由其他州对某个州进行系统的测试和评价。最终目的就是,帮助该州更好地制定政策,采取最佳行动,实现已有的标准和原则。(Pagani, 2002:1)

这个计划建立在"一刀切"的教育模型上。它既没有考虑国家之间重要的背景差异,也没有对已被广为接受的,在 20 世纪发展起来的正式教育的结构和传输进行质疑。

尽管许多比较研究者批评历年来此类学业成就国际调查的技术缺陷(参见 Goldstein, 2004; Brown, 1999),但很少有人尝试去挑战这种模式。这样的学业成就调查体现出的是全球强加的单一教育模式。这种模式在当前或未来可能的学习方面,只对一小部分国家有效。越多的国家采用这样的共同评价标准来比较他们自己,用其他的标准来比较学习成果就越不可能继续下去。其他的标准并不适合正式评价,尽管它们或许更加重要。

我陈述这些论据是为了强调,比较教育学家需要尽快地意识到,由于比较教育领域在政策方

面变得越来越有影响力,所以,其在关注点与方法论这些层面的自我批评的责任也随之增加。如果这个领域里当前的活力到最后变成反对的力量,而没有发挥独特的潜力对教育中早已司空见惯的内容进行根本上的质疑,这将会是个令人悲哀的讽刺。

如果数字革命与信息时代的开端意味着正式学习已经成为个人可获得的学习机会中一个相对较小的部分,有关这种学习的比较研究则需要一方面尽可能地拓宽理论视角,另一方面,尽可能地运用不同的方法论——从建立在大型定量数据库基础上的复杂数据分析到深入的民族志研究。对学习过程本身采取比较视角,提供了一个雄心勃勃的研究计划和潜力,研究涉及的相关学科范围与规模之大难以想象,比如说,通常被忽略的"情感领域"——个体学习者感知和感觉的部分。因此,比较研究可以利用从人类学到神经科学,从政治科学到系统工程和艺术学科的观念来获得对学习的常量与背景更加深入的理解。

采用"比较学习学"视角的最基本贡献,会是把比较教育话语当作需要解决的问题,因为,现有的教育假设与术语或许更为鼓励集体概念。即便是最熟悉的用语——"比较的""国际的""体系"和"政策"——体现的都是对这类研究合适的关注点与主题理所当然的假设。就这一点来说,作为话语的一种形式,这些术语本身就是权力和控制的来源(Foucault,1977)。

对此,存疑的读者可能会感觉到新的术语的传播既没有必要也没有帮助。确实,一个多世纪以来,比较教育已经在教育规章和实践方面——对学习的谨慎管理——给出了一系列广泛的、有价值的见解,也正是这些见解为这一领域目前的优势打下了基础。但是,尽管有这些成功之处,我仍然认为,如果比较教育将来继续保持这一范式的话,就会发现自己陷入了一个自我证明和自我强化的循环论证的不良的圈子;在这个圈子里,研究无法从根本上挑战传统的理解学习、教育问题和难题的方式。未能成功应对变化挑战,比较"教育"转而寻求研究方法的正当性与可靠性。研究方法的地位正在经受逐步的削弱,伴随着它是这个领域产生影响的能力。

相比之下,关于学习的比较研究,也就是我在这里所指的"比较学习学",它提供了新的令人振奋的研究领域。这样的一个"新比较教育"还是会为当前比较不同文化中教育过程的研究项目保留重要的位置。不过,它或许更倾向于采用跨学科,甚至是"元学科"的方法,将诸如社会学、政治学、经济学、地理学、文化研究、人类学和历史学这样的诸多社会科学结合起来,有时也与物理科学以及医学联系在一起,以阐明对学习产生影响的相互联系的复杂事实。这方面的例子可以是不同文化中的饮食和学习成果之间的相互作用,或者是不同国家中污染对于大脑作用的影响。在这两个例子中,尽管在不同情境下的教育干预存在显著差异,这些干预的重要性,或许最终还是比被研究的人口总体之间的差异要小,这些差异是由各种大相径庭的因素引起的。我认为,对学习而不是对教育本身的关注,更有可能把这些因素和方法视角放进来考虑。反过来,这也会鼓励挑战已有的学科领域界限,带来新的问题和关注点并最终产生挑战优势话语主导地位的新观点——重新考察教育中什么是可取的,以及怎样最好地实现它。

关于方法论的问题

把比较研究的焦点从教育转变为学习也需要新研究工具的发展和使用。新工具充分利用当代技术在捕捉和比较社会现实方面能力的进步。这样的发展使得 21 世纪比较方法在精确性、规模和创新方面的重要发展成为可能。

30 年以前,在《比较教育》期刊的一期关于前沿的特刊上,我曾表示"比较教育不是一门学科,而是一个背景"(Broadfoot,1977),即比较教育应该被设想为更普遍意义上设想(这里特重复"设想"一词)的解释性的社会学科视角。因此,比较教育的挑战也就是社会科学整体的挑战。

作为比较教育学家,我们努力"把熟悉的东西陌生化",并且意识到,在一门把话语作为主要工具的"科学"中,一定要有对新认识论、新方法论工具与新视角的持续研究。比较研究还会带来特别的挑战,因为,在所有的社会科学方法论中,比较研究可能是最有力量的,鉴于它们做的是类似"虚拟实验室"的事情来研究社会组织方面不同的方法。对这一潜力的认识促进了当前大规模国家比较研究的显著增长,例如,欧洲社会调查(www.europeanspecialsurvey.org)包括了20多个国家之间的一系列合作调查,目的就是比较这些国家当代生活中的关键方面。

但是,如果说比较研究可能在社会科学领域提供最接近于自然科学的系统研究方法,它们同时也牵涉到最艰难的方法论挑战。尤其是关于学习的比较研究,因为,学习涉及不同因素之间的复杂互动。因此,就像我在下面概述的那样,"比较学习学"很有可能要求精深的方法论路径,而这需要充分利用正在发展的新的社会研究技术。

文化和背景

不出所料,比较教育发展面临的问题,和诸如社会政策这样的应用社会学科一样,大体上都是相通的。目前,所有的社科类学科都必须应对全球化的挑战,国际上对研究问题和研究团队组织的关注也越来越多。比方说近来,欧盟主动建立的"卓越网络"(www.frontierseu.org/networks),就是国际合作研究与跨国研究者共同体发展潮流中的一个典型例子。但是,这样的合作既是比较研究的原理与实践的主要支撑,也突出了跨文化背景工作的地方性问题。

这些问题在定性和定量研究中都存在。在定性研究中,一些比较研究的核心问题变得十分棘手,比如说,要在不同文化与背景中实现概念的对等和意义的可比性十分困难,或者是,当普遍性取决于数量较小的案例时,研究中选择的案例的代表性就尤其突出。案例或者国家的选择背后的逻辑会对研究的有效性产生决定性的影响。当标准假设是要比较"最相似的案例",这就不会一直是最有效的设计,而且在定性研究开始时,我们也很难知道这一点。当研究很大程度上取决于话语而不是数字化编码的数据时,处理这些定性原始数据的时候就会产生问题,因为原始数据很少能被翻译完整或者是数据被翻译过之后,会不可避免地受到人为阐释的影响,采访者、翻译人员或者研究人员自己都会对此造成影响。另外,构成分析基础的数据常常是案例的总结,如果这些案例是从国际团队的研究中产生的话,那它们通常不具有可比性,尤其是当这些数据来自政府的时候。

这些问题的困难主要是方法论上的,但是,如果要给比较质性研究提供一个足够精确的基础,那么就必须解决这些问题。因为就像斯滕豪斯说的那样,我们在比较研究的实施中,需要更加强调证据,因为通过提供证据:

> 经验被公之于众,以便吸引对话中的判断,这样的判断取决于对证据要求的可能性。这样的证据,作为比较教育最基本的数据来源,必须是描述;我将要说的是,自从比较教育成为一门自觉的学术研究,它对观察和描述投入的关注太少了,而是偏向于强调抽象的东西,例如一方面有数据和测量,另一方面有学校"体制"。……批判性阐释的比较基础因此十分重要。

> 我要说的是,我们要依靠个别案例的仔细研究,在我们自己的领域中,发展出更扎实的对日常教育现实的表征。(Stenhouse,1979:8,10)

共享数据

如果比较学习学的立足点是学习者个人生活的现实、感受和经验,那么就一定要从斯滕豪斯所提倡的观察和描述开始。这一途径需要运用特别的质性研究方法，包括捕捉传记和图像数据来理解个人经历的多样性与变化的影响，也就是说，可以捕捉时空之间的交叉点的方法。这样以案例为基础，而不是以变量为基础的比较，提供了对不同背景层次的理解。他们可以成为控制型比较的基础，或者仅仅是不同质性案例研究的混合物。

但是无论如何设计，由强调观察和证据的研究所产生的数据在收集、储存和未来使用方面都带来了特别的挑战。在大笔资金被用在跨国比较研究项目上的情况中，研究成果在保存方面都为将来其他研究者可以使用做好了准备。再一次，斯滕豪斯劝说研究者"要小心谨慎地对待他们的档案记录，一旦他们完成研究，通过一手观察和访问得到的档案需要被保存成国家文档，能够通过微缩胶片在国际上复制"。

斯滕豪斯建议的第一部分已经被证实很难实现——比如说，英国要求把所有 ESRC 赞助的研究的定性数据都储存在国家档案"Qualidata"中，这一做法已经被证明花费高昂，并且需要研究者在组织、资金、法律义务和保护上花费大量精力——可想而知，如果要在国际范围内做这样的资源库，并涉及所有的相关法律和语言问题，会是一件多么具有挑战性的事情。网络上迅速发展的可用的"灰色文献"，再加上开放资源库的迅速发展，标志着我们在分享数据和分析上的技术能力向前迈进了重要的一步。不过，在资源管理和使用方面的重要挑战也在继续。就像任何一支大的研究队伍都会遇到的那样，关于所有权、著作权和数据归档的复杂问题、研究管理和道德问题，以及对被调查者的透明度的要求都日益突出；这表明对国际协议和标准、研究指导方针和道德准则的需求在不断增加。但是目前并没有见到国际组织把这份压力转化为明显的行动。

资金限制

与大规模数据管理和获取有关的问题与现行的研究基金制度是联系在一起的。在历史上，比较教育研究很难吸引到资金。最近，政府逐渐认识到了比较研究的价值，获得资金也就更加方便了。但是政府关注的仍然是短期的本国利益。这不仅会使得制定国际项目研究计划变得困难，也让研究和数据的接触使用变得容易受到国家政治计划与保护主义的影响。虽然数据存储和访问方面的国际合作出现了一些绿色的萌芽，可是由于缺乏持久的国际合作，这方面的发展还有很长一段路要走。我们还需要持续的国际努力，来建立目前在医学等其他领域盛行的国际范围的数据库。

技能鸿沟

还存在着一个"技能差距"的问题——接受了各方面高水平训练的国际骨干研究队伍。研究者不仅需要比较教育的基本定量和定性研究方法的能力，而且还要有特定的语言学的、理论的和方法方面的技能，这样才能承担起一项精确的比较研究。像是研究两个以上地区的会对学习产生复杂影响的不同背景和文化层次这类极其挑战的研究任务，就需要有特定经验和受过特别训练的人。如果研究变成了以团队为基础的多地点比较研究（就像近来一些比较教育研究展现的那样），那么负责一个特定教室场景或者文化学习传统的民族志研究的人类学家面对的将是一个更加复杂的任务（Osborn *et al.*，2003；Alexander，2000）。研究者需要在跨学科团队工作，而且还需要有能力接触和使用各类"元数据"，这很可能需要新老研究人员在方法训练水平上的大幅增长，如果他们要学会操作新设备的技能的话。

所有这些关于进行比较研究的问题所造成的结果，就像霍姆伍德（Holmwood，2005）表明的那样，许多比较研究，包括比较教育领域的研究，呈现出深度却没有广度，也就是对单一环境中深入却定位狭窄的研究或案例，抑或是走向另一个极端，即有广度却没有深度，这样的研究为了从许多案例中获得基本数据，呈现出大规模并且常常是跨国比较定量研究的面貌。

有关学习的比较研究或者是我定义的"比较学习学"的实行，可能需要定性方法的丰富描述能力，因为只有这类方法能够保存文化的完整性，从而有效代表学习的情境完整性。不过，谴责用于形成和检验假设的大规模定量比较调查的价值有可能是错误的，我认为这样的研究更有可能强化与教育传输相关（尤其是与学习相关）的过时的思考方式。19 世纪英国首相本杰明·迪斯雷利提到的虚假的魅力，即"谎言，可恶的谎言和统计"很容易混淆视听。就像大家都知道的那样，仅靠统计数据不可能解释和定位它们记录的模型。

图 1 提供了这方面的一个典型例子。它使用了 OECD 实施的 PISA 研究的数据，呈现了有关数学成绩跟学校差异和社会背景之间与之内关系的非常有趣的数据组。这样的比较十分有力，如果能加入更为全面的、包含有长期收集的持续且复杂的跨学科数据的数据库，这些比较可能会更加可靠。

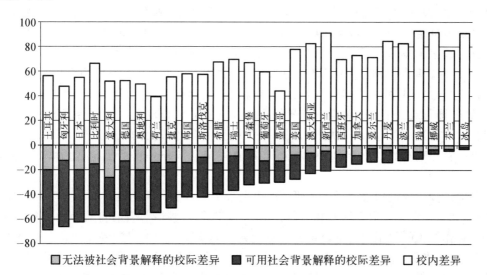

图 1　PISA 2003 学生数学成绩差异（划分为校内差异和校际差异）

同样，为了能够挑战已被接受的正统观念，象征性的定性研究仍然因获得在精确度上规模足够大且令人信服的成果的困难而困扰着。要想实现为学习提供了全面整体的理解的"比较学习学"的成功，则需要克服这些挑战。另外，这一成功的实现，也要求对当前数据收集和管理的规模进行进一步的调整，并且需要更加持久稳定的资金和国际合作的扩展。

到目前为止，我对此做了论述：就像其他领域的比较研究一样，比较教育潜在的贡献被各种不同且抽象的认识论立场（这些立场见于这一领域的历史）累积的负担和已有的数据收集和分析方法所限制。在本文的第三部分，我要探究克服这些限制的前景，就成倍扩大这一研究事业的规模和质量的潜力而言，同时保留这个主题的生态效度。我首先讨论的是新方法论工具潜在的贡献，最后探讨未来能推动这些有力的研究工具使用的认识论观点。

新问题，新工具

就像上文表明的那样，当代比较研究最有前景的发展就是新技术可能带来的贡献。在最基础的层次上,这样的技术正转变为研究者之间进行国际合作的可能。比如"接入网节点"让虚拟的电子会议成为可能,一改过去因为合作时间和成本的限制而无法实施这类会议的情况。实时讨论和分享的机会也使得不同文化视角的融合更加切实可行,这对于真正的比较教育研究来说是十分必要的。

更有意义的可能会是新科技对数据收集及储存规模能力的改变。捕捉不同类型的现场表现正在变得越来越可能,不仅使用我们更为熟悉的口语和影片录像形式,还运用数字化的方式。这就使得我们可以远程接触数据,并且对内容进行更加复杂的比较。因此,比如说,从旨在为国际观点的长期变化提供高质量测量的欧洲社会调查(ESS)中得到的现有数据目前涉及 27 个欧洲国家的参与,并且产生了与这些国家相关的大量比较信息,全世界的学者都可以用自己的台式电脑接触到这些数据。

另外,由于"E 科学"进步的结果,大家可以接触到的国际数据组在成倍增长。这就是通过"网格"(the grid)——一个强大的国际电脑网络——传送大量电子数据的能力实现。由自然科学家开发出来的这些技术如今被社会科学家运用,于是,"E 社会科学"也可能出现。现在我们已可能开始使用这些技术来检索封存的数据,例如从各个角度捕捉历史事实。于是,在英国就有联合信息系统委员会(JISC)的数字化项目,它使得 1801—1933 年间 600 卷关于不列颠群岛的调查报告转化为数字档案成为可能,将来,所有想要使用它的研究者都可以接触到这些资料。从1896 年开始的新闻故事和 1955 年以来的新闻短片也都被制作成了数字化历史档案。

目前,这样的项目并未直接关注教育领域,但是,很容易看到大量可供使用的数字数据——无论是数字、图形或文本——将会改变我们在比较基础上调查现实社会生活的集体能力。在适当的时候,"质性追踪"调查——关于不同国家的社会生活各方面的纵向定性数据库——将会在某种程度上补充现有的教育上的纵向定量调查(这类定量调查一直是公共卫生和流行病学研究的基石)。

这样的进步给我们想象新型比较研究的出现带来了可能。新的研究对重要性顺序的强调与过去不同,并且还配备有数据库和相关研究工具,足以与某些最著名的自然科学设备媲美,如由许多国家合作提供的位于瑞士的欧洲核子研究组织(CENR)中的高速粒子对撞机。现在开始,不难预想,在未来借助于庞大、组织完备、文字丰富的数据库,再加上用户友好界面,进行比较研究的集体能力将得到很大的提升。这些新装备也可能在数据管理、数据所有与获取以及隐私保护等方面带来新的方法上的挑战。在要求更复杂的道德和行政协议的同时,此类建立在国际合作基础上的"比较实验室"的操作也带来了全新的政治和方法挑战。这一点从欧盟建立一个专门的社会科学天文台(EHROS)的尝试举动中就可以明显看出。

想要好好利用技术进步,比较教育领域的学者有必要和社会科学领域的其他比较学科的学者一样接受方法论的严格训练,同时需要在他们选择的研究主题内,能够作为国际研究人员团体进行跨文化和跨学科的工作。越来越多的人意识到,当下紧迫的社会议题都是复杂的和全球化的,这就需要前所未有的大规模跨学科国际合作。就像我之前提到的那样,当代的全球议题之一,就是通过比较的方法来应对教育界面临的重大挑战,从而更好地理解学习的各种背景和形式。

这些方法和组织上的进步有希望带领我们从传统比较教育中走出来,并且走得更远。它们表明,和当前健康或者气候变化等领域的例子一样,有关教育和学习的数据收集与协调可能会变得越发复杂化,并且要求国际层面的合作协调;同时,还需要保持定性材料的深度和广度,这对于维持数据的文化完整性来说十分关键。如下文英国经济和社会研究会所表明的,目前这还不是很典型,即使是在数据管理上已经进行大量国际跨学科合作的地方:

像欧洲议会、欧盟统计局、国际劳工组织、联合国与世界卫生组织这些国际组织在数据挖掘以及之后各国数据的协调方面投入了大量资金，但是投资者对于相应的方法论、方法训练、研究设计和研究过程的重视却没有跟上。因此，许多由国际组织支持的项目都局限于一系列平行（不可比的）研究。国家团队常常在自己国家收集有关某个特定现象的数据，却对关键的方法问题不加以优先讨论，比如在不同文化条件中概念的社会建构以及研究群体的民族或意识形态的背景。（Holmwood，2005：2）

越来越多的人认识到，所有的社会科学都是全球性的，而且比较方法的运用对于社会科学来说很关键。历史上，许多比较领域的视野受到了学科和规模以及国家重心的限制。这种研究潜力的发挥也因无法集体合作，以及在资金、方法的复杂性和大规模基础设施供应方面对于"家庭手工业"的方法过于满足而受到阻碍。

尽管比较教育为了扩大自身的规模和影响力，做出了一些值得称赞的、雄心勃勃的努力，如上文提到的 PISA 研究，但是这类国际合作并不典型。另外，这类合作中固有的政治和方法论上的争论不可避免地给所收集数据的深度与可比性带来限制。

迈向新比较教育

在本文中，我谈论到随着政治和技术进步所带来的新方法的可能性，是时候参与到"重新建设"比较教育的集体挑战中。这不仅仅是意味着我们可以追求更加丰富、更有深度并且更大规模的合作研究，也并不表明储存迄今为止社会科学领域从未想象过的大规模数据的长期比较"观察"或数据实验室（并且通过台式电脑就可以访问）的创立，和这些所承诺实现的当代发展具有一样的重要性。如果没有意愿重新思考这些驱动数据收集和分析的议题，这些新技术和方法带来的机会和用处就很有限。

因为，无论数据收集和管理的技术变得多高端，只要涉及社会科学，就更需要研究者从文化背景入手来进行反思性研究。自然科学与人文科学之间存在根本的差异，就像哈博德认为的那样，人文科学从根本上说是解释性的。他认为，人文科学的哲学基础是如此定义的：

在表达意图、产生意义和辨别价值观的时候不能排除人类思想的作用……人文科学通过阐释的过程寻求理解和人类生活过的经验……不让单独的学科掩盖当下人类存在的复杂性和相互联系（Habgood，1998：6）……但就像我们思考自己是什么，思考我们的历史把我们变成了什么，所有的学科都是相关的，因为我们站在它们的交界点上，我们既是观察者，也是被研究的对象。（Habgood，1998：10）

比较教育一直蕴含着某种清晰或隐约的革新性，就像尼古拉斯·汉斯非常好地阐述为"有意识的革新性"。从事比较教育研究通常不只是出于学术兴趣，尽管这个理由占有一席之地。相反，就像教育研究的大多数分支那样，历史上比较教育研究的目的就是寻找"是什么在起作用"，并运用这样的见解来帮助教育政策的制定和教育实践。虽然很少有人反对将这种广阔的愿望当作未来的目标，但是在实践中，对这一目标的追求还是会停留在究竟是什么带来改革或提升上。为了制定好这一计划，我们对终点需要有清晰的认识。所以，这反过来意味着需要对我们现在理解的"比较教育"的认识论基础进行全面的检查。

本文的中心论点是，我们现在所说的"比较教育"要扩大它的关注点，以**各种形式的学习**为中心。我已经说过，当前的领域受到关于教育传输的现代假设的概念上的限制。这些概念虽然是完全不同时代的产物，但它们仍是比较教育研究重要且富有成效的研究焦点。然而，由于教育界本身成为彻底变化的主体，所以在我看来，比较教育的重心要提升到学习上，而不是教育本身。我们需要开始思考：未来的教育世界是否还像我们今天了解的那样需要学校和教室、书本和老师、课程大纲与测试？新技术能够使学习个性化，让学习变得有趣，提供及时反馈，并且随时随地都可以使用，这将会如何影响不同的文化？如何平衡正规机构内外的学习，在家、学校和工作中的学习，或是不同年龄和不同目的的学习？什么类型的学习会是最重要的？比如说，学会"如何学习"是不是要取代"学那个知识"或"学习这个知识如何得来的"而成为主要驱动力？在未来社会，与其他课程内容和技能的发展相比较，道德和精神学习会处于什么位置？

关于这些以及类似问题的答案，就是未来教育比较研究的真正主题。特别是，我认为，未来的比较教育需要有能力制定和捕捉**学习**的多样性，要超越目前对"教育"这个术语的传统认识。令人欣喜的是，比较教育研究中心的提升与更加有力的数据收集和分析研究工具的广泛使用是同时发生的。新工具捕捉复杂日常生活和使数据面向国际的能力又为比较教育带来了前所未有的机会，它把比较教育从"家庭手工业"劳作升级为国际合作。我们可以期待高素质团队间的持久的大规模国际合作会给学习的全面研究带来贡献。到目前为止，此类合作的规模仅仅只是国际定量研究成果。

到能够培养出对学习进行大规模的跨学科和定性研究的能力的程度时，比较教育就可能从政策制定者迟钝的工具或是晦涩难懂的学术研究，转变成为改变教育思考方式的强大力量。我相信，在当下这个全球化的世界中，这样一个以学习过程为中心的"新比较教育"能够为重新检验教育目标这一当务之急做出巨大贡献。相应地，"比较学习学"（这一命名或许不合乎语法）这个新方向有可能是科学革命的第一步。

参考文献

Alexander, R; Broadfoot, P., & Phillips, D. (1999). *Learning from comparing: New directions in comparative educational research*. Oxford, UK: Symposium.

Alexander, R. (2000). *Culture and pedagogy*. Oxford: Blackwell.

Bouzakis, J. (Ed.) (2000). *Historical-comparative perspectives: Festschrift in honour of Andreas Kazamias*. Athens: Gutenberg.

Bray, M. (Ed.) (2003). *Comparative education: Continuing traditions, new challenges and new paradigms. Kluwer*. Netherlands: Dordrecht.

Broadfoot, P. (1977). Decision-making in education – the comparative contribution. *Comparative Education* Special Issue, Summer, *13*(2), 133 – 137.

Broadfoot, P. (1999). *Stones from other hills may polish the jade in this one*. Presidential address to inaugural meeting of British Association for International and Comparative Education (BAICE). *Compare 29*(3).

Broadfoot, P. (2000). Comparative Education for the twenty-first Century: Retrospect and Prospect *Comparative Education 36*(3), 358 – 371.

Brown, M. (1999). Problems of Interpreting International Comparative Data In B. Jaworski & D. Phillips (Eds.), '*Comparing Standards Internationally*' Oxford Studies in Comparative Education vol 9 no 1 pp. 183 – 207.

Claxton, G. (1999). *Wise-Up: The challenge of lifelong learning*. London: Bloomsbury.

Crossley, M., & Broadfoot, P. (1992). Comparative and international research in education: Scope, problems and potential *British Educational Research Journal*, *18*(2), 99 – 112.

Crossley, M., & Jarvis, P. (Eds.) (2000). Comparative education for the twenty-first century. *Comparative Education*, *36*(3), 261 – 375.

Crossley, M., & Jarvis, P. (Eds.) (2001). Comparative education for the twenty-first century: An international response. *Comparative Education*, *37*(4), 405 – 531.

Foucault, M. (1977). *Discipline and punish*. Translated by Alan Sheridan. London: Allen Lane.

Gardner, H. (1993). *Multiple intelligences*. New York: New Horizons Basic Books.

Goldstein, H. (2004). International comparative assessment: How far have we really come? *Review Essay Assessment in Education*, *11*(2), 227 – 234.

Habgood, J. (1998). *Theology and the sciences*. The Athenaeum Lecture, London.

Holmwood, J. (2005). *Small and large – N comparative solutions* Paper presented at ESRC seminar on comparative research methods, University of Bristol December.

Hufton, N. R., Elliott, J. G., & Illushin L. (2003). Teachers' beliefs about student motivation: Similarities and differences across cultures. *Comparative Education*, *39*(3), 367 – 389.

James, M., & Brown S. (2005). 'Grasping the TLRP nettle: A preliminary analysis and some enduring issues surrounding the improvement of learning outcomes'. *The Curriculum Journal*, *16*(1), 7 – 30.

Kuhn, T. (1962). *The structure of scientific revolutions*. Chicago, IL: University of Chicago Press.

McGaw, B. (2004). *The role of the OECD in international comparative studies of achievement*. OECD Paris mimeo.

OECD (2004). *Denmark, lessons from PISA 2000*. Paris: OECD.

Osborn, M., Broadfoot, P., McNess, E., Planel, C., Ravn, B., & Triggs, P. (2003). *A world of Difference? Comparing learners across Europe*. Maidenhead: Open University Press.

Pagani, F. (2002). *Peer review: A tool for cooperation and change – an analysis of an OECD working methods*. Paris: OECD. (www.oecd.org/about)

Perkins, D. (1995). *Outsmarting IQ: The emerging science of learnable intelligence* New York: The Free Press.

Stenhouse, L. (1979). Case studies in comparative education: Particularity and generalisation *Comparative Education* 15(1) 7 – 14.

Watkins, D., & Biggs, J. (Eds.) (1996). *The Chinese learner*. Hong Kong: CERC and ACER.

Watson, K. (Ed.) (2001). *Doing comparative education research: Issues and problems* Oxford: Symposium.

35. 找回失落的遗产：比较教育的历史人文主义视角

安德里亚斯·卡扎米亚斯(Andreas M. Kazamias)

引　言

　　20世纪下半叶，用艾尔文·古德纳(Alvin Gouldner)的话来说，比较教育的发展经历了定期出现的"体系危机"。历史学家认为这样的"体系危机"出现在20世纪50年代后期、60年代早期、70年代中期、80年代早期、90年代后期以及新千年的开端。古德纳认为，该危机的核心含义并不是指"病人会死亡"，而是指这一体系"将会发生和当前状态完全不同的改变"，并且这样的变化会产生"全部特征的根本性质变"。这些关键事件带来的结果是：比较教育或许并没有发生"全部特征的质变"，但是它的确发生了重要的变化。其中变化之一是比较教育从历史-哲学-人文本质的认识论转向了本质上是社会科学的认识论。本文主要关注以下两个方面。第一，简要而批判性地考察比较教育的两种不同类型的思维体系、研究模式和认知路径。这一受到质疑的学科体系从历史和社会科学领域中得出了理论见解和方法论，分别被称为"历史比较教育"和"科学比较教育"。第二，本文充分说明比较教育的另一种学术体系、研究模式和认知路径，这种体系结合了历史和社会科学，却又同时避免了二者各自的局限性。这样一种替代体系被称为"比较历史分析"。

历史-哲学-人文的比较教育

　　正如本书第一篇文章中所仔细讨论的那样，直到20世纪50年代，比较教育主流的研究方法是"历史-哲学-人文"或"历史-人文-向善论"的方法，其中主要的著名比较教育学者有米歇尔·撒德勒、艾萨克·坎德尔、尼古拉斯·汉斯和罗伯特·乌利希。其他比较教育家，例如布莱恩·赫尔姆斯(Brian Holmes)将这类比较教育的代表人物称为"历史比较学家"或"历史比较教育学家"。简而言之，这一代"历史-哲学-人文"比较教育论述的主要特点可以总结为以下：
　　—比较教育是一门"人文科学"，正如希腊语"episteme"(知识)和德语"Wissenschaft"(知识)所隐含的内涵那样，它不是一门经验性的或实证的社会科学。汉斯认为，比较教育作为一门学术科目，正好处在人文与科学的边界上，因此，它更类似于哲学——这两者的综合。
　　—与上文相关，用卡尔·波普尔(Karl Popper)对于科学的分类来说，比较教育是一门"历史科学"，而不是一门"概括性的社会科学"。作为一门"历史科学"，它的知识重点是在对于特定的、具体化的事件的阐述与解释，而不是针对普遍的历史规律。
　　—与上文相关，比较教育是一种**解释学的**、阐释性的知识，它的目的在于历史解释。在关于比较教育本质的众多说法中，坎德尔写道：

　　　　认为教育研究可以脱离赋予其意义的所有背景的这种论点，意味着将教育研究简化为对方法的吸收运用，但是，无论其方法技术多么有用，它仅仅只是为教育基本概念及目的提供了一种狭隘的研究方法。非常重要的是，对于教育哲学最早的但仍最有活力的贡献不是将教育隔离出来进行研究，而是在其政治、社会、伦理背景下对教育进行研究……教育历史的真正贡献在于让学生学会从当代背景中多样的影响力来理解或欣赏教育的相对性……比较教育——一种对于当前受不同背景影响的教育理念和实践的研究，是教育历史向现在（社会）的延伸。(Kandel, n.d.：164—165)

坎德尔还写道：

> 比较教育研究作为一种澄清和解释教育问题的方法，在教育历史研究中有其合适和恰切的地位；而忽视这两种方法就是没能认识到它们对于建立教育哲学的价值，而后果是使教育研究陷入"永远完不成的工作"的危机之中。(Kandel, n.d.：185)

——由于教育的研究不应仅局限于狭隘的"学校教育"，而是应该在更广泛的"教化/文化"的意义上，所以比较教育作为一门人文科学，它的核心关注点应该是"人性""人"。因此，它应该是"以人为中心的"。比较教育应该充满着人文主义哲学，并且关注这些重要的问题——"人类"所面临的政治、社会和道德问题。

20世纪60年代，社会科学成为占主导地位的学术体系，因此在本书第一篇文章中提到的比较教育中的"历史-哲学-人文"的论述不仅受到了新一代具有科学思想的比较学者们的批评，还受到了修正主义历史学者的批评。最终，比较教育的方法论、知识论和意识形态开始转向社会科学之路。

社会科学化的比较教育

与比较教育的历史-哲学-人文主题一样，本书第一篇文章也对在第一次"体系危机"的后几年中占据主导地位的社会科学化这一主题进行了详细的讨论。关于这一主题，在这里我先会简要地涉及这一类型比较教育的明显特点，并做一些评论。这在一开始可能会有助于勾勒出社会科学和科学化方法的一些最重要的特征。

非人文科学的最终目的是预测和控制。为了达到这一目的，总的来说，科学家们制定详细清晰的假设，在实验室或其他地点和环境下进行试验，并尝试进行归纳或建立普遍规律。当自然/物理学家试图建立有关物理现象的普遍规律时，社会学家同样在做有关社会现象的尝试。另一个有关科学的特点是其结论往往会因为证实或反驳的需要而出现反复。而且，社会学家最基本的关注之一是解释，这意味着他们不仅仅关注对社会现象的描述，而且对解释这类现象出现的原因也很感兴趣。但是，在这里要指出的是，经验性社会科学中的"解释"不同于历史的解释。

作为20世纪60年代比较教育危机中关于研究的本质和范围的辩论参与者之一，我引用了纳德尔的"共变性"研究方法作为在社会科学中使用比较方法的例子。纳德尔指出，人们首先观察到社会现象的变化，然后得出普遍的一致性或规律性。这样的相关性或共变性并不是一种因果关系，它们是这样一种关系类型："X随着Y的变化而变化"或"当A出现时，B也出现"(Nadel, 1951：222—226)。虽然我认为纳德尔的共变性对于比较教育的研究是一种"极其有价值的方法"，但我同时指出如果使用不当的话，它也会存在某些"限制"和"危险"。"和大多数社会的'普遍规律'一样"，我曾写道，"这种'如果A那么B'的规律类型只能是有限制性的，因为，很显然 $S_{(n)}$ 的情况是有限的。"然后，我对社会科学中的（尤其是社会学）"科学规律"的性质做出了评价；在当时，社会学——尤其"功能社会学"——影响了教育的比较研究。我接着写道：

> 就社会学是一门科学而言，社会学规律必须与科学规律相符合，而且要有普遍适用性、可解释性和可预测能力。一些社会学家已经在尝试……去建立普遍适用的关于人类行为的命题或规律。然而，正如巴林顿·穆尔(Barrington Moore)所指出的，可以肯定地说，"社会

科学的普遍化程度"远远不及物理和化学的范围和说服力。(Kazamias，1963：391)

在之后对比较教育"功能社会学方法"的评价中，我写道：

> 然而，60 年代的这种结构-功能性的视角：a) 导致了简化论的趋势；b) 限制了三类问题的提出；c) 使比较教育学者对学校的认识陷入了一种保守的意识形态；d) 使他们忽视了教育变革的一些重要方面。(kazamias，1972：408)

此外，"结构性功能主义，作为一种分析和解释社会及其变化的理论框架，已经被认为是以共识为导向的、政治上保守的以及反历史的"。类似地，本雅明·巴伯(Benjamin Barber)称：

> 尽管其夸大的价值中立，但功能主义充满了工具性的价值观，例如稳定性(内稳态)和效率性("好功能")，这些赋予功能主义以稳定的和政治上保守的特性。同时，功能主义拒绝坦率地直面绝对的目的和人类计划，这使得其主题非政治化、内容琐碎化。(Barber，1972：430，435)

科学化比较教育的另一种形式是由实证主义社会科学家所倡导的，最具代表性的人物有哥伦比亚大学的哈罗德·诺亚(Harold Noah)和马克斯·埃克斯坦(Max Eckstein)，以及来自伦敦经济学院而后进入世界银行工作的乔治·帕萨罗普洛斯(George Psacharopoulos)。在其他地方，我曾写道：

> 诺亚和埃克斯坦，这两位很有影响力的比较学家支持科学化的比较教育，它遵从着本雅明·巴伯所称的"方法论主义"和我们后来称之为"方法论的经验主义"的认识论和方法论的特点，即形成假设、检验假设、验证、控制、科学解释、预测、量化研究、实证研究和理论建构。(kazamias，2001：441)

包括本文作者在内的一些当代比较学者，都对比较教育中新兴的社会科学论述持批判性态度，尤其是对实证主义范式。此外，我们也不赞同新兴的科学化范式中的"反历史性"。正如上述所说，我对传统的历史-哲学-人文的方法抱有批判态度。相反，我所追求的是"修正主义的历史性方法——将历史与社会科学结合起来的方法"(kazamias，1961，1963)。我将这种方法称为"比较的历史分析"，它会建构出一种比较历史教育学知识体系，它类似于比较历史学和比较历史社会学。

比较历史学、比较历史社会学和比较历史教育学

法国史学年鉴学派的历史学家马克·布洛赫(Marc Bloch)认为，比较历史学是一门纯科学学科，以知识为导向而不是实践结果。布洛赫进一步指出，历史"不会因为对过去的热爱而变得有生命，而是因为对现在的激情；正是这种对生命力的理解能力，是一个历史学家的关键品质"(Bloch，1964：43；Larsen，2001)。在同样的认识论体系中，著名的学者马克斯·韦伯指出，比较历史学使用比较的方法作为从事特定历史问题解释的工具。

比较历史的社会学者西达·斯考切波(Theda Skocpol)更多的是从一个社会学家的视角——一种社会科学的而不是历史的视角——来看待比较历史，他指出比较历史至少存在三种变体：

> 一些比较历史的著作，例如路易斯(Louise)和理查德·提利(Richard Tilly)所著的《反抗的世纪：1830—1930》，旨在展现在不同国家背景下，普遍存在的一种特定的社会学模型。

其他的一些研究，例如莱茵哈德·班迪克斯（Reinhard Bendix）的《国家建构和公民身份》和佩里·安德森（Perry Anderson）的《专制国家的谱系》，都是主要通过比较来形成综合整体性的国家或文明间的鲜明对比。但仍存在着比较历史学的第三种视角，我称之为比较历史分析方法，而它的最高意图是发展、测试和改进对一些事件或结构的因果、解释性的假设，这些事件或结构是宏大单元（如民族国家）必不可少的部分。（Skocpol，1974：36）

同样，从同一角度，斯考切波和萨默思认为：

> 比较历史可以作为理论表达的一种辅助模式。历史案例同样可以证明理论观点适用于其所应当合宜的多种情况，前提是此受到质疑的理论确实是有效的…这种比较的要点是声明各案例中的一种类似性——即就其所展现的总体理论观点的普遍适用性。

同样：

> 所有的并行的比较历史都有一种特点，就是转向历史案例的阐释之前详尽地描述理论模型和假设。（Skocpol & Somers，1980）

以上的这些研究文献强调了比较历史中的核心元素，而这些元素可能会存在于具有修正历史导向的比较教育知识谱系中。其中一个元素是解释和说明，目的是理解教育事业中的方方面面。这种知识型元素本身就将比较历史这一方法从其他流行的方法中区别出来，尤其是从实证科学范式中区别开来。它也将这类比较分析置于说明解释性类别之中而非预测性科学之类。这两种比较研究方式有很大的不同，有关这方面的详尽阐释已经超越了本文的范围。换句话说，比较历史分析主要是解释和说明而不是预测。它是一种回顾性的而非预期性的分析，这意味着它始于特定的与待考虑的系统/事件相关的历史情况和原因。

在上文中隐含的另一个比较历史的典型元素与修正后的比较教育的历史方法相关，它就是在教育现象比较分析中对于概念、模型和理论的使用。大部分历史学家不是理论家，但大部分比较历史学家多多少少有一定的来自其他学科的理论洞见。然而，大部分社会科学家和社会学家是理论性的。社会学方向的历史比较学者对理论一般性问题有着不同程度的重视，他们试着将社会理论与历史的分析和说明结合起来。

在此类研究中，例如，尼尔·斯梅尔塞（Neil Smelser）的《工业革命中的社会变化》一书中，根据来源于社会学理论传统的明确和正式的概念模型来处理、分析或阐明特定的历史模式、结构、惯例和过程。专注于某个同样也是从社会学理论中演绎出来（此种情况为功能主义和马克思主义的结合）的明确的概念模型，这一特点也存在于伊曼努尔·沃勒斯坦（Immanuel Wallerstein）《现代世界体系》一书中所应用的"世界体系"方法。这两种方法的区别是理论的普遍性问题。斯梅尔塞提出了社会变化的中间范围理论，而沃勒斯坦提供了一种普遍适用的模型来解释从新石器时期革命到最近的全球发展。

在比较历史的其他形式中，一些理论（例如功能主义、马克思主义、现代化、后殖民主义或其他类型）或者正式的概念模型或许可以明确地被援引或使用。然而，相反却存在着对有限的或者更普遍适用的概念的依赖（例如阶级、资本主义、权力、冲突、暴力、再生产、依附、民主化、全球化、系统化和条块化），这些概念提供了"透视镜"或者媒介来选择、组织和解释这些历史材料。

大多数历史导向的和理论化的，或者是概念化思维的比较历史学者一般会避免对上述类型的综合理论的使用。有一类理论化思维的比较历史学者被称为"折中的使用者"，他们被描述为如下情况：

> 这种学者对理论感兴趣，但是无法找到一种十分满意的综合性理论。所以，"折中的使

用者"将不同的理论视角组合在一起,置于它们所适用的或者能帮助阐释某特定历史情况的任何地方。有时,一个折中的历史学者可能会对折中主义非常态度明确,甚至尝试在同一种历史数据设定下运用不同的理论。(Kaestle,1984)

很显然,在历史导向的比较教育学研究中,很少有以系统化综合的方式或者"折中"的方式运用理论的。在这些仅有的少数研究之中,以下是值得关注的:

Margaret Archer, *Social Origins of Educational Systems* (1979);

Andy Green, *Education and State Formation* (1990);

Philip Foster, *Education and Social Change in Ghana* (1965);

Andreas Kazamias, *Education and the Quest for Modernity in Turkey* (1966);

Andreas Kazamias,"Transfer and Modernity in Greek and Turkish Education",in A. M. Kazamias & E. H. Epstein (Eds.),*Schools in Transition* (1968);

Kazamias, A. M., & Massialas, B. G., *Tradition and Change in Education: A Comparative Study*. Englewood Cliffs, NJ. (1965);

Muller, D.,Ringer, F.,& Simon, B.,*The Rise of the Modem Educational System* (1989).

Carnoy Martin, *Education and Cultural Imperialism* (1974);

Carnoy Martin, & Joel Samoff, *Education and Social Transition in the Third World* (1990);

Shipman M. D.,*Education and Modernisation* (1971);

Michalina Vaughan & Margaret S. Archer, *Social Conflict and Educational Change in England and France*, *1789 - 1848* (1971)。

比较历史研究的另一个特点是这类研究更多地属于质性而非量化的研究传统,此外,还涉及结构的比较。查尔斯·C. 拉金(Charles C. Ragin)在其书《比较的方法》(1987)中较好地陈述了比较历史的认识论和方法论等方面的观点:

> 质性传统不仅仅以将整体案例作为一种结构为导向,而且倾向于历史性的解读;历史导向的解读尝试解释某些特定的历史性成果或是一系列为研究而选择的可比较的结果或过程,这是因为其对目前机构安排或总体社会生活的重要性。通常,这样的工作是通过按年代顺序将证据连接在一起以及提供有限的历史普遍性两种方式来从不同事件中得出意义,这两种方式都是尽可能客观地使得特定情境下的状况和有限的意义呈现。

拉金进一步解释道:

> 大多数比较学者,尤其是那些具有质性研究导向的人,也试着解释特定国家(或某类国家)的特定的经历和轨迹。也就是说,他们都对案例本身很感兴趣,特别是对不同的历史经历,而不仅仅是简单地关注界定广泛类别事件的变量之间的关系。(Ragin,1987:3—6)

拉金所提到的最后一点指出了我们的另一个也是最后一个目的,那就是历史的比较教育研究的典型元素。以我们的观点来看,比较历史学者对解释和阐明特定的经历和轨迹很感兴趣,例如,特定的事件本身。从这种意义上来说,教育的比较历史方法和上面提到的社会科学不同,尤其是与方法论-经验主义和世界体系完全不同。

上述的历史的比较研究是比较历史研究的一些例子,它们多是在社会文化分析的宏观层面进行的。我想在这里指出,还有其他值得关注的历史的比较研究,这包括在微观层面共时地调查教育问题,以及对同一个社会的教育问题从历时性方面进行研究。同样,也有关注某一个社会的研究,比如,A. 斯威廷对中国香港的研究也是一种历史比较教育的形式。

重塑比较教育的历史人文主义愿景

在为找回正在消失的比较教育历史遗产而据理力争时,我还强调了历史也是一种人文性的知识:"它正视的是人类的状况,这意味着,人是作为主体而不是商品或数字;人类文化是作为整体而不是狭隘地被定义为经济文化;人类价值(人文知识和人道主义知识)都有其更深远的含义。"(Kazamias,2001:447)而在上述批判性的评论中,我指出了比较教育中的历史-哲学-人文的论述充满了人文的哲学色彩,而且关注的都是人类面临的重要问题——政治、社会、伦理的问题。

在我看来,重申比较教育中的人文元素也体现在帕特里夏·布拉德福特的"新比较教育"的愿景中。她说道:

> 我们需要认识到,在任何问题的概念化和研究方法的选择中,都存在着一个潜在的价值立场。因此,比较教育学者需要参与到关于"美好人生"的本质的重要辩论之中,参与到关于教育在这一点中所扮演的角色的探讨之中,因为,在我们的世界,任何东西都不能被视为理所当然的。我们独特的角色使得我们能够跨越文化和国家、视角和话题的藩篱,我们有责任来朝着理想的目的继续这场辩论,使之超越仅仅对于方法的讨论。(Broadfoot,1999:228—229)

结　语

最近,一些比较学者,包括经验丰富的研究者罗兰德·波尔斯顿(Rolland Paulston)、麦克斯·埃克斯坦(Max Eckstein)、罗伯特·考恩(Robert Cowen)、乔·法雷尔(Joe Farrel)、沃尔夫冈·米特(Wolfgang Mitter)、尤尔根·施瑞尔(Jurgen Schriewer)、瓦尔·拉斯特(Val Rust)、罗伯特·阿诺夫(Robert Arnove)以及安德里亚斯·卡扎米亚斯(Andreas Kazamias),也有较为年轻的学者,比如帕特里夏·布罗德福特(Patricia Broadfoot)、范德拉·梅斯曼(Vandra Masemann)、内莉·斯特罗姆奎斯特(Nelly Stromquist)、安东尼·韦尔奇(Anthony Welch)、弗朗西斯科·拉米雷斯(Francisco Ramirez)以及卡洛斯·托雷斯(Carlos Torres)等,都面临着新纪元的开始以及社会文化和政治——教育理论/思想正经历的后现代转折所带来的挑战,这些挑战提供了反思比较教育学术传统的机会,也带来了积极参与绘制新的知识和方法论轨迹或范式的契机。在这样一个现代化的晚期,甚至说是后现代的崭新时期,比较教育复杂多变的多方面知识可以登上舞台了。2001 年,比较与国际教育协会(CIES)在华盛顿举行年会,一位年轻的比较学者玛丽安妮·拉森(Marianne Larsen)向我们以及比较教育学者团体演讲时说道:

> 在 2000 年比较与国际教育协会的年会上,罗兰·波尔斯顿鼓励我们用想象力构想出真理的新的空间、视觉和话语形式,而安德里亚斯·卡扎米亚斯指出,我们要重塑比较教育的历史性来更好地理解世界。也许我们最初会认为这两种方法完全不同,但事实并不是这样。有关比较教育的未来的更广泛的讨论之中,有很多可供比较教育研究者选择的方法论和知识论。挑战这些限制了更多讨论和对话的壁垒,我们也收获了很多。比较教育从重塑过往历史研究的传统之中获益,但同时也要富有想象力地接受多元的态度、多重解释性的策略和对后现代主义所带给社会科学传统的元叙事的普遍性怀疑。(Larsen,2001)

参考文献

Bloch, M. (1964). The historian's craft. New York: Vintage.

Broadfoot, P. (1999). Stones from other hills may serve to polish and jade of this one: Towards a neo-conservative 'learnology' of education. Compare, 29, 217 – 231.

Hans, N. (1959). The historical approach to comparative education. International Review of Education, 5 (3), 299 – 307.

Holmes, B. (1965). Problems in education: A comparative approach. New York: Humanities Press. Kandel, I. L. (n.d). The historical approach to the study of education. In The National Society of College Teachers of Education, National backgrounds of education. Yearbook XXV of The National Society of College Teachers of Education. Chicago, IL: University of Chicago Press.

Kazamias, A. M. (1961). Some old and new approaches to methodology in comparative education. Comparative Education Review, 5(2), 90 – 96.

Kazamias, A. M. (1963). History, science and comparative education: A study in methodology. International Review of Education, 7, 383 – 398.

Kazamias, A. M. (1972). Comparative pedagogy: An assignment for the '70s. Comparative Education Review, 16.

Kazamias, A. M. (2001). Re-inventing the historical in comparative education: Reflections on a protean episteme by a contemporary player. Comparative Educaation, 37(4), 439 – 449.

Larsen, M. (2001). Reinventing the historical in comparative education: Bridging the gap through Foucault. Paper delivered at the annual conference of the Comparative and International Education Society in Washington, D.C.

Nadel, S. F. (1951). The Foundations of social anthropology. London: Cohen & West.

Ragin, C. (1987). The comparative method, moving beyond qualitative and quantitative strategies. Berkeley, CA: University of California Press.

Rust, Val et al. (1999). Research strategies in comparative education. Comparative Education Review, 43 (1). Skocpol, T., & Somers, M. (1980). The uses of comparative history in macrosocial inquiry. Comparative Studies in Society and History, 22(2), 174 – 197.

Sweeting, A. (1999). Doing comparative historical education research: Problems and issues from and about Hong Kong. Compare, 39, 269 – 281.

Watson, K. (1999). Comparative education research: The need for reconceptualisation and fresh insights. Compare, 29(3).

Weber, M. (1968). Economy and society. New York: Bedminster Press.

36. 过去和现在：单元概念和比较教育

罗伯特·考恩（Robert Cowen）

引　言

在比较教育的研究中，为何我们从未将教育过程置于专制、战争或革命的视角中进行比较研究？为何我们也没有对不同国家的教育过程进行比较研究（无论意大利或希腊）？我们有很多关于小国教育的叙述，我们是否敢于进行关于大国的比较教育研究呢？我们对殖民主义及其教育模式做了一些分析，但我们缺少对帝国（教育）的严肃思考和比较，为什么不进行这方面的研究呢？

换言之，我们只看到了社会空间，只看到了一些社会时代和一些政治进程。有什么方式可以用来帮助理解这一现象呢？我们认知顺序的规则是什么，社会进程又是如何帮助塑造这些规则，以及如何帮助学术研究的焦点进行转移的？现在，这些成了我们所要关注的问题，尽管在实际研究中我们缺少足够的人来从事这方面的研究。

过去与现在

比较教育曾经具有一些简单而固定，同时非常明确的研究方法：它们被称为方法论。在伦敦，作为一名硕士研究生，通过假设演绎性质的科学（好的）去理解实证主义的科学（坏的）是明智之举。总体而言，方法论充当了至关重要的排他性原则：文献知识将比较教育学家与其他学者群体区别开来（如社会学家）。

在 20 世纪 60 年代中期，比较教育出现了第二个确定性：所有的比较教育学家对于他们所生活的地区以外其他某些地区都具备扎实的专业知识。他们关注外部世界，比如他们会关注东欧、苏联，或者法国、德国，抑或是对日本或中国有所了解。理想情况下，哪儿有居民，就会想要去学习相关的语言，并乐于了解外来文化。因此，移居海外的一代比较教育学家（贝雷迪、汉斯、坎德尔、劳韦里斯等人）的自传性资历成了下一代学者所期待具备的，并且以一种程式化和制度化的方式传递的知识资本。这些主题可以追溯到乔治·贝雷迪（Bereday, 1964）在哥伦比亚大学教师学院全盛时期对比较教育博士生培养和教师员工的建议。同时在伦敦的比较教育研究部门，也有类似的政策来招聘区域专家——这实际上是一场认知上的灾难。总之，无论是如何获得的（可能是通过语言方面的第一学位来获得，或者作为军人的经历获得，"外籍人士"和移民也很有优势），"外国"地区的专门知识是一项重要的排他性原则：这些知识将比较教育学家与其他学者群体区别开来（如社会学家）。

这两种模式的结果是非常特别的。当我作为一名学生在学习、思考和谈论法国、日本或苏联或美国或科学哲学以及方法论时，所拥有的美妙记忆及真正的快乐也不能掩盖文献阅读和编辑的枯燥。当然，仅对朋友做出批评，奈杰尔·格兰特（Nigel Grant）关于苏联的杰出著作（1968）比之后雅努什·托米阿克（Janusz Tomiak）的书（1972）更为丰富与翔实，但在其中任何一个文本中很难找到连贯的知识论点。霍尔（W. D. Hall）描写法国的著作（1965，1976）内容非常丰富，然而它们相关的理论论据在哪里呢？此类书籍都是同类中的佼佼者，然而它们都是叙事性书籍。他们建构了一种蓄势待发的比较教育研究，即把对特定区域的教育体系的标准化描述放在一起，并对社会背景进行评论(McLean & Cowen，1983)。

"盎格鲁-撒克逊"式的方法论文献也同样偏离了创建一种具有复杂的学术问题群的比较教育学的重要任务。这种方法论文献在一个鲜有人专门研究比较教育的时期占据了大量的时间与期刊版面。关于方法论的争辩也构成了一种尚在未来的比较教育。然而，这种未来的比较教育却一直未显现出来。比较教育在这方面出现了断层。

然而在20世纪60年代中期，为了在高校里对学科自身进行定义(如美国、加拿大、英国和澳大利亚等地)，比较教育研究领域需要提出独树一帜的方法论；因为这一时期，在所谓的教育学基础学科之间，如教育哲学、教育史、教育社会学及心理学为了争夺声望和大学空间，而出现了激烈的竞争(Cowen，1982)。当比较教育研究人员是来自各个地方时(字面意义或真实意义)，正如当时出版刊物的恐慌所显示的(Fraser，1964；Brickman，1966；Fraser & Brickman，1968；Hausmann，1967；Noah & Eckstein，1969)，很明显地就会出现对"历史"及专业方法的需求。

作为一个关键的警示，我们应再次注意到，比较教育的比较历史并未被完整地记录。因此，追溯和探索比较教育的历史之路是非常重要的，即使关于某些国家和地区的主张不一定是真实的，如法国、北欧国家、意大利、西班牙、德国(当然还有日本、韩国、中国和苏联)。在欧洲大部分地区，当然也包括联邦德国，即使德国研究的外在注意力("地区研究")紧随政治力量的影响，大学的内部社会学和"教育研究"的哲学基础在比较教育领域还是产生了不同的学术传统(Mitter，Rust，见本卷)。这些问题也存在于民主德国，当然，其原因有所不同。

正如现实所昭示，英语地区的研究围绕自己的新历史及新方法开始重塑自身，并产生了"解读全球"的快速转变。

比较教育(如在联邦德国)由于突然的新生国际力量和外交政策以及可用的研究经费被重新塑造。研究对象因此发生了改变：拉丁美洲、中国、日本、东南亚、中欧和非洲成为新的焦点。各国掀起了争夺国际影响力的竞争，尤其是针对非洲、中东以及印度次大陆。例如，在伦敦大学的教育学院，认知标签的改变反映了国际政治的改变：之前的"殖民地部门"被"热带地区教育"所替代，并迅速转变为"发展中国家教育"。此后，该标签再次修改了至少两次。

一般来说，"国际"这个词不仅是部门的名称，不仅是用来表述伦敦教育学院内部或外部发生的事情，它还是用来界定某一领域行为和影响的专业话语，令人着迷的是，它越来越多地发生在各个专业团体中(Manzon & Bray，2007)。

由于尖锐的国外政治，向"教育与发展"的转变、描述特定文化背景与教育模式的能力以及向科学地位迈进的新主张，"比较教育"在争取大学资源中处在一个较好的位置。当然，为此付出的代价也是高昂的。

首先，对这一认知结果的澄清需要时间——"比较与国际教育"在美国和英国外交政策方面的政治立场与早期英语国家高校，如墨尔本拉筹伯大学、加拿大高校以及少数苏格兰、威尔士与北爱尔兰大学中的以学术及教学法中心的研究是截然不同的。

其次，这种新的政治情境——源于国际政策的实质性"研究"议程、政府在"发展"中的参与以及围绕国际学生展开的更尖锐的政治竞争(Fraser，1965)——突出显示了一个奇怪的漏洞：英语学术语境中缺少对比较教育本身的理论复杂性的明确和统一的认知。诺亚(Noah，1974)主张追求的"宽松散漫者"(loose fish)非常能揭示这一点。

第三，除了一些具有比较阐释且结合了清晰的理论和概念的短篇和论文外，很少有其他相关作品出版；换句话说，很少有详细的理论导向的论文出版，即使有，大部分也是出自社会学家，包括分析赞助和竞争机制的特纳(Turner，1964)，研究教育系统分类的厄尔·霍珀(Hopper，1971)，以及说明工业经济和教育系统之间的联系为当务之急的哈尔西、弗拉德和安德森

（Halsey，Floud & Anderson，1961）。这些文章有助于将叙事"精灵"——描述特定当地背景的无限扩展项目——收回到它的"瓶子"里去（暂时性地），关于方法论的辩论由于学术上的转向而被打断，这一转向以卡努瓦（Carnoy，1974）的文化帝国主义、阿特巴赫和凯利（Altbach & Kelly，1978）的殖民主义著作和罗伯特·阿诺夫（Arnove，1980）在一系列理论文章中对世界系统分析所进行的探讨为主要标志。

显然，比较教育在发生变化，其中一些变化的主题源自于"外界"。此类"外界"影响至少有四类。

首先，一些已经存在但尚未被比较教育（在北美和西欧）经常使用的理念出现了，这些理念包括马克思主义及受其启发产生的思想变化，如，保罗·弗莱雷（Paulo Freire）的观点。在他关于殖民主义的著作中存在马克思主义的主题，这一著作本身是对阿诺夫（Arnove，1980）提出的关于审视世界权力等级的比较教育所提前发出的声音。其次，如之前所表明的，该时期最好的一些比较研究来自社会学家。例如，特纳与霍珀比较分析了追求目标的社会背景，在比较教育的研究中，这并不是一个确立的研究主题。第三，有大量的比较研究来自教育历史学家。这又是由一群自我认定为比较教育学科之外的学者所提供的一批研究成果。其中包括威尔金森（Wilkinson，1964，1969），沃恩和阿彻（Vaughan，Archer，1997），林格（Ringer，1979）与斯科特福德-阿彻（Scotford-Archer，1979）。第四个影响同样也来自比较教育之外（除了卡扎米亚斯所做的关于土耳其的成果可归属于比较教育）。这一外来影响是对于农业社会的社会结构随着现代化"进程"而崩溃的分析，斯考切波（Skocpol，1979）等学者对此做了社会的、历史的、比较的、宏观的解释。也有一些关于少数"黑天鹅"国家的出色研究，反映了国家历史与传统现代理论的矛盾，例如，比斯利（Beasley，1972，1975）与比亚兹莱（Beardsley，1965）关于日本的研究。

因此，"比较教育"由于来自"外界"的影响又一次获得了学术上的新生，从这一意义上来讲，首先是来自拉丁美洲的**依赖理论**，之后被北美接受并发展了一系列相关的理论。经历过1968年学生运动的新一代学者重新定义了殖民主义：殖民主义不再仅仅被视为形成自由理论的教育之前的所存在的不幸的社会事实，发展项目也开始出现（或更糟糕的——被计划）在"第三世界"。现在，在比较教育范畴内，殖民主义被解读为一种重要的社会和历史的推动力量，这种力量塑造了国家、教育体系和身份，并且这些力量与它们带来的结果需要持续的、理论性的比较研究。与此同时，革命主题——从19世纪开始并延续到20世纪的社会历史的现代性转变的主题，成为比较教育学家们比较探索的对象。到了这时，比较教育关于革命的文献依然单薄，虽然和以前一样优秀的叙事历史随处可见（Barnard，1969；尽管这不是其文学的主要观点，Passin，1965）。殖民主义与世界体系分析（如阿诺夫勾勒的那样）的参与在某种意义上是非常有前景的，毋庸置疑，此类视角将同时解释国际政治、经济与教育之间的关系。

以上这些都是对学术和理论的清楚的再定位——来自"外界"——关于什么才能算作好的比较教育研究成果。那么，哪些又是比较教育所拒绝的研究呢？

对社会的假设及比较教育的目的包括四条"程序规则"，它们塑造了20世纪50年代和60年代这一领域的学术话语，并在当时默默地影响着大多数方法论话语，完成了《（世界）教育年鉴》中的大西洋部分。这些认知秩序的规则包括：（1）将时间理解为方向；（2）将教育改革诠释为一系列渐进的直线；（3）将社会与教育体系诠释为逐渐发展的平衡状态；（4）将比较教育的目的诠释为对教育系统的改革。

逐渐地，所有这些假设在随后10年的比较教育研究中被中断了（若不在"国际"教育研究中），部分是上述学术挑战的结果。这些挑战扰乱了比较教育一直所致力于研究的低层次问题系列：描述教育体系、教育政策和"情境性动态"；指出"异同"；当然还预演和重复了"方法论"。现在回想起来,乍一看只是来自迥然不同的文化与学科背景的人们激烈讨论如何理解的问题,倘若它被称为"比较教育"的话。

这些外部影响有助于重新平衡议程——我在早前的几卷中称其为"转移"(transfer)、"转译"(translation)和"转化"(transformation)。这段三元关系刚被呈现不久(尤其是通过殖民主义主题被呈现出来)。然而,我们对这段三元关系的关注更为长久与深入:普鲁士小学,在很久以前便是某种意义上的"比较"。它也引起了关于转移、转译和转化的问题。但该主题在朱利安和萨德勒构建这一领域的"历史"时被忽视掉了。

上述的外界影响主要为学术的影响,但应指明的是,在他们影响这一领域的同时世界政治也发生了重大转变:冷战改变了世界格局并建构了被称作"软实力"的文化、经济及政治的竞争,尤其是在东亚如日本、韩国,非洲以及拉丁美洲大部分的国家。"卫星国战争或代理人战争"(如果此类科技语被残害人类的战争使用)变成了可见的模式;而越南战争本身引起了国际社会广泛的关注。

这些重大的政治改变表明需要对全球进行重新解读并开始对"比较教育"重新定义。这其中的一部分学术成果(偶尔作为丑闻)被西方自由民主选举的政府作为社会科学加以应用。该过程开始包括日益增多的"国际比较"教育者群体。

因此,从对方法近乎强迫症式的执念和冗长的情境描述中——在我看来,这来自对问题集的"生命精神"在意识形态上的过高估计,萨德勒在他有关"我们从实践价值能学到多少"的短文中探讨过这个问题——突围的方法是新的认识论选择和对全球的不同解读这种双重扰动机制。殖民主义主题在此意义上成为该领域重大转变的象征性标识——但该领域进入了新的研究模式与学术关注议程中;研究领域的焦虑不单由认识转变引起,同时也受政治变化影响。

现在与过去

总体而言,可以表明在比较教育中"现在与过去"(借鉴当地的话语表达)发生了。这当然引起了关于"现在与过去"何时发生及为何发生的问题,并且还引发了另一个问题——这些跳跃的、非常规的问题似乎阻断了该领域:它们注定是非常规的,因为这些时刻正是令我们感到羞愧的不连续性(断层)发生的时刻,而显然不连续性是不好的(不是吗?)。

它可能更有助于分析表明不连续性的有效性和必要性。不仅是因为不连续性无论如何都会发生(现实社会变化得比我们对它的理论化分析更快),而且它们也很具有启发性——正如描述的那样。这一不连续性标志着两个转变:我们常规关注讨论的认知的转变;以及我们专业讨论的国际政治的转变——但我们很少将其与本领域的认识假设的变化一起进行分析。

换句话说,这里提出的解释性讨论是指比较教育以及它对世界的激发和重生——它所具备的新的潜力——离我们所说的比较教育的特殊问题,也就是令我们感到羞愧的断层还很远。相反,它们的解析是可理解的。

然而,我们通常以相当特殊的方式看待我们的历史和自身。甚至于新一代学者也必须为自己开拓学术空间。我们如此频繁地对比两方面的奇异性:"之前"与"之后"让我们可能离比较教育越来越远。另外,我们已经发明了相当多的标签用来识别所提出的一系列奇异性。这一进程伴随着"先行者"等范畴的发明早早就开始了(Noah & Eckstein, 1969)。我们仍对从一个奇点到另一个奇点的转变感到困惑,我们通常对不连续性感到痛苦——其标志之一是在这样困惑的时刻,期刊中出现了"前沿"特刊——唯一的例外是除非千禧年即将来。该标志还可能包括对缺失视角的重要性的呼吁(如,社会学或人类学或女权主义或后现代主义的视角),他们会站在对立或谴责的角度大声强烈抗议，而该领域可能以一种新的方式"解读全球"并进行自我思考。但是，非常重要的一点是强调认知观点本身是不充分的，特别是在学术界一直出现新的认知观点的情况下。对新的认知观点和国际政治经济重新解读的再次转变是必需的。

考虑到比较教育缺少比较的历史，我们可以假设性地推论——具有显著本土差异的国家，如加拿大、德国及南非要么拥有不同的大学社会学知识，要么面临不同的政治挑战——自1945年起，出现过三次这样的时刻。

前文已经对其中的一个时刻进行了说明，对复杂性进行了解读，这涉及从对方法论和背景的关注（用埃德蒙·金的话来讲，"文化包围"）转向对殖民主义的关注，社会历史和社会学则从封建主义过渡到多样形式的"现代性"和全球视角。有早期研究表明，这些认知干扰同时也被重大的国际政治事件所影响，如冷战对国际政治关系新模式的塑造，在一些地方通过战争（残忍地）取代进行，另一些地方则通过温和的文化和教育政策进行。

第二个时刻，影响比较教育学者关注点的另一套"外部"可能性或潜在影响，通过瓦尔·拉斯特（Rust，1991）所列出的可能定义该领域研究中后现代时刻开始的一系列事件列表所表现出来。在比较教育领域之外，多种认知主张提供了新的思考方式。拉斯特对这些主张进行了很好的探索，其文章中提出的折中结构准确代表了令人惊异的比较教育外部认知选项的折中性。

然而，20世纪90年代早期也标志着当代权力结构的巨大历史转变，尤其是欧洲"国家"新形式的出现，包括区域"国家"以及后社会主义国家（Birzea，1994；Karsten & Majoor，1994；Mauch & Sabloff，1995；Sting & Wolf，1994）。换句话说，新的国家/区域形态——包括欧盟——被迅速确定为整个领域的难题，对全球的解读以及欧洲新的政策转变印证了拉斯特确定的一些当代无形的认知主张。

在（对未来）进行充分分析的基础上，第三个中断时刻可能被认为是20世纪90年代中期为止全球化政治经济变化与新自由主义的成熟政治重叠的时期。虽然已经对这些国际政治经济的转变进行了分析，而在这之后，双向转移的第二个部分——知识竞争开始了。

其中存在两个非常不同的主张。其中之一是认为这是一个有着高效的教学、测量和评价的理性化的世界，甚至是一个教育系统应被技能-信息系统所替代的世界。因此，比较教育前进的正确道路应是加强实证研究，收集大量相关的数据供政策制定者使用。最近的《世界年鉴》中关于教育研究、政策和知识经济的转变的研究对这些主题进行了非常好的探索，并带着敏锐的批判意识（Ozga，Seddon & Popkewitz，2006）；此外还可见于哈特利（Hartley，2004），圣克莱尔和贝尔泽（St. Clair & Belzer，2007）的研究中。

从主要的学术文献、教育研究和比较教育的新思路中，我们还可以提取出一个清晰而强有力的反诉，即这是一个后现代世界（如 Edwards & Usher，2000），后现代途径是通向比较教育的途径（如 Ninnes & Mehta，2004）。

当然关于"中断"，无论是令我们羞愧的或是其他，都还有其他重要的警示。正如异端邪说的历史所显示的（无论是从异教徒的视角或是当时真正的教会视角），事情是不会停止的。这之后便会是完全的改变。其中包括了常规的连续性。历史学家所做的出色的比较研究就是一个例子，这也持续说明了历史视角的重要性。这一特点也得以延续在米勒及其同事（Muller，1987）还有安迪·格林（Green，1990）的著作中，以及在卡扎米亚斯（Kazamias，2001）的极具争议性的主题中也有所体现。同理，对身份认同的持续关注不仅仅只在伦敦比较教育学院的关于文化主题的著作中才有（Lauwerys，1965）；此外还有诸如伯恩斯和韦尔奇（Burns & Welch，1992）的关于比较教育的后期和最初的思考，以及福特纳（Fortna，2000）对"殖民"文学（Mangan，1993）中的出色分析——很好地把握了社会结构、历史与教育认同之间的关系。这些认同问题包括性别主题(见本书第 65 章)、知识与合法性、阶级和国家(Welch，1992，1993)。这些都是非常有力的研究主题，甚至还涉及早期关于比较教育作为一门应用学科的思考，以及之后关于方法论问题的思考(Cowen，1973)。

因此？

　　因此，似乎在 2007 年，我们又一次碰到了中断问题。我们不仅有双向的改变——清晰的认知主张(Ninnes & Burnett，2003)，同时国际教育政治经济以及对其"解读"也在变化(Coulby，Cowen & Jones，2000；Dale & Roberston，2005)。我们也存在一些错误的"标签"：人们已经注意到这奇怪的空白(Cook，Hite & Epstein，2004)，至少有一个非常清楚的呼吁已经出现(Epstein & Carroll，2005)。我们面临这样一个时刻，在这个时刻让我们想起之前哈罗德·诺亚阐述的"有主鲸鱼或无主鲸鱼"理论，以及之前尚未提及的帕萨罗普洛斯(Psacharopoulos，1990)所指出的模糊思想的无用性和不负责任性，他认为在当时比较教育本应植根于真实世界，应该说，是他所认为的真实世界。

　　我个人认为我们现在正处在一个"中断"时刻(虽然证据仍在不断显现，不仅仅是期刊上不断增长的相关文献)。然而，我觉得当前的"中断"包括一个我们对自己正常感知(以及对自身的失望)的有趣逆转。

　　值得强调的是目前比较教育作为一门"应用科学"是没有问题的——尽管它本不应该被这样看待(Cowen，2006)——让人感到焦虑的是对其身份的认知一直处于争论之中，而事实本不该这样。

　　要推动论证的前进，除了重新阅读这些章节，我们应该从哪里开始着手呢？不妨通过指出该研究领域中比以前更激动人心的知识成果开始吧(如 Arnove & Torres，2003；Burbules & Torres，2000；Charle，Schriewer & Wagner，2004；Coulby & Zambeta，2005；Dale & Roberston，2005；Jones，2007；Paulston，1999(在本卷中重印)；Ninnes & Mehta，2004；Nóvoa & Lawn，2002；Ozga，Seddon & Popkewitz，2006；Phillips & Ochs，2004；Phillips & Schweisfurth，2006；Schriewer，2006；Steiner-Khamsi，2004)。

　　我们可以从几个我自己就比较教育提出的一些"陈词滥调"开始(即使我在写的同时就急于澄清这并非"陈词滥调")。我们仍然有好几种由诸如经合组织或世界银行等机构提出的'比较教育'解决方案；聚焦国际评估的比较教育——国际教育成绩评估(IEA)研究；国际学生能力评估计划(PISA)以及学校效能运动都还尚未废弃；政治上所认可的"比较教育"或政治正确的二分法(传统/现代；发达/发展中；资本主义/社会主义；东方/西方；北方/南方)；以及专业和优秀的"比较高等教育"文献。

　　尽管如此，还是有可能对此提出一些很少提及的建议——有一些基础的、相关的、无形的假设在任何一个特定时段都塑造了大部分比较教育的学术研究。任何一个时间段的"常见困扰"都不同，但是在比较教育学者的长期探索中有一些固定的基本主题：具有惊人的相似的深入探索议程。

　　换句话说，我建议的是以高校为基础、以学术为动力的比较教育形式，通常我们认为对它的研究文献关注的是不停转变的议程，但实际上该议程是围绕着一系列核心观念集合而转变的。

　　正是这一研究领域中的核心理念将研究联结起来——同时允许小构造单元的变动，我称之为"中断"。中断曾发生在比较教育所使用的"观念单元"(unit idea)的基础框架中。(我欣然承认"观念单元"一词来自罗伯特·尼斯比特(1967)的伟大作品《社会学传统》)

我曾指出比较教育的基本观念单元为(Cowen，2002)：

- 空间
- 时间
- 国家
- 教育体系
- 教育导致的身份认同(educated identity)
- 社会情境
- 迁移
- 实践

这些观念单元中的一个或多个观念在任何特定时刻都可能消失不可见。

例如，当我在书写 20 世纪 80 年代早期与比较教育相关的"时间"时(Cowen，1982)，除了一些显著的社会学思想，时间的概念几乎是看不见的(Martins，1974)。比较教育学家不研究时间(他们研究空间)。历史学家"研究时间"(借用一句话)：时间是他们工作日程的一部分。而现在，你能非常容易地在文献中查找到和时间、空间相关的概念(Cowen，1998，2002)，它们被视作比较教育中的重要理论问题。——参见本书中佐贝(Sobe)和费舍尔(Fischer)(及他们所引用文献资料中)对空间和时间的描述。

我们可以研究每一个"观念单元"，研究他们在过去是如何被定义，以及我们对观念的使用如何让我们陷入特定的作品或视角——即使这些事情被迅速放宽界限。例如，源自两次世界大战期间和 1945 年战后文学中的"国家"这一比较教育的概念被后结构主义所动摇——明显的事实是区域统治形式的增长。"帝国"主题(作为一种政治形态)吸引了历史与社会科学的新视角，且全球统治形态获得了越来越多的关注(Jones，2007)。"市场国家"主题也非常值得进行全面探索(Bobbitt，2003)。

同理，我之前指出(在本书开头的简短评论中)的"教育体系"的概念帮助我们进入现代比较教育领域，这种现代性的比较教育排除了意大利城邦对教育的探索；或 18 世纪的法国朝臣教育或日本德川时代的教育；雅典和斯巴达的比较教育研究，我称之为"教育罗塞塔"；精英教育以及罗马帝国社会和之后通用的拉丁语的社会性使用(Heather，2005；Waguet，2001)。我们需要重新思考"教育体系"的概念以及对我们改革此类系统的实践的假设。因此，我们拓展"国家"这一政治形态的范围，我们认为这值得大家关注。例如，我们的比较教育以另一种惊人的方式受到特别限制——我们没有探索解决暴君专政及相关教育模式的比较教育理论——在一个希特勒存在的世纪。我们同样没有发展关于由军阀建立的教育过程的教育理论(在比较教育方面)，这是一个受到巴西、希腊、日本、土耳其政治与军事力量干预的世纪，即使社会科学文献已有过暗示(Voigt，1939；Lipset & Solari，1967)。

然而，关键策略点是现在需要对所有的观念单元进行重新思考。问题是，部分观念单元的早期主题是什么？一个关键的问题是：它们是如何形成的？

所有的"观念单元"都对比较教育核心问题的思考非常重要："迁移"的三元关系及其双边渗透性；文化源头的教育根基以及它们对异质社会的渗透模式，这带有自身免疫的影响。我们不知道这些免疫是什么。因此我们也不是很清楚当时的"转译"——旧的机制是如何在新的背景下变迁的。例如，"德国"大学是如何在新背景下(如美国、希腊或瑞典)改变的。因此，即使有"转型"(shape-shifting)相关的文献研究(Beech in these volumes，Ishii，2003；Kim，2001；Larsen，2004；Law，1996；Popkewitz in these volumes，Shibata，2005；Tanaka，2005)，我们也不清楚"转化"的主题。观念单元对研究此类问题十分重要。如果没有此类研究，"转型"这一比较教育的基本观念也将停滞在教育机构和思想转型中，在或丰富或单薄的故事中的叙事词句里难以识别。"转型"自然成为一个含糊不清、难以概念化的观念。

遗憾的是，如果我们要理解转移、转译和转化的三元关系，解决这个难题是有必要的。

幸运的是，阿尔伯特·爱因斯坦曾说："如果一个想法一开始不是荒谬的，那它就是没有希望的。"所以，对于转型，我认为有其他两个分析主题可能有助于当前对比较教育的重新思考。

可能性与压力

一个是"转型学"的观念。"转型理论"可被视为一种形式非常具体的"改革"，但又避免了"改革"中的一些歧义。因此，转型学可被定义为"一个过程，一个在 10 年的时间内，或多或少同时破坏与重建未来政治愿景的过程；国家组织（政治、军事、官僚、政治制度等）、经济和社会分层体系以及教育系统中的有意改革和重建，使得教育体系成为转型建设的一部分"（Cowen，1999，2000）。

这样明显烦琐的概念的意义在于我们能通过它去理解其他事物。时-空间的压力是一种转型学，有点像闪电，说明了社会力量（经济、政治、文化）在"教育体系"中的表达形式，同时还言简意赅地揭示了教育形式中社会力量的压力的转变，包括"教育认同"的转变。撒切尔夫人时代的英国，阿塔图克时代的土耳其，以及东德的崩溃（波兰、匈牙利、苏联），所有这些都是——伴随持续的学术批判——转型。

因此，理论上的问题是：你如何解释那些由社会力量中的压力向"教育体系"的转移？你如何能做到这一点并避免用常规的比较描述来形容"教育体系"——如早前提及的在小学、中学与大学教育的行政、财政及管理等常用类别的重叠？如果我们开始思考"教育认同"（无论是按类别、性别、民族、地区或宗教来定义）以及特定的关键教育过程，并且牢记莱特·米尔思（Wright Mills）有关历史力量、社会机构和个人传记的问题，这一难题也许就能从理论上破解。

因此有一种问题是：苏联教育体系中的"神圣空间"和"神圣路线"是什么？"神圣知识"的形式是什么？诸如此类。（显然"教育罗塞塔"模式是相当复杂的，且必须满足一系列标准，如包含和理解非精英教育的过程。）这里，用于描述可能性概述的语言是特意选择的，是来自其他话语体系的词汇，这是由于对苏联世俗进行的令人震惊的比较——经济、政治和社会体系非常强调这一点。

总的来说，我相信有可能发展一套教育的罗塞塔理论，捕捉教育形式中的社会力量准则。因此，当教育模式开始转变（在被世界银行卷入知识经济的"民主德国"或其他国家），有可能被揭示出来的是教育体系的语法规则和它们渗透吸收语境的方式，以及它们与国际政治、经济、文化和教育关系互动的方式。理解教育形式的权力准则这样的愿望使得振兴比较教育的后殖民主义、后现代主义、后结构主义分析显得更加必要。

再次强调，这是一个开放性问题：比较教育研究绝不能退回到仅考虑教育本身的状态。但同时也不应该在缺少对高校的社会和政治作用的仔细反思时，便随意地向外拓展并接受国际机构（或欧盟）所关注的重要话题，尽管看上去很合适。

然而，这种想要理解教育罗塞塔中的转型和权力准则的学术期望是荒谬的。或者这也是好现象，至少依据爱因斯坦的说法这是"好的"。

教育罗塞塔中的转型和权力准则、回归到三元关系（转移、转译、转化）以及以一种新的方式解读全球——这类悖论——有可能让我们摆脱长期运行的比较教育的现代主义陷阱：服务于政府的诱人召唤以及浮士德式的协议。还有其他事情可做，包括试图揭示特定教育形式中强权的压力是如何阻碍了他们本应该促进的事情：教育。

我们当前的"危机"，我们当前比较教育中的"中断"不仅一次地成为引发低水平学术的问题。问题可能在于我们已经比 20 世纪 80 年代时更为傲慢（Halls，1989）：太多的意义正被负载到"比较教育"的概念中。

结 论

我们可能不得不承认这三件有助于我们进行重新思考的事情。一件是 20 世纪 60 年代与方法论无关的"方法论时刻"，它是关于比较教育的元叙事，将定义其对叙事形式的选择，及其试图概括化的性质；反之，如乔治·帕尔金（Geogre Parkyn）曾讨论的，正是这些特点——尽管它们很特别——准备被接受为"比较教育"；此外还有政治的"解放"立场。那么，什么是"被解放"的呢？

本文中的第二个主题我曾在本文早前的分析中有所提及。本文的撰写本身也使我确信对它分析的重要性：大学与其工作氛围是"比较教育"的关键组成部分（Cowen，1997）。

这一引人入胜的主题至少涉及北美地区两种比较教育的全面比较分析。这不仅仅关于加拿大不同的国内政治以及另一种方式塑造了加拿大的教育，从而与美国比较教育区别开来；也不仅仅只是关于如马列亚（Mallea）或撒迦利亚（Zachariah），道格·雷（Doug Ray），乔·卡茨（Joe Katz），海霍（Hayhoe），梅斯曼（Masemann），大卫·利文斯通（David Livingstone）或大卫·威尔逊（David Wilson）等人的个人自传。它还涉及加拿大的大学，以及其对加拿大国内政治背景（Larsen，Majhanovich & Masemann，2007；Wilson，1994）和加拿大国际政治地位所做出的社会和教育的承诺。通过强调国内与国际政治的极端差异也可以得出相似的观点：不仅是社会主义国家苏联或纳粹制度或当前自由民主国家才具有不同的国内和国际政治。这也涉及大学对"比较教育"残酷或微妙地废除和重定义的案例（纳粹大学，苏联大学，自由民主管理大学）。"大学"不仅仅通过（必要时进行修正）流放或枪击，或通过限制知识视野来打击学者，也会通过新的方式奖励学者。

例如当前，在社会科学和教育研究的压力中，任何学术驱动议程的维持在一系列新的民主主义国家中都难以展示它们的应用性。大学面临严肃的历史问题——知识应用到哪里？由谁应用？为何应用？为谁应用？——仍然混杂在目前流行于包括英国在内的相当一部分国家的质量保证和评估系统的陈词滥调中。

第三种可能性是回顾/评价那些被称为"国际"的"比较教育"的种种形式。该标签的当前意义是什么？它所服务的政治目的是什么？如今那些被称为"国际与比较"的比较教育形式主要是陈述性的和劝告性的研究吗？对于"国际"而言，什么是"后发展"的概念？"国际教育"现在是否是构建世界和平运动的一部分？这个问题是重要的战略重点——即使不在"国际"范围内——这一点也深刻且微妙地出现在珍妮弗·陈（Chan，2007）对全球统治改革的知识竞争的分析中。

"比较和跨文化教育"是否是世界跨文化性的社会构建议程？显然，围绕着稳定自身，甚至说是社会科学，还有比寻求社会公正和适应我们所处时代和立场的跨文化性更糟糕的主题：世界。

然而，在我们拥抱这样光荣古老的愿景前，关键要明白我们目前还存在"比较教育"的原因是，因为无论是在其发展还是转型过程中，我们所称之的比较教育都是国际政治、经济、文化和教育关系中的一部分。它存在于国际和国内政治的交集中，但是在其近百年的历史中，它有一个非常有优势的归属地：大学。因此它已经具备了一个世纪之久的非常特殊的学术形态。

我们需要这一基础，我们也需要这些早期的形态、早期的问题、早期的讨论及失败的启示。它们能为我们提供一个视角，用以理解与学术质量相关的陈词滥调可能带来的危害，以及提醒我们总体性愿景被解放时可能带来的危险。

　　总的来说,本文还指出了以大学为基础的比较教育学术研究的深厚的连续性,以及这一领域虽然看上去正陷入终极危机中,但事实并非如此。但是在本文的上半部分指出领域本身是对国内与国际政治交叉点的特殊回应,因此其表面的议题常常随着不同时代而转变——这些"中断"也是令我们如此不安的原因。比较教育的表面议题在不同的地方也表现得非常不同。它将国际势力、认识的改变以及有助于我们开始思考"比较教育"中的本土差异的国内政治联结成线：关于加拿大和美国(或东德和西德)比较教育的持续分析或许能够加以说明。

　　然而,本文的下半部分强调一些战略的、关键的和相对持久的概念,这些概念除了"转移""转译"和"转化"这一核心的三元关系以外,还将比较教育的领域统一起来。借用罗伯特·尼斯贝(Robert Nisbet)的说法,这些主题称为比较教育的"观念单元"。强调这些观念能让我们重新再思考和补充我们的历史。

　　对这些或者更多的观点如转型学、教育罗塞塔及转型的重视,也可能促使我们重新思考和丰富我们的未来。

　　至少,强调我所称之为比较教育的"观念单元"可能会让我们抛掉或逃离这些鼓励我们保留旧设想的比较教育的现代陷阱：(1)只思考1800年后的教育不仅仅被认为是正常的,而且是学术上可接受的；(2)我们主要的工作之一是对民主选举政府提出有益的政策建议；(3)我们对改革世界其他地方的教育及改善人民的生活有特别的责任感。作为一个学者,我不接受这其中任何一个命题。让我们期待一代代学者可以继续为人类与学术责任的重要愿景而持续奋斗。

　　至少我们应该开始明白,传统上被称为"比较教育"的这一学术研究领域本身就是它所研究的国际政治、经济、文化和国际历史关系的一部分。此外,我们作为一种学术声音存在于大学中,很大程度被国内与国际政策的"热点话题"所影响。这也正是为何——比起社会学研究或哲学研究领域——存在更多的可见的"中断"。这就是我们还需要继续奋斗的原因：我们像变色龙一样,或多或少需要持续研究的问题是除了捕捉蝗虫或鱼以外,还需要偶尔改变自己的颜色。

　　然而,变色龙(如果我没说错的)并不真正改变颜色。我想我们也不是。在我看来,我们有一个永久的学术研究议题,并且非常有学术价值：特别要揭示在教育形态中来自社会经济和文化力量的压力,尤其是在处于转移、转译和转化的时刻中。了解这些进程将帮助我们更好地理解国家本质和其他的人们。

参考文献

Altbach, P. G., & Kelly, P. G. (Eds.) (1978). *Education and colonialism*. London: Longmans.

Archer, M. S. (1979). *Social origins of educational systems*. London; Beverly Hills, CA: Sage.

Arnove, R. F. (1980). Comparative education and world systems analysis. *Comparative Education Review*, 24, 48 - 62.

Arnove, R. F. & Torres, C. A. (Eds.) (2003). *Comparative education: The dialectic of the global and the local* (2nd edn.). Lanham, MD: Rowman & Littlefield.

Barnard, A. C. (1969). *Education and the French Revolution*. Cambridge: At the University Press.

Beasley, W. G. (1972). *The Meiji restoration*. Stanford, CA: Stanford University Press.

Beasley, W. G. (1975). *Modern Japan: Aspects of history, literature and society*. London: Allen & Unwin.

Bereday, G. Z. F. (1964). *Comparative method in education*. New York: Holt, Rinehart and Winston.

Birzea, C. (1994). *Educational policies in the countries in transition*. Strasbourg: Council of Europe Press.

Bobbitt, P. (2003) *The shield of Achilles: War, peace and the course of history*. London: Penguin.

Brickman, W. W. (1966). Prehistory of comparative education to the end of the eighteenth century. *Comparative Education Review*, *10* (February), 30 – 47.

Burbules, N. C., & C. A. Torres. (Eds.) (2000). *Globalization and education: Critical perspectives*. New York: Routledge.

Burns, R. J. & Welch, A. R. (1992), Introduction. In R. J. Burns & A. R. Welch (Eds.), *Contemporary perspectives in comparative education*. New York: Garland.

Carnoy, M. (1974). *Education as cultural imperialism*. New York: McKay.

Carnoy, M., & Samoff, J. (1990). *Education and social transition in the Third World*. Princeton, NJ: Oxford: Princeton University Press.

Chan, J. (2007). Between efficiency, capability and recognition: Competing epistemes in global governance reforms, 358 – 376. In Jones, P. (Guest Ed.). *Comparative Education (Special Issue 34): Global governance, social policy, and multilateral education*, 43: 3.

Charle, C., Schriewer, J., & Wagner, P. (Eds.) (2004). *Transnational intellectual networks: forms of academic knowledge and the search for cultural identities*. Frankfurt, New York: Campus Verlag.

Cook, B. J., Hite, S. J., & Epstein, E. H. (2004). Discerning Trends, Contours, and Boundaries in Comparative Education: A Survey of Comparativists and Their Literature, 123 – 149. *Comparative Education Review*, 47.

Coulby, D., Cowen, R., & Jones, C. (Eds.) (2000). *Education in Times of Transition: World Yearbook of Education 2000*. London: Kogan Page.

Coulby, D. & Zambeta, E. (Eds.) (2005). *Globalization and Nationalism: World yearbook of education 2005*. London: RoutledgeFalmer.

Cowen, R. (1973), 'A query concerning developments within and the responsibilities of comparative education'. *Canadian and International Education*, *1*, 15 – 29.

Cowen, R. (1982). The place of comparative education in the educational sciences. In l. Cavicchi-Broquet & P. Furter (Eds.), *Les sciences de l'education: perspectives et bilans europeens*. Geneva: CESE.

Cowen, R. (1982). The concept of time in comparative education: an initial comment. In R. Cowen & P. Stokes (Eds.). *Methodological Issues in Comparative Education*. London: London Association of Comparative Educationists.

Cowen, R. (1997). Autonomy, the market and education. In D. Bridges (Ed.) *Education Autonomy and democratic citizenship*. London: Routledge.

Cowen, R. (1998) Thinking Comparatively About Space, Education and Time. An Approach to the Mediterranean Rim. In A. M. Kazamias & M. G. Spillane (Eds.), *Education and the Structuring of the European Space: North-South, centre-periphery, identity-otherness*. Athens: Seirios Editions.

Cowen, R. (1999). Late Modernity and the Rules of Chaos: An initial note on transitologies and rims. In R. Alexander, P. Broadfoot, & D. Phillips (Eds.) *Learning from Comparing New Directions in Comparative Educational Research*, *Vol.1*, *Contexts*, *Classrooms and Outcomes*. Oxford: Symposium.

Cowen, R. (2000). Fine-tuning educational earthquakes. In D. Coulby, R. Cowen & C. Jones (Eds.), *Education in times of transition: World Yearbook of Education 2000*. London: Kogan Page.

Cowen, R. (2002). Sketches of a Future. In *Internationalisierung: Semantik und Bildungssystem in vergleichender Perspektive* [*Internationalisation*: Comparative education systems and Semantics] 271 – 283. In Caruso, M. and Tenforth, H-E. (Eds.), Peter Lang: Frankfurt-am-Main.

Cowen, R. (2002). Moments of time: a comparative note 413 – 424. In *History of Education*, *31*, 5.

Cowen, R. (2006). Acting comparatively upon the educational world: puzzles and possibilities, 561 – 573. *Oxford Review of Education*, *32*, 5.

Dale, R., & Roberston, S. (Guest Eds.) (2005). *Comparative Education (Special Issue, 3):*

Globalisation and education in knowledge economies and knowledge societies, 41, 2.

Edwards, R., & Usher, R. (2000). *Globalisation and pedagogy: Space, place and identity*. London and New York: Routledge.

Epstein, E. H., & Carroll, K. T. (2005). Abusing ancestors: Historical functionalism and the postmodern deviation in comparative education. *Comparative Education Review*, 49(February), 62 – 88.

Fortna, B. C. (2000). *Imperial classroom: Islam, the State and education in the late Ottoman Empire*. Oxford: Oxford University Press.

Fraser, S. E. (1964). *Jullien's plan for comparative education 1816 – 1817*. New York: Teachers College Columbia University.

Fraser, S. E. (1965). *Governmental policy and international education*. New York: Wiley.

Fraser, S. E., & Brickman, W. W. (1968). *A history of international and comparative education: Nineteenthcentury documents*. Glenview, IL: Scott Foresman.

Grant, N. (1968). *Soviet education* (Rev. ed.). Harmondsworth: Penguin.

Green, A. (1990). *Education and state formation: The rise of education systems in England France and the USA*. London: Macmillan.

Hall, J. W., & Beardsley, R. K. (1965). *Twelve doors to Japan*. New York: McGraw-Hill.

Halls, W. D. (1965). *Society, schools and progress in France*. Oxford: Pergamon.

Halls, W. D. (1976). *Education, culture and politics in modern France*. Oxford: Pergamon.

Halls, W. D. (Ed.) (1989). *Comparative education: Contemporary issues and trends*. London: Kingsley; Paris: UNESCO.

Halsey, A. H., Floud, J., & Anderson, C.A. (Eds.) (1961). *Education, economy, and society: A reader in the sociology of education*. New York: Free Press of Glencoe.

Hans, N. (1958). *Comparative education: A study of educational factors and traditions* (3rd edn.). London: Routledge & Kegan Paul.

Hartley, D. (2004). Education as a global positioning device: Some theoretical considerations. *Comparative Education*, 39(4), 439 – 450.

Hausmann, G. (1967). A century of comparative education, 1785 – 1885. *Comparative Education Review*, 11(February), 1 – 21.

Heather, P. (2005). *The fall of the Roman Empire: A new history*. London: Macmillan.

Higginson, J. H. (1955). *Sadler's studies of American education*. Leeds: University of Leeds Institute of Education.

Higginson, J. H. (1961). *Sir Michael Sadler: A centenary brochure, July 3, 1961*. Leeds: [s.n.].

Higginson, J. H. (1979). *Selections from Michael Sadler: Studies in world citizenship*. Liverpool: Dejall & Meyorre.

Holmes, B. (1965). *Problems in education: A comparative approach*. London: Routledge & Kegan Paul.

Holmes, B. (1986). Paradigm shifts in comparative education. In P. G. Altbach & G. P. Kelly (Eds.), *New approaches to comparative education*. Chicago, IL: The University of Chicago Press.

Hopper, E. (1971). *Readings in the theory of educational systems*. London: Hutchinson.

Ishii, Y. (2003). *Development education in Japan: A comparative analysis of the contexts for its emergence, and its introduction into the Japanese school system*. New York: RoutledgeFalmer.

Jones, P. (Guest Ed.) (2007). *Comparative Education (Special Issue 34): Global governance, social policy, and multilateral education*, 43, 3.

Karsten, S., & Majoor, D. (Eds.) (1994). *Education in Eastern Central Europe: Educational changes after the fall of communism*. Munster: Waxmann.

Kazamias, A. M. (1966). *Education and the quest for modernity in Turkey*. London: Allen & Unwin.

Kazamias, A. M. (2001). Re-inventing the historical in comparative education: Reflections on a protean episteme by a contemporary player. *Comparative Education*, 37(4), 439 – 449.

Kim, T. (2001). *Forming the academic profession in East Asia: A comparative analysis*. New York and London: Routledge.

King, E. J. (1973). *Other schools and ours: Comparative studies for today* (4th edn.). London: Holt, Rinehart and Winston.

Larsen, M. A. (2004). A comparative study of the socio-historical construction of the teacher in mid-Victorian England and Upper Canada'. Unpublished Ph.D. thesis. Institute of Education, University of London.

Larsen, M., Majhanovich, S., & Masemann, V. (2007). Comparative education in Canadian universities. In C. Wilhuter. & N. Popov (Eds.), *Comparative education as discipline at universities world wide*. Sofia: Bureau of Educational Services.

Lauwerys, J. A. (1965). General education in a changing world. *International Review of Education*, 11, 385 – 401.

Law, W. (1996). Fortress state, cultural continuities and economic change: Higher education in mainland China and Taiwan. *Comparative Education*, 32, 377 – 393.

Lipset, S. M., & Solari, A. E. (1967). *Elites in Latin America*. New York: Oxford University Press.

Mangan, J. A. (1993). *The imperial curriculum: racial images and education in the British colonial experience*. London: Routledge.

Manzon, M. & Bray, M. (2007). Comparing the comparers: patterns, themes and interpretations. In V. Masemann, M. Bray & M. Manzon (Eds.), *Common Interests, uncommon Goals: Histories of the world council of comparative education societies and its members*. Dordrecht: Springer.

Martins, H. (1974). Time and theory in sociology. In J. Rex (Ed.), *Approaches to sociology*. London: Routledge and Kegan Paul.

Masemann, V., Bray, M., & Manzon, M, (2007). (Eds). *Common Interests, Uncommon Goals: Histories of the World Council of Comparative Education Societies and Its Members*. Dordrecht: Springer.

Mauch, J. E., & Sabloff, P. L. W. (Eds.) (1995). *Reform and change in higher education: international perspectives*. New York and London: Garland.

McLean, M., & Cowen, R. (1983). *International handbook of education systems: Vol. 3, Asia, Australasia and Latin America*. Chichester: Wiley.

Müller, D. K., Ringer, F. K., & Simon, B. (1987). *The rise of the modern educational system: structural change and social reproduction, 1870 –1920*. Cambridge: Cambridge University Press.

Nash, P., Kazamias, A. M., & Perkinson, H. J. (Eds.) (1965). *The educated man; studies in the history of educational thought*. New York: Wiley.

Ninnes, P., & Burnett, G. (2003). Comparative Education Research: Poststructuralist possibilities. *Comparative Education*, 39, (3), 279 – 297.

Ninnes, P., & Mehta, S. (Eds.) (2004). *Re-imagining comparative education: Postfoundational ideas and applications for critical times*. New York: RoutledgeFalmer.

Nisbet, R. A. (1967). *The sociological tradition*. London: Heinemann.

Noah, H. J., & Eckstein, M. A. (1969). *Toward a science of comparative education*. New York: Macmillan.

Noah, H. J. (1974). Fast Fish and Loose Fish in Comparative Education. *Comparative Education Review*, 18, 341 – 347.

Nóvoa, A., & Lawn, M. (Eds.) (2002). *Fabricating Europe: The formation of an education space*. Dordrecht: Kluwer Academic.

OECD (1996). *Lifelong learning for all*. Paris: OECD.

OECD (1996a). The *Knowledge based economy*. Paris: OECD.

Ozga, J., Seddon, T., & Popkewitz, T. S. (2006). *World yearbook of education 2006. Education research and policy: Steering the knowledge-based economy*. London: Routledge.

Passin, A. (1965). *Society and education in Japan*. New York: Teachers College Press.

Paulston, R. (1999). Mapping comparative education after postmodernity. *Comparative Education Review*, *38*(2), 438 - 463.

Phillips, D., & Ochs, K. (Eds.) (2004). *Educational Policy Borrowing: Historical perspectives*. Oxford: Symposium.

Phillips, D., & Schweisfurth, M. (2006). *Comparative and International Education: An introduction to theory, method and practice*. London: Continuum.

Psacharopoulos, G. (1990). Comparative education: From theory to practice, or are you A/neo. * or B/ *. ist? *Comparative Education Review*, *34*, 369 - 380.

Ringer, F. K. (1979). *Education and society in modern Europe*. Bloomington, IN: Indiana University Press.

Rust, V. D. (1991). Postmodernism and its comparative education implications. *Comparative Education Review*, *35*, 610 - 626.

Shibata, M. (2005). *Japan and Germany under the U.S. occupation: comparative analysis of post-war education reform*. Lanham, MD; Oxford: Lexington Books.

Schriewer, J. (Guest Ed.) (2006). *Comparative Education* (Special Issue 32): Comparative methodologies in the social sciences - cross-disciplinary inspirations.

Steiner-Khamsi, G. (Ed.) (2004). *The global politics of educational borrowing and lending* (pp. 29 - 53). New York: Teachers College Press.

Simson, R. (1983). *How the PhD came to Britain: A century of struggle for postgraduate education*. Guildford: Society for Research into Higher Education.

Skocpol, T. (1979). *States and social revolutions: A comparative analysis of France, Russia and China*. Cambridge: Cambridge University Press.

St Clair, R. S., & Belzer, A. (2007). In the market for ideas: How reforms in the political economy of educational research in the US and UK promote market managerialism. *Comparative Education*, *43*(4), 471 - 488.

Sting, S., & Wolf, C. (Eds.) (1994). *Education in a period of social upheaval: Educational theories and concepts in Central-Eastern Europe*. Munster: Waxmann.

Tanaka, M. (2005). *The cross-cultural transfer of educational concepts and practices: A comparative study*. Didcot: Symposium.

Tomiak, J. J. (1972). *The Soviet Union*. Newton Abbot: David & Charles.

Turner, R. H. (1964). Sponsored and contest mobility and the school system. *Amercian Sociological Review*. *25*(855), 867.

Vaughan, M., & Archer, M. S. (1971). *Social conflict and educational change in England and France 1789 - 1848*. Cambridge: At the University Press.

Voigt, F. A. (1939). *Unto Caesar* (3rd edn.). London: Constable.

Waquet, F. (2001). *Latin, or, the empire of the sign: From the sixteenth to the twentieth century*. London and New York: Verso.

Welch, A. (2000). New times, hard times: Re-reading comparative education in an age of discontent. In J. Schriewer (Ed.), *Discourse formation in comparative education* (pp. 189 - 225). Frankfurt/M: Lang.

Welch, A. R. (1992). Knowledge culture and power: Educational knowledge and legitimation in comparative perspective. In R. J. Burns & A. R. Welch (Eds.), *Contemporary perspectives in comparative education* New

York: Garland.

Welch, A. R. (1993). Class, culture and the State in comparative education: Problems, perspectives and prospects. *Comparative Education*, *29*, 7 – 27.

Wilkinson, R. (1964). *The prefects: British leadership and the public school tradition*, *a comparative study in the making of rulers*. Oxford: Oxford University Press.

Wilkinson, R. (Ed.) (1969). *Governing elites: Studies in training and selection*. Oxford: Oxford University Press.

Wilson, D. (1994). Comparative and international education: Fraternal or siamese twins? A preliminary genealogy of our twin fields. *Comparative Education Review*, *38*, 449 – 486.

37. 结语

罗伯特·考恩(Robert Cowen)

安德里亚斯·卡扎米亚斯(Andreas M. Kazamias)

> 往事无需再提，新词更待新曲。告别意味着新的开始。
>
> 艾略特，《小吉丁》

当然，反学习(unlearning)①是问题所在。当你坐下来写一本书、一篇学位论文抑或一篇学术论文时，通常你只需先随意写写"引言"和"结语"，然后你就可以专注于主要的观点或者解释性的论点或者证据来源了，这些部分才是论文或者书的主体。通常情况下，这些假设是可行的。只要把握了正确的核心思想和证据来源，引言和结语可以稍后再写。

反学习在这里当然是问题所在。编写手册可不像写书或者写论文那样。

手册的部分意义是回顾过去（我们在这个研究领域已经做了什么，做到了什么程度？）。但是手册也要向前展望。手册有很强的制约性："如果我们曾经在那里……如果我们现在几乎到了这里……那么我们应该继续探索。"所以，手册实际上是面向未来的。

即使是手册中的缺陷也是如此。手册会必然招致强烈的批评，这些批评可能会强调某些缺失的主题——社会凝聚力、幼儿教育、脆弱国家、恐怖主义；或者某些主题被低估了：后结构主义、后现代主义、后发展主义、后女权主义、后马克思主义等等。这些批评意见重新认识和定位了该领域的未来。

无论如何，这种说法大致是应该受到欢迎的，因为手册不是一个结论。手册的目的不是为了冻结一个领域或固定一个规范，而是为了试演，然后拓宽一个研究领域。手册可能包含对过去的重新编排和更新；但它必须涉及可能的未来，必须提出新的挑战。本手册中没有想到的一些新的比较教育话题可以——而且必定会——被创造出来。

然而，本手册的一些问题和主题是不可能消失的。它们可能——而且应该——延续到未来。比较教育与哪些其他领域的学术声音有重叠和交集？谁的分析范畴决定了它的思想？什么是、将是或应该是比较教育的"热门话题"，以及为什么：谁说它们是热门话题的？比较教育如何独立地对世界产生作用，又与其他哪些主体一起对世界产生作用？

将这些问题凝聚在一起的主题不仅仅是对大学知识社会学的理解，也是知识的政治学这个长期存在的问题：我们需要判断，在当今这个政治主导的时代，比较教育的解放潜力是什么？许多新的社会理论、所有的政党和一些国际机构都宣扬他们的解放潜力；那我们呢？作为一个研究领域，我们知道关于我们自己的旧答案。那我们现在的主张又是什么呢？

---

① 反学习指把原有的僵化的知识打散，丢弃不必要的内容，并摆脱过时的学习习惯、思维方式等，再接受新的知识，进行知识重组。——译者注

后　记

　　《比较教育学：回顾与展望》的中文翻译版终于完成了。本书的翻译历时 10 年。非常感谢学林出版社的吴耀根等编辑老师慷慨支持和不懈敦促，使我几欲放弃的翻译工作持续下去。本书最初的两个编辑汤丹磊、张予澍已经去其他出版社工作了。他们的专业精神令人敬佩和感动。

　　2014 年 12 月 20 日至 21 日，我和黄志成教授去广州参加中国教育学会比较教育分会在华南师范大学举办的以"全球视野下的教育治理"为主题的第十七届年会时，有感于年会不断提及、论及和忧虑的比较教育学学科建设问题，我们决定翻译这部隐藏着比较教育学学科最完整图像的《比较教育学：回顾与展望》（*International Handbook of Comparative Education*）。本书对于中国比较教育学界以及整个教育学界来说，不仅可以显示世界各国教育问题关注、方法关注、理论关注以及未来关注，相当于一幅世界教育的"地图"，而且还直接有利于回应中国教育现代化所面临的问题。

　　我们当时认定翻译本书是华东师范大学国际与比较教育研究所的使命。实际上，这也符合我做学问的一个宗旨，即尽可能地为中文世界增加新的文献。受严复先达翻译作为启蒙的信条的鼓舞，我投入了大量时间做翻译，翻译的文献可以丰富我们的研究和批判。至今为止，我独立或与人合作翻译了近 30 部作品。这里有教育哲学手册即《教育哲学指南》（华东师范大学出版社，2011 年）以及《教育公平手册》（华东师范大学出版社，2020 年）。

　　但本书的翻译要曲折得多。一方面，我太想把它做好，因此即使翻译早就完成了，也不敢即刻出版，想多打磨几次；另一方面，因为总是有更急切的事情要去做，便把这事给耽搁下来了，而且，一拖就是 10 年。今天在整理翻译历程时，我看到了 2015 年的译者名单：陈亭秀、邓莉、丁圣俊、方蓉、高原、黄菲儿、黄河、黄旭、焦雪萍、靳丹晨、李谦、李馨瑶、刘德恩、刘琼琼、罗媚、马青、彭琴、彭正梅、沈章明、汪妮、王艳霞、吴井娴、伍绍杨、杨睿、袁洪珍、张丹、张玉娴、郑太年、周小勇、朱玉明。

　　为什么会有这个名单呢？ 2015 年，我给硕士生上比较教育学课程，要求学生对本书进行初步翻译并课上讨论，然后由学生的导师去校对和把关。当时发现译文问题很多，我也不便打扰本就繁忙的各位老师。于是，我便请我自己的学生伍绍杨进行校对，之后他学习任务紧，又耽搁下来。

　　后来又请当时在读的博士生周蕾、马青、周小勇、陈丽莎、杨睿进行校对，他们对有些章节几乎进行了重新翻译，付出了大量的劳动。而我自己也在自己的博士课程里对译文进行阅读、讨论和校正。

　　临近出版时，又请王艳玲教授、沈伟教授（她当时还是副教授）、邓莉和祝刚副教授分工校对；最后我请我自己的学生周小勇、陈丽莎、伍绍杨和王清涛再进行阅读。

　　邓莉和陈丽莎对本书的翻译和出版付出很多劳动，包括与出版社的沟通。在跟我读博士之前，陈丽莎几乎花了一年的时间在做这个事。好在她外语好，也有耐心和智慧去做好这件事。

　　因此，现在的译文离最初的译文已经很远了，当然，其质量在不断提高。

　　但是，这 10 年间，世界和中国都经历了重要时刻，发生了重要变化，因此，今天出版《比较教育学：回顾与展望》也许正是时候：这是 10 年的沉淀所散发的酱香啊！我也突然理解诗人看到

"彼黍离离,彼稷之苗""彼稷之穗""彼稷之实"时,为什么不感到喜悦,而是突然说,"知我者谓我心忧"。

1993年离开安徽师范大学化学系,我怀着教育强国的梦想进入华东师范大学学习比较教育学,进入古今中西的论域和实践中,至今已30年。而2024年是华东师范大学国际与比较教育研究所成立60周年。这里我所能怀有的必然是一种感谢和感恩,感谢前辈对比较所和比较教育学的建设、贡献、坚持、勉励、提携和维护;感谢顾明远先生慨然为本书作序。

比较教育体现了人类最基本的思维方式,即通过比较而启蒙。因为没有比较就无所谓真假、无所谓好坏,也无所谓改善和恶化。康德说:"敢于认知!"这是启蒙的口号。那么"敢于比较",这是比较教育的口号。华东师范大学会将比较教育进行到底!

彭正梅

华东师范大学国际与比较教育研究所

2024年4月1日